地球の歩き方 2005～2006

南イタリアと
マルタ

South Italy & Malta

地球の歩き方編集室

地球の歩き方「南イタリアとマルタ編 2005～2006」

目次 ——— Contents

本書をご利用になる前に ——————— 5
本書使用の略記号について ——————— 6
本書の使い方 ————————————— 7
イタリア ジェネラル インフォメーション — 8

特集●1
南イタリアとマルタの
世界遺産 ——16

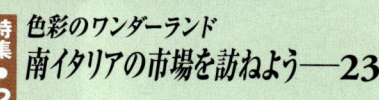

特集●2
色彩のワンダーランド
南イタリアの市場を訪ねよう——23

Napoli e Campania
ナポリとカンパーニャ州　27

ナポリ ——————— 32
ナポリの交通 ———————————— 34
ナポリのインフォメーション ——————— 41

●ナポリの歩き方
1. スパッカ・ナポリ ————————— 42
2. 考古学博物館とカポディモンテ ——— 51
3. サンタ・ルチアとヴォメロの丘 ——— 58

ナポリのレストラン ————————— 66
ナポリのピッツェリア ————————— 69
ナポリのカフェとお菓子店 ——————— 71
ナポリでショッピング ————————— 72
ナポリのホテル ———————————— 74

●アマルフィ海岸 ——————— 78
　ソレント ——————————————— 79
　ポジターノ ————————————— 82
　アマルフィ ————————————— 83
　ラヴェッロ ————————————— 86
　ミノーリ／マイオーリ ———————— 87
　サレルノ —————————————— 88

●カプリ島 —————————— 91
　青の洞窟 ————————————— 92
　カプリ地区 ————————————— 94
　アナカプリ地区 ——————————— 96
　カプリ島のホテル —————————— 98
　カプリ島のレストラン ———————— 99
イスキア島 —————————————— 100
プローチダ島 ————————————— 105
ポンペイ ——————————————— 106
　ポンペイ周辺の遺跡 ————————— 112
ベネヴェント ————————————— 115
パエストゥム／ペストゥム —————— 118
チレント海岸 ————————————— 122
カゼルタ ——————————————— 123
エルコラーノ ————————————— 127
フレグレイ平原
　ポッツォーリ ———————————— 130
　クーマの遺跡 ———————————— 131
世界1有名な火山
ヴェスーヴィオ ———————————— 132

Puglia

プーリア州　133

バーリ　134
- レッチェ　141
- オートラント　147
- アルベロベッロ　148
- マルティーナ・フランカ　152
  - 美しい鍾乳洞
- カステッラーナ・グロッテ　154
  - 八角形の世界遺産
- カステル・デル・モンテ　155
- ターラント　156
- ブリンディシ　160

Basilicata e Calabria

バジリカータ州とカラーブリア州　163
- マテーラ　164
- レッジョ・ディ・カラーブリア　169
- トロペア　172

セジェスタの神殿

Sicilia

シチリア州　173
- シチリア島の交通事情　174

パレルモ　176
- パレルモの交通・インフォメーション　177

● **パレルモの歩き方**
1. ノルマン王宮と旧市街　182
2. プレトーリア広場東地区　190
3. 新市街と考古学博物館　194

- パレルモのホテル　198
- パレルモのレストラン・カフェ　200
- パレルモのショッピング　203

● **パレルモ郊外**
- モンレアーレ　204
- モンデッロ／ソルント　206
- バゲリーア　207

● **シチリア東部**
- シラクーサ　208
- カターニア　214
  - コラム
    - シチリアの交通の要所　カターニア　218
  - 今でも噴火を続ける火山
- エトナ山　219
- タオルミーナ　220
- ジャルディーニ・ナクソス　226
- エオリエ諸島　227
  - リパリ島　228
  - ヴルカーノ島　231
  - ストロンボリ島　231
- メッシーナ　232
- ノート　235
- ラグーザ　236
- カルタジローネ　240
- ピアッツァ・アルメリーナ　242
- エンナ　244
- チェファル　246

● **シチリア西部**
- アグリジェント　248
- トラーパニ　256
- マルサーラ　259
- モツィア　261
- マザーラ・デル・ヴァッロ　262
- エリーチェ　264
- シャッカ　266
  - シチリア最大の神殿群
- セリヌンテ　268
- セジェスタ　269

Republic of MALTA

マルタ共和国　271

マルタ
ジェネラル インフォーメーション—272

悠久の歴史を刻む
マルタ共和国 ——274

- ●マルタ本島の町
  - ヴァレッタ —————276
  - スリーマ／セント・ジュリアン —289
  - スリー・シティーズ —————290
  - イムディーナ ——————292
  - ラバト ———————296
  - マルサシュロック ————298
- ●マルタ島に残る注目の神殿群—299
  - タルシーン神殿 ——————299
  - ハガール・イムとイムナイドラの神殿 —300
  - ハル・サフリエリ・ハイポジウム —301
  - マルタのその他の見どころ ——302
    - カート・ラッツ ——————302
    - 青の洞窟 ————————302
    - アール・ダラム洞窟と博物館 ——303

- ●ゴゾ島 —————————304
  - ヴィクトリア —————305
  - その他の見どころ ————307
- ●コミノ島 ————————309
- マルタのホテルとレストラン ——310
- マルタの食事 ——————318
- ●マルタの歩き方 —————322
  - 日本からマルタへ ————322
  - マルタの交通 ——————325
  - 総合インフォメーション ——330
    - 地形・歴史 ——————330
    - 電話 ————————331
    - 郵便 ————————332
    - 銀行・両替 ——————333
  - マルタでショッピング ——334
  - コラム　聖ヨハネ騎士団の牙城マルタ —336

Tecnica per Viaggio

南イタリア旅の技術編　337

- 日本からのアクセス —————338
- 列車 ————————342
- バス ————————345
- レンタカー ———————346
- ホテルに関するすべて ————348
- 旅のお金 ————————358
- 総合インフォメーション ———361
  - 物価・気候 ——————361
  - 電話 ————————362
  - 郵便 ————————364
  - タックスフリー（免税）ショッピング —365
  - イタリアを発つ、税関関連の情報 ——366
- 南イタリアを安全・快適に旅するために —368
- 南イタリア・シチリアで食べる ——371
- 旅のイタリア語 ——————378

- ●コラム
  - ナポリで食べよう　68
  - パレルモのスナックとお菓子　202
- ●ワイン・コラム
  - カンパーニャ州　70
  - プーリア州　154
  - シチリア州　247

- 旅の伝言板 ——————384
- 美術建築用語解説 ————370
- 索引・マップインデックス ——389

本書をご利用になる前に

本書は2005年1月の取材データに基づいて作られています。"具体的ですぐ役立つ情報"を編集のモットーにしておりますが、記述が具体的になればなるほど、時間の経過とともに内容に多少のズレが出てきます。ホテルは年に1～2回の料金改訂があること、レストランの値上がりもお含みのうえ、ご利用ください。本書に記載されているデータはあくまでもひとつの目安として考えてください。編集部では、できるだけ最新で正確な情報を掲載するように努めていますが、現地の規則や手続きなどがしばしば変更されたり、またその解釈に見解の相違が生じることもあります。このような理由に基づく場合、または弊社に重大な過失がない場合は、本書を利用して生じた損失や不都合などについて、弊社は責任を負いかねますのでご了承ください。

また、本書をお使いいただく際は、掲載されている情報やアドバイスがご自身の状況や立場に適しているか、すべてご自身の責任でご判断のうえご利用ください。より新しい情報が必要なときには、各地のツーリストインフォメーションへ直接問い合わせるとよいでしょう。なお、変更されていた点についてご一報いただければ幸いです。

最近は、美術館、博物館などの閉館時間が19時頃までに延長されてきました。しかし、小美術館では14時閉館というものも少なくありません。また、閉館30分前には、入場を締め切ることも多いので、上手にスケジュールを立ててください。

●**最新情報は「地球の歩き方ホームページ」で**
本書に掲載している情報で、発行後に変更されたものにつきましては、「地球の歩き方ホームページ」の「ガイドブック更新情報掲示板」で、可能なかぎり最新のデータに更新しています（ホテル、レストラン料金の変更は除く）。旅立つ前に、ぜひ最新情報をご確認ください。
●**Up-date情報のアドレス**
URL support.arukikata.co.jp

表記について

見どころなどの固有名詞については、原則として欧文はイタリア語表記とし、カタカナ表記はできるかぎり原音に近いものを基本としていますが、日本で広く普及している表記がある場合はそちらを用いたものもあります。

読者の皆様へのお願い

本書掲載のホテル、レストランは投稿のものであっても、改訂時に編集部より連絡を取り、読者割引についてはホテル側からの提示により割引を掲載しています。少数の読者の方からですが、ごくたまに割引の適用が受けられなかったという投稿があります。そのようなホテルについては今後の掲載に注意をしていきたいと思います。そこでお願いなのですが、読者の皆様で掲載ホテルやレストランを利用した方で、納得できない料金の請求やサービスを受けた方は、編集部まで投稿にてお知らせいただきたいと思います。後に続く皆さんのためにも、掲載ホテルなどを利用した読者の皆様のご感想をお待ちしております。新しい投稿には必ず、地図の添付をお願いいたします。写真付きも大歓迎です。

（編集部　'05）

ホテルの読者割引について

編集部では、読者の皆さんの便宜をはかり、掲載したホテルと話し合い、本書持参の旅行者に宿泊料金の割引をお願いしてあります。同意を得たホテルについてはホテルの名前の近くに読者割引と明示してあります。

予約時に確認のうえチェックインの際に、下記の伊文と本書の該当ページを提示してください。なお、本書は海外ではGlobe Trotter Travel Guideという名称で認知されています。なお、este割引は、2005年1月の調査で同意されたもので、予告なしに廃止されることもありますので、直接ホテルに確認のうえ、利用してください。またこの割引は、旅行会社など第三者を介して予約した場合は無効となります。このほか、ホテル独自のほかの割引との併用もできませんので、ご注意ください。確実に割引を受けるためには予約時にFaxなどでその旨を送付し、チェックインに際し、再確認することをおすすめします。

ホテルの値段で、シングル（€40/50）と示してあるのは、オフシーズンとハイシーズンまたは部屋による差異を表します。

おおむね、ハイシーズンは、3月から11月、ローシーズンは、11月末から2月頃までを指しますが、見本市のシーズンなど、各都市、各ホテルによる差異がありますので、ホテルごとの記述をチェックしてください。

Spettabile; Il Direttore
Indica nella pagina accanto a nome del Vs.Hotel che significato riduzione della camera ecc.come Vs.risposta. Per piacere, darebbe qualche riduzione al presentatore di Ns.guida o carta di Globe-Trotter Travel Guide. Grazie.

本書使用の略記号について

おもな記号・略号

●本書で用いている略号は以下の通りです。

- ❶：ツーリストインフォメーション
- 住：住所　　TEL：電話　　FAX：ファクス
- 開：開館時間　　休：休日、閉館日
- 料：入場料など
- 地：地図上の位置、表記
- ♀：バスターミナル、バスの便
- Ⓜ：地下鉄（メトロ）の駅
- 🚆：イタリア鉄道 TRENITALIA
- ★★★：おすすめ度No.1の見どころ
- ★★　：おすすめ度No.2の見どころ
- ★　　：おすすめ度No.3の見どころ
- ✉：読者の投稿

※その他の記号・略号については、各項冒頭か地図上に説明してあります。

●ホテル・レストランの略号

- D＝ドミトリー料金
- S＝シャワー共同シングル料金
- T＝シャワー共同ツインまたはダブル料金
- 3＝シャワー共同トリプル料金
- 4＝シャワー共同 4人部屋料金
- SB＝シャワーまたはバス付きシングル料金
- TB＝シャワーまたはバス付きツインまたはダブル料金
- 3B＝シャワーまたはバス付きトリプル料金
- 4B＝シャワーまたはバス付き4人部屋料金
- SW＝スイート　　JS＝ジュニアスイート
- C＝使用できるカード
  - A＝アメリカン・エキスプレス
  - D＝ダイナースカード
  - J＝JCBカード　　M＝MasterCard
  - V＝VISA

　カフェ、バール、ジェラテリアなどは、クレジットカードの表示があっても、カウンターでの飲食など、少額の場合は使用できない場合があります。

- 営＝レストランの営業時間
- 料＝ユースなどでの諸料金
- 室＝総客室数　　休＝定休日
- 予＝レストランでの一般的な予算。特に高価な料理を注文せず、普通に食事をしたときの目安。（　）内の〜％はサービス料。コペルトは席料、パーネはパン代を指します。イタリア特有のものですが、近年付加する店は少なくなりました。いずれも定食料金には含まれているのが一般的。定食はmenu Turistico、menu completoなどを指し、各店により皿数は異なります。
- 日本語メニュー＝日本語メニューあり

※各料金で、€100／120とあるのは、ローシーズン／ハイシーズン、または部屋の差異などによる料金の違いを示します。€は通貨ユーロ。

※TおよびTBのツインは、リクエストによって、ツインをダブルにすることができる場合もあります。希望がある場合は、予約時に確認またはリクエストすることをおすすめします。

※本書では、ホテル名の後に★印でカテゴリーを示しておきました。ホテルの分類については、旅の技術編「ホテルに関するすべて」の章をご参照ください。

●鉄道（経路、鉄道または鉄道会社名）
列車の種類：**ES★**＝イーエススター／**IC**＝インターシティ／**EX**＝エスプレッソ・急行／**dir.**＝ディレット・準急／**lr.**＝インターレッジョナーレ・地方列車／**R**＝レッジョナーレ・普通・各駅停車

- e-mail ＝問い合わせメールの宛先
- URL ＝ウエブサイトのアドレス

　寄稿記事のあとに、(東京都　○○太郎 '04)とあるのは、寄稿者の旅行年度を表しています。しかし、入場料などの料金は毎年追跡調査を行い新しいデータに変えてあります。その場合はカッコのうしろに、(東京都　○○太郎 '04) ['05]というようにデータの調査年度を入れてあります。
　ホテルやレストランの料金などについては、改定時に編集部より連絡をとり、新しい情報を掲載しています。

本書の使い方

Navigator
町の歩き方のヒントや目印などを解説しています。

地図
すべての町、地域に地図を添付してあります。

本文見だし
名称は、和文・欧文で表されています。欧文上のルビは、できる限りイタリア語の発音に近くふってあります。見どころ脇の★の数は歩き方が選んだおすすめ度と比例します。

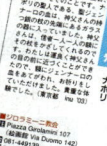

How to access
目的地への足を電車、車、バス、船と区別して、わかりやすく説明しています。

見どころ
どうしても見ておきたいものを取り上げました。

Column と History&Art
知っていたら楽しくより深く町や見どころを理解できる歴史や情報を短くまとめました。

DATA
住=住所、☎=電話番号、開=開いている時間、休=閉まっている日、料=料金、地=地図上のページや位置を表します。

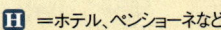 =ホテル、ペンショーネなど 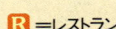 =レストラン =ショップ 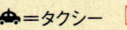 =観光案内所 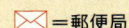 =バス停

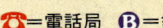 =地下鉄駅 =タクシー 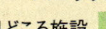 =郵便局 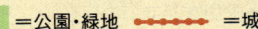 =電話局 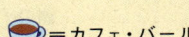 =銀行 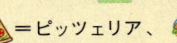 =トイレ

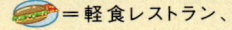 =空港 ●=見どころ施設 =公園・緑地 =城壁

地図上には、 =ピッツェリア、 =軽食レストラン、 =カフェ・バール、 =ジェラテリアなども示されています。

イタリア

ジェネラル インフォメーション

国旗
緑、白、赤の縦縞の三色旗

ナポリの下町にて

正式国名
イタリア共和国
Repubblica Italiana

国歌
マメリの讃歌 Inno di Mameli

面積
30万1225km²（日本の約80%）

人口
5732万人

首都
ローマ Roma

元首
カルロ・アゼリョ・チャンピ大統領

政体
共和制

民族構成
ラテン系イタリア人

宗教
カトリック(95%)

言語
イタリア語
地方により少しづつ異なる方言があり、また、国境に近い町では2ヵ国語を話す。

旅のイタリア語 ▶ P.378

◆通貨と為替レート

通貨はEU単一通貨ユーロ。通貨単位はユーロ€（euro）とセント¢（イタリア語読みはチェンテージモcentesimo／複数形はチェンテージミcentesimi）1€＝100¢、1€＝¥136.95（2005年2月現在）。紙幣は€500、€200、€100、€50、€20、€10、€5。硬貨は€2、€1、¢50、¢20、¢10、¢5、¢2、¢1。

€500紙幣

€200紙幣

€100紙幣

€50紙幣

€20紙幣

表面は数字とヨーロッパ地図の入った、EU共通デザイン。裏面はコロッセオなど、イタリア独自のデザイン

€2硬貨　€1硬貨　50セント硬貨　20セント硬貨

10セント硬貨　5セント硬貨　2セント硬貨　1セント硬貨

旅のお金 ▶ P.358

◆祝祭日（おもな祝祭日）

キリスト教に関する祝日が多い。年によって異なる移動祝祭日（※印）や各都市の守護聖人の祝日にも注意。

1/1	元日 Capodanno
1/6	御公現の祝日 Epifania
2005年3/27、2006年4/16	復活祭 Pasqua ※
2005年3/28、2006年4/17	復活祭の翌日の月曜 Pasquetta ※
4/25	イタリア解放記念日 Anniversario della Liberazione d'Italia
5/1	メーデー Festa del Lavoro
6/2	共和国建国記念日 Festa della Repubblica
8/15	聖母被昇天祭 Ferragosto
11/1	諸聖人の日 Tutti Santi
12/8	聖母無原罪の御宿りの日 Immacolata Concecione
12/25	クリスマス Natale
12/26	聖ステファノの日 Santo Stefano

主要都市の守護聖人の祝日

4/25	ヴェネツィア
6/24	フィレンツェ、ジェノヴァ、トリノ
6/29	ローマ
7/15	パレルモ
9/19	ナポリ
10/4	ボローニャ
12/6	バーリ
12/7	ミラノ

▶ 南イタリア各地のおもな伝統行事 ➡ P.363

ビジネス・アワー

以下は一般的な営業時間の目安。商店やレストランなどは、店や都市によって異なる。また、ローマ、ミラノ、ヴェネツィアなどの一大観光都市を中心に、ブランド店をはじめとする一部の商店、デパートなどでは昼休みなしで、日曜も営業する店も増えてきている。

【銀行】月〜金曜の8:30〜13:30、15:00〜16:00。祝日の前日は昼までで終了する場合もある。銀行の外側や駅などのクレジットカード対応のキャッシュディスペンサーや両替機は24時間利用可能。

【デパートやショップ】夏と冬とでやや異なる場合もあり、10:00〜13:00、16:00〜20:00頃。日曜と祝祭日のほか、夏は土曜の午後、冬は月曜午後を休業とする場合も多い。

【レストラン】昼食 12:00〜15:00頃、夕食 19:00〜24:00頃。

▶ 南イタリア・シチリアで食べる ➡ P.371

電圧とプラグ

電圧は220ボルトで周波数50ヘルツ。ごくまれに125ボルトもある。プラグは丸型のC2タイプ。日本国内用の電化製品はそのままでは使えないので、変圧器が必要。

プラグはC2タイプ。変圧機内蔵のものならプラグの差し換えをすれば使える

ビデオ方式

イタリアのテレビ・ビデオ方式（PAL方式）は日本（NTSC方式）とは異なるので、一般的な日本国内用ビデオデッキでは再生できない。ソフト購入時に確認を。

チップ

レストランやホテルなどの料金には、ほとんどサービス料が含まれているので、必ずしもチップ（伊語でmanciaマンチャ）は必要ではない。快いサービスを受けた時や通常以上の手間をとらせた時などには、以下の相場を参考にしてみよう。

【タクシー】料金の10％程度。

【レストラン】料理代金に含まれる場合が

ほとんど。別計算の場合も、勘定書きには含まれている。店の格により7〜15％程度。

【ホテル】ポーターやルームサービスに対して、€1程度。

【トイレ】係員が一律に徴収する場合や、机にお皿を置いて任意にとする場合がある。€0.20〜0.50程度。

クラシックなイタリアらしいホテルを探すのも楽しい

水

イタリアの水道水は日本とは異なり、石灰分が多い硬水。そのまま飲むことができるが、体調が不安な人はミネラルウオーターを。レストランやバールなどではミネラルウオーターを注文するのが普通。500mlがスーパーで€0.30〜0.80、バールで€0.50〜€2程度。

気候

南北に細長く、温暖で四季がはっきりしている。日本の気候と似ており、ナポリと東京の気温は年間を通してほぼ同じで、冬がやや温暖だ。ただ、夏は乾燥し、梅雨はなく冬にやや雨が多い。北イタリアでは冬はかなり冷える。緯度が高いので、夏は夜遅くまで明るい。

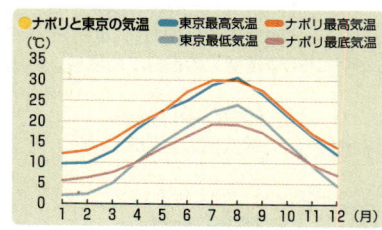

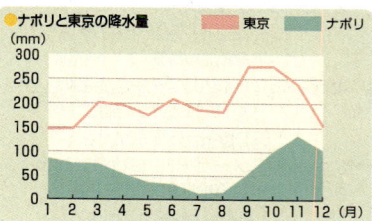

➡ 南イタリアの気候　P.361

日本からのフライト時間

日本からイタリアまでのフライトは、直行便で約12時間。

➡ 南イタリアへ　P.338

時差とサマータイム

日本との時差は8時間。イタリアの朝10時が日本では夕方6時となる。サマータイム実施時は7時間の差になる。

電話のかけ方

日本への電話のかけ方

| 00
国際電話識別番号 | + | 81
日本の国番号 | + | 相手先の番号
（市外局番の最初の0は取る） |

テレホンカード専用の最新型電話機

日本からイタリアへの電話のかけ方

国際電話会社の番号	+	国際電話識別番号	+	イタリアの国番号	+	相手先の電話番号
KDDI※1 ……001 NTTコミュニケーションズ※1……0033 日本テレコム※1 ……0041 au（携帯）※2 ……005345 NTTドコモ（携帯）※2……009130 ボーダフォン（携帯）※2……0046		010 ※2		39		0123-456 ※3

※1　「マイライン」の国際区分に登録している場合は不要。詳細はURL www.myline.org
※2　NTTドコモ、ボーダフォンは事前登録が必要
※2　auは、010は不要
※3　旧市外局番の0からダイヤル

現地での電話のかけ方

市内通話、市外通話ともに、0で始まる旧市外局番からダイヤルする。

➡ 電話のかけ方　P.362

ジェネラル インフォメーション

サマータイムの実施期間は3月の最終日曜から10月の最終土曜まで。ただし、変更される年もある。

クリスマスの風物詩、ザンポーネ(バグパイプ)を吹く羊飼い

郵便

郵便局は中央郵便局と小規模の郵便局の2種があり、営業時間や小包みなどの取り扱い業務が異なる。切手は、郵便局のほか、TのマークのタバッキTabacchi(タバコ屋)で購入することもでき、ポストも日本同様に各所に設置されている。

中央郵便局の営業時間は月～金曜8:30～19:00、土曜8:30～12:00。その他の郵便局は月～金曜8:30～14:00、土曜8:30～12:00。
【郵便料金】日本への航空便(ポスタ・プリオリタリア)は、ハガキや20gまでの封書は€0.80。

郵便 ▶ P.364

主要な駅には郵便局がある

入出国

【ビザ】観光目的での滞在の場合は、90日までビザは不要。
【パスポート】入国に際しては、原則としてパスポートの有効残存期間が90日以上必要。出入国カードの記入の必要はない。

税関関連の情報 ▶ P.366

税金

ほとんどの商品にIVAと呼ばれる付加価値税が10～20%かかっている。EU以外の居住者は、€154.94以上の買い物をし、所定の手続きをすれば、手数料などを差し引いた税金が還付されるシステムがある。買い物をする時や帰国時には、忘れずに手続きをしよう。

タックスフリー(免税)ショッピング ▶ P.365

安全とトラブル

地下鉄やバスなどの公共交通機関内でのスリ、町なかでは子供や乳飲み子を連れたスリ集団などの被害の報告が多い。力づくで金品を奪うことは少なく、各個人の注意により未然に防ぐことができると思われる。

安全・快適に旅するために ▶ P.368
トラブルに遭ってしまったら ▶ P.370
旅のトラブル実例 ▶ P.388

年齢制限

レンタカー会社では、21～25歳以上で運転歴が1年以上、または60歳以下などの年齢制限を設けている場合もある。

また数は多くないが、一部の博物館や美術館では、学生や26歳以下、65歳以上の場合に割引が受けられることもある。

レンタカー ▶ P.346

度量衡

長さはセンチ、メートル、重さはグラム、キロで日本と同じ。食料品店などで表示されるettoエットは100グラムのこと。

禁煙法の施行

2005年1月10日より、「禁煙法」が施行され、美術館、博物館、映画館、列車および、レストラン、バールなどを含め、すべての屋内、公共の場での喫煙は禁止。違反者には、罰金が課せられる。

マルタ共和国
Republic of MALTA

0 2.5 5Km

コミノ島

ゴゾ島へのフェリー乗り場
チェルケウア
Cirkewwa
45,48,452,
453,645
44
43,48,
441,645

メーリッハ湾
Mellieha Bay

メーリッハ
Mellieha

441
ポパイ村
Popeye Village

サント・ポールズ湾
St Paul's Bay
48,51

ブジッパ
Bugibba

Xemxija

43,48,645

アズール・ウィンドー
Azure Window
91

カート・ラッツ
Cart Ruts
54,56

ナッシャール
Naxxar

ゴールデン湾
Golden Bay
47,52

イムジャール
Mgarr
47

ゼッビーハ
Zebbieh

マルタ本島
MALTA

53,57
モスタ
Mosta

アッタード
Attard

カート・ラッツ
Cart Ruts

バハリッヤ
Bahrija

80,81

イムディーナ
Mdina

ラバト
Rabat
80,81

ディングリ
Dingli
81
ブスケット・ガーデン
Buskett Garden

ディングリ湾
Dingli Cliff

地中海
MEDITERRANEAN SEA

14

イタリア唯一の自然遺産、エオリエ諸島

南イタリアとマルタの
世界遺産

マルタ共和国の海辺の風景

ナポリのプレビシート広場

　2005年現在、南イタリアのユネスコ世界遺産は12、マルタ共和国は3つを数える。古代からの歴史のなかで多様な文化を育んだ土地は、旅行者にとっても興味深い。この地の世界遺産を訪れることは、イタリアやマルタ共和国の多様な文化や歴史を知ることに他ならない。とりわけ地中海沿岸のこの地域には、今なお謎に包まれた巨石神殿やギリシア植民都市の神殿群など、壮大な世界遺産が多く、古代へのロマンを誘ってくれる。また、美しい自然のなかに広がるものも多く、世界遺産巡りは旅の一服の清涼剤となるだろう。

南イタリア、シチリアとマルタ

campania

カンパーニャ州

ナポリの歴史地区 登録年：1995年

ギリシアの植民都市として、紀元前からの歴史を紡ぐナポリ。温暖で風光明媚、そして南イタリアの経済・文化の中心地であったこの町は、幾千年もの間さまざまな異民族の支配を受け入れた町でもあった。かつての支配者が残した多様な文化や特色は、美しい遺産として町を飾り、比類がない景観を作り出している。

マヨルカ焼が美しいクラリッセのキオストロ

壮麗なたたずまいの王宮

ナポリの旧市街

サンテルモ城前からのナポリの全景

ポンペイ、エルコラーノ、トッレ・アンヌンツィアータの考古学地区 登録年：1997年

紀元79年、ヴェスーヴィオ火山の噴火に一瞬のうちに呑み込まれた古代都市ポンペイ、エルコラーノ、トッレ・アンヌンツィアータの町々。18世紀に発掘が開始されるまで、タイムカプセルのように埋まった古代の町並みは、今なお当時の高い文化水準と豊かな生活をヴィヴィッドに伝える。

邸宅跡に残るモザイク（エルコラーノ）

ヴェスーヴィオ火山をバックに広がるポンペイの遺跡

カゼルタの王宮、庭園、ヴァンヴィテッリの水道橋、サン・レウチェの複合建築

登録年：1997年

18世紀半ば、ブルボン家のカルロス7世がフランスのベルサイユ宮殿に対抗すべく建造した豪壮な王宮と広大な庭園、水道橋などの複合建築群。壮大な建築群だけではなく、水道橋をはじめ、庭園に配された池の水の流れ、王宮の内部構造など、合理主義が生んだ当時の革新的な施設の構造にも注目したい。

広大な庭園を舞台に水と彫刻が調和するカゼルタの王宮

アマルフィ海岸

登録年：1997年

美しい海岸線が続く、アマルフィ海岸。地中海の覇者アマルフィ、白い家々が階段状に続くポジターノ、断崖の海岸線を見下ろすソレント……。そして、町の背後に幾重にも連なる丘にはレモンやオレンジの畑が広がり、切り立った岸壁の下には紺碧に輝く地中海が広がる。歴史と自然に彩られ、絵画的な美しさに満ちた海岸線が続く。

山が間近に迫る、アマルフィの町並み

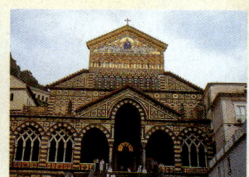
黄金に輝くドゥオーモ

白い家並みが続く、ポジターノ

チレント、ディアーノ渓谷国立公園とパエストゥムとヴェリアの考古学地域およびパドゥーラの修道院

登録年：1998年

カンパーニャ州の南東、ティレニア海沿岸から内陸の渓谷までの広大な地域に広がる世界遺産。壮麗なギリシア神殿群が残るパエストゥムをはじめ、複雑な入江に自然の洞窟が点在するチレント海岸、南イタリア最大のバロック様式のカルトジオ修道会など、自然美と長い歴史に彩られた地域だ。

パドゥーラのカルトジオ修道会

古代がよみがえる、パエストゥムのギリシア神殿

puglia

プーリア州

アルベロベッロのトゥルッリ

登録年：1996年

　円錐形の屋根と白い壁が特徴のトゥルッリ。ブロック状の石灰岩をモルタルなしの空積み工法で組み、周囲を漆喰で塗り込めた、その起源はいまだ明らかにされておらず、西ヨーロッパにおける有史以前の建築技法だとも言われている。プーリア州のまぶしい太陽と青い空の下、丘の上に広がる白い町並みは一種幻想的だ。

アルベロベッロの路地

丘を埋め尽くすように、どこまでも続くトゥルッリの家並み

カステル・デル・モンテ

登録年：1996年

　13世紀に皇帝フリードリッヒ2世（フェデリーコ）によって建造された軍事施設。地中海制覇を夢見た皇帝は南イタリアに数多く城塞を築いたが、カステル・デル・モンテはとりわけ傑出したもの。細部まで天文学的、数学的に緻密に計算され、イスラム、ギリシア、ローマそしてゴシック様式が調和を見せている。

すべてが八角形に意匠されたカステル・デル・モンテ

遠くに海を見下ろし、ムルジェの丘に孤高にたたずむ

カステル・デル・モンテの中庭

バジリカータ州

マテーラのサッシ群
登録年：1993年

　地中海地域の洞窟住居（サッシ）の集落として、規模、保存状態ともに他の類を見ないマテーラ。凝灰岩の岩盤をくり抜いた簡素な洞窟住居は、その源を旧石器時代にさかのぼり、厳しい自然のなか家畜と暮らした人々の生活様式の推移をうかがい知る場でもある。現在無人の町と化した町並みは、寂寥感に包まれる。

渓谷にまたがる岩山を掘って造られたサッシの町並み

ドゥオーモの尖塔がそびえる旧市街

シチリア州

アグリジェントの考古学地域
登録年：1997年

　紀元前6世紀、ギリシアの植民都市として築かれ、地中海沿岸都市の中心地として栄えたアグリジェント。遠くに海を望み、オリーブの葉陰の揺れるこの町は、都市建設のモデルとして、後のギリシア・ローマ時代の町々に多大な影響を与えたのだった。今なお残る20もの神殿は、昔日のロマンを誘う。

ギリシア神殿の傑作と称される、コンコルディア神殿

カサーレのヴィッラ・ロマーナ
登録年：1997年

　シチリアのヘソと呼ばれるエンナの近くに残る、古代ローマ時代の貴族の別荘。4000㎡に渡る広大な別荘には、各種の浴場が設けられ、その床面はモザイクで装飾されている。描かれているのは、神話の物語やビキニの乙女をはじめとする当時の人々の営み。地中海地域の当時の生活を、現在に伝える場でもある。

大きさと美しさに圧倒される床面モザイク

エオリエ諸島

登録年：2000年

　シチリア島の北東、7つの島並みが続くエオリエ諸島。今も火山は噴煙を上げて溶岩を流し、海岸には温泉が湧き出る火山性諸島だ。ふたつの異なる火山性の噴火を示し、火山地質学の研究の場として重要な地域だ。澄んだ青空とエメラルド色に輝く海原、火山活動が生む自然現象など、リゾートとしての魅力も尽きない。

リゾート気分あふれるリパリ島のコルタ港

ボートでの魚売りの姿

ブクブクと泡が立ち、匂いも強い泥温泉。顔や体に泥を塗ってパックする人もいる。温度は人肌

海が美しいアクアカルダ周辺

いつも噴煙を上げるストロンボリ島の雄姿

ノート渓谷の後期バロック都市

登録年：2002年

　シチリア島南東部、カターニア、ラグーザ、ノート、カルタジローネなど8つの町に広がる世界遺産。いずれも、1693年の大地震の後に大規模な都市計画により建設されたもので、高い建築技術と芸術性を示し、後期バロック様式で装飾されている。視覚に訴えるかのような町並みは、まるで華麗な舞台装置のよう。

軒先まで装飾された邸宅

広々とした空間が広がる、カターニアのドゥオーモ広場

マルタ共和国

ハル・サフリエニ・ハイポジウム

登録年：1980年

紀元前2400〜2500年頃、先史時代に建造された地下遺跡。ヨーロッパにおける最初の石を用いた建築とされている。石器を用いてくり抜いた建造物は、複雑な地下3層構造からなり、38もの石室が続いている。発掘当時に6000体もの遺骨が発見されたことから、祭儀と埋葬に使われた地下墓地と推察されている。

ここで出土したスリーピング・レディ

家屋の建設途中に発見された遺跡は、まさに住宅街に建つ

ヴァレッタ旧市街

登録年：1980年

ロードス島を追われ、マルタに本拠地を移した聖ヨハネ騎士団は、1565年のトルコ軍との熾烈な大包囲戦を戦い抜いた。この戦いを機に、島の北東部に城塞で囲まれたより堅固な城塞都市ヴァレッタの町の建設に着手。まっすぐに延びた道路、堅牢な城塞、騎士団長の宮殿、聖ヨハネ教会など、16世紀当時のままに今も残る。

まっすぐに延びた道路が続く町並み

天然の要塞でもあったヴァレッタの町を、エルモ砦から望む

巨石文化時代の神殿群

登録年：1980/1992年

青銅時代に源を発するという巨石神殿群。マルタ本島をはじめ、ゴゾ島に点在し、その数30に上る。モルタルや機具を用いずに巨大な岩を縦横に組み上げた様子は、重機のない時代に、人間の力を超えた偉業といえる。神殿内には祭壇が飾られ、輪廻転生を表すというらせん模様が描かれている。

神殿内部に刻まれたレリーフ

精密に積み上げられた石組み

ゴゾ島のジュガンティーヤ神殿

色彩のワンダーランド
南イタリアの市場を訪ねよう

旅の楽しみのひとつが、その土地の生活を感じること。生き生きとした普段着の生活がかいま見られるのが市場、メルカートMercatoだ。ミラノやローマなどの都会では、今では近代的なスーパーが目につき、昔ながらの市場は徐々に規模を狭め、利用する人も少なくなってきた。しかし、南イタリアの市場はいまだ健在。野菜や果物の色があふれ、にぎやかなかけ声が飛び交う。旅行者の私たちは、まるで迷宮に迷い込んだような錯覚さえ覚える。さあ、南イタリアのワンダーランド、市場へ出かけてみよう。

出来たてに買い手が集う屋台

細い路地に商店と屋台が並ぶ

名物のパニーノをどうぞ

採れたての貝類が並ぶ路地

■市場での注意
　市場へ出かける際は、貴重品はホテルに置いて小銭程度を持って出かけよう。誰が見ているかわからない場所では大きなお札を出したりすることは厳禁だ。クレジットカードは使えない。

■市場の営業時間
　市場は午前中から夕方まで営業している。日曜・祝日は休みの所がほとんど。パレルモのバッラロの市場は午後早い時間に店じまいするが、日曜も営業している。

色彩とエネルギーの大洪水
パレルモの市場

店頭の大鍋でゆでたばかりの野菜も売られている。これはカルドン。アーティチョークの茎に似たもので、弱った肝臓に効果があるとか

パレルモを代表する市場といえば、ヴッチリアVucciria（P.181 B3、P.194）。カラッチョロ広場Piazza Caraccioloを中心に広がる狭い路地の左右に屋台が並び、昼間も薄暗い様子はまるで迷路のよう。近年は、観光客の姿が多いという声もあるので、もっと庶民的な生鮮市場ならバッラロの市場Ballaro（P.181 C3）へ行ってみよう。中央駅の北西、カルミネ広場Piazza Carmineからバッラロ広場Piazza Ballaroの間に広がる、魚、肉、野菜など生鮮食品を中心とした市場だ。まず驚かされるのが、男性の姿。売る人はもちろん、買う人もほとんどが男性。イタリアのまだまだ古い家族像がうかがい知れるようだ。バッラロ広場の入口では、生カキの殻をその場で開けてもらってすする人、揚げ物片手に朝からワインを一杯やる人。パニーノには行列さえできている。このパニーノは牛の肺や脾臓などのモツ類をヘットで煮て、小型のパンにはさんだもので、パレルモの代表的なスナックのひとつだ。バ

売り手も買い手も男性中心のバッラロ市場。品物を吟味する目は厳しい。日本のものより色が薄く、大型のブロッコリーを買い物中

スケットに入っているのは、保温のため。お客の注文のつど、バスケットに手を入れて、ひとつかみのモツを取り分けてくれる。奥に進むと、にぎやかなかけ声をかけるオリーブ売りのおじさん、毛皮が付いたままの羊が店先に下がる肉屋の店先。ゆでた野菜や焼いた玉葱なども売られ、テーブルに並ぶのが目に見えるようだ。

規模が大きく、衣服、生鮮食品、古着、台所用品、日用品など品揃えが広いのがカーポの市場Il Capo（P.181 B2・3）。マッシモ劇場の南に東西に広がり、観光の途中に寄るには最適。マクエダ通り北のサンタゴスティーノ通りVia Sant'AgostinotoからPiazza Beati Paoliまで、南はマクエダ通りをはさんでVia Bandieraに続く。

その日の朝に出来たてのリコッタチーズ。蜂蜜やジャムをかければ、おいしいデザートになる。パスタの詰め物など、料理にも欠かせないチーズだ

パレルモの名物お菓子。砂糖漬果物が華やかに飾られたカッサータ（左）とリコッタチーズのクリームをタップリ詰めた筒型のカンノーロ

市場や町角の路上のパン売りも、パレルモではおなじみの風景。焼きたてがバイクや車で運ばれる

かけ声がひときわ響く、オリーブ売りのおじさん。緑のものから黒く熟したものまで、さまざまな種類が並ぶのも、産地ならでは。おつまみやおやつとして食べる人も多い

店頭を飾るペーシェ・スパーダ（カジキマグロ）の剣のような頭部。イタリアではポピュラーな魚。グリルやシチリア名物のインヴォルティーニに料理される

皮をはぎ、内臓を出したばかりの新鮮なウサギや子羊は屋台の軒先に下げられて、出番を待機中

バスケットに入ったモツ売りはいつも大にぎわい

生カキの屋台。その場で殻を開けてもらい、食べる人の姿もある

マリーナ広場（P.181 B4）広場周辺の骨董市。調度品から書籍、切手、日用品まで並び、玉石混交の雰囲気も楽しい

モツのパニーノ
小型パンにリコッタチーズを塗り、ヘットで煮た牛の肺の薄切りをタップリ重ね、さらに削ったチーズがのっている。クセもなく淡白で食べやすい
（アンティーカ・フォカッチェリア・サン・フランチェスコP.202にて）

パレルモのスナック盛り合わせ
モツのパニーノ（奥）、小型のポテトコロッケ、アランチーニ、ヒヨコ豆の粉を焼いたパステッラ（手前）、ピッツァ（右）

ナポリッ子の胃袋
ナポリの市場

ナポリの市場はfs線ナポリ中央駅付近に集中している。駅の北西、カプアーナ門Porta Capuana周辺（P.31 A3）、南東のノラーナ門Porta Nolana周辺（P.31 A・B3）には生鮮市場の屋台と小さな商店が小路にひしめきあって並ぶ。

魚、肉、野菜、果物の屋台がズラリと並んだ様子はまさにナポリの胃袋、町のエネルギーが凝縮されているようだ。貝類は水を吹き、新鮮な魚はウロコを輝かせ、時には大きな魚が目の前で解体される。色とりどりの野菜や果物は屋台ごとに工夫して美しく山と盛られる。店頭にまるでカーテンのように掛けられた流行の衣類、山と積まれた古着など、買う気がなくても足をとめたくなるおもしろさだ。

市場では、揚げ物や焼きたてのピッツァを売る店もあり、出来たてを紙にくるんでもらってその場で頬張るのも市場のお楽しみ。

チーズの屋台。カンパーニャ州特産の大型のプロヴォローネ、スカモルツァ、モッツァレッラをはじめ、グリエールなど各種チーズが勢揃い

ナポリっ子の大好物スフォリアテッラの熱々を頬張る

ナポリ名物のピッツァと揚げ物の店の店頭。ポテトコロッケ、イワシのフリット、ポレンタのフリット、揚げミートボールなどをはじめ、焼きたてのピッツァも並び、朝から飛ぶように売れる。ピッツァも1枚約150円という、お手頃値段

1/6のエピファニアの祝日を前にした食料品屋の店頭。エピファニアは東方の3賢王が幼いイエスへ貢ぎ物を捧げた日とされ、子供がプレゼントをもらう日。プレゼント用のチョコレートやキャンディーは量り売りされ、それを入れる靴下も売られている。

かけ声も勇ましく、大型の魚を解体する店先。珍しいサメの1種

彩りも美しく並べられた屋台

South Italy

ナポリとカンパーニャ州
NAPOLI E CAMPANIA

ギリシア人の植民地として始まったカンパーニャ州には、いたるところにギリシアやローマ時代の遺跡が点在している。世界的に有名で保存状態のよいポンペイ、エルコラーノ、パエストゥム（ペストゥム）の遺跡などは、非常に貴重なもの。すべてを訪れることは無理でも、どこかひとつは必ず訪れてみたい。

また、カプリ島、イスキア島、プローチダ島など大小さまざまな美しい自然と青い海に囲まれた島々は本土から約1時間、日帰りでも充分訪れることのできる距離にある。古代ローマ皇帝の時代から愛されたこの地には、世界中から夏のヴァカンスを過ごしに観光客が訪れる。また、断崖の海岸線の続くアマルフィ海岸は、ナポリ県とサレルノ県にわたって次々と美しい風景を私たちに見せてくれる。

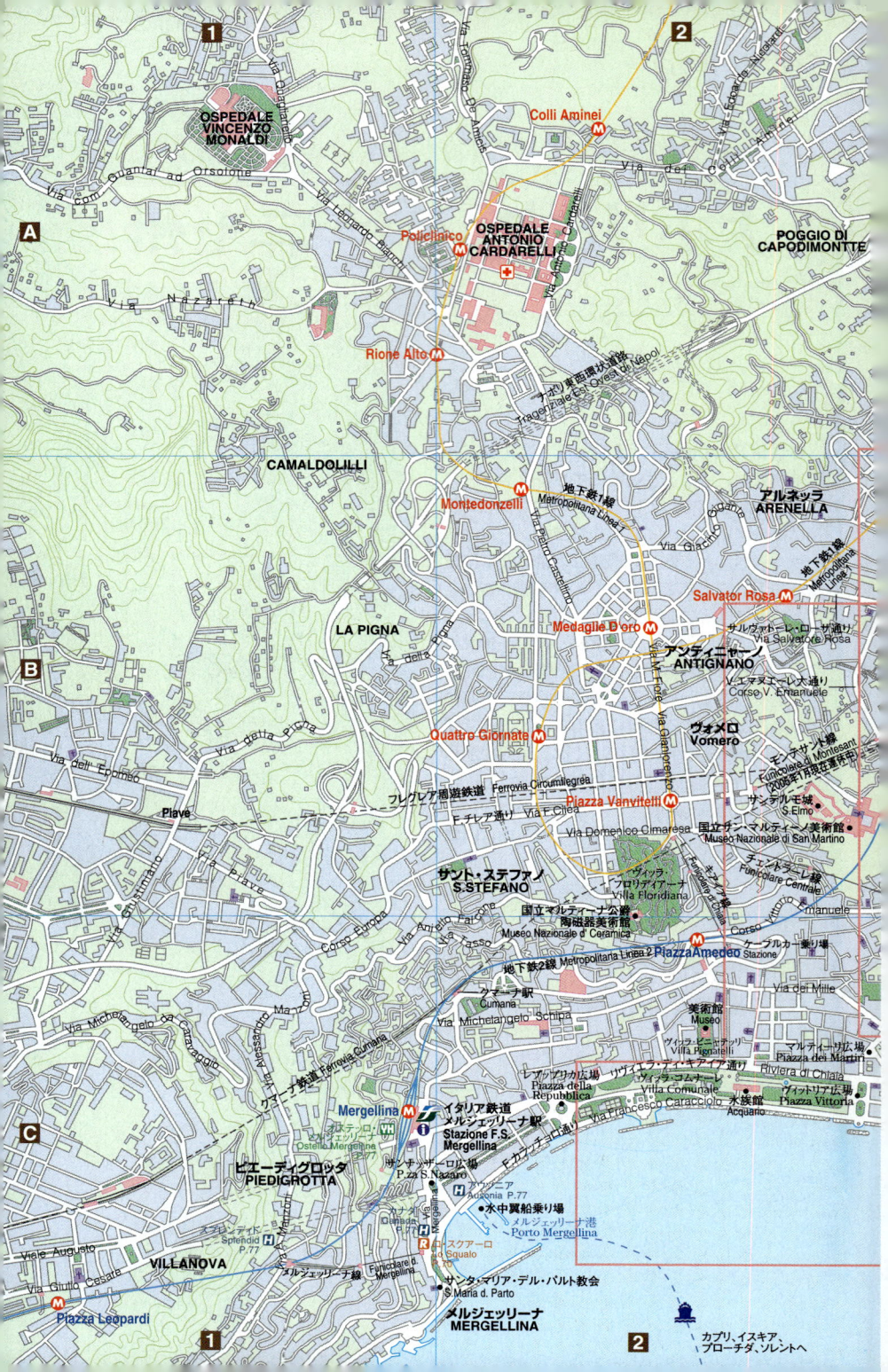

あらゆるものが凝縮されたカオスの町
Napoli
ナポリ

修復も終わり美しいガッレリア

サンタ・キアーラ教会のマヨルカ焼のキオストロ

スパッカ・ナポリ

●おもな行事
- ●聖アントニオ祭
 (1月17日)
 Festa di S. Antonio
 聖人を祝い旧市街の路地に火を灯す。
- ●聖ジェンナーロ祭
 (5月第1土曜日、9月19日)
 Festa di S. Gennaro
 聖人を祝い旧市街の路地に火を灯す。
- ●クリスマス(12月)
 町のイルミネーション、サン・グレゴーリオ・アルメーノ通りでのプレゼーピオの販売など。

港町ナポリはローマ、ミラノに続く**イタリア三番目の大都市**。国家統一以前は、数世紀にわたりイタリア半島最大の国家の首都であった。町を歩けばいたるところで目に付く美しいモニュメントや、旧市街にひしめきあう教会の豪華な内装を見れば、過去にナポリがいかに豊かで重要な都市であったかが理解できる。

近代のイタリアは経済的に急発展した北部と、何の解決策もないまま年々増加する失業者を抱え低迷する南部との格差という深刻な問題を抱えている。南イタリア最大の都市であるナポリには、今後解決しなければならないさまざまな課題が残る。しかし、スリや犯罪が多発するために、観光客が寄り付きにくかったナポリは、ここ数年の間に大きく変わった。旧市街は「**世界遺産**」に指定され、閉ざされていた数々の芸術作品の眠る教会の扉が開かれた。実際にナポリを訪れる人の数も急激に増えている。「危険なナポリ」という古いイメージを捨てて、「秘密の宝庫ナポリ」に出かけるときが来たのだ!

「イタリアの永遠の劇場」と呼ばれるナポリの路上では毎日さまざまな人情劇が繰り広げられている。いいかげんでお調子者、時間にルーズなナポレターノ……と否定的に言うよりも、やりくり上手で、自分の楽しみに時間を割く、人生のエキスパートと言った方が正しいかもしれないナポリっ子。ナポリに生きる人々を見ていると、時間に追われ仕事中心の人生を送る私たち日本人のほうが、いつしか本当の人間の生き方を忘れているのではないか、という気がしてくる。

さあナポリでどんな役を演じるかはあなた次第。だませるものならだましてごらん……、そのくらいの気持ちで胸を張ってナポリを歩こう。ナポリという舞台で本当の自分を演じてみれば、あの有名な言葉「**ナポリを見てから死ね** Vedi Napoli e poi muori!」の意味を理解することができるかもしれない。

サン・マルティーノ修道院からの眺め

下町の魚市場にて

カンパーニャ州 ナポリ

History&Art
●苦難の歴史が作り上げた"ナポリ気質"

　紀元前7世紀のギリシア人が築いたネアポリス（新しい都市）は、その時代のほかの都市と同様にローマの支配下に置かれ、温暖な気候と美しい自然環境から歴代皇帝の避暑地となる。短い期間ゴート族の支配を受けた後、再びビザンチンの手

サンタ・ルチアにある卵城

に戻ってから人口が倍増、周辺都市を含む小さなナポリ公国として763年に独立した。勢力をつけたナポリはイスラムの海軍に抵抗し勝利を治め、アラブ人との交易も盛んになり黄金期を迎える。しかし、1139年ついに**ノルマン**に屈伏、パレルモに首都を置くシチリア王国の一部となり**カプアーノ城・卵城**が建設される。
　1266年、ノルマン朝の最後の君主が斬首されフランスの**アンジュー家**がシチリア王となると、首都がナポリに戻り、外交上シチリア王国と呼ばれるナポリ王国が脚光を浴びる。カルロ1世はヌオーヴォ城を建設、港を整備した。**サン・ロレンツォ・マッジョーレ教会、サンタ・キアーラ教会、サン・ドメニコ・マッジョーレ教会**などがこの時

代のもの。アンジュー家3代目のロベルト王は**サンテルモ城**を築いた。1442年アラゴン家のアルフォンソが王座に就くとナポリにもルネッサンスが開花する。1503年フランスとスペインの戦いにより、首都ナポリはスペインの属州に失墜。抑圧的な総督政治の下、スペインから多くの移民が流れ込み、住宅問題を抱え、トレド総督は**スペイン人地区**を区画整備した。**17世紀**には、ペストが流行したにもかかわらず、総督たちの手によって教会は**豪華なバロック様式**に改装された。
　1734年ヨーロッパ列国によって、**ブルボン家**のカルロに譲り渡されたナポリは再び首都に返り咲き、**サン・カルロ劇場、カポディモンテの王宮**、現在の**ダンテ広場**であるカルロ王のフォルムなどが建設される。ナポレオン時代には1806年から10年間フランスの統治下に置かれるが、ブルボン家に政権が戻り19世紀後半のイタリア統一を迎える。
　混乱を極めた戦後の苦しい時代に、ナポリから海外へ多くの人々が移民してゆき、故郷を離れる思いを歌った**ナポリ民謡**は今日では世界中で奏でられるほど有名になった。世渡り上手なナポリ気質は、目まぐるしく変わる支配者を上手に受け入れてきた長い歴史の中で育てられてきたのだ。

地下鉄が開通したダンテ広場

ナポリの交通

●郵便番号　80100

●空港からのアクセス
　空港から市内へはシャトル便のアリバスと市バスの2種類が運行。いずれも空港での乗り場は空港を背にした右側。
●アリバスAlibusは、空港⇔中央駅⇔ムニチーピオ広場（P.30 C2）に停車し、6:30～23:30に約30分間隔の運行で所要約20分、料金€3、切符は車内で購入。
●市バス3Sは、路線はアリバス同様ながら各停留所にも停車し、約15分間隔の運行、料金€1、切符は事前に空港内の売店SUNRTOREなどで購入。
　中央駅では、アリバスはマクドナルド脇の郵便局前、3Sはマクドナルド斜め前の広場内にバス停がある。
　空港からはソレント行きのプルマンも1日約6便運行。

●ナポリ中央駅の荷物預け
　fs線ホーム入口に向かって駅構内右奥。
開 7:00～23:00
料 5時間まで€3.50
　6～12時間まで、1時間ごとと€0.30
　13時間以降、1時間ごと€0.10

　イタリア鉄道fsのほか、ナポリ郊外を結ぶ私鉄、地下鉄、バス、ケーブルカー、南イタリアをはじめイタリア各地を結ぶ長距離バス（プルマン）、島を結ぶ船などさまざまな交通機関が運行している。

ナポリ中央駅、安全に注意のこと

●ナポリの鉄道fs駅

　鉄道fsの駅は複数ある。ローマなどからの主要列車は、町の東にあるナポリ中央駅Napoli Centrale(Napoli C.leと略)、その地下のガリバルディ広場駅Napoli Piazza Garibaldi(Napoli P.G.)、海に近いメルジェッリーナ駅、カンピ・フレグレイ駅Napoli Campi Flegrei (Napoli C.F.)などに停車。各駅は地下鉄で結ばれている。

ナポリ中央駅　切符売り場

ナポリ / Napoli

ナポリ中央駅構内　地下1階（地下鉄、ヴェスーヴィオ周遊鉄道連絡口）

■地下1階

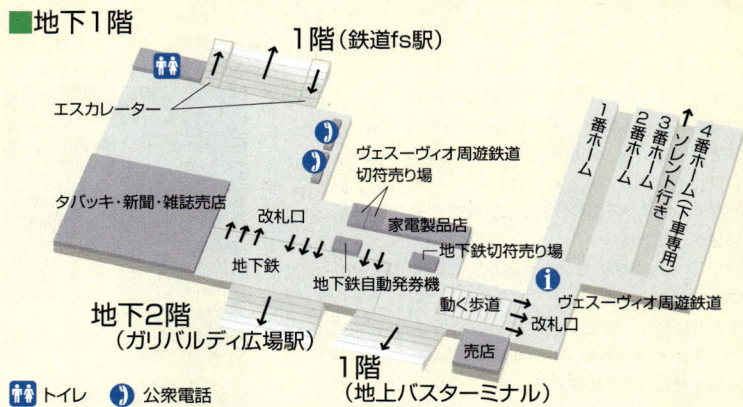

Traffic Info.

カンパーニャ州 ナポリの交通

●私鉄 ヴェスーヴィオ周遊鉄道 Circumvesviana
（チルクムヴェスヴィアーナ）

中央駅の地下道奥からは、ポンペイやソレント行きのヴェスーヴィオ周遊鉄道が運行している。中央駅から階段を下ると切符売り場があり、奥に続く動く歩道を進むと、ホームへ出る。切符売り場近くの改札口は地下鉄なので注意。周遊鉄道は路線がいくつもあるので間違えないように乗ろう。エルコラーノへはソレント行きのほか、トッレ・アンヌンツィアータTorre Annunziata経由ポッジョマリーノPoggiomarino行きなどで。ポンペイへはソレント行きに乗車。ユーレイルなどのパス類は使えない。

ヴェスーヴィオ火山の周囲を回る鉄道

■How to access
■電車で行くには
● ローマ→ナポリ
　ES★：1時間30分
　IC　：1時間30分～2時間10分
● ミラノ→ナポリ
　ES★：6時間30分～7時間
　IC　：8～9時間
■車で行くには
● ミラノ・ローマ→（A1）→ナポリ
■飛行機で行くには
● 各都市→ナポリ・カポディチーノ Capodicino空港
　ミラノから　　約1時間30分
　トリノから　　約1時間30分
　ヴェネツィアから 1時間15分

■駅名に注意
時刻表にナポリ〜とあっても油断は禁物。ナポリに続く略字に注目しておこう。中央駅ではなく、別の駅止まりということもある。大きな荷物があると、移動は意外と面倒なもの。乗車前に滞在ホテルの最寄り駅、列車の停車駅、発着駅を確認しておこう。

●私鉄 フレグレイ平原周遊鉄道 Circumflegrea
（チルクムフレグレア）

地下鉄モンテサント駅近くからフレグレイ平原行きの周遊鉄道も運行している。ナポリ市内から西の海岸までを結び、南北に分かれて2路線あるが、観光には海岸線を走るクマーナ線が便利。ポッツォーリやクーマの遺跡へ行く際に利用。ユーレイルなどのパス類は使えない。

ヴェスーヴィオ周遊鉄道

Napoli

■地下鉄工事とバス路線の変更
ナポリの地下鉄は2007年に全線開通および各駅もオープン予定。'05年現在も、町の各所で駅の建設が進行中だ。そのため、一部のバス路線、停留所の変更が行われてる。バス停やバスの正面には行き先が表示してあるので、まずは確認を。また、バスターミナルとなっている中央駅前も工事が続行中。バスやプルマンの乗車の際は路線の有無と乗車場所の確認をす。

■バスターミナル
● Autostazione
住 Piazza Garibaldi
地 P.35 A3・4

■始発乗車で安心
観光に便利な市バスR2は、中央駅前のガリバルディ広場の一番奥からの発車。大型の連結車両なので、この広場からなら、ほぼ確実に座れる。

■切符はどこで購入するのか？
駅構内の自動券売機、タバッキや新聞売り場などで販売。中央駅前広場中ほどにはバスの案内所兼切符売り場がある。

■公共機関の切符
Biglietto UnicoNapoli
ナポリ市内および近郊へも使用できるバス、トラム、フニコラーレ、地下鉄などの公共交通の切符はウニコナポリと呼ばれ、種類は以下の通り。
■時間券Orario：€1（90分間有効）
■1日券Giornaliero：€3
■週末1日券Week-end un giorno：€2.50
■1週間定期Abbonamenti Settimanale：€9
● 時間券は時間内ならバス、トラムは何度でも乗り換え可。ただし、ケーブルカー、地下鉄は1回のみ。
● 1日券は、バス、トラム、ケーブルカー、地下鉄に共通。
● バス、地下鉄、フニコラーレの検札は厳しいので、切符は必ず乗車時に打刻し、下車するまで持っていよう。1日券などの場合は最初の乗車時に打刻すればOK。地下鉄やフニコラーレに乗車する場合は、改札の係員に提示して、自動改札口以外から入ろう。

バスの正面には、番号、行き先が表示してあるので、乗車前に確認しよう。また、運転席近くの電光掲示板には次の停留所も表示されるので便利だ。

●市バス

町を縦横に路線が走り、便利な存在。ただし、混雑することも多く、それに乗じてスリが出没するともいわれるので注意して乗車しよう。座って、車窓からにぎわうナポリの町を眺めながら行くのも一興だ。

バスのターミナルは中央駅前のガリバルディ広場と町の中心やベヴェレッロ港にも近いムニチーピオ広場。ムニチーピオ広場では広場内や周辺道路にバス停が点在しているので、下車したバス停を覚えておくと帰りの便を利用の際に便利。観光に便利なR2は循環バスなので、もし降り損ねても、多少の時間はかかるが元の場所に戻るので安心だ。バスの正面には、番号、始発・終点が表示されているので、確認してから乗車を。

中央駅にはバスターミナルがあり旅の拠点に便利

●観光に便利な路線
● R2：中央駅前ガリバルディ広場←→ウンベルト1世通り←→G.ボヴィオ広場←→ムニチーピオ広場（ヌオーヴォ城、ベヴェレッロ港）←→V.エマヌエーレ3世通り←→サン・カルロ通り←→メディーナ通り←→G.サンフェリーチェ通り←→ガリバルディ広場
● R1：メダリエ・ドーロ広場←→G.サンタクローチェ通り←→ダンテ広場←→トレド通り←→マッテオッティ広場←→G.ボヴィオ広場←→ムニチーピオ広場←→メディーナ通り←→国立考古学博物館←→メダリエ・ドーロ広場
● R3：メルジェッリーナ←→サンナッザーロ広場←→リヴィエラ・ディ・キアイア通り←→ガッレリア（トンネル）←→ムニチーピオ広場←→メディーナ通り←→ムニチーピオ広場←→サン・カルロ通り（サン・カルロ劇場）←→トリエステ・エ・トレント広場（王宮）
● R4：カルダレッリ病院（町の北西部）←→カポディモンテ通り（カポディモンテ美術館）←→トレド通り←→マッテオッティ広場←→ムニチーピオ広場←→メディーナ通り←→考古学博物館広場←→カポディモンテ通り←→カルダレッリ病院
● 24：ニコリーニ通り←→ポンティ・ロッシ通り←→カポディモンテ通り（カポディモンテ美術館）←→ダンテ広場←→G.マッテオッティ広場←→ムニチーピオ広場←→トリエステ・エ・トレント広場（王宮）
● V1：サン・マルティーノ広場（サン・マルティーノ修道院）←→R.モルゲン通り←→G.ベッリーニ通り←→レオナルド広場←→T.ダ・カマイーノ通り←→L.ジョルダーノ通り←→サン・マルティーノ広場

Traffic Info.

カンパーニャ州 ナポリの交通

●1（トラム）：ポッジョレアーレ（町の北東部）⟷ナツィオナーレ広場⟷ガリバルディ広場（中央駅）⟷ガリバルディ通り（周遊鉄道始発駅）⟷ヌオーヴァ・マリーナ通り⟷ムニチーピオ広場⟷ガッレリア（トンネル）⟷ヴィットリア広場

新トラムの車輛も走る路線1

新しくなったバスの切符。切符を持っていても刻印をしてないと即、罰金となる

●タクシー　Taxi

タクシーは、駅や広場などにあるタクシースタンドから乗ろう。白の車体で、空車の場合はLIBERO（リーベロ）の表示がある。ナポリのタクシーの評判は、メーターを表示しない、回り道をするなどと芳しくなかったが、最近は改良されつつある。ただし、この町でタクシーに乗るときには、乗車前に料金の確認をすること。お調子者だが結構小心なナポリっ子の運転手。メーターと道をチェックしている賢い旅行者然としていれば、だまされることも少ない。

■ナポリのタクシー料金
距離・時間併用制
初乗り　€2.60
以降、75mまたは15秒ごとに€0.05
最低料金　€4.15
休日割増　€1.60
夜間割増　€2.10
荷物1個　€0.50
空港行きまたは空港発の追加料金　€2.60
以上のように料金は決められ、メーターもついている。疑問があったら、支払い前に尋ねてみよう。

ナポリバス路線図

Napoli

地下鉄の改札口

上手に利用するとお得!アルテカード
P.40の②のすべての見どころ3日券を購入しました。中央駅のL'infopointのお姉さんは親切で、まず入場料の高いところは無料で入ることとアドバイスしてくれ、ポンペイやエルコラーノの遺跡(入場料€10)をすすめてくれました。②の切符でソレントまでの公共交通も無料だそうです。また、考古学博物館のブックショップでは€10以上の買い物をすると1割引きになりましたし、ガイドブックも貰いました。サン・カルロ劇場など、見どころ以外でも割り引きがあるので、上手に使えばかなりお得なカードです。(東京都　小泉裕子　'05)

■フニコラーレ
フニコラーレとはケーブルカーのこと。ケーブルカーというと、景色のいい乗り物と思い勝ちだが、ナポリのフニコラーレは、住宅街に広がる丘の斜面のトンネルを上るものの。景色を楽しむものではないのが実情。ただし、設備もよく、頻繁に運行しているので、ナポリの足として便利な存在だ。

港近くからのアマルフィへのプルマン
SITA社のアマルフィ行きのプルマンは、ベヴェレッロ港そば、海沿いのMoli Immacolatella Vecchia の近くから出ていました。
(東京都　数乗利恵　'03)

■カプリ島などへの船の情報
■Caremar社
URL www.caremar.it
■SNAV社
URL www.snav.it
■Alilauro社
URL www.alilaurogruson.it

●地下鉄　Metropolitana（メトロポリターナ）

路線は1線Linea 1(黄色)と2線Linea 2(水色、旧fs線)のふたつ。1線は旧市街を一周し、町の北側の郊外が終点。観光に利用できるのは、ダンテ広場駅からヴァンヴィテッリ広場駅くらいまで。2線は町を東西に結び、中央駅地下、メルジェッリーナ駅などを通り、西のポッツォーリまで。

地下鉄2線のピアッツァ・カヴール駅

1線：ダンテ広場⇔ムゼオ(考古学博物館、地下道で2線カヴール駅と連絡)⇔マーテルデイ⇔サルヴァトーレ・ローザ⇔クアットロ・ジョルナーテ⇔ヴァンヴィテッリ広場(ケーブルカーの駅と連絡)⇔メダリエ・ドーロ広場⇔(略)⇔ピスチノーラ駅
※ラッシュ時は6分間隔の運行。

2線：ジャントゥルコ⇔中央駅(fs線、周遊鉄道と連絡)⇔カヴール(地下道で1線ムゼオ駅と連絡)⇔モンテサント(サン・マルティーノ修道院行きのモンテサント線【'05年1月現在運休中】のケーブルカー駅、周遊鉄道クマーナ線駅そば)⇔アメデオ広場(ケーブルカーキアイア線駅そば)⇔メルジェッリーナ⇔レオパルディ駅⇔フレグレイ平原⇔(略)⇔ポッツォーリ
※約8分間隔の運行。

●ケーブルカー　Funicolare（フニコラーレ）

丘の広がるナポリの町では市民の足として欠かせない存在。4本が運行している。メルジェッリーナ線を除き、3本がヴォメロの丘へと通じている。運行時間は7:00～22:00頃。

ケーブルカーの路線
●チェントラーレ線Centrale　トレド通り⇔(略)⇔フーガ広場
●モンテサント線Montesanto　モンテサント広場⇔(略)モルゲン通り('05年1月現在、運休中)
●キアイア線Chiaia
マルゲリータ公園通り⇔(略)⇔チマローザ通り
●メルジェッリーナ線Mergellina　メルジェッリーナ通り⇔(略)⇔マンツォーニ通り

チェントラーレ線フーガ広場駅

ケーブルカーは市民の足

Traffic Info.

カンパーニャ州 ナポリの交通

●プルマン（中・長距離バス）

中央駅前のガリバルディ広場、ベヴェレッロ港、ムニチーピオ広場などから発車。駅を背にした右側、プルマンの切符売り場近くからはベネヴェント行きなど。左側、スター・ホテル近くのバール・エットーレ前からはレッチェ、バーリ行きなど。切符はバールで販売。サレルノ、アマルフィ行きはベヴェレッロ港のインマコラテッラ口Varco Immacolatellaからも発車。

ローマ行きをはじめ、ポンペイ発ナポリ経由アッシジ行きなどの長距離バスも運行している。ただし、長距離バスの一部は週数便のみの運行。

南イタリアではプルマンが便利

●船

カンパーニャ州のカプリ島、イスキア島、プローチダ島をはじめ、アマルフィ海岸、シチリア、サルデーニャ、エオリエ諸島への航路がある。港はベヴェレッロ港とメルジェッリーナ港とふたつあるが、ベヴェレッロ港が運航本数も多い。船は水中翼船Aliscafi、フェリーTraghettio、客船Naviの3種類が運航。

平日と休日、夏と冬では運航スケジュールが異なるので、事前に運航時刻は❶などで確認しておこう。特に、冬は本数が少ない。

大型フェリーの停泊するベヴェレッロ港

■船乗り場への行き方

■メルジェッリーナ港
中央駅から地下鉄が便利、4つ目で下車。バスの場合はR2でムニチーピオ広場下車でR3に乗り換える。

■ベヴェレッロ埠頭（港）へは、中央駅からバスR2でムニチーピオ広場下車で徒歩。またはトラム1番。トラム1番の中央駅の停留所は、駅前広場先の大通りにある。

■島への船は片道切符で

イスキア島やカプリ島へは複数の会社が運航。帰りの船の待ち時間を最短にするなら片道切符の購入がいい。港に着いたら、最初に出発する船会社の切符を購入しよう。往復券を購入してしまうと、季節によっては該当の会社の船が来るまで3～4時間待つこともある。また、天候によっては水中翼船はかなり揺れるので、船酔いが心配な人は多少時間はかかるが、フェリーがいい。

■フェリー
ナポリーカプリ（75分）
片道€4.70～5.60

Column　2階建ての観光バスCitysightseeing Napoliが登場！

2004年から赤を基調にしたポップな2階建てバスが主要観光ルートに登場。高みから眺めるナポリも魅力的だ。1枚の切符で3種類のルートに乗り放題、24時間有効。町の各所の専用バス停からの乗り降り自由。日本語のイヤホンガイド付き。

A線Linea A
考古学博物館、カポディモンテ美術館、カタコンベなどを回る
所要75分、45分間隔の運行　運行時間9:45～18:45

B線Linea B
サンタ・ルチア、メルジェッリーナなどナポリ湾の風景を巡る
所要75分、45分（㊍㊏㊐は30分）間隔の運行　運行時間9:30～19:15、19:30（㊍㊏㊐）

C線Linea C
サン・マルティーノ修道院など丘の上を巡る
所要100分、㊏㊐のみ2時間間隔の運行　始発地10:00、12:00、14:00、16:00、18:00の発車

料金　€18　6～15歳 €9
ファミリー券（大人2人、18歳までの子供3人）€54　切符は車内で購入
☎ 081-5517279

始発はヌオーヴォ城前

Napoli

■セルフ・ランドリー
Lavanderia self service
住:Largo Donnaregina 5

■水中翼船
ナポリーカプリ(40分)
片道€10.50〜12

青の洞窟が目的なら
カプリ島の青の洞窟への船は天候や海の状況によっては出航しないこともある。心配なら、まずはナポリのフェリーや水中翼船の切符売り場で洞窟への船が出るか確認しよう。でも、カプリ島は青の洞窟以外も充分楽しめるおしゃれなリゾート。

●ベヴェレッロ港 Molo Beverello
町の中心ムニチーピオ広場近く、多くの船が運航する埠頭。カプリ、イスキア、プロチダへの水中翼船とフェリー。パレルモ、カターニア、カリアリ、チュニジアなどへの客船が運航。

観光路線として夏季の金〜日曜のみ、METRO DEL MAREと名付けられたMM線が運行。MM2線がポジターノ、アマルフィ、サレルノへ。MM3線がポンペイ(Torre Annunziataでバスに乗り換え)、ソレント、ポジターノ、アマルフィへ向かう。

●メルジェッリーナ港 Mergellina
町の西側にある港。カプリ、イスキア、プロチダ、エオリエ諸島などへの水中翼船が運航。冬季の出航便は少ない。

Column カンパーニャ・アルテカード campania>artecardを使ってみよう

見どころの入場料や公共交通が半額や無料になり、ナポリをはじめカンパーニャ州の観光や移動に便利。

●カードの種類
①ナポリとフレグレイ平原3日券
　Tre giorni Napoli e Campi flegrei
　料金:€13、Youth Ticket(18〜25歳):€8
　有効期間:3日
②すべての見どころ3日券
　Tre giorni tutti siti
　料金:€25、Youth Ticket(18〜25歳):€18
　有効期間:3日
③すべての見どころ7日券
　Sette giorni tutti i siti
　料金:€28、Youth Ticket(18〜25歳):€21
　有効期間:7日

●加盟見どころ
【ナポリ】考古学博物館、カポディモンテ美術館、サン・マルティーノ修道院と付属博物館、サンテルモ城、王宮、ヴィラ・ピニャテッリ(Maschio Angioino)ほか、【ポンペイ・エルコラーノ】ポンペイ、エルコラーノ、オポロンティ、ボスコレアーレ、スタビアの各遺跡
【パエストゥム／ペストゥム】遺跡、博物館【パドゥーラ】修道院、ペルトーザの洞窟【カゼルタ】王宮、【フレグレイ平原】フレグレイ博物館(バイア)、バイアの考古学地区、クーマの遺跡、フラヴィオの円形闘技場、地下考古学遺跡(ポッツォーリ)

●特典
カードに加盟する前述のカンパーニャ州の見どころから、
①は見どころ2ヵ所が無料。その他の見どころは半額で入場可。ナポリ市内および近郊のフレグレイ平原間の公共交通機関無料。
②は見どころ2ヵ所が無料。その他の見どころは半額で入場可。カンパーニャ州内の公共交通機関無料。
③は州内すべての見どころのみ無料。
このほか、①は金〜日、祝に運行するアルケオバス・フレグレイ、②はポンペイ、エルコラーノ地域に点在する遺跡間を金〜日、祝に運行するアルケオバス・ヴェスヴィアーナやメトロ・デル・マーレ(P.113参照)なども利用できる。また、各見どころのブックショップでも割引を受けられる。

適用範囲が広いので、カードを入手したら、切符を購入する前に交通機関や見どころでまずはサービスが受けられるか聞いてみよう。

●販売場所
ナポリ中央駅の構内に専用ブースL'infopointがある(開:9:00〜13:30、14:45〜18:00)。このほか、空港、鉄道駅、地下鉄駅、港、加盟見どころ、ホテル、旅行会社、キオスクなどcampania>artecardの表示のある場所で。

●使用方法
カードは見どころ用と交通機関用2枚の計3枚組。いずれも使用前に名前と開始日を記入し、各見どころの専用機械に通すか係員に提示、または、切符売り場で提示して入場切符をもらう。交通機関用は最初に打刻すればOK。地下鉄などに乗車の際は、改札にいる係員に提示して通してもらう。簡単なガイド(日本語あり)と交通マップもセットされている。

●問い合わせ
URL www.campaniartecard.it
☎ 800600601
(イタリア国内フリーダイヤル)

3日券のアルテカード

ⓘ ナポリのインフォメーション

●ナポリの観光案内所

中央駅構内のⓘEPTは、ホームに面したブースの中にあり、ホテル紹介のほか、ツーリスト向け月刊情報誌 **"Qui Napoli"** やわかりやすい地図を配布。ていねいに相談に応じてくれるが、職員の友人が経営するホテルを紹介する場合も多いことを承知しておくこと。

EPTメインオフィスは、卵城に近いマルティーリ広場の建物の半地下にある。

ナポリ中央駅の観光案内所

王宮近くとジェズ・ヌオーヴォ広場のⓘでは、両替はできないが手数料なしでホテル予約もしてくれる。伊・英・仏・西語が通じる。

ユースホステルに近いのは、メルジェッリーナ駅のⓘ。

●両替

中央駅の両替所は、ホームを背にして向かい側にある待合室の左側、鉄道案内所のブース左端にある。レートはあまりよくない。感じがよく、営業時間が長いのが魅力。

そのほか、駅付近で両替のできる銀行は駅前広場Piazza Garibaldiの道を挟んで向かい側にあるクレディト・イタリアーノ銀行Credit Italiano。広場左側の角にあるBanca Commerciale ItalianaやB.N.L.の各銀行では外貨の両替を行っていない。

中央駅には、カンパーニャ・アルテカードのためのインフォメーションも設置された。職員が相談にのってくれる

自動両替機はあまり多くないので、銀行のATMでクレジットカードなどからキャッシングするのが便利。町なかでは、銀行の脇に扉のあるATM専用ブースが設けられている。ブースの扉はいつも閉まっているが、24時間の利用が可能。扉のノブ近くにあるカード挿入口にカードを入れると扉が開く仕組み。周囲から隔離されているので、安心だ。

駅構内にもある銀行

ナポリのキャッシュコーナーは、扉にあるカード挿入口にカードを入れて入るようになっている

INFORMATION

■ⓘEPT
住 Piazza dei Martiri 58
☎ 081-4107211
開 8:30〜15:00
休 土日
地 P.28 C2

■ⓘジェズ・ヌオーヴォ広場
住 Piazza Gesù Nuovo 7
☎ 081-5523328
開 9:00〜20:00
　日祝9:00〜13:30
地 P.30 B2

■ⓘ王宮近くAASCT
住 Piazza Trieste e Trento
☎ 081-2525711
開 　9:00〜13:30
　15:00〜19:00
　日祝9:00〜13:30
地 P.30 C1

■ⓘ中央駅
☎ 081-268779
開 8:30〜19:30
　日祝8:30〜14:00
地 P.31 A4

■ⓘメルジェッリーナ駅
住 Via Mergellina 1
☎ 081-7612102
開 8:30〜19:30
　日祝8:30〜14:00
地 P.28 C1

■中央駅の両替所
開 毎日7:00〜21:00

■郵便局・電話局
住 Via Monteoliveto
地 P.30 B2

💬 両替は慎重に

ナポリ中央駅、ローマのテルミニ駅ともにMaccorp Italianaという会社の経営で、手数料の高さに驚きました。ナポリでは1万円の両替で、手数料が17.90％、サービス料が€2.40かかり、手元に来たのは€55.85で、€1＝約179円でした。成田での両替では€1＝141円でしたので、日本で両替した方が有利でした。また、両替よりキャッシングの方が有利だとも思います。
（東京都　M.K.　'04）

カンパーニャ州　ナポリの交通とインフォメーション

1. スパッカ・ナポリ

Spacca Napoli

スパッカ・ナポリのピッツェリアにて

"ナポリを真っぷたつに割る"と言う意味のナポリ下町の旧市街。西から東に延びる直線の道が、混沌とした町を文字通り二分している。

この地域では、いたるところにある教会と下町の風情を楽しみたい。教会は午前中のみ見学可能なところが多く、毎日信者が訪れる神聖な場所だ。観光気分で騒ぎたてることは厳禁。午後2時〜4時30分は町中が昼休み。静まりかえった通りを歩いていると、昼食時の皿やコップがぶつかる音が聞こえてくる。店先には縁起かつぎのナポリのお守りを売っていたり、路地の壁にはネオンを灯したマリア像が花に囲まれていたり、歩けば歩くほど不思議な風景に出合う。ここには午前中早くに出かけ、ナポリの活気を体験しよう。

●おもな見どころ

① ドゥオーモ

年に2回溶解すると言われるナポリの守護聖人サン・ジェンナーロの血液が祀られていることで有名。アンジュー家の時代に建設され、地下にはローマ時代の町の痕跡が残る。

★★★　P.44

② サン・ロレンツォ・マッジョーレ教会

古代ローマの建築物の上に、6世紀と13世紀に教会が建築された。そのためひとつの建築物の中にさまざまな時代様式が見て取れる興味深い教会。遺跡には回廊の奥の階段を下りていく。

★★　P.45

③ サン・パオロ・マッジョーレ教会

ギリシア時代のアゴラとローマ時代のフォロがあったサン・ガエターノ広場に面している。階段の上にある円柱はローマ時代のもの。階段の下の右側から入る豪華なクリプタは必見。

★★　P.46

④ ベッリーニ広場

緑の蔦の絡まる建物の前には数軒のオープンカフェが並ぶ。店内からはジャズの音楽が流れてくる、優雅でおしゃれな広場。一角にはギリシア時代の城壁の跡が保存されている。

★★　P.46

カンパーニャ州　ナポリ

⑤ ジェズ・ヌオーヴォ教会

15世紀の建物を16世紀後半に改築して教会にしたもの。建物の正面であった平面の石積みの壁をそのまま教会のファサードに利用している。素朴な外観からは想像できないほど内部は華麗。

★★　P.47

⑥ サンタ・キアーラ教会

典型的なフランチェスコ会の簡素な建物。ここでの見どころは教会の左奥のクラリッセ（クララ女子修道会）のキオストロ。美しいマヨルカ焼のタイルで飾られた回廊を見学しながらひと息つこう。

★★★　P.48

⑦ サン・ドメニコ・マッジョーレ教会

同名の広場に面した入口は、実は後陣の部分。ここから中の二股の階段を上がって教会内部に入ると、ちょうど主祭壇の裏側に出る。広場の中央にはサン・ドメニコ・マッジョーレの塔が建つ。

★★　P.49

⑧ サンセヴェーロ礼拝堂

細い路地裏の一角にあるこの教会には、繊細な大理石の彫刻「ヴェールに包まれたキリスト」が展示されている。クリプトには、どんな方法で行われたのか未解明な血管のみを残した人体がある。

★★★　P.49

43

NAVIGATOR

スパッカ・ナポリ
●ドゥオーモからトリブナーリ通り、ベッリーニ広場へ

スパッカ・ナポリのおもな見どころはトリブナーリ通りと、それに平行するクローチェ通り（途中から名前がビアジオ・ディ・リブライ通りに変わる）沿いにある。

まずは、ドゥオーモから出発してトリブナーリ通りを進もう。中央駅から42番のバスがドゥオーモ前を通るが、歩いても15分ほど。ドゥオーモの見学が済んだら、道を渡って真っすぐ延びるトリブナーリ通りを左右の教会を見学しながら歩こう。右に病院のあるMiraglia広場の先、少し道が細くなって来るところを右に曲がればベッリーニ広場に出る。

■ ドゥオーモ
住 Via Duomo 147
☎ 081-449097
開 9:00～12:00
　　16:30～19:00
　　日祝9:00～12:00

●サン・ジェンナーロ礼拝堂
開 9:00～18:30
　　日祝9:30～19:00
休 月

●サンタ・レスティトゥータ教会
開 9:00～12:00
　　16:30～19:00
　　日祝9:00～12:00

●ギリシア・ローマ時代の遺跡
開 9:00～12:00
　　16:30～19:00
　　（日祝は午前中のみ）
料 €3
地 P.30 A2、P.43

スパッカ・ナポリの循環バス

細い路地が縦横に走るナポリの下町スパッカ・ナポリ。興味をそそられる地域ながら、ちょっとわかりづらいのも事実。そんな時には循環バスE1番に乗ってみよう。ミニバスの車窓からは、まるで歩いているかのように町並みが広がる。乗車は始発のジェズ・ヌオーヴォ広場からがおすすめ。

おもな見どころ

聖ジェンナーロを祀るミステリアスな大聖堂

ドゥオーモ ★★★
Duomo

ドゥオーモ

毎年5月の第1土曜日と9月19日に小さな壺に納められた聖ジェンナーロの血液が液体化する。その秘密はまだ完全には明らかにされていないが、毎年多くの信者が、"ミラーコロ（奇跡）"をひと目見ようと大聖堂につめかける。この奇跡が起こらない年はナポリに大災害がもたらされる、という言い伝えがあるため司教が溶けた血液を公開するまでは緊迫したムードが漂うのだ。

ネオ・ゴシック様式のファサード

そんなナポリの信仰の中心であるドゥオーモは、5世紀の初期キリスト教のサン・レスティトゥータ教会とステファニア聖堂のあった場所に、1300年代アンジュー家の支配の下建設された。ファサードは1876年にネオ・ゴシック様式に改修されたもの。**中央扉**はアントニオ・バボッチョAntonio Baboccioの1407年の作。

聖母子像の飾られた中央扉口

内部は110本の円柱を基礎に3廊に分けられ、高い天井には木製のカンバス画がはめこまれている。身廊上部の大窓の間に描かれた「聖人」はルカ・ジョルダーノの作品。大理石の床面には13世紀のコズマーティ様式のモチーフが施されている。**中央祭壇**にはピエトロ・ブラッチ作の「被昇天の聖母」が祀られている。動きのあるスケールの大きな作品だ。

中央入口の右側にあるのが、**テゾーロ・ディ・サン・ジェンナーロ礼拝堂**Cappella del Tesoro di S. Gennaro。1527年ペストが流行した後に、市民の祈願により建てられたもの。ギリシア十字のプランとバロック様式を用いて建築された芸術作品。祭壇には真鍮で造られた聖人の胸像が並ぶ。聖ジェンナーロの血液が入った小壺は、隣の鉄格子がはめられた部屋の奥に保管されている。

カンパーニャ州　ナポリ

左翼廊を下りたところには、最初に建築されていた**サン・レスティトゥータ教会**S. Restitutaがドゥオーモと垂直に重なっている。1688年の地震の後にバロック式に修復が行われている。その右翼廊の奥には西洋で一番古い**洗礼堂**Battisteroとモザイクが残る。中央祭壇の左側にある階段からは、**ギリシア・ローマ時代の遺跡**に下りることができ、ローマに続く石畳や水道管が見られる。

三廊式の教会内部

聖ジェンナーロ祭の翌日

聖ジェンナーロ祭の翌日、ドゥオーモでのことです。ナポリの聖人である、聖ジェンナーロの血は、神父さんの持つ銀の杖の先端にあるガラスの器に入っていました。神父さんは、信者一人ひとりの額にその杖をかざしてくれるのです。わたしは運よく神父さんの目の前に近づくことができたので、額にジェンナーロの血をあてがわれ、お祈りをしていただけました。貴重な体験でした。(東京都　inu '03)

■ジロラミーニ教会
住 Piazza Girolamini 107
（絵画館 Via Duomo 142）
☎ 081-449139
開 9:30～13:00
休 ⑪
地 P.30 A2、P.43

ファサードに注目
ジロラミーニ教会
Girolamini　★★★
ジロラミーニ

馬に乗った騎士が飾られたファサードが特徴の17世紀の教会で、オラトリオ会修道院の一部である。ドゥオーモ向かいの入口は、修道院側にある17～18世紀の絵画館に続いている。

1592～1619年にかけてトスカーナの古典主義をモデルに建築された教会。ファサードは1780年にフェルディナンド・フーガFerdinando Fugaによって修復されたもの。内部は3廊式で、トスカーナの芸術家とナポリのルカ・ジョルダーノなどの作品で装飾されている。ドゥオーモ向かいの入口から入る絵画館では17～18世紀の作品を観ることができる。

クラシック様式のファサード

教会内部

歴史が重なる建築物
サン・ロレンツォ・マッジョーレ教会
San Lorenzo Maggiore　★★
サン・ロレンツォ・マッジョーレ

6世紀に最初の教会が建てられ、次の教会が1207～75年にアンジュー家のカルロ1世・2世の下で建築された。内部の主祭壇には「諸聖人の生涯」を題材にした浅浮き彫りとジョヴァンニ・ダ・ノーラ作の聖人像が飾られている。隣の回廊の奥の階段を下りると**ギリシア・ローマ時代の遺跡**がある。アーチ型の建築物が続くアエラリウムAerarium（町の宝物庫）など非常によい保存状態にある。

ファサードは18世紀のもの

■サン・ロレンツォ・マッジョーレ教会
住 Piazza S.Gaetano 316
☎ 081-290580
開 9:00～17:00
⑪㊗9:30～13:30
地 P.30 A2、P.43

■ギリシア・ローマ時代の遺跡
Scavi di San Lorenzo Maggiore
☎ 081-2110860
開 ㊊～㊏9:00～17:00
⑪9:30～13:30
料 €4
教会地下には、ギリシア・ローマ時代から中世にかけての通路や広場、市場などナポリで最も古い遺構が残っている。

45

■サン・パオロ・マッジョーレ
教会
住 Piazza S. Gaetano 316
☎ 081-454048
開 9:00～19:00
　(日)(祝)9:00～13:00
地 P.30 A2、P.43

■ベッリーニ広場
地 P.30 A・B2、P.42

■プルガトリオ・アダルコ
（地下埋葬室）
● サンタ・マリア・デッレ・ア
ニメ教会内
住 Via Tribunali 39
開 9:00～13:00
　(日)9:00～14:00
地 P.30 A2、P.43

変わった形のクリプタを持つ
サン・パオロ・マッジョーレ教会 ★★
San Paolo Maggiore
サン・パオロ・マッジョーレ

　階段の上に建つ大きな教会は、ローマ時代のディオスクロイ神殿の高さ11mもある円柱を利用して8〜9世紀に建てられた。現在の姿は16世紀後半にテアチノ会修道士のために改築されたもの。3廊式の内部の両側には礼拝堂がある。教会右の階段の脇から入る**クリプタ**は十字型になっており、中央に置かれた棺の周りに壁に向かって祭壇が配置された変わった構造をとっている。

階段の頂上にある教会

ナポリっ子の憩いの場
ベッリーニ広場 ★★
Piazza Bellini
ピアッツァ・ベッリーニ

　サンタントニオ教会やアルバ門を見晴らし、周囲には中世の館が並ぶ広場。カフェやバールが軒を連ね、古きよきナポリの面影があふれる。ここのカフェの一角に陣取って、時を過ごすのもナポリの楽しみのひとつだ。中央ベッリーニ記念碑の足元には、1954年から始まった古代地下都市ネアポリスへの掘削穴があるのにも注目しよう。このあたりの地下には、古代ナポリの歴史と生活が眠っている。

緑豊かなベッリーニ広場

壁一面に頭蓋骨が並ぶ地下埋葬室
プルガトリオ・アダルコ（サンタ・マリア・デッレ・アニメ教会）★★
Purgatorio ad'Arco
プルガトリオ・アダルコ

　薄暗い通り沿いにブロンズ製の骸骨の装飾がある。いつも蝋燭に火が灯され、花が飾られているのは、17世紀に流行した死者信仰によるもの。地下の埋葬室には無数の頭蓋骨が並んでいる。
　ファサードの葬式関連の装飾、入口の両脇に置かれたブロンズ製の骸骨と十字に組まれた脛骨の装飾など17世紀に頂点を迎えた死者信仰に結び付いている。地下には当時の埋葬方法により、壁一面に頭蓋骨が並べられている。

死者信仰の教会として有名

カンパーニャ州 ナポリ

NAVIGATOR
スパッカ・ナポリ
● クローチェ通りからドゥオーモ方面へ

後半は、スパッカ・ナポリのメインストリート、クローチェ通りをジェズ・ヌオーヴォ広場からドゥオーモ方面に折り返す。サンタ・キアーラのキオストロは教会の左奥に入口があるので見逃さないように。サン・ドメニコ・マッジョーレ教会は左側にある広場の奥に面したところが入口。広場脇の細い道を少し上がって、右に曲がるとサン・セヴェーロ教会がある。再びクローチェ通りに戻り、道の名前がサン・ビアージオ・リブライ通りに変わるあたりの左側にニーロの像が横たわっている。さらに進み2本目の道を左に曲がるとサン・グレゴーリオ・アルメーノ教会がある。道にかかるアーチの上の鐘楼が目印。プレゼービオの工房をのぞきながら道を上がると、アーチの少し手前の左側に教会の入口がある。ビアージオ通りからドゥオーモ通りに出る角には有名な人形の病院がある。

Piazza Gesù Nuovo
交通の要所でもある、にぎやかな広場
ジェズ・ヌオーヴォ広場 ★
ピアッツァ・ジェズ・ヌオーヴォ

イエズス会士の布教を称えるインマコラータの塔

中心にインマコラータの塔Guglia dell'Immacolataの建つ大きな広場。インフォメーション・オフィスやバスの終着所がある。12月8日の聖母懐妊の祝日には盛大な祭りが催される。

Gesù Nuovo
簡素な外観、豪華な内装
ジェズ・ヌオーヴォ教会 ★★
ジェズ・ヌオーヴォ

石積みのファサードが特徴

サレルノの王子が所有していたサン・セヴェリーノ宮 Palazzo San Severinoを、1584年にイエズス会の教会に改築したもの。宮殿の正面をそのまま利用したため、ファサードには平面な石積みが見られる。入口の扉はバロック様式にルネッサンス様式が組み込まれている。内部は簡素なイエズス会の規律に反し華麗な装飾が施されている。ファサードの内側に描かれた大作「神殿から追放されるヘリオドロスCacciata di Eliodoro」はフランチェスコ・ソリメーナによるもの。内部の右翼廊にはサン・フランチェスコ・サヴェリオ大礼拝堂が、左翼廊にはイグナティウス・ディ・ロヨラ大礼拝堂がありすばらしいフレスコ画で装飾されている。

集中式プランの内部

■ジェズ・ヌオーヴォ教会
住 Piazza del Gesù Nuovo
☎ 081-5518613
開 6:45～13:00
　 16:00～19:30
地 P.30 B2、P.42

✉ **12月にナポリに行くなら…**

スパッカ・ナポリのS. Gregorio通り（P.30 A-B2）では、12月8日の聖母マリア懐妊の祝日からプレゼービオが売り出される。12月のナポリの町のイルミネーションは華やかで、まるで自分もプレゼービオの箱庭の中にいるよう。通りは夜中までプレゼービオの販売・展示でにぎわう。何も持たずに出かけ、お気に入りの人形を見つけよう。ひとつ€5前後。
（在ミラノ　特派員松本かやの）

47

■サンタ・キアーラ教会
🏠 Via Santa Chiara 49
☎ 081-7971256
🕐 9:00～13:00
　　14:30～17:30
● キオストロ
🕐 8:30～12:30
　　14:30～17:30
　　(日)(祝)9:30～13:00
💰 €4
🗺 P.30 B2、P.42

マヨルカ焼のキオストロ（回廊付き中庭）が美しい

サンタ・キアーラ教会 ★★★
Santa Chiara
サンタ・キアーラ

アンジュー家の王妃サンチャの依頼により1310年ガリアルド・プリマルドの設計によって建設された。18世紀バロック様式の豪華な装飾を用いて改装されたが、1943年に砲火を被りすべてが失われてしまった。その後、高い天井を持つゴシック様式で再建され現在の姿となった。ファサードには高い位置にバラ窓が付いている。教会の左側に独立して建つ鐘楼の基礎の部分には14世紀の建築が残っている。

バラ窓が印象的なファサード

単廊式の内部は、フランチェスコ会の典型的な簡素な造り。側面は礼拝堂で区切られている。主祭壇の裏の**アンジュー家のロベルト1世の墓**Sepolcro di Roberto d' Angio'は、フィレンツェのジョヴァンニ・ベルティーニとパーチョ・ベルティーニの共作。その右手にはティーノ・ディ・カマイーノ作**カラブリア公カルロとその妻マリア・ディ・ヴァロアの墓**がある。祭壇右側の聖具室を抜けるとクラリッセ（クララ女子修道会）の**内陣席**Coro delle Clarisseへ出る。独立した教会としてレオナルド・ディ・ヴィートが設計したもので、14世紀の見事な大理石の扉が残る。ここもかつてはバロック様式に装飾されていたが、今日ではナポリのゴシック様式の傑作である簡素な構造を見ることができる。

回廊のフレスコ画や天井も見事

クラリッセのキオストロChiostro delle Clarisse へは、一度教会を出て左側から裏手に回る。1742年、ゴシック様式の回廊の四方に田園式の庭園をドメニコ・アントニオ・ヴァッカロが設計し、ジュゼッペ・マッサGiuseppe Massaとドナート・マッサDonato Massaがマヨルカ焼の回廊の装飾を担当した。黄・緑・青色をふんだんに使って描かれた白いタイルが、乾いたナポリの空気に調和している。**隣接の美術館**Museo dell' Operaは、ローマ時代の浴場が発掘された部屋に教会の歴史を語る展示品が並ぶ。

マヨルカ焼がナポリらしい

ネアポリス(P.50)を訪ねて

✉ **ひととき、探検気分で**

ガイド付きツアー（伊・英語）のみでの見学です。内部は迷子になりそうなくらい広く、途中ローソクを持って歩くなど、古代探訪と探検気分が同時に味わえます。訪れた2月は、かなり寒く感じました。防寒対策を。予約して見学するのがベターだと思います。
（大阪府　植田玲子　'03）

48

後陣側に入口のある
サン・ドメニコ・マッジョーレ教会
San Domenico Maggiore

★★ サン・ドメニコ・マッジョーレ

　13世紀にゴシック様式で建設され、17世紀バロック様式で改装された。その豪華な装飾は床・身廊の天井・礼拝堂の手すりに残り、19世紀にはネオ・ゴシック様式を用いてすべて再改装されている。**聖具室**には見事な調度品のほかに、アラゴン家とスペイン国王の計45人の棺が並んでいる。**クロチフィッソ大礼拝堂**Cappellone Crocifisso の奥の壁にはキリストがそこから聖トマスに語りかけたと言われる十字架像の複製がある。

教会後陣部分がおもしろい

■サン・ドメニコ・マッジョーレ教会
住 Piazza S.Domenico Maggiore 8/a
☎ 081-459188
開 8:30～12:00
　日祝 8:30～12:00
　　　17:00～19:00
地 P.30 B2、P.42

ヴェールに包まれたキリストは必見
サンセヴェーロ礼拝堂
Cappella Sansevero

★★★ カッペッラ・サンセヴェーロ

　16世紀後半に一族が築いた礼拝堂を、1749年サンセヴェロ公であったライモンド・ディ・サングロRaimondo di Sangro 公が再建した。現在はその貴重な作品を展示する美術館として機能している。主祭壇のフランチェスコ・チェレブラーノ作「キリスト降架Deposizione」は、ダイナミックな高浮き彫りの作品。その左角柱にはアントニオ・コッラディーニ作「ヴェールに包まれた謙譲Pudicizia Velata 」。祭壇の前に置かれているのが、最も有名な「**ヴェールに包まれたキリスト**Cristo Velato」。透き通った大理石の模様が冷たい肌の下に浮き出た血管のように見える。また、科学者であり文学者でもあったライモンド公はオカルト現象に興味を持ち、密かにさまざまな解剖実験を行っていた。右側の階段を降りた地下室クリプタには血管だけを残した人体や解剖器具が展示されている。

■サン・セヴェーロ礼拝堂
住 Via De Sanctis 19
☎ 081-5518470
開 10:00～18:00
　日祝 10:00～13:30
休 火
料 €5
地 P.30 B2、P.43

「ヴェールに包まれたキリスト」

ニーロ通りの角に立つ
ニーロ像
Statua del Nilo

★ スタトゥア・デル・ニーロ

　古代ギリシア・ローマ時代の像で、東方文化と融合したヘレニズムの象徴ナイル河（イタリア語でニーロ）を擬人化して表現している。現在では「ナポリの化身 il Corpo di Napoli」とも呼ばれる。

■ニーロ像
地 P.30 B2、P.43

ナポリの化身「ニーロ像」

カンパーニャ州　ナポリ

49

ひときわ目立つ鐘楼

■ サン・グレゴリオ・アルメーノ教会
住 Via S. Gregorio Armeno 44
☎ 081-5520186
開 9:30～12:00（㊌のみ）
地 P.30 B2、P.43

■ 人形の病院
住 Via San Biagio dei Librai 81
地 P.31 B3、P.43

通りに鐘楼がまたがる
サン・グレゴリオ・アルメーノ教会
San Gregorio Armeno
サン・グレゴリオ・アルメーノ ★

8世紀に建設されたビザンチンの女子修道院が基礎になっている。内装は16～18世紀の豪華絢爛なバロック様式で、緑と金色で美しく統一されている。鐘楼の下あたりを奥に入るとキオストロに出る。

人形たちの修理工房
人形の病院
L' ospedale delle bambole
ロスペダーレ・デッレ・バンボーレ

いまやスパッカ・ナポリの名所となっている壊れた人形を修理する店。店内には人形やガラクタが山積みにされている。

人形の病院へようこそ

Column 地下に眠るもうひとつの都市－ネアポリス探訪

ネアポリスの入口

●世界遺産として脚光を浴びる

ナポリの町の創始者は、現在では廃虚の遺跡と化したクーマに移住したギリシア人であった。ナポリは当初"パラエポリスPalaepolis"あるいは"パルテノペParthenope"と呼ばれ、町が構築されるとその名を「ネアポリスNeapolis ＝新しい都市」と改められた。現在のドゥオーモ周辺を中心に、碁盤の目状に区画整備された町の東西には３本の主要道路（現在のサピエンツァ通り～サンティ・アポストリ通りをつないだ道、トリブナーリ通り、スパッカ・ナポリの上に重なる）が通り、サン・ガエターノ広場にはギリシア時代の広場アゴラがあった。紀元前326年にネアポリスはローマの同盟都市となり、アゴラはローマ式の広場フォロにされ再び市民が集った。ローマ統治下にあってもその豊かなギリシア文化は温存され、ネアポリスはのんびり学問を志す者の憩いの地となっていた。

10世紀初頭まで古代都市の城壁に囲まれていたこの古代都市は、現在のナポリの旧市街の下にそのまま残っている。その多くは後に、教会の地下埋葬室や倉庫、下水道などに利用されたが、ここ40年の間に本格的な発掘作業が行われ、現在は新たな観光名所として訪れることができる。ひんやりとした地下道には、古代の空気がひっそりと流れ続けている。

（見学は英・伊語のガイド付き。伊語のみの場合もある。所要約1時間半。※プラス€14で日本語ガイドも可能。前日までに要予約）

■ ナポリ・ソッテッラネア
Napoli Sotterranea
住 P.za S.Gaetano 66-68
☎ 081-296944
開 ㊊～㊐12:00、14:00、16:00、18:00
　 ㊌のみ21:00も
　 ㊏㊐㊗は10:00も
料 €9.30（ローマ劇場跡の見学も含む）
地 P.30 A2
（サン・ガエターノ広場）
URL www.napolisotterranea.org

2. 考古学博物館とカポディモンテ

Museo Archeologico e Capodimonte

世界的にも重要な、ナポリの2大博物館がある地区。ポンペイやエルコラーノからの出土品が展示される考古学博物館は、遺跡見学の前後に訪れれば古代への想像力がよりいっそうふくらむ。町を見下ろすカポディモンテの丘の上に建つ美術館は、眺望を楽しみながら庭園を散歩する時間を含めて半日はかけたい。また、見たこともない多数の頭蓋骨が並ぶ地下埋葬室は不思議なナポリの印象をさらに濃くする。

カンパーニャ州 ナポリ

❶ ダンテ広場とポルタルバ

南北に真っすぐ延びるトレド通りの右側に開ける広場。ブルボン家のカルロの命により、建築家ルイージ・ヴァンヴィテッリが設計したもの。

★ P.52

❷ 国立考古学博物館

世界でも屈指の、ギリシア・ローマ美術のコレクションがある。エルコラーノやポンペイからの貴重な出土品も多く展示されている。"歴史の宝箱"という言葉がぴったりの博物館。

★★★ P.52

❸ 国立カポディモンテ美術館

1998年にリニューアルオープンした美術館。ファルネーゼ家の豪華な収集品をはじめ、18世紀に栄えた陶器カポディモンテ焼、時代別に並べられた絵画など見逃せないものばかり。

★★★ P.55

❹ サン・ジェンナーロのカタコンベ

ローマのサン・ピエトロ大聖堂に模した雄大なマードレ・デル・ブオン・コンシリオ教会の裏手にある。壁一面に頭蓋骨が並ぶカタコンベ(地下埋葬室)へは、ガイド付きで行く。

★ P.57

地図上の表示:
- ❸ 国立カポディモンテ美術館 P.55 Museo Nazionale di Capodimonte (カポディモンテの王宮 Palazzo Reale di Capodimonte)
- カポディ・モンテ CAPODIMONTE
- イル・モイアリエッロ IL MOIARIELLO
- マードレ・デル・ブオン・コンシリオ教会 Madre del Buon Consiglio
- ❹ サン・ジェンナーロのカタコンベ P.57 Catacombe di S.Gennaro
- サン・ジェンナーロ・エクストラ・モエニア教会 S.Gennaro Extra Moenia
- A.d.S.ドゥーカ・ダオスタ大通り Corso A.d.Savona Duca d'Aosta
- サンタ・マリア・デッラ・サニタ教会 S.Maria D.Sanità
- サニタ地区 SANITA
- マテルデイ駅 Materdei
- ピアッツァ・カヴール駅 Piazza Cavour
- フォリーア通り Via Foria
- ムセオ駅 Museo
- ❷ 国立考古学博物館 Museo Archeologico Nazionale
- ドゥオーモ通り Via Duomo
- ドゥオーモ Duomo
- スパッカ・ナポリ SPACCA NAPOLI
- ❶ ダンテ広場とポルタルバ P.za Dante/Port'Alba P.52
- ダンテ駅 Dante
- サン・ドメニコ・マッジョーレ教会 S.Domenico Maggiore

NAVIGATOR

ダンテ広場から坂道を100mほど上がると考古学博物館がある。ここからカポディモンテ美術館へは北へ1.5kmほどあるのでバスを利用しよう。

カタコンベはカポディモンテに向かう途中、坂道がカーブしたところの左側にある大きな教会手前でバスを降りる。教会の裏手に続く、脇の細い道を下りていくとカタコンベのあるサン・ジェンナーロ・エクストラ・モエニア教会だ。教会前に集合し、ガイド付きで見学する。

■ダンテ広場とポルタルバ
地 P.29 B1、P.51

■国立考古学博物館
住 Piazza Museo 10
☎ 081-440166
開 9:00～19:30
休 火、1/1
料 €6.50
地 P.29 A1・2、P.51

考古学博物館へのバス・地下鉄

中央駅から
地下鉄2線でPiazza Cavour駅下車。またはバス201番で停留所Cavourで下車。

メルジェッリーナ周辺から
地下鉄2線のMergellina駅からPiazza Cavour駅下車。

ムニチーピオ広場から
バスR4または24番で、停留所Medinaで乗車し、Pessina下車。

国立考古学博物館

おもな見どころ

半円形の建物に囲まれた広場
ダンテ広場とポルタルバ（アルバ門）
Piazza Dante / Port'Alba
ピアッツァ・ダンテ ／ ポルタルバ ★

16世紀後半に市場があった場所で、広場の中心にはブルボン家カルロの騎馬像が置かれる予定だった。設計者のルイージ・ヴァンヴィテッリは、広場を半円形に囲む建物の上に王の徳を表現する擬人像をあしらったが、中央の騎馬像は実現されないまま王の交代を迎えた。現在中央にあるダンテ像は1872年に置かれたもの。左側には1625年に造られたアーチ状の**アルバ門 Port'Alba**がある。

ダンテ広場

南イタリアで最も重要な考古学博物館
国立考古学博物館
Museo Archeologico Nazionale
ムゼオ・アルケオロジコ・ナツィオナーレ ★★★

1585年に騎兵隊兵舎として建てられたストゥディ館に、1777年に創設された博物館。1734年、ナポリ公国の王となったブルボン家のカルロ3世が母のエリザベッタ・ファルネーゼから受け継いだ遺産を展示することがはじまりだった。とりわけファルネーゼ・コレクションと呼ばれるギリシア・ローマ時代の模刻を含めた大理石彫刻とポンペイ・エルコラーノ遺跡からのモザイクをはじめとする発掘品で世界的に名高い。ポンペイ、エルコラーノの遺跡見学前にぜひ訪れたい。

太陽光があふれる、1階の中庭に面した通路。ローマおよびカンパーニャ州からの彫像を展示

カンパーニャ州

ナポリ

1階Piano Terra: ファルネーゼ・コレクションを中心とした大理石彫刻とメディチ家由来の品を含む宝石を展示。左奥、ローマのカラカラ浴場で発掘された紀元前4世紀のふたつの模刻『ファルネーゼのヘラクレス』Ercole Farnese、『ファルネーゼの雄牛』Il Toro Farnese（13室）や優美な『カプアのヴィーナス』Afrodite di Capua（'05年1月現在、非公開）、薄衣をまとい、左手に花を手にした『ファルネーゼのフローラ』Flora Farneseは必見。

奥まった9〜10室には宝石を展示。カメオやラピスラズリなどに驚くほど繊細な彫刻が施されている。とりわけ目を引くのが『ファルネーゼの皿』Tazza Farnese、1枚のメノウに杯をかかげる神々が白く浮き彫りされたもので、紀元前2世紀のアレキサンドリア製。

『ファルネーゼの皿』

「ファルネーゼのヘラクレス」

地下Sotterraneo: トリノの博物館に続くイタリア国内第2の規模を誇る**エジプト・コレクション**を展示。展示品はミイラや棺、副葬品、墓碑など多岐にわたる。

中2階Piano Ammezzato: 階段（右側）おもにポンペイ、エルコラーノから出土されたモザイクを展示。ポンペイの有力一族だったファウヌスの家Casa del Faunoで発見された大きな『アレクサンドロ大王の戦い』Battaglia di Alessandro Magno（61室）をはじめ『婦人の肖像』Ritratto Femminile、道化師を描いた『メナンドロスの喜劇』Commedia di Menandro、苦悩する顔が印象的な床モザイクの『演劇用マスクと葉、果物』Festone con Maschera, Foglie e Frutta、『トラに乗るバッカス』Dioniso Fanciullo su Tigreなど、いずれもぼかしと写実的な技法が見事だ。同家出土の

「ファルネーゼの雄牛」

美術館などの閉館時間
国立考古学博物館、国立カポディモンテ美術館など、ナポリの見どころの多くは閉館時間1時間前に切符売り場は閉まります。また、特にこのふたつの博物館・美術館は広く、展示品も多いので見学は余裕をもってどうぞ。

秘密の小部屋
ポンペイ、エルコラーノ出土のエロティックの場面を描いた彫像、モザイクなどを展示。見学は、無料で、切符売り場横の窓口で申し込み、指定された時間に秘密の小部屋の扉前に集合。30分〜1時間ごとに英語、イタリア語でのガイド付き見学。モラルをわきまえた18歳以上のみの見学。

エルコラーノ出土、紀元前2世紀頃のギリシア彫刻の模刻「牧神と山羊」（秘密の小部屋）

ポンペイ出土「踊る牧神」

花の女神『フローラ』

最新情報
ヴェスーヴィオ絵画部門は修復のため、'05年1月現在、多くの部分が閉鎖されています。

モザイクの傑作「アレクサンドロ大王の戦い」。左側、馬に乗る若者が大王

ブロンズ製の『**踊る牧神**』Fauno（60室）も見逃せない。奥の65室は**秘密の小部屋**Gabinetto Segretoで、見学は入館時に予約が必要。中2階の階段左側からは、ローマ貨幣などを展示した貨幣部門が広がっている。

2階Primo Piano:当時の文明の高さを物語るポンペイ、エルコラーノからのフレスコ画、銀の鏡や杯、ガラス、彫像、手術器具などを展示。とりわけ、ヴェスーヴィオ絵画Pittura Vesvianaと呼ばれる絵画部門は、この博物館でとりわけ名高いもの。紀元前1世紀からヴェスーヴィオ火山が噴火した79年までに描かれたモチーフは、静物、人物、風景と多岐に渡り、当時の面影を知ることができるだけでなく、絵画様式の変遷を知る上でも重要なものだ。エルコラーノ出土の『ヘラクレスとテレーフォ』Ercole e Telefo、ボスコレアーレの邸宅からの赤をバックに歴史上の人物を描いた『メガログラフィーア』Megalografia、緑を基調に優美な花の女神を

ヴェスーヴィオ絵画の展示

描いた『フローラ』Flora（'05年1月現在、非公開）、薄衣をまとい、左手に花を手にした『**ファルネーゼのフローラ**』Flora Farneseなどが印象的だ。

さらに4000点を超えるローマン・グラスでは、濃い青の上に白く4人の天使を描いた『**青いガラス壺**』Vaso in Vetro Bluが見逃せない。

このほか、エルコラーノのパピルス荘（114～117室）のブロンズ像、ギリシア植民地からのアッティカ様式の赤絵・黒絵の壺や絵画、彫像などが続く。

「青いガラス壺」

庭園の美しい王宮の中にある
国立カポディモンテ美術館 ★★★
Museo e Gallerie Nazionali di Capodimonte ムゼオ・エ・ガッレリエ・ナツィオナーリ・ディ・カポディモンテ

　カポディモンテの緑の丘に広がる広大な美術館。国立考古学博物館と同様、ファルネーゼ家により創設され、ファルネーゼ・コレクションを中心にナポリ絵画、ナポリの教会から運ばれた祭壇画を展示。ヨーロッパ各地からの陶磁器コレクション、磁器で飾られた旧居室なども見事だ。

広大な丘に広がる国立カポディモンテ美術館

2階Primo Piano:美術館の創設者であるカルロ3世が望んだように、各派ごとにほぼ年代順に並べられた展示はイタリア絵画の潮流を知ることができる貴重な場所だ。堂々たる階段を上ると、カルロ3世の息子、アレッサンドロ・ファルネーゼ枢機卿、後の教皇パウロ3世の肖像画が掲げられている。ティツィアーノの『パルマの司教、アレッサンドロ・ファルネーゼの肖像』Ritratto di A. Farnese、ラファエッロ『パウロ3世の肖像』Ritratto di P. Farneseなど（1室）。1400年代絵画の革新者だったマザッチョの『磔刑図』Crocifissione（4室）は、この美術館の代表作のひとつ。続いてボッティチェッリの『聖母子と天使』Madonna con Bambino ed Angeli」など。ボルジア・コレクションの貴重なデッサン画ではラファエッロの『モーゼ』Mose davanti al roveto ardente、ミケランジェロの『戦士の

展示方法がすばらしい美術館内部

「パオロ3世の肖像画」

カンパーニャ州
ナポリ

■国立カポディモンテ美術館
住 Parco di Capodimonte
☎ 081-7499111
開 8:30～19:30
休 ㊌
料 €7.50
（14:00～17:00の入館は€6.50）
地 P.29 A3、P.51

カポディモンテ美術館へのバス
考古学博物館そばCavourの停留所から
バス137、160、178でMiano下車。
ムニチーピオ広場から
バス24番で停留所Medinaで乗車し、Capodimonte下車。

新登場のバス
考古学博物館脇のムゼオ広場Piazza MuseoのバスLC番は、広場始発でカポディモンテ美術館行きなのでわかりやすい。

カンパーニャ・アルテカードの利用法
　P.40にあるとおり、ナポリを中心に見学するなら①を、カンパーニャ州の各地に足を延ばすなら②を購入しよう。いずれも利用可能地域の交通費も含まれている。カード①②は見どころ2ヵ所のみが無料となるので、入場料の高い所を優先して使おう。ナポリを中心とした①なら国立カポディモンテ美術館や国立考古学博物館は外せない。②のカンパーニャ州全域なら、ポンペイの遺跡やエルコラーノの遺跡は特に入場料が高いので利用したい。
　各見どころでカードを提示して、無料切符と交換または割引切符を購入する。無料分を使わないうちに、割引券を購入したい場合は、切符販売窓口で「割引切符を購入します。Vorrei il biglietto a prezzo ridotto.ヴォレイ・イル・ビリエット・ア・プレッツォ・リドット」と告げよう。カードは機械に通して処理されるので、入場料の安い見どころが無料の2ヵ所とカウントされると、損をしてしまう。最初に見学を優先する（入場料が高い）2ヵ所を訪れた場合は問題ない。また、見どころは各1回のみ入場可能。

バスも楽しい その2

スリが多いと聞いていたナポリのバスですが、私たちは中央駅周辺からの利用は避けたためか、快適・安全に利用しました。R1番はボヴィオ広場やダンテ広場などから考古学博物館へ行くのに便利。さらにこのバスは考古学博物館前から坂を上って行きます。次第にナポリの町なかとは様相を変え、高級ショッピング街や住宅街を抜け、車窓から眺めているだけでナポリのもうひとつの面が見えるようです。丘の上を走るので海岸線の眺めも楽しめます。終点で降りて、少し歩けばS.マルティーノ修道院へ向かうV1番のバスに乗車できます。V1番のバスは街路樹の続くショッピング街を抜け、これも楽しい。特に終点の修道院前の広場から眺めるナポリの町と海岸の風景は素敵です。

バスを安全に利用するには、なるべく始発から乗車して座ることだと思います。

(東京都　ルル '02)['05]

G.ベッリーニ作「キリストの変容」

一群』Gruppo di Soldati（7室）は見逃せない。ジョヴァンニ・ベッリーニの『キリストの変容』Trasfigurazione（8室）は、彼の円熟期の傑作。ロレンツォ・ロット『ベルナルド・デ・ロッシ司教の肖像』Ritratto del Vescovo Bernardo de Rossi、ジュリオ・ロマーノ『猫の聖母』Madonna della Gatta（9室）などが続く。16世紀ヴェネツィア絵画を代表するティツィアーノによる『ダナエ』Danae（11室）は、A.ファルネーゼ枢機卿がローマの自室に飾っていたもの。

ヴェネツィア絵画を代表する、ティツィアーノ『ダナエ』

フランドル絵画の巨匠、ブリューゲル「盲者の寓話」

『マッダレーナ』Maddalena（11室）、エル・グレコの『エル・ソフラン』El Soflan、パルミジャーノの『アンテア』Antea（12室）、ブリューゲルの『盲者の寓話』Parabola dei Cierchi（17室）も必見。19、20室はカラッチ一族の作品が続き、『聖カテリーナの神秘の結婚』Sposalizio mistico di S. Caterina（19室）は同美術館のコレッジョの影響がうかがえる。

旧居室Appartamento Storico：華やかに装飾された大広間（31室）からポンペイ風の絵が描かれたサロンをはじめさまざまに装飾された部屋が続く。各部屋に置かれた彫像、椅子、テーブルなどの調度品も見事だ。この一角にはナポリで生まれたカポディモンテ焼をはじめ、セーブル、マイセン、ウエッジウッドなどの**陶器コレクション**が続く。とりわけ、女神が馬と天使を従えて花飾りを頭上高く掲げる『オーロラ』L'Auroraが目を引く。

「磁器の間」Gabinetto di Porcellana del Palazzo di Portici

2階、華やかな王宮内の旧居住室。大広間Gran Galleria

は、17世紀後半王妃マリア・アマリアのために作られ、19世紀にここに移設されたもの。1739年、この美術館の敷地内に創設されたカポディモンテ焼の工房の最高技法を駆使し、壁面やシャンデリアまでが彩色および金をかけた中国的モチーフを描いた磁器で飾られた驚きの空間だ。

15～17世紀の貴重な陶磁器や彫像などのギャラリー

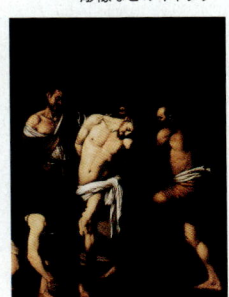

3階Secondo Piano:ナポリ絵画部門。入口近くの大きな7枚のタペストリーはカルロ5世がフランソワ1世を打ち破った様子を描いた『パヴィアの戦い』Battaglia di Paviaで、16世紀のベルギー製。ナポリ絵画に多大な影響を与えたふたりの巨匠、シエナ派のシモーネ・マルティーニの『**トゥールーズの聖ルイ**』San Ludovico di Tolosa（65室）とカラヴァッジョの『**キリスト鞭刑**』Flagellazione（78室）は見逃せないもの。以降、充実したナポリ絵画が続く。ナポリ絵画の典型である静物画Natura Morta（97室）、マッティア・プレーティの『**聖セバスティアヌス**』S. Sebastiano（102室）、ルーカ・ジョルダーノの『**天蓋の聖母**』Madonna del Bardacchino（Rosario）（103室）なども見逃せない。

カラヴァッジョ作『キリスト鞭刑』

4階Terzo Piano:1800年代、および近代・現代絵画、オブジェなどを展示。

ナポリのミステリーゾーン
サン・ジェンナーロのカタコンベ
Catacombe di San Gennaro カタコンベ・ディ・サン・ジェンナーロ

ローマのサン・ピエトロ寺院を模倣して近年に造られたマードレ・ディ・ブオン・コンシリオ教会Madre del Buon Consiglioの裏手のサン・ジェンナーロ・エクストラ・モエニア教会S. Gennaro extra Moenia の地下にある。発見されている地下埋葬所の中で最も古いもののひとつで、創設は2世紀頃。地下聖堂には、3～10世紀の貴重な初期のキリスト教の壁画とモザイクが残る。

マードレ・ディ・ブオン・コンシリオ教会が目印

📧 タクシー、ここに注意
以前は乗車前に料金の確認をしないと不安だったナポリのタクシーですが、今回の旅ではメーターの表示通りの料金でOKでした。ところが、最終日にスーツケースを持って利用した際に、荷物1個につき€1.50も追加されてしまいました。後で「地球の歩き方」の料金表示でわかったのですが、荷物1個は€0.50。5つも荷物があったので、€5も余計に払ってしまいました。小技でだます人もいるので、ご注意を。
（東京都　小泉裕子　'05）

■サン・ジェンナーロのカタコンベ
住 Via di Capodimonte
☎ 081-7411071
開 見学はガイド付きで。
　9:00、10:00、11:00
　12:00にサン・ジェンナーロ・エクストラ・モニア教会前に集合。
休 ㊊
料 €3
地 P.29 A3、P.51

カンパーニャ州　ナポリ

3. サンタ・ルチアとヴォメロの丘

Santa Lucia e Monte Vomero

王宮前の広大なプレビシート広場から海の見える坂道を下ると、有名なナポリ民謡で歌われる"サンタ・ルチア"地区だ。古くから港町として栄えたこの地域には、いつも海風が吹き抜け太陽の光が海面にキラキラと反射している。高台のヴォメロの丘にフニコラーレ（ケーブルカー）で登れば、ヴェスーヴィオ火山とナポリ湾の絵ハガキのような風景に出合える。どこも見逃せない観光名所が並ぶこの地域は、外観だけを見ながら巡っても充分満足できるはず。

遠くにヴェスーヴィオ火山が

●おもな見どころ

❶ ヌオーヴォ城

通称マスキオ・アンジョイーノ（アンジュー家のやぐら）と呼ばれている。当時最新の技術を用いて防御効果の高い4つの塔を配した城を築き上げ、周りには堀がはりめぐらされていた。

★★★ P.60

❷ サン・カルロ劇場

ブルボン家のカルロ3世によって建てられた、イタリア3大歌劇場のひとつ。内部はすべて当時のままで赤と金色の豪華な装飾が美しい。上演日以外の午前中には内部を見学することができる。

★★ P.60

❸ ウンベルト1世のガッレリア

有名なミラノのガッレリアを少し小さくしたようなものだが、その美しさは決して引けを取らない。アーケードの天井はガラス張りで、中央の床には大理石の12星座の装飾がある。

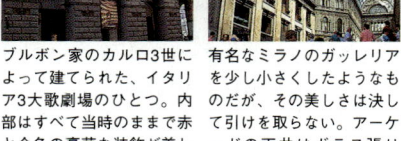

★★ P.61

❹ 王宮

17世紀にスペイン王のために建設されたが、王が住むこともなく次の時代を迎えた。プレビシート広場に面した正面には、ナポリを制した勇敢な8人の王の立像が並んでいる。

★★ P.61

❺ プレビシート広場

王宮の真っすぐなファサードに対して、半円形の柱廊が広場を取り巻いている。両脇にはライオン像が置かれ、中央のサン・フランチェスコ・ディ・パオラ聖堂が広場を見守る。

★★ P.63

❻ サンタ・ルチア

プレビシート広場から坂道を下りたあたりがかつて漁港として栄え、ナポリ民謡でもおなじみのサンタ・ルチア地区。ヴェスーヴィオ火山とナポリ湾のパノラマを楽しみながら散歩したい。

★★ P.63

❼ 国立サン・マルティーノ美術館

エルモ城の隣。14世紀に建てられたカルトジオ会の修道院が、現在は国立美術館になっている。大規模なプレゼーピオが展示されていることで有名。奥の庭園からのナポリ湾の眺めは最高。

★★★ P.64

ヴィッラ・コムナーレ
Villa Comunal

カンパーニャ州

ナポリ

地下鉄1号線 Metropolitana Linea 1
サルヴァトーレ・ローザ通り Via Salvatore Rosa
地下鉄2号線 Metropolitana Linea 2
地下鉄線 Metropolitana Linea 1

ヴォメロ Vomero

ヴィットーリオ・エマヌエーレ大通り Corso V. Emanuele

モンテサント MONTE SANTO

ダンテ広場とポルタルバ P.za Dante/Port' Alba

ダンテ駅 Dante

モンテサント駅 Montesanto

ケーブルカー乗り場 Stazione (地下鉄建設中)

サン・ドメニコ・マッジョーレ教会 S.Domenico Maggiore

モンテサント線 Funicolare di Montesanto (2005年1月現在運休中)

サンテルモ城 S.Elmo

カリタ広場 P.za Carità

国立サン・マルティーノ美術館 ⑦ P.64
Museo Nazionale di San Martino

チェントラーレ線 Funicolare Centrale

スペイン地区 Quartieri Spagnoli

トレド通り Via Toledo
メディーナ通り Via Medina

ケーブルカー乗り場

ムニチーピオ広場

キアイア線 Funicolare di Chiaia
ケーブルカー乗り場 Stazione

Stazione Toledo

③ ウンベルト1世のガッレリア P.61
Galleria Umberto I

イタリア鉄道マリッティマ駅 Stazione F.S. Marittima

① ヌオーヴォ城 Castel Nuovo P.60

② サン・カルロ劇場 Teatro S.Carlo P.60

フェリー乗り場

ヴィア・G・フィランジェーリ Via G. Filangieri
キアイア通り Via Chiaia

④ 王宮 Palazzo Reale P.61

Bacino Angioino

フェラガモ Ferragamo
プラダ Prada P.73 S
グッチ Gucci P.73 S
ルイ・ヴィトン Louis Vuitton P.73 S

マルティーリ広場
Piazza dei Martiri

ラ・カフェッティエーラ La Caffettiera P.99

⑤ プレビシート広場 Piazza Plebiscito P.63

水族館 Acquario

ヴィットリア広場 Piazza Vittoria

PIZZOFALCONE

ヴィア・D・モレッリ Via D. Morelli

ヴィア・サンタ・ルチア Via Santa Lucia

⑥ サンタ・ルチア Santa Lucia P.63

ミラマーレ Miramare P.77
ダ・エットレ Da Ettore P.67
レックス Rex P.77
ラ・カンティネッラ La Cantinella P.67
マリーノ Marino P.70
ロソリーノ Rosolino P.67
サンタ・ルチア Santa Lucia P.76
グランドホテル・ヴェスヴィオ Grand Hotel Vesuvio P.76
ラ・ベルサリエーラ La Bersagliera P.67
ツィ・テレーサ Zi'Teresa P.68
サンタ・ルチア港 Porto Santa Lucia
卵城 Castel dell'Ovo

ナポリ湾 Golfo di Napoli

ナポリ湾 Golfo di Napoli

NAVIGATOR

●ヌオーヴォ城から卵城へ
　中央駅からバスR2番に乗りヌオーヴォ城手前のムニチーピオ広場 Piazza Municipioか、サンカルロ劇場横の終点トレント広場 Piazza T.Trento で降り見学を開始しよう。
　ヌオーヴォ城は目立つのですぐわかる。ここからヴォメロの丘の上に見えるのが、あとで行くサンマルティーノ修道院だ。ヌオーヴォ城の正面入口を左に見て道沿いに進むと左にサンカルロ劇場、その向かいがウンベルト1世のガッレリアだ。広場の先の左側にはプレビシート広場が広がっている。向かいの赤い長い建物が王宮。海の見える坂道を下りて行くとサンタ・ルチア港付近に出る。海岸沿いを右に歩き、インマコロラテッラの噴水を過ぎれば、海に突き出た卵城に到着だ。

■ヌオーヴォ城
住 Piazza Municipio
電 081-7955877
開 9:00～19:00
休 日祝
料 €5
地 P.30 C2、P.59

■サン・カルロ劇場
住 Via S. Carlo 101-103
電 081-7972111
開 上演のない日はガイド付きツアー（料金€5）を実施。
地 P.30 C1、P.59

おもな見どころ

アンジュー家のやぐら
ヌオーヴォ城（アンジュー家の城） ★★★
Castel Nuovo(Maschio Angioino)　カステル ヌオーヴォ（マスキオ アンジョイーノ）

　王の住居であった卵城とカプアーノ城が立地的に不便であったことから、1284年アンジュー家の新しい城としてカルロ1世によって海からちょうどよい距離に建設された。
　しかし、内部のパラティーノ礼拝堂以外はその後の災害のため破壊され、1443年アラゴン家のアルフォンソ1世が現在の形に再建した。5本の塔で構成され、中央入口には記念に設けられた**アルフォンソの凱旋門**Arco di trinofo di Alfonsoがある。塔の間の白い門は見事な浅浮き彫りで装飾され人々の目を引く。内部には1300～1400年代のフレスコ画と彫像が飾る**パラティーノ礼拝堂を含んだ市立美術館**がある。

アンジュー家の城とよばれる

アルフォンソの凱旋門

15～18世紀のナポリ絵画が展示される

イタリア三大歌劇場のひとつ
サン・カルロ劇場 ★★
Teatro San Carlo　テアトロ・サン・カルロ

　ミラノのスカラ座、ローマのオペラ座に並ぶ三大歌劇場のひとつで、1737年11月4日ブルボン家のカルロ3世のためにこけら落としが行われた。ファサードは19世紀に増築されたもの。ジョアッキーノ・ロッシーニの「モーゼ」「湖上の美女」、ガエターノ・ドニゼッティの「ランメルモールのルチア」の初演がここで行われた。

古きよき時代の劇場

十字型のアーケード
ウンベルト1世のガッレリア ★★
Galleria Umberto I
ガッレリア・ウンベルト・プリモ

1887〜90年にかけて建築された、58mの高さを持つアーケード。内部には1912年まで、古きよき時代に音楽家や芸術家が集ったカフェ・カンタントCafè Chantant があったことでも有名。

鉄とガラスの美しい芸術品

観光客をよせつけないもうひとつの下町
スペイン人地区
Quartieri Spagnoli
クアルティエーリ・スパニョーリ

トレド通り西側の丘の斜面は、トレド総督によってスペイン統治下に激増した人口問題を解決するために住宅で埋めつくされた。現在でも密集する当時の住宅がそのまま使われている。治安があまりよくないので陽の当たらない薄暗い路地には迷い込まずに、洗濯物のはためくナポリらしい風景はトレド通りから見上げよう。

歴史的住居博物館のある
王宮 ★★
Palazzo Reale
パラッツォ・レアーレ

華麗なナポリの歴史を担った王宮

17世紀にスペインの王を迎えるため、建築家ドメニコ・フォンターナによって工事が着工された。しかしその王を迎えることのないまま、ブルボン家の王宮として1753年ルイジ・ヴァンヴィテッリによって改築・拡張工事が行われた。カゼルタの王宮によく似た3層に分かれた長い正面の前には、ナポリを統治した王の立像が置かれている。現在内部は**王宮歴史的住居博物館**Museo dell'appartamento storico di Palazzo Realeになっており、18世紀の豪華な室内装飾を見

博物館には王宮の中庭から

カンパーニャ州 ナポリ

■ウンベルト1世のガッレリア
地 P.30 C1、P.59

■スペイン地区
地 P.30 B・C1、P.59

庶民的な界隈

■王宮
（博物館・宮廷劇場）
住 Piazza Plebiscito
☎ 848800288
開 9:00〜20:00
休 ㊌
料 €4
●図書館
☎ 081-401273
開 9:00〜19:30
　 ㊏9:00〜18:30
休 ㊐
地 P.30 C1・2、P.59

61

ブルボン家のカルロ像

華麗な歴史の証人、王宮

　サン・カルロ劇場近く、豪壮な館に王宮があります。豊かだったナポリの財力と権力を誇示するように豪華な部屋が続き、見飽きることがありませんでした。奥深いナポリの歴史の一面をよく伝えています。カゼルタの王宮によく似ていますが、こちらの方がより一層豪華です。'05年1月には王の礼拝堂は一部未整備でしたが、大きなプレゼーピオも飾られていました。
（東京都　小泉裕子　'05）

　ることができる。大理石で華麗に装飾された大階段を上った2階が見学コース。2階右手、コース最初の**宮廷劇場**Teatro di Corte はフェルディナンド4世の婚礼を記念し1768年に造られたもの。小さいながらも金色に塗られた音楽の女神などで装飾された華麗な空間だ。彫像のように見えるのはCartapestaとよばれる紙の張子で当時はよく使われた手法だ。続いて、『**外交の間**』La Sala Diplomaticaには、ブルボン家のカルロと妻マリア・アマリアを擬人化した『徳のアレゴリー』Allegoria delle Virtuが描かれている。『**玉座の間**』La Sala del Tronoは、壁面上部が金色の彫像で飾られ、ひときわ豪奢な雰囲気だ。壁には王家の人々の肖像画が掛けられ、玉座の正面は「フェルディナンド1世の肖像」。このほか、「**王の書斎**」Lo Studio del Re、金箔と貴石で飾られた大祭壇が見事な「王の礼拝堂」La Cappella Realeなどが続く。室内装飾のほか、飾られた絵画や調度など、南イタリアの首都として君臨したナポリ宮廷の歴史を如実に物語る豪華な空間が続く。このほか、エルコラーノの遺跡から発掘された炭化したパピルス紙が展示される**国立ヴィットリオ・エマヌエーレ3世図書館** Biblioteca Nazionale Vittorio Emanuele IIIも必見。

王宮内部へと続く大階段

現在もコンサートなどに利用される宮廷劇場

調度もすばらしい王宮歴史的住居博物館

カンパーニャ州　ナポリ

ナポリ1大きな広場
プレビシート広場
Piazza del Plebiscito
ピアッツァ・デル・プレビシート ★★

かつては民衆の祭りなどにも使われた広場

　式典や民衆の祭りに使われていた広場。奥に置かれているのは、アントニオ・カノーヴァ作のブルボン家のカルロとフェルディナンド1世（馬だけカノーヴァ作）の騎馬像。中央には1846年に完成した、ローマのパンテオンに似た新古典様式の**サン・フランチェスコ・ディ・パオラ聖堂**Basilica di S. F. di Paolaがある。

パンテオンに似たパオラ聖堂

■プレビシート広場
地 P.30 C1、P.59

■サン・フランチェスコ・ディ・パオラ聖堂
住 Piazza Plebiscito
☎ 081-7645133
開 8:30～12:00
　 15:30～18:00
　 ⊕8:00～13:00
地 P.30 C1、P.59

かつて漁港として栄えた
サンタ・ルチア
Santa Lucia
サンタ・ルチア ★★

　海岸から一本入ったところにあるサンタ・ルチア通りが、かつては海岸通りだった。卵城に続く現在の海岸通りには5つ星クラスのホテルが軒を連ね、ナポレターノのお気に入りの散歩道として親しまれている。

ヴェスーヴィオと海

サンタ・ルチア通りのプロムナード

■サンタ・ルチア
地 P.29 C3、P.59

✉ おすすめ絶景ルート
　市内観光バス（P.39）のルートBはナポリの海沿いを巡るルート。サンタ・ルチアをはじめメルジェッリーナや中心部から少し離れたポジリポの丘など景色のよいところをまわります。私は夕方に利用しましたが、バスの2階から見る夕景はまさに「ナポリを見て死ね」にふさわしい絶景でした。
　　　（東京都　キミ子　'04）

■卵城
住 Borgo Marinari
☎ 081-2400055
開 8:00〜17:00
休 1/1、5/1、12/25
料 無料
地 P.29 C3、P.59

海に突き出たお城
卵城
Castel dell' Ovo
カステル・デッローヴォ ★

　長い埠頭の先端の小島に建つ城。呼び名の由来は、城の基礎に埋め込まれた卵が壊れると同時に、町も城と滅びるという伝説に由来するといわれている。12世紀にノルマン王によって建てられ、13世紀にはアンジュー家の王の住居となった。城の周りにはカフェが軒を連ね港には豪華なヨットが停泊している。ゆったりとナポリ湾を眺めながら時を過ごしたい。

サンタ・ルチアのシンボル卵城

■サンテルモ城
住 Largo S. Martino
☎ 081-5784030
開 9:00〜18:30
料 €2
休 ㊊
地 P.28 B2、P.59

サンテルモ城、サン・マルティーノ修道院への行き方
●中央駅から
バスC30（平日のみ）で停留所Luca Giordanoで下車し、ミニバスV1に乗り換え終点San Martino下車。
●メルジェッリーナから
地下鉄2線Mergellina駅からP.za Amedeo駅で下車し、フニコラーレのキアイア線に乗り換えてCimarosa下車。Vanvitelliの停留所からミニバスV1に乗り換えて終点San Martino下車。

要塞の上からの眺めが最高
サンテルモ城
Castel S. Elmo
カステル・サンテルモ ★

　ヴォメロの丘の頂上にある、6つの頂点を持つ星型の要塞。14世紀初めにアンジュー家が基礎を建てた場所に、16世紀に軍事総督トレドが星型の頑丈な要塞を築いた。要塞の上からの**ナポリ湾と旧市街の眺望**はすばらしい。前の広場からもナポリの町の地図を眺めるような風景を目にすることができる。

星型プランの要塞、サンテルモ城

眺望がすばらしい

■国立サン・マルティーノ
　美術館
住 Largo S. Martino
☎ 081-5781769
開 9:00 〜19:00
休 ㊊
料 €6
地 P.28 B2、P.55

かつてのカルトジオ会修道院
国立サン・マルティーノ美術館（旧修道院）
Museo Nazionale di San Martino
ムゼオ・ナツィオナーレ・ディ・サン・マルティーノ ★★★

　ナポリを見下ろすヴォメロの丘に建つ、かつての修道院を利用した美術館。17世紀のナポリ・バロック様式の最高傑作のひとつとしても有名な建築物で、現在は内部の一部が国立美術館になっている。入口付近には絵画・彫刻部門があり、中庭の奥左側には**プレゼーピオのコレクション**がある。17〜18世紀のアンティ

かつての修道院をしのばせる大回廊付きの中庭

ークなものや、卵の殻の中に入った精巧なものなどが展示される。海に向かって開けた奥の**テラスからの眺望**も見逃せない。左にアマルフィ海岸、中央にイスキア・カプリ島、右にプローチダ島とすばらしい眺めが広がる。

芸術的な建造物を利用した美術館が

ナポリの眺望がみごと

緑の美しい庭園と陶器博物館
ヴィッラ・フロリディアーナ
Villa Floridiana

ヴィッラ・フロリディアーナ

19世紀初めフェルディナンド1世の妻、フロリディアナ夫人のために建てられた別荘。庭園は市民公園になっている。別荘の中にはマヨルカ焼やガラス製品、東洋の陶器などを集めた**国立マルティーナ公爵陶器美術館** Museo Nazionale della Ceramica Duca di Martinaがある。

陶器博物館

緑あふれる市民公園

海岸通りにある貴族の別荘
ヴィッラ・ピニャテッリ
Villa Pignatelli

ヴィッラ・ピニャテッリ

メルジェッリーナ港に向かう途中の海岸通りリヴィエラ・ディ・キアイアの奥にある。1826年アクトン家の別荘として建てられ、1867年ピニャテッリ家の手に渡った。別荘内部は居室と図書館からなる博物館 Museo Principe Aragona Pignatelli Cortes で1800年代の家具や陶器を当時のままに展示。庭園の一角には19世紀から20世紀初頭までの馬車の博物館Museo delle Carrozzeもある。

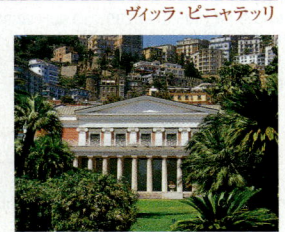

新古典主義の貴族の別荘

パノラマを楽しむなら
ナポリ湾を見下ろす、サン・マルティーノ旧修道院

　国立考古学博物館やムニチーピオ広場からバスR1番に乗車して終点下車。ここから少し歩いてV1番のミニバスに乗車し、終点で下車するとサン・マルティーノ修道院前の広場だ。修道院内のテラスや庭園からは海岸線と島までを望むことができる。バスの停車する広場からも海岸沿いに広がるナポリの町並みが一望でき、ナポリのパノラマを楽しみたい人にはぜひおすすめのスポットだ。また、修道院までのバスR1、V1番もともに車窓からの風景も楽しい。

■ヴィッラ・フロリディアーナ
住 Villa Floridiana,Vomero
開 9:00 ～日没1時間前
● 陶器博物館
☎ 081-5788418
開 8:30～14:00
休 ㊋
料 €2.50
地 P.28 B2

■ヴィッラ・ピニャテッリ
住 Riviera di Chiaia
☎ 081-7612356
開 8:30～14:00
休 ㊋
料 €2.50
地 P.28 C2

カンパーニャ州 ナポリ

Napoli — ナポリのレストラン

　特産の海の幸を豊富に使った、日本人好みのナポリ料理。庶民的雰囲気で手頃な値段で食事するなら中央駅周辺のトラットリアや、カプアーナ門の市場にはピッツァや揚げ物の屋台も店開きしている。ただ、駅周辺の猥雑さは否めないのも事実。ナポリの雰囲気を満喫するなら、サンタ・ルチア湾と卵城のあるサンタ・ルチア地区や下町ダンテ広場周辺へ向かおう。サンタ・ルチア周辺には潮風を受けて海沿いにパラソルを広げる店も多い。また、このあたりに集中する高級ホテル上階のメインダイニングは、ヴェスーヴィオ山と海を望む絵のような風景を楽しめる。ダンテ広場周辺は地元の人ご用達のピッツェリアやトラットリアが多い。店先では、焼きたてのピッツァが売られ、小腹のすいたナポリっ子が列を作って買っている光景をよく目にする。行列を見かけたら、並んでみよう。おいしいものにきっと出合えるから。

ナポリっ子の大好物の揚げ物屋の名物おかみ。ピッツァなどができ上がるとどこからともなく人が集まってくる

RISTORANTE チェントロ地区

チーロ・ア・サンタ・ブリジーダ　P.30 C1
Ciro a Santa Brigida
モダンな雰囲気の老舗。前菜からパスタ、ピッツァ、お菓子まで100種類以上のナポリ料理が勢揃い。きっと好みの味が見つかるはずだ。量もタップリなので、皆でシェアするのも楽しい。　**できれば予約**
住 Via S. Brigida 71/74
☎ 081-5524072
営 12:30～15:30、19:30～24:30
休 ⊕、8/10～8/20
予 €30～45（コペルト€2）
C A.D.J.M.V.
交 ウンベルト1世のガッレリアから50m

エウロペオ・ディ・マトッツィ　P.30 B2
Europeo di A. Mattozzi
ウンベルト1世通りの端、ボヴィオ広場の近く。壁には小さな額縁とワインが並ぶ、伝統的ナポリ料理のお店。豆の入ったパスタPasta e Fagioliや魚介のアクア・パッツァがおすすめ。　**要予約**
住 Via Marchese Campodisola 4/8
☎ 081-5521323
営 12:00～16:00、20:00～24:00
休 ⊕、8月下旬2週間
予 €30～45
C A.D.J.M.V.
交 ボヴィオ広場から20分
中央駅からR2番でボヴィオ（ボルサ）広場下車

ナポリ・ミア　P.30 B2
Napoli Mia
ボヴィオ広場から港に向かうDepretis通りの50mほど先を左に曲がる。官庁街にあるレストラン。舌の肥えたナポリのビジネスマンの利用が多い。シェフおすすめのシーフードリゾット、Risotto del Capitanoはボリューム満点。　**要予約**
住 Via M. Schilizzi 18
☎ 081-5522266
営 12:30～15:30、19:00～22:00
休 ⊕、8月の15日間
予 €16～50
C D.M.V.
交 ボヴィオ広場から5分

ベッリーニ　P.42
Bellini
魚介類のおいしいレストラン。ピッツァなら魚介入りの"フルッティディマーレ"がおすすめ。紙包みのスパゲッティ・カルトッチョや新鮮な魚のグリルも試してみたい。デザートはさっぱりしたソルベット・アル・リモーネ！　**要予約**
住 Via S. M. di Costantinopoli 80
☎ 081-459774
営 12:00～16:00、18:30～翌1:00
休 夜、8/15前後10日間
予 €20～50（コペルト€1.80、13%）
C D.M.V.
交 ダンテ広場から1分。アルバ門の突きあたり

プルチネッラ   P.30 C1
Pulcinella
ムニチーピオ広場近くにある、家族経営のレストラン兼ピッツェリア。モダンな1階といなか風の地下に分かれた店内は外観よりも広々としている。魚介類を中心にナポリ料理も充実している。
- Via S. Brigida 49
- ☎ 081-5517117
- 営 12:30〜15:00、19:30〜23:30
- 休 ⽇、8月
- 予 €20〜35
- C A.D.M.V.
- 交 ウンベルト1世のガッレリアから徒歩2分

RISTORANTE
サンタ・ルチア地区

ラ・カンティネッラ   P.59
La Cantinella
遠くにサンタ・ルチア湾を望み、ヨシズが使われた店内は地中海風ながら優雅な雰囲気。新鮮な魚介類と自家製パスタがおいしい。また、膨大なワインコレクションで知られる高級店。**要予約**
- Via Cuma 42
- ☎ 081-7648684
- 営 12:30〜15:00、19:30〜24:00
- 休 ⽇、8/8〜8/22
- 予 €55〜80、定食€70、75
- C A.D.J.M.V.
- 交 サンタ・ルチア湾北西側

ダ・エットレ   P.59
Da Ettore
地元の人にも人気のトラットリア。店の名前が書かれた緑のネオンが目印。アンティパストはとろりと溶けたスカモルツァ・チーズのグリルや新鮮なトマトのブルスケッタ。ピッツァなら水牛のモッツァレッラチーズと生ハムを挟んで焼いた
- "Pagnottiello" がおすすめ。
- Via Santa Lucia 56
- ☎ 081-7640498
- 営 12:00〜15:30、19:00〜24:00
- 休 ⽇、8月
- 予 €24〜32 C 不可
- 交 卵城から5分

ラ・ベルサリエーラ   P.59
La Bersariera
海岸通りから階段を下りた、湾に面したレストラン。ヨットと卵城を眺め、太陽と潮風を感じながらの食事も楽しい。1919年から続く老舗で、著名人もよく利用するという。自家製パスタや魚介類がおすすめ。
- Borgo Marinari 10/11
- ☎ 081-7646016
- 営 12:30〜15:00、20:00〜24:00
- 休 火、1月
- 予 €20〜40（コペルト€2）
- C A.D.M.V.
- 交 卵城手前の海岸通りの階段を下りる

ロソリーノ・イル・ポスト・アッカント   P.59
Rosolino-Il Posto Accanto
サンタ・ルチア湾に面し、店内やテラス席（春〜秋のみ）からヴェスーヴィオ山を眺めることもできる絶好のロケーション。落ち着いたインテリアと温かいサービスもうれしい1軒。伊勢エビや季節には生ガキも揃う充実した魚介類をはじめ、ナポリ料理、ピッツァも味わえる。前菜盛り合わせAntipasto Rosolinoや海の幸のフシッリFusilli con Frutta di Mareなどがおすすめ。

💬 ワゴンに載っていた野菜の種類も豊富で、野菜の前菜として盛り合わせてもらいました。魚介類の前菜盛り合わせや海の幸のフシッリも味も最高でしたし、量もタップリ。魚のアクア・パッツァもおいしそうでした。　（東京都　ヤドカリ　'05）
できれば予約　**日本語メニュー**

- Via N. Sauro 5/7
- ☎ 081-7649873
- 営 12:30〜15:00、19:30〜23:30
- 休 ⽇夜
- 予 €30〜50（コペルト€2）
- C A.D.J.M.V.
- 交 卵城から徒歩3分

カンパーニャ州 / ナポリのレストラン

ツィ・テレーサ　　　P.55
Zi' Teresa
海岸沿いの道から下っていったところで卵城の目の前。ナポリ湾とお城を眺めながらのロマンティックなディナーに最適！魚介類のアンティパストにスパゲッティ・アッレ・ボンゴレ、スズキSpigolaのグリルなど素材を生かしたナポリ風の

料理には地元の白ワインを頼みたい。
- 住 Via Partenope 1
- ☎ 081-7642565
- 営 12:00～15:30、19:00～24:00
- 休 ㊐の夜、㊊
- 予 €25～
- C A.D.J.M.V.
- 交 卵城から1分

RISTORANTE 中央駅周辺

ミミ・アッラ・フェッローヴィア　　　P.31 A3
Mimi alla Ferrovia
中央駅周辺でいち押しの1軒。店に入ると、ズラリと並んだ魚介類が食欲を刺激する。店内はエレガントな雰囲気ながら、地元の常連たちのにぎやかさがカジュアルさをかもし出している。新鮮な魚介類をタップリ使ったナポリ料理が楽しめる。おすすめは魚介のリングイーネ・ミミ風Linguine alla Mimiや魚介のスープZuppa di Pesce、定番の魚のグリルPesce alla Griliaなど。営業時間は長いが、あまり遅く出かけると新鮮な魚介類は品薄となる場合もある。

- 日本語メニュー　できれば予約
- 住 Via Alfonso d' Aragona 21
- ☎ 081-5538525
- 営 12:00～16:00、19:30～24:00
- 休 ㊐、8/14～8/23
- 予 €20～40（コペルト€2.10、15%）
- C A.D.M.V.
- 交 中央駅から300m

カヴール　　　P.31 A3
Cavour
同名ホテルの1階にある、ナポリ料理の店。駅前の雰囲気に反し、広い店内は明るい。料理のほか、ナポリ名物のお菓子も自家製でおすすめ。
- 住 Piazza Garibaldi 34
- ☎ 081-283122
- 営 12:30～15:00、19:30～22:30
- 休 無休
- 予 €22～32
- C A.D.M.V.
- 交 中央駅前ガリバルディ広場の同名ホテルの一角

Column　ナポリで食べよう！

　ナポリの名物を挙げてみよう。まずナポリと聞いて思い浮かぶのは、ピッツァPizzaだ。ブルボン家の王女様マルゲリータが催したコンクールで一番輝いた**ピッツァ・マルゲリータ**Pizza Margheritaはトマトとバジリコとモッツァレッラチーズのシンプルなもの。今でもどのピッツェリアでも一番人気の1品だ。
　海に近いナポリは魚介類の料理が多いのもうれしい。前菜でもセコンドでもいいのは**タコのトマト煮込み**、ポルピ・アッラ・ルチアーノPolpi alla Luciano、プリモでもセコンドでもいい魚のスープ、**ズッパ・ディ・ペーシェ**Zuppa di Pesceは、水分は少なくタップリの魚介類を食べる感覚の1品だ。別名ピガテッロPigateloとも呼ばれる。

　セコンドは魚のグリルや揚げ物フリットfritto類のほか、当地ならではのものは、**アクア・パッツァ**Acqua Pazzaと呼ばれるもの。魚を1匹、ナポリ特産の小さなトマトと白ワインや塩水で軽く煮込んだ一皿だ。
　お菓子とコーヒーがおいしいのもナポリの特徴だ。南イタリアならではのレモンやオレンジの**グラニータ**Granitaもいいし、ナッツのピスタチオ(Pistacchioピスタッキオ)やアーモンド(Mandorleマンドールレ)、ヘーゼルナッツ(Nocciolaノッチョーラ)などの**ジェラート**Gelatoもおすすめ。生クリームをタップリ添え、ラム酒の効いたサバランの**ババ**Babàやリコッタチーズを詰めた貝殻型のパイ、**スフォリアテッラ**Sfogliatellaもカフェやお菓子屋などで味わってみよう。

Napoli — ナポリのピッツェリア

ナポリの伝統的なピッツェリアは庶民の町、スパッカ・ナポリやスペイン人地区にある。真っ赤に薪の燃える窯で焼くナポリのピッツァは、いまや世界中どこでも食べることのできるピザとはどこか違う。それはナポリの水がピッツァに最も適しているという説もあるが、一番重要なのはナポリの空気ではないだろうか。乱暴に机の上に置かれる皿からはみ出した大きなピッツァ。連れの人の分が出てくるまで待ってなんかいられない。熱いうちに急いで食べよう。手づかみで食べたって構わない。通りからは元気なナポレターノの声とスクーターの音、車のクラクションが響いてやまない…。ひと口食べれば"ナポリに来た"という実感がムクムクとわいてくるはずだ。まずは味の濃いトマトソースと真っ白なモッツァレッラチーズに1枚のバジリコの葉ののったベーシックなマルゲリータMargherita に挑戦してみよう！

老舗のピッツェリア、トリアノン・ダ・チーロのピッツァ職人

カンパーニャ州 — ナポリのピッツェリア

PIZZERIA チェントロ地区

ディ・マッテオ / Di Matteo　P.43

ナポリの下町、スパッカ・ナポリにある。ピッツァとナポリ名物の揚げ物の店。店頭は食べる人、買う人でいつも大にぎわい。屈強な親父さんたちが店番する入口は狭いが奥と2階にテーブル席がある。ピッツァは生地の外側はやや厚めで、中心は薄くて、かなり大振り。ここは揚げピッツァPizza Frittaでも有名だ。具を詰めた円いピッツァを揚げたもので、黄金色にプックリ膨らみ、中からトロリとチーズが溶け、ボリュームも満点。 
- 住 Via dei Tribunali 94
- ☎ 081-455262
- 営 12:00～24:00
- 休 (日)、8月の2週間
- C 不可
- ¥ €5～（15%）
- 交 ドゥオーモから3分

ブランディ / Brandi　P.30 C1

スペイン人地区の細い路地の一角。ブルボン王家のマルゲリータ女王に捧げられた同名のピッツァ発祥の店。創業は1780年。アメリカ人観光客に人気。店内は狭いのでできれば予約を。
- 住 Salita S. Anna di Palazzo 1-2
- ☎ 081-416928
- 営 12:00～15:30、19:30～24:00
- 休 復活祭、8/14～8/16頃、12/25
- ¥ €10～34（コペルト€1.60、12%）
- C A.D.M.V.
- 交 プレビシート広場から3分。カフェ・ガンブリヌスの脇の緩い坂道Chiaia通りを上った右側

ポルタルバ / Port' Alba　P.42

創業1738年のピッツェリア＆レストラン。夏は、門の下にテーブルが出る。店頭で売る"ピッツァ・ポルタフォギョ（ピッツァを4つ折りにしてその場で食べるもの）"も手頃でおいしい。
- 住 Via Port' Alba 18
- ☎ 081-459713
- 営 11:00～15:30、19:00～24:00
- 休 (水)
- ¥ €10～25
- C A.D.M.V.
- 交 ダンテ広場から1分。ダンテ広場からアルバ門を入り門の終わり右側

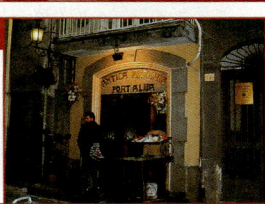

PIZZERIA
そのほかの地区

ダ・ミケーレ P.43
Da Michele

大理石のテーブルからピッツァの作り方まで100年以上続くスタイルを決して変えない頑固な老舗。
ピッツァはマルゲリータとマリナーラの2種類のみで大きさなどは3種類。レジで番号をもらって、番号を呼ばれたら入ろう。いつも長蛇の列なので覚悟を。21:00過ぎには売り切れの場合もあり。

- 住 Via Cesare Sersale 1
- ☎ 081-5539204
- 営 10:00〜24:00
- 休 ⑤、8月に数日
- 予 €5〜
- C 不可
- 交 中央駅から10分。中央駅からウンベルト通りを150mほど進み、右手の奥が二股に分かれているColletta通りを曲った左側

トリアノン ダ・チーロ 1923 P.43
Trianon Da Ciro 1923

名前通り、1923年から続くナポリっ子ご用達の老舗。ラザーニャをのせたものをはじめ、バリエーション豊富なピッツァが売り物。ピッツァを焼く釜近くのマヨルカ焼のタイル絵、アールヌーヴォー調のメニューの絵が格を感じさせる老舗。

要予約

- 住 Via Pietro Colletta 46
- ☎ 081-5539426
- 営 12:00〜15:30、19:00〜24:00
- 休 無休
- 予 €6.50〜13（15%）、定食€12.50
- C V.
- 交 ダ・ミケーレの向かい、二股に分かれた道の右側

マリーノ P.59
Marino

地元の人達で夜遅くまでにぎわっている。おすすめは、新鮮なプチ・トマトののった"サンタナスターシャSant' Anastasia"。フィオリーテ・ラッテ（チーズ）がとろけておいしい。ナポリ料理もおいしくておすすめ。

- 住 Via Santa Lucia118
- ☎ 081-7640280
- 営 12:00〜15:30、19:00〜翌1:30
- 休 ⑤、8月
- 予 €23〜33（コペルト€1、15%）、定食€33
- C A.J.M.V.
- 交 卵城の近く、サンタ・ルチア通り

ロ・スクアーロ P.28 C1
Lo Squalo

メルジェッリーナ港の近く、地元の人が多く利用する庶民的な店。ガラス張りで明るい雰囲気。ナポリ風の揚げ物Sfiziosoやピッツァのほか、魚料理も充実している。

- 住 Via Orazio 1
- ☎ 081-7613068
- 営 13:00〜16:00、19:30〜翌1:00
- 休 ⑤
- 予 €10〜20（コペルト€1.55、10%）
- C D.M.V.
- 交 フニコラーレのメルジェッリーナ線駅の右

Column カンパーニャ州のワイン

　古代ローマの時代からワインが造られていた土地だ。赤よりも白ワインの産出量が多い。古代ローマからの歴史を伝える、フィアーノ・ディ・アヴェリーノFiano di Avellinoは、フィアーノ種から造られる香り高い辛口の白。グレコ・ディ・トゥーホGreco di Tufoは、上記同様、アヴェリーノの近く、古代ローマから伝えられたブドウから造られるもの。グレコ種から造られる、しっかりとした辛口の白。この州を代表する赤ワインはタウラージTaurasiで、長期熟成に耐えるシッカリとした辛口。滑らかでリッチな口当たりと芳しさを楽しもう。

　ワインではないが、レモン・リキュールのレモンチェッロLemoncelloも忘れてならない一品だ。食後によく冷やしたものを小さなグラスで飲んだり、レモンシャーベットにかけて楽しむのが一般的。口あたりはさわやかだが、アルコール度数は高いので、飲み過ぎにご注意を。

ナポリのカフェとお菓子店

ナポリのお菓子は、何といってもリコッタチーズにドライフルーツの入った貝の形のパイ「スフォリアテッラ」Sfogliatella。アツアツを食べるのが通。キノコ型のスポンジケーキのリキュール漬け「ババ」Babàは大人の味。

ガンブリヌス　P.30 C1
Gambrinus
ナポリでいちばん有名なカフェ。1890年の創業当時は、画家や作家など芸術家が集っていた。最高のエスプレッソにナポリのお菓子、そのほかジェラートなど種類が多い。サロンも豪華。

- 住 Via Chiaia 1/2
- ☎ 081-417582
- 営 7:30 ～ 23:00
- 休 無休
- 予 €2～20
- C A.M.V.
- 交 プレビシート広場の右側

ラ・カフェティエーラ　P.59
Gran Caffe La Caffettiera
ブランド店が並ぶマルティーリ広場の一角にある歴史あるカフェ。店内には、ナポリ名物のお菓子類やパスタなどが並び、ゆったりとお茶をするにも、簡単なランチをとるにも便利。

- 住 Piazza dei Martiri 30
- ☎ 081-7644243
- 営 8:00～22:00
- 休 日祝
- 予 €2～10
- C A.D.J.M.V.
- 交 マルティーリ広場の一角

イントラモエニア　P.42
Intramoenia
店内からは気の効いたBGMが流れてくるおしゃれなカフェ。店の中のコーナーではナポリの若手写真家の撮った白黒の絵ハガキなども売っている。奥の席も素敵で数十種類のハーブティーを揃えている。

- 住 Piazza Bellini 70
- ☎ 081-290720
- 営 10:00 ～翌3:00
- 休 無休
- 予 €2～15
- C D.M.V.
- 交 ベッリーニ広場の中央

グラン・カフェ・アラゴネーゼ　P.43
Gran Caffe Aragonese
サン・ドメニコ・マッジョーレ広場にあるオープンカフェ。小ピッツァやカルツォーネなどの軽食やさまざまなお菓子が店内のショーウインドーに並ぶ。

- 住 P.za S.Domenico Maggiore 5/8
- ☎ 081-5528740
- 営 7:00 ～ 23:00
- 休 無休
- 予 €2～20
- C A.D.J.M.V.

ラ・スフォリアテッラ・マリィ　P.30 C1
La Sfogliatella Mary
スフォリアテッラやババなどナポリ菓子の専門店。小さな店舗の中で作っているのでいつでもできたてを食べることができる。地元の人にも大人気。テイクアウトのみ。

- 住 Galleria Umberto I 66
- ☎ 081-402218
- 営 7:00～20:30
- 休 月、8/10～8/26、12/25
- C 不可
- 交 ウンベルトI世のガッレリアの中、トレド通り側出口そば

アッタナーシオ　P.31 A3
R. M. Attanasio
中央駅近く、地元の人に人気のスフォリアテッラの店。ナポリの冬の風物詩ともいえるのが、温かいスフォリアテッラを頬張る姿。パイ皮とクッキー生地の2種類が味わえる。

- 住 Vico Ferrovia 1-4
- ☎ 081-285675
- 営 6:30～19:30
- 休 月、8月
- C 不可
- 交 中央駅から徒歩3分

カンパーニャ州　ナポリのピッツェリア／カフェ／お菓子屋

Napoli　ナポリでショッピング

　商店や市場が所狭しと並ぶナポリの町。バスの車窓から眺めるだけでも、ナポリっ子の旺盛なショッピング熱が伝わってくるほどだ。ナポリっ子に人気のショッピング通りは、サン・カルロ劇場近くのプレビシート広場から北に延びるトレド通りVia Toledoやその西側に延びるキアイア通り Via Chiaia。キアイア通りの終点に位置するマルティーリ広場周辺はイタリアをはじめとする世界のブランドが大集合している。西側のカラブリット通りにはグッチ、トッズ、プラダなど。マルティーリ広場にはフェラガモやエンポリオ・アルマーニなど。マルティーリ広場からアメデオ広場へと向かうガエターノ・フィランジエーリ通りVia Gaetano Filangieriには、ゼニア、フルラ、ホーガン、ブルガリ、エルメスなどが軒を連ねる。

ナポリ1のブランド通りといえば、カラブリット通り。狭く短い通りにブランド店が並ぶ

ナポリらしいおみやげを探す

スクリプトゥーラ　P.42
Scriptura

おしゃれな皮手帳がズラリ

上質の皮を使ったハンドメイドの手帳やアルバムが揃う。巻きつけるような結びひもがこの店の特徴。もともとは製本屋で、本の装丁やミニチュア本のオーダーメイドも受け付けている。

- 住 Via San Sebastiano 22
- ☎ 081-299226
- 営 9:30～13:30、15:30～20:00
- 休 日祝、土午後、8月
- C A.D.M.V.
- 交 地下鉄Dante駅から徒歩5分

ガイ・オーディン　P.30 C1
Gay Odin

1894年創業のチョコレート専門店

防腐剤や保存料を使用していないチョコレートは地元っ子お墨付きの味。昔懐かしい量り売りから、箱入りまでタイプはさまざま。パッケージのデザインがレトロでかわいい。市内に8店の支店あり。

- 住 Via Toledo 214
- ☎ 081-400063
- 営 9:30～20:30
- 休 1/1、8月中旬、クリスマス
- C A.D.J.M.V.
- 交 ウンベルトI世のガッレリアから徒歩1分

シャルテリエ　P.42
Charuterie

おみやげ探しに便利

さまざまな色や形の乾燥パスタや食後酒のリモンチェッロ、ドライトマト、チーズ、ワインなどカンパーニャ州各地の名産品を集めた食料品店。おみやげに喜ばれそうな食材がたくさんある。

- 住 Via Benedetto Croce 43
- ☎ 081-5516981
- 営 9:00～21:00
- 休 無休
- C J.M.V.
- 交 地下鉄Dante駅から徒歩10分

スーパーメルカート・スーペロ　P.31 A4
Supermercati Supero

中央駅そば、便利なスーパー

2005年にオープンしたばかりの明るく近代的なスーパー。おやつや手頃なおみやげを探すには最適。袋물を持っていると、係員に無料ロッカーに入れるように指示されることもあるので、その時は指示に従おう。

- 住 Corso Novara 38
- ☎ 081-5562198
- 営 8:30～20:00、日8:30～13:30
- 休 無休
- C A.D.J.M.V.
- 交 中央駅から徒歩5分

72

ナポリのブランド店

ルイ・ヴィトン P.59
Louis Vuitton

ブランドフリークの憧れ

世界中に店舗を構える、ブランドフリークには欠かせない1軒。店舗は小さいながらも、新作も充実している。他の都市よりも込み合っておらず、ゆっくりお買い物できるのも魅力。

- 住 Via Calabritto 2
- ☎ 081-7646606
- 営 (月)15:00～20:00、(火)～(土)10:00～20:00
- 休 (日)(祝)
- C A.D.J.M.V.
- 交 マルティーリ広場から徒歩1分

グッチ P.59
Gucci

最新デザインに注目

1階にバッグをはじめとする皮革製品やアクセサリー、地下に紳士物、旅行用品、靴などが並ぶ。ナポリっ子にも人気が高く、セール時期には店内はすごい人込み。店員のサービスも温かい。

- 住 Via Calabritto 4
- ☎ 081-7640730
- 営 10:00～13:30、16:30～20:00
- 休 (日)(祝)
- C A.D.J.M.V.
- 交 マルティーリ広場から徒歩1分

プラダ P.59
Prada

カジュアル・シックな品揃え

店構えは小さいが、地下にもフロアが広がる。1階にバッグ、地下に靴、旅行用品、衣服などが並ぶ。鮮やかな色合いで華やかに装飾された新作バッグなども充実している。

- 住 Via Calabritto 9
- ☎ 081-7641323
- 営 10:00～14:00、16:00～20:00
- 休 (日)(祝)
- C A.D.J.M.V.
- 交 マルティーリ広場から徒歩2分

サルヴァトーレ・フェラガモ P.59
Salvatore Ferragamo

履きやすさに納得、伝説の靴職人

マルティーリ広場に面して広い店舗を構え、入口左側が婦人物、右が紳士物に分かれる。靴やバッグの皮革製品から衣服までの幅広い品揃えを誇る。ナポリのシニョーラに愛される1軒。

- 住 Piazza dei Martiri 56
- ☎ 081-415454
- 営 9:30～13:30、16:20～20:00
- 休 (日)(祝)
- C A.D.J.M.V.
- 交 マルティーリ広場の一角

マックス・マーラ P.30 C1
Max Mara

イタリアならでは服作り

イタリアを代表する婦人服ブランド。着やすさと質の高さが、人気の秘密。ナポリに数軒ある店舗のなかでも幅広い品揃えの1軒。奥にドレス類やコート、新作ものなどが充実。

- 住 Piazza Trieste e Trento
- ☎ 081-406242
- 営 10:00～13:00、14:00～20:00
- 休 (日)(祝)
- C A.D.J.M.V.
- 交 トリエステ・エ・トレント広場の一角

ラ・リナシェンテ P.30 C1
La Rinascente

イタリアを代表するデパート

イタリア各地にあるデパートチェーン。化粧品から衣服、家庭用品まで幅広い品揃えと、長い営業時間が魅力。近代的で明るい店内はおみやげ探しに歩くだけでも楽しい。

- 住 Via Toledo 340
- ☎ 081-411511
- 営 9:00～20:00 (日)10:00～14:00、17:00～20:00
- 休 無休
- C A.D.J.M.V.
- 交 ウンベルト1世のガッレリアから徒歩5分

カンパーニャ州　ナポリでショッピング

Napoli — ナポリのホテル

　ナポリのホテルの多くは、中央駅周辺に集中している。絶えず人込みと車が多く、雑然とした雰囲気は否めないが、経済的なホテルが多いことや交通の便を考えるとやはりこの地域に宿を取るのもいい。ナポリらしい明るい雰囲気がお望みなら、サンタ・ルチア周辺の海を望めるホテルやヴォメロやカポディモンテなどの丘の上のホテルがおすすめだ。'05年現在のナポリは、新傾向のホテルの誕生、経営者の変更やそれに伴う改装が相次ぎ、観光都市として質・量ともにホテルの向上が図られているようだ。

ヴィッラ風の趣味のよいホテルが誕生しつつある

HOTEL 中央駅周辺

★★★★ スターホテル・テルミヌス　P.31 A4
Starhotel Terminus
駅を出てすぐ左側にある近代的で明るいホテル。団体ツアーの利用も多いが、駅至近の便利さは格別。レストラン併設。
URL www.starhotels.com
住 Piazza Garibaldi 91
☎ 081-7793111
Fax 081-7793200
SB €159／219
TB €179／239
室 168室　朝食込み
C A.D.M.V
交 中央駅前広場

★★★ カヴール　P.31 A3
Hotel Cavour
駅前広場の右端にある中型ホテル。二重の入口を入ると天井の高いフロントロビーで、高級感が漂う。室内は木彫のアンティーク風の家具で統一、TV・電話が装備されている。朝食はビュッフェ式。
URL www.hotelcavournapoli.it
■読者割引10％
住 Piazza Garibaldi 32
☎ 081-283122
Fax 081-287488
SB €75／110　TB €110／155
3B €135／201
室 100室　朝食込み
C A.D.J.M.V.
交 中央駅前広場の右端

★★★ ヌオーヴォ・レベッキーノ　P.31 A3
Hotel Nuovo Rebecchino
駅前広場からコルソ・ガリバルディに出る右角のホテル。ビリヤード室もあり、全室TV、エアコン付き。清潔で、朝食は充実。
■読者割引1、2、7、8月の3泊以上で10％
URL www.nuovorebecchino.it
住 Corso Garibaldi 356
☎ 081-5535327　Fax 081-268026
SB €80／85／96（シャワー付）、€90／95／110（バス付）
TB €110／120／140（シャワー付）€120／130／160（バス付）
室 58室　ビュッフェの朝食込み
C A.D. J .M.V.
交 中央駅前広場近く

★★★ ルナ・ロッサ　P.31 A3-4
Hotel Luna Rossa
中央駅近く、ナポリ出身の音楽家一族による家族経営のホテル。ロビーには著名な父親のレコードが飾られ、客室にもナポリ民謡の名前がつけられている。広い室内は清潔で、落ち着いた雰囲気。
URL www.hotellunarossa.it
住 Via G.Pica 20-22
☎ 081-5548752
Fax 081-5539277
SB €60
TB €95
3B €111
室 16室　朝食€4
C A.D.J.M.V.
交 中央駅から徒歩2分

★★★ メルキュール・ナポリ・ガリバルディ　P.31 A4

Mercure Napoli Garibaldi

ナポリ中央駅近く、2002年春にオープンした近代的ホテル。バスや鉄道を利用するにも便利なロケーションだ。19世紀の館を全面改装した客室は、モダンで快適。ナポリの特産品が並ぶビュッフェの朝食も充実している。

- URL www.mercure.com
- 住 Via G. Ricciardi 33
- ☎ 081-6908111
- Fax 081-5635906
- SB €133　TB €160
- 88室　朝食込み　C A.D.M.V.
- 交 ナポリ中央駅から徒歩2分

★★ ツーリスト　P.31 A3

Hotel Tourist

ホテル・ガッロから名称および経営が変更。それに伴い、客室も'05年に全面改装された。新装された客室は、やや狭いながらも明るく近代的。新しいバスルームは使い勝手もよさそうだ。駅前広場そばに建ち、便利な立地。

- URL www.touristhotelnapoli.it
- ■読者割引12〜15％
- 住 Via Silvio Spaventa 11
- ☎ 081-2860009　Fax 081-201849
- SB €59／72　TB €75／99　3B €89／129　朝食込み　C A.D.J.M.V.
- 交 駅を背にして広場の左側を歩き、3本目の道を左に入るとすぐに看板が見える

★★ カサノヴァ　P.31 A3

Hotel Casanova

中央駅からも近い、小さな静かな広場に面したツタのからまるホテル。家族経営の温かい雰囲気で、客室は広々として、清潔。ルーフ・ガーデンやTV室もある。

- URL www.hotelcasanova.com
- ■読者割引10％
- 住 Via Venezia 2/Corso Garibaldi 333
- ☎ 081-268287　Fax 081-269792
- S €25／28　SB €29／31　T €38／46
- TB €48／56　3B €65／75
- 18室　朝食€4　C A.D.M.V.
- 交 中央駅から約500m。大通りからは、看板を目印に商店の小路を入る。

マンチーニ　P.31 A3

Pensione Mancini

中央駅からも近い。YH程度の料金で利用できるドミトリーのほか、シングル、ツインの部屋もある。インターネットの利用も可。無料のロッカーあり、チェックアウト後も荷物を預かってくれる。

- ■読者割引10％（ドミトリーを除く）
- URL www.hostelpensionemancini.com
- 住 Via P. S. Mancini 33
- ☎ 081-5536731
- Fax 081-5546675
- D €18　S €35　SB €45
- T €50　TB €60　3B €80
- 6室　朝食込み　C 不可

HOTEL チェントロ地区

★★★ エグゼクティブ　P.30 B2

Executive

町の中心、ヌオーヴォ城近くに位置する現代的なホテル。緑の庭園や花が咲く、屋上のルーフガーデンも気持ちいい。ジムやサウナ、ソラリウムもあり、小さなホテルのよさを満喫したい。URL www.sea-hotels.com
- 住 Via del Cerriglio 10
- ☎ Fax 081-5520611　SB €83／93
- TB €93／104（シャワー付）、€120／155（バス付）
- 19室　朝食込み　C A.D.J.M.V.
- 交 ムニチーピオ広場北約200m
- B 中央駅からR2番でボヴィオ（ボルサ）広場下車

★★★ スウィート・エセドラ　P.43

Suite Esedra

ウンベルト大通りからやや入った小さな広場に面して建つ、かつての貴族の館を改装したホテル。規模は小さいながら往時を偲ばせるエレガントな雰囲気。客室も明るく清潔。

- URL www.sea-hotels.com
- 住 Via Cantani 12/Corso Umberto I
- ☎ 081-5537087　Fax 081-287451
- SB €73／83　TB €83／93（シャワー付）€93／120（バス付）
- 4B €120／140
- 17室　朝食込み
- C A.D.J.M.V.
- 交 中央駅から7〜8分

カンパーニャ州

ナポリのホテル●中央駅周辺／チェントロ地区

★★★ コスタンティノーポリ・チェントクワトロ　P.30 A2

Costantinopoli 104

大扉の奥にひっそりとたたずむ、19世紀のヴィッラを改装したプチホテル。にぎやかなナポリの中心にあることを忘れさせる、静かな隠れ家的存在だ。小さな庭園には、プールが水をたたえ、レモンが実る。ロビーや客室はネオクラシック様式でまとめられ、エレガントでロマンティックな雰囲気。夏の間はテラスでのビュッフェの朝食も気持ちよい。 
表にホテルの看板はない。インターホンを鳴らして大扉を開けてもらい、さらに奥に進んだ左側奥にホテル専用の門扉がある。エレベータはないが、2階建てなので心配はない。

- URL www.costantinopoli104.it
- 住 Via S. Maria di Costantinopoli 104
- ☎ 081-5571035
- Fax 081-5571051
- SB €170
- TB €200
- SW €230
- 室 19室　朝食込み
- C A.D.M.V.
- 交 国立考古学博物館から徒歩3分

★★ レ・オルキデエ　P.30 B2

Hotel Le Orchidee

「ランの花」という名前のプチホテル。ベヴェレッロ港に近いので、カプリ、イスキア島などに行くのに便利。広い中庭のある古い建物の6階。室内はモダンな雰囲気でまとめられている。

- 住 Corso Umberto Ⅰ 7
- ☎ 081-5510721
- Fax 081-2514088
- TB €87.80／98.13
- 室 7室　朝食込み
- C M.V.
- 交 駅からは1km弱あるので、荷物が重い人はバスR2番でボヴィオ広場近くで下車

ナポリターモ　P.30 C1

B&B Napolit' amo

ショッピング街として、いつもにぎやかなトレド通りにあるB&B。大扉の奥の2階に受付があり、通りのにぎわいは聞こえない。広い客室はシンプルでクラシックな雰囲気。ベランダからは市内を望むことができる。自由に利用できるパソコンも置かれている。

- URL www.napolitamo.it
- 住 Via Toledo 148
- ☎ 081-5523626
- SB €65　TB €80／85　3B €108
- 室 13室　朝食込み
- C A.D.M.V.
- 交 ムニチーピオ広場から徒歩5分

HOTEL サンタ・ルチア地区

★★★★★ グランドホテル・ヴェスヴィオ　P.59

Grand Hotel Vesuvio

サンタ・ルチア湾に面して建つ19世紀の館を改装した、ナポリならではのエレガントで洗練された雰囲気を持つホテル。レストラン併設。

- URL www.vesuvio.it
- 住 Via Partenope 45
- ☎ 081-7640044
- Fax 081-7644483
- SB €370
- TB €400
- 室 161室　朝食込み
- C A.D.M.V.

★★★★★ サンタ・ルチア　P.59

Santa Lucia

高級ホテルの並ぶ界隈でもひときわ目をひく、重厚感あふれるネオクラシック様式のホテル。凝った装飾が施された客室やサービスにも定評がある。
■読者割引3泊以上でウエルカムドリンクサービス

- URL www.santalucia.thi.it
- 住 Via Partenope 46
- ☎ 081-7640666
- Fax 081-7648580
- TB €240／325／345(海側)
- JS €385(海側)
- 室 107室　朝食込み
- C A.D.J.M.V.

★★★★ ミラマーレ　　P.59

Miramare
20世紀はじめの邸宅を改装したホテル。サンタ・ルチア湾を一望するテラスでは日光浴も楽しめ、また客室の装飾にも、リゾート感覚があふれている。有料で空港間の送迎あり。
■読者割引週末に10%
URL www.hotelmiramare.com

住 Via N. Sauro 4
☎ 081-7647589　Fax 081-7640775
SB €146／199（シャワー付）／€164／212（バス付）　TB €202／249（シャワー付）、€230／272（バス付）、€291／314（海側デラックス）
室 31室　朝食込み　C A.D.J.M.V.

★★★ レックス　　P.59

Hotel Rex
サンタ・ルチアの海岸近く。部屋から海は見えないが、清潔で落ちついたホテル。駅前のように騒々しくないので安心して滞在できる地域。中心街には徒歩圏。
■読者割引10%
URL www.hotel-rex.it

住 Via Palepoli 12
☎ 081-7649389
Fax 081-7649227
SB €85／95　TB €100／150
室 40室　朝食込み　C A.D.V.
交 駅前広場からバス152番に乗り、サンタ・ルチア通りの中ほどで降りる。

HOTEL　メルジェッリーナ地区

★★★ カナダ　　P.28 C1

Hotel Canada
メルジェッリーナ湾近くで、カプリなどに渡ったり、海岸巡りの船に乗るにも便利。一部の客室からは海も望めるし、海沿いの散策もいい。ホテル前の通りの騒音ありとの投稿あり。
URL www.sea-hotel.com

住 Via Mergellina 43
☎ 081-680952
SB €65／70
TB €70／114
室 12室
C A.D.J.M.V.
交 メルジェッリーナ駅の南300m

★★★ スプレンディド　　P.28 C1

Splendid
ナポリの住宅街、メルジェッリーナの丘に建つホテル。フニコラーレのメルジェッリーナ線の頂上にあるので眺望がすばらしい。評判のいいレストランも併設しているので、ゆったりくつろぎたい向きに。
■読者割引㊎〜㊐に10%

URL www.hotelsplendid.it
住 Via A. Manzoni 96
☎ 081-7141955　Fax 081-7146431
SB €90／100　TB €140
4B €190／214　44室 朝食込み
C A.D.J.M.V
交 メルジェッリーナ線下車北へ100m

★★ アウソニア　　P.28 C2

Hotel Ausonia
メルジェッリーナ港の真ん前で環境がよい。カプリへ行く水中翼船SNAVの発着所の目の前なので、そちらの方面に行く人に便利。部屋は木の床で船室風のインテリアでとても広く、落ち着く。
■読者割引「歩き方」呈示で10%

e-mail hotelausonia@interfree.it
住 Via Francesco Caracciolo 11
☎ 081-682278　Fax 081-664536
SB €90　TB €120
3B €140　朝食込み
C A.M.V.
交 最寄り駅は地下鉄メルジェッリーナ駅

YH オステッロ・メルジェッリーナ　　P.28 C1

Ostello Mergellina
200人収容の大きなユース。YH会員のみ可。インターネットコーナー、セルフランドリー、日光浴のできるテラスも完備。受付時間15:00〜24:00。最長6泊まで。7〜8月　要予約
住 Salita della Grotta a Piedigrotta 23

☎ 081-7612346　Fax 081-7612391
D €14　S €21　T 1人€17　朝食€1.60　夕食€9　C M.V.
交 メルジェッリーナ駅下車。中央駅からなら地下鉄かバス150番で。駅を背に右に進み、ガードを越え、右折して、坂を上る

カンパーニャ州／ナポリのホテル●／チェントロ地区／サンタ・ルチア地区／メルジェッリーナ地区

アマルフィ海岸
Costiera Amalfitana

NAVIGATOR

アマルフィ海岸への玄関口になるのはソレントとサレルノ。どちらかの町に宿を取れば、身軽に動くことができる。春から秋にかけてはアマルフィのホテルもオープンしているので、中間のこの町に泊まるのもよい。7～8月の海水浴シーズンのバスは非常に混雑するので、バスの時間を確認し早めに乗車すること。また、切符の検札が厳しいので注意。カプリ島への船も多いので、時刻表を見ながら自分なりのスケジュールをじっくり検討してみよう。

海から眺めたアマルフィの町

■バス乗り場
- ナポリ：ベヴェレッロ港のインマコラテッラ口Varco Immacolatella。近くに切符売り場あり。サレルノ行きはムニチーピオ広場そばのVia Pisanelliからも発着。
- サレルノ：fs駅前やCorso G.Garibaldiの停留所、または Via Vinciprova、SS. Martiri Salernitaniのバスターミナルから。切符は駅構内のキオスクや駅前広場を右に進み、2本目を左に曲がった切符売り場やバスターミナルで。
- ソレント：fs駅前の停留所から。切符は駅階段脇のキオスクやNICEホテルまたは隣のバールで。

●碧い海と岸壁上の町を巡る

ソレントからサレルノまでの約40kmの海岸線はコスティエラ・アマルフィターナと呼ばれ、世界で最も美しい海岸線のひとつといわれている。入り組んだ岸壁の下には透き通る碧い海が広がり、谷間の段々畑ではレモンやオリーブの木が風にそよぐ。急カーブの手前で派手にクラクションを鳴らしながらバスは見事に突っ走り、車窓からは飽きる暇もない美しい風景が流れていく。電車は両端の町、ソレントとサレルノまで。そこからは、バスが小舟で向かうしかないアマルフィの町々。交通が不便な分、遠い過去からその美しさは変わることなく保たれ続けている。1997年世界遺産に登録された。

How to access

🚆 電車で行くには
- ナポリ→サレルノ　fs線　IC約35～50分
- ナポリ→ソレント　ヴェスーヴィオ周遊鉄道　約1時間

🚌 バスで行くには
- ナポリ→サレルノ　SITA 1時間10分～1時間40分（平日30分に1便、日祝 約1時間30分に1便）
- ナポリ→アマルフィ　SITA 2時間25分（平日のみ1日3便）
- アマルフィ→ポジターノ→ソレントSITA 1時間40分（平日15分～1時間に1便、日祝 約2時間に1便）　アマルフィ→ポジターノ　約25分　ポジターノ→ソレント　1時間15分

🚗 車で行くには
- ナポリ（A3）→カステッラマーレCastellamare→（SS145）→メータMeta→（SS163）→アマルフィ→ソレント
- ナポリ（A3）→サレルノ→ヴィエトリ・スル・マーレ→（SS163）→アマルフィ

⛴ 船で行くには
- ※夏季にはナポリ・ベヴェレッロ港から、MM2線がナポリ↔ポジターノ↔アマルフィ↔サレルノ、MM3線がナポリ↔トッレ・アンヌンツィアータ↔ソレント↔ポジターノ↔アマルフィ間を運航。
- ナポリー（1時間）ソレントー（35～65分）カプリー（50分）ポジターノー（30分）アマルフィー（25～45分）サレルノ

アマルフィ海岸
Costiera Amalfitana

ソレント
Sorrento

落ち着いて滞在できるリゾート地

ソレントはナポリ方言で「スッリィエント」と発音され、有名な民謡「帰れソレント」（トルナ・スッリィエント）は故郷ナポリを、このソレント港から離れた者のノスタルジーを歌っている。アマルフィ海岸への出発点でもあるが、ナポリからソレントまで続くソレント海岸も美しい。

● 郵便番号　80067

ナポリからの船

おもな見どころ

伝統工芸の寄木細工の装飾のある
ドゥオーモ
Duomo ★★
ドゥオーモ

15世紀の建築でその後、数回改築され現在の形になった。内部の壁は、キリストの生涯を題材にしたソレントの寄木細工"インタルシオ"で装飾されている。

ドゥオーモの正面

町の中心地
タッソ広場
Piazza Tasso ★★
ピアッツァ・タッソ

1544年にこの地に誕生した詩人タッソにちなんだ広場。海側に向いているのがタッソの記念碑。広場のテラスからは港に向かうS字カーブが見える。下の道へは垂直の壁に造られた階段で下りることができる。

にぎやかなタッソ広場

NAVIGATOR

駅前広場の階段を下りて大通りを左に進むと、タッソ広場。広場の奥を右に曲がれば海岸へ通じる坂道で先に❶がある。細いCesareo通りは旧市街の目抜き通りでおみやげ屋が並ぶ。ドゥオーモはコルソ・イタリアの先左側にある。港からはタッソ広場行きのバスが出ている。

■ ソレントの❶AAS
住 Via L. De Maio 35
☎ 081-8074033
開 8:30～14:30
　 16:30～18:30
休 ⑪
地 P.79-2

■ 奥にはアメリカン・バーがあり、広いテラスからの眺めは最高。夏には生演奏があり夜遅くまでにぎわう。

カンパーニャ州　アマルフィ海岸

ソレント / Sorrento 地図

- S.Anna
- Marina grande
- L'Antica Trattoria
- S.Francesco
- Porto
- Loreley et Londres
- Museo Correale di Terranova
- Caruso
- P.za Tasso
- Del Corso
- Villa di Sorrento
- Zi'Ntonio
- Duomo
- O'Parrucchiano
- Piazza A. Lauro
- Staz. Ferr. 周遊鉄道駅
- ヴェスーヴィオ周遊鉄道

■手荷物預かり
駅の2階のバールで手荷物を預かってくれる。

■テッラノーヴァ博物館
住 Via Correale 48
☎ 081-8781846
開 9:00～14:00
休 火　料 €6
地 P.79-2

コッレアーレ家のコレクション
テッラノーヴァ博物館 ★★
Museo Correale di Terranova
ムゼオ・コッレアーレ・ディ・テッラノーヴァ

　1428年にアラゴン家からコッレアーレ家に寄贈された土地に18世紀に現在の館が建築され、1924年その収集品を展示する博物館がオープンした。肖像画・紋章・調度品のほかに17～19世紀の中国と日本の磁器、古代ギリシア・ローマの発掘品などがある。前の道を左に行くと**展望台**がある。

貴族の収集品を展示

Sorrento　　ソレントのホテル

★★★　ヴィラ・ディ・ソレント　P.79-2
Villa di Sorrento
タッソ広場を左に曲がるとすぐにある。1854年から続く、伝統のあるホテル。アンティークな木彫の家具はとても上品。

URL www.villadisorrento.com
住 Viale Enrico Caruso 6
☎ 081-8781068
Fax 081-8072679
SB €58／84
TB €87／148
室 20室　朝食€10
C A.D.M.V.

★★　ロルリ・エ・ロンドゥル　P.79-2
Loreley et Londres
テッラノーヴァ博物館先の眺めのよいホテル。青いタイル張りの部屋は涼しく、海側の部屋からの眺めは最高。テラスにはレストランがある。

住 Via A. Califano 2
☎ 081-8073187
Fax 081-5329001
TB €90／160
室 23室　朝食込み
休 12～2月
C D.M.V.

★★　デル・コルソ　P.79-2
Hotel del Corso
タッソ広場の少し先の右手。家族経営の小さなホテル。朝食も取れる広いテラスには自由に出入りできるので、本などを読みながらくつろぎたい。木調の内装で落ち着く。
■読者割引TB €120に
URL www.hoteldelcorso.com
住 Corso Italia 134

☎ 081-8071016
Fax 081-8073157
SB €90
TB €140
室 20室　朝食込み
休 11～2月
C A.D.J.M.V.

★　ニース　P.79-2
Hotel Nice
駅からも中央広場からも近い便利な一軒。全室シャワー付きで、近代的なすっきりした内装。
住 Corso Italia 259
☎ 081-8781650
Fax 081-8783086
SB €50／65

TB €65／90
3B €85／110
4B €105／140
室 12室　朝食込み
休 11/15～3/1
C A.D.M.V.
交 駅前の道を真っすぐ進むとすぐ左手にある

Sorrento ソレントのレストラン

ズィントニオ P.79-2
Zi' Ntonio
素朴な丸太を使った内装がとても素敵なレストラン。伊勢エビとレモンのリゾット Risotto Limone Aragosta がおすすめ。デザートはワゴンの中から選べる。

- 住 Via Luigi De Maio 11
- ☎ 081-8781623
- 営 12:00～15:30 19:00～翌1:00
- 休 ㊋
- ¥ €20～50（コペルト€1.50）
- C A.D.M.V.
- 交 タッソ広場の奥の坂道を下りた右側

オーパルッキアーノ P.79-1
O' Parrucchiano
南国風の店内には植物がたくさん置かれ、ガラス張りの室内席にはやわらかい光が差し込む。前菜からメインまでシーフードをたっぷり味わいたい。

- 住 Corso Italia 71-73
- ☎ 081-8781321
- 営 12:00～15:30 19:00～23:00
- 休 11/15～3/15の㊌
- ¥ €35～45（コペルト€1.50、15%）
- C M.V.
- 交 タッソ広場を突き抜け50mほど先の左側

カルーソ P.79-2
Caruso
町の中心にあり、洗練された雰囲気でソレント料理が味わえる1軒。盛りつけも美しく、種類豊富なデザート類もおすすめ。

- 住 Via Sant' Antonio 12
- ☎ 081-8073156
- 営 12:30～15:00 19:30～23:00
- 休 無休
- ¥ €50～70
- C A.D.M.V.

ランティカ・トラットリア P.79-1
L' Antica Trattoria
季節には花があふれる庭園を望むいなか風のトラットリア。手打ちパスタや魚料理が充実し、手をかけた郷土料理が味わえる。定食は€30、40、55、60の4種類あり。

- 住 Via Padre R.Giuliani 33
- ☎ 081-8071082
- 営 12:00～15:00 19:00～23:30
- 休 1/15～2/15
- ¥ €40～90（コペルト€4.50）
- C A.D.M.V.

Sorrento ソレントのショッピング

リモンチェッロ
Limoncerro
ソレント産のレモンを使った甘いリキュール。よりまろやかなクリームリモンチェッロやババ（キノコ型のスポンジケーキ）のレモン酒漬けなど、容器もかわいい。Cesareo通りには自家製工場が数軒ある。

リモンチェッロを飲む小さなグラス

- ■Limonaro リモナーロ
- 住 Via S. Cesareo51 ☎ 081-8072782

寄木細工
Intarsio
インタルシオ（Intar-sio）と呼ばれる寄木細工はソレントの伝統工芸品。色の違うクルミやオレンジの薄い木片を、くり抜いた下絵にはめ込んだ精妙なもので、壁掛けや机、オルゴールなどに装飾される。

伝統の技が光る寄木細工

- ■Gabriella ガブリエッラ
- 住 Via S. Cesareo10 ☎ 081-8782501
- ■Stinga スティンガ
- 住 Via Luigi De Maio 16 ☎ 081-8781165

カンパーニャ州

アマルフィ海岸●ソレント

NAVIGATOR

ポジターノの町にはふたつのバス停がある。ソレント側から来て最初に止まる（事前にバスの運転手に降りたい場所を伝えておくこと）のが、キエーザ・ヌオーヴァChiesa Nuova。ここからは小さな階段を下りて行くと町に出る。谷を回って、町の北側がスポンダSponda。いずれも町の中心から坂道で1kmほど離れており、本数は少ないが市内を走るミニバスもある。（切符は車内販売）港はビーチの右側。ポジターノへはバスで来て、船で次の町に移動すると便利。

おみやげを探すのも楽しい

ポジターノ
Positano
華やかなリゾート地

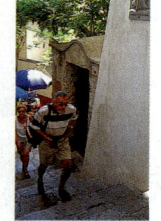

ポジターノの歴史は、ローマのティベリオ帝の時代から続いている。9〜11世紀にかけてはアマルフィ共和国の一部として、商業が大繁栄した。16〜17世紀には近海や中東に絹や香辛料を輸出し町は非常に裕福になった。また、多くの画家や作家、音楽家や映画人がこの町に魅了され、実際に住み着き多くの作品を残し、1960年代には絹や手編みのレース使いのポジターノ独自のスタイルを持った衣

細い路地

服が注目を集めた。長い歴史と文化、産業に富んだこの小さな町は、現在イタリア屈指の高級リゾート地として人気を集めている。

見どころは、何といっても典型的な地中海式の町の風景。**白い細い路地**を、両脇のお店をのぞきながら歩いてみよう。また、マヨルカ焼のクーポラが美しいサンタ・マリア・アッスンタ教会S.M.Assuntaは海から望むポジターノの町に色を添えている。町の手前、国道沿いの**見晴らし台**Belvedere di Positanoからは町と海のすばらしい眺望が得られる。

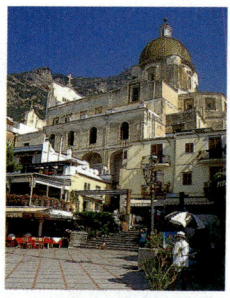

地中海の風を感じるポジターノの町

エメラルドの洞窟
Grotta di Smeraldo
神秘的な光に満ちた洞窟

有名なカプリ島の「青の洞窟」ならぬ、こちらは「エメラルドの洞窟」。内部はカプリよりもやや広く、白い鍾乳石の柱が目の前に迫り、水深10mの海中にはマリア像やキリスト誕生の像が置かれていたりと楽しさ満点！ 小さな入口から内部には手漕ぎのボートで行き、オールをかきあげると水しぶきが光に反射し、洞窟内には歓喜の声が響きわたる。

NAVIGATOR

コンカ・ディ・マリーニ−グロッタ・スメラルドConca di Marini-Grotta Smeraldo でバスを下車し、エレベーターか階段で海岸に下り、待機しているボートで洞窟内を巡る。アマルフィからは船とバス便で所要約30分。バス利用で所要15分。

■ エメラルドの洞窟
 夏季 9:00〜16:00
 冬季10:00〜15:00
 €5

■ エメラルドの洞窟の❶
 Via Saracino 4
 ☎ 089-875067

ちょっと不気味な
海中の像

アマルフィ
Amalfi
海洋共和国として栄えた

アマルフィ海岸の観光の中心地。ドゥオーモに続く広い階段を見上げる小さな広場が美しい。ここから始まる目抜き通りVia Lorenzo di Amalfi では、おみやげ屋をのぞきながらのんびりそぞろ歩きしたい。また、名産のレモンを使ったお菓子も試してみよう。小さなシュークリームを積み重ね上からチョコレートやレモンのクリームをかけたプロフィッテロールProfitterole、名物のシューの中にレモンクリームの入ったデリツィア・アル・リモーネDelizia al Limone など絶品揃い!!

レモンやペペロンチーニ（トウガラシ）が売られる

ポルタ門

●郵便番号　84011

NAVIGATOR

ソレントとサレルノから来るバスの終点がここアマルフィ。バスターミナルは港の前のフラヴィオ・ジョイア広場Flavio Gioiaにある。海を背にして左側の埠頭からサレルノやポジターノ行きの船が発着する。

■ アマルフィの❶
住 Corso delle Repubbliche Marinare 27
☎ 089-871107
開 8:30～13:30
　 15:00～19:00(冬季～17:00)
休 日・祝
地 P.83 A・B2
● 海岸通りを東に進み、郵便局の隣の建物の奥。

■ バス乗り場
● アマルフィ：海に面したPiazza F.Gioiaがバスターミナルになっており、ポジターノ、ソレントをはじめ、ラヴェッロ、スカーラ行きのバスも発着。切符は、バスの時刻表を店頭に掲示した広場のバールなどで販売。

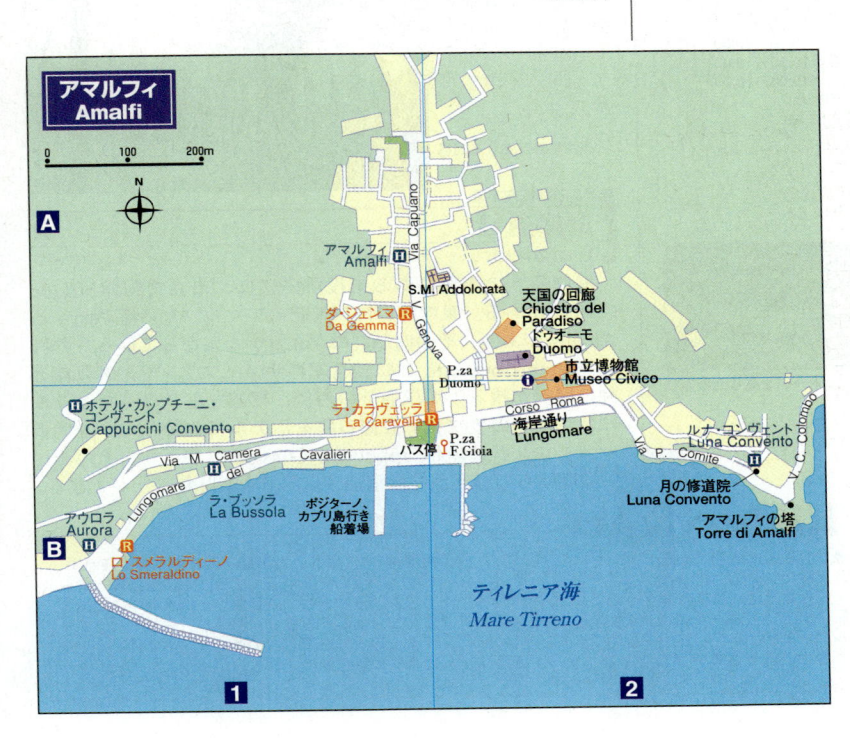

カンパーニャ州

アマルフィ海岸 ● ポジターノ／エメラルドの洞窟／アマルフィ

アマルフィ Amalfi （地図）

- A1: ホテル・カップチーニ・コンヴェント Cappuccini Convento
- A1: アウロラ Aurora
- A1/B1: ダ・ジェンマ Da Gemma
- A1: ラ・ブッソラ La Bussola
- B1: ロ・スメラルディーノ Lo Smeraldino
- A1/B1: ポジターノ、カプリ島行き船着場
- A1/B1: Via M. Camera / Cavalieri / del / Lungomare
- A1: S.M. Addolorata
- A1: Via Capuano
- A1: Via Genova
- A1/A2: 天国の回廊 Chiostro del Paradiso
- A2: ドゥオーモ Duomo
- A2: P.za Duomo
- A2: ラ・カラヴェッラ La Caravella
- A2: 市立博物館 Museo Civico
- A2: 海岸通り Lungomare
- A2: P.za F.Gioia / バス停
- A2: Corso Roma
- B2: ルナ・コンヴェント Luna Convento
- B2: 月の修道院 Luna Convento
- B2: アマルフィの塔 Torre di Amalfi
- B2: V. C. Colombo
- B2: ティレニア海 Mare Tirreno

■ドゥオーモ
開 7:00～19:00
地 P.83 A2

■アマルフィからのプルマン・バス便
■サレルノ
　所要1時間　切符€1.80
■ソレント
　所要1時間30分　切符€2.40
■ラヴェッロ
　所要30分　切符€1
■エメラルドの洞窟
　所要15分　切符€1.80
■ポジターノ
　所要40分　切符€1.80
いずれも1時間に1便程度の運行。

■天国の回廊
開 夏季　9:00～20:00
　冬季 10:00～13:00
　　　15:00～18:00
料 €2.50
地 P.83 A2

■海岸通り
地 P.83 B2

並木が影を造る海岸通り

おもな見どころ

大階段の上から町を見下ろす
ドゥオーモ
Duomo
★★
ドゥオーモ

　10世紀の建築物で、18世紀にバロック様式に改築された。金色に輝くファサードは19世紀に再建された折に装飾されたもの。中央の**ブロンズの扉**はコンスタンチノープルで鋳造され、1065年に取り付けられた。内部は3廊式で、両脇にはふたつの説教壇がある。

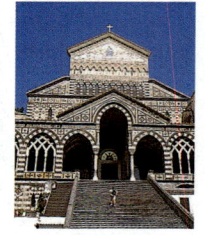

日没時には光輝くドゥオーモ

パラダイスはここにあった！
天国の回廊
Chiostro del Paradiso
★★★
キオストロ・デル・パラディーゾ

　最上流階級市民の墓地として13世紀に建設されたもの。ドゥオーモの階段を上がり、柱廊の左奥から入る。2本の円柱が対になった尖塔型のアーチが交差しながら続いている。回廊に囲まれた中庭には草木が植えられ、浮世離れした不思議な空間を造り出している。

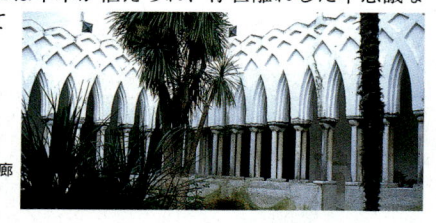

静かな時が流れる回廊

見どころが点在する
海岸通り
Lungomare
★
ルンゴマーレ

　海岸通りの東側にある市役所内には、市立博物館Museo Civico がある。東の岬には16世紀のアマルフィの塔Torre di Amalfi があり、その向かいの現在ホテルになっている月の修道院Luna Convento には13世紀のサン・フランチェスコ修道院の回廊が残る。海岸通りの西側、坂道を上りきったところには13世紀のカプチン会修道院をホテルに改装したカップチーニ・コンヴェントCappuccini Convento があり、その美しい回廊からの**パノラマ**は宿泊客以外でも楽しむことができる。

History&Art

●かつての大海運共和国
　アマルフィの今昔
　広大な土地に恵まれなかったため、人々は大海原に出ていった。そのため4大海運共和国（アマルフィ・ヴェネツィア・ジェノヴァ・ピサ）のうち最古の町であるアマルフィは、10～11世紀に大繁栄した。けれども商業発展はそう長く続かず、ピサ人の侵略を受け低迷する。その後地震と津波で砂浜は浸食され、広範囲の土地が海中に沈没してしまった。その後は、温暖な気候と美しい風景が多くの人を魅了し、イタリア屈指のリゾート地として人気を集めている。

Amalfi — アマルフィのホテル

★★★★★ サンタ・カテリーナ P.83 B1外
Santa Caterina
花と緑に囲まれた歴史ある館を改装したホテル。プールやビーチも美しく整い、静かで優雅なバカンスを望む向きに。
URL www.hotelsantacaterina.it
住 Via S. S. Amalfitana 9
☎ 089-871012
Fax 089-871351
TB €250／380（スタンダード）
TB €350／640（デラックス）
JS €420／770
62室　ビュッフェの朝食込み
C A.D.J.M.V.
交 町から約1km

★★★★ ルナ・コンヴェント P.83 B2
Luna Convento
12世紀のカプチン派の修道院を利用したホテル。レモンの実る昔ながらの回廊をはじめこの地独特のタイルで飾られた客室は海に臨み、ムードも満点。夏季は断崖上にプールもオープン。
URL www.lunahotel.it
住 Via P. Comite 33
☎ 089-871002
Fax 089-871333
SB €160／230　TB €180／250
40室　朝食込み
C A.D.M.V.
交 バスターミナルから海岸沿いに東へ約500m

★★★ アウロラ P.83 B1
Hotel Aurora
港近く、松の木が続く公園そばにある静かなホテル。ビーチも近く、ゆったりとした夏の滞在におすすめ。
■読者割引3泊以上で8%
URL www.aurora-hotel.it
住 Piazzale dei Protontini 7
☎ 089-871290
Fax 089-872980
SB €162
TB €172
29室　朝食込み
休 11/3〜3/31
C A.D.M.V.

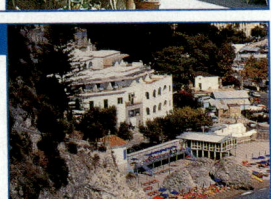

★★★ ラ・ブッソラ P.83 B1
La Bussola
■読者割引4泊以上で10%
海岸沿いに位置し、部屋によってはテラスからすばらしいパノラマが望める。部屋やバスルームも快適。
URL www.labussolahotel.it
住 Lungomare dei Cavalieri 16
☎ 089-871533
Fax 089-871369
SB €57／72　TB €94／134
63室　ビュッフェの朝食込み
C A.D.M.V.

★★★ アマルフィ P.83 A1
Hotel Amalfi
■読者割引3泊以上で10%
屋上にレストランが併設されている。バスタブ付きの部屋も多い。ガレージ完備。
URL www.hamalfi.it
住 Via dei Pastai 3
☎ 081-872440
Fax 081-872250
SB €50／100　TB €70／140
40室 朝食込み
C A.D.J.M.V.
交 ドゥオーモ前の目抜き通りを50m、左の細い階段を上がったところ

Amalfi — アマルフィのレストラン

ラ・カラヴェッラ P.83 B2
La Caravella
魚中心のアマルフィ伝統料理。おすすめはムール貝入りイカ墨のフェトチーネ Fettucine nere con cozze、デザートにはレモンスフレを。ミシュランの星付き店。　要予約
住 Via M. Camera 12
☎ 089-871029
営 12:00〜14:30、19:30〜23:00
休 ㊋
予 €50〜70、定食 €70
C A.M.V.
交 Piazza F. Gioiaに隣接

ロ・スメラルディーノ P.83 B1
Lo Smeraldino
薪で焼く本格的ピッツェリア兼レストラン。バスターミナルの広場からホテル・ルナ・コンヴェントと逆方向に海沿いに歩いて500m、左にある。
住 Piazzale dei Protontini 1
☎ 089-871070
営 12:00〜14:45、19:00〜23:45
休 ㊋、1/7〜2/28
予 €25〜40（コペルト €1.80、10%）
C A.D.M.V.
交 バスターミナルから海岸沿いに西へ約500m

カンパーニャ州　アマルフィ海岸 ● アマルフィ

- 郵便番号　84010

■ⓘA.A.
住 Piazza Duomo 10
☎ 089-857096
開 夏季8:00～20:00
　 冬季8:00～19:00
休 ㊐㊗
地 P.86 A
● ドゥオーモ左側の建物の中

■ヴィッラ・ルーフォロ
開 夏季9:00～20:00
　 冬季9:00～18:00
料 €4
地 P.86 A・B

ラヴェッロ
Ravello
クラシック音楽の似合う静寂の町

標高350mの切り立った断崖の上にあり、アマルフィ海岸の息をのむような眺望が得られる。波の音さえ届かないこの静かな町で、ワーグナーは歌劇「パルシファル」の"クリングゾルの魔法の花園"を作曲した。毎年7月にはルーフォロ荘の海の見える庭園でワーグナー音楽祭が開催される。眺めを楽しみながらたっぷり半日は観光したい町。

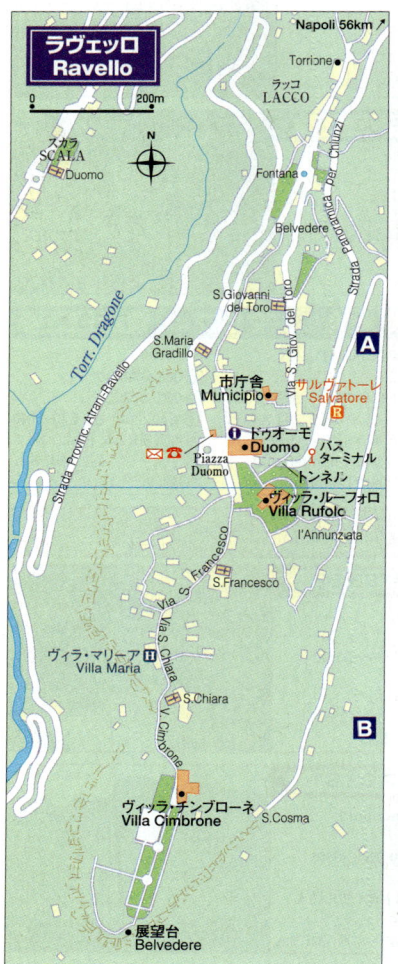

ルーフォロ荘

おもな見どころ

ふたつの説教壇は必見

ドゥオーモ
Duomo ★★
　　　　　　　　　　　　　　ドゥオーモ

11世紀後半の建築。正面には3つの扉があり、中央のブロンズ製の扉には浮き彫り装飾が施されている。内部には2つの説教壇がある。基部に6体のライオン像のあるモザイクの美しい柱が右側の説教壇を支えている。左側は「ドラゴンに飲み込まれる人」が描かれたビザンチン様式のもの。

美しいモザイクの柱

舗床モザイクが見事

■ドゥオーモ
開 夏季9:00～13:00、16:00
　 ～19:00
　 冬季9:00～13:00、15:00
　 ～18:00
地 P.86 A

■ドゥオーモ博物館
開 9:00～19:00
料 €2　地 P.86 A

色とりどりの花が咲き乱れる
ヴィッラ・ルーフォロ
Villa Rufolo ★★★

ドゥオーモの右側にある四角い塔が目印。13～14世紀の建物で、東方文化の影響が色濃く残る。細い円柱を2本ずつ並べた廊下を抜けると、迷路のように階段を上ったり下りたりする美しい庭園に出る。ワーグナー音楽祭の行われるテラスからは絵ハガキによく使われる**眺望**が得られる。

ヴィッラ・ルーフォロ／ルーフォロ荘の正面

胸像の並ぶテラスからパノラマが広がる
ヴィッラ・チンブローネ
Villa Cimbrone ★★★

入口の左側には、尖塔アーチの中央にねじり円柱が施された小さな**回廊**がある。庭園の奥の海側に張り出したテラスからはサレルノまで続くアマルフィ海岸の**パノラマ**が広がる。

ヴィッラ・チンブローネ／胸像が続くテラス

NAVIGATOR

アマルフィのバスターミナルから、スカラScala行きのバスに乗り、所要約30分、ラヴェッロで下車。バス停の右側にあるトンネルを抜けると左にヴィッラ・ルーフォロの入口、右にはドゥオーモがある。ドゥオーモの左側には旧市街が広がり、先の市民公園からの眺めもよい。

ヴィッラ・ルーフォロの先を左に曲がると500mほどの坂道がヴィッラ・チンブローネに続いている。途中ふたつの教会の前を通り過ぎる。眺めのよいカフェからはワーグナーの音楽が聴こえてくる楽しい散歩道。

ルーフォロ荘からのパノラマ

■ヴィッラ・チンブローネ
開 夏季9:00～18:30
　 冬季9:00～17:00
料 €5　地 P.86 B

カンパーニャ州

アマルフィ海岸 ● ラヴェッロ／ミノーリ／マイオーリ

Ravello　ラヴェッロのホテル＆レストラン

★★★★ ヴィラ・マリーア　P.86 B
Villa Maria
広い部屋の天井は高く、大きな窓からの眺めは最高。併設のレストランも最上級で思い出深い滞在になること間違いなし。
- ☎ 089-857255
- FAX 089-857071
- SB €150／180
- TB €180／220
- 23室 朝食込み
- URL www.villamaria.it
- 住 Via S. Chiara 2
- C A.D.J.M.V.
- 交 ヴィッラ・チンブローネに行く途中の右側

サルヴァトーレ　P.86 A
Salvatore
バス停のある広場の一角にある、眺めのよいレストラン。アマルフィ海岸を見下ろしながら、地元の料理に舌つづみを打つ。ここまで来たならそんな贅沢もしてみたい。魚料理がおすすめ。
- 日祝は要予約
- 住 Via della Repubblica 2
- ☎ 089-857227
- 営 12:00～15:00, 19:00～22:30
- 休 11～3月の㈬, 1/15～2/13
- 予 €30～45（コペルト€3）
- C A.M.V.

ミノーリ／マイオーリ
Minori / Maiori
庶民のリゾート地として人気

アマルフィから南へ約25km。サレルノまでの海岸には大小の砂浜があり、多くの地元の若者が海水浴にやって来る。その中でもミノーリとマイオーリのビーチは人気があり、海岸通りにはヤシの木が植えられ遊歩道になっている。小さな漁村チェタラCetara、陶器で有名な**ヴィエートリ・スル・マーレ**Vietri sul Mareの町を通り過ぎれば、アマルフィ海岸の旅も終わる。

✉ バスの特等席

イタリアはご存知の通り、右側通行。海岸線を眼下に楽しむなら、ソレント→アマルフィ→サレルノと半時計廻りのルートで、かつ進行方向に向かって右側に座るのがおすすめです。
（名古屋市　吉本亜土　'03）

サレルノ
Salerno

中世の海洋都市

11～12世紀にノルマン人の支配下で黄金期を迎えたサレルノ。海岸通りには長い遊歩道が続き、港には大きなタンカーが何隻も停泊している。旧市街ではナポレターノよりも少しおっとりしたサレルニターノたちが、まだあまり見慣れない東洋から来た観光客を笑顔で迎えてくれるはず。

- ●郵便番号　84100

■ⓘメインオフィス
- 住 Piazza Amendola
- ☎ 089-224744
- 開 9:00～14:00
- 休 ⓓ　地 P.88-1
- ●大きな扉のある建物の2階。入口脇の呼び鈴を鳴らしてから入る。

■ⓘ駅前広場
- ☎ 089-230432
- 開 9:00～14:00
-   15:00～20:00
- 休 ⓓ
- 地 P.89-3

■バスターミナル
Autostazione
駅前広場
アマルフィ、ポジターノなどへのバスが出ている。
- ●ATACS社
- ☎ 167-016659

■県立考古学博物館
- 住 Via S. Benedetto 28
-   Castelnuovo Reale
- ☎ 089-231135
- 開 9:00～20:00
- 料 無料
- 休 ⓓ祝　地 P.89-2

NAVIGATOR

駅前広場の右側にあるⓘの角を右に曲がると、ホテルやブティックの並ぶVittorio Emanuele通りがある。信号のある交差点をふたつ渡り、3つめのVeliat通りを右に行き、緩い坂道のS.Benedetto通りを左に行くと考古学博物館がある。そのまま真っすぐ進めばドゥオーモの裏側に出る。ドゥオーモの正面の道を海側に下り、道が細くなったところの右にある狭い広場の左奥に陶器博物館の入口がある。Duomo通りは、中世の趣が残るメルカンティ通りにぶつかり、左に少し歩くとある小さな教会が医学学校博物館。右に行き、中央にアーチのある建物がアレキ門。その先のS.Giovannni di Procida通りの両側には、手作りの革製品や陶器のお店が並び見るだけでも楽しい。路地を左に曲がればヴェルディ劇場や市民公園のあるRoma通りに、さらに海側に渡れば海岸通りの遊歩道に出る。丘の上のアレキ城へは、劇場の前から19番のバスに乗る。2時間に1本、最終は18時とやや不便なので注意。城までは片道約30分。

■ドゥオーモ
- 開 7:30～12:00
-   16:00～19:00
- 地 P.88-2

州内各地からの発掘品を展示
県立考古学博物館
Museo Archeologico provinciale
ムゼオ・アルケオロジコ・プロヴィンチアーレ　★

カンパーニャ州の各地から発掘された品々が、時代別に展示されている。建物はサンベネデット修道院を改装したもの。

考古学博物館

バロック様式のクリプタは必見
ドゥオーモ
Duomo
ドゥオーモ　★★★

11世紀に建築され、聖マタイに捧げられたもの。階段を上がると両脇にライオン像がおかれた**ライオンの門**Porta dei Leoniがあり、その奥には柱廊に囲まれたアラブ風の前庭がある。内部の左側には4柱に支えられた豪華な説教壇が置かれており、後陣の大規模な**モザイク**には圧倒させられる。左側にある地下に続く階段は、バロック様式の豪華な**クリプタ**Criptas（地下聖堂）に続き、聖マタイの遺体が安置されている。

ドゥオーモ前庭

ドゥオーモのクリプタ

中世の趣きが残る
メルカンティ通り
Via Mercanti ★★
ヴィア・メルカンティ

　海岸通りに平行し、旧市街を東西に走る中世の道。ひなびたサン・グレゴリオ教会の中は、ヨーロッパで最も古い医学部のひとつサレルノ医学学校Scuola Medica salernitana の歴史を語る**博物館**になっている。ドゥオーモに向かう道の左奥には、16世紀から現代の作品を展示する**陶器博物館**Museo della Ceramica／Collezione di Ceramiche Alfonso Tafuriがある。通りの突きあたりにはロンゴバルド族の館の入口アレキ門Arco di Arechi を見ることができる。

雰囲気のあるメルカンティ通り

椰子の木が風にそよぐ
海岸通り
Lungomare Trieste ★★
ルンゴマーレ トリエステ

　約1km続く海岸通りは、緑のきれいな遊歩道になっている。西の端には19世紀のヴェルディ劇場、よく手入れされた市民公園Villa Comunale がある。西方の山の上に見えるのは8世紀の**アレキ城**Castello di Arechi で眺望がよい。

ルンゴマーレ トリエステ

カンパーニャ州
アマルフィ海岸 ●サレルノ

アルフォンソ・タフーリ陶器博物館

■サレルノ医学校博物館
開 9:00 ～13:00
休 ⓓ
地 P.88-2

■陶器博物館
住 Largo Cassavecchia
☎ 089-227782
開 9:00～13:00
　16:00～19:00
休 ⓧ、⊕ⓓ午後
料 無料
地 P.88-2

✉ おすすめスポット

　海岸通りにあるBar Nettunoは町で一番おいしいジェラート屋さんと評判です。いつも地元の人でにぎわい、ブリオッシュにはさんだもの（€1.40～）が人気です。また、サン・フランチェスコ・アッシジ広場Piazza San Francesco Assisiの東側のVia Piaveで開かれるメルカートは衣料品が安い。miss SIXTYのジャケットを€15でゲット。掘り出し物もありますよ。（埼玉県 元サレルニターナ '03）

■アレキ城陶器博物館
住 Cia Croce／Castello Arechi
☎ 089-227227
開 夏季8:00～19:00
　冬季8:00～17:00
休 ⓜ
料 無料
地 P.88-1 地図外

　町の北西、丘の上のアレキ城Castello Arechiにも陶器博物館Museo delle Ceramiche del Castelloがある。城からは町や港、アマルフィ海岸を見下ろす絶景が広がる。

Salerno サレルノの ホテル＆レストラン

★★★★ ジョリー・デッレ・パルメ P.88-1
Jolly delle Palme
町の西側、アマルフィ海岸やカプリ島行きの船が出る港の近く。大型チェーンのホテルで、海側の部屋からはサレルノ湾を見渡すことができる。
URL www.jollyhotels.it

- 住 Lungomare Trieste 1
- ☎ 089-225222
- Fax 089-237571
- SB €109／122
- TB €122／142
- 室 104室 朝食込み
- C A.D.M.V.

★★★ イタリア P.89-2
Albergo Italia
近代的な中型ホテル。全室シャワー・TV・エアコン完備。
■読者割引3泊以上で7%
e-mail albergoitaliasa@tiscali.it
住 Corso Vittorio Emanuele 84

- ☎ Fax 089-226653
- SB €60／65
- TB €75／80
- 室 22室 朝食€6
- C A.
- 交 駅前広場の先を右に曲がり150mほど

★★ サレルノ P.89-3
Hotel Salerno
駅前広場の先を右に少し入る。古いエレベーターで上がる建物の最上階が広々としたホテルになっている。ロビーには眺めのよい大きな窓がある。部屋も広くて清潔。
住 Via Giacinto Vicinanza 42

- ☎ 089-224211
- Fax 089-224432
- S €25／30
- SB €35／40
- T €40／45
- TB €50／55
- 室 29室 朝食€4
- C A.D.M.V.

★★★ ホテル・プラザ P.89-3
Hotel Plaza
駅前広場に建つ、19世紀の館を近代的に改装したホテル。客室は天井が高く、広々としている。
■読者割引10%
URL www.plazasalerno.it

- 住 Piazza Vittorio Veneto 42
- ☎ 089-224477
- Fax 089-237311
- SB €65
- TB €100
- 室 42室 朝食込み
- C A.D.J.M.V.

サレルノのYH P.88-1・2
Ave Gratia Plena (アヴェ・グラティア・プレナ)
町の中心、ドゥオーモの近くにあり便利な立地。家族的雰囲気のYHで、町探索の無料のツアーなども実施。
URL www.ostellodisalerno.it
住 Via dei Canali
- ☎ 089-234776 Fax 089-2581874
- 料 D €14 SB €23 TB €36 4B €62 朝食込み C M.V.
- 受付15:00～24:00、門限翌2:00。YH会員のみ。夕食€8
- 交 駅から約1km

アル・チェナーコロ P.88-2
Al Cenacolo
カンパーニャ州の伝統的料理を独自のスタイルにアレンジしている。魚料理をメインに注文したい、ちょっと高級なレストラン。
住 Piazza Alfano I 4

- ☎ 089-238818
- 営 12:00～15:30 20:00～24:00
- 休 ⊕夜、⊛、8月、クリスマス
- 予 €35～55（コペルト€2）
- C A.D.M.V.
- 交 ドゥオーモの向いにある

サンタ・ルチア P.88-1
Santa Lucia
「時間をかけて地元の本物の味を試して欲しい」と反ファストフード派のオーナーは言う。その日のおすすめ料理を店員に聞いてみよう。ピッツァもある。
住 Via Roma 182

- ☎ 089-225696
- 営 12:15～15:30、19:30～翌2:00
- 休 ⊛
- 予 €15～30（コペルト€1.30）
- C A.D.M.V.
- 交 ドゥオーモから約300m。道沿いにはテーブルが出ている

観光の拠点に便利なサレルノ

サレルノはアマルフィ海岸巡りや島巡りの拠点にも便利。鉄道が通っているほか、ナポリ・サレルノ間は平日は30分に1便程度と頻繁にSITA社のプルマンが運行。ただし、⊕⊛は2時間に1便程度なので注意。このプルマンの一部はポンペイにも停車する。プルマンの発着はナポリではムニチービオ広場近くのVia Pisanelliとベヴェレッロ港のMoli Immacolatella Vecchia、サレルノではVia SS.Martiri Salernitaniと Via Vinciprova。高速道路経由でVia Autostradaが速い。

ATACS社ではサレルノ発ポンペイ行きのプルマンを運行、所要約1時間。

このほか、アマルフィ、ポジターノ、ソレントへのプルマンは1～2時間に1便程度、パエストゥム行きも30分～1時間に1便程度運行している。いずれも、⊕⊛は減便となる。

また、港からアマルフィ、ポジターノ経由のカプリ島行きの船や夏季限定ナポリとアマルフィ海岸の町を結ぶメトロ・デル・マーレMetro del MareMM線が運航している。

●SITA社　☎=089-405145

カプリ島
Isola di Capri
アウグストゥス帝も恋した夢の島

古代ギリシア人は海から見た島の形からカプロスCapros（イノシシの意）と呼び、ローマ皇帝アウグストゥス帝は所有していたイスキア島とこの島を交換して「甘美な快楽の地」と呼んだカプリ島。古代から訪れる人を魅了してやまないこの小島の人口は約1万3000人。島は観光業を主とするが、自然保護地区であるため珍しい植物や動物、海中の生物が平和に共存している。

冬の「青の洞窟」入口。冬は波が高く、入れる可能性が低い

ピアッツェッタPiazzettaと呼ばれるカフェが並ぶ広場を中心に小さな町が広がり、その奥の名所へは上り下りの坂道が続く。徒歩でしか行けない小道を息を切らしながら歩けば、たどり着いた先に必ず忘れられない風景が待っている。自然のあふれる島西部アナカプリAnacapri地区へは切り立った絶壁を小型バスで行く。こちらの地域はオフシーズンにはクローズする店が多いが、見どころは多い。

カプリ島へはナポリ・ソレント・サレルノから頻繁に船が周航しているため日帰りでも充分楽しめるけれども、できることなら宿をとってじっくりとその自然美を堪能したい。

SNAV社の高速船。ナポリからカプリまで45分ほどで到着

How to access
- 船で行くには
- ●ナポリ（ベヴェレッロ港）→カプリ島　SNAV、NEAPOLIS、NLGの各社が運航　フェリーTraghetti　約1時間15分　高速船Aliscafi 35〜45分（冬季1日約13便、夏季30分〜1時間に1便）
- ●ナポリ（メルジェッリーナ港）→カプリ島　ALILAURO 高速船　35〜45分（夏季のみ、1日約10便）
- ●ソレント→カプリ島　LMP　高速船20分（冬季1日6〜9便、夏季約13便）
- ●サレルノ→カプリ島　LMS　高速船1時間　フェリー2時間（各1日2便）
- ●アマルフィ→カプリ島　LMS　フェリー2時間（1日2便）

カンパーニャ州
カプリ島

●郵便番号　80073

■各船会社連絡先
■Caremar社
☎：081-5513882
■SNAV社
☎：081-4285555
■NLG社
☎：081-5527209
■Alilauro社
☎：081-7611004

●ナポリのベヴェレッロ港から高速船、フェリーが各社運航している。メルジェッリーナ港は規模が小さく、冬季は主にイスキア島行きなので注意。
●船の運航数や時間、出航場所などは季節によって変わるため、事前に電話またはチケット売場でよく確認すること。
●船の料金は会社、船の種類、季節により異なる。

■ナポリ・カプリ間の料金
フェリー　€4.60〜5.80
高速船　€10.50〜12

■❶メインオフィス
住 Piazzetta Ⅰ. Cerio 11
☎ 081-8370420／8375303
開 8:00〜15:30
休 オフシーズンの土・日
地 P.94 B2

■カプリの❶
住 Piazza Umberto Ⅰ
☎ 081-8370686
開 夏季　8:30〜20:30
　　冬季　9:00〜13:00
　　　　　15:30〜18:40
休 冬季日・祝
地 P.94 B1・2

■バスターミナル
Autostazione
●SIPPIC
住 Via Roma
☎ 081-8370420
地 P.94 B1

■TAXI
●カプリ　☎：081-8370543
●アナカプリ　☎：081-8371175

■郵便局
住 Via Roma 50
地 P.94 B1
●バスターミナルのそば

■電話局
住 Piazza Umberto Ⅰ
地 P.94 B2
●❶の上

■マリーナ・グランデの❶
住 Banchina del Porto
☎ 081-8370634
開 夏季：8:30〜20:30
　　冬季：9:00〜13:00
　　　　　15:30〜18:40
地 P.94 A1

■青の洞窟
開 9:00〜日没1時間前
料 入場料　€4
●洞窟へのボート代　€4.50
●マリーナ・グランデからは別途モーターボート代が必要
●モーターボート、洞窟へのボート代、入場料込みのツアーは1人€14.50〜16.50
地 P.93 A1

青の洞窟
Grotta Azzurra
★★★

太陽光線の魅惑

ボートに乗り換え、洞窟へ

いまやカプリ随一の名所であるこの洞窟は古代ローマの時代にすでに発見されていたといわれる。その後の地盤沈下で海面下に潜った開口部から透き通った水を通して太陽光線が入るため、洞窟内は下から照らされたような不思議な青い光に満ちている。入口の高さは僅か1m、内部は長さ54m高さ15m水深は14〜22mほど。ボートが洞窟内を一周するのはたった数分であるが、一瞬で脳裏に焼きつくほど美しい空間に出合える。

How to access

青の洞窟への行き方

青の洞窟は入口が狭く、満潮や波のある日は船が出ない。青の洞窟へはマリーナ・グランデから海路（グループ・ツアー）、バスで陸路から行くこともできる。洞窟への船のツアーは Gruppo Motoscafisti社（€16.50）と Laser Capri（€14.50）社が運航。このほか、島を一周したり、島の周囲に小島のように点在する岩礁を巡るツアーもある。マリーナ・グランデの船着場で「グロッタ」、「ジーロ」と客引きをしているので迷うことはない。洞窟へは、モーターボートから手漕ぎボートに乗り換え、全員が仰向けの体勢になり、船頭がチェーンをたぐって入る。モーターボートでは波しぶきも浴びるので、濡れてもいい格好で出かけよう。

青の洞窟の内部は、光の関係で午前中の方がきれいといわれている。

■海路
①青の洞窟だけ行くツアー
Escursione alla Grotta Azzurra Via Mare
中型のモーターボートで洞窟前に行き、手漕ぎボートに乗り換える。所要約1時間30分。

②青の洞窟とカプリ島を一周するツアー
Giro dell' Isola
所要約2時間。①の後、カプリ島を一周。季節によっては泳ぐ時間もある。
料金€10〜12。青の洞窟へはほかに、入場料、ボート代が必要。

■陸路
アナカプリ（Viale De Tommazoまたは Piazza Vittorio）から青の洞窟行きのバスで所要約15分。徒歩なら約1時間。岩場の階段を下ると、洞窟へのボートが客待ちしている。洞窟へはボート代、入場料が必要。港からのツアーが出ない日は入れない。

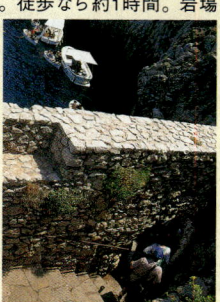

階段を降りて、青の洞窟に向かう

Column 読者からの青の洞窟情報

📩 カプリ島への船

高速船の前方に乗りましたが、とても揺れが激しかった。船酔いで後方に移動していく人が多いようでした。船の揺れに自信のない人は、最初から後方に乗った方がいようです。　　（東京都　数乗利恵　'03）

📩 船酔いに注意!「青の洞窟」

青の洞窟へは、マリーナ・グランデからモーターボートで洞窟入口まで行き、そこで手漕ぎボートに乗り換えて洞窟内を見学し、見学が終わったら再度モーターボートに乗り換えて、マリーナ・グランデへ戻るのが時間的にも効率よく、一般的な方法です。ただ、これは船酔いに弱い人には結構つらいようです。まず洞窟入口までのモーターボートで20分近く揺られ、到着後も洞窟の込み具合によってはかなりの時間、停止したボート上で順番待ちとなります。停止した状態のボートはかなり揺れ、この待ち時間に船酔いしている人を何人か見かけました。船酔いに自信のない人は、アナカプリ経由でバスを利用して行くことをおすすめします。　　（東京都　メネ　'03）

📩 いつ行く？

ナポリの❶で、「波がなければいつでも大丈夫」と言われましたが2005年1月は、3日トライしてようやく入ることができました。実は2度目の探訪で、以前夏に出かけた時は1回でスムーズに入れました。夏と冬2度挑戦した私としては、やはり夏がおすすめ。冬の海のモーターボートで感じる風や波は冷たく、洞窟に入る際には小型ボートの底に寝転ぶので、衣服も濡れてしまいます。夏は濡れた体に風を受けても気持ちいいですが、冬は衣服選びを間違えると寒い思いをしてしまいます。夏は濡れてもいい服装、冬は厚手のウインドブレーカーがあるといいと思います。

ちなみに地元の人に聞いたところ、やはり冬よりも春、春よりも夏が入れる確率は高いそうです。　（東京都　島の親子　'05）

神秘的なブルーを堪能するには、朝（9:00〜12:00頃）がベター。観光客の集団が押し寄せる前の9:00頃なら、青の洞窟で泳ぐことも可能との投稿あり。ただし、太陽が差し込むだけの暗く狭い空間は、あまり泳ぎに適しているとは言えない。泳ぎに自信がある人のみ、複数の人数で出かけよう。また、天気がよくても、凪いでいても、大潮の時は入れない。

■入れなかったら？

カプリ島は青の洞窟だけでなく、島のたたずまいも海岸も美しいので、ゆっくり散策するのがおすすめ。どうしても洞窟に行きたい場合は、「赤の洞窟」、「緑の洞窟」などを回るツアーがある。青の洞窟同様にマリーナ・グランデからの出発。

幻想的な青の洞窟内

カンパーニャ州　カプリ島

カプリ島　Isola di Capri

（地図）

■ウンベルト1世広場
地 P.94 B1・2

カプリ島の交通
バス(2社)、ケーブルカー、リフト、船などが運行。

バスのルート
SIPPIC社
カプリ↔アナカプリ
カプリ↔マリーナ・ピッコラ
アナカプリ↔マリーナ・グランデ
各所要時間は15〜20分
STAIANO社
アナカプリ↔青の洞窟
アナカプリ↔カレーナ灯台
青の洞窟、灯台へは所要約30分。夏は約20分に1便、冬は約40分に1便程度の運行。

■バスの切符
1回券 €1.30
60分券Biglietto Oraio €2.10
ケーブルカー、バス各1回乗車可
1日券Biglietto Giornaliero €7.70
ケーブルカー往復、バス全線乗車可
バス停は、道路にBUS、塀や電柱にFermataと書いた標識が目印。切符はバスターミナルの切符売り場や車内でも販売。

おもな見どころ

●カプリ地区

カプリの中心「小広場」
ウンベルト1世広場 ★
Piazza Umberto I
ピアッツァ・ウンベルト・プリモ

こぢんまりした造りの市役所、時計塔とカフェに囲まれているこの広場は、カプリに憧れて世界中からやって来た観光客や芸術家の社交場。小さな階段を上るとアラブ風クーポラを持つバロック式の**サント・ステファノ教会 Chiesa di S. Stefano**、その向かいはアンジュー家のジョヴァンナ1世の城を改造して現在はカプリの歴史を紹介する**カプリ・センター**になっているチェリオ館Palazzo Cerio。また、ケーブルカーの駅前にはマリーナ・グラン

時計台に❶がある

カンパーニャ州

カプリ島 ● カプリ地区

開放的な広場

デを見下ろすバルコニーもあり、広場の奥には高級ブティックやおみやげ屋が並び、そぞろ歩きするだけでも楽しい一角。

■ カプリ島の手荷物預け
Deposito Bagagli
ウンベルト1世広場のケーブルカー駅構内にある。

さまざまな種類の美術品が展示される
サン・ジャコモ修道院 ★★
Certosa di S. Giacomo
チェルトーザ・ディ・サン・ジャコモ

典型的な中世の建築物。1371～74年にアンジュー家のジョヴァンナ1世王妃の秘書であったジャコモ・アルクッチの希望により建てられた。教会の入口扉には14世紀の浅浮き彫りとフレスコ画、内部には17世紀のものが装飾されている。そのほか大小のキオストロ、食堂跡にあるドイツの画家ディーフェンバッハの作品と青の洞窟から発見されたローマ時代の彫刻を展示する**美術館Museo Diefenbach**などが興味深い。

■ サン・ジャコモ修道院
☎ 081-8376218
開 9:00〜14:00
休 ㊊
地 P.94 B2

高台から修道院を望む

■ アウグスト公園
地 P.94 B2

手入れの行き届いた美しい庭園
アウグスト公園 ★★
Giardini d' Augusto
ジャルディーニ・ディ・アウグスト

19世紀末カプリに住んでいたドイツ人大富豪フリードリッヒ・アウグスト・クルップによって整備され、現在は**市民公園**になっている。噴水や色とりどりの花が咲き乱れる美しい庭園の奥の階段を上ると、天然のアーチを持つファラリオーニの岩島群**Faraglioni**を見下ろす**パノラマ**が広がる。

📧 おすすめスポット

ウンベルト1世広場からトラガラの展望台までの通りには、高級ブティックや高級ホテルが並び、ブラブラ散歩するだけでも楽しめます。私は、トラガウの展望台で海を眺めながら1時間ほど読書をして過ごしました。5つ星ホテルの前なので、1人でも安心感がありました。(富山県　satsuki '03)

ファラリオーニの岩島群が眼下に

自然が生み出した芸術作品
天然のアーチ ★★
Arco Naturale
アルコ・ナトゥラーレ

町の中心から約1km、島の南東部にある。海面からの高さは約200m、弓形の岩でできた壮大なアーチの間から見える透き通った海は絶景。来た道をレストランがあるところまで戻り急な階段を下りて行けばマトロマーニアの洞窟**Grotta di Matromania**へ、さらに進むと**トラガラの展望台 Belvedere di Tragara**に出る。

しぼりたてレモネード
€2くらいで

■ 天然のアーチ
地 P.93 A2

📧 天然のアーチ

人も少なくてのんびりでき、本当にすばらしい景色を満喫できます。ただし、町の中心から1kmとはいえ、徒歩では20分以上かかりました。アウグスト公園からも美しい景色が楽しめます。まずは、アウグスト公園まで足を延ばしてください。
(神奈川県　和田尚造 '04)

自然に造られたアーチ

美しいカプリの民家の表札

■ヴィラ・ジョビス
圏 9:00〜日没1時間前
料 €2
地 P.93 A2
日没1時間前は11〜2月は14:45、8月は17:00まで。

✉ バスの切符
カプリ島のバスの24時間券は、バスには何度でも乗車できますが、ケーブルカーは2回乗車のみです。
（東京都　数乗利恵　'03）

■マリーナ・ピッコラ
地 P.93 B2

✉ マリーナ・ピッコラのビーチ
有料（シャワー、更衣室あり）と無料のビーチがありました。ほとんどの人が無料ビーチを利用していて、洋服の下に水着を着て行き、濡れた体は砂浜で日光浴をして乾かし、そのまま洋服を着て帰って行きました。無料ビーチで充分に楽しめます。夕方の4〜5時には皆帰ってしまいました。
（東京都　数乗利恵　'03）

■サン・ミケーレ教会
住 Piazza S. Nicola
☎ 081-8372396
地 P.93 A1
'05年1月現在、修復のため閉鎖中。

ティベリウス帝の別荘
ヴィラ・ジョビス
Villa Jovis ★　　　　ヴィラ・ジョヴィス

島内1保存状態のよいローマ皇帝の別荘。ティベリウス帝は26年、ここに住居を置きローマ帝国を統治していた。入口を入ってすぐ右側は皇帝がいけにえを突き落としたといわれる**投身の展望台** Belvedere del salto di Tiberio。階段を上ると遺跡のある広い敷地に出る。中央の4つの大きな井戸を取り囲み浴場・台所・洗面所などの土台が残る。出土品はナポリの考古学博物館などに展示されている。

白い小さな砂浜が広がる

小さな海水浴場
マリーナ・ピッコラ
Marina Piccola　　　　マリーナ・ピッコラ

小さな自然のアーチとローマ時代の港の跡が残る**セイレンの岩礁** Scoglio delle Sireneを中心に、東にペンナウートの浜、西にムーロの浜と呼ばれる小さな砂浜が広がる。夏は海水浴場としてにぎわう。

● アナカプリ地区
珍しいマヨルカ焼の床のある教会
サン・ミケーレ教会 ★★
San Michele　　　　サン・ミケーレ

17世紀女子修道院として建てられたものを基礎に、18世紀バロック様式を用いて完成させた教会。内部には「アダムとイヴの楽園追放」をテーマにした**マヨルカ焼の床**がある。1761年フランチェス

ファサード

Column　カプリっぽいもの…

サン・ジャコモ修道院の側にはカプリの自然の花やレモンを調合したオリジナルの香水工房がある。香水の名前には"すっごくカプリCaprissimo"なんていうのもあり、思い出深いおみやげになりそう。アナカプリのヴィラ・サン・ミケーレに行く途中にもある。V.Emanuele通りのお菓子屋には"カプリルCaprilu"というかわいい名前のレモンとアーモンドの粉を練ったお菓子がある。箱入りでも売っているので長持ちする。

（在ミラノ特派員　松本かやの）

カンパーニャ州

カプリ島 ● アナカプリ地区

コ・ソリメーナの下絵で、ユニコーンをはじめ人間の耳を持ったワニ（右端）などさまざまな珍獣が壮大なスケールで描かれている。一見大理石造りに見える木でできた両脇の祭壇（中央祭壇のみ大理石）も興味深い。入口のらせん階段を上ると上から床一面を見渡すことができる。

マヨルカ焼の床は必見

テラスからの眺望が美しい美術館
ヴィッラ・サン・ミケーレ
Villa San Michele ★★
ヴィッラ・サン・ミケーレ

医師でありアンティーク家具の収集家でもあったスウェーデン人作家アクセル・ムントが1876年にここを旅行で訪れた際に気に入り、ローマ時代の別荘を改築し居住していた所。現在は17〜18世紀の家具などを展示する美術館になっている。ここでは藤棚のある庭園やテラスからの**パノラマ**を楽しみながらゆっくり時を過ごしたい。

美術館入口

カプリで1番高い山
ソーラロ山
Monte Solaro
モンテ・ソラーロ

カプリで1番高い標高589mのソラーロ山へはリフトなら約10分、徒歩でゆっくり登って行けば約1時間半の道のり。南側が断崖の岩壁になっている頂上からは、遠くにナポリ湾やサレルノ湾が**眺望**でき、すがすがしい。

ソラーロ山へのリフト

NAVIGATOR

● アナカプリ
アナカプリへはカプリのケーブルカーの駅から真っすぐRoma通りを30m、右側にあるターミナルからバスに乗る。バスの終点Vittoria広場よりOrlandi通りを200mほど行き右に曲がるとサン・ミケーレ教会。広場に戻り広い階段を上り右側のリフト乗り場からはソラーロ山に登ろう。階段左側の道は眺めの美しいヴィッラ・サンミケーレに続く。

■ アナカプリの❶
住 Via G. Orlandi 59A
☎ 081-8371524
開 夏季8:30〜20:30
　 冬季9:00〜15:20
地 P.93 A1

■ バスターミナル
Staiano Autotrasporti
住 Viale T. de Tommaso
☎ 081-8371544／8372422
地 P.93 A1

■ ヴィッラ・サン・ミケーレ
住 Via Capodimonte
☎ 081-8371401
開 3月　　9:30〜16:30
　 4,10月　9:30〜17:00
　 5〜9月　9:00〜18:00
　 11〜2月 10:30〜15:30
料 €5
地 P.93 A1

■ ソラーロ山へのリフト
住 Via Caposcuro 10
☎ 081-8371428
開 5〜10月　9:30〜16:30
　 11〜4月 10:30〜15:00
休 無休
料 片道€4.50、往復€6
地 P.93 A・B1
● 山頂まで15分。
　 季節により休止の場合あり。

✉ **荷物運びは高額!?**

ナポリからのフェリーを下船すると、ホテル名を名乗り、荷物を運んでくれる人がいました。荷物を預け、自分たちはケーブルカーでホテルへ向かいました。ホテルのサービスかと思いましたが、チェック・アウト時に1個€6もとられました。帰りはもちろん自分で運びました。ポーターを利用する際は、事前に料金の確認を。　（富山県　satsuki '04）

Isola di Capri — カプリ島のホテル

●カプリ地区

★★★★ ラ・パルマ　P.94 B2

La Palma

高級ブティックの並ぶ洗練された通りの一角にある大型ホテル。1階のオープンカフェで通りを行く人を眺めながら優雅なティータイムを過ごしたい。

- URL www.lapalma.capri.com
- 住 Via V. Emanuele 39
- ☎ 081-8370133
- Fax 081-8376966
- SB €155
- TB €231／325
- 74室 朝食込み
- 休 2月
- C A.D.M.V.

★★ ヴィラ・クルップ　P.94 B2

Hotel Villa Krupp

アウグスト公園の側、高台の上にあるホテル。レーニンが滞在していたことで有名。青を基調にしたインテリアはシックで清潔なイメージ。

- 住 Via G. Matteotti 12
- ☎ 081-8370362
- Fax 081-8376489
- S €55
- SB €90
- TB €135／150
- 12室 朝食込み
- 休 11/1～3/20
- C M.V.

★ ラ・トスカ　P.94 B2

Hotel La Tosca

中心広場から徒歩約10分、サン・ジャコモ修道院近くの静かな一角にある。眺めのよいテラス付きの部屋もある。

- URL www.latoscahotel.com
- 住 Via Dalmazio Birago 5
- ☎/Fax 081-8370989
- SB €40／80
- TB €63／125
- 10室 朝食込み
- 休 11/1～3/15
- C M.V.J.

★ ステッラ・マリス　P.94 B1

Stella Maris

地理的にとても便利なホテル。おばさんが経営していて家庭的な雰囲気。

- 住 Via Roma 27
- ☎ 081-8370452
- Fax 081-8378662
- SB €45／50
- TB €70／100
- 10室 朝食€10
- C M.V.
- 交 バスターミナルの目の前

★ ダ・ジョルジョ　P.94 B1

Da Giorgio

岩壁に建っていて地下2、3階が部屋になっている。港と海の眺めは最高。全室眺めがよいが、テラスのある部屋がおすすめ。

- 住 Via Roma 34
- ☎ 081-8375777
- Fax 081-8370898
- TB €75／110
- 9室 朝食込み
- 休 1/10～3/20

●アナカプリ地区

★★ カルメンチータ　P.93 A1

Hotel Carmencita

3泊以上は博物館の切符提供など特別割引あり。
■読者割引10%

- URL www.caprionline.com/carmencita
- 住 Viale de Tommaso
- ☎ 081-8371360
- Fax 081-8373009
- SB €79（シャワー付）、99（バス付）
- TB €119／129
- 14室 朝食込み
- 休 11/3～12/27、1/7～3/15
- C A.D.J.M.V.
- 交 アナカプリのバス停から約200m

★★ ベッラヴィスタ　P.93 A1

Bellavista

部屋からは海が眺められ、緑濃い庭のある静かなホテル。カフェやブティックの並ぶ中心街へも近いので、リゾート気分のそぞろ歩きにも最適。

- URL www.bellavistacapri.com
- 住 Via Orlandi 10
- ☎ 081-8371463
- Fax 081-8382719
- SB €77／95
- TB €112／166
- C A.D.M.V.
- 休 11/1～3/21
- 14室 朝食込み
- 交 アナプリの i から北へ500m

★★★ ビアンカ・マリア　P.93 A1

Bianca Maria

アナカプリの i の近くにあり、こちらも町の中心へのアクセスが便利。家族経営の温かい雰囲気のホテル。眺望もよい。

- 住 Via Orlandi 54
- ☎ 081-8371000
- Fax 081-8372060
- TB €120／150
- 25室 朝食込み
- 休 11～3月
- C A.D.M.V.
- 交 アナカプリの i から西へ100m

Isola di Capri — カプリ島のレストラン

カンパーニャ州 / カプリ島

トラットリア・レ・グロッテッレ　P.93 A2
Trattoria Le Grottelle
天然のアーチのすぐ手前というちょっと変わったロケーションにある。自然の洞窟を利用してキッチンにしている。眺めのよいテラスでの食事は気持ちがよい。
要予約
- 住 Via Arco Naturale
- ☎ 081-8375719
- 営 12:00～15:00、19:30～23:00
- 休 (木)、11～3月
- 予 €25～50（コペルト€1.80、12%）
- C 不可

ダ・ジョルジョ　P.94 B1
Da Giorgio
同名のホテルの1階。魚料理がおいしい。メニューになくてもとれたての魚をお好みに料理してくれる。窯焼きのピッツァなら低予算ですむ。大きな窓からは港が見下ろせる。
- 住 Via Roma 34
- ☎ 081-8370898
- 営 12:00～15:00、19:30～24:00
- 休 1/10～3/20、7～9月以外の(火)
- 予 €18～25（12%）
- C D.M.V.

ダ・ジェンマ　P.94 B1・2
Da Gemma
路地を挟んで左右の店に分かれ、左側は古い民家風。右側は見晴らしがよい。新鮮な魚介類が売りもので海の幸のスパゲッティや各種揚げ物の盛り合わせのジェンマ風は名物。
要予約
- 住 Via Madre Serafiana 6
- ☎ 081-8370461
- 営 12:00～15:00、19:30～24:00
- 休 (月)、1月中旬～2月
- 予 €19～42（コペルト€2、15%）
- C A.D.J.M.V.
- 交 中心の広場からサン・ステファノ教会の前の小さな階段を上がって少し歩くと右にある

ラ・カンティネッラ　P.94 B2
La Cantinella
サン・ジャコモ修道院とアウグスト公園の中間あたりに位置する。海に面したテラスからは天然のアーチを持つファラリオーニの岩島群に広がる。見晴らしのよい1列目の特等席に座るなら、早めの予約を。
- 住 Parco Augusto, Viale Matteotti 8
- ☎ 081-8370616
- 営 12:00～15:00、19:30～23:00
- 休 6～9月を除く(火)、11～3月
- 予 €40～70
- C A.D.M.V.

ラ・カパンニーナ　P.94 B2
La Capannina
バカンス客でいつもにぎわう店内は、おしゃれで華やかな雰囲気。カプリの海の幸と山の幸が楽しめる。タコのカルパッチョCarpaccio di Polpa やカプリ風ラヴィオリ Ravioli alla Caprese などがおすすめ。
夜は要予約
- 住 Via delle Botteghe 12bis
- ☎ 081-8370732
- 営 12:00～15:00、19:30～23:00
- 休 (火)、11月中旬～3月中旬
- 予 €30～70（15%）
- C A.D.M.V.

アウローラ　P.94 B2
Aurora
100年以上続く、家族経営のレストラン。温かい雰囲気とナポリ料理が売り物。ピッツァやアサリのフェットチーネFettuccine con Vongole in Bianco、自家製のドルチェなどがおすすめ。
- 住 Via Fuorlovado 18
- ☎ 081-8370181
- 営 12:00～15:00、19:30～24:00
- 休 1/6～復活祭
- 予 €45～60（15%）

レ・アルカーテ　P.93 A1
Le Arcate
ヴィットリア広場近くにある、地元の人にも愛されるピッツェリア兼レストラン。ピッツァはテイクアウトもできるので、お気に入りの景色を見つけてピクニック気分で頬張るのも島ならではのお楽しみ。各種料理も充実している。
■読者割引　本書提示でコペルト無料
- 住 Viale T. De Tonnaso 24
- ☎ 081-8373588
- 営 11:30～15:30、18:30～24:00
- 休 (月)
- 予 €10～40（コペルト€2）
- C A.D.J.M.V.
- 交 ヴィットリア広場から徒歩2分

イスキア島

Isola d' Ischia

温泉の湧き出る保養地

- 郵便番号　80077

● おもな行事

● 聖アンナの祭り（7月）
Festa di S.Anna
火を灯した船の行列。

イスキア島への船は、ナポリのベヴェレッロ港、メルジェッリーナ港の2港から出航。
また、イスキア島には定期航路が入港する港は3つある。多くの船はイスキア港に入港するが、カサミッチョラ、フォーリオからの発着もあるので注意。

■ バスターミナル
地 P.102 A
● ❶の裏の広場。観光に便利なのはIschia Portoから島を右回りに走るCDと左回りのCS。

■ AACST
住 Porto d' Ischia, Banchina Porto Salvo
☎ 081-5074231
開 8:00〜15:45
　（月）（祝）9:00〜13:00
　　　　 15:00〜20:00
休 ㊐
地 P.102 A
● 港の真ん中あたり、教会の前。Corso Vittoria Colonna にもある。

ナポリ湾内の島のうち1番大きなイスキア島は、火山性の地質を持つフレグレイ平原に続く諸島である。そのため島のあちこちから温泉が湧き出し、春から秋にかけてはその豊かな自然美と温泉を求めてドイツをはじめ世界中から多くの人が訪れる。プール式の温泉がクローズされる冬季は、観光客の少ない静かな島に戻るが、そこにある美しい自然が心を和ませてくれる。観光名所は少ないが、この島では行く先々で出合う美しい風景と自然に囲まれてゆっくりと時を過ごしたい。

城内のカテドラーレ

How to access

🚢 船で行くには
- ● ナポリ（ベヴェレッロ港）→イスキア島（ポルト）　CAREMAR、ALILAUROフェリーTraghetti　約1時間15分　高速船Aliscafi　35分（冬季1日計約10便、夏季30分〜1時間に1便、一部プロチダ島経由）
- ● ナポリ（メルジェッリーナ港）→イスキア島（ポルト）　ALILAURO高速船30分（1日5〜8便）
- ● ナポリ（ベヴェレッロ港）→イスキア島（カサミッチョラ）　SNAV　高速船　30分（1日4便）
- ● プロチダ島→イスキア島（カサミッチョラ）　SNAV CAREMAR 高速船　30分（1日7便）
- ● ソレント→イスキア島（プロチダ島、カプリ島、ナポリなどで要乗り換え）
- ● カプリ島→イスキア島　ALILAURO高速船　45分（1日2便）

おもな見どころ

●イスキア地区

イスキア島の玄関
イスキア・ポルト
Ischia Porto ☆ イスキア・ポルト

小さな入口から大きなフェリーが何隻も出入りする島の玄関口であるこの港は、1854年フェルディナンド2世が火山湖を利用して造らせたもの。この付近は20世紀に入り急発展した**新市街**で、レストランや温泉付きのホテルが軒を連ねている。

アラゴン家の橋を渡って城へ

小島と旧市街が橋で繋がる
イスキア・ポンテ
Ischia Ponte ☆ イスキア・ポンテ

チェルサCelsa地区と呼ばれていた**旧市街**。石畳の目抜き通りマッツェッラ通りVia Mazzellaには、扉に練鉄の門灯があるスピリト・サント教会と、12世紀に建設、17世紀末に再建され内装がすばらしい**アッスンタ教会Assunta**が向かい合っている。城のある小島へは、約300mの**アラゴン家の橋Ponte Aragonese**を渡って行く。

チェルサ地区の旧市街

NAVIGATOR

港から城のある旧市街までは約2.5kmの道のり。海岸沿いにゆっくり歩いてもよいし、バスなら7番か8番で約20分。その他の町へは港からバスで。最南端の町サン・タンジェロへは右回りのCD番で約1時間。山の上を通るので車窓からのパノラマを楽しめる。左回りのCS番なら45分。海岸沿いの町ラッコ・アメーノ、フォーリオを経由する。また島周遊の船を利用すれば、陸からはたどり着けない断崖を望める。

島最高峰のエポメオ山（788m）のトレッキングはバスCD番で港から約40分、Fontanaの町で下車。シーズン中はロバの背に乗って山頂に行くこともできる。

■イスキア・ポンテ
地 P.102 B

カンパーニャ州 イスキア島

History&Art

●ギリシア植民地への足がかり、伝説のイスキア島

周囲34kmのイスキア島の東から南側の海岸は断崖で船の停泊も許さない雄大な自然美を誇り、西の海岸には砂浜が続いている。この西側の地域に紀元前8世紀半ばティレニア海遠征にやってきたギリシア人が移住し、ここを拠点としてナポリ北部のクーマの町を築きあげた。島の最高峰エポメオ山Mt.Epomeo（788m）は、1302年に大噴火を起こし、住民は溶岩から逃れるために現在の城のある小島に避難したといわれている。また、島の**守護聖女サンタ・レスティトゥータ**は数奇な伝説を持つ。304年5月17日島西部、サンタ・モンターノの岬に1体の亡きがらが流れついた。それはキリスト教を信仰したために島流しにされ、途中船の中で火あぶりにされたカルタゴの乙女レスティトゥータであった。島では亡きがらの奇蹟的な漂流をあがめ、守護聖女として祀ったという。

■城
開 9:30〜日没
休 12〜2月
料 エレベーター使用、武器博物館を含め、€6.20
地 P.102 B

■カサミッチョラ・テルメ
地 P.100 A1・2

岩礁の小島に建つ
城
Castello
★★★
カステッロ

　アンジュー家の時代にカルロス1世がビザンチン軍の駐留地であったこの小島に築いた砦が、現在の城の大部分を占めている。その後廃虚と化し1851年から74年の間は牢獄として利用されていた。橋をかけたアラゴン家のアルフォンソ5世は頂上に続く階段も設けさせたが、現在では200mの高さまでエレベーターで上ることができる。頂上付近には1301年に建てられた**大聖堂 Cattedrale**とジョット派のフレスコ画のあるクリプタの一部が残っている。教会や眺めのよいテラスが小道でつながっており、ナポリ湾とそこに浮かぶ島々の景勝を楽しみながら散歩できる。

アンジュー家の築いた城へ渡る

ジョット派フレスコ画

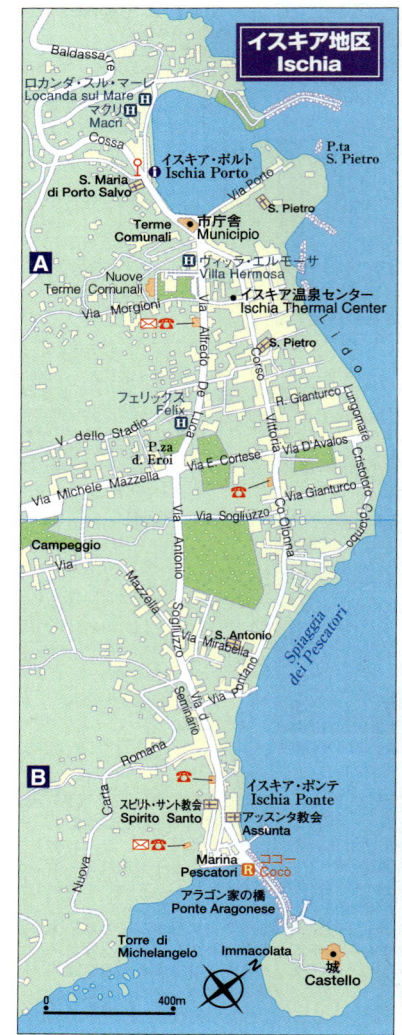

●その他の地区

イスキア島で一番古い温泉地区
カサミッチョラ・テルメ
Casamicciola Terme
カサミッチョラ・テルメ

　かつては豊富に湧き出る温泉で栄えた町であったが、1883年の地震で一度ほぼ全壊した。現在は近代的に整備され、長いビーチと温泉を求めて夏には多くの人が訪れる。

イスキア温泉センター

島の出土品が展示される
ラッコ・アメーノ ★
Lacco Ameno
ラッコ・アメーノ

西方の岬は、紀元前8世紀半ば西洋で最古のギリシア人の移住地といわれ、18世紀の邸宅を利用した**考古学博物館**Museo Archeologicoにはギリシア時代の壺や島からの出土品が展示されている。サンタ・レスティトゥータ至聖所Santuario di S.Restitutaはふたつの教会からなり、右手の教会の地下には11世紀の初期キリスト教時代のクリプタが残る。

海水浴場にむかう道

イスキア島ワインの生産地
フォーリオ
Forio
フォーリオ

島西部にある町。海岸沿いの15世紀の塔からの眺めは最高。町の南には砂浜が続き、チターラの浜Spiaggia di Citaraの端では50度前後の高温泉が湧き出す。島の最南は**サン・タンジェロS. Angelo**と呼ばれ、澄んだ海水の小さなビーチがある。飛び出した小島のような岬は私有地で有名人の別荘が建っている。

楽しいみやげ物屋が並ぶ

美しいサン・タンジェロの岬

■ラッコ・アメーノ
地 P.100 A1

■考古学博物館
住 Piazza Santa Restituta, Lacco Ameno Villa Arbusto
☎ 081-3330942
開 9:30〜13:30、15:00〜19:00
休 ㊊
料 €5.16
地 P.100 A1

■サン・レスティトゥータ至聖所博物館と遺跡
Museo Archeologico e Scavi S.Restituta
住 Santuario S. Restituta, Lacco Ameno
☎ 081-980538
開 9:30〜12:30
休 ㊊
料 €2.58
地 P.100 A1

■フォーリオ
地 P.100 A1
●イスキア港の左端にある旅行会社Ischia Holidaysでは手荷物の預かり、大型ホテルの予約などのサービスをしている。
住 Via Roma
☎ 081-991012

■イスキア島のワイン
港の右側、レストランの並ぶ通りにはイスキア島のワインが試飲できるお店が数軒ありました。いちばん手前のお店Pane&Vinoでは、サラミやチーズにパン、好みのワインはグラス単位で注文できます
(在ミラノ特派員 松本かやの)
住 Via Porto 24

Column イスキア島の温泉事情

イタリアで温泉は日本のような"お風呂"ではなく、泥を体に塗ったり蒸気を吸い込んだりするどちらかというとエステティックなものを指す。Ischia Thermal Center(イスキア温泉センター)は市営の温泉で一年中オープンしている。まず、医師の診察(英語可)が義務付けられており、療法によって価格設定されている。温泉付きのホテルのビジター利用も同じようなシステム。

また、イスキア島にはその豊かな自然を利用した"温泉公園"なるものがあちこちにある。温泉のプールがいくつも並び手入れされたプライベートビーチに椰子の木……。高級リゾート気分をたっぷり味わうことができる。こちらは医師の診断なしに、プール感覚で気軽に楽しめるのが魅力。営業は夏季のみ。

温水プールでひと泳ぎ

■Ischia Thermal Center
住 Via delle Terme 15
☎ 081-984376
開 7:00〜13:00
17:00〜19:00は予約のみ。
休 ㊐㊋
地 P.102 A

温泉公園
●ネゴンボ Negombo
(ラッコ・アメーノ)
☎ 081-986152
URL www.negombo.it
●アフロディーテ・アポロン
Aphrodite—Apollon
(サン・タンジェロ)
☎ 081-999202
URL www.aphrodite.it

カンパーニャ州 イスキア島

Isola d'Ischia — イスキアのホテル

★★★★ フェリックス　P.102 A

Felix Hotel Terme

温泉設備のある大型ホテル。宿泊客以外でも温泉利用可。部屋は近代的で、長期滞在の中年層の利用者が多い。全室バスタブ付き。
URL www.hotelfelix.it
住 Via A. De Luca 48

- ☎ 081-1991201　Fax 081-981238
- SB €52／68　TB €95／125
- 料 ハーフペンショーネ（2食付き）で1人€49〜97
- 休 12〜1月
- 室 52室　朝食込み
- C A.D.M.V.

★★★ ヴィッラ・エルモーサ　P.102 A

Villa Hermosa

大通りから横道にそれたところにあるので静か。青を基調とした涼しげなインテリア。併設のレストランでの食事付きの滞在も可。ハーフペンショーネ（2食付き）で1人€70〜85。
URL www.villahermosa.it

- 住 Via Osservatorio 4
- ☎ Fax 081-992078
- SB €55／65
- TB €90／100
- 室 19室　朝食込み
- 休 12〜2
- 交 港から徒歩で約10分

★★ マクリ　P.102 A

Hotel Macri'

下記ホテルの裏手にある。近代的な内装でとてもシンプル。港からも近いので便利。ハーフペンショーネ（2食付き）で1人€75〜90。

- 住 Via Iasolino 96
- ☎ Fax 081-992603
- SB €27／40
- TB €56／69
- 室 24室 朝食込み
- C V.

★ ロカンダ・スル・マーレ　P.102 A

Locanda sul Mare

港からいちばん近いホテル。アーティストであるオーナーのジュゼッペさんの作品が、インテリアと調和していてとても素敵。清潔で居心地のよい一軒。

- URL www.locandasulmare.it
- 住 Via Iasolino 80
- ☎ Fax 081-981470
- SB €20／30
- TB €45／60
- 室 8室
- C M.V.

Isola d'Ischia — イスキアのレストラン

ダミアーノ　P.100 A2

Damiano

海岸からやや離れた丘の中腹にある静かなレストラン。落ち着いた雰囲気で伝統的な島の料理が味わえる。
住 Via Variante Esterna SS. 270

- ☎ 081-983032
- 営 20:00〜24:00
- 休 11〜3月
- 予 €40〜80（コペルト€2.50）
- C D.M.V.
- 交 港から約1km

オ・グアラッチーノ　P.100 A2

O Guarracino

海に面し、気持ちのよいテラスが広がるホテル兼レストラン。グリルやアクアパッツァなどシンプルな伝統的魚料理が味わえる。
住 Via Castiglione62,

- CASAMICCIOLA TERME
- ☎ 081-982551
- 営 13:00〜15:00、20:00〜23:00
- 休 ㊊夜
- 予 €45〜60（コペルト€2）
- C D.M.V

ココー　P.102 B

Cocò

城に続く橋の脇にあり魚料理のおいしいレストラン。前菜の種類が多い。おすすめは小さなイカの入ったスパゲッティ・コン・カラマレッティ。太っちょの陽気なオーナーが迎えてくれる。

- 住 Piazzale Argonese
- ☎ 081-981823
- 営 12:30〜15:00、19:30〜24:00
- 休 ㊌、1〜2月
- 予 €20〜
- C A.D.M.V.

プローチダ島
Isola di Procida
パステル調の家々がかわいい

灰竹桃の咲く島

約4kmの居住地区に島の住民約1万人が密集し、意外にもヨーロッパで最も人口密度の高い町のひとつである。小さな漁村には、今でも昔と変わらない地中海の静かでゆっくりした時が流れている。

おもな見どころ

船乗りの知恵をかいま見る
海洋博物館 ★
Museo Etnologico Marinaro Partenopeo
ムゼオ・エトノロジコ・マリナーロ・パルテノペオ

船中で使う灰皿や船の模型などが展示されている、古い教会を改築したばかりの小さなかわいい博物館。船乗りだった館長に、汽笛の音に似たホラ貝の音を聴かせてもらおう。

海洋博物館

古い教会の残る旧市街
テッラ・ムラータ地区
Terra Murata

1563年に建てられた城跡がある旧市街。サン・ミケーレ教会付近からは海を見下ろすパノラマが開ける。

パステルカラーの町並み
コリチェッラ地区 ★
Corricella

この島のシンボルであるピンクやレモンイエローの建物が隣接して建つ小さな漁村。

絵画的な漁村風景

野ウサギが生息する自然保護地区
ヴィヴァラ小島 ★★
Vivara

本島と桟橋でつながっているこの小島は、火山の噴火口の跡で肥沃な土地に地中海の珍しい植物や動物が生息する。

カンパーニャ州 プローチダ島

● 郵便番号　80079

■ プローチダの ❶
🏠 Via Marina
☎ 081-8101968
🕐 9:00〜13:00
　　15:30〜19:00
　　冬季は午前中のみ
休 ㊐

How to access
● プローチダへの足
ナポリ、ポッツォーリ、イスキア島から船で。

NAVIGATOR
港を出て右に進むと、船の切符売り場とその左側に❶がある。さらに奥に行けば突きあたりが海洋博物館。ミニバスは❶の前の広場に発着。テッラ・ムラータ地区へはC2番、ヴィヴァラ小島へはL1番。小島からの帰り道には海側を走るL2番を利用して車窓からの眺めを楽しもう。ワゴンタイプのタクシーも数人で利用すればお得。

■ 海洋博物館
🏠 Via Roma 151/b
☎ 8967520
🕐 5〜7月、9月
　　　　　10:00〜13:00
　　　　　18:00〜20:00
　8月　　10:00〜13:30
　　　　　19:30〜21:30
　10〜4月 10:00〜13:00
料 €1.55

✉ のどかな楽園、プローチダ島
コリチェッラの漁港は猫たちの楽園でした。ボートをベッドに昼寝する姿や魚介類に舌鼓を打つ様子は、見ているだけで心和む、島ならではののどかな光景でした。また、サン・ミケーレ教会の地下を見学（€2）することができます。古い時代のプレゼービオやキリスト像のほか、ミイラもありました。（大分県 ape '04）

■ ヴィヴァラ小島
● 夏季は㊊〜㊎9:00に桟橋に集合しガイド付きで見学できる（事前に❶で確認すること）。

ポンペイ

Pompei

火山の噴火が時間を止めた古代都市

- ●郵便番号　80045

■ポルタ・マリーナ近くの❶
- 住　Piazza Esedra
- ☎　081-8616014
- 開　8:30～15:30
- 休　㊐　地 P.109 1

■新市街の❶AA
- 住　Via Sacra 1
- ☎　081-8507255
- 開　夏季 8:30～19:00
     冬季 8:30～15:30
- 休　㊐　地 P.107 2

NAVIGATOR

●ポンペイへの行き方

ポンペイへのおもな行き方は2とおりある。日帰りで遺跡をじっくり見学するならヴェスーヴィオ周遊鉄道でポンペイ・スカーヴィ・ヴィッラ・ディ・ミステリ駅下車。右に100mも歩けば遺跡の入口がある。ポンペイに宿泊するならイタリア鉄道fs線を利用しよう。駅を降りて真っすぐ進むと新市街の中心地マドンナ・デル・ロザリオ聖堂のある広場に出る。ホテルやレストランはこの地域にかたまっている。聖堂前の並木道を200mほど西に行くと右側の広場の奥に、野外闘技場側の入口がある。

プルマンはナポリのムニチーピオ広場近くからSITA社（ノチェラ行き、またはサレルノ行きの一部が停車。1日に3便程度）が運行。

バジリカ

✉ 楽しいヴェスーヴィオ周遊鉄道（チルクムヴェスヴィアーナ線）

列車の車窓からはヴェスーヴィオ火山が山頂から山裾までよく眺められます。同じ場所に座っていながら、列車の進行により左側、前方、右と向きを変えて眺められるのも楽しい思い出でした。
（兵庫県　M・T　'04）

マドンナ・デル・ロザリオ聖堂

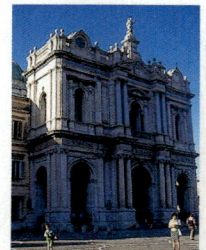

2000年以上も前に栄え、ヴェスーヴィオ火山の噴火によって火山灰の下に埋もれてしまったポンペイの町。スポーツジムや共同浴場、居酒屋そして売春宿……。日常生活の基本的な部分は、現代とほとんど変わらない。馬車のわだちが残る石畳の道を歩きながら誰の家を訪問しようかと考えれば、遠い国からやって来た自分もまるでこの町の住民であったような錯覚に陥る。そんなポンペイの遺跡は時間をかけてゆっくりと巡ろう。一都市を徒歩で回るのだからそれなりに疲れるが、考古学的な遺跡の魅力を味わい2000年前の空気の中にゆったりと溶け込みたい。

遺跡の東端の野外闘技場の向こうには、新市街の中心にあるマドンナ・デル・ロザリオ聖堂Santuario della Madonna del Rosarioの尖塔が見える。毎年5月と10月にヴェスーヴィオ火山ふもとの村から巡礼者が、何時間もかけて徒歩でこの聖堂に集まる。主祭壇に祀られる宝石で飾られたマリア像"マドンナ・ディ・ポンペイ"は、ナポリ圏の人々に深く信仰されている。新市街を訪れると、過去と現在が共存するこの土地の運命的な生命力を感じる。

ヴェスーヴィオ火山を背景にしたポンペイの町

How to access

🚃 電車で行くには
- ●ナポリ→ポンペイ・スカーヴィ・ヴィッラ・ミステリ駅　ヴェスーヴィオ周遊鉄道Circumvesviana（ソレント行き）25～40分（30分～1時間に1便）
- ●ナポリ→ポンペイ　fs線　IC 25分
- ●エルコラーノ→ポンペイ　ヴェスーヴィオ周遊鉄道（ソレント行き、一部トッレ・アンヌンツィアータTorre Annunziataで要乗り換え）約20分（30分～1時間に1便）
- ●サレルノ→ポンペイ　fs線 25～40分

🚌 バスで行くには
- ●サレルノ→ポンペイ（ポルタ・マリーナ）SITA またはCSTP（4番）約50分

🚗 車で行くには
- ●ナポリ→（A3　サレルノ方面）→ポンペイ
- ●ナポリ→（SS18）→ポンペイ

おもな見どころ

ポンペイ遺跡 ★★★
Pompei Scavi

古代都市へタイムスリップ

広大な遺跡の見学には、特に決まった順路がないので地図を片手に気に入った場所からじっくりと見学しよう。

●フォロ周辺

マリーナ門 ★
Porta Marina ポルタ・マリーナ

海側の町の西門。歩行者用と荷車用にふたつのアーチがある。ローマ時代には眺めのよさから城壁沿いに別荘が建てられた。

アポロ神殿 ★
Tempio di Apollo テンピオ・ディ・アポッロ

紀元前4世紀前半ギリシア植民地の影響を受けて独立して建築されたため、周辺の建物とは別の方向を向いている。ヘレニズム建築が用いられ、紀元後2年には城壁側の民家との間を隔てる高い壁が造られた。右には出土されたブロンズのアポロ像のコピーが置かれ、48本のイオニア式円柱で囲まれていた本殿の前には奉納者の名前が刻まれた大理石の祭壇がある。

バジリカ ★★
Basilica バジリカ

裁判や政治・経済の討論の場、また商取引の場として利用されていた。紀元前2世紀後半に建造され、採光のため中部に屋根をもたない縦長の室内は、コリント式円柱を2段に重ねた外壁と内側の太い円柱によって囲まれていた。

ヴェスパシアーノ神殿
Tempio di Vespasiano テンピオ・ディ・ヴェスパシアーノ

レンガ造りの神殿の前に、ローマ皇帝の象徴とされていた月桂樹の浮き彫りがある大理石の祭壇が置かれている。

カンパーニャ州
ポンペイ

■ポンペイの遺跡
☎ 081-8575331
開 4〜10月 8:30〜18:00
　 11〜3月 8:30〜15:30
休 1/1、5/1、12/25
料 €10(ポンペイ、オポロンティ、スタビア、ボスコレアーレの4ヵ所共通券)
　 €18(ポンペイ、エルコラーノ、オポロンティ、スタビア、ボスコレアーレの5ヵ所共通券、3日間有効)
地 P.109
● 入口はCircumvesviana線のポンペイ・スカーヴィ・ヴィッラ・ディ・ミステリ駅近くと、鉄道fs線ポンペイ駅から徒歩15分ほどの円形闘技場側にある。

NAVIGATOR

●ポンペイ遺跡内

遺跡(特に邸宅と称するもの)は、現在でも順番に修復作業が行われているので見学できない所もある。どうしても見たい所があれば、近くの係員の人に頼んでみよう。親切に鍵を開けてそっと見学させてくれることもある。また、遺跡内の石畳は歩きにくく、日陰のない廃墟に照り返す夏の日差しは強い。楽しい見学のためには履きやすい靴と帽子は必需品だ。

✉ ポンペイへは列車に注意

ポンペイには複数の駅があります。チルクムヴェスヴィアーナ(CV)線ではPompeiとPompei Scavi-Villa Misteri、さらに町の北西にポンペイ・ヴァッレPompei Valleの3つの駅があります。イタリア鉄道fs線のポンペイ駅の正式名称はPompei Santuarioです。エルコラーノからポンペイへはポッジマリーノ行きが便利でした。
(東京都　小原理一郎 '04)
CV線でナポリからポンペイ・ヴィッラ・ミステリ駅やエルコラーノ駅へはソレントSorrento行きの利用が便利。ただし、始発と終点が同じでも、経路が異なる場合がある。エルコラーノからポンペイ(またはその逆)へ向かう場合は、一部の直通列車を除き、トッレ・アンヌンツィアータでの乗り換えが必要。乗車前に自分の下車したい駅で停車するか確認しよう。ポンペイと告げただけで、ヴァッレ駅で下車したりすると、遺跡へはかなり遠回りになってしまう。

ペイ豆知識

- **災害直前のポンペイは──**
  人口：約1万5000人（自由民60％、奴隷40％）。
  城壁の長さ3km、8つの門。

- **道**
  歩道の高さ30cm。
  大きな溶岩のブロックで道路は舗装されていた。

- **水**
  サルノ川から引かれていた。人口増加に伴い道路の下に水道管が引かれた。裕福な者には個人宅へ、庶民のためには町の噴水、公共浴場へ水道がつながる。

- **フォロ**
  神殿、公共広場、裁判所など町の主要機関が集まっていた。本来は町の中心地にあったが、町が東側に拡張していったため西の端にある。

- **アトリウム**
  家の中心にある雨水槽で、採光のために開けられた天井から落ちてくる雨水を貯めていた。中央には家内安全を見守る祭壇などが置かれていた。

- **彫刻**
  装飾用、宗教・埋葬用、選挙宣伝用などの実用的な小さなものが多い。帝政期以降は、皇帝やその家族の像が造られるようになった。

フォロ ★★★
Foro　　フォロ

おもに商業活動に使われていた広場は、紀元前2～1世紀にドーリス式と上方のイオニア式の2層の柱廊で長方形の広場を囲むように整備され、町の政治経済の中心地となった。柱廊の基部が高いのは馬車の立ち入りをさけるため。

公共広場、フォロ

ジュピターの神殿 ★
Tempio di Giove　　テンピオ・ディ・ジョーヴェ

フォロの北側、ふたつのアーチの間にある町で最も重要な神殿で、ジュピター、ユノ、ミネルヴァの3神を祀ったもの。

ジュピター神殿

ホッレア
Horrea　　ホッレア

穀物倉庫と市場になるはずが、未完成のままレンガの8本の柱のみ残る。現在は出土品の倉庫となっており、鉄格子のあいだから壺や石臼、遺体のコピーなどが見られる。

●フォロ北側の地域

フォロの浴場
Terme del Foro　　テルメ・デル・フォロ

スタビアーナ浴場に習って、ローマの統治下（80年頃）に設置された。浴室は男女別に分かれていて、暖房は旧式で火鉢を用いていた。男子用の温浴室の壁には男像柱の装飾が残る。

フォルトゥーナ・アウグスタの神殿
Tempio della Fortuna Augusta　　テンピオ・デッラ・フォルトゥーナ・アウグスタ

アウグストゥス皇帝の下、行政・軍司令官を務めたマルクス・トゥリスが私有地に建てたもの。造りはフォロのジュピター神殿に似ている。

History&Art

- **経済発展に伴ったポンペイの隆盛**

ヴェスーヴィオ火山の過去の噴火によってできた溶岩の丘に最初に町を築いたのは、紀元前8世紀、カンパーニャ州の原住民であるオスク人だといわれている。後にサルノ川に近く、海までの距離が500m（現在は約2km）ほどで交通が便利であったことから、ギリシア人の植民地としてポンペイの町の商業活動は盛んになった。紀元前5世紀中頃は、出土品に書かれた文字などからエトルリア人が政権を握っていたことがわかる。その後山岳民族サムニテス人がこの町を支配するようになった頃、ポンペイはようやく城壁を持つ1都市の形を取るようになった。

ローマ帝国の支配を受けるようになったのは、彼らが紀元前343～290年のサムニテス戦争で勝利を収めてからだ。自由な商業活動が認められていたポンペイは、ワインやオリーブオイルの生産で経済的大発展を遂げ、紀元前2世紀には公共施設や私邸が次々と建設されていった。紀元前90年に始まったローマに対する市民権回復闘争（同盟市戦争）は、ローマのスッラ将軍によってローマの同盟市として市民権を与えられる形で沈着した。紀元前80年まではローマの4人の行政官によって治められ、円形闘技場や劇場が設立された。

帝政期に入り町は平和な繁栄を続けていたが62年、噴火の前ぶれとも言える大地震が起こった。その復興作業も終わらないうち、歴史的大惨事ヴェスーヴィオ火山の噴火により79年8月24日、ポンペイの時は止まった。

悲劇詩人の家
Casa del Poeta Tragico ★
カーサ・デル・ポエータ・トラジコ

帝政期の典型的なこぢんまりした家屋で、2軒の居酒屋の間に玄関がある。その床には番犬のモザイクがあり「猛犬に注意Cave Canem」の文字が書かれている。2階は宿屋で、食堂の床に監督が立ち会った演劇の稽古場面のモザイクがあるため、家にこのような名前が付けられた。

「猛犬に注意」の文字

牧神の家
Casa del Fauno ★★
カーサ・デル・ファウノ

ポンペイ最大の貴族の豪邸。大きなアトリウムの中央には家の名となった牧神ファウヌスのブロンズ像（コピー）が置かれ、「ダリウスとアレキサンダー大王の戦い」のモザイクもここから発見されている。現在2点ともナポリの国立考古学博物館に所蔵されている。

牧神ファウヌスの像

ヴェッティの家
Casa dei Vetti ★★★
カーサ・デイ・ヴェッティ

巨大な富を手にした商人、アウロ・ヴェッティオ・レスティトゥートとコンヴォーヴァの豪邸。入口の右の柱には巨大な男根と金貨の入った袋を天秤にかける生殖の神プリアポスの姿が描かれている。また、奥の部屋にある"ポンペイの赤"と呼ばれる独特な朱色の壁面を黒地の装飾帯で仕切り、神話などをテーマに描かれたフレスコ画は必見。食堂の壁には「それぞれの仕事に従事するキューピット達」が描かれている。

生殖の神プリアポス

前庭

カンパーニャ州　ポンペイ

ポンペイ遺跡

- 秘儀荘 Villa dei Misteri
- ヴェスーヴィオ門 Porta d. Vesuvio
- ナポリ→サルノ線 ヴェスーヴィオ周遊鉄道
- エルコラーノ門 Porta Ercolano
- ディオメデス荘 Villa di Diomede
- ヴェッティの家 Casa dei Vetti
- 金色天使の家
- ノラ門 Porta di Nola
- ヴェヌス(ヴィーナス)の家 Casa della Venere
- サルノ門 Porta di Sarno
- 悲劇詩人の家 Casa del Poeta Tragico
- 牧神の家 Casa del Fauno
- トレビオの家
- アッボンダンツァ通りの居酒屋 Botteghe di Via Abbondanza
- フォロの浴場 Terme del Foro
- フォルトゥーナ・アウグスタの神殿 Tempio della Fortuna Augusta
- ジュリア・フェリーチェの家
- レストハウス
- ジュピター神殿 Tempio di Giove
- ヴェスパシアーノ神殿 Tempio di Vespasiano
- ロレイウス・ティブルティヌスの家 Casa di Loreius Tiburtinus
- ホレア Horrea
- スタビア一ネ浴場 Terme Stabiane
- ステファノの洗濯屋 Fullonica di Stefano
- 円形闘技場 Anfiteatro
- アポロ神殿 Tempio di Apollo
- アッボンダンツァ通り
- メナンドロの家 Casa del Manandro
- 大体育場 Palestra Grande
- バジリカ Basilica
- 大劇場 Teatro Grande
- シス神殿 Tempio di Iside
- オデオン座 Odeion
- ヌーチェリア門 Porta di Nocera
- 入口
- マリーナ門 Porta Marina
- 三角フォロ Foro Triangolare
- ヴェヌスの神殿 Tempio di Venere
- スタビア門 Porta di Stabia
- 新市街へ→ Via Plinio
- ヴィッラ・ディ・ミステリ(ポンペイ遺跡 Pompei Scavi)駅
- 剣闘士の宿舎
- ポンペイ市街 Pompei
- Via Plinio
- Strada Statale No.16

●フォロ南東側の地域

アッボンダンツァ通り
Via dell' Abbondanza　　★
ヴィア・デッラッボンダンツァ

フォロから円形闘技場などのある東側に延びている、ポンペイを横断する主要道路のひとつ。

スタビアーネ浴場
Terme Stabiane　　★★
テルメ・スタビアーネ

紀元前4世紀末に建設された最初の浴場。運動場として使われていた柱廊に囲まれた中庭の北側には、個室の浴室がある。共同浴場は男女別になっており、中庭右側には冷浴室・更衣室・温浴室・熱浴室が設置されていた。中庭左側の中央にはプールがあり、両脇に更衣室があった。

三角フォロ
Foro Triangolare
フォロ・トリアンゴラーレ

アッボンダンツァ通りから少し右に入ると6本のドーリア式の円柱が見えてくる。中央には紀元前6世紀の神殿跡がある。

大劇場
Teatro Grande
テアトロ・グランデ

紀元前3〜2世紀のものでギリシア劇場を手本に設置された。客席上部からは遺跡を見渡す美しいパノラマが広がる。

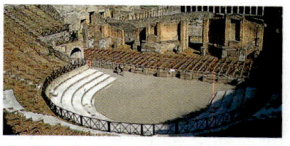

大劇場からは美しいパノラマが

オデオン座
Odeion
オデイオン

小劇場Teatro Piccoloとも呼ばれ、音楽会のほかに政治の議会所としても使用されていた。

イシス神殿
Tempio di Iside
テンピオ・ディ・イシデ

三角フォロ入口の先にあり、女神イシスに捧げられたもの。隣はサニウム時代の体育場。

●円形闘技場 付近

ステファノの洗濯屋
Fullonica di Stefano
フッローニカ・ディ・ステファノ

豪邸とも言える大きな建物。奥には洗浄用の浴槽があり、人や動物の尿を使って布を洗浄していた。

アッボンダンツァ通りの商店街
Botteghe di Via Abbondanza
ボッテゲ・ディ・ヴィア・アッボンダンツァ

通り沿いの壁には選挙のスローガンや落書きが残る。カウンターに壺を埋め込んだ居酒屋やパン屋も並んでいる。

落書きが残る商店の壁

ロレイウス・ティブリティヌスの家
Casa di Loreius Tiburtinus
カーサ・ディ・ロレイウス・ティブリティヌス

ファサードに家主の名前が書かれているのが特徴。中庭は三方を柱廊で囲まれており、正面の壁にに水浴するディアナの姿などが描かれている。

ヴェヌス（ヴィーナス）の家
Casa della Venere
カーサ・デッラ・ヴェネーレ

美しい庭園の奥の青の壁面に貝に乗ったヴィーナスと天使を描いたフレスコ画がある。

ヴィーナスと天使のフレスコ画

大体育場
Palestra Grande
パレストラ・グランデ

147m×107mの大きな長方形の体育場。アウグストゥス帝の時代に建設されたもので、三方は柱廊に囲まれている。

円形闘技場 ★★
Anfiteatro
アンフィテアトロ

紀元前80年建設の闘技場は、全市民が集うと予想され混雑を避けるために郊外に建てられた。東側の土台は城壁が利用され、6mほど掘り下げられた中央の土は西側の土台として使われている。ここでは猛獣や剣闘士の戦いが繰り広げられていた。客席上部からは北にヴェスーヴィオ火山、東に新市街、西には大体育場の雄大な景観が広がる。

円形闘技場

●秘儀荘 付近

ディオメデス荘
Villa di Diomede
ヴィッラ・ディ・ディオメデ

奴隷から解放された自由民、ディオメデスの邸宅。下方にある庭園で噴火の犠牲者の遺骨18体が発見されている

秘儀荘 ★★★
Villa dei Misteri
ヴィッラ・ディ・ミステリ

秘儀荘

紀元前2世紀前半に母体が建設され、その後今の姿に改築された。ここで注目したいのは、「ディオニュソスの秘儀」への入信の様子を描いたフレスコ画だ。背景には"ポンペイの赤"が使われ、左側の裸の少年が儀式の作法を読み上げる場面から始まる連続絵画。中央の玉座にいるのがディオニュソス。神秘的でスケールの大きな作品は、ヘレニズム絵画の影響を受けたカンパーニャ地方の画家が紀元前70～60年の改築時に手がけたものといわれている。

■秘儀荘
地 P.109-1
遺跡西側のエルコラーノ門からかつての墓地が続く道を行くと秘儀荘だ。以前のように一度外へ出る必要はなくなった。

一種の宗教儀式「ディオニュソスの秘儀」への入信の様子を描いたフレスコ画

カンパーニャ州　ポンペイ

ポンペイ周辺の遺跡

ポンペイ周辺には古代遺跡が数多く残り、『ポンペイ、エルコラーノ、トッレ・アンヌンツィアータの考古学遺跡』として世界遺産にも登録されている。整備が進むトッレ・アンヌンツィアータのオポロンティの遺跡のほか、ボスコレアーレ、スタビアの遺跡を紹介。いずれも、ポンペイの遺跡と同様にヴェスーヴィオ火山の噴火により一瞬に灰に覆われ、後年発掘されたもの。周囲の自然をとり込んだ別荘や邸宅のたたずまいは、当時の優雅な生活様式をヴィヴィッドに伝えてくれる。

ヴェスーヴィオ絵画がよく残るオポロンティの遺跡

■オポロンティの遺跡
住 Via Sepolcri, Torre Annunziata
☎ 081-8575347
開 4/1～10/31 8:30～19:30
（入場18:00まで）
11/1～3/1 8:30～17:00
（入場15:30まで）
休 1/1、5/1、12/25
料 共通入場券　€5
●行き方：ヴェスーヴィオ周遊鉄道ナポリ-ソレント線、ナポリ-ポッジョマリーノ線、ナポリ-トッレ・アンヌンツィアータ線のトッレ・アンヌンツィアータ駅下車。徒歩6～7分。駅を左に出、標識に従い坂を下る

迫力あるフレスコ画がよく保存されている大広間

オポロンティ（トッレ・アンヌンツィアータ）
Opolonti(Torre Annunziata)
オポロンティ（トッレ・アンヌンツィアータ）

紀元前1世紀中頃のネロ帝の妃、ポッペアの別荘Villa di Poppeaと後に付属して拡張された貴族の別荘Villa Rusticaがひとつになった遺跡。当時の別荘の建築様式にならい、中庭や回廊に続いて広間、寝室、台所などが配され、大広間（アトリウム）には、赤を背景にした大胆なフレスコ画が描かれている。広い浴場やアンフォラが置かれたワイン倉も備えられ、さらに奥に進むと、当時は彫像で飾られたという大理石の大きなプールが現われる。ところどころに残る繊細なフレスコ画や床モザイクも美しい。ここでは噴火による火砕流の犠牲者の炭化した遺体や大量の金・銀のコイン、繊細な装身具が発見され、その一部はナポリの考古学博物館に展示されている。

ゲーテも讃えた風光明媚な土地

ボスコレアーレ
Boscoreale
ボスコレアーレ

■ボスコレアーレの遺跡
住 Via Settetermini 15, loc.Villa Regina,Boscoreale
☎ 081-8575331
開 4/1～10/31 8:30～19:30
（入場18:00まで）
11/1～3/1 8:30～17:00
（入場15:30まで）
休 1/1、5/1、12/25
料 共通入場券　€5
●行き方：ヴェスーヴィオ周遊鉄道ナポリ-ポッジョマリーノ線ボスコレアーレ駅下車。駅前からバスでVilla Regina下車。バスは鉄道と連絡しているものの、1時間に1便程度。駅から約2km。徒歩約30分。

ヴェスーヴィオ火山の麓には、かつて農作業の場として使われた別荘Villa Rusticaが多くあり、ここもそのひとつで、唯一公開されているもの。別荘の周囲にはブドウ畑が広がり、荘内にはブドウを絞る木製の道具が置かれた作業場、ワインを状態よく保存するために穴を開けた地面にワインの入った壺を埋め込んだ貯蔵場などが続く。

遺跡の手前の博物館Antiquariumには、ここで使われたワイ

炭化した木々が今も残る

当時を再現したブドウ畑

カンパーニャ州　ポンペイ周辺の遺跡

遺跡は団地建設の途中で発見された

ン造りの道具をはじめ、周辺の遺跡で発掘されたフレスコ画や、小麦を挽くウスやパン作りの型、パン、ブタ（石膏型）などの生活感あふれる展示品が並ぶ。

スタビア
Stabia

スタビア

その源を紀元前7世紀にさかのぼるというスタビアは、大噴火まで大変栄え、別荘や邸宅が多く建てられたという。ナポリ湾を見下ろす小高い丘に眺望のよい広々とした敷地が広がり、華やかな装飾と近くから引き込んだ温泉施設もある洗練されたものだった。現在はふたつの別荘が公開されている。近年の地震の被害もあり、修復はあまり進んでいないが、周囲の田園風景とあいまって当時の人々が愛した心地よい空間を実感できる。

サン・マルコ荘 Villa S. Marcoは、1万1000㎡の広さを誇るローマ時代最大の別荘。ふたつの広い柱廊つき中庭を中心に各部屋、プール、浴場、体育室が続き、ところどころに小品のフレスコ画が残る。
アリアンナ荘Villa Ariannaはより古い別荘で、食堂奥の壁には名前の由来となったギリシア神話のアリアドネが描かれている。

サン・マルコ荘のプール

優美なフレスコ画が各所に残るサン・マルコ荘

■ **スタビアの遺跡**
- Via Passeggiata Archeologica, Castellammare di Stabia
- ☎ 081-8575331
- 開 4/1〜10/31 8:30〜19:30（入場18:00まで）
  11/1〜3/1 8:30〜17:00（入場15:30まで）
- 休 1/1、5/1、12/25
- 料 共通入場券 €5
- ● **行き方**：ヴェスーヴィオ周遊鉄道ナポリ-ソレント線ノチェーラ駅からバスLinea Bluで。駅からは約3km。バスはCastellammareのP.za Sparcoから1番のバスも運行。バスは1時間に1便程度で循環バスなのでやや時間がかかる。1番のバスも帰りはノチェーラ駅の脇を通る。遺跡は2ヵ所に分かれ、約1km離れている。

■ **共通券（入場は各所1回）**
5ヵ所共通券
Biglietto comulativo 5 siti
€18 有効:3日
ポンペイ、エルコラーノ、オポロンティ、ボスコレアーレ、スタビアに共通

3ヵ所共通券
Biglietto comulativo 3 siti
€5 有効:1日
オポロンティ、ボスコレアーレ、スタビアに共通

サン・マルコ荘

Column 遺跡見学に便利！アルケオバス・ヴェスヴィアーナ Archeobus Vesviana

ポンペイ、エルコラーノ、オポロンティの遺跡はヴェスーヴィオ周遊鉄道の駅からも近いが、ほかの遺跡は駅からバスを利用することになる。バスは便数も少なく、バス停もややわかりにくい。これらの遺跡を結ぶ観光に便利なバスがアルケオバスだ。㊎㊏㊐㊗のみの運行。夏季の㊎〜㊐にはナポリのベヴェレッロ港から運航するMetro del Mareの船便MM3線ともトッレ・アンヌンツィアータの港（オポロンティ）で連絡しており、海からのアクセスも楽しい。通常切符のUnicoCampania券のほか、3日有効のカンパーニャ・アルテカードでも利用できる。

アルケオ・バスのルート
ポンペイfs駅⇔ポンペイ・マリーナ門（遺跡入場口）⇔ボスコレアーレ・博物館入口⇔トッレ・アンヌンツィアータ（オポロンティの遺跡）⇔トッレ・アンヌンツィアータ港⇔トッレ・アンヌンツィアータfs駅⇔ボスコレアーレ・博物館入口⇔ポンペイ・ヴィッラ・ディ・ミステリ駅⇔カステンマーレ（スタビアの遺跡）⇔ポンペイfs駅
ポンペイ発8:30〜18:30の約8便の運行。後続のバスに合わせてプランニングすると効率よく観光ができる。ただし、事前に運行日やルートの確認を。また、スタビアなど交通の不便な場所で乗り遅れないよう、時刻表を確認し、早めにバス停で待とう。

Pompei — ポンペイのホテル＆レストラン

★★★ フォーラム　P.107-1
Hotel Forum
円形闘技場入口の近く。少し奥まったところにあるのでとても静か。部屋は近代的で、青緑色のインテリアはとても上品。朝食は中庭で。ゆっくり落ち着けるおすすめの一軒。
■読者割引10%
URL www.hotelforum.it

- 住 Via Roma 99
- ☎ 081-8501170
- Fax 081-8506132
- S€70
- T€90
- 3B€100
- 室 19室　朝食込み
- C A.D.J.M.V.

★★★ サントゥアリオ　P.107-1
Hotel Santuario
隣は同経営のレストランとカフェ。入口はやや暗いが、一般的な中型ホテル。
- 住 Piazza B. Longo 2/6
- ☎ 081-8506165
- Fax 081-8502822
- S€40
- SB€60
- T€65
- 室 51室　朝食€4
- C M.V.
- 交 新市街の中心広場、ドゥオーモに向かって左側の角

★ アポロ　P.107-2
Apollo
インテリアはシンプルだが、一つひとつの部屋は広くゆったりした造り。fs線の駅からも歩いて5分程度の便利で安い宿。
- 住 Via Carlo Alberto 18
- ☎ 081-8630309
- SB€31
- T€51.65
- 室 10室
- 交 新市街の中央広場Piazza B. Longo の一角にある

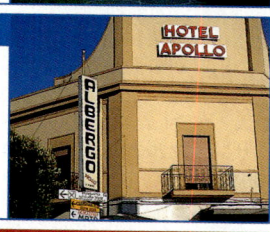

★ ミネルヴァ　P.107-1
Pensione Minerva
家族経営ののんびりしたペンシオーネ。設備はあまり整っていないが安さと便利さが魅力。
- 住 Via Plinio 23
- ☎ 081-8632587
- T€39
- 室 9室
- 交 遺跡の劇場側の入口ヌーチェリア門からマリーナ門方面へ少し歩いたところにある

ツィ・カテリーナ　P.107-1
Zi Caterina
新市街の目抜き通りにあるピッツェリア兼レストラン。ピッツァもいいし、ズラリと並んだ前菜や新鮮な魚介類を選ぶのも楽しい。
- 住 Via Roma 20
- ☎ 081-8507447
- 営 12:00～24:00
- 休 ㊋
- 予 €15～80
- C A.D.J.M.V.

イル・プリンチペ　P.107-2
Il Principe
スノッブな雰囲気の漂う高級レストラン。土地柄を生かした料理や古典から創意を得た料理が味わえる。おしゃれをして出かけたい。
■要予約
- 住 Piazza B. Lomgo 8
- ☎ 081-8505566
- 営 12:30～15:00、19:30～23:00
- 休 ㊐夜、㊊、8/1～8/20
- 予 €50～70（コペルト€6）、定食€70
- C A.D.J.M.V.
- 交 新市街の中央広場の一角

ヴェッキア・アメリカ　P.107-1
Vecchia America
肉・魚ともにいつも新鮮な素材が揃っている家庭料理のトラットリア。几帳面なオーナーのおばさんが、イタリア料理の本当のおいしさを披露してくれる。
- 住 Via Roma 111
- ☎ 081-8633418
- 営 11:30～17:00　19:00～24:00
- 休 無休
- 予 €20～25（コペルト€1、10%）
- C V.
- 交 野外闘技場入口から約20m

ベネヴェント
Benevento
伝説の魔女の町

サバト川Sabatoとカローレ川Caloreにはさまれた平野に広がるベネヴェント。太陽の恵みをタップリ受けた肥沃な丘で生産されるワインと魔女伝説にちなんで名付けられたリキュールのストレーガStrega（魔女）、そしてアーモンド入りのヌガーのトロンチーノTroncinoでイタリア中にその名を知られている。

紀元前8世紀にさかのぼる町の起源は古く、古代ローマの帝政時代には、イタリアを南北に結んだアッピア街道の恩恵に浴し、南イタリア屈指の経済都市として栄えた。当時の名残は、トラヤヌス帝の凱旋門やローマ円形劇場に残る。観光地としてはまだあまり馴染みがないが、古代ローマの建造物や中世の町並みが続く、美しい古都だ。

「魔女のリキュール」が売られる

カンパーニャ州 ベネヴェント

■郵便番号 82100

■ベネヴェントの❶EPT
住 Piazza Roma 11
☎ 0824-319938
開 8:00～18:00
㊏9:00～13:00
休 ㊐
地 P.116 B

NAVIGATOR

駅から町の中心までは約1km。駅前から1番のバス（切符€1、90分有効）がドゥオーモの脇のオルシニア広場Piazza Orsiniaへ行く。ドゥオーモの右脇の道を道なりに行くと円形劇場に出る。その他の見どころは、目抜き通りのガリバルディ通りCorso Garibaldiの両脇にある。道の終わりには、市民公園がある。

How to access

🚃 **電車で行くには**
● ナポリ→ベネヴェント　fs線　R　1時間40分～2時間（平日のみ1日5便）
● サレルノ→ベネヴェントfs線　R　35分～1時間40分（1日約10便、一部バスの代行運転）
● カゼルタ→ベネヴェント　fs線　ES IC 約45分　R　約1時間10分

🚌 **バスで行くには**
● ナポリ→ベネヴェント　ALIFANA　1時間30分（平日1日12便、㊐㊗3便）

🚗 **車で行くには**
● ナポリ→（A16 バーリ方向）→ベネヴェント
● カゼルタ→（アッピア街道）→ベネヴェント

History&Art

● 「魔女伝説」と言い伝えが残るベネヴェント

紀元前8世紀サムニウム族の町として始まり、紀元前3世紀後半ローマの植民地となる。ローマを起点とするアッピア旧街道がこの町を通過し港町ブリンディシに到達したことから商業が大繁栄し、凱旋門など数々の壮麗な建築物を残した。571年ロンゴバルド族の最南端の公国として治められていた頃には領土が広がり、現在の町の中心地にある教会や城壁が建設された。1077年小専制君主国になった後、1860年まで教皇の支配下に置かれ、その間1266年にイタリア半島におけるアンジュー家と教皇の初めての衝突がこの地で起こった。

また、この町には少し変わった言い伝えがあることでも有名。ダンテの神曲に「ベネヴェントに近き橋詰に、石山の重みに守られて…」という一節がある。この「橋」とはカローレ川にかかるものではないかといわれ、「石山の重み…」は、13世紀アンジュー家との戦いに破れたシチリア王マンフレディの遺体がこの橋の下に20ヵ月もの間放置されていたことを指している。また、この近くにあったクルミの木の下で悪魔の宴会が催されそこで魔女と悪魔が交わった、という言い伝えから奇妙なベネヴェントの魔女伝説が広がっていったようだ。

ドゥオーモ

■ドゥオーモ・司教区博物館
住 Palazzo Archivescovile
☎ 0824-54717
開 ドゥオーモ 7:00〜12:00
　　　　　　17:00〜19:00
　司教区博物館
　㊍⊕10:00〜12:00
地 P.116 B

おもな見どころ

ファサードに歴史が残る
ドゥオーモ ★★
Duomo　　　　　　　　　　　　ドゥオーモ

7世紀に基礎が建てられ、9世紀と12世紀に改築された。1943年の爆撃でほぼ全壊してしまい、13世紀のファサード以外はその後に再築されたもの。正面には3つの丸窓があり、中央入口には繊細な彫刻をあしらったアーキトレーブがある。

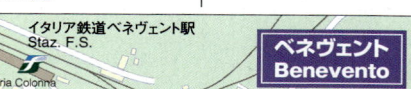

アーキトレーブの彫刻

ドゥオーモにあった美術品を展示
司教区博物館 ★
Museo Diocesano　　　　ムゼオ・ディオチェザーノ

キリストの生涯をテーマにしたドゥオーモの中央扉の断片や扉の支えなどがある。また、14世紀の説教壇の一部が保管されている。

現在でも活用されている
ローマ円形劇場 ★★
Teatro Romano　　　　　　テアトロ・ロマーノ

ローマ時代ハドリアヌス帝の統治下に建築され、カラカラ帝が修復を行っている。直径約90mの大規模なもので、現在でも夏から秋にかけて演劇やコンサートが催される。

Column　ストレーガ社 直営のバール（おみやげ情報）

ドゥオーモからガリバルディ通りを進むと左側にある。リキュールのほかに、アーモンドの入ったヌガー"トロンチーノ"などベネヴェントならではのおみやげが買える。バールの雰囲気も落ち着いていて素敵！
（ミラノ在住　特派員　松本かやの）

カンパーニャ州　ベネヴェント

■ローマ円形劇場
住 Piazza Caio Ponzio Telesino
☎ 0824-29970
開 9:00～日没1時間前
休 ⓜ
料 €2
地 P.116 B

円形劇場

小さいが保存状態のよい
トラヤヌス帝の凱旋門 ★★
Arco di Traiano
アルコ・ディ・トライアーノ

144年トラヤヌス帝の下、ローマからブリンディシまで開通したアッピア街道の完成を祝って建てられた。フォロ・ロマーノのティトゥス帝の凱旋門がモデルになっており、町に面したほうには善政を行う場面が、外側には戦闘場面が描かれている。

善政の場面

■トラヤヌス帝の凱旋門
地 P.116 AB

オベリスクが目印
サンタ・ソフィア教会 ★
Santa Sofia
サンタ・ソフィア

教会前の広場には、1809年ベネヴェントの公爵であったシャルル・モーリス・ド・タレイランのオベリスクが建っている。こぢんまりした内部は古代のものも残る柱がクーポラを支え、左右内陣にはフレスコ画が描かれている。

■サンタ・ソフィア教会
開 7:00～12:00
　 17:00～19:00
地 P.116 B

■サムニウム博物館
サンタ・ソフィア教会の裏の修道院の中にはサムニウム博物館がある。
住 Piazza S. Sofia
開 9:00～13:00
休 ⓜ
料 €2.58

Benevento　ベネヴェントのホテル＆レストラン

★★★★　グランド・ホテル・イタリアーノ　P.116 A
Grand Hotel Italiano
上品な4つ星ホテルでありながら、大都市に比べると料金は手頃。駅にほど近く、近代的で快適なホテル。ビジネスマンの利用も多い。
■読者割引 本書提示のうえ、2泊以上10%
URL www.hotel-italiano.it

住 Viale Principe di Napoli 137
☎ 0824-24111　Fax 0824-21758
SB €62　TB €88
室 71室　ビュッフェの朝食込み
C A.D.M.V.
交 駅前の道を町に向かって100mほど行った右側

イル・チンギアーレ　P.116 B
Il Cinghiale
名前のとおり、イノシシ料理のお店。パスタはすべて手作りで、いなか風の素朴な味に出合える。
住 Via Annunziata 19
☎ 0824-50220
営 12:00～15:00、19:00～24:00

休 ⓜ、8/10～8/20
予 €15～30（コペルト€1）
C A.D.M.V.
交 旧市街の西の端、IV Novembre広場の脇の細い坂道を下ったところ

パエストゥム／ペストゥム
Paestum

世界屈指の保存状態を誇るギリシア神殿

●郵便番号　84063
■❶AAST
住 Via Magna Grecia 887
☎ 0828-811016
営 9:00〜15:00（夏季〜19:00）
休 ❽　地 P.120 A

■ナポリからの日帰り
　ナポリ中央駅からパエストゥムに停車する列車は1〜2時間に1便程度。行きはパエストゥム着8:50（10:17着）で、帰りはパエストゥム発14:39（ナポリ着16:10）または15:44、16:42発が便利。時間は再度確認を。

サレルノからはプルマンも便利
　サレルノからは数社のプルマン便が30分〜1時間に1便と頻繁に遺跡近くまで運行している。ただし、❽祝は1日に2便程度のかなりの減便になるので注意。サレルノから所要50分〜1時間20分、€2.90。ナポリからGiuliano社のプルマン（ナポリ発12:20、14:20）の直通もあり。

NAVIGATOR

　駅を背にして真っすぐ進むとすぐに城壁の間の小さなシレーナ門Porta d.Sirenaが見えてくる。両側に畑が広がる松の並木道を800mほど行くとマーニャ・グレーチャ通りVia Magna Greciaにぶつかり、目の前に遺跡が広がる。バジリカ側にも入口があるが、おみやげ屋が並ぶマーニャ・グレーチャ通りを右に行き博物館前の入口利用が一般的。

水牛の家畜場

マーニャ・グレーチャ（大ギリシア圏）の中でも屈指の神殿が残る

　サレルノから約50km、各駅停車しか停まらない小さな町にシチリアに残るものに並ぶ**古代ギリシア建築の最高峰と言える遺跡**がひっそりとたたずんでいる。紀元前にギリシアの植民地としてこの地に建設された後、3世紀にはローマ人の侵略、洪水、マラリアの被害に遭いサラセン人の侵入で廃墟と化したにもかかわらず、その保存状態のよさは世界的にも貴重なもの（1998年世界遺産に登録された）。また、この地域は水牛の飼育が盛んで、国道沿いに車を飛ばせば、大きな角を持った黒い水牛の家畜場をあちこちで目にすることができる。ここではしぼりたての水牛の乳で作った、できたてのチーズ、**モッツァレッラ・ディ・ブーファラ Mozzarella di Bufala**の本場の味も試してみたい。

How to access

🚆 電車で行くには
●ナポリ→（サレルノ）→パエストゥム　fs線　R 約2時間（1〜2時間に1便）
●サレルノ→パエストゥム　fs線　R 約40分（1〜2時間に1便）

🚌 バスで行くには
●サレルノ→パエストゥム　SITA他　50分〜1時間20分（平日30分〜1時間に1便、❽祝2便）

🚗 車で行くには
●ナポリ→（A3）→サレルノ→（A3）→バッタパリアBattapaglia→（SS18）→パエストゥム

History&Art

●マラリアとノルマン人に破れた
　古代都市パエストゥム
　パエストゥムの遺跡は、18世紀半ばブルボン王朝時代に、土地の図面測量士によって灌木と沼地の間で発見された。本格的な発掘作業は後の1907年から7年間と1928年以降に行われ、古代の神秘の謎が少しずつ解明されていった。
　この都市の古代ギリシア名はポセイドニア**Poseidonia**といい、紀元前6世紀初頭に富と贅沢・快楽主義で有名な古代ギリシアの植民都市シバリ（現在のカラーブリア州の都市）によって建設された。シバリの町とは陸路で繋がり、ティレニア海での交易を基盤に、紀元前5世紀までこの町の商業の繁栄は続いた。
　母市シバリが紀元前510年に勢力を弱め、紀元前400年にはルカニア人に征服されその名をパイストンPaistonと改められた。紀元前237年ローマが商業の繁栄を保護しながらラテン人植民都市パエストゥムを設立し、ローマ式の浴場や円形闘技場などが建設された。ローマ帝国の衰退後、土地の地盤沈下のため湿地化しマラリアが流行。また、北方からの侵略者ノルマン人がこの地まで到達し、サレルノのドゥオーモ建築のため石材を持ち去り遺跡は廃墟と化していった。

✣ おもな見どころ ✣

ケレス神殿

ギリシアの神々の声が聞こえてきそうな
パエストゥム／ペストゥムの遺跡 ★★★
Scavi スカーヴィ

　遺跡は4.5kmにも及ぶ外壁が二重構造になった城壁に囲まれ、東西南北に4つの門が配置されている。駅近くのシレーナ門Porta di Sirenaをくぐり、国立博物館前の入口から遺跡の見学を始めてみよう。

　右側のこぢんまりした神殿が**ケレス神殿Tempio di Cerere**。別名アテナの至聖所Santuario di Atenaまたはアテナ神殿Tempio di Atenaとも呼ばれ、女神アテナを祀る神殿として紀元前6世紀に建築された。正面が6円柱のドーリス式神殿でアーキトレーブも典型的ドーリス式。南へ真っすぐ延びる聖なる道Via Sacraを少し進むと、左側に長方形の囲いの中に低い傾斜した屋根が見える。これは**地下神殿Sacello Ipogeo**と呼ばれ、発掘された青銅器や陶器の壺（国立博物館所蔵）から、紀元前6世紀頃に建てられたものと推定されている。町の創立者シバリ人の墓という説、女神ヘラに捧げられたものと

パエストゥム Paestum 地図

カンパーニャ州 パエストゥム

■ **パエストゥムの遺跡**
開 9:00〜日没1時間前
（以下はおよその目安）
1/2〜1/15、10/16〜11/15
　　　　　　9:00〜15:00
1/16〜1/31、10/1〜10/15
　　　　　　9:00〜15:30
2/1〜2/15　9:00〜15:40
2/16〜2/29　9:00〜16:00
3/1〜3/15　9:00〜16:15
3/16〜3/31　9:00〜16:30
4/1〜4/15　9:00〜17:00
4/16〜4/30、8/16〜8/31
　　　　　　9:00〜17:45
5/2〜5/31　9:00〜18:00
6/1〜7/31　9:00〜18:30
8/1〜8/15　9:00〜18:15
9/1〜9/15　9:00〜17:15
9/16〜9/30　9:00〜17:00
11/16〜11/30　9:00〜14:30
12/1〜12/31　9:00〜14:45
閉場は入場締切の1時間後
休 1/1、5/1、12/25
料 €4
（博物館との共通券€6.50）
地 P.120

■ **ケレス神殿**
地 P.119-2、P.120 A

クーリア集会所

📩 **鉄道切符は往復を**
　2月のオフシーズンにサレルノからパエストゥムへ日帰りで出かけました。帰りのfs駅の切符販売窓口は閉まっていて、構内の自動券売機も使用不能でした。よく見ると、切符は遺跡近くのBarで入手する旨のことが書かれていました。遺跡まではかなりの距離がありますし、列車もさほど頻繁にあるとはいえません。いつでも窓口が閉まっている訳ではないと思いますが、駅自体もかなり小規模の駅です。出発前に往復分の切符の購入をおすすめします。
（兵庫県　コモリアキコ　'03）

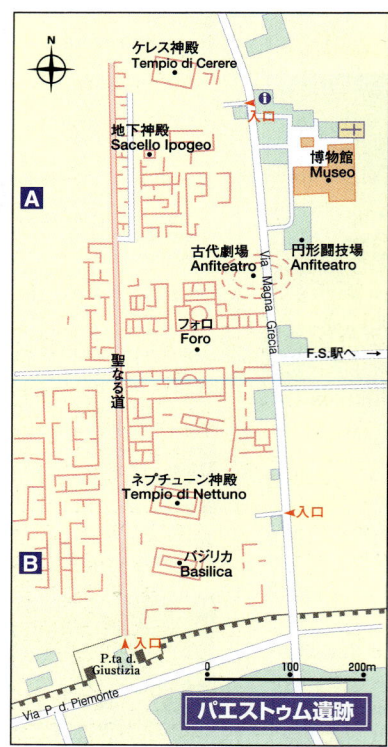

バジリカ

いう説に分かれ、何のために使われていたかは未解明。さらに進むと開けた空間**フォロForo**が見えてくる。古代ローマに支配されていた頃の公共広場で、周囲には**市場Macellum**や**集会所Curia**、ラテン人植民地の信仰の場ユピテル神殿Capitoliumなどがある。また、フォロの背後にはその半分が道路の下に埋まっている**古代劇場Anfiteatro**がありローマ時代の面影を感じさせる。

聖なる道を下ると、遺跡のメインである2大神殿がある。手前がドーリス様式の代表作**ネプチューン神殿Tempio di Nettuno**。ファサードは6円柱、側面は14円柱構成、内部は三廊に分かれ正面中には祭壇がある。隣の**バジリカBasilica**は、母市シバリを建設したアカイア人の女神ヘラに捧げられたものといわれている。真ん中にふくらみを持ったドーリス式の太い9本の円柱のある正面に圧倒される。

ネプチューン神殿
■ バジリカ
地 P.120 B

遺跡からの出土品にあふれる

国立考古学博物館 ★★
Museo Archeologico Nazionale
ムゼオ・アルケオロジコ・ナツィオナーレ

セレ川河口近くの聖域ヘラ・アルジーヴァHera Argivaで発見された宝物庫を取り巻いていた33面の**メトープMetope**はさまざまなギリシア神話を題材にしていて興味深い。アッティカ時代の戦士などが描かれた**黒絵式の壺Anfora Attica**も見ておきた

■ 国立考古学博物館
開 8:45〜19:00
休 第1・第3(月)、1/1、5/1、12/25
料 €4（遺跡との共通券€6.50）
地 P.120 A

黒絵式の壺

い。必見は「飛び込み男の墓 Tomba del Tuffatore」。紀元前480年頃の古典期の石棺上のフレスコ画で、棺の4側面には葬礼絵画の題材によく使われる宴会の絵が施されているが、その蓋には大変珍しい不可解な飛び込みの絵が描かれている。

飛び込みの絵が不思議

Paestum パエストゥムのホテル&レストラン

★★★ エリオス　P.119-2
Helios Hotel
小さなプールを取り囲み、1つひとつの部屋がコンドミニアム式になっている南国風ホテル。プールサイドでカクテルやコーヒーも楽しめ、リゾート気分を満喫できる。朝食も充実。
URL www.hotelheliospaestum.com

- 住 Via Nettuno1
- ☎ 0828-811020、811451
- Fax 0828-811600
- TB €130　26室　朝食込み
- C A.D.M.V.
- 交 遺跡のバジリカ側の入口の道を挟んだ正面

★★★ ヴィラ・リータ　P.119-1
Villa Rita
プールもある、広い敷地内の静かなプチ・ホテル。レストランも併設。食事もおいしく、家庭的な雰囲気で落ち着ける。
URL www.hotelvillarita.it
住 Via Nettuno/Via Principe di Piemonte 5
☎ 0828-811081　Fax 0828-722555

- TB €73／83　ハーフペンショーネ(2食付):1人 €63〜68
- 14室　朝食込み
- C A.M.V.　休 11月〜3月中旬
- 交 遺跡のバジリカの入口から海側へ150m先を左へ入る。頼めば駅へ送迎してくれる

★★ デッレ・ローゼ　P.119-2
Delle Rose
駅と遺跡に最も近い一軒。部屋のインテリアなどは質素だけれど、かわいい中庭がある。料金はシーズンと空き状況により交渉可。部屋数が少ないので予約がベター。
URL www.hoteldellerose.com

- 住 Via Magna Grecia 193
- ☎ 0828-811070
- Fax 0828-723614
- SB €33／38
- TB €53／58
- 11室　朝食€3
- C D.M.V.

ネットゥーノ　P.119-2
Nettuno
バジリカ入口の近く。オープンエアの席と素敵なインテリアの室内の席がある。前菜にはモッツァレッラを、メインには魚料理を頼みたい。バールも併設。テラスでゆっくりお茶が飲める。

- 住 Via Nettuno/Via P. di Piemonte 2
- ☎ 0828-811028
- 営 12:00〜15:30
- 休 (月)、11/10〜11/25、1/7〜2/7
- 予 €25〜40 (コペルト €1.55、10%)
- C A.D.M.V.

ピッツェリア・デッレ・ローゼ　P.119-2
Pizzeria delle Rose
同名ホテルの1階。窯焼きのピッツァは本格派。おすすめは、オレッキエッティ・コン・リコッタ・エ・フンギ。モッツァレッラチーズはもちろん水牛から取れたもの。手打ちパスタは自家製。

- 住 Via Magna Grecia 193
- ☎ 0828-811070
- 営 12:00〜14:30、19:30〜21:30
- 休 無休
- 予 €20
- C D.M.V.

カンパーニャ州　パエストゥム

チレント海岸
Il Cilento

透き通る海と岩礁のリゾート地

●郵便番号　84043

How to access
●アグローポリ
ナポリ中央駅からfs線サレルノ経由サプリ行きでAgropoli Castellabate駅下車。ICで約1時間。EXで約1時間30分、バエストゥムからプルマンで約10分。

■アグローポリの❶
Via Lungomare S. Marco
☎0974-824885

●郵便番号　84073

How to access
●サプリ
ナポリ中央駅からfs線サレルノ経由サプリ行き。ICで約2時間。EXで約2時間30分。

■サプリの❶
Via Pisacane
(Villa Comunale)
☎0973-603411

サレルノより南の海岸はチレントと呼ばれイタリア庶民がゆっくりと夏のバカンスを過ごすリゾート地だ。美しい海と自然の奏でるハーモニーの中で、時はゆっくりと過ぎていく。特に観光名所がないこの地方では、海を眺め南イタリアの空気を存分に味わいたい。7～8月のバカンスシーズンはどの町も夜遅くまで野外コンサートや出店でにぎわうが、オフシーズンは閉店するレストランも多く、町は静けさをとり戻す。

サレルノから53kmの**アグローポリAgropoli**はシーズンを問わず楽しめる町のひとつ。鉄道の駅を出て坂道を200mほど下り、二股の道を右に行けば海岸通り。一年中オープンの海の見えるホテルが数軒並ぶ。左に真っすぐ進めば新市街のメインストリート、さらに進むと断崖の上の旧市街に続く長い階段が見えてくる。ギリシア語で「高い町」という意味をもつこの町の起源はビザンチン時代にあるといわれている。おとぎの国の入口のようなかわいい門をくぐると左側にサンタ・マリア・ディ・コスタンティーノ教会S.M.di Costantinopoliが、細い石畳と小さな階段を道なりに上がって行くとロッカ・チレント城Castello di Rocca Cilentoがあり、いずれからも海を見下ろす広大なパノラマが開ける。

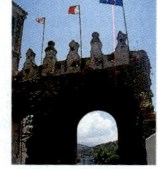

カンパーニャ州南端の町**サプリSapri**まで来れば、ナポリの喧噪など思い出せないほど静かな時が流れる。海岸通りは短いながらも近代的な噴水や手入れされた植木などで整備されている。この町では1857年にカルロ・ピサカーネCarlo Pisacaneが三百人遠征隊を率いて上陸したことを記念して毎年6月、当時の衣装を着た「ピサカーネの行列」が行われる。

ロッカ・チレント城

サプリのビーチ

アグローポリとサプリのホテル

★★★ セレネッラ　アグローポリ
Hotel Serenella
海岸沿いにあり、旧市街を訪れるのにも便利。中にレストランがあるので食事にも困らない、近代的中型ホテル。
■読者割引フルペンショーネ（3食付）の3泊以上で10％。
URL www.hotelserenella.it

Via S.Marco 140
☎0974-823333　Fax 0974-825562
SB €40／46
TB €60／75
3B €80／95
35室　朝食€6
C A.D.M.V.

★★★ ティレーノ　サプリ
Hotel Tirreno
改装したばかりの清潔なホテル。駅へ送迎も有り。レストラン併設。目の前には海岸通り公園の緑が広がる。ハーフペンショーネ（2食付）で1人€48～79。
URL www.hoteltirrenosapri.it

Corso Italia 73
☎0973-391094
Fax 0973-391157
SB €32／38
TB €50／60
45室　朝食€3～7
C V.

カゼルタ

Caserta

ブルボン家の豪壮な王宮と庭園

ナポリから内陸に約33km、肥沃な平野にあるカゼルタの町は、**レッジャReggia**と呼ばれるブルボン家の王宮を中心に新市街が広がる中都市。絢爛な内装の宮殿、3km以上に渡る広大な庭園、美しい彫刻をあしらった噴水や滝…。ため息が出てしまうほど壮大なスケールで設計された王宮からは、ナポリ王国が当時ヨーロッパで強大な権力を振るい、莫大な富と財産に恵まれていたことが容易に想像できる。新市街から10km北東に離れると、**カゼルタ・ヴェッキアCaserta Vecchia**と呼ばれる町の起源となった旧市街がある。城壁に囲まれひっそりとたたずむ中世の町並みは、レストランやおみやげ屋が並ぶ観光地として今なお昔の姿を留めている。

王宮内

ここでは広い宮殿を昼休み前に見学し、午後は時間の許す限りゆっくり庭園の散策を楽しみたい。緑の芝生の上でピクニックをしている人の姿も多く見かける。ナポリからの日帰りで、たっぷり楽しめるスポットだ。

●郵便番号　81100

❶EPT(王宮内)
☎ 0823-322233
開 8:30～15:30
休 ⑪
地 P.124 B
●庭園に出る前、右側の木のドアを奥に入る。

❶ダンテの広場の角
住 Piazza Margherita
☎ 0823-321137
開 8:30～15:30
休 ⑪
地 P.124 B

■バスターミナル
住 Piazza Vanvitelli
地 P.124 B
●カゼルタ・ヴェッキア行きなどの市内バス。

■カゼルタからの帰りのバス
ナポリからのバスは王宮のすぐ近くに停車する。進行方向に進むと、門の奥に切符売り場や入口がある。帰りのバスの停留所は、王宮正面のfs駅近くにある。駅に向かった左側の停留所には、ナポリから来たもの、行くものの両方が停車するので運転手に確認してから乗り込もう。駅に向かい、右に進んだ小さな広場が始発地。発車まで車内で待てるので、始発からの乗車も便利。

How to access

🚃 **電車で行くには**
●ナポリ→カゼルタ　fs線　R 30～40分（30分～1時間に1便）

🚌 **バスで行くには**
●ナポリ→カゼルタ　CTP　(市バスC1N番　高速道路経由=青いプルマン/カヴィアーノ経由=オレンジ色の市バス)　約50分～1時間
(平日20分間隔、日祝約40分間隔の運行)

🚗 **車で行くには**
●ナポリ→(E45)→カゼルタ
●ベネヴェント→アッピア街道→カゼルタ

History&Art

●優雅な宮廷文化を伝える
　緑あふれる世界遺産の町

ナポリ王国がヨーロッパで偉大な権力を振るっていた頃、カルロス3世は、敵の攻撃を直に受けないところに政府の本拠地を置こうと考えた。海からの攻撃を避けるため内陸であり、ナポリからそれほど遠くない肥沃な土地、という条件を満たしたのがここカゼルタであった。建設の指揮を命じられたのが建築家のルイジ・ヴァンヴィテッリLuigi Vanvitelli。彼はフランスのヴェルサイユ宮殿を参考に、ナポリから続く並木道から宮殿の内部をくり抜いたアーチをくぐり、庭園、大滝を一直線に結ぶ長大な透視図を用いた図面を1751年に披露した。工事は翌年から始まり、1773年ルイジ・ヴァンヴィテッリの他界後は息子のカルロ・ヴァンヴィテッリが引き継ぎ、1780年にほぼ完成した。19世紀にはブルボン家の貴族たちが春と秋の離宮として利用した。ゲーテをはじめとする著名な旅行者をもてなし、有能な音楽家たちには宮殿内の劇場で演奏させ、優雅な時を過ごしていた。また、年に一度復活祭明けの月曜日には庭園を開放し、庶民にお菓子をふるまっていたとも言われている。新市街が拡大したのは19世紀後半のことであるが、現在でもその美しい庭園は観光スポットとしてだけでなく、市民の憩いの場所として大切にされている。1997年、ユネスコの世界遺産に登録。

カンパーニャ州

ナポリ郊外 ● カゼルタ

NAVIGATOR

駅を降り、王宮の一部である芝が美しい広場を300mほど行くと王宮の入口がある。中に入りすぐ左側が切符売り場。庭園やバスの切符もここで販売。奥に進み右側の階段が宮殿の入口。長い池の脇を1km進むと、ヴェネレの噴水に到着。ここからは長い庭園と宮殿の美しいパノラマが楽しめる。また、大滝の左右には階段がありさらに上に上ることもできる。噴水の右側がイギリス庭園。

おもな見どころ

ブルボン家の優雅な暮らしをかいま見る

王宮
Palazzo Reale ★★★
パラッツォ・レアーレ

長方形の箱型の宮殿は5階建てで、四角い4つの中庭をもつ。全部で1200部屋あるうち、2階の36室が一般に公開されている。チケット売り場のある1階の土台部分には高いアーチがあり、遠くに庭園の滝を望むことができる。中央右側には、左右に勇ましいライオン像を置いた大階段Scalone d'onoreがあり宮殿の内部に続いている。階段を上りきると白い小部屋が渦巻き状に配置された玄関広間Vestibolo Superioreがある。その正面は未公開のパラティーナ礼拝堂の入口で、配置方法がベルサイユ宮殿に類似しているといわれている。左に進むとロココ様式と新古典様式

旧寝室・冬の間

ブルボン家・家族の絵

Column 新市街を散策

王宮の東側に広がる新市街のメインストリートMazzini通りには靴の高級店ポッリーニをはじめ、ショッピングが楽しくなりそうなお店がいっぱい！ヴァンヴィテッリ広場にはオープンカフェが何軒もあり、地元の人でにぎわっている。けれども夜の駅前から王宮周辺には注意。特に駐車場のようなひと気のないところは通らないこと。

（在ミラノ特派員 松本かやの）

庶民の生活を映すプレゼーピオ

の見事な内装が施された**王の居館 Appartamento Reale**に到る。最初の部屋は矛槍兵の広間salone degli Alabardieriで、ドメニコ・モンド作のブルボン家の繁栄に捧げられたフレスコ画がある。突きあたりのアレッサンドロの広間Salone di Alessandroの窓からはナポリ方面に続く美しい並木道が見える。この部屋から右側には19世紀前半に建てられた**新居館Appartamento Nuovo**が続き、3つ目の細長い王座の間Sala del Tornoには歴代のナポリ王の装飾が施されている。左側に続く部屋は手織り布で飾られた**旧居館Appartamento Vecchio**で、春夏秋冬の名前が付けられた部屋が並んでいる。寝室、浴室などを通過していくと哲学書や詩集がびっしり並ぶ図書室がある。出口手前の大部屋には1200体以上の人形が遠近感をもって配置された見事な**プレゼーピオ**が展示されている。18世紀にナポリで制作された人形の巧妙な動きを注意深く見学してみよう。

美術館Museo dell' Operaには王宮の設計者ヴァンヴィテッリが制作した**王宮の模型**が置かれ、1769年に完成した**宮廷小劇場Teatrino di Corte**とともに見学することができる。

旧居室・浴室

ヴェルサイユ宮殿からヒントを得た
王宮庭園
Parco Reale ★★★
パルコ・レアーレ

宮殿の後ろに約3kmにわたって延びる庭園は、頂点の**大滝Grande Cascata**から緩やかな傾斜を流れ落ちるいくつもの小さな滝を中心軸に構成されている。宮殿から庭園に出るとすぐに緑が美しい平地が広がる。その向こうには**ペスケリア・グランデ（大養魚場）**と呼ばれる長さ475mの人口池があり、上部の**イルカの滝Cascata dei Delfini**から水が流れ落ちてくる。さらに傾斜を上がると23体の風の精の彫刻が置かれた**エオロの泉Fontana di Eolo**がある。頂上の噴水は**ヴィーナスとアドニスの泉Fontana di Venere e Adone**と呼ばれ、2神が天使や動物に囲まれたダイナミックな彫刻で装飾されている。また、垂直に水が落ちてくる大滝を受け止める泉は、月の女神ディアナとアクタイオンの彫刻が置かれていることから**ディアナの泉Fontana di Diana**と呼ばれている。

豪快な大滝

ヴィーナスとアドニスの泉

■王宮
王宮内部
🕐 8:30～19:00
王宮庭園
🕐 夏季 9:00～18:00
　冬季 8:30～14:30
イギリス庭園
🕐 9:30～14:30
💴 王宮内部と王宮庭園、イギリス庭園　€6
　王宮内部のみ　€4.20
　庭園のみ　€2
※ 特別展の場合は料金の変更あり
※ 庭園内を運行するミニバスの切符は、入場切符窓口のみでの販売、往復で€1。
公園内はかなり広いので、帰りだけ乗車したい場合もあらかじめ購入しておこう。
ミニバスは庭園内、王宮を背にした右側からの発車。庭園の途中までは観光馬車も走っている。
※ 入口近くには、トイレ、バール、セルフレストランなども完備。

王宮は箱型の簡素な宮殿

✉ 庭園内のバス
カゼルタの王宮庭園は、入場券売り場で園内のバス切符（€1）を販売しています。最初のぼり坂なので、バスで行って帰りは歩くのがよいと思いました。イギリス庭園の方が早く閉まるので、先に見学するのがおすすめです。
（兵庫県　M・T '04）

カンパーニャ州

ナポリ郊外　●　カゼルタ

ガイドとともに

■イギリス庭園
地 P. 124 A

庭園内を走るバス

世界中の植物が集められた
イギリス庭園
Giardino Inglese
ジャルディーノ・イングレーゼ
★★

　ディアナの噴水に向かって右側に広がるイギリス庭園は王宮庭園の中でも最も手入れの行き届いた一角。宮殿の最終作業を受け持ったカルロ・ヴァンヴィテッリの依頼でジョン・アンドリュー・グリーファーが手がけ、1782年に完成した。世界中から集められた珍しい植物やポンペイから運んできた遺跡の一部などが、当時イギリスで流行していた造園技術に基づき配置されている。

ポンペイ遺跡の一部

Caserta　　カゼルタのホテル＆レストラン

★★★★　ジョリー・ホテル　P.124 B
Jolly Hotel
駅から王宮に向かって進むと右側にある大型ホテル。レストランも併設されていて便利。1人前€30前後。
URL www.jollyhotels.it

- Viale Vittorio Veneto 9
- 0823-325222
- Fax 0823-354522
- SB €118／134
- TB €134／155
- 107室　朝食込み
- C A.D.M.V.

★★★　ホテル・マルコーニ　P.124 B
Hotel Marconi
レストラン付きの一軒。設備が整っていて快適。ただしエアコンの設備がないので、夏季は暑い。
- Via Furbio Renella 7
- 0823-323878
- Fax 0823-444350

- SB €70
- TB €75
- 3B €100
- 11室 朝食€5
- C D.M.V.
- 駅を出て右側の細い道を300mほど進む

★★　ベイビー・ホテル　P.124 B
Baby Hotel
モダンでこぎれいなホテル。部屋数は少ないが、各部屋にテレビ・電話・エアコンが設備されている。食事付きのペンショーネも可能。
- Via G. Verdi 41-43
- 0823-328311

- Fax 0823-442283
- SB €45
- TB €55
- 3B €85
- 9室　朝食込み
- C D.M.V.
- 駅を出て右側の細い道を50mほど進む

マッサ 1848　P.124 B
Massa 1848
町の中心にある郷土料理が味わえるレストラン兼ピッツェリア。店内はアンティークが飾られた温かい雰囲気。夏は庭園での食事も気持ちよい。
- Via Mazzini 55
- 0823-456527

- 13:00～15:00、20:00～23:30
- 8月
- €25～45（10％、コペルト€2）
- C A.D.M.V.
- 王宮から徒歩5分

エルコラーノ
Ercolano
ポンペイとともに火山の噴火で時を止めた町

エルコラーノ全景

ナポリから約9kmの海岸線上に位置するエルコラーノの町はギリシア人都市として生まれ、古代ローマ直属の自治都市として栄えた後、大都市ナポリに近く美しい景観が人気を集め**ローマ貴族の別荘地**となった。現在は無計画に建てられたアパートがひしめき合う典型的なナポリ近郊の住宅地であるが、その下には歴史の残したもうひとつの町が眠っていて、新市街を海に向かって下りて行くとまるで時間のヴェールをはがしたような**古代都市の一角**に出合える。

62年に地震の被害を受け復興作業を終える間もなく、79年ヴェスーヴィオ火山の噴火に見舞われたエルコラーノ。ポンペイのように農・商業が盛んではなかったが、港町であることから経済的に豊かで文化水準の高い町であったことが発掘された美しい家屋の装飾や彫刻からうかがえる。また、ポンペイが空から降ってきた火山灰によって埋め尽くされたのに対して、エルコラーノは流れてきた溶岩流に埋められてしまった。町を埋めた土は硬く固まり発掘は困難であったが、失われやすい木材がテーブルやベッドの形を留めたまま溶岩の下に残っており、布や食物なども発見され歴史を探る貴重な研究材料となっている。発掘された遺跡はポンペイの4分の1にも満たない広さだが、その保存状況と充実度はまったくひけをとらない。多くの出土品はナポリの考古学博物館に展示されている。

チケット売り場の門を抜け、右側に遺跡を見下ろし松の木陰から見え隠れする海の水平線を眺めながら坂道を下りていくと、南北に走る**3本のカルド**と呼ばれる大通りと東西を横切る**デクマーニ**と呼ばれる通りできれいに区画された遺跡に入る。チケットはここで切られる。

おもな見どころ

MAP P.128-①

フォロの浴場
Terme del Foro
テルメ・デル・フォロ

町の主要施設で、入口は男女別に分かれている。漆喰に波型の溝が付いた丸い天井の部屋が脱衣所で、上の棚は衣服置き場として使用されていた。ここにいると汗を流しに来た人々の談笑の声が響いてきそうだ。女性用の脱衣所の床にはトリトーンがキューピッドや海の生き物に囲まれたモザイクが施されている。

蛸のモザイクが印象的

カンパーニャ州

ナポリ郊外 ● カゼルタ／エルコラーノ

●郵便番号　80056

How to access
ナポリ中央駅からヴェスーヴィオ周遊鉄道の、ソレントまたはトッレ・アンヌンツィアータ行きで約20分。各駅停車で車内放送はないので降り遅れない様に。
ナポリからは255番の市バスで約40分。

■❶APT
住 Via IV Novembre 84
☎ 081-7881243
開 8:00～14:00
休 ㊐㊗
地 地図外
●駅前の道を100mほど下った右側

■エルコラーノの遺跡
☎ 081-7390963
開 4/1～10/31 8:30～19:00
　（入場18:00まで）
　11/1～3/31 8:30～15:00
　（入場14:30まで）
休 1/1、5/1、12/25
料 €10（エルコラーノ、オポロンティ、スタビア、ボスコレアーレの4ヵ所共通券）
　€18（エルコラーノ、ポンペイ、オポロンティ、スタビア、ボスコレアーレの5ヵ所共通券）
地 P.128
●駅前の道を真っすぐ500m下った突きあたり

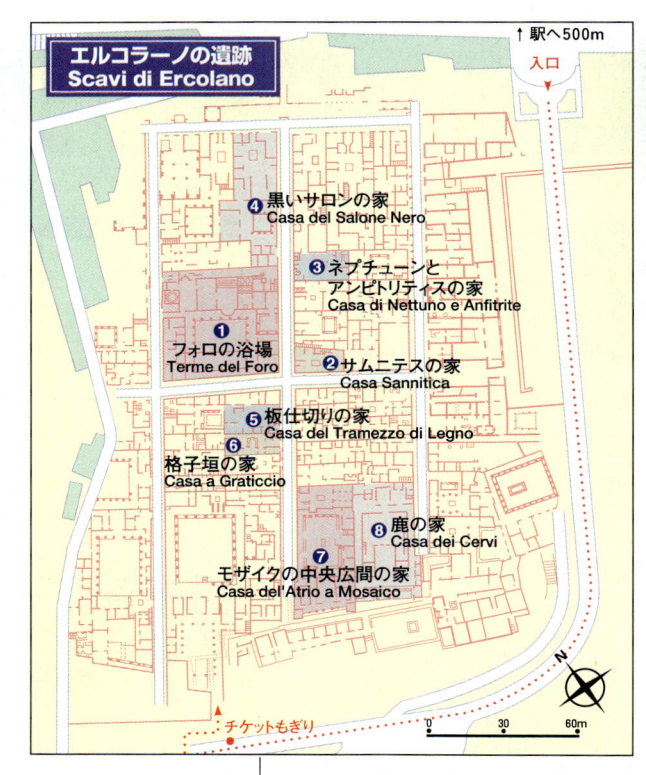

エルコラーノの遺跡
Scavi di Ercolano

↑駅へ500m
入口

① フォロの浴場 Terme del Foro
② サムニテスの家 Casa Sannitica
③ ネプチューンとアンピトリティスの家 Casa di Nettuno e Anfitrite
④ 黒いサロンの家 Casa del Salone Nero
⑤ 板仕切りの家 Casa del Tramezzo di Legno
⑥ 格子垣の家 Casa a Graticcio
⑦ モザイクの中央広間の家 Casa dell'Atrio a Mosaico
⑧ 鹿の家 Casa dei Cervi

チケットもぎり

サムニテスの家
MAP P.128-②

サムニテスの家
Casa Sannitica
カーサ・サンニティカ

コリント式柱の入口を抜けると中央に雨水槽を置いたアトリウムがあり、それを囲んで各部屋の入口がある。壁上部には柱廊が装飾され、まるで二階建てであるかのようだ。

芸術性の高いネプチューンとアンピトリティスを描いたモザイク

MAP P.128-③

ネプチューンとアンピトリティスの家
Casa di Nettuno e Anfitrite
カーサ・ディ・ネットゥーノ・エ・アンフィトリテ

家の中心であるアトリウムの奥には壁を半円に彫り込んだ狩りの様子が描かれている噴水跡がある。その横には家の名となったふたりの神の姿がそれぞれ練りガラスのモザイクで華麗に描かれ、食堂の壁を飾っている。

MAP P.128-④

黒いサロンの家
Casa del Salone Nero
カーサ・デル・サローネ・ネロ

中庭に面した部屋の一室が黒色で装飾されている。玄関には木の蝶つがいが残っている。道を挟んだ向かいの家（Casa di Bel Cortile）には埋もれていた遺体が展示されている。

黒色装飾が特徴

MAP P.128-⑤

板仕切りの家
Casa del Tramezzo di Legno
カーサ・デル・トラメッツォ・ディ・レグノ

アトリウムと食堂を仕切っていた可動式の木板壁の両端部分が残っている。典型的な貴族の家が62年の地震後に商店に改装されたもの。

板仕切りの家

MAP P.128-⑥

格子垣の家
Casa a Graticcio
カーサ・ア・グラティッチョ

レンガの柱で支えられ、道に迫り出したバルコニーが特徴。民衆のために安い建築費用で建てられた3つの入口を持つ共同住宅。骨組みは木で、その中は石が積み重なっている。

かつての共同住宅

MAP P.128-⑦

モザイクの中央広間の家
Casa del' Atrio a Mosaico
カーサ・デラトリオ・ア・モザイコ

玄関の床とアトリウムは幾何学模様などを施した白黒のモザイクで飾られている。2棟からなる中の一方には「ディアナとアクタエオン」の壁画やガラス窓などが残っている。

モザイクの中央広間の家　　約2000年前の壁画

MAP P.128-⑧

鹿の家
Casa dei Cervi
カーサ・デイ・チェルヴィ

裕福な貴族の家のひとつ。見晴らしのよいテラスは海に面している。庭園から猟犬に追われる鹿の彫刻が出土したことからこの名で呼ばれるようになった。

鹿の家

■ナポリ郊外の治安

ナポリ近郊の小さな町は、ナポリの中心地よりかえって危険だという声もある。町角には職にあぶれた若者が、昼間からたむろしていたりするので、観光地以外の住宅地域には踏み込まないほうがよい。

✉ 海を見下ろす遺跡

ヴェスーヴィオ周遊鉄道で駅を下りて、坂道を下ると公園のような遺跡入口が見えてきます。駅からの道はどこかゴミゴミしていますが、遺跡はすばらしいロケーションにあります。鹿の家は海を見渡せる場所に建ち、ローマ貴族の別荘地だったことを実感できます。ポンペイの遺跡もすばらしいですが、見学者が多いし、広くて、疲れてしまうのも事実。ここでは、ドップリと古代の町並みに浸れます。
（マミー '03）

カンパーニャ州

ナポリ郊外 ● エルコラーノ

フレグレイ平原
Campi Flegrei

ポッツォーリ

●郵便番号　80078

■ポッツォーリの❶
住 Largo Matteotti 1/A
☎ 081-5266639
開 夏季　8:00～20:00
　 冬季　8:00～15:40
休 冬季の土・日
地 P.130-1
●町の中心にある

NAVIGATOR

ナポリ発の152番のバスはソルファターラ入口前に停車。運転手に降りるところを聞いておこう。地下鉄からは駅を出て右側に進み通りを渡って坂を上がる方向の152番のバスに乗り3つ目。私鉄クマーナ線の駅は港近くにあり港前広場よりナポリ行きの152番バスは円形闘技場を経由してソルファターラを通る。
ベヴェレッロ港からは船も運航。

■ソルファターラ
住 Via Solfatara 161
☎ 081-5262341
開 夏季　8:30～19:00
　 冬季　8:30～16:30
料 €5.50
地 P.130-2

■円形闘技場
住 Via Anfiteatro
☎ 081-5265068
開 夏季　9:00～18:00
　 冬季　9:00～14:45
休 火、1/1、5/1、12/25
料 €4
地 P.130-1
●152番のバス停が入口脇にある

● 「焼けつくような」自然が残る

　ナポリ湾を北上していくと美しい自然や砂浜のある海岸線フレグレイ平原Campi Flegreiが広がる。この地域一帯には2万年前の噴火でできた硫気孔が点在し温泉も湧き出る。また、この土地は隆起陥没が激しいことでも有名だ。

ポッツォーリ Pozzuoli
古代遺跡に大自然のドラマが広がる

　ナポリから約14kmのポッツォーリは小さな町であるがちょっと変わった見どころがある。**ソルファターラSolfatara**と呼ばれる硫気孔では、まるで地獄谷を想像させるような風景に出合う。真っ白で熱い地面からは硫黄と160度の高温蒸気が噴き出し、その穴のいくつかは1800年までは自然のサウナや温泉として利用されていた。大きな石を投げるとゴーンと地下に響く音が聴こえ、この下が空洞になっていて中ではマグマが沸騰していることが想像できる。この町で1982年から84年の間に1.5mも土地が隆起したのも地下の活動が続いているからだ。

　ソルファターラから坂道を下っていく右側には、ローマとカプア（カゼルタ近郊）に次ぎ世界のトップ3に入る規模を持つ**円形闘技場Anfiteatro**がある。2本の軸を基礎に楕円形の通路を持つ広い地下室は非常によい保存状態で、実際に下りて見学することもできる。クマーナ線の駅の近くには紀元前2世紀頃の**市場Macellum**があり、この町が当時から商業の盛んな港町であったことがわかる。

硫気孔

円形闘技場

クーマの遺跡
Cuma (Parco Archeologico)
海を望む聖地

クーマ遺跡の洞窟

時間のある人は、交通が少し不便だが**クーマの遺跡**まで足を延ばしてみよう。ギリシアの重要な信仰の聖地アクロポリスが置かれていた標高80mのクーマの山と呼ばれる一帯は、**考古学公園Parco Archeologico**として保護されている。チケット売り場を過ぎ、凝灰岩をくり抜いたトンネルを出ると左奥には台形の不思議に長い**シビッラの洞窟Antro della Sibilla**が、階段を上っていくと**アポロン神殿Tempio di Apollo**や**ジュピター神殿Tempio di Giove**などがある。広大な敷地には静寂が広がり波の音と野鳥の声だけが聴こえる。
また高台からは、イスキア島やプローチダ島を眺めることができる。

アポロン神殿

ジュピター神殿

How to access
■ポッツォーリ
●電車で行くには
●地下鉄
ナポリ中央駅から地下鉄2番線で約30分、約15分間隔の運行。便利だが利用者が少ないので、車掌のいる一番前の車両に乗ろう。Agnano駅はソルファターラに近い。
●私鉄クマーナ線
モンテ・サント駅から25分。到着駅は港の近く。
●バスで行くには
ナポリ中央駅前ガリバルディ広場から152番で約60分。ナポリ市内の交通渋滞を抜け出すのに時間がかかる。
■クーマ
●私鉄クマーナ線
Ferrovia Cumanaのモンテサント駅Montesantoからポッツォーリを経て、フサーノFusano駅下車。約12分間隔の運行。フサーノ駅からParco Archeologico行きのバスで約20分、終点下車。広場からバールを背に左の坂道を上ると切符売り場がある。

■クーマの❶
住 Via Cuma
☎ 081-8040430
開 夏季 9:00〜15:00
　 冬季 9:00〜19:00

■クーマの遺跡
住 Via Cuma
☎ 081-8543060
開 9:00〜日没1時間前
休 1/1、5/1、12/25
料 €4　地 P.131

カンパーニャ州

ナポリ郊外 ● ポッツォーリとクーマの遺跡

クーマ Cuma

ネクロポリス NECROPOLI
アクロポリス ACROPOLI
アポロン神殿 Tempio di Apollo
ジュピター神殿 Tempio di Giove
聖なる道 Via Sacra
浴場跡 Terme
クーマの山 M. di Cuma
Cripta Romana
Capitolium
公共広場 Foro
チルクムフレグレア駅 Staz. Circumflegrea
入口 Ingresso
シビッラの洞窟 Antro d. Sibilla
シビッラの墓 Tomba d. Sibilla
Trivio di Cuma
コッチェイオの洞窟
円形闘技場 Anfiteatro

世界一有名な火山

■ヴェスーヴィオ登山
Trasporti Vesuviani s.r.l.
☎ 081-7392833
● ヴェスーヴィオ周遊鉄道エルコラーノ駅前広場よりバスで。
🎫 往復 €5
　噴火口入場料　€6.50
■出発時刻：
● エルコラーノ発
　8:25、12:45
● ヴェスーヴィオ山頂広場発
　11:05、16:30
● バス時刻などの問い合わせはエルコラーノの❶へ

エルコラーノまで行くなら…
ヴェスーヴィオ登山は光や気温の関係で午前中に行くことをおすすめ。パニーノや飲み物を持参して山で昼食、あるいは下山して軽く昼食を取れた午後にゆっくりエルコラーノの遺跡を見ることができ一日を有効に使えます。登山はけっこうキツかった…。サンダルじゃ登れないよ！
（在ミラノ特派員　松本かやの）

ヴェスーヴィオ
Vesuvio

人間の住居圏のド真ん中にそびえるヴェスーヴィオ火山。その大きな噴火口は意外に早くから観光地として注目されていた。おなじみのナポリ民謡「フニクリ・フニクラ」は、1880年イギリス人トーマス・クックが世界で初めて火山観光用のケーブルカー（フニコラーレ）を開設したことで誕生したといわれている。現在この登山電車は残念ながら閉鎖されているが、火口には徒歩で登ることができる。

「フニクリ・フニクラ」に歌われた火山、ヴェスーヴィオ

エルコラーノ駅前から登山バスに乗って標高1000mの広場まであがる。運転手さんは口笛を吹きながら信じられないような急カーブをスイスイと登っていく。途中、時間調整のためなどという理由でおみやげ屋で降ろされることもあるが、ここは怒らずにのんびりとしたナポリ式時間に従おう。ヴェスーヴィオワインで有名なラクリマ・クリスティ **Lacryma Cristi**（キリストの涙という意味）の葡萄畑や緑の生い茂る山道が急に殺風景な山肌に変わると約40分のバスの旅が終わる。ここからは徒歩のみの登山道。木陰もない乾いた急な砂利の坂道が約1.5km続く。履きやすい靴とかなりの体力を要する。息を切らしつつ30分もすれば火口付近に到着だ。ここで入場料を払い、噴火口の中を見下ろすことができる。深さ200m、直径600mの巨大な穴の縁を一周するには危険が伴うので、あるポイントからは見張り小屋で同伴ガイドを頼まなければならない。山頂は薄く霧がかかっている日が多いが、晴れた日にはカプリ島まで見渡すことのできる**最高のパノラマポイント**だ。

登山道

History&Art

● ヴェスーヴィオ山が物語るナポリの歴史と生活

標高1281mのヴェスーヴィオ火山にはよく見るとふたつの山頂がある。最初は標高2000mほどあったソンマ山が79年ふもとに栄えていたエルコラーノ・ポンペイの町をのみ込む大噴火を起こした際に、現在の荒々しい山頂を持つヴェスーヴィオが誕生したと考えられている。当時の様子は小プリニウスが残した手紙に詳細に明記され、噴煙は松の木のようだったということから噴火のエネルギーのすさまじさが想像できる。この大噴火は30時間も続き、歴史上でも人間の住居圏を襲った最大のものと記録されている。その後14世紀初頭まで約100年ごとに噴火を繰り返した後、一時休止期間が続き山肌に緑を繁殖させ始めたものの、1631年に再び火山活動が開始した。現在カメオの生産で名高い港町トッレ・デル・グレコは、1794年と1944年に噴火の被害を受けた。休止期間が続いている今日、火山の調査が続けられながら、葡萄畑が続くこの山は自然公園に指定され大きな噴火口をのぞくことができる。そして現在でもヴェスーヴィオ火山のふもとには危険を知りつつも住宅地域が拡張している。

この山を見ていると、いつまた噴火するかわからないヴェスーヴィオ火山のふもとで毎日生活してきたナポリや周辺都市の人々が、明日のことより今日を大切に楽しく生きることをモットーとする意味が少しわかるような気がする。

South Italy

プーリア州
PUGLIA

　イタリア半島の南東、アドリア海に面して広がる石灰岩の大地、プーリア州。ギリシア植民都市として、またローマから続いた旧アッピア街道の終点ブリンディシに代表されるように東方とを結ぶ要地として栄えた地だ。おとぎの国のように円錐形の家々が並ぶアルベロベッロ、美しきバロックの町レッチェやマルティーナ・フランカ。ギリシア都市として繁栄したタラントでは美しいギリシア壺が当時の高い文化を偲ばせる。いたる地に残るプーリア・ロマネスク様式の教会も印象的だ。

　観光に疲れたら、全長800kmに及ぶ海岸へ足を延ばそう。どこまでも続く美しい砂浜が心を癒してくれるはずだ。

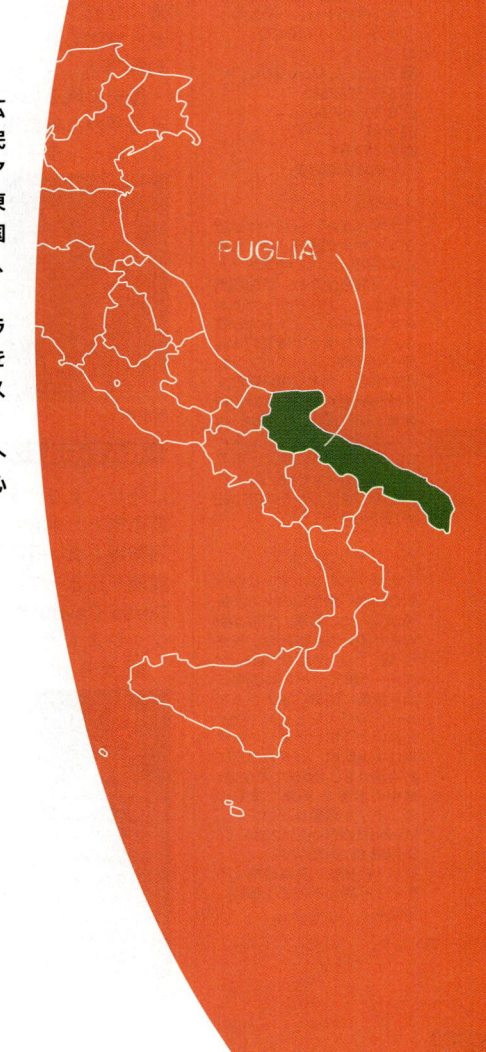

バーリ

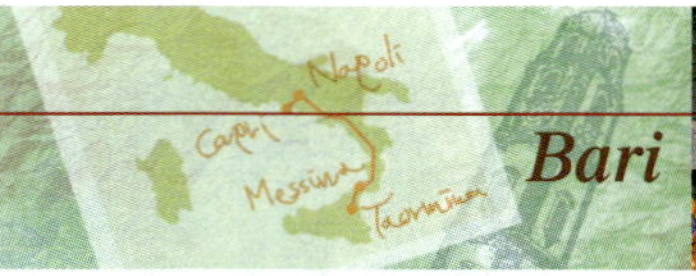

南イタリアの玄関口

Bari

カヴール通りの露店にて

■バーリの❶Tourist Help
住 Piazza A. Moro
☎ 080-5216614
開 夏季のみ9:00〜13:00
　　15:00〜20:00
休 ⊕午後、冬季
地 P.137 B1
● 駅を出た広場のすぐ右にあるブース。観光情報のほか、ホテル予約や貸しバイク、レンタカーなどの手配も可。

■バーリの❶EPT
住 Piazza A. Moro 32/A
☎ 080-5242361
開 8:30〜14:00
休 ⊕⊖
地 P.137 B1
● 駅前の広場右奥。

ナポリからバーリへ
ナポリからバーリへは鉄道とプルマンが運行。いずれも直線距離に比べて時間がかかり、便数も少なめ。鉄道利用の場合は、ナポリからカゼルタまたはベネヴェントでES★などに乗り換えて所要約4時間〜4時間30分。プルマン利用の場合、ナポリ中央駅前からMarino社のものが17:00の発車。切符は駅前のスターホテル並びのバール、エットーレEttoreで事前に購入。所要約3時間、料金€18。ムニチーピオ広場近くからはSITA社が1日2便運行。

バーリからナポリへ
ナポリへのプルマンは鉄道駅の南側（裏手）の小さな広場から7:30の発車。切符は駅前通り沿いのATS社の切符売り場（住：Via G.Capruzzi 224）で購入。バスは広場に発車直前に到着。さまざまなルートのバスがあるので間違えないように。ナポリでの終点はいずれのバスも中央駅前。いずれのバスも冷房付き、2階建てで快適。途中の集落で停車するものの、トイレ休憩はない。
Marino社 ☎ 080-3112335
SITA社 ☎ 199730749
※バスの便数、発車時刻は季節により異なるので、事前に確認を。

アドリア海に面したプーリア州州都、バーリは南イタリアの玄関口だ。駅前の広場には棕櫚の木が並び、南の雰囲気満点。アドリア海の中心都市として古くは十字軍船出の港、ビザンチンとのつながりから繁栄した。現在の人口は約34万人。プーリア州の産業の中心地だ。

歴史の残る旧市街を散策するもよし、先端ファッションの並ぶ華やかな新市街を歩くもよし。疲れたら海辺のカフェでとびきりのジェラートはどうだろう。良質な葡萄や海産物にも恵まれ、「何を食べてもおいしい」のはここも同じ。プーリア州の名物料理、オレッキエッテORECCHIETTEは、その名のとおり、耳たぶに似た形のパスタで、そこにオリジナルのソースが加えられる。熱々で、一皿でお腹いっぱい。どこのレストランでも「得意料理は？」と聞けば、たいていオレッキエッテだ。南の太陽のような元気いっぱいのおいしい料理が旅人を迎えてくれるだろう。

旧市街

NAVIGATOR

バーリは大きくふたつの地区に分けられる。鉄道駅周辺に展開する新市街と、北部の旧市街。新市街は区画整理され、街区が整然と並び、都市機能が詰まっている。カヴール大通りCorso Cavourやスパラーノ通りVia Sparanoは高級ブティックやレストランが軒を連ねる華やかな通りだ。

V.エマヌエーレ2世通り

駅から北へ1kmほどのエマヌエーレ2世通りCorso V. EmanueleⅡを境に、街はがらりと表情を変える。狭い半島に迷路のような路地が走り、民家が建て込む旧市街になる。旧市街の中心にカテドラーレCattedrale、北側には古くから巡礼者の絶えないサン・ニコラ教会San Nicola、東側にはノルマン時代の城塞がそれぞれあり、歴史的な見どころが多い。

旧市街を歩くときには、地元の人にも忠告されることだが、一般的な警戒は怠らないようにしたい。カメラやバッグなど不用心にさらすような持ち方はつつしもう。

カテドラーレ

バーリの交通

バーリ中央駅

バーリは空港から大規模な港湾施設、私鉄も含めた鉄道、バスなど、南イタリアの交通の要所だ。都市機能が充実しているし、近隣への小旅行の拠点にするのにちょうどよい。

●鉄道
主要幹線はバーリ中央駅に集中している。プーリア州南東部（アルベロベッロ方面）へ向かう私鉄Sud-Est線は中央駅に乗り入れている。北側のP.za A.Moroに面して私鉄のアップロ・ルカーネ線とバーリ・ノルド線の駅が設けられている。バーリ・ノルド線のホームは地下で、切符は入口近くのバールで購入する。また、日曜日などに運休する鉄道便の代替バスは、駅のすぐ隣のイタリア通りCorso Italiaや駅南口から発着する。

●バス
近郊へはPiazza Eroi del Mareから発着する。切符は少しわかりづらいが広場から海岸通りへ向かってすぐにあるタバコ屋で買う。長距離バスは中央駅の南東500mのバスターミナル、中央駅南口広場からそれぞれ発着している。

近郊へのバス

●船
旧市街の北側の港に接岸する。クロアチアのドブロヴニクDubrovnikや、ギリシアのパトラスpatras、イグメニッァIgoumenitsaまでを複数の会社が結んでいる。所要時間は船の形態により異なるが、ドブロヴニクまで8時間、パトラスまで16時間半ほど。また、季節により運航本数が異なるので詳細はアドリアティカ・ライン社Adriatica Line、スペルファスト・フェリーズ社Superfast Ferriesまで。旅行会社は港近くのアントニオ・トゥリッオ通りCorso Antonio Tullioに数軒ある。

How to access

✈ **飛行機で行くには**
- ミラノ→バーリ　1時間30分
- ローマ→バーリ　1時間

🚆 **電車で行くには**
- ローマ→バーリ　fs線　ES*　約4時間30分　IC 6時間30分
- ナポリ→（カゼルタまたはベネヴェント乗り換え）→バーリ　鉄道fs線　4時間～4時間30分

🚌 **バスで行くには**
- ナポリ→バーリ　MARINO　SITA　3時間（1日1～3便）
- サレルノ（ナポリ経由）→バーリ　SITA　4時間30分（1日2便）
- ターラント→バーリ　MICCOLI　2時間10分（1日約15便）

🚗 **車で行くには**
- ナポリ→（A16/A14）→バーリ
- ブリンディシ→（S379/S160）→バーリ
- ターラント→（A27）→バーリ

●郵便番号　70100

■**空港から市街へのアクセス**
●バーリの空港、バーリ・パレーゼ空港Bari Paleseは町の中心から約9km。空港と駅とはバスNavettaが結んでいる。空港発5：30～23：10、駅発5：10～20：00に約1～2時間間隔の運行。所要約30分、料金€4.15。空港、駅ともにほぼ建物の正面からの発車。駅前発のみ、途中市内のVia Calefati（アリタリア事務所そば）にも停車。
URL autoservizitempesta.it

アルベロベッロへ
アルベロベッロへ向かうsud-est線のホームは駅正面からは一番奥。地下道を抜けfs線の10番線の奥。地下道の1つは10番線に通じていないので、注意しよう。また、⊕⊕㊗は1日4便程度とかなり少なく、バスの代行運転となり、各駅前からの発車。バスの切符も事前購入のこと。バス類は使えない。

港近くの旅行会社

●**郵便局 POSTA**
POSTE E TELEGRAFI
🏠 Via Garuba 1
☎ 080-5200111
🗺 P.137 B1

■**電話局 TELEFONO**
🏠 Piazza C. Battisti 2
☎ 080-5211800
🗺 P.137 B1

プーリア州　バーリ

●おもな行事

●町の守護聖人聖ニコラ祭（5月）
Festa di S. Nicola

●東方見本市（9月）
Fiera di Levante

❖❖❖ おもな見どころ ❖❖❖

旧市街の心
サン・ニコラ教会
San Nicola
★★★ サン・ニコラ

今でも多くの巡礼者を迎え入れるプーリア・ロマネスク様式のこの教会は、1105年に完成した歴史のある教会。バーリの守護聖人であり、小アジアで伝道に尽力したサン・ニコラ(サンタクロース)の遺骨を聖遺物として安置し、静寂に包まれている。石灰石で造られた力強くすがすがしいファサードをもち"旧市街の心"と称えられている。バラ窓から差し込む光がひときわ荘厳な雰囲気だ。正面の扉口の左右には、2頭の河馬の彫刻がカラムを支えている。なぜかユーモラスな表情に見えないこともないのがおもしろい。

聖ニコラ（サンタクロース）を祀る教会

■サン・ニコラ教会
住 Largo Abate Elia 13
☎ 080-5211269
開 通年 7:00～12:00
　 夏季17:00～20:00
　 冬季16:00～19:00
地 P.137 A1

ロマネスク様式の典型、動物像

サン・ニコラ教会ファサード

プーリア・ロマネスク美術の重要例
カテドラーレ
Catedrale
★★ カテドラーレ

11世紀前半に建造された歴史のある大聖堂。旧市街を分け入ってたどり着く。ファサードのバラ窓の周囲には、怪物や空想上の生物が彫り込まれている。三廊式の内部には大きなバラ窓から光が差し込み、堂々たる風格。13世紀の用材の断片を集めて造られた身廊の説教壇が見ものだ。南イタリア特有の喧噪と荒廃の中に建つまさに「南伊らしきもの」と言えるだろう。

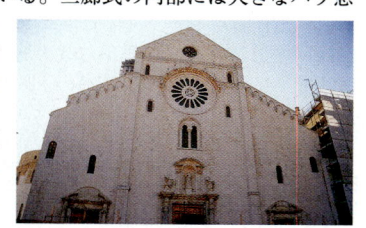

■カテドラーレ
住 Piazza d. Odogitria
☎ 080-5211269
地 P.137 A・B1

■カテドラーレ美術館
住 Museo della Catedrale
開 木土日9:30～12:30
　 カテドラーレ横の司教館にある。カテドラーレをはじめ、バーリ周辺の教会から集められた宝物や祭壇飾りなどを展示。

美しい調和を保つカテドラーレ内('05年1月現在修復中)

旧市街に突如現われる堂々としたファサード

小さな無人教会
サン・グレゴリオ教会
San Gregorio
サン・グレゴリオ

サン・ニコラ教会前の広場に面した無人の教会。鍵はサン・ニコラ教会の事務所で言って開けてもらう。ビザンチン期の創建。古代ローマ時代からの古色蒼然たる円柱が、静かな堂内を支えている。

楽しい新市街
新市街、駅前から延びるスパラーノ通りは南イタリアでも屈指のショッピングストリート。グッチ、エルメス、ヴィトン、カルティエなどの高級ブランド店から骨董品店、宝石店、布屋さんなどが目白押し。南イタリアの豊かな一面を見せてくれ、ウインドーショッピングが楽しい。

町の人の憩いの広場に建つ

南イタリアの活気、活魚が並ぶ
魚市場
Pesce Mercato

ペッシェ・メルカート

■魚市場
住 Piazza Ferrarese
開 5:00～13:00
休 ㊐
地 P.137 B1・2

エマヌエーレ2世通りの東端、海に向って左側の古色ゆかしい建物の中で市場が開かれている。魚のほかに野菜や果物も鮮度抜群で安い！活気あふれる早朝に出かけよう。

魚市場の一角で果物を調達

プーリア州　バーリ

■ノルマン時代の城
住 Piazza Federico Ⅱ di Svevia
☎ 080-5286225
開 8:30〜19:30
休 ㊗
料 €2
地 P.137 A・B1

✉ **ワンポイント アドバイス**

日曜日は要注意です。デパート、商店はすべて休みでした。レストランの営業時間はランチ13:00〜15:00、ディナ—20:00〜。この時間帯以外に食事するなら、バールなどで。駅前のマクドナルドやピッツァのファストフード店は早朝から深夜まで営業していました。
　すべてのホテルや銀行で両替はしていません。私のおすすめは、バーリ中央駅を背にした右側のBanca di Sicilia。レートもよかったです。
　教会や美術・博物館も9:00〜13:00、16:00〜19:00頃の開館です。時間を無駄にしないように、早めの行動を。
（東京都　Hana　'04）

■県立絵画館
住 Lungomare N. Sauro
☎ 5412422
開 9:00〜13:00
　 16:00〜19:00
料 €2.58
休 ㊊、㊐午後
地 P.137 B2

■考古学博物館
住 Piazza Umberto 1
☎ 080-5211559
地 P.137 B1
'05年1月現在、新規移転のため閉鎖中。

ノルマン時代の城

城
Castello
カステッロ ★

　ノルマン時代（11世紀）に築かれ、1235年にフリードリッヒ2世によって再建された。もとは海岸沿いにあったが、現在は港湾施設の埋め立てのために陸よりに位置している。後のスペイン人支配の影響が、矢尻形の四角い堡塁に見られる。アラゴン朝にはイザベッラのための宮殿として、ブルボン朝には牢獄や兵舎として使われてきた遍歴を持っている。内部には、バーリのカテドラルの正面を飾った獣彫刻をはじめ、プーリア各地から運ばれたロマネスク様式の彫刻などを展示。

ノルマン期の創建

ロマネスク様式の展示品

絵画鑑賞でリフレッシュ

県立絵画館
Pinacoteca Provinciale
ピナコテーカ・プロヴィンチャーレ ★

　県庁舎Palazzo della Provincia内に設けられた絵画館。南イタリアの画家やヴェネツィア・ルネッサンス派の作品、またバーリの教会から移されたものなど、貴重な彫刻と絵画が収められている。県庁舎は海辺に建っているので、海岸通りを散歩するついでに訪れてはどうだろう。

プーリア州を代表する考古学博物館

考古学博物館
Museo Archeologico
ムゼオ・アルケオロジコ

　所蔵品3万点を超える1875年創設の博物館。先史時代からギリシア・ローマ時代の発掘品や遺物がコレクションされている。特に注目は質の高い陶器の類。プーリア州から出土された貴重なものばかりだ。

プーリア州の貴重な歴史発見の場

Bari

バーリのホテル＆レストラン

●バーリにはあまり安宿が存在しない。ビジネスホテル風は比較的多くあるが、バックパッカーには少しつらいかも。手頃な宿は駅前から2本目の通り、Via Crisanzioを左折したあたりと、Corso V. Emanuele Ⅱ周辺、Corso Cavourの南側に点在している。

★★★ ボストン　P.137 B1
Hotel Boston
駅からは少し離れているが、ゆったりとくつろげる洗練されたホテル。裏通りに面しているため大変静か。フロント係も親切で、どこも清潔で静か。疲れ気味の南伊旅行ではオアシスのように感じました。(ミッシー '03)
■読者割引10%

- URL www.bostonbari.it
- 住 Via Piccinni 155
- ☎ 080-5216633　Fax 080-5246802
- SB (シャワー付) €70／(バス付) €90
- TB (シャワー付) €100／(バス付) €130
- 70室　朝食込み　A.D.J.M.V.
- 交 駅から約800m

★★★ コスタ　P.137 B1
Hotel Costa
下記2軒のペンショーネと同じ建物内にある。駅に近くて便利。部屋も清潔でくつろげる。
■金土日は朝食無料
- URL www.hotelcostabari.com
- 住 Via Crisanzio 12
- ☎ 080-5219015
- Fax 080-5210006
- S €37　T €60　SB €62
- TB €88
- 33室　朝食€8
- C A.D.J.M.V.
- 交 駅から約300m

★★ ロメオ　P.137 B1
Hotel Pensione Romeo
駅近く、同じ建物に3軒のホテルやペンショーネがあり、その中では一番手頃な1軒。室内はこざっぱりとまとめられていて清潔。大学に近いので、周辺には学生向けの屋台やお店が多い。
- e-mail hotelpensioneromeo@tin.it
- 住 Via Crisanzio 12
- ☎ 080-5237253
- Fax 080-5216352
- S €35　SB €45　TB €70
- C A.D.M.V.
- 交 駅から約300m

★★ ペンショーネ・ジュリア　P.137 B1
Pensione Giulia
駅前を200m進み、左折してすぐ。2階にある。テラスでの食事が気持ちいい。
- URL www.hotelpensionegiulia.it
- ■読者割引金～日に15%
- 住 Via Crisanzio 12
- ☎ 080-5216630
- Fax 080-5218271
- S €42　T €52
- SB €55　TB €65
- C A.D.J.M.V.

★★★★ レオン・ドーロ　P.137 B1
Grand Hotel Leon d' Oro
駅前広場のほぼ正面に位置し、便利な立地。エレガントな雰囲気で快適なホテル。ビジネス客の利用も多い。
- e-mail leon_doro@iol.it
- 住 Piazza Moro 4
- ☎ 080-5235040
- Fax 080-5211555
- SB €105/125
- TB €155/180
- 77室　朝食込み
- C A.D.M.V.

●都市だけあってレストランは多い。農場や海に囲まれた土地柄、おいしい料理にありつける。

ラ・ピニャータ　P.137 B1
La Pignata
ホテル・ボストンの裏、大通りに面して建つ、町一番の高級店。クラシックな雰囲気の魚介類中心の店。プーリアならではの前菜は食べきれないほど種類も量も豊富で、おすすめ。老主人のサービスも明るく気持ちいい。
要予約
- 住 Corso Vittorio Emanuele 173
- ☎ 080-5232481
- 営 13:00～15:00、20:00～24:00
- 休 (月)、8月
- 予 €30～50 (コペルト€3.50)
- C A.D.M.V.
- 交 駅から約1km

イル・ブーコ　P.137 B1
Il Buco
旧市街の入口に位置する庶民的な店。メニューはなく、口頭で料理を説明してくれ、カウンターに並んだ前菜と日替わりの肉と魚料理がある。町の人のおすすめは、牛肉のロールをトマトで煮込んだブラジオーレ。あったら注文してみよう。
- 住 Largo Chyurlia
- ☎ 338-1996850
- 営 12:30～15:30、20:00～23:30
- 休 (日)夜、(月)、8月
- 予 €15～25
- C 不可
- 交 駅から約1km

プーリア州　バーリ

Column プーリア州と各地を結ぶプルマン

ローマからプーリア州へはイタリア鉄道（fs線）のアドリア海沿いを走る直通列車が便利で快適。ただし、この路線以外は幹線鉄道への乗り継ぎも不便だし、私鉄も便数が少ない。大きく移動する場合は長距離バスの利用が便利だ。以下のルートは'05年1月のもの。日に数便あるものから、1週間に数便というものもある。利用する場合は、事前に出発日、時間、発車場所などの確認を。また、各ルートは逆コースも運行している。

ナポリに到着したプルマン

マロッツィ社Marozzi
URL www.marozzivt.it

おもにプーリア州内（レッチェ、ターラント、オートラントなど）、バジリカータ州（マテーラなど）とトスカーナ州やローマの間を結ぶ。

- ピサ19:30⇔ベネヴェント2:30⇔バーリ5:30⇔アルベロベッロ6:35⇔マルティーナ・フランカ6:55⇔ターラント7:00⇔ブリンディシ8:20⇔レッチェ8:55⇔オートラント9:45
- ローマ8:00⇔ターラント14:00
- ローマ7:00⇔ポンペイ10:00⇔ソレント10:45⇔ポジターノ11:30⇔アマルフィ12:00
- ローマ11:00⇔バーリ16:35⇔ブリンディシ18:30⇔レッチェ19:10

マリーノ社Autolinee Marino
URL www.marinobus.it

プーリア州（マテーラ、レッチェなど）とモデナ、パルマ、ボローニャ、ミラノ、トリノ、アッシジ、ペルージャ、アンコーナなどを結ぶ。

- トリノ19:00⇔ノヴァーラ20:10⇔ミラノ21:00⇔ターラント8:15⇔ブリンディシ9:10⇔レッチェ9:35
- マテーラ5:45（20:00もあり）⇔ボローニャ14:30⇔ミラノ17:25⇔トリノ19:25
- マテーラ22:45⇔アッシジ7:10⇔ペルージャ7:55

ミッコリ社Autolinee Miccolis
☎099-7353754

プーリア州（レッチェ、ターラント、ブリンディシ、レッチェなど）とカンパーニャ州（ナポリ、サレルノなど）を結ぶ。

- レッチェ6:00⇔ブリンディシ6:35⇔ターラント7:30⇔ポテンツァ9:30⇔サレルノ10:40⇔ナポリ11:20

スコッピオ社Autolinee Scoppio
☎080-3482816

プーリア州（バーリ、レッチェなど）とシチリア（パレルモ、カターニアなど）を結ぶ。

- バーリ13:00⇔ターラント14:15⇔メッシーナ20:15⇔カターニア21:45
- レッチェ12:30⇔ブリンディシ13:15⇔メッシーナ20:15⇔カターニア21:45
- オートラント21:00⇔メッシーナ5:00⇔カターニア6:30⇔パレルモ8:45

陸の孤島マテーラにもプルマンなら簡単にアクセスできる

鉄道もバスに振替輸送されることが多い南イタリア、ターラント行きのバス

レッチェ

Lecce

美しい彫刻石とバロック様式の町

貝殻の型をしたレッチェの町。その町中はレッチェ独特の石灰岩を使ったレッチェ・バロック芸術の宝庫となっている。レッチェ駅から旧市街へはさまざまな行き方があるが、駅の前の道オロンツォ・クアルタ通りViale Oronzo Quartaを真っすぐ、交差点を渡り、さらに真っすぐ進んでいくと、左側にはドゥオーモ広場が近づいてくる。もしくはオロンツォ・クアルタ通りを越え、交差点を今度は右側へ行くと県立シジスモンド・カストロメディアーノ博物館Museo Provinciale Sigismondo Castromedianoを通りカステッロ（カルロ5世の城）へ向かって旧市街へ向かう方法もある。

レッチェの町の誇り、サンタ・クローチェ聖堂

町並みはエレガントなヴィッラ（一軒家）と手入れの行き届いた庭が建ち並び、どことなく気品を感じる。そしてこの町を優美に飾るこれらの建物の石灰岩は、天気や湿気によって、色が変わるのが特徴。町の工房で彫刻を彫っている職人は、『この石は水を含むと、まるでスポンジのように柔らかくなり、線が自由自在に彫れるんだ』と教えてくれた。朝の光、夕方の光、雨上がりによって建物の色は、灰色、黄金色に微妙に変化する。太陽と彫刻細工が絶妙に溶け込んでいるレッチェの町を歩くのは楽しい。また都会的な雰囲気でショッピングも楽しめる。

サンタ・クローチェ聖堂に隣接する政庁舎（今は県庁）

● 郵便番号　73100

■ ⓘ AAST
住 Via V. Emanuele 24
☎ 0832-248092
開 9:00〜13:00
　　16:00〜20:00
休 日祝
地 P.142 B2
● 案内一般

■ 郵便局Postaと電話局 Telefono
地 P.142 B2

NAVIGATOR
駅前の通りオロンツォ・クアルタ通りに、市内バスAutolinee Urbaneの停留所と切符売り場のボックスがある。27番と28番が町の中心へ向かう。

● おもな行事
● 聖オロンティウスの祭り(8/24〜26)
Festa di S. Oronzo
● あやつり人形と羊飼いの市(12月)
Fiera dei pupi e dei pastori

プーリア州　レッチェ

How to access

🚆 電車で行くには
● ローマ→レッチェfs線　ES*　6時間30分
● バーリ→レッチェfs線　ES*　1時間40分　IC　2時間
● ブリンディシ→レッチェfs線　ES*　30分　R　45分

🚌 バスで行くには
● ナポリ→サレルノ→ポテンツァ→ターラント→ブリンディシ→レッチェMICCOLI　6時間（1日3便）

History&Art

● スペイン・カルロ5世によるバロックの町、レッチェ

細い路地の左右に豪壮なバロックの館が続くレッチェの町。紀元前12世紀からの歴史を誇り、アッピア旧街道の終点ブリンディシとはトラヤヌス街道で結ばれ、商業都市として栄えた。長いローマ帝国時代の後、紀元1000年以降500年ほどの間にはノルマン、ホーエンシュタイン、アンジュー家、アラゴン家、スペインとさまざまな支配者がこの地を支配したのだった。バロックが花咲いたのは、スペイン統治の時代16世紀から17世紀にかけてのこと。カルロ5世がトルコ軍の来襲に備えて、城塞と城を築いたことが発端だった。続いて、迫力あふれるサンタ・クローチェ教会、サンティレーネ教会をはじめ、ドゥオーモ周辺が整備された。豊かな装飾で飾られたバロックが発展していったのはスペインの影響が色濃いほか、建物やその装飾に多用された細工の容易な石灰岩が近郊から採石されたことも特筆される。ゆっくりと散策気分で歩いて、建物やそこここに残るバロックの残り香を感じたい町だ。

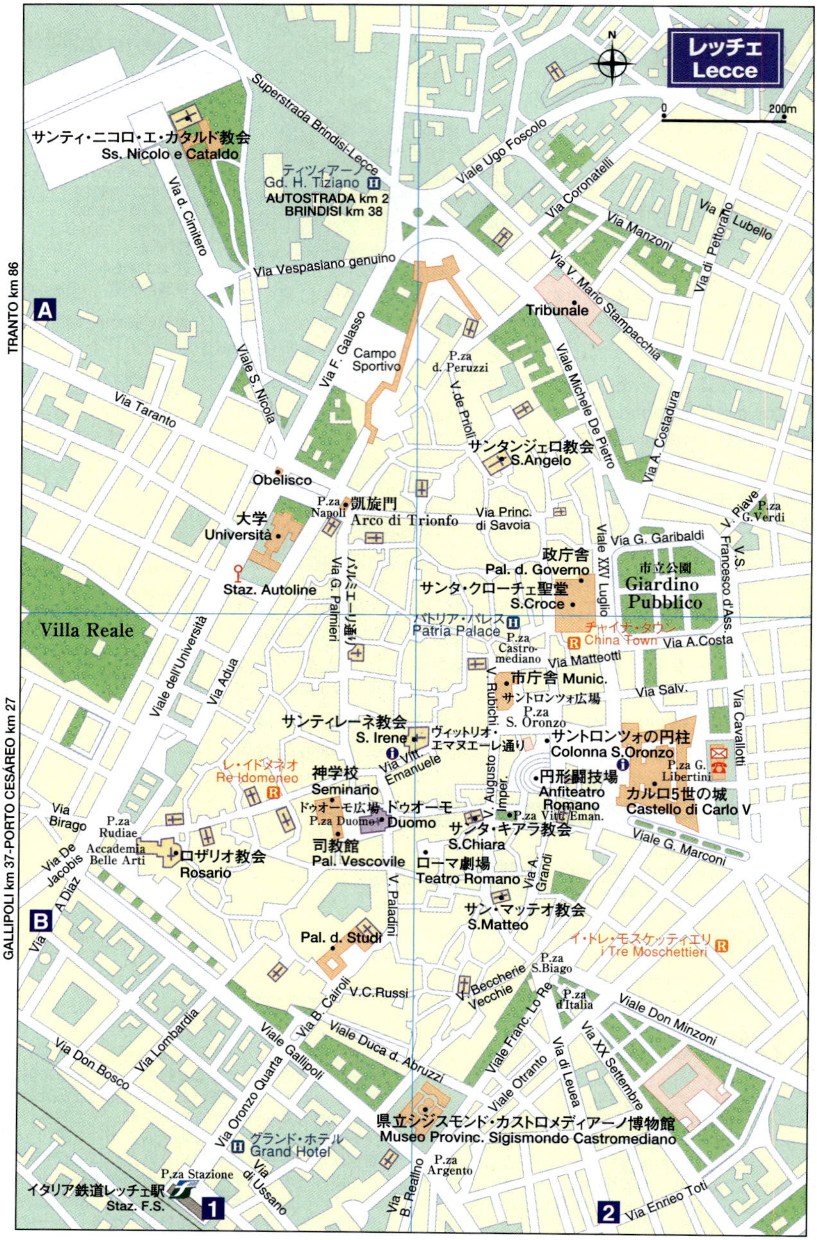
レッチェ
Lecce
0
200m
N
サンティ・ニコロ・エ・カタルド教会
Ss. Nicolo e Cataldo
Superstrada Brindisi-Lecce
ティツィアーノ
Gd. H. Tiziano
AUTOSTRADA km 2
BRINDISI km 38
Via d. Cimitero
Viale Ugo Foscolo
Via Coronatelli
Via Lubello
Via Manzoni
Via di Pettorano
Via Vespasiano genuino
Via V. Mario Stampacchia
Tribunale
TRANTO km 86
A
Viale S. Nicola
Via F. Galasso
Campo Sportivo
P.za d. Peruzzi
V.de Prioli
Viale Michele De Pietro
Via A. Costadura
Via Taranto
サンタンジェロ教会
S.Angelo
Obelisco
P.za Napoli
凱旋門
Arco di Trionfo
Via Princ. di Savoia
V. Piave
P.za G.Verdi
大学
Università
Via G. Palmieri
パルミエーリ通り
Viale XXV Luglio
Via G. Garibaldi
V. Francesco d'Ass.
V.S.
政庁舎
Pal. d. Governo
市立公園
Giardino Pubblico
Staz. Autoline
サンタ・クローチェ聖堂
S.Croce
Villa Reale
パトリア・パレス
Patria Palace
P.za Castromediano
チャイナ・タウン
China Town
Via A.Costa
Via Matteotti
Viale dell'Università
Via Adua
V. Rubichi
市庁舎 Munic.
サントロンツォ広場
P.za S. Oronzo
Via Salv.
Via Cavallotti
サンティレーネ教会
S. Irene
ヴィットリオ・エマヌエーレ通り
Via Vitt. Emanuele
サントロンツォの円柱
Colonna S.Oronzo
レ・イドメネオ
Re Idomeneo
神学校
Seminario
V. Augusto Imper.
円形闘技場
Anfiteatro Romano
P.za G. Libertini
カルロ5世の城
Castello di Carlo V
Via Birago
P.za Rudiae
Accademia Belle Arti
ドゥオーモ広場
P.za Duomo
ドゥオーモ
Duomo
P.za Vitt. Eman.
サンタ・キアラ教会
S.Chiara
Viale G. Marconi
ロザリオ教会
Rosario
Via De Jacobis
Via A.Diaz
司教館
Pal. Vescovile
ローマ劇場
Teatro Romano
Via A. Grandi
V. Paladini
GALLIPOLI km 37-PORTO CESÁREO km 27
B
サン・マッテオ教会
S.Matteo
Pal. d. Studi
イ・トレ・モスケッティエリ
i Tre Moschettieri
P.za S.Biago
V. Beccherie Vecchie
V.C.Russi
P.za d'Italia
Viale Franc. Lo Re
Viale Don Minzoni
Via B. Cairoli
Via Lombardia
Viale Gallipoli
Viale Duca d. Abruzzi
Via Don Bosco
Viale Otranto
Via di Leuea
Via XX Settembre
Via Oronzo Quarta
県立シジスモンド・カストロメディアーノ博物館
Museo Provinc. Sigismondo Castromediano
グランド・ホテル
Grand Hotel
P.za Stazione
Via di Ussano
P.za Argento
Via B. Realino
イタリア鉄道レッチェ駅
Staz. F.S.
1
2
Via Enrieo Toti

おもな見どころ

バロック様式の傑作
サンタ・クローチェ聖堂
Santa Croce

★★★ サンタ・クローチェ

　1549年から1679年にかけて造られたこの教会の正面は、ガブリエレ・リッカルディGabriele Riccardiがデザインをした後、ジュゼッペ・ジンバロとチェーザレ・ペンナ、そしてフランチェスコ・アントニオ・ジンバロが徐々に手直しを続けた傑作。作品を見つめていると、上から果物や動物たちが落ちてきそうな迫力のある装飾。そして内部の17世紀の木の天井も、金の縁がはめ込まれていて豪華絢爛。

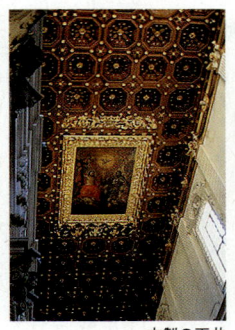

木製の天井

■サンタ・クローチェ聖堂
☎ 0832-241957
開 8:00～12:00
　 17:00～19:00
地 P.142 A2

S.クローチェ聖堂

プーリア州　レッチェ

町の中心にある
サントロンツォ広場
Piazza S. Oronzo

★ ピアッツァ・サントロンツォ

　地元の人が自転車で行き交う、落ち着いた広場。広々とした広場にそびえ立つ1本の柱は、ブリンディシにある2本の『ローマの円柱』のひとつ。その円柱の上には、町の守護聖人サントロンツォの像が見守っている。そしてその横には保存の優れた**ローマ時代の円形闘技場Anfiteatro Romano**が眠っている。

サントロンツォが町を見守る

■サントロンツォ広場
地 P.142 B2

バロック様式に囲まれた広場
ドゥオーモ広場
Piazza del Duomo

★★ ピアッツァ・デル・ドゥオーモ

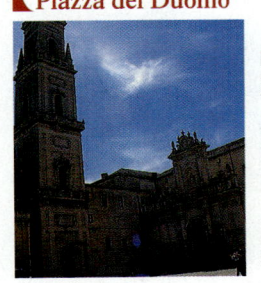

　1632年に改装された**司教の公邸Palazzo Vescovile**を正面に、金色の建物に包まれたやや冷たいイメージを感じさせる広場。ドゥオーモの横には5段式の高さ70mの鐘楼が立っている。ドゥオーモを背に左の建物の中には、ジュゼッペ・ピーノ設計による**神学校Seminario**があり、その中庭にはバロック様式の見事な**井戸**が置かれている。

右側がドゥオーモ

■ドゥオーモ広場
地 P.142 B1

神学校と井戸は必見

143

■ドゥオーモ
☎ 0832-308557
開 8:00～12:00
　　17:00～19:00
地 P.142 B1・2

ドゥオーモはジンバロの傑作

■カルロ5世の城
地 P.142 B2

■サンティ・ニコロ・エ・カタルド教会
住 Via di Cimitero
開 7:30～12:00
地 P.142 A1

墓地の中には、豪華な装飾の教会が

SHOPPING
● 昔の人の生活風景や聖母マリアの誕生を紙人形にした**カルタペスタ** Cartapestaやレッチェの石灰石を使った**彫刻**。

豪華なファサード
ドゥオーモ ★★
Duomo
ドゥオーモ

　12世紀の教会跡を1659年から1670年にかけて造られた、ジュゼッペ・ジンバロ作の完璧な装飾。祭壇を正面にして右側には、幻想的なクーポラのフレスコ画がすばらしい。そして、地下の祭壇には1500年に造られた92本の異なるデザインの円柱が収められている。

見飽きない円柱のデザイン

ノルマン様式の城
カルロ5世の城
Castello di Carlo V
カステッロ・ディ・カルロ・クイント

　カルロ5世により1539年から1549年にかけて造られた城壁。南側のG.マルコーニ通りは散歩道になっている。

緑の霊園に建つ、荘厳な教会
サンティ・ニコロ・エ・カタルド教会 ★★
Santi Nicolo e Cataldo
サンティ・ニコロ・エ・カタルド

　城壁外の町の北西、豊かな緑が広がる墓地の敷地内にある教会。手前に広いスペースが広がる教会と塔の姿は、町中のバロック建築とはまた異なった趣で、伸

広大な敷地にあるサンティ・ニコラ・エ・カタルド教会

びやかで荘厳な雰囲気だ。教会のファサードを飾るバラ窓は12世紀の創建当時のまま、その後バロック様式の豪華な彫刻が18世紀の改築の際に加えられた。特に、扉上部の繊細なフリーズに注目したい。
　教会左側からは墓地へと通じている。この地ならではの凝灰岩に彫刻を施した豪華で華麗な墓碑は、この町の歴史と豊かさを感じさせてくれる。

正面扉のフリーズは必見

ファサードの上部を飾るみごとなバロック装飾

サレント半島で発見された陶器類
県立シジスモンド・カストロメディアーノ博物館 ★★
Museo Provinciale Sigismondo Castromediano
ムゼオ・プロヴィンチアーレ・シジスモンド・カストロメディアーノ

円形型のサロンには、紀元前6世紀から紀元前3世紀にかけての壺のコレクションを中心に展示している。**黒絵式技法**や**赤絵式技法**の陶器の絵柄からは、当時の生活ぶりや動物の姿が繊細に表現されている。当時の彫刻技術がどのようであったかを知ることができる説明図があり興味深い。

陶器に描かれた往時の生活

■県立シジスモンド・カストロメディアーノ博物館
住 Viale Gallipoli 28
☎ 0832-307415
開 9:00～13:30
　 14:30～19:30
　 (日祝)9:00～13:00
休 1/1、5/1、12/25
料 無料
地 P.142 B2
'05年1月現在、修復中のため一部のみ公開。

重厚なバロック様式の内装
サンティレーネ教会 ★
S.Irene
サンティレーネ

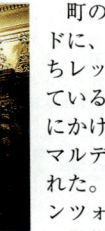

町のシンボルを飾るファサードに、バロック様式の内装を持ちレッチェで最も美しいとされている教会。1591年から1639年にかけてフランチェスコ・グリマルディの設計によって建てられた。祭壇のうしろには、オロンツォ・ティーソOronzo Tisoの傑作がある。

石を刻んだバロック美の内部

■サンティレーネ教会
地 P.142 B2

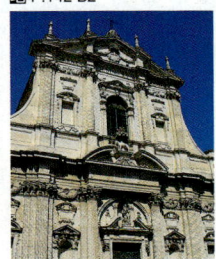

レッチェバロック様式のファサードをもつ、サンティレーネ教会

曲線と美しいレッチェ・バロック様式の装飾
サン・マッテオ教会 ★
San Matteo
サン・マッテオ

ポルタ・サン・ビアジォ門Porta S. Biagioをくぐり、真っすぐ進むと右側に見えてくる縦長の教会。滑らかなカーブと凸状の表面がバランスよく組み合わさっているのが特徴。アンドレア・ラルドゥッチAndrea Larducciが1667年から1700年にかけて手がけた。

■サン・マッテオ教会
地 P.142 B2

長距離バス
レッチェからはブリンディシ、バーリ経由のローマ行き(所要6～8時間)、メッシーナ、カターニア行き(所要約9時間)などの長距離バスも運行。多くのバスはターミナルとなっている大学近くの路上(Viale V. Foscoloなど)からの発車。ブリンディシ空港へのバスは市民公園脇のVia XXV Luglio Prefetturaなどからの発車。ブリンディシまでは所要30～45分。

美しいバロックの宝石箱のようなサン・マッテオ教会

プーリア州　レッチェ

Lecce　レッチェのホテル&レストラン

★★★★★　パトリア・パレス　P.142 B2

Patria Palace Hotel
玄関正面にはすばらしいサンタ・クローチェ
聖堂が目の前に。室内、大理石の浴室、ロ
ビーともに落ち着きのあるエレガントな内
装。レッチェで最も優美なホテル。
URL www.patriapalacelecce.com
■読者割引10%

住 Piazzetta Riccardi 13
℡ 0832-245111
Fax 0832-245002
SB €160/175
TB €200/220　JS €300/340
室 67室 ビュッフェの朝食込み
C A.D.J.M.V.
交 サンタ・クローチェ聖堂から1分

★★★★　デッレ・パルメ　P.142 B2外

Delle Palme
中心からやや離れているが、その分このクラス
としては割安感がある。クラシックな雰囲気で
居心地のよいつくえ。
URL www.hoteldellepalmelecce.it
■読者割引10%

住 Via Leuca 90
℡/Fax 0832-347171
SB €68/78
TB €98/114
室 96室 朝食込み
C A.D.M.V.
交 町の中心から約1Km

★★★★　ティツィアーノ　P.142 A1

G.H. Hotel Tiziano e Dei Congressi
庭園やプールもある近代的で
エレガントなホテル。城壁の
すぐ外、自動車道路に面し、
レンタカー利用者に便利。
URL www.grandhoteltiziano.it
■読者割引週末　TB €90
SB €80　SM €120の特別料金

住 Viale Porta D' europa
℡ 0832-272111
Fax 0832-272841
SB €100　TB €160
SM €240
室 203室　朝食込み
C A.D.J.M.V.

★★★　グランド・ホテル　P.142 B1

Grand Hotel
中庭には背の高い特徴のあ
る椰子の木。それを囲むよ
うにして建てられたこのホ
テルの外観は大きさ、室内
ともに雰囲気がある。
住 Viale O. Quatra 28
℡ 0832-309405

Fax 0832-309891
SB €50/70
TB €80/90
室 70室　朝食€6
C A.D.M.V.
交 駅から3分

イ・トレ・モスケッティエリ　P.142 B2

Ristorante i TreMoschettieri
新鮮な魚料理が食べられることで人気の
店。フリッティ・ディ・マーレやその日
のフレッシュな魚を味わおう。できれば
予約を。

住 Via Paisiello 9/A
℡ 0832-308484
営 12:00～15:00、20:00～23:30
休 ⊘、8/15前後、12月
予 €20～40
C A.D.M.V.
交 イタリア広場Piazza d'Italia から
8分

ヴィラ・デッラ・モニカ　P.142 A2外

Villa della Monica
ルネッサンス時代からのクーポラや暖炉が店内
には残り、クラシックでエレガントな雰囲気。郷
土料理が充実。　できれば予約

住 Via Ss. Giacomo e Filippo 40
℡ 0832-458432
営 12:00～16:00、19:00～23:00
休 ⊘、1/15～1/31、7/1～7/10
予 €16～40(コペルト€2)
C A.D.J.M.V.
交 市立公園から約300m

チャイナ・タウン　P.142 B2

Ristorante China Town
便利な所に位置している。広東
料理が食べられる縦長のサロ
ン。
住 Via Saponea 15
℡ 0832-308558
営 11:00～15:00、18:00～
24:00

休 ⊘
予 €5～15(コペルト€1)、2
人からのセットメニューは€10～
20
C 不可
交 サンタ・クローチェ聖堂
正面すぐ右横　要予約

レ・イドメネオ　P.142 B1

Ristorante Re Idomeneo
ショッピング街に面してい
るカジュアルな雰囲気のレ
ストラン。プーリア料理、
イタリア料理全般、ピッツ
ァとメニューも豊富。週末
はできれば予約を。
住 Via Giuseppe Libertini 44/A

℡ 0832-307811
営 11:00～16:00、19:00～2:00
休 ⊘
予 €10～20(コペルト€1)
C D.M.V.
交 サントロンツォ広場から3
分　要予約

オートラント
Otranto
イタリア最東端の町

レッチェからオートラント行きのローカル列車に乗り込む。オリーブ畑が地平線へと続き、やがてオートラント終着駅へ到着する。せっかくだからイタリア最東端の海岸からアドリア海を観てみたい。ゆっくりと駅からの坂道を下りて行くと、目の前には高台にある旧市街と海岸が広がる。海岸通りからアラゴン家のアルフォンシーナ門Porta Alfonsinaを行くと、細いくねった坂道が続く、趣のある旧市街に至る。町の誇りであるロマネスク様式の大聖堂が旅人を出迎える。

アルフォンシーナ門

プーリア州で一番大きな教会
大聖堂 ★★
Cattedrale
カテドラーレ

バジリカ広場Piazza Basilicaにある、11世紀に建てられた教会。バラ窓は、15世紀のアラブ・ゴシック様式の装飾が加えられている。内部は、床一面には宗教を表す、動物や人間をモチーフにしたモザイクがびっしりと貼られている。このモザイクは、当時"文字の読めない人々も聖書を理解することができるように"として造られたものだ。

バラ窓

アドリア海を望む城
城 ★
Castello
カステッロ

15世紀末にアラゴン家の依頼でチロ・チリCiro. Ciriが建設した城。内部の石の小窓から城外を見渡せる。城の一部は、現在修復中。また城を正面に外の左側にある階段を上ると、美しいアドリア海のパノラマが広がる。

ビザンチン時代の教会
サン・ピエトロ教会 ★
San Pietro
サン・ピエトロ

ポポロ広場Piazza Popoloから細い階段を上る。ビザンチン時代に建てられた教会の内部は、ポポロ広場1番地に申し込み、見せてもらえる。現在は地元の人の結婚式によく使われる教会だが、クーポラ部分にはビザンチン時代のフレスコ画がびっしりと保存されている。

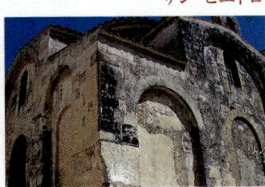

サン・ピエトロ教会

●郵便番号　73028

■ I.A.T.
Piazza Castello
☎ 0836-801436
開 夏季 9:00～13:00
　　　 16:00～20:00
　　冬季 8:00～14:00

■ バスターミナル
Autostazione
Via Giovanni Paolo II

● おもな行事
● 殉教聖人の祭り(8月)
Festa dei Santi Martiri

How to access
■電車
レッチェ→(Maglie駅で乗り換え)→私鉄Ferrovie Sud-est線 約1時間20分(1日9便)
Maglie駅ではオートラント行きの掲示が、ホームにないので、駅員に行先を確認する。
■バス
オートラント→レッチェ(3時間に約1便)
■車
レッチェ→(SS16)→オートラント
レッチェ→(SS 543～SS 611)→オートラント

■夏はSalento in Bus
夏季にはレッチェやオートラント、州の北側のサレント半島を結んでバス「サレント・イン・バス」が頻繁に運行する。各町へのアクセスもよく便利だ。

NAVIGATOR
レッチェ駅から私鉄Ferrovie Sud-est線に乗る。ユーレイルパスは使えない。レッチェからは約50分でMaglie駅へ着きそこでオートラント行きに乗り換える。オートラント駅から市内へは駅前の道Via Stazioneを約100m進み、右に曲りすぐ左の坂道をひたすら下りていくと、海岸通りに出る。

■大聖堂
Piazza Basilica
開 7:00～13:00
　 15:00～19:00

■城
開 10:00～12:30
　 16:00～21:00

■サン・ピエトロ教会
料 無料

プーリア州 レッチェ／オーラント

アルベロベッロ
Alberobello

落ち着いて滞在できる世界遺産の町

●郵便番号　70011

■Ufficio IAT
住 Piazza Ferdinando IV 4
☎ 080-4325171
開 8:30～14:00
　（火）～（木）（土）14:30～19:30も
休 （日）（祝）
地 P.148 A1・2
● ポポロ広場に建っている塔を背に右側の奥
● 観光案内一般、ホテル予約はやらない。

■バスターミナル
Autostazione
住 Piazza F. lli Kennedy
地 P.148 A2
● 駅前広場を背にして左側

■郵便局 Posta
住 Via Trieste e Trento
地 P.148 A2
● 駅前の坂道viale Margheritaを真っすぐ、右側

●おもな行事
● トゥルッリの町・国際民族フォークロアフェスティバル（8月）

SHOPPING
● オリーブ油、耳たぶの形をしたオレッキエッテのパスタ、そしてトゥルッリ模様の入った木綿の布や、紙細工の人形などが有名。

紙細工の人形

■私鉄Sud-est線の乗り方
バーリ中央駅fs線10番線隣、Sud-est線の1番ホームに切符売り場がある。ユーレイルパスは使用できないので注意。この場合も、自動検札機での刻印を忘れずに。

標高415mの丘の上にあるアルベロベッロ。イタリア語で『すばらしい木』の意味を持つ、緑の木々が茂るこの町に、トゥルッリという真っ白な壁に、灰色の円錐形の屋根を持つ建物が町の旧市街にビッシリと詰まっている。

トゥルッリの家並みがおとぎの国のようだ

現在、町の多くのトゥルッリは、この地方特産の食品を売る店や、おみやげ屋などになっているが、今でもトゥルッリの中で生活している人々もいる。トゥルッリの室内は、冬は暖かく、夏は涼しい、なかなか便利な建物になっている。ホ

How to access

🚆 電車で行くには
● バーリ→アルベロベッロ　Sud-est線　1時間20分～1時間40分
　（1日約13便、（土）（日）（祝）はバスの代行運転で約4便）
● ターラント→アルベロベッロ　Sud-est線　1時間～1時間30分

🚌 バスで行くには
● ターラント→アルベロベッロ　SITA　約1時間（1日3便）

🚗 車で行くには
● バーリ→（A14）→アルベロベッロ

148

テルやレストランなどにも転用されているので、利用してみるのも楽しい体験だ。

　灰色の屋根に、大きく白く描かれたミステリアスなシンボルのトゥルッリは、神秘的でとても興味深い。

　町の中心地ポポロ広場Piazza del Popoloでは、朝はメルカートが開かれ、夕方になるとおしゃべりする場として、町の人々が集う。町の中は歩ける範囲で観光でき、坂道とトゥルッリの町並みがとても魅力的だ。

よく手入れのされたトゥルッリ

おもな見どころ

トゥルッリの集中する
旧市街
Centro Storico ★★★
チェントロ・ストリコ

　旧市街の東西にトゥルッリの集落が広がる。西側がリオーネ・モンティRione Monti地区で、約1000のトゥルッリにみやげ物屋などが連なるにぎやかな商業地区。東側は約400のトゥルッリが集中するアイア・ピッコラAia Piccola地区で、その多くは今も住居として使われている。

トゥルッリの密集する商業地区リオーネ・モンティ

イタリア人の観光客も多い

生活のためのトゥルッリが残る地区アイア・ピッコラ

トゥルッリ建築の教会
サンタントニオ教会
S. Antonio ★
サンタントニオ

　トゥルッリのクーポラをあしらったこの教会は、1926年に設計された。旧市街のトゥルッリと同じ白い壁になっていてVia Monte S. Micheleの坂道を上り詰めると左にある。

トゥルッリの教会として有名なサンタントニオ教会

NAVIGATOR

　駅前は閑散としていて何もないが、坂道ヴィアレ・マルゲリータ通りviale Margheritaを真っすぐ歩くと約15分で、町の大通りコルソ・ヴィットリオ通りにぶつかる。

　この通りの突きあたりがポポロ広場だ。広場の先に続く教会のテラスからはトゥルッリが密集した旧市街が一望できる。丘の斜面に広がる白いトゥルッリの集落は、印象的な風景だ。

✉ **冬のお楽しみ**

　クリスマスとエピファニア（1/6とその前日）の夜には楽しい催しがありました。トゥルッリ地区を舞台に町の文化や伝統を劇に仕立てたものを上演していたのです。演技が上手なので、言葉がわからなくても充分楽しめました。夜のトゥルッリ街とそこで繰り広げられる劇を見ていると、タイムスリップした気分になれました。
（千葉県　道野仁美　'05）

ひっそりとした小路が続く

■ **サンタントニオ教会**
🏠 Piazza A. Lippolis
☎ 080-399643
🕐 8:00〜12:00
　 16:00〜19:30
🗺 P.148 B1

サンタントニオ教会の珍しいファサード

プーリア州

アルベロベッロ

■トゥルッロ・ソヴラーノ
住 Piazza Sacramento
☎ 080-4326030
開 10:00〜19:15
休 12/25
料 €1.50
地 P.148 A1
希望者には約15分の英語によるガイド可。

■サンティ・メディチ・コズマ・エ・ダミアーノの聖所記念堂
住 Piazza Curri
☎ 080-290580
開 8:00〜12:00
　 16:00〜19:30
地 P.148 A1

✉ 日曜はダメよ

アルベロベッロへの交通はあまり便がよくない。さらに日曜は列車は運休でバスもかなり少ない。平日に訪ねるのがおすすめです。バーリなどから日帰りもできますが、トゥルッリのレストランで食事したり、おみやげ屋をのぞいたりと、ゆっくり過ごしたい町です。
　　　　　　　　　（童子 '03）

■愛の家
地 P.148 A1・2

✉ 散策が楽しい

アルベロベッロは世界的観光地にもかかわらず、南イタリアのいなかののどかな雰囲気が残っています。ホテルやレストランも観光地としては安いし、人々も優しいと感じました。トゥルッリの続く路地の散策だけでもとっても思い出に残ります。
　　　　　　　　　（童子 '03）

✉ ワンポイント
　　アドバイス

バーリ・アルベロベッロ間の列車は夏の平日は50分に1便程度ありました。アルベロベッロの駅にはバスもタクシーもないので、町の中心までは徒歩で。途中、トゥルッリが眺められたりするので15分ほどの道のりも苦にはなりません。観光地のため、ここではおみやげ屋さんも昼休みなしで営業しています。お店も集中しているので、2時間もあればゆっくり買い物できます。アルベロベッロの駅のホームは2本あり、バーリ行きの列車は時間帯によりどちらにも停車するようなので、駅員さんに確認してください。
　　　　　（東京都　Hana '04）

2階建てトゥルッリ
トゥルッロ・ソヴラーノ
Trullo Sovrano
★

トゥルッロ・ソヴラーノ

18世紀に建てられた、トゥルッリのなかでも唯一2階建てのもの。内部にはサロン、キッチン、寝室、ゲストルーム、中庭があり、当時のお金持ちの生活をかいま見ることができる。

2階建てのトゥルッロ・ソヴラーノ

ネオクラシック様式の建築
サンティ・メディチ・コズマ・エ・ダミアーノの聖所記念堂
Santuario dei Ss.Medici Cosma e Damiano
★

サントゥアリオ・デイ・メディチ・コズマ・エ・ダミアーノ

町の大通りCorso Vittorio Emanuele ヴィットリオ・エマヌエーレ大通りの正面に建つ、ふたつの鐘を正面にあしらった存在感のある教会。1885年に礼拝所跡だったものをアルベロベッロ出身の建築家が手がけた。

聖所記念堂内部

自由のシンボル
愛の家
Casa d' Amore
★

カーサ・ダ・アモーレ

苦しく貧しい生活をおくっていた農民たちの何よりも求めていたものは自由。その"自由の象徴"として、1797年に建てられたものがこの愛の家。現在はツーリスト・インフォメーションになっている。

今は、観光案内所となっている

トゥルッリ断面図
（単数形でトゥルッロ Trullo）

A.小尖塔
B.屋根の閉じ目
C.環状屋根
D.中空層
E.半円筒天井（ヴォールト）
F.井戸への雨水導入口
G.入口
H.屋根裏部屋（物置や寝室）
I.アルコーブ（壁の切り込み）
J.井戸

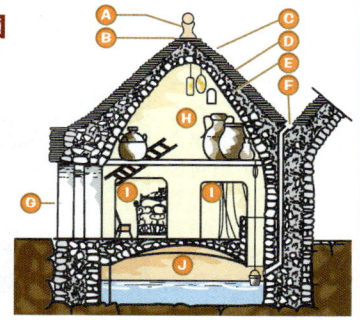

Alberobello アルベロベッロのホテル＆レストラン

★★★★ アストリア P.148 A2
Hotel Astoria
駅から近く、モダンなインテリアと機能性がともなっている。カード式の鍵になっていて、50％の部屋にはバスタブが付いている。ゆったりと落ち着けるホテル。エアコン、ミニバー、TV、ドライヤー付き。駐車場あり。
URL www.astoriaweb.it

- Viale Bari 11
- ☎ 080-4323320
- Fax 080-4321290
- SB €47／55　TB €72／85
- 3B €96／105
- 59室　朝食込み
- C A.D.M.V.　交 駅から2分
- ■読者割引本書提示で10％

★★★ コッレ・デル・ソーレ P.148 B2外
Còlle del Sole
トゥルッリ地区から大通りを南に1km程度行った所にあり、レンタカー利用者に便利。家族経営の温かい雰囲気のホテル。部屋からはオリーブ畑が見え、室内は近代的で清潔。料金は控えめながら、エアコンもあり、夏はうれしい。
URL www.trullilando.com

- Via Indipendenza 63
- ☎ 080-4321814　Fax 080-4321370
- SB €40／50
- TB €60／75
- 37室　朝食€5
- C A.D.M.V.
- 交 トゥルッリから徒歩15分
- ■読者割引10％

★★★ ランツィッロッタ P.148 A1
Hotel Lanzillotta
ポポロ広場が目と鼻の先。シンプルな内装、4階最上階の部屋の大きなテラスからのトゥルッリの眺めはなかなかよい。バスタブ付きの部屋も5室あり。隣は、同ホテルのレストランになっている。
e-mail hotellanzillotta@tiscalinet.it

- Piazza Ferdinando IV 30
- ☎ 080-4321511
- Fax 080-4325355
- SB €35
- TB €60
- 27室　朝食込み
- C A.D.M.V.
- 交 ポポロ広場すぐ裏

トゥルッロ・ドーロ P.148 A1
Trullo D' oro
ヴィットリオ・エマヌエーレ通りの裏にあるトゥルッリ建築のレストラン。すっかり観光客に人気となりサロンの数も多い。ライトとトゥルッリがマッチしていてかわいい内装。20種類の前菜と肉料理も充実。

- Via Felice Cavallotti 27
- ☎ 080-4321820
- 営 12:00～15:00、20:00～23:30
- 休 (日)夜、(月)、2/7～1/27
- 予 €20～40（コペルト€2.50）、定食€35、40
- C A.D.M.V.
- 交 ポポロ広場から2分　日本語メニュー

アラトロ P.148 B1
L' Aratro
ソムリエのオーナー、ドメニコ氏もおすすめのアニェッロ（子羊の肉）は香ばしくて定評の一品。情緒ある小さなトゥルッリでの食事が体験できる。
日本語メニュー

- Via Monte San Michele 25
- ☎ 080-4322789
- 営 12:00～15:00、20:00～23:00
- 休 (月)、1月
- 予 €20～35（コペルト€1.55）
- C A.D.J.M.V.
- 交 マルテロッタ広場Largo Martellottaから2分

プーリア州　アルベロベッロ

マルティーナ・フランカ
Martina Franca

バロック建築が花開いた町

●郵便番号　74015

■マルティーナ・フランカの❶
住 Piazza Roma 37
☎ 080-4805702
開 9:00～13:00
　　17:00～19:30
休 ㊏午後、㊐
地 P.152 A2
● ドゥカーレ宮殿の正面入口の右側に設けられている。

■バス事情
●近郊へのバス
市民公園近くのクリスピ広場P.za Crispiに発着する。切符は1ブロック南のオフィス（住 Via Adia 13）で購入。
地 P.152 B2
●ローマ行きのプルマンMAROZZI社
Corso Italiaの市民公園前のバス停に発着する。切符はその前にある代理店（MERIDIONALSUD社）で購入。1日約2便。

バス便が充実

NAVIGATOR
1km以内に見どころが詰まっているので、ゆっくり歩いても2時間くらいで見終える。❶からスタートし、旧市街中に点在する建物を観光して、旧市街外のカルミネ教会からVia Belliniを戻って終了。鉄道駅は❶から1kmと少し離れているので、なるべくバスで訪れたい。駅からはバスもあるが、非常に少ない。
バスの切符1回券€0.57。
またSud-est線は㊐㊗はバスの代行運転となり、かなり減便となるので注意。

●おもな行事
●イトリアの谷フェスティバル(7～8月)
Festival della Valle d'Itria

この町を訪れた旅人は、旧市街のイメージを一新させることだろう。手入れの行き届いたきれいな旧市街は今でも町の中心だ。メイン・ストリートでも車の通行が困難なくらいに狭く、迷路のように入り組み、そんな中に小さな商店が間口を開けている。バロック建築が花開くように建ち、ロココ調の装飾なども散見される豪奢な旧市街が見ものだ。

また、町はひときわ高い丘の上にあるため、町外れの通りのVia LocorotondoやViale de Gasperiなどからはトゥルッリが建つイトリアの谷が見渡せる。

今も町の中心、旧市街

ドメニコ教会・ファサードの装飾

How to access

🚃 電車で行くには
● バーリ→マルティーナ・フランカ　Sud-est線　1時間40分～2時間(1日約13便、㊏㊐㊗はバスの代行運転で約4便)
● ターラント→マルティーナ・フランカ　Sud-est線　30～50分(1日約10便)

🚌 バスで行くには
● ローマ→マルティーナ・フランカ　MAROZZI　約6時間(1日2便)
● バーリ→マルティーナ・フランカ　Sud-est線　約1時間
● ターラント→マルティーナ・フランカ　Sud-set線　約30分(1日8～11便)

🚗 車で行くには
● バーリ→(A14/S172)→マルティーナ・フランカ
● ターラント→(S172)→マルティーナ・フランカ

マルティーナ・フランカ
Martina Franca

かつてのドゥカーレ宮殿

おもな見どころ

堂々たる外観
ドゥカーレ宮殿
Palazzo Ducale　　　　　　　　パラッツォ・ドゥカーレ

1668年に着工されたバロック様式のファサードを持つ宮殿。現在は市役所になっている。

■ドゥカーレ宮殿
🏠 Piazza Roma
☎ 080-4836255
⌚ 9:00〜13:00
　17:00〜19:00
　⊕9:00〜12:00
休 ⊕午後
地 P.152 A2

華麗な時計塔を持つ
サン・マルティーノ教会
San Martinoe　　　　　　　　サン・マルティーノ

ヴィットリオ・エマヌエーレ大通りCorso Vittorio Emanueleを進んだ先にある18世紀後半の教会。正面の左隣に建つ時計塔は1734年製。

■サン・マルティーノ教会
🏠 Piazza Plebiscito
☎ 080-4306536
⌚ 8:00〜12:00
　16:00〜20:00
地 P.152 A1・2

旧市街のメインストリート
ヴィットリオ・エマヌエーレ大通り
Corso Vittorio Emanuere　　　コルソ・ヴィットリオ・エマヌエーレ

ドゥカーレ宮殿前から延びる200mほどの通り。みやげ物屋やかわいいブティックなどが軒を連ねていて楽しい。

V.エマヌエーレ大通り

バロック建築のオンパレード
プリンチペ・ウンベルト通り
Via Principe Umberto　　　　ヴィア・プリンチペ・ウンベルト

100mほどの短い通りの中に、バロック建築が建ち並ぶ。モトレーゼ館Palazzo Motoleseやグラッシ館Palazzo Grassiには豪華なバルコニーが見られる。サン・ドメニコ教会S. Domenicoはロココ様式のファサード、内部はバロックの美しい教会だ。

■マルティーナ・フランカのホテル事情
マルティーナ・フランカには安宿と呼べるものが存在しない。経済的ホテルは遠く国道沿いに行かなければないので、車を利用するか、アルベロベッロに宿をとるとよい。町なかのホテルは割高だが、一流のサービスが受けられる。❶ではB&Bも紹介してくれる。

美しい格間が特徴
カルミネ教会
Chiesa del Carmine　　　　　キエーザ・デル・カルミネ

町の西端にある17世紀の教会。クーポラの6角形の格間が特徴。非常に美しい。

クーポラの格間

■カルミネ教会
🏠 Via Donizetti
☎ 080-4303291
⌚ 8:00〜12:00
　16:00〜20:00
地 P.152 A1

プーリア州

マルティーナ・フランカ

Martina Franca　マルティーナ・フランカのホテル&レストラン

★★★★　ヴィッラ・ドゥカーレ　P.152 B2
Hotel Villa Ducale
市民公園に面した静かなホテル。レストラン併設。小鳥の鳴き声で目覚められる環境。
e-mail hotelvilladucale@libero.it
🏠 Piazzetta S. Antonio
☎ 080-4805055
📠 080-4805885
🛏 €80/100 朝食込み
💳 A.D.M.V.

ラ・ロトンダ　P.152 B2
Ristorante La Rotonda
市民公園の緑に囲まれた気軽なレストラン。郷土料理オレッキエッテOrecchiette Della Nonnaをはじめ、土地のワイン、ミアーリMiariなど、値段も手頃。
🏠 Villa Comunale Garibaldi
☎ 080-4808338　予 €20〜30(コペルト€1.50)、定食€14〜18　💳 A.D.M.V.
🕛 12:00〜14:00、19:00〜23:00　休 ㊋、1月

● プーリア州おすすめの見どころ ●

カステッラーナ・グロッテ *Castellana Grotte*

How to access

■鉄道
バーリから私鉄Sud-est線で1時間（1日3便）。最寄駅は「Grotte di Castellana」、手前の「Castellana Grotte」と間違えないように。無人駅なので、あらかじめ往復切符を買っておく。駅前に洞窟までの案内看板がでている。そのとおりに歩いて3分ほど。ターラントから1時間40分（1日3便）。

■バス
モノーポリMonopoliからSITA社のバスが1日5〜7便。

■車
ナポリからA1→SS16、ターラントからA14

■カステッラーナ・グロッテ
住 Castellana-Grotte
☎ 080-4965511
Fax 080-4961848
開 夏季8:30〜19:00
　　冬季9:30〜16:00
料 「断崖の洞窟」　　€8
　　「白の洞窟」　　€13
URL www.grottedicastellana.it

■カステッラーナ・グロッテ事情
ちょっとした観光地なのでみやげ物屋、レストラン、バールからホテルまでひととおり揃っている。レストランはどこも標準的で€10前後でツーリストメニューを用意している。

● おもな行事
● ファノーヴェ(1月11日)
　Fanove

カステッラーナ・グロッテのシンボルタワーと入口

● 夏でもひんやり。
自然が造り出した造形美

ル・ムルジュ高原は多くの石灰質を含んだカルスト台地だ。地下水脈によって浸食され、空洞化した巨大な天然の洞窟がいくつも存在する。バーリの南東40km、カステッラーナの洞窟はその中でも最大の鍾乳洞だ。1938年、洞窟学者のフランコ・アネッリFranco Anelliが実態調査をして広く知られるようになるまでは、農民たちの「ゴミ捨て場」だった。現在は観光用の通路が整備され、ガイド付きで、容易に出入りが可能だ。

美しくライトアップされた洞窟内

NAVIGATOR

コースはふたつ。まずは「断崖の洞窟Grotte」までのコース。こちらは全1kmほどで、エレベーターでの昇降で、気軽に洞窟探険が味わえるコースだ。石の筍が天に向かって伸び、巨大な空洞の天井が地上に小さな口を開け、洞内に静かに光を差し込ませている光景は圧巻だ。もうひとつは「白の洞窟Grotta Bianca」までのコース。全長3kmの道程の間、「黒の洞窟Grotta Nera」や「天使の廊下Corridoio dell' Angelo」、「フクロウの洞穴Caverna della Civetta」など、いくつものスポットを過ぎて(特に成長過程にある石筍が「聖母子像」に似ていると評判の「洞窟の小聖母Madonnina delle Grotte」がおもしろい)、最後に"世界一豪華な洞窟"と定評のある地下70mの「白の洞窟」にたどり着く。純度の高い水晶が一面に露出して、照明光をまばゆく反射し、白っぽく輝いている。全行程3km、1時間半ほどの探険だ。洞内の気温は15度に保たれ、袖なしでは少し寒いくらい。靴は歩きやすいものを。

Column プーリア州のワイン

産出量は多いものの、知名度が低いのが残念。しかしいま、質と値段のバランスのとれた最良のワインを目指す醸造家が注目する土地だ。イタリアのみならず、日本では目にすることが少ないので、ワインの生まれた土地でじっくり味わおう。

世界遺産の名前が付いたカステル・デル・モンテCastel del Monteは、この周辺で造られる、辛口の赤、白、ロゼ。じっくり熟成させた赤のリセルヴァRiservaはモンテプルチャーノ種の割合が高く、評価も高い。きれいな色合いのロゼも人気がある。ブリンディシBrindisiはネグロアマーロ種の辛口の赤とロゼ。熟成させた赤は優雅な印象だ。サリーチェ・サレンティーノSalice Salentinoはレッチェの西で、ネグロアマーロ種から造られる、辛口の赤とロゼ。近年白のサリーチェ・サレンティーノ・ビアンコSalice Salentino Biancoも造られ、白ワインでは州一番との呼び声もある。

カステル・デル・モンテ *Castel del Monte*

●八角形の世界遺産

荒野にひっそりと建つ

ユネスコの世界遺産に指定されているモンテ城は、レ・ムルジュ高原の中に奇妙に孤立している。オリーブやぶどうの丘をいくつも越えると、緩やかな起伏の上に松林に囲まれて八角形の城が姿を現す。不思議な形…。まるで宇宙から下りてきた要塞のようだ。この城は1229～49年に皇帝フリードリッヒ2世が建造させたもの。

細部にまでこだわった精緻な造りはドイツ的な性格が随所に表れていて、非常に興味深い。また、内部は八角形にこだわり中庭も見事な正八角形である。上から見ると、八角形の各角にまた八角形の高さ24mの隅塔が付属している。かつて壁面を埋め尽くしていたと思われる色大理石はほとんど持ち去られ、柱の一部に残存しているのみで、現在は黄褐色の石壁がさらされて寒々しい。

階段の天井

ドイツ、ホーエンシュタウフェン家のフリードリッヒ2世は1220年、神聖ローマ帝国皇帝に即位する。6ヵ国語を巧みにあやつり、建築、土木、航海術、数学、天文学など学問に秀でていた彼は一生のほとんどを南イタリアで過ごし、プーリア各地に200余りの城を残した。その背景には、当時の一大勢力だったサラセンの脅威に対する防衛のためという事情があったが、娯楽用の城として、狩猟の際に立ち寄っては酒宴を開くといった性格のものであったらしい。1260年のホーエンシュタウフェン朝滅亡後、モンテ城はおもに牢獄として使用された。

八角形なのは、フリードリッヒ自身がエルサレムに入城し、エルサレム王に戴冠された事実があり、岩のドームを持つイスラム教寺院が八角形の建物だったため、それに触発されたのではないかと考えられている。

内部は2階建ての構造で、1階には部屋が8つある。2階にはらせん階段で上る。隅塔それぞれは、手洗所か物置として使われていた。内部には雨水を貯水槽や手洗所に貯められるように、二重勾配を用いた巧みな仕掛けがある。

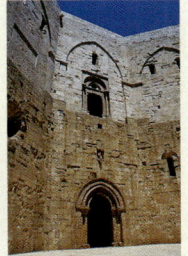

中庭

■カステル・デル・モンテ
開 4～9月　9:00～20:00
　 10～3月　9:00～13:00
料 €3

八角形にこだわった内部

How to access

■鉄道
バーリからバーリ・ノルド線で最寄りのアンドリアAndriaまで約1時間。バルレッタからバーリ・ノルド線で15分。

■アンドリア駅前からのバス
モンテ城へは一番近いアンドリアAndriaの鉄道駅から約18km陸路を行かなければならない。通年のバスはなく、7/1～9/30頃のみの運行。
アンドリア駅前発8:30、13:30、17:00。
カステル・デル・モンテ発10:15、14:15、19:00。これ以外はタクシーやレンタカーに頼るしかない。タクシーの場合はアンドリア駅前から€26、バルレッタ駅前から€40～50が相場。レンタカーはモンテ城敷地内に入れないので、国道沿いの専用駐車場に停めてバス（駐車場込みで€3）で向かう。

■車
バーリからS98→SS170
バルレッタからSS170d.A

プーリア州　おすすめの見どころ

ターラント

交錯する古代ギリシアの影

Taranto

マーニャ・グレーチャ（大ギリシア）の中心地であった町、ターラント。創建の歴史は古く、紀元前八世紀にまでさかのぼる。ギリシア人たちが住んだ建物はすでに地下に埋没しているが、大量の遺品が出土し、遥かいにしえの繁栄を偲ばせる。旧市街は今ではすっかり荒廃が進み、旅人を寄せ付けぬ威圧感さえある。とはいえ、その旧市街もあちこちで補修の

● 郵便番号　74100

■ ターラントの❶
住　Corso Umberto 113
☎　099-4532392
開　9:00～13:00
　　16:30～18:00
休　(日)(祝)
地　P.157 A3

■ 各地へのプルマンも頻繁に発着
● マルティーナ・フランカから45分(1日13便)
● レッチェから1時間50分(1日5便)
● マテーラから45分(1日4便、(日)(祝)運休)
● オストゥーニから1時間30分(1日5便)
● コゼンツァから4時間(1日3便)
※ほとんどが城の前Piazza Castelloか駅前から発着する。

How to access

🚆 電車で行くには
● ナポリ→ターラント　fs線　ES*　4時間　R4時間30分～5時間（1日約8便、一部バスの代行運転）
● ブリンディシ→ターラント　fs線　ES*　R　1時間30分～2時間（1～3時間に1便）
● バーリ→ターラント　fs線　ES*　R　1時間30分～2時間（1～3時間に1便）
● バーリ→（マルティーナ・フランカで要乗り換え）→ターラント　Sud -est線　2時間30分（1日9便）
● ブリンディシ→ターラント　鉄道fs線　EX R　1時間～1時間30分（30分～2時間に1便）

🚌 バスで行くには
● ナポリ→サレルノ→ポテンツァ→ターラント　MICCOLI　4時間30分（1日3便）

🚗 車で行くには
● バーリ→（A14）ターラント
● レッジョ・ディ・カラーブリア→（S106）→ターラント

● おもな行事

● 聖劇の行列(聖金曜日)
Processione dei Misteri
● 聖カタルド祭(5月)
Festa di S. Cataldo
● ステラ・マリス祭(9月)　Festa della Stella Maris

NAVIGATOR

見どころは小さな範囲内なので、徒歩での観光が可能だ。新市街から鉄道駅までは距離があるのでバスを利用するとよい。駅前からは1/2、8、C/N、C/R、84番などほとんどのバスが新市街までを結んでいる。旧市街は軽々しくは入り込めない雰囲気がある。荷物には気をつけて。

■ 市内バス
■ 1回券　€0.70（60分有効）
　　　　€0.90（90分有効）

156

音が鳴り響き、生まれ変わろうとしている。対照的なのはジレヴォレ橋を挟んで隣合う新市街。整然と道路が走り、ホテルやショップが軒を連ねて、落ち着いたたたずまいを見せている。軍港を抱えたターラントは水兵の町でもある。白いセーラー服姿が眩しい水兵たちが、陸でのひとときを楽しんでいる姿が見られる。

現在のターラントは南イタリアの主要な工業地として、バーリなどと並んで発展を続けている。

水兵さんたち

新市街

■国立考古学博物館
住 Corso Umberto 41
☎ 099-22112
地 P.157 A3
'05年1月現在、修復のため休館中。
展示品の一部は、旧市街のPalazzo Pantaleoで公開。

■パラッツォ・パンタレオ
☎ 099-4718492
開 8:30〜19:30
休 1/1、5/1、12/25
料 €2

プーリア州

ターラント

おもな見どころ

かつての繁栄をかいま見る
国立考古学博物館 ★★
Museo Archeologico Nazionale　ムゼオ・アルケオロジコ・ナツィオナーレ

ギリシアとのつながりが非常に強い土地ならではの、貴重な発掘品が収蔵された重要な博物館。マーニャ・グレーシャの歴史を見学するのに最適だ。2階には発掘された断片類、彫刻、埋葬品、陶器類が展示されている。特に陶器のコレクションは充実し、コリントス様式（魚を配した杯は傑作）、アッティカ様式、イタリア・プリミティブ様式、アプーリア様式などが見られ、中でもアッティカ様式には注目。ギリシアの職人が伝えた手法だが、イタリア国内に広がって行く過程で

貴重な展示品が多い館内

ターラントの ❶

157

テラコッタ像の一部

さまざまな亜流が出現する。その差を見るのも楽しい。埋葬品の金細工コレクションでは、その数の多さに加え、現代的とも言える緻密で見事なデザインに驚く。天使や葡萄をあしらったイヤリングなどはとても紀元前6〜3世紀のものとは思えないほど。まるで現代を先取りしたかのようだ。かつてのターラントの繁栄ぶりが偲ばれる博物館なのでぜひ訪ねてみよう。

埋葬品の金細工

■ドゥオーモ
住 Via Duomo
☎ 099-4709611
開 8:00〜12:00
　 16:30〜19:00
地 P.156 B1・2

旧市街の至宝
ドゥオーモ ★★
Duomo
ドゥオーモ

　さまざまな時代の痕跡を随所に見せる11世紀の教会。町の守護聖人サン・カタルドを祀ってあることから、サン・カタルド教会とも呼ばれる。ファサードはバロック様式、側面にはロマネスク、クーポラはビザンチン風と、時代の遍歴を多方面から見ることができる。内部は3廊式で、右奥のサン・カタルド礼拝堂 Cappella di S. Cataldoの大理石の象嵌細工は華やかで見事のひとことに尽きる。

ドゥオーモ内部

■城
住 Piazza Castello
☎ 099-7753020
地 P.156 B2
見学は上記☎へ要予約

今も生きる15世紀の城
城
Castello
カステッロ

　15世紀末にアラゴン家によって建造され、現在は軍の施設になっている。城をそのまま軍事施設にしてしまうところはさすが。ジレヴォレ橋からの眺めが一番だ。内部の見学には事前の許可が必要だ。

今は軍事施設の城

■海洋学博物館
住 Via Roma 13
☎ 099-4594957
地 P.157 A3
'05年1月現在、修復のため休館中

船乗りたちの世界をちょっと拝見
海洋学博物館 ★
Museo Oceanografico
ムゼオ・オチェアーノグラフィコ

　新市街、マーレ・ピッコロを臨む海洋学研究所内に置かれた施設で、ターラント湾や世界の海の海洋動物の標本が見られる。船乗りたちのノスタルジックな雰囲気がいっぱいだ。

博物館入口

■V.エマヌエーレ・テルツォ通り
地 P.157 B3・4

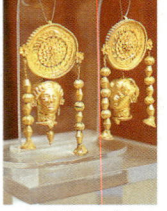

海辺の散歩道
ヴィットリオ・エマヌエーレ・テルツォ通り
Lungomare Vittorio Emanuele III
ルンゴマーレ・ヴィットリオ・エマヌエーレ・テルツォ

　新市街のマーレ・グランデ沿いの850mほどが海辺の散歩道になっている。椰子の木が立ち並び、ちょうどよい木陰の下に家族連れやカップル、水兵らが散歩を楽しんでいる。広々とした眺めが格別だ。とくに夕暮どきは凪(なぎ)の海が黄昏色に染まり、ドラマチックと呼べるほどの美しい空が広がる。

眺めのすばらしい海辺の散歩道

ギリシア植民の礎の地

旧市街
Città Vecchia（Tarant Vecchia） チッタ・ヴェッキア（ターラント・ヴェッキア）

　全長1km足らずの小島。もとは現在の新市街と陸続きであったが、ナヴィガービレ運河が開通したため孤立した。ギリシアの植民都市としてここから繁栄を始め、往時には新市街Via Leonida付近まで町は拡大した。現在の旧市街は荒れ果て、のんきな顔では入り込めない独特の雰囲気がある。フォンターナ広場Piazza Fontanaからマーレ・ピッコロへと魚屋や小さな漁船の波止場が並んでいる。

漁師たちは早朝から漁に忙しい

■旧市街
地 P.156 B1・2

新旧の街をつなぐ美しい橋

ジレヴォレ橋
Ponte Girevole ポンテ・ジレヴォレ

　1481年に開通したナヴィガービレ運河Canale Navigabileにかけられた新市街とを結ぶ旋回橋。1958年に完成した。大型船が通過するときは橋が中央で分離し、旋回して通路を確保する。

■ジレヴォレ橋
地 P.156 B2

ふたつの街をつなぐ橋

マーレ・ピッコロに面した静かな公園

市立公園
Villa Peripato ヴィッラ・ペリパート

　新市街に設けられた海を望む美しい公園。眺望もよく、緑の中で落ち着いたひとときが過ごせる。

■市立公園
地 P.157 A3

プーリア州　ターラント

Taranto　ターラントのホテル＆レストラン

ホテルは新市街に集中している。旧市街には数少なく、安宿風。安全快適な滞在を望む女性や食事やショッピングのことも考えるなら、新市街に宿をとるとよいだろう。

★★★ ホテル・プラザ　P.157 B3
Hotel Plaza
新市街に入って正面の公園の右側に面した中級ホテル。広々としたロビー、温かなスタッフが魅力だ。ビジネスマンも多く利用している。
URL www.hotelplazataranto.com
住 Via d'Aquino 46
☎ 099-4590775
FAX 099-4590675
SB €55／70　TB €78／100
112室 朝食込み
C A.D.M.V.
交 駅からバス1／2、8、3番などで

★★ ソッレンティーノ　P.156 A1
Sorrentino
やや古いホテルながら安いし、駅からも一番近くて便利。周辺にはフォンターナ広場の時計台や15世紀のD.マッジョーレ教会もあって南イタリアのムードがタップリ。　（ピノッキオ）
住 Piazza Fontana 7
☎ 099-4707456
SB €25／30
TB €35／45
C 不可
交 旧市街フォンタナ広場の一角

レストランは新市街に集中。港町らしくとりわけ魚介類がおいしい。

イル・カフェ　P.157 B3
Il Caffè
洗練された雰囲気で海の幸を楽しめるレストランとピッツェリアを併設。お財布に合わせて選べるうれしい一軒。ジレヴォレ橋の手前を左に曲がってすぐ。
住 Via d' Aquino 8
☎ 099-4525097
予 €30〜45（コペルト€1.60)、定食€30、40
営 12:00〜15:00、19:00〜24:00
休 ㊊夜、㊋昼
C A.J.M.V.

皇城餐館　P.157 A・B3
Città Imperiale
安価でお腹いっぱい食べられる中華レストラン。土地柄、魚介類がうまい。**要予約**
住 Corso Umberto 11/13
☎ 099-4528419
予 €10〜21（コペルト€1)、定食€16〜22(2人前)
営 11:00〜15:00、18:00〜24:00
休 無休
C V.
交 国立博物館とナヴィガービレ運河の間にある

ブリンディシ
Brindisi
アッピア旧街道の最終点

●郵便番号　72100

■**i**EPT
住 Lungomare Regina Margherita 43
☎ 0831-523072
開 8:30～13:00
16:00～20:00
㊉8:30～13:00
休 ㊐㊗
地 P.160 B1

■バスターミナル
住 Piazza Cairoli 14
☎ 0831-549245
地 P.160 B1
●ウンベルト通りの噴水のある広場。

■郵便局　Posta
住 Via Tor Pisana 92
地 P.160 B2
●ヴィットリア広場横

駅を出ると町のメインストリート、ウンベルト通りCorso Umberto が港に向かって延びる。港には、色鮮やかなギリシア行きの船のチケット売り場の看板。イタリアの町並みには珍しい光景だ。バックパッカーのイギリス人やドイツ人旅行者が、次のギリシア行きの船に乗るためにスーパーで食料の買い出しをしている姿が目立つ。町の旧市街はこのウンベルト通りの裏側からポネンテ港Seno di Ponente側の地区で、その町並みはローマの下町とどこか似た風情がある。Vの字のふたつの入江の向こうからは、ギリシアからの船が続々と海路をぬってやって来る。この町の教会はサンジョヴァンニ・アル・セポルクロ教会S.Giovanni al

船の切符売り場が並ぶ

Sepolcroやドゥオーモ広場の教会などからうかがえるように、ロマネスク期の文化を取り入れたもの。また古代ローマからノルマン期にかけて貿易が盛んだったため、ブリンディシはさまざまな文化を合わせ持った庶民的な港町となっている。

Column ギリシア行き船いろいろ

ユーレイルパスを使っての乗船はポートタックス€5.16＋夏季は€9.81を支払わなければならない。最近はさまざまな船会社が登場し、コルフ島まで約4時間で到着してしまうフェリーもでている。

●問い合わせ先：

●Adria Shipping
住 Corso Garibaldi 85/87
開 8:00～12:00、16:00～22:00（毎日）
☎ 0831-523825

●Italian Ferries
住 Corso Garibaldi 96/98
☎ 0831-590840

●Grecian Travel
住 Corso Garibaldi 73/75
☎ 0831-568333

How to access

■飛行機で行くには
●ローマ→ブリンディシ
1時間15分

■電車で行くには
●バーリ→ブリンディシ fs線 ES 1時間10分
●ターラント→ブリンディシ fs線 R 1時間～1時間20分

■バスで行くには
●ターラント→ブリンディシ MAROZZI MARINO 約1時間（1日約4便）
●レッチェ→ブリンディシ MAROZZI MARINO 約30分（1日約10便）

■車で行くには
●ターラント→(SS16/SS379)→ブリンディシ
●ターラント→(SS7)→ブリンディシ

おもな見どころ

アッピア旧街道の終点を示すシンボル
古代ローマの円柱 ★
Colonna Romane
コロンネ・ロマーネ

海岸通りを歩いていると左に見える階段の上には、太い大理石の角柱、ローマの円柱が、たくましくアドリア海に向かって建っている。ローマ時代の強さの象徴とでもいえるどっしりとしたものだ。

町の重要な広場
ドゥオーモ広場 ★
Piazza Duomoe
ピアッツァ・ドゥオーモ

絵に描いたようなドゥオーモ広場に建つ、ドゥオーモ。アーチ型の鐘楼の下をくぐるとローマの円柱へとつながる。ロマネスク期に創建された教会の内部は、八角形のクーポラと広々とした空間が広がる。町の行事『飾り馬の祭り』には、このドゥオーモ広場から大司教が白馬に乗って町を練り歩く。

ブリンディシ付近で発見された収集品
県立フランチェスコ・リベッツォ考古学博物館 ★
Museo Archeologico Provinciale Francesco Ribezzo
ムゼオ・アルケオロジコ・プロヴィンチャーレ・フランチェスコ・リベッツォ

地下はローマ時代の遺跡、1階、2階はおもに紀元前6世紀の青銅器や壺のコレクション。3階には最高質の大理石の彫刻やルチオ・エミリオ・パオロの銅像Lucio Emilio Paoloが展示されている。またブリンディシの先住民メッサピ人が書いていた文字や紀元前3世紀の繊細なガラスの皿、そして赤絵式技法のアッティカ陶器の壺などは、おもしろい絵が描かれていて興味を引く。

襞飾りのついた彫刻

ブリンディシの港を見守る
水兵の記念碑
Monumento al Marinaio
モニュメント・アル・マリナイオ

海岸通りのレジーナ・マルゲリータ通りViale Regina Margheritaの向かい側に建っている塔。夜はライトがつき美しい。さらにレジーナ・マルゲリータ通りを歩いていくと、アラゴン家のズヴェーヴォ城Castello Svevoが港に沿って見えてくる。

メインストリート
ガリバルディ通り
Corso Garibaldi
コルソ・ガリバルディ

町の大通りとして、いつも人でにぎわっている通り。ツーリスト用のセットメニューが用意されたエコノミーなレストラン、ピッツェリアが目白押し。

NAVIGATOR

空港へのバスは所要約20分、€2.58。町の中心地は、充分歩ける距離。徒歩で観光できる。

古代ローマの円柱

■ドゥオーモ
住 Piazza del Duomo
☎ 0831-399643
開 7:30〜12:30
　 16:30〜19:00
地 P.160 A2

■県立フランチェスコ・リベッツォ考古学博物館
住 Piazza del Duomo
☎ 0831-565501
開 9:00〜13:30
　 (火) 9:30〜13:30
　 　　 15:30〜18:30
休 土日
料 無料
地 P.160 A2

ゴシックのアーチが入口

■ズヴェーヴォ城
現在城内は軍の管理下にあり、見学できない。

■水兵の記念碑
地 P.160 A2

●おもな行事
●飾り馬の祭り
Festa del Cavallo parato

プーリア州　ブリンディシ

歴史を語るメザーニェ門

■メザーニェ門
地 P.160 B1

■S.G.アル・セポルクロ教会
地 P.160 A・B1

さまざまな権力者により手が加えられた門
メザーニェ門
Porta Mesagne
ポルタ・メザーニェ

町の旧市街へと旅人を導くこの門は、1227年にフリードリッヒ2世、15世紀末にアラゴン家のフェルディナンド1世が、次々と装飾を加えていった。

旧市街にたたずむ教会
サン・ジョヴァンニ・アル・セポルクロ教会 ★★
San Giovanni al Sepolcro
サン・ジョヴァンニ・アル・セポルクロ

円筒型の小さなこの教会は、現在閉鎖中だがロマネスク期に創建された貴重な教会のひとつ。小さな入口に座っているライオンの台座は、まるで少し傾いた教会を支えているようだ。

ライオンの台座は必見

Brindisi　ブリンディシのホテル＆レストラン

★★★　レジーナ　　　P.160 B2
Hotel Regina

町の中心地、カイローリ広場P.za Cairoliからもすぐ近くの便利なロケーションにあるホテル。ロビーには、町の案内カタログなどが揃っているのがうれしい。常連客の多い、家族経営のホテル。
URL www.hotelreginaweb.com

■読者割引5泊で1泊無料
住 Via Cavour 5
☎ 0831-562001　Fax 0831-563883
SB €50／70　TB €70／90
3B €90／128
室 43室 朝食込み　C A.J.M.V.
交 カイローリ広場から1分

★★★　トリーノ　　　P.160 B2
Hotel Torino

リーズナブルな価格に室内はシンプルで清潔感のある部屋。TV、電話、シャワー、扇風機が設置されている。
住 L.go P. Palumbo 6
☎ 0831-597587
Fax 0831-522092

SB €65／95
TB €80／130
室 14室 朝食込み
C A.D.M.V.
交 カイローリ広場から2分

★　ヴェネツィア　　　P.160 B2
Hotel Venezia

タクシードライバー兼ホテルのオーナーは飛行場まで手頃な料金で送迎サービスをしてくれる。ギリシア行きの船に乗るのに、簡単な宿泊をという人用の簡素なホテル。
住 Via Pisanelli 4

☎ 0831-527511
S €15
T €25
室 15室
C 不可
交 カイローリ広場から6分、駅から300m

ラ・ランテルナ　　P.160 A2
La Lanterna

歴史ある界隈にある15世紀の館を改装した、魚介類が充実したレストラン。夏は庭園での食事も気持ちよい。自家製のデザートもおすすめ。要予約
住 Via Tarantini 18

☎ 0831-564026
Fax 0831-524950
営 12:30～15:00、19:30～22:00
休 ⑤、8月
P €30～37
C A.D.M.V.

レ・コロンネ　　P.160 A2
Le Colonne

ローマの円柱のすぐ裏にあるカクテルも充実しているレストラン。夏は広い中庭で家族連れや、カップル、若者達が食事を楽しんでいる。野菜が豊富なアンティパスト・カザレチョやハウスワインの赤が定評。

住 Via Colonne 57
☎ Fax 0831-554145
営 19:00～翌1:00
休 ⑩
P €15～（コペルト€1）
C V.
交 ドゥオーモ広場から3分

South Italy

バジリカータ州とカラーブリア州
BASILICATA CALABRIA

　イタリア半島の先端、カラーブリア州とプーリア州に囲まれたバジリカータ州と三方を海に囲まれたカラーブリア州。いずれも山間で雨が少なく、ぶどう畑や樫やクルミの森が続き、少し郊外に出れば羊飼いが羊を追う姿が見られる。美しい海が滞在型リゾートとして注目され始めたが、まだまだ観光客の姿は少ない。さて、一番の見どころのマテーラの洞窟住居は厳しい時代を偲ばせ、寂しさが胸を打つ。海辺の小さなリゾートのトロペアでくつろいだら、レッジョ・ディ・カラーブリアでギリシア彫像の傑作リアーチェに対面しよう。

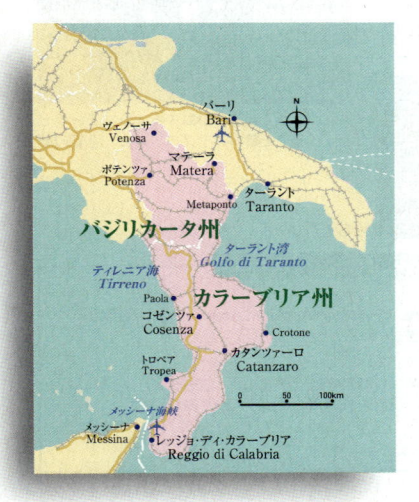

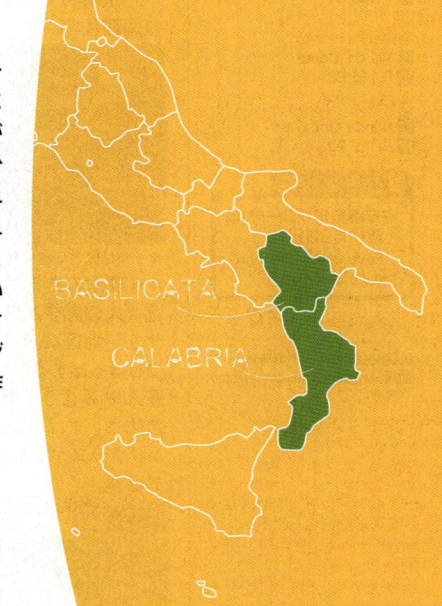

マテーラ

セピア色の町マテーラ

Matera

- ●郵便番号　75100

■❶A.P.T
住 Via De Viti De Marco 9
☎ 0835-331983
開 9:00〜13:00
　　(月)(木)は16:00〜18:30も
休 (日)(祝)
地 P.165 B1
●ローマ通りVia Roma裏側
●観光案内一般。ホテル予約はやらない。

■バスターミナル
Autostazione
住 Piazza Matteotti
地 P.165 B1

■郵便局　Posta
住 Via del Corso
地 P.165 B2

■電話局　Telefono
住 Via del Corso 5
地 P.165 B2

●おもな行事
●守護聖母ブルーナの祭(7月2日)
　Festa della Madonna della Bruna

時刻表調べ
私鉄FAL線のバスや電車は、URL www.fal-srl.it/elencoquadriorari で検索可

一面に広がるサッシが残るマテーラの旧市街

1993年からユネスコ世界遺産として登録されている、マテーラの洞窟住宅"サッシSassi"。南イタリアの日差しにこれだけ寂しげに、そして奇妙な色を映しだす建物はないだろう。重なり合ったサッシ街に降りて行くと、砂の舞う風の音と、荒々しい大地の中で、からからに乾燥したサッシが何か訴えているかのようだ。町の繁華街は、駅左横のマッテオッティ広場Piazza Matteottiから噴水のあるヴィットリオ・ヴェネト広場Piazza Vittorio Veneto付近。人の動きと店が並び、タイムスリップしてしまったかのようなサッシ地区の光景とは違い少しほっとする。教会に足を運んでみよう。豪華な内部装飾や、すばらしい色のステンドグラスがはめ込まれていて必見。

サッシ地区とは趣の異なる新市街

かつては陸の小島であったマテーラとバーリを結ぶアップロ・ルカーネ線の駅

注目を浴びる世界遺産の町

How to access

🚃 電車で行くなら
●バーリ→マテーラ　FAL（Ferrovie Appulo Lucane）線 1時間40分
　（平日のみ13便、うち直通7便）

🚌 バスで行くなら
●バーリ→マテーラ　FAL 1時間30分（平日4便、(日)(祝)6便）
●ターラント→マテーラ　SITA 1時間50分（平日のみ1日5便）

🚙 車で行くには
●バーリ→（S96/S99）→マテーラ

おもな見どころ

サッシの眺望が広がる
ふたつのサッシ地区 ★★★

かつての厳しい生活をサッシが語る

サッシはDuomoドゥオーモを挟みSasso Barisanoサッソ・バリサーノ、Sasso Caveosoサッソ・カヴェオーソに分かれている。サッソ・バリサーノは旧市街のドゥオーモを越えたところにあり、さらに密集した住居が不揃いに建てられている。サッソ・カヴェオーソはすり鉢状になった地形に、張り付いているように広がっている。町のパスコリ広場Piazza Pascoliからはサッソ・カヴェオーソ地区のパノラマが広がる。そして正面には洞窟そのものの形をしたサッシとその内部にある神秘的なフレスコ画も観ることができる。

NAVIGATOR

バーリ北駅Bari-Nordから発着するFerrovie Appulo-Lucane線FALの列車に乗る。FAL Centro (Piazza Matteotti) 駅下車。ユーレイルパスは使用できない。1、2両の短い列車で出発寸前やアルタムーラ駅で車両を切り離して1両だけで出発する場合がある。バーリから乗るときには、どの車両がマテーラに向かうか確認して乗ったほうがよい。

地下にあるマテーラの駅。切符売り場は地上に上がったすぐのところにあるボックス。その掲示板には、列車の時刻表やプルマンの時刻表があるので帰りの便をチェックしておこう。バーリ、ポテンツァからのプルマンとマテーラ市内バスのCASAM社のターミナルはともにPiazza Matteotti広場にある。サッシ地区内にはバスは通っていない。

バジリカータ州 マテーラ

マテーラ Matera 0 150 300m

- サン・ジョヴァンニ・バッティスタ教会 S.Giov. Battista
- ドゥオーモ Duomo
- サン・フランチェスコ・ダッシジ教会 S.F. d'Assisi
- サン・ピエトロ・カヴェオーソ教会 S.P.Caveoso
- サンタ・マリア・デ・イドリス教会 S.M. de Idris
- プルガトリオ教会 Chiesa d. purgatorio
- 城 Castello Tramontano
- 国立ドメニコ・リドーラ博物館 Museo Domenico N. Ridola
- マテーラ中央駅 F.A.L Centro
- F.A.L Matera-Nord駅へ 1.2km

■国立ドメニコ・リドーラ
　博物館
住 Via Ridola 24
☎ 0835-311239
開 9:00～20:00
　㊊14:00～20:00
休 ㊊午前　料 €2.50
地 P.165 B2

先住民族の神秘的な陶器
国立ドメニコ・リドーラ博物館 ★
Museo Nazionale Domenico Ridola
ムゼオ・ナツィオナーレ・ドメニコ・リドーラ

1階と地下の合計8つのサロンに分かれている展示品はマテーラ近郊からの出土品で、民族学者のドメニコ・リドーラのコレクションが多く集められている。サロン1の旧石器時代、新石器時代の発掘品は、当時の優れたデザインで彫り込まれた石や壺の数々が展示されている。博物館は紀元前800年頃の陶器のコレクションが充実している。また工夫を凝らしたさまざまな形の壺や、当時使っていた調理器具などは大変興味深い。

考古学的に興味深い博物館

■プルガトリオ教会
地 P.165 B2
'05年1月現在、修復のため閉鎖中

ガイコツマークの教会
プルガトリオ教会
Chiesa del Purgatorio
キエーザ・デル・プルガトリオ

1725年に建てられた教会。正面のファサードには、コミカルな骸骨が彫られてあり、ちょっぴりかわいいミステリアスな外観。内部はいたって重厚な造りでクーポラの天使たちの装飾が華やか。

■S.F.ダッシジ教会
開 10:00～12:00
　17:00～20:00
地 P.165 B2

スタッコ細工に包まれた教会
サン・フランチェスコ・ダッシジ教会 ★
San Francesco d' Assisi
サン・フランチェスコ・ダッシジ

サン・フランチェスコ広場Piazza S. Francescoにあるバロック様式の教会の正面上部には、マドンナ像（聖母）がやさしくほほ笑みかけている。内部の祭壇には15世紀の8枚の祭壇画が連続して張られていて、花びらの形のスタッコ細工が壁いっぱいに咲いている。入口上のステンドグラスも美しい。

8枚の祭壇画

■サンタ・マリア・デ・
　イドリス教会
開 9:30～13:30
　15:00～19:30
料 共通券 €2.10～5.20
地 P.165 B2

洞窟教会
サンタ・マリア・デ・イドリス教会 ★
Santa Maria de Idris
サンタ・マリア・デ・イドリス

サッソ・カヴェオーソの横に勇ましくそびえ建っている洞窟教会。岩の上部に十字架があるのが特徴。中へ入ってみるとひんやり涼しく、壁にはいくつかのフレスコ画が描かれている。

岩山にそびえ建つイドリス教会

サッシに囲まれた教会

サン・ピエトロ・カヴェオーソ教会 ★
San Pietro Caveoso
サン・ピエトロ・カヴェオーソ

岩山をくり抜いた洞窟住宅を背に、カヴェオーソ地区とに挟まれた高台の洞窟教会は、17世紀に建てられた。風の音を聴きながら静かにサッシ群と向かい合っている。

周囲の谷との調和が美しい教会

プーリア・ロマネスク建築をとりいれた教会

サン・ジョヴァンニ・バッティスタ教会 ★
San Giovanni Battista
サン・ジョヴァンニ・バッティスタ

町の教会の中でも、重要な教会のひとつとしてあげられる教会。1223年に完成され、プーリア・ロマネスク様式の外観右横の窓の装飾が特徴的だ。内部の角柱の装飾は少女の顔、果物、動物とそれぞれ異なったデザインになっている。祭壇の上のステンドグラスは、あまり大きくないが存在感のある美しい光を放っている。

金と石をふんだんに使った装飾

ドゥオーモ ★★
Duomo
ドゥオーモ

セディーレ広場Piazza Sedileから、右へ緩やかな細い坂道をのぼりきると、どっしりと構えたドゥオーモが建つ、ドゥオーモ広場へとたどり着く。ここからのサッソ・バリサーノSasso Barisano地区のパノラマは必見。ドゥオーモの門の回りには3人の天使があり、細かく刻まれたレリーフが特徴だ。この教会の外観の小窓も動物の像で支えられた柱が飾られ1268～70年にかけてのプーリア・ロマネスク様式になっている。中に入ってみるとその広さと金の装飾の豪華さは圧巻。左側に位置する1539年に作られた**石の祭壇**は、この地の人々の熱い宗教心をさらに感じさせる。正面祭壇左奥には、マテーラ出身アルトベッロ作のキリスト降誕を再現したかわいい模型が置かれている。ガラスケースの中にある白い服を着た女性像は、町の守護聖女のブルーナの聖母Madonna del Bruna。

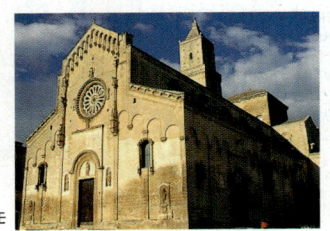

ドゥオーモ

✉ おすすめスポット

Via Romaの❶はとっても親切なオフィスでした。マテーラのサッシ地区の一番奥、サン・ピエトロ寺院近くに当時の洞窟住居を再現した展示場があります。当時の家具や道具を残した室内では、過酷な状況で暮らした農民の生活が偲ばれ、興味深いものでした。日本語の説明パンフレットも置かれています。音声案内は英・仏語でした。
（神奈川県　和田尚造　'04）

■**洞窟住居**
Casa Grotta di vico Solitario
🏠 Piazza San Pietro Caveoso, Vicinato di vico Solitario 11
☎ 0835-310118
開 9:00～日没
料 €3

■**サン・ピエトロ・カヴェオーゾ教会**
開 夏季17:00～20:00
　　冬季16:00～20:00
　⦿ 9:30～12:30
　　16:00～19:30
地 P.165 B2

■**S.G.バッティスタ教会**
開 10:00～12:00
　　17:00～20:00
地 P.165 A2

■**ドゥオーモ**
開 10:00～12:00
　　17:00～20:00
地 P.165 A・B2

■**サンタ・ルチア・アッレ・マルヴェ教会**
Santa Lucia alle Malve
岩山を掘ったヴェネディクト派の尼僧院で、内部は3廊式。多くの壁画があり「授乳の聖母」、「大天使ミカエル」、「聖グレゴリオ」、「聖母の戴冠」などが秀逸。教会は鍵がかけられているが、観光客がやって来ると係員が開けてくれる。
開 9:30～13:30
　　15:00～19:00
料 共通券€2.10～5.20

バジリカータ州　マテーラ

Matera — マテーラのホテル＆レストラン

★★★ アルベルゴ・イタリア　P.165 B2

Albergo Italia

貴族出身のオーナーのコレクションが飾られた上品なインテリア。モダンな造りの室内には、TV、ミニバー、ドライヤー、電話、エアコンが設置。プルガトリオ教会前に位置している。サッシのパノラマが楽しめる部屋がおすすめ。

URL www.albergoitalia.com
■読者割引2泊以上で SB €70 TB €90に

- Via Ridola 5
- ☎ 0835-333561
- Fax 0835-330087
- SB €75
- TB €98
- 46室　朝食込み
- C A.D.M.V.
- 交 サン・フランチェスコ広場から1分

★★★ ホテル・デ・ニコラ　地図外

Hotel De Nicola

新館、旧館と分かれているマテーラでは大きめなホテル。朝食サロンは広々としていて新館室内には電話、ドライヤー、ミニバー、TV、エアコンが設置されている。地元の人の結婚披露宴にもよく使われているホテル。

URL www.hoteldenicola.cjb.net
Via Nazionale 158

- ☎ 0835-385111
- Fax 0835-385113
- SB €45／57
- TB €69／86
- 3B €84／103
- 105室　朝食込み
- C A.D.J.M.V.
- 交 駅からバスで10分

★★ イル・ピッコロ　P.165 A1

Il Piccolo Albergo

家族経営のプチホテル。モダン＆カントリーがミックスされた室内は、ピンクを基調にデザインが楽しいベッドと木のフローリングが特徴。観光にも便利なロケーション。

- Via De Sariis 11
- ☎ 0835-330205
- Fax 0835-330201
- SB €48／55
- TB €63／78
- 11室　朝食込み
- C V.
- 交 駅から7分

★★ アルベルゴ・ローマ　P.165 B1

Albergo Roma

ローマ通りに位置している、駅から近いホテル。価格からもわかるように室内はいたって簡素。フロントはパラッツォの2階に上がったところにある。ホテルの人も町で一番の安さと胸を張る、まさにエコノミーな旅行者向けのホテル。

■読者割引3泊以上で20%
- Via Roma 62
- ☎ Fax 0835-333912
- S €35
- TB €50
- 10室　朝食のサービスなし
- C 不可
- 交 駅から5分

ダ・マリオ　P.165 A1

Ristorante Da Mario

ヴィットリオ・ヴェネト広場近くの建物の裏にある、一見地味な造りの外観。しかし地元の人達が次から次へとやって来る人気のレストラン。店内は縦長のサロンにオーナー自らオーダーをとり活気にあふれている。アンティパスト（前菜）のモッツァレッラや生ハムは新鮮で自慢の一品。

- Via XX Settembre 14
- ☎ 0835-336491
- 営 12:00 ～16:00、20:00 ～24:00
- 休 ⽇、8/8～8/17
- 予 €30（コペルト €2）
- C A.D.M.V.
- 交 ヴィットリオ・ヴェネト広場から2分

日本語メニュー

トラットリア・ルカーナ　P.165 B1

Trattoria Lucana F. lli Sanrocco

創業50年、マテーラの家庭料理の店。庶民的な小さな店内。駅やツーリストインフォメーションからも近いところにある。ハウスワイン、オリジナルのデザートもよい。

- Via Lucana 48
- ☎ 0835-336117
- 営 12:30 ～15:00、20:00 ～22:30
- 休 ⽇、7月の10日間
- 予 €25～35（コペルト €1、10％）
- C A.D.M.V.
- 交 駅から5分

レッジョ・ディ・カラーブリア
Reggio di Calabria

イタリア半島の爪先、海峡の町

　ブーツ型をしたイタリア半島のちょうど爪先の部分にあたるレッジョ・ディ・カラーブリアは、メッシーナ海峡を挟んでシチリア島と向かい合う町だ。シチリアへはここから連絡船が渡る。町は1908年の大地震で倒壊し、新たに造り直された。海岸線と平行に道路が敷かれ、整然と都市が整備されている。海からの風が街路をさわやかに吹き抜けて、いかにも海峡の町らしい。また、この町の背後には、モンタルト山（1955m）がそびえ、冬にはスキーも楽しめる。

南の太陽に輝く、白亜のドゥオーモ

- 郵便番号　89100

■レッジョ・ディ・カラーブリア❶
- 住 Via Roma 3
- ☎ 0965-21171
- 開 8:00～14:00
- 休 土日祝　地 P.169 B
- ●中央駅構内、空港、Via Romaにもある。カラーブリア州全域の情報を盛り込んだ冊子が用意されている。

●おもな行事
- ●慰めの聖母（9月8日直後の土曜）
  Madonna della Consolazione

NAVIGATOR

　町は南北に細長く延びている。直交する街路だから迷うようなことはないと思うが、広がりがあるので移動をすべて徒歩すると少しつらいかも。路線バスを利用するのも手。バスの路線図は中央駅の❶で配布している。シチリアのメッシーナへは町の北の港から船が出る。

How to access
■飛行機で行くなら
- ●ローマ→レッジョ・ディ・カラーブリア　1時間10分

■電車で行くなら
- ●ローマ→レッジョ・ディ・カラーブリア　IC 6～8時間
- ●ナポリ→レッジョ・ディ・カラーブリア　IC 4時間30分～5時間30分
- ●ターラント→（ラメツィア・テルメで要乗り換え）→レッジョ・ディ・カラーブリア　IC＋R　5時間40分

■バスで行くなら
- ●ローマ→レッジョ・ディ・カラーブリア　LIROSI 8時間30分

■車で行くなら
- ●ローマ→（A1/A3）→レッジョ・ディ・カラーブリア
- ●ナポリ→（A3）→レッジョ・ディ・カラーブリア
- ●ターラント→（S106）→レッジョ・ディ・カラーブリア

バジリカータ州　マテーラ／レッジョ・ディ・カラーブリア

■国立博物館
住 Piazza de Nava
☎ 0965-812255
開 9:00〜19:30
休 (月) 1/1、5/1、12/25 料 €6
地 P.169 A

「哲学者の肖像」も必見

おもな見どころ

「リアーチェのブロンズ像」と対面

国立博物館 ★★★
Museo Nazionale
ムゼオ・ナツィオナーレ

南イタリアで最も重要な博物館に数えられるここにはぜひ訪れたい。先史時代からの発掘品をはじめ、地域の画家たちの重要な作品が公開されている。1階は先史時代のフロアー。陶器や鉄器、石器など興味が尽きない。地階は広範囲な考古学セクション。ここには有名な**リアーチェのブロンズ像**Bronzi di Riaceがある。1972年にイオニア海に面した町リアーチェの沖合150メートルの海底から発見されたこの2体の像は、紀元前2世紀頃のローマ船が、ギリシアから戦利品として持ち帰る途中で難破したために海に沈んだと推測されている。製作年代は紀元前450年前後。戦士と思われる威厳に満ちた表情や、解剖学に忠実な肢体はまるで生きているよう。現存するギリシアのブロンズ像の傑作と謳われている。2階は貨幣のコレクション。南イタリアやシチリア各地の町（おもに墳墓）から発掘されたもの。手のこんだ当時の造幣技術が見て取れる。3階は中世と現代美術の部屋で、スタッコ細工やアントネッロ・ダ・メッシーナの作品「**アブラハムと天使**」**Ablamo e gli angeli**などが見られ、豊かな絵画芸術に感心するばかりだ。

陶器のコレクションがすばらしい

リアーチェのブロンズ像

メッシーナ作「アブラハムと天使」

How to access
●シチリアへの渡り方
港から船が出ている（中央駅から13、125番のバスが連絡。所要約10分、€0.80）。fs社とSNAV社の2路線があり、どちらも乗り心地に大差はないが、fs社の方が少し料金が安い。運航は1時間に1〜2本、7:00〜23:00まで。所要25〜35分。なお、車でわたる場合は、13kmほど北のヴィッラ・サン・ジョヴァンニからのフェリーに乗船しなければならない。
レッジョ・ディ・カラーブリアには多数の駅があるので注意。シチリアへの船が出航しているのは港そばのレッジョ・カラーブリア・マリッティマM.maとヴィッラ・サン・ジョヴァンニ駅である。町へは中央駅Centraleまたはリド駅Lido下車が便利。

●イタリア鉄道fs社フェリー
☎ 0965-863545
※メッシーナ・マリッティマ駅まで行く

●SNAV社
☎ 0965-29568

●マルタ共和国への船
上記の港の一角から、マルタ共和国行きの船（HAMLET社）が出ている。
☎ 0965-712208

サッカー情報
中村俊輔選手が所属するのが、レッジョ・ディ・カラーブリアを本拠地とするセリエAのレッジーナ。スタジアムや緑いっぱいの練習場も訪ねてみよう。
■サッカー・スタジアム
スタディオ・コムナーレ"オレステ・グラニッロ"
Stadio Comunale "Oreste Granillo"
□行き方
中央駅から約1.5km、徒歩約15分。バスなら中央駅から1、4、14、112、113番で。
■練習場
チェントロ・スポルティーヴォ・サンタアガタ
Centro Sportivo S. Agata

□行き方
空港敷地の隣に位置している。スタジアムから徒歩約15分。
切符売り場やグッズなどが並ぶオフィシャル・ショップ（圏9:00〜13:00、16:30〜19:30）も敷地内にある。
練習場は一般公開され、レッジーナの選手から子供のサッカースクールまで見学することができる。レッジーナの練習は試合シーズンの(月)は休み、(火)は15:30〜17:30頃、(水)は昼を挟んで1日、(木)は練習試合、(金)は試合地へ出発するため練習なし。(土)は(日)にホームで試合がある場合は午前中に練習の予定だ。変更もあるので、一応の目安です。

美しい3廊式の大聖堂
ドゥオーモ
Duomo

ドゥオーモ

　近年修復を終え、その白亜の全体像が見られるようになったロマネスク様式の大聖堂。正面入口の両側に、フランチェスコ・イェラーチェ作の聖パウロと聖ステファヌスの石像を配している。3廊式の内部は広々として、ステンドグラス越しに差し込む光が柔らかで心地よい。ドゥオーモ前の広場は三々五々人々が集まる社交場になっている。

内部

信仰の中心、ドゥオーモ

■ドゥオーモ
開 7:00～12:15
　 15:30～19:00
地 P.169 B

海風の吹く散歩道
マッテオッティ海岸通り
Lungomare Matteotti

ルンゴマーレ・マッテオッティ

　中央駅から北へ海岸沿いに延びる1.5kmほどの眺めのよい大通り。メッシーナ海峡を挟んでシチリアのエトナ山までも見渡せる。沿道には珍しい熱帯性の植物が並ぶ。陸側にはローマ時代の浴場跡Terme Romaneやギリシア人の城壁Mura Grecheが残っており、柵越しに見ることができる。

ローマ時代の浴場跡

海岸通り

町のメインストリート
ガリバルディ大通り
Corso Garibaldi

コルソ・ガリバルディ

　町の中心を貫く町一番のストリート。主要な公共機関から銀行、スーパーマーケット、ブティックの類まで何でも揃っている。24時間対応のキャッシュディスペンサーが利用できる銀行もあるので便利。

ガリバルディ通り

■城
地 P.169 B

アラゴン時代の城
城
Castello

カステッロ

　ドゥオーモ裏手のVia A. Ciminoを北へ進んだところにあるアラゴン時代の城。円筒形の塔と外壁の一部が残っている。城の周囲は緑の多い公園になっていて、ひと休みにちょうどよい。

カステッロ

カラーブリア州　レッジョ・ディ・カラーブリア

Reggio di Calabria レッジョ・ディ・カラーブリアのホテル＆レストラン

★★★★　ミラマーレ　P.169 B
Grand Albergo Miramare
町の中心に位置し、駅や見どころにも近くて観光に便利。イタリア人ビジネス客にも人気のある快適なホテル。

住 Via Fata Morgana 1
℡ 0965-812444
FAX 0965-812450
SB €100／150
TB €140／195
室 96室　朝食込み
C A.D.V.

イル・ドゥカーレ　P.169 A
Ristorante Il Ducale
絵画やさまざまな装飾品で彩られた店内はローマでも見られないほどの優雅さ。王侯貴族になったような気分だ。食前酒のサービスもうれしい。

できれば予約　住 Corso Vittorio Emanuele III 13

0965-891520　営 11:30～15:30、19:00～23:30　休 無休　€25～30（コペルト€2、サービス料€2）
C A.D.M.V.　交 国立博物館の裏の広場、P.za Indipendenzaに面した建物の2階にある

| 郵便番号 | 89861 |

■トロペアの❶
休 Piazza Ercole
☎Fax 0963-61475
開 夏季 9:00～13:00
　　　　17:00～22:00
　　冬季 9:30～12:30
　　　　16:00～19:30
休 冬季の日午前
●町の中心、エルコレ広場に面したビルの1階にある。英語の達者なスタッフがていねいに案内してくれるが、町の地図は配布していない。

■カテドラーレ
開 7:30～12:00
　　15:30～18:00

How to access
ローカル路線上のため、停車は1日数本と大変不便。しかし大都市からのアクセスは意外とよく、夜行列車が通じている。鉄道の利用か、レンタカーなどがベター。
■鉄道
ローマからICで7時間。
ミラノからICで13時間。
Lamezia Terme C.leからR.で1時間10分、ICで30分。
レッジョ・ディ・カラーブリアからR.で1時間50分。
■バス
バスは非常に便が少なく、注意が必要だ。近郊の大都市への便は、ヴィーボ・ヴァレンティア、カタンツァーロへそれぞれ1日1便（早朝）のみ。
●バス Autolinee Lirosi社
　☎0966-57552
■車
ナポリからA3
Pizzoよりs522

トロペア
Tropea

これぞ風光明媚！秘密のリゾート

　ティレニア海に面した、小さな小さな「秘密のリゾート地」といった趣のトロペアは、高級ホテルが建ち並ぶような豪華さはない代わりに、どこまでも澄んだ海と、40mの絶壁の上に建つ町からの眺めが満喫できる静かな町。比較的安いホテルが多いのも魅力的だ。水着を持って出かけよう。

海と調和するトロペア

町とともに歩んできた
カテドラーレ
Cattedrale ★

カテドラーレ

　エルコレ広場から東へ少し。小さな広場に面してノルマン時代の大聖堂がたたずんでいる。幾度もの改修工事を経て現在の姿になった。華美な装飾の少ないシンプルな内部には、「黒い磔刑像」と呼ばれる15世紀末の磔刑像や、1530年の「ガッゼッタ家の墓」など、多くの美術品が残されている。

カテドラーレ

岩山の上の小さな教会
サンタ・マリア・デッリゾラ聖所記念堂
Santa Maria dell' Isola ★

サンタ・マリア・デッリゾラ

　トロペアの砂浜を二分する海に突き出した大きな岩山の頂上にある小さな教会。もとはベネディクト会修道院として中世初期に建造された。ここからは眺望がすばらしい。海岸から陸続きなので、歩いて渡り、階段で上れる。

周りの風景に調和する教会

町の中心の可愛い広場
エルコレ広場
Piazza Ercole

ピアッツァ・エルコレ

　町の中心にあたる穏やかでこぢんまりした広場。この広場を中心に南北に延びるヴィットリオ・エマヌエレ大通りCorso Vittorio Emanueleには、レストランやバール、みやげ物屋、1時間仕上げのDPEショップなどが揃っている。

Tropea　トロペアのホテル

トロペアにはホテルが12軒ある（2～4つ星）。どれもリゾート地としての気品と落ち着きがあり、利用しやすい。駅近くから海岸沿いにいたるまで、立地に差はあるが、小さな町なのでどこに泊まっても観光に不便ということはなさそうだ。また、海岸近くにはキャンプ場も整備されている。

★★★ ホテル・ヴィルジリオ
Hotel Virgilio

鉄道駅から町の入口近くにあるレストラン併設のホテル。もてなしが温か。
URL www.hotel-virgilio.com
■読者割引3～4月、10月に7泊で1泊無料

休 Viale Tondo 21
☎ 0963-61978/9
Fax 0963-62320
SB €40／65
TB €70／120　朝食込み
C A.M.V.

South Italy

シチリア州
SICILIA

　花咲き乱れ、オレンジやレモンの果実が実り、美しい海岸線に囲まれた島、シチリア。『地中海の十字路』とも呼ばれ、幾多の民族が植民、支配を重ね、いくつもの文化の残り香がそこここに残る。地中海貿易の繁栄が生んだ壮大なギリシア神殿の残るアグリジェント、セリヌンテ……。大都市パレルモは赤いドームがイスラムの町を思わせ、タオルミーナやシラクーサではギリシア劇場が周囲の自然と調和を見せる。内陸に入れば、よく整備された高速道路が荒涼たるいくつもの山を横切り、放牧の羊の群れに出合う。訪ねたい町はいくつもあるが、ひととき足を止めブーゲンビリアの花陰でまどろみたいシチリアの休日だ。

シチリア島の交通事情

■おすすめの現地旅行会社
●CST社
日本人添乗員付きシチリア周遊バスツアーも催行
●Via E Amari 124（パレルモ）
☎091-7439657
URL www.compagniasicilianaturismo.it

■航空会社連絡先
●アリタリア ALITALIA
URL www.alitalia.co.jp
☎848-865642 国際線
☎848-865641 国内線
ミラノ、ローマなど

●アルピ・イーグル
ALPI EAGLES
URL www.alpieagles.com
☎041-5997777
ナポリ、ヴェネツィアなどから

●エア・ワン AIR-ONE
URL www.flyairone.it
☎091-7020368
ピサなどから

●マルタ航空 AIR MALTA
URL www.airmalta.com
☎091-6255848
マルタからカターニア

✉ ナポリ〜パレルモ
夜行フェリー
Tirrenia社の船内はレストランや映画ルームなど充実していて快適でした。寝室はカードキーなので安全です。料金はSNAV社のほうが多少安いのですが、船内が豪華なのはTirrenia社です。冬場の6:30はまだ暗いのでご注意を。
（東京都　キミ子　'04）

●交通拠点はパレルモとカターニア

シチリア島の交通拠点となるのが、**パレルモ**と**カターニア**。イタリア各地からの空路、海路をはじめ、シチリア島内のプルマンも多く発着している。島の西側の拠点をパレルモ、東側をカターニアとして最初に交通情報を集めて、旅を始めると効率的だ。

プルマンの切符を除き、航空券、船、鉄道fs線の切符は各地の旅行会社でも販売している。また、一部のプルマンの切符、航空券、船の切符はURL上から予約や購入もできる。

●空路シチリアへ

シチリア島のおもな空港は**パレルモ**と**カターニア**。アリタリア、アルピ・イーグル、エア・ワンなどの各航空会社がヨーロッパの各都市をはじめ、ミラノ、ローマ、ボローニャ、ヴェネツィア、ナポリなどを結んでいる。また、マルタ航空がカターニアとマルタの間を運航している。ヨーロッパの各都市またはミラノやローマで乗り継げば、日本を出発したその日にシチリアに到着することも可能だ。

小型飛行機も大活躍のシチリアの空

窓からは海と陸の絶景を望む

●海路シチリアへ

パレルモへはジェノヴァ、ナポリ、サレルノ、カリアリ、エオリエ諸島などから。**カターニア**へはマルタ、ナポリなどから。**トラーパニ**へはカリアリ、ナポリからの航路がある。また、エオリエ諸島へは島の北東

水中翼船も就航し、船の旅も速い

Column ホテル代わりに利用!?　ナポリ・パレルモ間の船

ナポリ発20:00（SNAV社）と20:45（Tirrenia社）でパレルモ着6:30。ホテル代わりに船の客室を利用し、寝ている間に目的地に到着するというのは時間もお金も節約になる。ただし、到着は早朝なのを覚悟しておこう。そのまま、鉄道やバスで移動するなら駅やターミナルに出かけて乗り込めば、午前中を有効に使うことができる。また、7:00頃からは港内の手荷物預けがオープンするので、まず荷物を預けて、ゆっくり朝食を取って時間調整をして町へ出かけよう。

Traffic Info.

のミラッツォからも船が運航している。エオリエ諸島をはじめ島への船は、夏季には増便され、フェリーのほか、水中翼船も運航している。

●プルマン（長距離バス）

高速道路が整備され、主要幹線道路が海岸線をグルリと囲むシチリア島では、プルマンの旅は鉄道に比べ効率的だ。特に内陸部を横断する場合などは、ロカーレlocaleの各駅停車に比べて速く、車窓からの風景もすばらしい。**パレルモ**からはカターニア、アグリジェント、トラーパニ、エンナ、メッシーナ、タオルミーナ、ラグーサなど各地へ。**カターニア**からはパレルモ、タオルミーナ、シラクーサ、メッシーナなどへ。(P.218参照) 各空港からも各地へのプルマンが運行しており、上手に使いこなせば、かなり効率的だ。

日常の足として活躍するプルマン

プルマンの車窓から望む大自然

●鉄道

ローマやナポリなどからの列車は、シチリアの玄関口メッシーナ海峡を渡る。列車はイタリア半島の爪先にあたるカラーブリア州のヴィッラ・サン・ジョヴァンニ駅Villa San Giovanniで2～3両ずつ切り離されて、連絡線に積み込まれる。対岸のメッシーナ港駅Messina Marittima駅まで約40分。列車の連結作業後、メッシーナ中央駅Messina Centraleへと向かう。ここで列車は、**北海岸方面**（パレルモ）と**東海岸方面**（タオルミーナ、カターニア、シラクーサ）に分かれる。メッシーナ→パレルモ（3～4時間）、メッシーナ→タオルミーナ（30分～1時間）、メッシーナ→カターニア（1時間20分～2時間）、メッシーナ→シラクーサ（2時間30分～4時間）。

シチリアの交通の拠点、パレルモ中央駅。駅周辺から各地へのプルマンも発車

■船会社連絡先

■グリマルディGRIMARDI
Cal.Marinai d'Italia,Porto
（パレルモ）
URL www.grimaldi.it
☎ 091-6113691
ジェノヴァ、チヴィタヴェッキオ、サレルノなどからパレルモへ

■ティレニアTIRRENIA
Via Molo Vittorio
Veneto （パレルモ）
URL www.tirrenia.it
☎ 091-6021235
ナポリ、カリアリなどからパレルモへ

■スナッヴSNAV
港内切符売り場
（パレルモ、カターニア）
URL www.snav.it
☎ 091-6317900
ナポリからパレルモへ

■シレマールSIREMAR
Via F. Crispi 118
（カターニア）
URL
www.gruppotirrenia.it/siremar
☎ 199-123199
ナポリ、エオリエ諸島などからカターニアへ

■アイランド・シーウェイ ISLAND SEAWAY
Via Dusmed 131
（カターニア）
☎ 095-325081
マルタからカターニアへ

■ヴィルトゥ・フェリーズ VIRTU FERRIES
URL www.virtuferries.com
☎ 095-535711
マルタからカターニア、シラクーサ、ポッツァーロへ

■メーターがない!?南イタリア、シチリアのタクシー

南イタリアでは、町によっては車体にタクシーの表示があってもメーターが付いていない場合もある。最初に料金交渉をして乗り込もう。不安なら、ホテルの人などに料金交渉をしてもらうといい。また、白タク（無認可タクシー）も多く、空港や大きな駅では客引きも盛んだ。長距離を乗る場合は必ず事前にしっかり交渉しよう。カターニア空港やパレルモの空港から町へはプルマンやバスなどが頻繁に走っており、町のバスターミナルからは各地へのプルマンが運行している。多少の時間はかかるが、プルマン利用なら料金トラブルは防げる。

シチリア州　パレルモ

美しきカルチャー・ミュージアム
Palermo

パレルモ

アラブ・ノルマン様式の
エレミティ教会

NAVIGATOR

パレルモは大きく3つの地区に分けられる。クアットロ・カンティを中心に、**1 ノルマン王宮と旧市街地区**、その東側が、**2 プレトーリア広場東地区**、北側の、**3 新市街と考古学博物館**。見どころは比較的旧市街地区に集中しているが、それ以外にも見逃せないものが四散しているので、すべてを見ようと思ったらバスなどを利用して積極的に移動しなければならない。最低でも丸1日、確実に見たければ2日はほしいところ。

午前中に多くの見どころがオープンしている代わりに、午後になると閉鎖したり休憩時間などで見学できないことが多くあるのに加え、夏季の午後は動くのがおっくうになるほど暑いので、早起きして午前中に済ませるのが観光のコツだ。午後は公園などの涼しいところや、郊外へ小旅行に出るのも一案。

市内を走るオレンジ色のバス

シチリア州最大の都市パレルモ。人口は68万人を数え、シチリアの商工業の中心地だ。地中海の中心地という地理的な条件から、アラブやノルマンといった南北からの度重なる侵略の結果、異文化の入り混じった奇妙で興味深い文化が創造された。ドイツの文豪ゲーテをして「世界一美しいイスラムの都市」と言わしめたほど、北ヨーロッパ人をときめかせた魅力的な町なのである。

しかし、一般的な「美しい」という感覚で初めてパレルモを訪れた時、とくにそれが夜であったら少し「恐い」と感じるかもしれない。心細く弱々しい街灯、煤けた旧市街の町並み……。けれど日中の太陽の下ではゲーテの言葉も大いに納得。並ぶ棕櫚の木、快い蹄鉄の音を響かせて走る馬車、活気のある市場。数多くの美術館や博物館、劇場などを抱えるパレルモは一大文化都市でもある。それから忘れてはならないのが、ここはシチリアきっての食の都であること。「ウニのおいしさがわかるのは日本人とシチリア人だけ」と言われるように、ほかの地方では見られない食材が取り扱われ、グルメたちに文字どおり「垂涎」の都市なのである。

パレルモは空路、航路、鉄道、バスなどあらゆる交通の集散地だ。シチリア観光の拠点として情報収集に大いに利用しよう。とくに、各地へのバスは非常に多くの路線が用意されている。効率よく観光をするならば、パレルモでバスツアーに申し込むのも一考だ。

How to access

✈ 飛行機で行くには
- ミラノ→パレルモ　1時間25分〜1時間45分
- ローマ→パレルモ　1時間10分

🚆 電車で行くには
- ローマ→パレルモ　fs線　IC約11時間　EX13時間（1日約7便）
- ナポリ→パレルモ　fs線　IC約8時間40分　EX約10時間
- カターニア→パレルモ　fs線　（メッシーナで要乗り換え）4時間30分〜7時間（1時間に約1便）
- カターニア→パレルモ　fs線　（カルタニセッタ経由）　R 3時間30分〜4時間（1日3便）
- アグリジェント→パレルモ　fs線　D　2〜3時間（1〜3時間に1便）
- メッシーナ→パレルモ　fs線　IC約3時間　R　約4時間

🚌 バスで行くには
- ローマ→パレルモ　SICILBUS　12時間30分（平日1日1便、日祝2便）
- カターニア→パレルモ　SAIS 約3時間（平日1日13便、日祝7便、一部カルタニセッタCartanissettaで要乗り換え）
- アグリジェント→パレルモ　CUFFARO　3時間15分（平日1日13便、日祝7便、一部カルタニセッタCartanissettaで要乗り換え）
- シラクーサ→パレルモ　INTERBUS 3時間15分（平日1日5便、日祝3便）

⛴ 船で行くには
- ナポリ→パレルモ　TIRRENIA SNAV 約10時間（1日2便）

🚗 車で行くには
- メッシーナ→（A18）→カターニア
- メッシーナ→（A20）→パレルモ

パレルモの交通

●空港からのアクセス

パレルモのファルコーネ・ボルセッリーノ空港Aeroporto Falcone-Borsellinoはパレルモ市内から約30km。市内へはプルマンと鉄道が運行している。また、空港からはアグリジェント、トラーパニ、マルサーラ行きのプルマンも出ている。

●バスターミナル

ほかの都市のように広場ではなく、道路上がバスターミナル。パレルモ中央駅の東側、Via Paolo Balsamo周辺に集中しており、各社の案内所もある。切符は車内で購入するところ、切符売り場などで事前購入が必要なところがある。土日祝はかなり減便となる場合も多い。日帰りで利用する場合は、必ず帰りの便の時刻表をチェックしておこう。バス会社、目的地によってターミナルが違う。おもな行き先とターミナルは以下のとおり。乗り換えが必要な場合もある。

- ●アグリジェント：住 Via Paolo Balsamo 13（CUFFARO社）
- ●トラーパニ：住 Via P. Balsamo 26（Segesta社）
- ●カターニア、エンナ、メッシーナ、チェファル、ピアッツァ・アルメリーナ、シャッカ：住 Via P. Balsamo 16（SAIS社）
- ●ラグーザ：住 Corso Re Ruggero（AST社）
- ●マルサーラ、マザーラ・デル・ヴァッロ：住 Via R. Gregorio 44（SALEMI社）

●市内のバス

路線バスは充実している。とくに乗客の多いローマ通りやマクエダ通りには2両連結車両、旧市街では小型の電気バスも運行している。また、モンレアーレやモンデッロなどの郊外とも結ばれている。

●AMAT

☎:091-7291111　料:1回券€1（120分有効）、24時間券€3.35
観光に便利な路線は以下のとおり。

- ●101番：ローマ通り↔ポリテアーマ劇場↔リベルタ通り↔→デ・ガスペリ広場↔リベルタ通り↔ポリテアーマ劇場↔ルッジェーロ・セッティモ通り↔クアットロ・カンティ↔マクエダ通り
- ●105番：カラタフィーミ通り↔インディペンデンツァ広場↔ヌオーヴァ門↔V.エマヌエーレ大通り↔ノルマン王宮↔カテドラーレ↔クアットロ・カンティ↔マリーナ広場
- ●107番：ローマ通り↔ポリテアーマ劇場↔リベルタ通り↔→デ・ガスペリ広場↔ポリテアーマ劇場↔ローマ通り↔ア・ヴェッキリア↔中央駅
- ●109番：Corso Tukory↔バラッロ市場↔サンタガタ門↔S.G.デッリ・エレミティ教会↔ノルマン王宮↔インディペンデンツァ広場
- ●389番：インディペンデンツァ広場（109番）→カラタフィーミ通り（105番）↔モンレアーレ
- ●603、806番：モンデッロへ

●郵便番号　90100

■パレルモ空港から市内へ
●プルマン
空港発6:30～24:00の間、約30分間隔の運行、所要30～40分。料金€5。切符は車内で購入。空港を出た右側に停車している白またはブルーのプルマン。ポリテアーマ劇場近くのカステル・ヌオーヴォ広場に停車し、旧市街を通らずに海岸通りを通ってfs線パレルモ中央駅西口が終点。空港行きのバスは、中央駅では西口（到着時とほぼ同じ場所）、カステルヌオーヴォ広場は北側のベネトン前（広場をはさんで到着時と反対側）からの乗車。

●鉄道 Trinacria Express（トリナクリア エクスプレス）
空港発5:40～翌0:05、中央駅発4:45～21:40の間、約1時間間隔の運行。所要45～60分。料金€4.50。空港地下にホームがある。

■パレルモ空港からほかの町へのアクセス
トラーパニへ
Segesta社
月～土12:45発　€6.40
アグリジェントへ
Sal社
月～土12:45、19:30発
※€8.60
※各逆コースも運行
プルマン各社連絡先
各社の時刻表はURLで検索可。
CUFFARO
☎ 091-6161510
URL www.cuffaro.it
SEGESTA
☎ 091-6171141
SAIS
☎ 091-6166028
URL www.saistrasporti.it
AST
☎ 091-6800030
URL www.aziendasicilianatrasporti.it
SALEMI
☎ 0923-981120
URL www.autoservizisalemi.it
INTERBUS/SEGESTA/SICILIBUS/ETNA
URL www.interbus.it

■パレルモ中央駅の荷物預け
時 7:00～23:00
料 最初の5時間　€3.50
　 6～12時間　1時間ごと€0.30
　 13時間以降　1時間ごと€0.10
※8番線ホームの先。5日以内、20kgまで

シチリア州　パレルモ

パルレモのインフォメーション

■ **パルレモの** ℹ️
パルレモの ℹ️ は中央駅と、新市街の入口、ポリテアーマ劇場と向かい合うカステルヌオーヴォ広場Piazza Castelnuovoの一角と、町の西30kmほどのプンタ・ライジ空港のほかに市内に6ヵ所。

■ ℹ️ **AAPTメインオフィス**
🏠 Piazza Castelnuovo 34
☎ 091-6058351
開 8:30〜14:00
　 14:30〜18:00
休 日祝
地 P.180 B2

■ **中央駅の** ℹ️
🏠 Piazza Giulio Cesare
☎ 091-6165914
開 8:30〜14:00
　 14:30〜18:00
　 ⊕9:00〜13:00
休 日祝
地 P.181 C3

マリーナ広場のインフォメーション（市内の6ヵ所に増設された）

■ **ファルコーネ=ボルセッリーノ/P.R空港の** ℹ️
🏠 Aeroporto Falcone-Borsellino
☎ 091-591698
開 8:00〜24:00
　 ⊕日8:00〜20:00
休 祝

● **おもな行事**
● 町の守護聖人聖ロザリア祭（7月11〜15日）Festa della S. Rosalia
● ミステーリ（復活祭前の聖金曜日と聖土曜日）Misteri
● 地中海フェア（5〜6月）Fiera del Mediterraneo

■ **AMAT社の チケットオフィス**
🏠 Via Borrelli 16
☎ 091-350415
料 €10.30
● 毎日ポリテアーマ劇場 9:00出発

● **ショッピング**
　商店の営業は9:00〜13:00、16:00〜20:00。ローマ通り、マクエダ通り、ヴィットリオ・エマヌエーレ通り、新市街のルッジェーロ・セッティモ通り、リベルタ大通りなどがショッピング・ロードだ。マッシモ劇場とポリテアーマ劇場をつなぐルッジェーロ・セッティモ通りにはショッピングアーケードのほか銀行もあり、商業が活発な地域。商店はたいてい日曜日と月曜日の午前中が休業となる。食料品店は水曜日の午後が休業。

旧市街には市場が点在

プラタナスの並木が美しいリベルタ大通り

● **市内観光**
　AMAT社をはじめ、現地旅行会社が効率よく観光できる市内観光バスツアーGiro della Città in Pullmanを企画している。所要3時間30分〜4時間。申し込みは旅行会社かホテルのフロント、またはAMAT社のチケットオフィスまで。

町を走る観光馬車

History&Art

● **多様の文化の洗礼を受け花開いたパレルモ**
　紀元前8世紀、フェニキア人が町を造り、天然の良港を持つパレルモには直径1kmほどの都市が出現した。紀元前254年、第一次ポエニ大戦でローマが勝利し、700年間にわたって古代ローマ時代が続く。5世紀頃からローマは衰退を始め、535年、ビザンチン帝国（東ローマ帝国）が支配し、のち300年ほどビザンチンの文化が爛熟してゆく。831年、サラセン人が侵入し、948年にパレルモを首都としてイスラム人支配が始まる。1072年、ノルマン人が制覇、1130年に高名なるルッジェーロ2世が戴冠。ノルマン王宮など、北ヨーロッパの息吹をパレルモに根付かせた。政権はホーエンシュタイン家に継承され、「中世最初の近代人」と評されるフリードリッヒ2世のもとで、シチリアは文学をはじめ豊かな芸術文化が開花する。パレルモに多く残るイスラム文化との融合様式は、ノルマン王朝が破壊よりも融合を図ったことによるところが大きい。1266年アンジュー家、1442年アラゴン家、1712年サヴォイア家、1718年ハプスブルグ家、1735年ブルボン家と、近世は目まぐるしく時代が移り変わり、1860年のガリバルディの独立統一戦争によってイタリア統一がなされるまで、シチリアは数多くの支配を受け続けることになった。

パレルモ周辺図
Palermo
0 1 2km
N
A
B
C
1
2
T.re Mondello
モンデッロ
Mondello
P.ta Celesi o Valdesi
Lungomare
P.ta di Priola
Addáura
Cristoforo
V. Partanna
V.le Reg. Margherita
Sperone
T.re del Rótolo
Colombo
ティレニア海
MARE TIRRENO
Státua di S. Rosalia
G.ピトレ・シチリア民族博物館
Museo Etnograpico
Pallavicino
サンタ・ロザリア聖所記念堂
Sant. di S. Rosalia
中国館
Pal. Na Cinese
Vérgine Maria
S. Lorenzo
Torrione
ペッレグリーノ山
M. Pellégrino
ファヴォリータ公園
Parco della Favorita
CIMIT. RÓTOLI
パレルモ湾
Golfo di Palermo
V. S. Lorenzo
V.le Strasburgo
V.le D. Fante
Stadio La Favorita
ウトゥヴェッジョ城
Castello Utveggio
Arenella
Resuttana
V. A. De Gasperi
Fiera d. Mediterraneo
Villa Igea
Acquasanta
V. I. Federico
I. FEDERICO
FIERA
GIACHERY
V. D. Cantieri
チュニジア・カリアリへ
ナポリへ
P.za Kennedy
V.le Lazio
NOTARBARTOLO
V. Notarbartolo
パレルモへ
Ucciardone
マリッティマ駅
Staz. Marittima
V.le Leonardo Da Vinci
V. Malaspina
P.za Castelnuovo
V. F. Crespi
リヴォルノ・ジェノヴァへ
V. Dante
V. Cavour
マッシモ劇場
Teatro Massimo
パレルモ
PALERMO
ジーザ（ノルマン王の別邸）
Zisa
C.so Aprile
カテドラーレ
Cattedrale
V. Maqueda
Via Roma
V. Emanuele
E. Umberto
カプチン派修道院
Conv. del Capruccini
P.za Indipendenza
ノルマン王宮
Pal. dei Normanni
中央駅
Staz. Centrale
V. Lincoln
S. Erasmo
Via Messina
Romagnolo
クブラ
Cubula
VESPRI
サン・ジョヴァンニ・ディ・レッブローシ教会
S. Giovanni D. Lebbrosi
Mezzomonreale
P.za M. Grappa
Settecannoli
Via Oreto
Corso
Del
Marine
ヴィッラ・タスカ
Villa Tasca
Porrazzi
サント・スピリト教会
S. Spirito
Torrelunga
Mille
Camastra
V. Basile
Rione M. d'Oro
Guadagna
Brancaccio
V. E. Gaiar
La Rocca
Biondo
V. G. Roccella
Regione
モンレアーレへ2km
Monreale
Siciliana
A19
サンタ・マリア・ディ・ジェズ教会
S. Maria di Gesu

シチリア州

パレルモ

180

3
4
A
B
C
パレルモ
Palermo
0
150
300m
N
港
PORTO
ティレニア海
MARE
TIRRENO
Via E. Albanese
Pontile S. Lucia
Banchina Francesco Crispi
Domenico Scina
Pontile Piave
Via Francesco Crispi
Diga Foranea
Via Principe Scordia
Via E. Amari
Pontile vitt. Vèneto
P.194
マリッティマ駅
Staz.Marittima
カリアリ、ジェノヴァ、ナポリ
行き船乗り場
バスターミナル
（モンデッロ行き）
Via Principe Belmonte
P.za
L. Sturzo
ローマ通り
Capitaneria
di Porto
Banchina Sammuzzo
Via Mariano Stabile
Molo Sud
Banchina Trapezoidale
Via Mariano Stabile
サンタ・チータ祈祷堂
Oratorio di S.Cita
P.za
S.Giorgio
Via Cavour
P.za
S.Giorgio
S.Giorgio
d.Genovesi
シチリア州立考古学博物館
Museo Archeologico
Regionale
P.za
Maqueda
サンタ・チータ教会
S.Cita
サンティニャツィオ・
アッロリヴェッラ教会
S.Ignazio all'Olivella
Via Roma
ロザリオ祈祷堂
Oratorio d.Rosario
サンタ・マリア・
デッラ・カテーナ
S.Maria d.Catena
フェリーチェ門
Porta Felice
P.za G.Verdi
サン・ドメニコ教会
S.Domenico
国際マリオネット博物館
Museo Internazionale
d.Marionette
ンタゴスティーノ教会
.Agostino
P.za
S.Domenico
サンタ・マリア・ディ・ポルト・サルヴォ
S.Maria Porto Salvo
Via Bandiera
Pal.
Pietratagliata
サンタントニオ・
アバーテ教会
S.Antonio
Via Napoli
C.so Vitt. Emanuele
マリーナ広場
Piazza Marina
キアラモンテ宮殿
Pal.Chiaramonte
フォロ・イタリコ
Foro Umberto
Agostino
ーボの市場
l Capo
マクエダ通り
Via Maqueda
Madonna d.
Soccorso
ヴッチリアの市場
La Vucciria
ヴィットリオ・エマヌエーレ大通り
ヴィラ・ア・マーレ
Villa a Mare
Via Candelai
サン・
マッテオ教会
S.Matteo
サン・ロレンツォ祈祷堂
Oratorio di S.Lorenzo
ピエタ教会（ラ・ピエタ）
La Pietà
Foro Italico
S.Ninfa
d.Crociferi
サン・フランチェスコ・ダッシジ教会
S.Francesco d'Assisi
クアットロ・カンティ
Quattro Canti
P.za Cassa
di Risparmio
シチリア州立美術館
Galleria Regionale
della Sicilia
P.za
Kalsa
プレトーリア広場
P.za Pretoria
ラ・ガンチャ
La Gancia
サンタ・テレザ教会
S.Teresa
Fontana Pretoria
サン・ジュゼッペ・デイ・
テアティーニ教会
S.Giuseppe d.Teatini
ベッリーニ広場
P.za Bellini
マルトラーナ教会
Martorana
P.za Bologni
Università
サン・カタルド教会
S.Cataldo
Piazza
dello Spasimo
Via d.Spasimo
P.ta Reale
S.Maria
d.Spasimo
ローマ通り
Via Roma
マクエダ通り
Via Maqueda
P.za Casa
Professa
マジオーネ教会
La Magione
ヴィラ・ジュリア
Villa Giulia
S.Chiara
V.Garibaldi
Via d. Biscottari
ジェズ教会
Gesù
アユタミクリスト館
Pal. Ajutamicristo
Via Lincoln
Via Porta di Castro
バッラロの市場
Mercato Ballarò
植物園
Orto Botanico
Giardino Tropicale
V.Milano
Via Lincoln
V.Torino
Via Albergheria
カルミネ教会
Carmine
空港バス発着所
カターニア他、各都市への
プルマン発着所
Via Archirafi
P.za
Giulio Cesare
Porta
Vicari
イタリア鉄道パレルモ中央駅
Staz. Centrale F.S.
Corso Tukory
S.Antonino
P.182-183
P.190
サンタガタ門
P.ta S.Agata
Via Marino

1. ノルマン王宮と旧市街
Palazzo dei Normanni e Città Vecchia

パレルモの旧市街の中心、クアットロ・カンティ

　パレルモの見どころが集中した旧市街からスタートしよう。庶民的な活気あふれる界隈だ。旧市街は徒歩で充分だが、効率よく回るためには、駅などからはバスも利用したい。界隈は車の通行が多く、とりわけ観光客の入り込まない路地や夜には安全とばかりはいえないので、身軽な格好で出かけたい。また、パラティーナ礼拝堂は肌を出したタンクトップや半ズボンでは入館できない場合もあるので注意。(所要時間 約4〜5時間)

●おもな見どころ

❶ クアットロ・カンティ 
マクエダ通りとヴィットリオ・エマヌエーレ大通りが交差する旧市街の中心に17世紀に造営された「四つ辻」。周囲の4つの建物の壁面を利用した彫刻が印象的。
★★　P.184

❷ プレトーリア広場 
ルネッサンス様式を町に持ち込んだフィレンツェの彫刻家によるプレトーリアの噴水とその像が名高い。
★★　P.184

❸ マルトラーナ教会 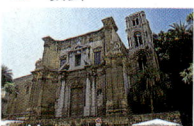
ベッリーニ広場に面して建つノルマン時代の教会。内部を覆い尽くすきらびやかなビザンチン様式のガラスモザイクは必見の価値がある。
★★★　P.185

❹ サン・カタルド教会 
ベッリーニ広場に面し、マルトラーナ教会に並んで建つ、3つの赤いドームが印象的な小さな教会。12世紀中頃のノルマン時代に建設された。
★★　P.185

パレルモ 地図

- マッシモ劇場 Teatro Massimo / P.zaVerdi
- マッシモ・プラザ Massimo Plaza P.198
- サンティニャツィオ・アッロリヴェッラ教会 S.Ignazio all'Olivella
- ポスタ Posta P.199
- ロザリオ祈祷堂 Oratorio d.Rosario
- P.za Stigmate
- サンタゴスティーノ教会 S.Agostino / Via S. Angostino
- サン・ドメニコ教会 S.Domenico / P.za S.Domenico
- サンタ・マリア・デッラ・カテーナ S.Maria d.Catena
- フェリーチェ門 Porta Felice
- Madonna d. Soccorso
- Pal. Pietratagliata
- モデルノ Moderno P.199
- サンタ・マリア・ディ・ポルト・サルヴォ S.Maria Porto Salvo
- P.za Monte. di Pietà
- Via Celso / Via Candelai
- サンタンドレア Santandrea
- ダ・トト da Toto P.201
- マリーナ広場 Piazza Marina
- キアラモンテ宮殿 Pal.Chiaramonte
- サンタントニオ・アバーテ教会 S.Antonio
- サン・マッテオ教会 S.Matteo
- S.Ninfa d.Crociferi
- Fontana Pretoria
- サン・ロレンツォ祈祷堂 Oratorio di S.Lorenzo
- P.za dei 7 Angeli
- ① クアットロ・カンティ Quattro Canti P.184
- ソーレ Sole P.198
- P.za Cassa di Risparmio
- サン・フランチェスコ・ダッシジ S.Francesco d'Assisi
- フォカッチェリア サン・フランチェスコ San Francesco P.202
- ラ・ガンチャ La Gancia
- ② プレトーリア広場 P.za Pretoria P.184
- チェントラーレ・パラス Centrale Palace P.198
- ベッリーニ広場 P.za Bellini
- ③ マルトラーナ教会 Martorana P.185
- サン・ジェゼッペ・ディ・テアティーニ教会 S.Giuseppe d.Teatini
- Biblioteca
- C.so Vitt. Emanuele
- P.za Bologni
- Università
- ④ サン・カタルド教会 S.Cataldo P.185
- オステリア・デイ・ヴェスプリ Osteria dei Vespri P.200
- Piazza dello Spasimo
- Via d.Spasimo
- マジョーネ教会 La Magione
- P.za Cattedrale
- Pal. Sclafani
- Via di Biscottari
- S.Chiara
- P.za Casa Professa
- コルテーゼ Cortese P.199
- ⑧ ジェズ教会 Gesù P.189
- アレッサンドラ Alessandra P.199
- V.Garibaldi
- アユタミクリスト館 Pal. Ajutamicristo
- ヴィッラ・アルキラーフィ Villa Archirafi P.199
- Via Porta di Castro / Mercato Ballarò
- V.Mongitore / V. Alberghería
- P.za Carmine
- カルミネ教会 Carmine
- V.Torino
- V.Milano
- Via Lincoln
- Porta Vicari
- Corso Tukory
- S.Antonino
- P.za Giulio Cesare
- リンコルン Lincoln P.201
- イタリア鉄道パレルモ中央駅 Staz. Centrale F.S.
- Via Marino

シチリア州 / パレルモ

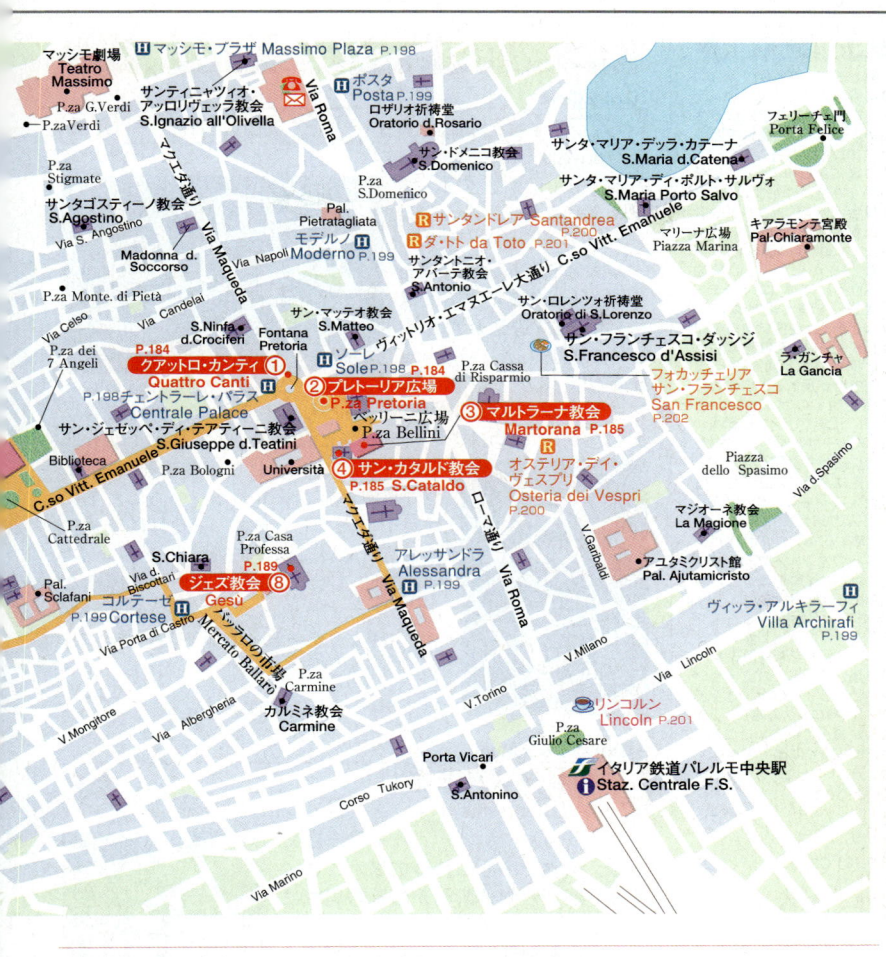

⑤ カテドラーレ
1184年にシチリア・ノルマン様式で建てられたものの、以後の外国支配の歴史を通して度重なる改築を重ねることになった教会。歴代ノルマン王の墓があることでも知られる。
★★★ P.186

⑥ パラティーナ礼拝堂
ノルマン王ルッジェーロ2世が建設した礼拝堂で、ノルマン王宮の2階にある。全体が金色に輝くモザイクで覆われその豪華さでパレルモ最大の遺産と言われる。
★★★ P.187

⑦ S.G.d.エレミティ教会
5つの赤い丸屋根が印象的な12世紀アラブ・ノルマン様式の教会。簡素な教会内部と対照的な南国の風情が漂う美しい小回廊が特徴だ。
★★ P.188

⑧ ジェズ教会
イエズス会がパレルモで最初に建立した教会。スタッコ細工や華麗な壁画によって装飾された典型的なシチリア・バロック様式の教会。
★★ P.189

NAVIGATOR

駅からバス101もしくは102番に乗ってクアットロ・カンティまで行きここを起点に歩き始めよう。すぐ北側に噴水が並ぶプレトーリア広場があり、その奥にあるベッリーニ広場に並んで建つふたつがマルトラーナ教会とサン・カタルド教会だ。椰子の木を背景に建つふたつの教会の異国的な情緒はパレルモらしさの象徴だ。ヴィットリオ・エマヌエーレ大通りを海と反対側に10分ほど歩くと左側にあるのがカテドラーレ。その先の右側には椰子の木が並ぶヴィットリア広場が現れ、その後ろに威容を誇るのがノルマン王宮だ。王宮の脇にあるポルタ・ヌオーヴァをくぐり抜け、王宮に沿って左側へ下りていった先にパラティーナ礼拝堂への入口がある。またノルマン王宮の南側の旧市街入口に、赤い5つの丸い屋根がシンボルのサン・ジョヴァンニ・エレミティ教会がある。入口はVia Benedittiniから。Via Porta di Castroを北へマクエダ通りに向かって歩いてゆくとパレルモでも有数の食料品市場、バッラロのにぎわいにぶつかる。その奥にはシチリアン・バロックの雄、ジェズ教会が建っている。ここからマクエダ通りに出て左へ行くとクアットロ・カンティに戻ることができる。

■クアットロ・カンティ
地 P.181 C3、P.183

■プレトーリア広場
地 P.181 C3、P.183

おもな見どころ

パレルモのへそ
クアットロ・カンティ ★★
Quattro Canti
クアットロ・カンティ

四つ辻（十字路）の意。マクエダ通り Via Maquedaとヴィットリオ・エマヌエーレ大通り Corso Vittorio Emanueleが交差する地点に17世紀に造営された小さな広場Piazza Viglienaが起源。スペイン総督らによりバロック都市計画の一環として造られたもの。広場に面した4つの建物はその角を均等に弧を描くように丸く切り取られた形になっており、各壁面に3段ずつの装飾が施されている。いちばん下には四季を表現した噴水、2段目には歴代スペイン総督（カルロ5世、フィリッポ2世、3世、4世）、3段目には町の守護聖女（クリスティーナ、ニンファ、オリーヴァ、アガタ）がそれぞれ見下ろしている。

シチリアン・バロックの極み

クアットロ・カンティの壁面

一陣のルネッサンスの風
プレトーリア広場 ★★
Piazza Pretoria
ピアッツァ・プレトーリア

クアットロ・カンティのすぐそばにある、噴水を中心に持つ広場。ここには30を超える裸体彫刻が噴水の周りに置かれている。エレガントでなまめかしいこの彫刻群、とくに中央の**プレトーリアの噴水 Fontana Pretoria**はフィレンツェの職人フランチェスコ・カミリアーニの手により、もとはフィレンツェのある屋敷のために制作されたもの。1570年代に当地に移築、アラブ色の濃いパレルモにルネッサンスの作例が並ぶこととなった。夜間は照明に映し出されて大変美しい。

彫像が美しい

プレトーリアの噴水

パレルモの顔を抱える
ベッリーニ広場
Piazza Bellini ★

ピアッツァ・ベッリーニ

　プレトーリア広場の南に隣接した小さな広場。今は車が駐車するだけのがらんとした広場になっているが、注目すべきはパレルモを象徴するような作例といえる、広場の南側の高台に並んで建つふたつのノルマン時代の教会だ。

ベッリーニ広場

■ベッリーニ広場
地 P.181 C3、P.183

ノルマン時代の遺産
マルトラーナ教会
Martorana ★★★

マルトラーナ

■マルトラーナ教会
住 Piazza Bellini 3
☎ 091-6161692
開 8:00～13:00
　　15:30～17:30
　　(日)8:30～13:00
休 無休
地 P.181 C3、P.183

　1143年に海軍提督(アンミラリオ)の要請で建設されたが、後に隣のマルトラーナ修道院に接収され、現在の名となった。ファサードは16世紀のバロック様式(現在は使われていないので出入りは鐘楼の下から)。

　内部の壁は金色に輝くモザイクで覆い尽くされ、礼拝堂と並ぶシチリア最古のビザンチン様式で、息をのむすばらしさだ。中央に「全知全能の神キリスト」を抱き、その周りを大天使や預言者、福音史家、聖人などが取り囲む構図になっている。また正面に向かって右の身廊壁面には当時の王ルッジェーロ2世がキリストから王冠を授けられる場面、左側には海軍提督ジョルジョ・ディ・ダンティオキアが亀のようになって聖母マリアの足元にひざまずく姿は傑作として名高い。

マルトラーナ教会内部

マルトラーナ教会

イスラム人支配を今に伝える
サン・カタルド教会
San Cataldo ★★

サン・カタルド

■サン・カタルド教会
住 Piazza Bellini 3
開 9:00～12:30
休 (日)(祝)
料 €1
地 P.181 C3、P.183

　ベッリーニ広場から向かって右側にある。ノルマン時代(1160年頃)に建設された3つの赤い丸屋根が特徴の小さな教会。装飾といえばファサードの窓が幾何学模様を映し出すように施された透かし細工になっているぐらいで、あとはいたって簡素な造り。堂内は10×7mの長方形、壁面には何の装飾もなく、ガランとしている。だがクーポラの半円形ドームを見上げると、1000年前のイスラム人支配が史実であったことを実感する。この赤い半円形ドームは、ハーレムに仕える「宦官の帽子」を模したものだそうだ。

赤い丸屋根が目印

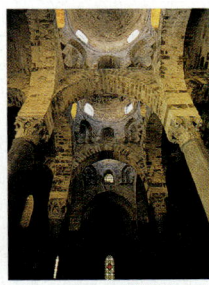

サン・カタルド教会の内部

シチリア州　パレルモ

■カテドラーレ
住 Corso Vittorio Emanuele
☎ 091-334376
開 9:30〜17:30
休 無休
地 P.180 C2、P.182

さまざまな建築様式の複合、カテドラーレ

■宝物庫
開 9:30〜17:30
休 日祝
料 €2
（クリプタと共通）

新古典様式の内部

■ヌオーヴァ門
地 P.180 C2、P.182

ヌオーヴァ門の人物像に注目

パレルモの代表的建築物

カテドラーレ ★★★
Cattedrale
カッテドラーレ

ヴィットリオ・エマヌエーレ大通りに面した公園Piazza Cattedraleの背後に構える広大な大聖堂。創建は1184年のシチリア・ノルマン様式。以後600年にわたる外国支配の中で、さまざまな建築様式が複合してできた「パレルモ的」

皇帝と王の霊廟

とも言えるこの町の代表的建築物だ。14、15世紀を中心とした度重なる増改築のはてに、しいて言えばイスラム色が濃い折衷様式となった。後陣に辛うじて幾何学装飾紋が残り、創建当時のノルマン様式を見ることができる。中央の印象的な丸屋根は18世紀後半に建設されたもの。

内部は1781年〜1801年に改装された新古典様式。内部装飾や天蓋は、外観とは裏腹に不評とか。入口から入ってすぐ左の第1、第2礼拝堂は**皇帝と王の霊廟Tombe Imperiale e Reali**になっている。アラゴン家のコンスタンツァ2世、（フリードリッヒ2世の妻）、エンリーコ（ハンリッヒ）6世、フリードリッヒ2世、コンスタンツァ1世（フリードリッヒ2世の母）、アテネ公グリエルモ、ルッジ

コンスタンツァ2世の王冠

ェーロ2世の石棺がそれぞれ飾り天蓋の下に並べられている。内陣にはアラゴン王朝を偲ばせるカタロニア・ゴシック様式の寄せ木細工の合唱隊席などもあり、時代別の特徴をかいま見ることができて興味深い。見落とせないのは右側廊前部より続く**宝物庫Tesoro**だ。式典に用いられた聖具、金細工、細密画写本（祈祷書）などのほか、**コンスタンツァ2世の王冠 Corona Imperiale**が間近に見られる。美しい貴金属で飾られたたいへん豪華なものだ。宝物庫の向かいから下におりてゆくと円柱列に支えられた二廊式の納骨堂 Criptaとガジーニの浮き彫りが施された棺などを見ることができる。

16世紀をくぐる
ヌオーヴァ門 ★
Porta Nuova
ポルタ・ヌオーヴァ

ヴィットリオ・エマヌエーレ大通りの終点、ノルマン王宮の脇にかけられたルネッサンス・アラブ・ノルマン混合様式の門（1583年造）。今は自動車が排気ガスをぶんぶん巻き上げて通り過ぎてゆく。オーストリアから招かれたカール5世のパレルモ入城を記念したものだ。西側と東側、どちらも違う個性的な表情の人物像が彫り込まれていておもしろい。

がらくたの中から掘り出し物を探そう
メルカート・デイ・プルチ（蚤の市） ★
Mercato dei pulci   メルカート・デイ・プルチ

ヴィットリオ・エマヌエーレ大通りからカテドラーレの先を右に折れて歩いていった先のPiazza Papireto付近がメルカート・デイ・プルチ（蚤の市）になっている。おもに開くのは休日。通りの両脇には倉庫のような店が並び、のんびりとした風情で家具を直す職人や友人達とコーヒーを飲みながらくつろぐ店主たちの姿が見られる。一見何でもありのがらくたばかりのようだが、掘り出し物が見つかる可能性を求めての、売り手との値段交渉も旅の楽しみだ。

歴代王が住んだ
ノルマン王宮 ★
Palazzo dei Normanni(Reale)   パラッツォ・デイ・ノルマンニ（レアーレ）

現在はシチリア州議会堂として使われているかつての王宮。11世紀にアラブ人が築いた城壁の上に、12世紀に入ってノルマン人が拡張、増改築してアラブ・ノルマン様式の王宮となった。現在はシチリア州会議場として使われているため、入場は守衛によってガードされている。ホーエンシュタウフェン家の時代に隆盛を極めたものの放棄され、16世紀のアラゴン家によって再び手厚く改装された。ノルマン時代の名残はファサードの右にあるピサーナの塔 Torre Pisanaに見られる。

ノルマン王宮、パラティーナ礼拝堂の入口側

内部は2階に**パラティーナ礼拝堂Cappella Palatina**、3階に**ルッジェーロ王の間 Sala di re Ruggero**がそれぞれ12世紀の往時を偲ばせる風情で残されている。ルッジェーロ王の間は狩の情景や植物などの華麗なモザイク画が寝室だった部屋の壁面を覆っている。

王宮の回廊にも見事なモザイクが

パレルモ観光のハイライト
パラティーナ礼拝堂（宮廷付属礼拝堂） ★★★
Cappella Palatina   カッペッラ・パラティーナ

ノルマン王宮の2階に設けられたアラブ・ノルマン様式の礼拝堂。歴史的価値からいっても、その華麗さからいってもパレルモ観光のハイライトといえる。入口はインディペンデンツァ広場Piazza Indipendenza寄りの坂の下から。王宮の2階に

■**旧市街循環電気バス**
(平日7:45～19:30、日祝7:45～13:30の運行)
小回りがきいて、旧市街を移動するのに便利。1日券€0.52
●**黄色線Linea Gialla**
中央駅⇔植物園⇔クアットロ・カンティ⇔サンタントニオ⇔バッラロの市場⇔サン・サヴェリオ⇔サント・スピリト⇔中央駅
●**赤線Linea Rossa**
マリーナ広場⇔クアットロ・カンティ⇔カテドラーレ⇔メルカート・デイ・プルチ⇔メルカート・ディ・カーポ⇔マクエダ通り⇔メルカート・ディ・ヴェッチリア⇔マリーナ広場

■**ノルマン王宮**
パラティーナ礼拝堂
（宮廷付属礼拝堂）
住 Piazza Indipendenza
☎ 091-7057003
開 王宮 8:30～12:00
　　　　14:00～17:00
　 日祝 8:30～12:00
　 礼拝堂 8:30～12:00
　　　　14:00～16:30
　 日祝 8:30～13:30
休 議会堂 火水木
　 礼拝堂 4/16、復活祭の翌(月)、4/25、5/1、12/26
料 共通券 €5
地 P.180 C2、P.182
※短パン、タンクトップなど肌の露出が多い服装での入場不可。入口でセキュリティチェックあり。
※パラティーナ礼拝堂は自由見学。混雑時は入場制限あり。パラティーナ礼拝堂の見学後、階段で3階に上がる。扉前で待っていると、係員がルッジェーロ王の間や議会堂Sala d'Ercoleなどを案内してくれる。3階のみ、ガイド付き見学。

シチリア州   パレルモ

クーポラ（円蓋）には
「全知全能の神キリスト」が描かれる

大階段で上がると、正面にある**中庭に面して左側の壁面に施されたモザイク画**が目に入る。ここが礼拝堂入口。ここだけでもすでに相当インパクトがあるのだが、これは1800年に新しく加えられた比較的新しいものだ。

内部は大理石のアーチにモザイク画がちりばめられ、まるでモザイクのプラネタリウムだ。コンスタンティノープル、ラヴェンナと並びキリスト教美術の最大傑作に称されている。「**聖ペテロと聖パウロを従えた玉座のキリスト**」（玉座の上方）は14世紀のもの。内陣の上にある半球形の円蓋には、12世紀の「**天使に囲まれた全知全能の神キリスト**」が、その下には「ダヴィデ」「ソロモン」「ザカリア」「洗礼者ヨハネ」が、それぞれ描かれている。祭壇の背後は、側廊には「聖ペテロと聖パウロの物語」など、聖書の世界が鮮やかに描かれていて目を奪われる。向かって右側には一面にモザイクがちりばめられた豪華な説教壇もあり圧倒される。

豪華でまばゆいモザイクに目を奪われて忘れがちだが、**天井の木製スタラクタイト**（1143年頃制作、蜂の巣状の幾何学模様）や床のコズマーティ様式（イスラムとビザンチンの融合した様式）のモザイクも見過ごせない。11世紀末のイスラムやビザンチン文化の影響を今に伝える独特なものだ。この礼拝堂はノルマン王朝のルッジェーロ2世が1132年に着工し、8年後の1140年に聖ペテロに献堂したもの。12世紀の贅を尽くした空間に酔いしれること間違いなしだ。

「玉座のキリスト」

コズマーティ様式の床モザイク

■サン・ジョヴァンニ・デッリ・エレミティ教会
住 Via dei Benedettini
☎ 091-6515019
開 9:00～19:00
　日祝 9:00～13:00
　（季節による変動あり）
休 無休
料 €4.50
地 P.180 C2、P.182

アラブの空気が沈澱する
サン・ジョヴァンニ・デッリ・エレミティ教会 ★★
San Giovanni degli Eremiti　　サン・ジョヴァンニ・デッリ・エレミーティ

ノルマン王宮をぐるりと回った先、南側の旧市街の入口に位置する典型的なアラブ・ノルマン様式の教会。何より、5つの赤い丸屋根が異国情緒にあふれ印象的だ。庭園を上がっていき最初に入るのは単廊式の教会。積石が剥き出しの壁に囲まれたきっちりとした長方形の内部（現在一部修復中）や、見上げると広がる半円形のドームが遠くイスラム時代を思わせる。

がらんどうと言ってよいこの教会の右翼廊は、モスクの遺構と思われる長方形の部屋につながっている。ここも何もない部屋だが、壁に今にも消え入りそうになりながら、かすかに12世紀の壁画「聖母子と諸聖人」が残っている。隣接する中庭には13世紀の小回廊Chiostroが残る。ここはオレンジや椰子が茂る南国ムードに包まれていて、ほっとさせるような空間だ。

南国ムードの小回廊からドームを眺める

シチリア・バロックの豪奢な装飾に思わず唸る
ジェズ教会
Chiesa del Gesù ★★
キエーザ・デル・ジェズー

地味な外観のジェズ教会

マクエダ通り Via Maquedaから旧市街に入り込んだところにあるシチリア最初のイエズス会教会。1564年の創建で比較的地味な外観だが、内部は豪華絢爛そのもので、しばし時間を忘れそうだ。内部は大理石の象嵌細工やスタッコ細工、天井のフレスコ画などが重層に華麗に広がっている。このシチリア・バロックの好例と言える教会は、1943年の戦禍により一度は破壊されてしまったが、その後の修復作業で見事によみがえった。その不死鳥のような姿に驚くばかりだ。

下町の活気あふれる市場
バッラロの市場
Mercato Ballaro ★
メルカート・バッラロ

ジェズ教会を出て左に歩いて行くと一帯に広がる、旧市街の中心の食料品中心のメルカート。色鮮やかな果物や野菜が並ぶ屋台、威勢よく魚をさばく魚屋、豆や香辛料を扱う店など、シチリアらしさと庶民の活気にあふれている。下町の何気ない風情とにぎわいが魅力だ。

色鮮やかなシチリア産の野菜

死者との会話に眠る場所
カプチン派のカタコンベ
Catacombe dei Cappuccini ★
カタコンベ・デイ・カップチーニ

カプチン会修道院の地下墓地には、17世紀から1881年まで、聖人の傍らにと願った人々を受け入れた結果約8000の遺体が安置されている。死体を見に行く、と聞くと少々戸惑いがちだが、死者との対面は自らの生を顧みるのと同じ行為。キリスト教的価値観での瞑想の場なのだ。立てかけられた者、横たわる者。白骨化した者、ミイラ化した者。乾燥した空気のために、死臭が鼻をつくことはないが、ずらりとひしめく死体群を眺めるのは少し勇気がいるかも。

地下墓地を一周したところに、剥製化された2歳の少女の棺がある。将軍の娘だった**ロザリア・ロンバルドの遺骸**だ。1920年以来、命を宿したままのような色艶で保存されている。

ロザリアのミイラ

■ジェズ教会
- 住 Piazza Casa Professa
- ☎ 091-6067111
- 開 7:30〜11:30 17:00〜18:30
- 休 8月午後
- 地 P.181 C3、P.183
- ※ミサや宗教行事の際は拝観不可

シチリア・バロックの豪華な内部

■バッラロの市場
- 地 P.181 C3、P.183

■カプチン派のカタコンベ
- 住 Piazza Cappuccini 1
- ☎ 091-212117
- 開 9:00〜12:00 15:00〜17:30
- 休 ㊐
- 料 €1.50
- 地 P.180 C1
- ●行き方 中央駅からバス109番でPiazza Indipendenzaへ。バス327番に乗りかえて、2〜3つ目で下車。

カタコンベ入口

シチリア州 パレルモ

2.プレトーリア広場東地区
Oriente della Piazza Pretoria

プレトーリア広場の東側にあるサン・フランチェスコ・ダッシジ教会から、シチリア州立美術館など各種の見どころを経てさらに東に海岸沿いまで進むコース。外観のみの見学もあるので、それほど時間はかからない。ただし、州立美術館は日・月曜、祝日は午後早くに閉館してしまうので注意しよう。朝一番に州立美術館からスタートし、フランチェスコ・ダッシジ教会を経て海沿いの公園や植物園などでくつろぐのもよいだろう。　（所要時間 約4時間程度）

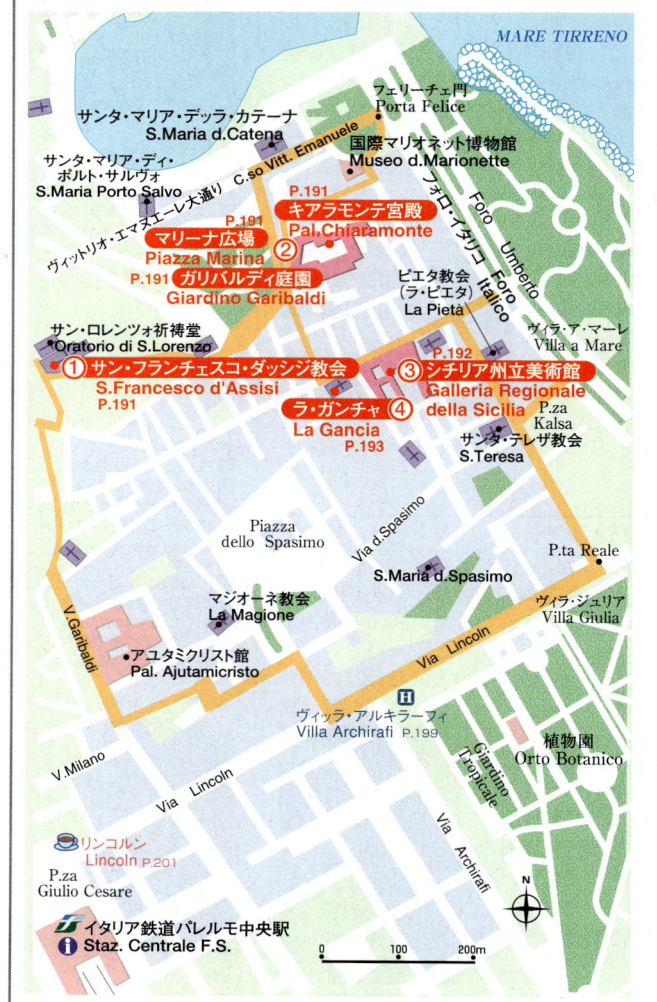

❶ サン・フランチェスコ・ダッシジ教会

ヴィットリオ・エマヌエーレ大通りから旧市街に入ったところにある1277年創建のロマネスク様式の教会。セルポッタやガジーニの彫刻でも知られる。
★★　P.191

❷ マリーナ広場・ガリバルディ庭園

中世の時代からさまざまな目的に使われた広大なマリーナ広場の中心はガリバルディ庭園となっていて、その東側には14世紀のキアラモンテ宮殿がそびえる。
★★　P.191

❸ シチリア州立美術館

15世紀に建てられたアバテッリス宮殿を使ったエレガントな美術館。中でもルネッサンス期の傑作「死の勝利」とアントネッロ・ダ・メッシーナの「受胎告知」は必見。
★★★　P.192

❹ ラ・ガンチャ

アバテッリス宮の隣に建つ16世紀に建てられたゴシック様式の教会。アントネッロ・ガジーニの彫刻やセルポッタの装飾などで知られる。
★★　P.193

おもな見どころ

華麗な礼拝堂を持つ
サン・フランチェスコ・ダッシジ教会 ★★
San Francesco d' Assisi

サン・フランチェスコ・ダッシジ

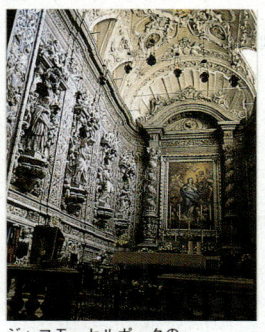

ジャコモ・セルポッタの壁面は必見だ

商店の並ぶヴィットリオ・エマヌエーレ大通りから旧市街に少し入ったところにあるロマネスク様式の教会。目立たないが、パレルモでも重要な教会のひとつだ。創建は1277年、後に地震や戦争で被害を被ったが、再三の修復作業で復元された。

内部は3廊式で広々としているが、どこか痛々しいような静けさに包まれている。**パレルモ生まれの彫刻家、ジャコモ・セルポッタ Giacomo Serpotta製作の寓意像**（1723年）が身廊を飾り、第2礼拝堂には**アントネッロ・ガジーニの大理石の群像**があり、名高い芸術家の作品を目のあたりにすることができる。

かつての中心地
マリーナ広場・ガリバルディ庭園 ★★
Piazza Marina/Giardino Garibardi

ピアッツァ・マリーナ／ジャルディーノ・ガリバルディ

ヴィットリオ・エマヌエーレ大通りを海に向かって歩いて行くとぶつかるのが大きなマリーナ広場だ。繁華街から離れ、人影も少ないが、このあたりまで来ると海の香りがして港町の風情が色濃く漂う。

この広場の中心にあるのが1863年に整備されたガリバルディ庭園。園内は静かで美術館や教会を回るのに疲れた足をひととき休めるのにも格好の場所だ。庭園の東側に向き合う茶色い建物がキアラモンテ宮殿だ。

アラゴン時代の貴族邸宅
キアラモンテ宮殿 ★
Palazzo Chiaramonte

パラッツォ・キアラモンテ

1380年、当時の有力貴族マンフレディ・キアラモンテによって建造された宮殿。四角く装飾の少ないこの建物は、ラテン語で「要塞」を意味するホステルウムからステリSTERIとも呼ばれる。

15世紀半ばからスペイン総督府となり、その後は異端審問所、裁判所、大学の学長本部などに利用されてきた。館内はムデーハル様式（イスラム美術の影響を受けてスペインで生まれた幾何学的装飾）の天井を持つ大広間があるが、現在は原則として非公開。外観を楽しむしかない。

NAVIGATOR

旧市街の中心クアットロ・カンティ（地：P.181C3）から、ヴィットリオ・エマヌエーレ大通りを海の方へ300mほど行った先、右側にあるVia Paternostroの緩やかな坂を上る。この周辺は鞄を扱った店が多いのに気付くだろう。その先の広場に面してあるのがサン・フランチェスコ・ダッシジ教会で、教会の向かって左側がサン・ロレンツォ祈祷堂。教会に沿って正面右の細い道Via Merloを道なりにまっすぐ歩いていくと突きあたるのがマリーナ広場、その中央にあるのがガリバルディ庭園だ。庭園の北東側に建つのがキアラモンテ宮殿。宮殿前の道を左に歩いてゆくと階段の上に建つサンタ・マリア・デッラ・カテーナ教会が見える。教会を左に見てまっすぐ歩いてゆくと突きあたるのがフェリーチェ門だ。その手前右の建物には国際マリオネット博物館が入っている。一方キアラモンテ宮殿の前を反対側の右へ歩いてゆくと100mほどでラ・ガンチャとその隣のシチリア州立美術館に到達する。

■サン・フランチェスコ・ダッシジ教会
住 Piazza San Francesco
☎ 091-582370
開 7:00～12:00
　 16:00～18:30
休 無休
地 P.181 C3・4、P.190

マリーナ広場

■キアラモンテ宮殿
住 Piazza Marina
地 P.181 B4、P.190
※催事のみの公開

要塞のような宮殿

シチリア州　パレルモ

■サンタ・マリア・
　デッラ・カテーナ教会
住 Piazzetta delle Dogane
☎ 091-321529
開 ㊊〜㊎9:00〜12:00
地 P.181 B4、P.190

S.M.カテーナ教会

■国際マリオネット
　博物館
住 Via Butera 1
☎ 091-328060
開　9:00〜13:00
　　16:00〜19:00
休 ㊏㊐㊗
料 €3
地 P.181 B4、P.190

博物館入口（展示室は3階）

■シチリア州立美術館
住 Palazzo Abatellis
　　Via Alloro 4
☎ 091-6230011
開 9:00〜13:00
　　㊋〜㊎15:00〜19:00も
休 無休
料 €4.50
　　シチリア州立考古学博物
　　館との共通券€6.20
地 P.181 B・C4、P.190

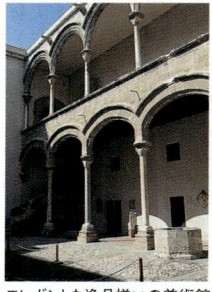

エレガントな逸品揃いの美術館

入江に寄り添う16世紀の教会
サンタ・マリア・デッラ・カテーナ教会 ★
Santa Maria della Catena
サンタ・マリア・デッラ・カテーナ

　入江沿いの階段の上に建つ、16世紀初頭建造のカタロニア・ゴシック様式の教会。建築家マッテーオ・カルネリヴァーリが、当時のルネッサンス様式に、それまでのゴシック様式を巧みに組み合わせようと試みた跡が見られる作例で興味深い。柱廊玄関の奥の扉にはヴィンツェンツォ・ガジーニの浮き彫りが残っている。教会入口付近から眺める港の風景も情緒たっぷりだ。

世界の操り人形が一堂に
国際マリオネット博物館 ★★
Museo Internazionale delle Marionette
ムゼオ・インテルナツィオナーレ・デッレ・マリオネッテ

　世界の操り人形Marionetteや糸繰り人形Pupi、指人形Burattini、影絵Ombra、その背景の小道具など3000点以上が集められている。パレルモ、カターニア、ナポリの伝統的な人形のコレクションでは有数のものを誇っている。なかでも注目はシチリア伝統の人形劇に使われた**プーピ**Pupiと呼ばれる人形が道具立てとともに展示されているものだ。

パレルモの操り人形は有名

シチリア芸術の集積地
シチリア州立美術館 ★★★
Galleria Regionale della Sicilia
ガッレリア・レジョナーレ・デッラ・シチリア

　15世紀後半に建築された**アバテッリス宮殿Palazzo Abatellis**を利用している。中庭を持つ2階建てのエレガントな美術館。1階はおもに彫刻、2階に絵画を展示している。まず注目は1階第2室の大フレスコ画**「死の凱旋」Trionfo della Morte**（15世紀半ば、作者不詳）だ。もともと市内のスクラファーニ宮の壁画だったものをパネルに装したもの。頭部だけ骸骨の奇怪な馬にまたがった骸骨の死神が、誰かれかまわず死の矢を射る不気味な姿が描かれている。
　次に見るのは「**アラゴン家のエレオノーラの胸像」Busto di Eleonora d'Aragona**（1471年頃、フランチェスコ・ラウラーナ）。

「死の凱旋」

アラゴン家のジャン・ガレアッツォ・スフォルツァの妻、イザベッラの胸像だと言われている。滑らかな大理石彫が、彼女の優美で上品な趣を具現している。

2階第10室の「**受胎告知のマリア**」Annunziata（1473年、アントネッロ・ダ・メッシーナ）の、柔らかで細密な描写はルネッサンス芸術の高度さを実感させる。このほか、館内には14〜17世紀の絵画が多数展示されている。

メッシーナ作「受胎告知のマリア」

ゴシック様式の歴史ある教会
ラ・ガンチャ ★★
La Gancia ラ・ガンチャ

シチリア州立美術館を擁するアバテッリス宮殿の隣に位置する。またの名をSanta Maria degli Angeliといい聖マリア・デッリ・アンジェリに捧げられている。もともとは16世紀初めにスペインの影響を受けたゴシック様式で建てられたが、その後バロックの時代に改装されセルポッタの彫刻などで飾られた。内部は単廊式でその両側に全部で16の礼拝堂を持つ。**アントネッロ・ガジーニの彫刻やセルポッタのスタッコ装飾、パレルモ最古とされる16世紀のオルガンなど見るべきものも多い。**

■ラ・ガンチャ
住 Via Alloro
☎ 091-450773
開 9:00〜12:00
　 15:30〜18:00
休 ㊐午後
地 P.181 B4、P.190

内部の見事な装飾

海辺の散歩道
フォロ・イタリコ ★
Foro Italico フォロ・イタリコ

パレルモの東側を走るのが1582年に造られた「フォロ・イタリコ」と名付けられた海辺の散歩道。ヴィットリオ・エマヌエーレ大通りの終点フェリーチェ門Porta Feliceからヴィッラ・ジュリアの先まで続いている。現在はこの広くゆったりとした道路を車がひっきりなしにスピードを上げて行き交い、横断するのもままならない感じだが、海辺らしい開放感にあふれた場所だ。

■植物園
住 Via Lincoln 2b
☎ 091-6238241
開 9:00〜17:00
　 ㊏㊐㊗9:00〜13:00
休 1/1、復活祭、5/1
　 8/15、12/25
料 €3.50
地 P.181 B4、P.190

都会のオアシス。酸素を吸いに
植物園 ★
Orto Botanico オルト・ボタニコ

中央駅前から東に延びるVia Lincolnに面して広がる10ヘクタールの植物園。設立はなんと1789年。世界中の植物のサンプルが見られる。珍しい熱帯性の植物が大きな根を広げ、園内の建物の中では植物の標本が展示されている。できたての酸素の中で心身ともにリフレッシュするのを実感。隣接する**ヴィッラ・ジュリアVilla Giulia**はパレルモの名士たちの胸像が配された整然とした緑地公園だ。こちらも静寂に包まれ、気分転換に最適。

18世紀からの歴史ある植物園

シチリア州　パレルモ

3.新市街と考古学博物館

Nuova Città e Museo Archeologico Regionale

新市街に堂々とたたずむマッシモ劇場から南側を回るコース。観光の見どころだけでなく、カフェやブティックが軒を連ね、広々とした緑の街路が広がる新市街では、ゆったりとした散策も楽しみたい。南に下ると、町は次第に庶民的な雰囲気となり、圧巻はヴッチリアだ。薄暗い路地に入ると、野菜、果物、魚などの店が幾重にも続き、一種独特の雰囲気を醸し出している。新市街へは中央駅からバス、ヴッチリアから駅へもバスを利用したい。　（所要時間 約4時間程度）

① マッシモ劇場

19世紀の新古典様式でヨーロッパ屈指の大きさと設備を誇る劇場。長年の修復を経て1997年より再び公演や展示の会場として使われている。

★★　P.195

② シチリア州立考古学博物館

セリヌンテ、シラクーサなどシチリア各地のギリシア神殿から出土した彫刻などを展示。貴重な作品の宝庫となっていて、シチリアの歴史を今に伝える重要な場。

★★★　P.195

③ サンタ・チータ祈祷堂

内部の壁面全体がパレルモ出身の彫刻家ジャコモ・セルポッタの数々のすばらしいスタッコ装飾で覆われている華麗で豪華な礼拝堂。

★★　P.196

④ ヴッチリア

パレルモを代表する食材市場。狭い路地の両側に色鮮やかな野菜や果物、魚介類、乾物などを売るお店が並び、一日中活気あふれる一帯だ。

★★　P.197

ヨーロッパ有数のオペラの殿堂
マッシモ劇場
Teatro Massimo
★★

テアトロ・マッシモ

シチリアを代表する劇場

新古典様式（ネオ・クラシック）の堂々たる劇場。客席数3200、ヨーロッパでも屈指の規模を誇っている。コンペに優勝したパレルモ出身の建築家フィリッポ・バジーレの設計によって22年の歳月をかけ完成され、1897年にヴェルディのオペラ「ファルスタッフ」の上演によって幕を開けた。当時はパリのオペラ座に次いでヨーロッパでは2番目の大きさを誇った。20余年にわたる修復を終え、1997年より再開されている。

内部は5層のボックス席と最上階桟敷を備える大変豪華なものだ。木材を多用し、音響も抜群、舞台は客席と同面積という奥行を持ち、オペラ上演の条件がすべて揃っているといえる。公演のない間、一時間に一回、内部のガイド付き見学ツアーが行われている。もともとサヴォイア家のために造られたという豪華なロイヤルボックスは今でもVIP専用だが、ツアーではその内部や華麗な休憩室なども見学できる。

豪華な内部にうっとり

シチリア考古学の最高峰
シチリア州立考古学博物館
Museo Archeologico Regionale
★★★

ムゼオ・アルケオロジコ・レジョナーレ

ローマ通りVia Romaに面しているが、入口は裏側のPiazza Olivellaから。16世紀の修道院を利用した、古めかしくも温かな趣の博物館だ。3階建ての構成で、見ものは1階に集中している。中庭を抜けた先の奥の大広間には**セリヌンテの神殿遺跡の彫刻Sculture dei Templi Selinuntini**の展示があり見逃せない。C神殿のフリーズを飾っていたメトープが3点（ヘリオスの四頭立て馬車、メドゥーサを退治するペルセウス、ヘラクレスとケルコプス）。F神殿のメトープ2点（エウデウトス

「セリヌンテの神殿遺跡の彫刻」の展示場

NAVIGATOR

駅からバス101もしくは102番に乗り、マッシモ劇場前で降り見学を開始しよう。劇場と反対側のVia Bara all'Olivellaを150mほど行った先の広場に面しているのが州立考古学博物館だ。ここは(月)(日)(祝)は昼過ぎで閉まってしまうので注意しよう。博物館を出てマッシモ劇場とは反対方向に歩いて行くと車がひっきりなしに行き交うローマ通りへぶつかる。それを渡りVia Valverdeを100mほど進むと左側にサンタ・チータ祈祷堂がある。ここからもう一度ローマ通りへ戻り、左右方向へ行くと椰子の木がそびえるサン・ドメニコ広場だ。ここから緩やかな下り坂がヴッチリアへ続いている。細い路地の両脇にさまざまな食材を並べる活気あふれるエリアだ。色やにおいの洪水のようなにぎやかなエリアのそぞろ歩きに疲れたら、バス107番でカステルヌオーヴォ広場のほうへ行ってみよう。ここからリベルタ通りにかけては旧市街とはまったく異なる雰囲気の町並みが広がり、ショッピングや散策にぴったりだ。また、ヴッチリア近くから同じバス107番で中央駅へ出ることも可能だ。

- ■ マッシモ劇場
- 住 Piazza Giuseppe Verdi
- 開 10:00〜15:30
- 休 (月)、リハーサル時
- ☎ 091-6053111
- 地 P.180 B2、P.194
- ● (火)〜(日)10:00〜15:30の間、1時間に1回、ガイド付きの見学ツアーのみ。所要約25分、€3。
- URL www.teatromassimo.it
  演目などの検索可。

- ■ 州立考古学博物館
- 住 Piazza Olivella 24
- ☎ 091-6116805
- 開 (月)8:30〜13:00
  (火)〜(土)8:30〜18:45
  (日)(祝)8:30〜13:30
- ● チケット売り場は閉館30分前にクローズ。
- 休 無休
- 料 €4.50
  シチリア州立美術館との共通券€6.20
- 地 P.181 B3、P.194

シチリア州 パレルモ

涼しげな中庭

青銅の「牡羊像」

を倒すディオニュソス、エンケラドスと戦うアテナ)、E神殿のメトープ4点（ヘラクレスとアマゾン族の戦い、ゼウスとヘラの結婚、ディアナとアクタイオン、アテナとエンケラドス)。紀元前6世紀半ばから紀元前4世紀半ばのものだ。同室には紀元前5世紀のブロンズ**「セリヌンテの青年」**Efebo di Selinunte 像が置かれている。

2階にあるシラクーサ出土の青銅の**「牡羊像」**L'Ariete 2体や、3階にあるローマ時代の舗床モザイク「オルフェウスと動物たち」Mosaico con Orfeo e gli Animaliなども名高い。噴水が涼やかな雰囲気を醸し出している中庭もゆったりとしていて、しばし外の喧噪を忘れそうな静寂に包まれている。

■サンタ・チータ祈祷堂
住 Via Squarcialupo
☎ 091-332779
開 9:00〜11:00
休 ⊕⊖㊗
料 無料
地 P.181 B3、P.194

見落としがちなサンタ・チータ祈祷堂の入口

すばらしいセルポッタの彫刻に出合える
サンタ・チータ祈祷堂 ★★
Oratorio di Santa Cita
オラトリオ・ディ・サンタ・チータ

ここは何といってもパレルモ出身の彫刻家ジャコモ・セルポッタのすばらしい作品群で知られている。セルポッタはスタッコ彫刻で名高く、内部の四方が彼の彫刻による装飾で埋め尽くされ圧巻だ。見ものは入口背面の「レパントの海戦」のシーンや両側の壁を埋めるキリスト教に題材を取った作品群。彫刻全体が優雅さとリズミカルな軽やかさにあふれている。入口から入って左側の壁にある金色の蛇に注目。蛇（serpente＝セルペンテ）はセルポッタがその名字にちなんで使ったサインであるという。

セルポッタ作「レパントの海戦」

■サン・ドメニコ教会
住 Piazza San Domenico
☎ 091-329588
開 9:00〜11:00
休 ⊕⊖㊗
料 無料
地 P.181 B3、P.194

バロック様式に改装されたファサード

たくましい円柱が支える
サン・ドメニコ教会 ★★
San Domenico
サン・ドメニコ

ローマ通りに戻り、駅方向へ歩いて行くと左側に椰子の木が印象的なサン・ドメニコ広場がある。ここに面して建つのがサン・ドメニコ教会で14世紀創建のバロック様式。内部はひときわ堂々たる円柱に支えられた三廊式だ。シチリア名士の廟墓や記念碑が並んでいる。右の礼拝堂にガジーニ派のピエタ像と、アントネッロ・ガジーニの「聖母マリアと天使たち」が飾られている。内陣にある金箔を張ったロココ調のオルガンにも注目。教会付属の回廊にも入れるので、落ち着いたたたずまいを堪能してみたい。（通常は閉まっているので、係員に申し出て開けてもらう。）

セルポッタ円熟期の作品が残る
ロザリオ祈祷堂 ★
Oratorio del Rosario　　　　オラトリオ・デル・ロザリオ

　サン・ドメニコ教会のすぐ裏にある、教会付属の礼拝堂。内部には彫刻家ジャコモ・セルポッタのスタッコ（漆喰）装飾が残っている。「漆喰のパガニーニ」と評されるだけあって、音楽的な高揚感を与えるすばらしい作品。ほかに祭壇をアンソニー・ファン・ダイクによる「ロザリオの聖母と聖ドメニコとパレルモの守護聖人」が飾り、こちらも見もの。入口はVia Bambinai 16番地。なお、セルポッタの作品は前記サンタ・チータ祈祷堂やここのほか、サン・フランチェスコ・ダッシジ教会に付属したサン・ロレンツォ祈祷堂Oratorio di San Lorenzoでも見ることができる。

■ロザリオ祈祷堂
住 Via dei Bambinai
☎ 091-320559
開 9:00〜11:00
休 ㊏㊐㊗
料 無料
地 P.181 B3、P.194

パレルモの食材発信地
ヴッチリア ★★
Mercato della Vucciria　　　　メルカート・デッラ・ヴッチリア

　サン・ドメニコ広場Piazza San Domenicoから緩やかな下り坂で南に延びる路地一帯が、食料品を中心に扱うメルカートになっている。パレルモ市内にはいくつかの市場があるが、なかでも最も古く市内の中心にありいつもにぎわっている。とれたての果物や野菜、魚介類、肉、お菓子などがぎっしり並ぶだけでなく、さまざまなオリーブや塩漬けのケイパー、天日干しのドライトマトなど南イタリアらしさにあふれる食材に目を奪われる。島の伝統的な食材であるカジキマグロの頭が飾られていたり、テーブルワインを量り売りしていたり。揚げたてのパネッレをパンに挟んで食べるのも人気だ。

名物のパネッレを売る店

もうひとつの大劇場
ポリテアーマ劇場 ★
Teatro Politeama　　　　テアトロ・ポリテアーマ

　マッシモ劇場と比べると影が薄い感はあるが、こちらも1874年完成の大劇場だ。凱旋門のようなファサードの上には四頭立て二輪馬車のブロンズ像が見下ろしている。これより北のリベルタ大通りViale della Libertàからは、北イタリアの都市を思わせる本格的な新市街。街路にはしゃれたブティックやバールが並び、旧市街とは対照的な近代都市としての伸びやかな風情が広がる。また、ポリテアーマ劇場の2階には市立エンペドクレ・レスティーヴォ現代美術館 Civica Galleria d'Arte Empedocle Restivoが設けられているので、現代アートに興味のある人は訪れてはどうだろう。

新市街の華、ポリテアーマ劇場

NAVIGATOR

リベルタ大通り
Viale del la Liberta

　旧市街の中央駅近くから東西に真っすぐ延びる通りは**マクエダ通り** Via Maqueda、そしてマッシモ劇場のあるヴェルディ広場から**ルッジェーロ・セッティモ通り** Via Ruggero Settimoと名を変え、さらに北のカステルヌオーヴォ広場・ルッジェーロ・セッティモ通りから北は**リベルタ通り**となる。この一帯には商店や銀行なども集中し、町のビジネスの中心地ともなっている。
　道幅も広くなり、プラタナスの並木道が続き、落ち着いて洗練された雰囲気が漂い、高級ブランド店やカフェ、レストランなどが並び、散策にぴったりだ。

■ポリテアーマ劇場
住 Piazza Ruggero Settimo
☎ 091-6053315
11〜5月にはコンサート、バレエなどを開催。
●美術館
開 9:00〜20:00
　㊐㊗ 9:00〜13:00
休 ㊊
料 €3.10
地 P.180 A2、P.194

シチリア州　パレルモ

Palermo パレルモのホテル

大都市だけあってホテルの数は多い。観光やショッピングの便を第一に考えるなら、多少高くてもポリテアーマ広場周辺のホテルを選ぶのがよいかもしれない。静かで落ち着いた滞在を望むなら新市街のリベルタ通り付近や郊外のホテルがおすすめだ。駅の周辺やローマ通り付近には比較的規模の小さい安いホテルがある。また旧市街には古いパラッツォを利用した雰囲気のあるホテルが多い。ホテルの値段も北イタリアと比べると割安感があるので、予算と目的に応じて選ぶことが可能だ。

★★★★ チェントラーレ・パラス　P.183

Centrale Palace

旧市街の中心、クアットロ・カンティにあるので観光に便利。17世紀のパラッツォを改造した内部はクラシックなヨーロッパの雰囲気にあふれ、客室の内装や設備も新しくて気持ちがよい。中でも、屋上のテラスで食べる朝食はバラエティに富み、眺望もよい。
URL www.centralepalacehotel.it

- ■読者割引15%
- Via Vittorio Emanuele 327
- ☎ 091-336666　FAX 091-334881
- SB €133/178　TB 192/256
- JS €233/310　63室 朝食込み
- C A.D.J.M.V.
- クアットロ・カンティから0分
- 駅よりバス101番

★★★★ グランデ・ホテル・エ・デ・パルメ　P.194

Grand Hotel e delle Palmes

ショッピングにも観光にも便利なロケーションに位置する4つ星の大型ホテル。豪華な大理石のロビーにビュッフェ式のさわやかな朝食サロン。室内はクラシックタイプの落ち着いた内装になっている。
URL www.cromorano.net/sgas/despalmes
Via Roma 398

- ☎ 091-6028111
- FAX 091-6028835
- SB €103
- TB €191/232
- 183室 朝食込み
- C A.D.M.V.
- ポリテアーマ劇場から徒歩3分

★★★★ グランド・アルベルゴ・ソーレ　P.183

Grande Albergo Sole

ロビーからは美しいプレトーリア広場の噴水を望み、テラスから市内を一望するパノラマが広がる。町の中心に位置し、観光やショッピングにも便利。2004年に全館改装が終了し、美しくモダンに生まれ変わった。
URL www.ghshotels.it

- Corso Vittorio Emanuele 291
- ☎ 091-6041111
- FAX 091-6110182
- SB €134　TB €188　3B €252
- JS €292/356
- 105室 朝食込み
- C A.D.M.V.
- クアットロ・カンティから徒歩1分

★★★ マッシモ・プラザ　P.194

Massimo Plaza Hotel

マクエダ通りに面した建物の3階、マッシモ劇場の正面にあるプチホテル。旧市街へも新市街へも徒歩圏なので便利なロケーション。
URL www.massimoplazahotel.com
Via Maqueda 437
☎ 091-325657

- FAX 091-325711
- SB €100/130
- TB €140/190
- 15室 朝食込み
- C A.D.J.M.V.
- マッシモ劇場正面
- 駅またはカステルヌオーヴォ広場よりバス101番

★★★ クリスタル・パレス　P.194

Cristal Palace Hotel

空港からのバスが停車するカステルヌオーヴォ広場近くに建ち、観光にもショッピングにも便利な立地。イタリア人ビジネス客の利用も多い、モダンで落ち着いたホテル。
URL www.shr.it
Via Roma 477

- ☎ 091-6112580
- FAX 091-6112589
- SB €100
- TB €150
- 86室 朝食込み
- C A.D.M.V.
- カステルヌオーヴォ広場から徒歩3分

★★★ トニック　　P.194

Hotel Tonic

港や空港からのバスの停車するカステルヌオーヴォ広場からも近く、観光やショッピングにも便利な立地。こぢんまりした外観ながら、客室は広くて清潔。ホテルの人も感じよい。

URL www.hoteltonic.com
■読者割引10%

- 住 Via Mariano Stabile 126
- ☎ 091-581754
- FAX 091-585560
- SB €60/80 TB €75/100
- DB €105/135
- 室 44室　朝食込み
- C A.D.M.V.
- 交 マッシモ劇場から5分

★★ ポスタ　　P.194

Hotel Posta

名前通り、中央郵便局近く。フロント係も明るく親切。近年改装を終えたばかりの部屋は広くて清潔。インターネット・ポイントやガレージもあり。

URL www.hotelpostapalermo.it
- 住 Via A. Gagini 77
- ☎ 091-587338

- FAX 091-587347
- SB €60/80
- TB €80/100
- 室 27室　朝食込み
- C A.D.J.M.V.
- 交 中央駅から徒歩10～15分

★★ ヴィッラ・アルキラーフィ　　P.183

Hotel Villa Archirafi

駅から東側に位置する植物園を眺めながらの部屋は、バルコニーからの景色が楽しめる。近代的な造りではないが、こぢんまりとした家庭的なホテル。

URL www.hotelvillaarchirafi.it
■読者割引2泊以上または週末に10%
- 住 Via Lincoln 30

- ☎ 091-6168827
- FAX 091-6168631
- SB €60
- TB €90
- DB €120
- 室 50室　朝食€6
- C M.V.
- 交 植物園 Orto Botanicoそば

★★ モデルノ　　P.194

Hotel Moderno

パラッツォの3階にレセプションがある庶民的なホテル。サン・ドメニコ広場に近い、にぎやかなローマ通りに面している。通りにはホテルの大きな看板が目立っていてわかりやすい。

- 住 Via Roma 276
- ☎ 091-588683

- FAX 091-588260
- SB €55
- TB €75
- DB €95
- 室 28室（シャワーまたはバス付き）朝食込み
- C A.D.J.M.V.
- 交 ドメニコ広場から3分

★ コルテーゼ　　P.183

Hotel Cortese

ジェズ教会の西、市場の立つバラッロ広場のすぐ近く。市場に近くて何かと便利ながら、ホテルの周囲は静かな界隈だ。室内は清潔でエアコンも完備。長く続く家族経営らしい落ち着いたホテル。フロントは建物の2階にある。

URL www.hotelcortese.net

- ■読者割引4～8月を除き5%
- 住 Via Scarparelli 16
- ☎FAX 091-331722
- S €30 SB €35 T €55
- TB €60 DB €80
- 室 27室　朝食€4
- C A.D.J.M.V.
- 交 ジェズ教会から徒歩2～3分

★ アレッサンドラ　　P.183

Hotel Alessandra

パラッツォの最上階にある家庭的なプチホテル。簡素な造りだがフロントも親切。またマクエダ通りに面しているので、駅やローマ通りに行くのにも便利。エレベーターがないのが難点。

URL www.albergoalessandra.com

- 住 Via Divisi 99
- ☎ 091-6165180
- FAX 091-6167009
- SB €30/60
- TB €40/65
- 室 15室　朝食€3
- C M.V.
- 交 駅から徒歩約5分

シチリア州　パレルモのホテル

Palermo パレルモのレストランとカフェ

　パレルモのレストランは庶民的でカジュアルなところからかなり高級なところまで、雰囲気も値段の幅もいろいろある。また高級レストランでも北イタリアよりはかなり手頃な値段で食べられるのが魅力のひとつだ。ただし現地ではイタリア料理以外のレストラン、ファストフードはほとんど見あたらない。軽く済ませようと思ったら、バールなどでスナックをつまむのが適当だ。

ロ・スクディエーロ　P.194
Lo Scudiero
ポリテアーマ劇場のすぐそば、ロウソクの灯りが点るエレガントな雰囲気と温かいサービスに定評がある1軒。郷土料理を中心に魚料理が充実している。　要予約

- 住 Via Turati 7
- ☎ 091-581628
- 営 12:30～15:00、20:00～23:00
- 休 ⊕、8/7～8/23
- 予 €30～50
- C A.D.M.V.
- 交 カステルヌオーヴォ広場から徒歩1分

レジーネ　P.180 A2
Ristorante Regine
食通の地元客から定評のあるシチリア料理、イタリア料理全般が食べられるレストラン。上品に盛り付けされた前菜やアレンジを加えた魚、肉料理が楽しめる。　できれば予約

- 住 Via Trapani 4／A
- ☎ 091-586566
- 営 13:00～14:45、20:00～22:45
- 休 ⊕、8月
- 予 €40～55（コペルト€3）
- C A.D.J.M.V.
- 交 ルッジェーロ・セッティモ広場から徒歩5分

サンタンドレア　P.194
Santandrea
にぎやかなヴッチリア市場の裏手の小さな広場に面した家族経営のレストラン。さまざまなシチリア風前菜の盛り合わせ、イカなど郷土色あふれる料理が楽しめる。　できれば予約

- 住 Piazza Sant' Andrea 4
- ☎ 091-334999
- 営 19:45～23:00
- 休 ⊕、1月
- 予 €30～50（コペルト€2）
- C A.J.M.V.
- 交 サン・ドメニコ広場から徒歩1分

オステリア・デイ・ヴェスプリ　P.183
Osteria dei Vespri
ヴィスコンティの「山猫」のワンシーンにも登場したという由緒ある館の一角にあるエノテカ兼レストラン。シンプルな店内ではシチリア料理をアレンジした、目にも舌にも独創的な料理が味わえる。　要予約

- 住 Piazza Croce dei Vespri
- ☎ 091-6171631
- 営 13:00～15:00、20:00～23:00
- 休 ⊕、8月
- 予 €30～50（コペルト€3）
- C A.D.M.V.
- 交 クアットロ・カンティから徒歩5分

トラットリア・ビオンド　P.194
Trattoria Biondo
新市街にある地元っ子に人気の活気あるトラットリア。パレルモやシチリアの郷土料理が揃い、一皿の量もタップリ。冬には生ガキ、秋にはキノコ類など、季節の素材を使った料理も楽しめる。　要予約

- 住 Via G. Carducci 15
- ☎ 091-583662
- 営 13:00～15:00、20:00～23:00
- 休 ⊛、7/30～9/15
- 予 €25～35（10%）
- C A.D.M.V.
- 交 カステルヌオーヴォ広場から徒歩3分

アンティーカ・トラットリア・ダ・トト　P.194
Antica Trattoria da Toto
ヴッチリアの市場そばにあるシチリア家庭料理の店。安さと庶民的で売っている店内はいつも人でいっぱい。

- 住 Via Coltellieri 5
- ☎ 091-4383399
- 営 11:30〜16:30
- 休 無休
- 予 €8〜15
- C 不可
- 交 Piazza Caraccioloそば（市場地区）

アンティーコ・カフェ・スピンナート　P.194
Antico Caffe Spinnato
ルッジェーロ・セッティモ広場近くのVia Principe del Belmonteにある高級感あふれるカフェ。ナッツでコーティングされたカップCoppa Realeに好みのアイスクリームを盛り合わせてもらえばボリューム満点。また店内で売っているシチリアらしいアーモンドを使ったお菓子やマルトラーナの詰め合わせなどは美しくおみやげにも最適。

- 住 Via Principe del Belmonte 111/115
- ☎ 091-329220
- 営 7:00〜翌1:00
- 休 1/1、8/15、12/25
- 予 €5〜
- C A.D.M.V.
- 交 ルッジェーロ・セッティモ広場から2分

バール リンコルン　P.183
Bar Lincoln
駅前の広場を背にすぐ右側の角にあるバール。アランチーニはもちろんのこと自家製のお菓子も充実しているので軽食のテイクアウトにも便利。

- 住 Piazza Giulio Cesare 3/5
- ☎ 091-6162532
- 営 5:00〜20:00
- 休 無休
- 予 €1.05、定食€5〜
- C D.J.M.V.
- 交 駅から1分

バール アルーイア　P.180 A2
Bar Aluia
リベルタ通りに面したオープンテラスでゆったりとしたコーヒータイムを楽しめる。飲み物だけでなく、自家製のアイスクリームやグラニータなど充実したメニューが売りものだ。

- 住 Via della Libertà 27
- ☎ 091-583087
- 営 7:00〜21:00
- 休 ⑪、8/15前後1週間
- 予 €5〜
- C D.M.V.
- 交 ルッジェーロ・セッティモ広場から徒歩3分

海を眺めながらの食事は格別

美しいモンデッロの海に張り出したテラスでの、青く透明に輝く海を眺めながらの食事はリゾート気分満点。豊富なメニューの中でも、大きな丸いナスをくり抜いて中にパスタやソースを入れて焼いたここの名物メランザーネ・チャールストンMelanzane Charlestonをぜひお試しを。　要予約

海からの風も涼しいテラスレストラン
チャールストン・レ・テラッツェ
Charleston le Terrazze

- 住 Via Regina Elena, Mondello
- ☎ 091-450171
- 営 13:00〜15:30、20:00〜24:00
- 休 11〜4月の⑪、1/10〜2/10
- 予 €60〜80（コペルト€3）C A.D.J.M.V.
- 交 パレルモからモンデッロ行きのバス806番で約20分、Via Regina Elena下車正面

シチリア州 — パレルモのレストラン・カフェ

Palermo パレルモのレストランとカフェ

アンティーカ・フォカッチェリア・サン・フランチェスコ(軽食) P.183
Antica Focacceria SanFrancesco

サン・フランチェスコ・ダッジジ教会の正面にある1834年創業の歴史ある店。ここの名物はモツのスライス煮込みとチーズを挟んだフォカッチャ・マリタータFocaccia maritata。ほかにもアランチーニなどのスナックが豊富でテイクアウトもできる。夏は教会を眺められるオープンテラスでも食事ができる。

- 住 Via Alessandro Paternostro 58
- ☎ 091-320264
- 営 11:00～24:00
- 休 11/1～3/31の火
- 予 €5～、定食€17.50
- C A.D.M.V
- 交 サン・フランチェスコ・ダッジジ教会前

Column　パレルモのスナックとお菓子

揚げたてのアランチーニが町角で売られている

●パレルモのスナック

東西の文化の交流地であるシチリアでは、その歴史的な地位と海に囲まれた位置関係からさまざまな味わいの料理が発展した。まず前菜をはじめ揚げ物が多いのがシチリアの特徴だ。ひよこ豆を平らにのばして揚げた**パネッレPanelle**はパンに挟んでハンバーガー風にしてよく食べられる。これなどは昔貧しかったシチリアの住民が安い素材で満腹になるよう工夫したものだと考えられる。揚げ物で有名なのは丸いボール状のライスコロッケ、**アランチーニArancini**。おむすび程度の大きなものから、リストランテで出されるひと口大のものまであり、味わいもミートソースで味をつけて中にチーズを詰めたものや、サフラン風味でグリーンピースを詰めたもの、ハムとモッツァレッラチーズを詰めたものなどさまざまなものがある。前菜やスナックとして食べると結構ボリュームがある。

●パレルモのお菓子

パレルモの市内ではバールや美しいお菓子をショーウインドーに並べたお菓子屋さんが多く目に付く。朝から朝食代わりにケーキを食べている人も見かけるぐらいだ。ぜひここで試したいのは、フルーツの果汁と果肉から作られたシャーベット、**グラニータGranita**。リモーネ（レモン）、フラーゴレ（いちご）、ペスカ（黄桃）などがポピュラーだ。また、シチリアで最も有名なお菓子は**カンノーロCannolo**。筒状のビスケットの中にリコッタチーズやドライフルーツを詰めたもので、あまり甘くないさっぱりとした味が日本人好みと言えるかもしれない。逆にこってりとした甘さなら、**ブッチェラートBuccellato**という、アーモンドや干しいちじく、クルミなどが詰められたパイ状のケーキが有名だ。ビスケットもアーモンドを使ったリッチな口あたりのものが多い。アイスクリームのフレーバーは種類豊富で見ているだけでも楽しい。中でもリコッタチーズを使った**カッサータ**のアイスクリームはシチリアらしさにあふれている。現地ではブリオッシュなどのパンにアイスクリームを挟んで食べるのが人気だ。

Palermo

パレルモのショッピング

イタリア第5位の人口を有するパレルモはミラノやローマのような超高級ブティックも軒を連ねる一大ショッピングエリアとなっている。カジュアル物、日用品からブランド物まで充実している。主要ショッピングゾーンはローマ通りVia Roma、マクエダ通りVia Maqueda、ルッジェーロ・セッティモ通りVia Ruggero Settimo付近。旧市街のクアットロ・カンティQuattro Canti周辺は大学がそばにあるせいもあり、本屋街になっている。またパレルモ特産だった銀製品を扱う店もけっこう見かける。一方有名高級ブランドのお店は新市街の**ルッジェーロ・セッティモ通り**から**リベルタ通り**Viale della Liberta周辺に集中している。シャネル（セレクトショップ「TORREGROSSA」内）、ルイ・ヴィトン、エルメスなどもある。営業時間はだいたい朝9:00ぐらいから13:00と16:00から20:00ぐらいまでが一般的。また日曜と月曜の午前中は休むところが大半だ。

エルメス

ジッリオ・イン　P.180 A2
Giglio In
●パレルモ最大のセレクトショップ
市内に7店を持つセレクトショップ。ジッリオ・インではプラダ、トッズ、モスキーノ、D&Gなど比較的カジュアルなラインを扱う。近くに紳士物のGIGLIO BOUTIQUE UOMOとアルマーニ、グッチ、ヴェルサーチなどの婦人物を扱うGIGLIO

BOUTIQUE DONNAもある。
🏠 Viale della Liberta 44
☎ 091-6257727
営 9:00～13:00、16:00～20:00
休 ⑰
交 リベルタ大通り

マックス・エ・コ　P.194
Max & Co.
●カジュアルでおしゃれな
マックス・エ・コ
インナーで個性的なスタイルが楽しめるマックス・エ・コの商品。またテーマカラーごとにいろいろなコーディネートができるようになっているのも魅力的。マックス・マーラよりお手頃価格なのがうれし

い。リベルタ通りにもお店がある。
🏠 Via Ruggero Settimo 103
営 9:30～13:00、16:00～20:00
休 ⑰
C A.D.J.M.V.
交 ルッジェーロ・セッティモ通り

ブルーノ・マリ　P.194
Bruno Magli
●シルエットが美しい靴なら
クラシックなフォームに魅惑的なカットも取り入れた女性的な足元を演出できるおしゃれな靴が揃っている。バッグとのコーディネートができる商品構成も特徴だ。革製品のほか洋服などの品揃えもある。

🏠 Via Ruggero Settimo 27
営 ㊊16:00～20:00、㊋～㊏10:00～20:00
休 ⑰㊗
C A.D.J.M.V.
交 ルッジェーロ・セッティモ通り

ラ・リナシェンテ（デパート）　P.194
La Rinascente
●便利なイタリアの
　デパートメントストア
イタリア各地にあるデパートチェーン。1階には有名ブランドの化粧品が豊富に揃い。上のフロアには小物、洋服からキッチン用品まで扱っていて、見やすい店内は時間がない人にもおすすめ。また昼休みがないの

も買い物に便利。
🏠 Via Ruggero Settimo 16-22
☎ 091-323250
営 9:30～20:30
C A.D.J.M.V.
交 ルッジェーロ・セッティモ通り

シチリア州

パレルモのレストラン・カフェ／ショッピング

パレルモ郊外

モンレアーレ
Monreale

モザイクにあふれる町

●郵便番号　90046

How to access
■バスで行くには
●パレルモ駅前のバスターミナル109番AMAT社（所要約10分）→Piazza Indipendenza 下車→389番に乗り換えるAMAT社（所要約30分）→モンレアーレ

■車で行くには
●パレルモ（S186）→モンレアーレ

■ドゥオーモ
住 Piazza Duomo
☎ 091-6404413
開 8:00〜18:00
料 テラス€3、宝物庫€3
地 P.204-2

パレルモから内陸の南西へ8km。標高310mのカプート山上にあるモンレアーレの町は、のどかなオレンジ色の屋根が並ぶコンカ・ドーロ盆地Conca d' Oroを見下ろしている。町にはビザンチン様式のモザイクの傑作が残り、息をのむほどの美しさだ。またこの町の特徴は、イスラム、ビザンチン、ロマネスクの影響を受けた魅力的な建築物に出合えることだろう。まさに地中海の十字路としてのシチリアを感じる。

おもな見どころ

聖母、天使、12使徒のモザイク画が飾られている
ドゥオーモ ★★★
Duomo
ドゥオーモ

ヴィットリオ・エマヌエーレ広場P.za Vittorio Emanueleにどっしりと構えたこのドゥオーモは1174年、グリエル2世によって造られた。広場からドゥオーモの正面に回ると、入口には2基の大きな塔が両脇に設置されている。内部には旧約、新約聖書にちなんだモザイク画があふれている。とくに祭壇正面の、手を広げている見事なキリストのモザイク画には圧倒される。また古代の円柱と光輝くモザイクとがすばらしくとけこんでいる。

ノルマン時代のドゥオーモはモザイクで装飾されていて見事

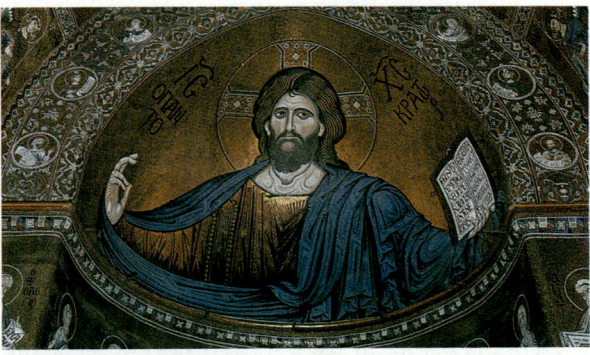

全能の神、キリストが描かれるモザイクは圧巻

■モンレアーレの❶
住 P.za Vittorio Emanuele 1
☎ 091-6466070
開 8:00～14:00
　 15:00～18:00
休 日祝
地 P.204-2
●案内一般

■バスターミナル
Autostazione
住 Via Dirupo
地 P.204-2

■郵便局　Posta
住 Piazza Guglielmo il
　 Buono左側アーチ内
開 8:30～12:30　休 日祝

■回廊付き中庭
住 P.za Guglielmo il Buono
開 夏季9:00～19:00
　 冬季9:00～18:30
　 日祝9:00～13:00
料 €4.50　地 P.204-2

静かな時の流れる回廊
回廊付き中庭 ★★★
Chiostro　　キオストロ

　ドゥオーモの右横にある神秘的な228本の円柱が組まれた回廊。その円柱の上部にはそれぞれ異なった模様とモザイクがはめ込まれていて、なんともミステリアスな雰囲気を漂わせている。また中庭の噴水を眺めていると、まるで時間が止まってしまったかのようだ。

静かな時の流れるキオストロ

イタリアで一番大きいマヨルカ焼の壁画
十字架上のキリスト ★
Crocifisso　　クローチフィッソ

　ウンベルト通りVia Umbertoの坂道を上っていくと、左側に17世紀に造られたマヨルカ焼の大きなタイルが目に飛び込んでくる。壁画のある聖堂参事会付属教会内は、セルポッタの美しいスタッコ装飾で飾られている。

マヨルカ焼タイルのキリスト像

高台からのパノラマ
見晴らし台 ★
Belvedere　　ベルヴェデーレ

　ドゥオーモ前のグリエルモ・イル・ブルーノ広場Piazza Guglielmo 左側のアーチを抜けると、コンカ・ドーロ盆地とオレート渓谷が見渡せるすがすがしい景色が楽しめる。

コンカ・ドーロ盆地を見下ろす

シチリア州　パレルモ郊外

| Monreale | モンレアーレのホテル |

★★★　パーク・ホテル・カッルベッラ　P.204 外
Park Hotel Carrubella

朝食サロンからはコンカ・ドーロが一望できるさわやかなホテル。マヨルカ焼の床が敷かれたかわいい室内には、エアコン、TELが設置されている。

e-mail　carrubellapark@sicilyhotelsnet.it
読者割引「歩き方」呈示で10%

住 Via Umberto I 233
☎ 091-6402187
fax 091-6402189
SB €65/75　TB €103/110
30室 朝食込み　A.D.J.M.V.
交 ヴィットリオ・エマヌエーレ広場から10分

モンデッロ
Mondello

パレルモから近いマリンブルーの海

How to access
■バスで行くには
●パレルモ（Piazza Luigi SturzoまたはVia LibertàからAMAT社の806番バス）→モンデッロ　約20分

　パレルモから11km離れたところにある海水浴場。ガッロ山とペッレグリーノ山に囲まれた半円形の砂浜は、なんとも美しい。家族連れやカップルがのんびりとした時間と大自然を求めてこの海へやって来る。そう言えばパレルモから来たおばあちゃんも「海を見なきゃ一週間が始まらないわ」と言っていたが、なんだかわかるような気がする。この海岸の名物は、揚げ物屋の屋台。ポテトや野菜を目の前で揚げてくれてなかなかおいしい。パレルモや近郊のホテルなどで海水浴の無料チケットを配っている。この海を本当に大切にしている地元の人々。設備も整っている。チケットがない場合は海から5m以内の区域を使って使用できる（それ以上はチケット制で海水浴設備が設置されているので歩行禁止）。

美しい半円形のビーチ

パレルモっ子お気に入りの海水浴場

ソルント
Solunto

カタルファノ山にそびえる古代ギリシアの遺跡

How to access
■電車で行くには
●パレルモ→S.Fravia-Solunto Porticello 駅下車
鉄道メッシーナ、カターニア行きなどで（各駅停車に乗るように！）約15分

NAVIGATOR
S.Flavia Solunto Porticello駅から遺跡の発掘現場へは、駅を背に右へ進み、踏切りを渡り、真っすぐ歩いて行くと、左側にSOLUNTOと書いた看板が見えてくる。そこからレモン畑の道を通って山方向に登っていく。30分の坂道の後、遺跡の発掘現場に到着。

■遺跡の発掘現場
開 9:00～18:00
　日祝9:00～13:00
料 €2

　レモン畑が続き、サボテンがいたるところに茂っているカタルファノ山を登って行く。紀元前4世紀半ばに造られた古代カルタゴ人の植民地でギリシアの影響を受けた遺跡が、ザッフェラーノ岬Capo Zafferanoとティレニア海を見下ろし広がっている。この遺跡の発掘現場Scavi Archeologiciには当時の住居や体育場Ginnasio、水を集めるための貯水槽が残っている。また貴族出身のペリステリウムの家があった場所には、ドーリス式の円柱が建っていて豪華な広い部屋の跡が残っている。これらの貴族の家々は3階建てのものが多く1階は商店、2階は倉庫代わり、そして3階は住居になっていたと考えられている。

遺跡と海の調和がすばらしい

バゲリーアにバロック様式のヴィラを見に行こう！

バゲリーア
Bagheria

ヴィラ・パラゴーニア

奇妙な怪獣像

バゲリーアBagheriaはパレルモの東約15km、コンカ・ドーロ盆地の中央にある人口4万6000人の町である。パレルモからは、中央駅の前の停留所（Bar Lincolnの向かい）からAST社のバスが運行している。バスは1時間に1本程度、ASTの表示の前で待っていると来る。所要約30分。ヴィラ・パラゴーニアはバゲリーアの中心、ガリバルディ広場Piazza Garibaldiに面している。バゲリーアは17世紀の半ば頃当時のブテラの君主によって建てられたヴィラから発展した町で、現在でもいくつかのヴィラが残っているが、最も有名なのは「怪獣のヴィラ Villa dei Mostri」と呼ばれるヴィラ・パラゴニアVilla Palagoniaだ。この名前はこのヴィラを叔父である君主から譲り受けたフェルディナンド・グラヴィーナ・アッリアータが屋敷の周囲の壁の上を砂岩でできたさまざまな像で埋め尽くしたことによる。塀の上には音楽師や動物や人物像だけでなく、ちょっと不気味でユーモラスな怪獣（？）がずらりと並んで圧巻だ。今は町なかの小さなヴィラになってしまい、周囲にはためく洗濯物の中でその怪獣たちが静かにこちらを睨んでいるようだ。ヴィラの中には、壁が鏡で埋め尽くされた鏡の間Salone degli Specchiなどがあり、往時の華やかさが偲ばれる。バロック時代の装飾過多ともいえる趣味がそこここに見られて興味深い。帰りはヴィラを出てすぐ向かいの通りでパレルモ行きのバスを待とう。運行は1時間に1本。ほかに交通手段はあまりないので逃さないように。

■**怪獣のヴィラ**
個 Piazza Garibaldi 3
　90011 Bagheria（PA）
☎ 091-932088
開 4/1〜10/31　9:00〜12:30
　　　　　　　16:00〜19:00
　11/1〜3/31　9:00〜13:00
　　　　　　　15:30〜17:30
休 祝
国 €4
● 個人所有のヴィラなので突然の閉館がある。事前確認がおすすめ。

屋敷の壁の上からは音楽師たちの彫刻が見下ろす

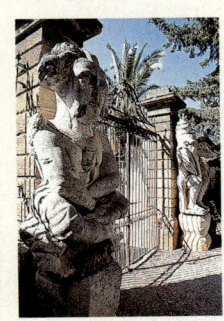

鏡の間

不気味なバロックの像が点在する町

シチリア州　パレルモ郊外

シチリア東部
Sicilia Orientale

シラクーサ
Siracusa
大ギリシアの首都

●郵便番号　96100

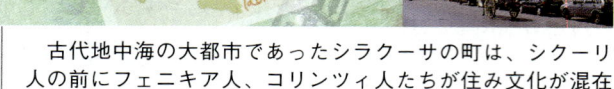

■シラクーサの❶AAPIT
住 Via S. Sebastiano 45
☎ 0931-67710
開 8:30～18:30
　㊏ 9:00～13:00
　　 15:30～18:30
　㊐ 9:00～13:00
休 ㊐午後　地 P.209 A2
●案内一般、サン・ジョヴァンニ・エヴァンジェリスタ教会向かい。

■❶APT
住 Largo Teatro Greco
☎ 0931-60510
地 P.209 A1
●6～9月のみ
●ネアポリ考古学公園入口近く

■❶AAT
住 Via Maestranza 45
☎ 0931-65201
地 P.209 A2
●アルキメデス広場近く

■観光馬車
町の見どころを巡ってくれる観光用馬車は1人€6ぐらい。乗る前にきちんと値段交渉しよう。

■バスターミナル
Autostazione
●AST社／SAIS社／INTERBU社
住 Via Trieste 28
地 P.211 A1
●カターニアの空港経由でカターニア、シラクーサ→パレルモ、シラクーサ→ノート行きがある
●行き先によって乗り場を確認しよう！

■郵便局　Posta
住 Palazzo della Posta
地 P.211 A1
●バスターミナルがある広場

■電話局　Telefono
住 Via S Simone
地 P.209 B2

NAVIGATOR
シラクーサの駅前から左へまっすぐ進むと町の中心地マルコーニ広場Piazzale Marconiへ出る。

古代地中海の大都市であったシラクーサの町は、シクーリ人の前にフェニキア人、コリンツィ人たちが住み文化が混在しあう都市であった。町の北側にある考古学地区には古代の住居跡や、建築物の材料となった石灰石の石切り場、そして高台からシラクーサの町を見渡せるギリシア劇場などの歴史的な建造物が、壮大な空間に広がる。港寄りの旧市街の古い建物のいくつかは、現在空家になっていて、すこしさびしげな町並みだが、海の幸、山の幸が並ぶ海岸沿いの朝のメルカート（市場）へ出かけると、大きなカジキマグロをたっぷり買って行く地元の人たちの姿に、日本人が重なる。町の見どころは北と南のふたつの区域に分かれていて、北は考古学地区、そして南は旧市街のあるオルティジア島となっている。

V.エマヌエーレ2世通り

夕暮れのイオニア海

How to access

🚃 電車で行くには
●カターニア→シラクーサ　fs線　EX　1時間20分～1時間40分
●パレルモ→シラクーサ　fs線　D　6時間40分

🚌 バスで行くには
●パレルモ→シラクーサ　INTERBUS　3時間15分(平日4便、㊐㊗2便)
●カターニア→シラクーサ AST　1時間15分（平日15便、㊐㊗6便)
●ラグーザ→シラクーサ　AST（平日のみ6便）

🚗 車で行くには
●カターニア→（S114）→シラクーサ

おもな見どころ

● 考古学地区

ギリシア、ローマ時代の発掘地域
ネアポリ考古学公園 ★★
Parco Archeologico della Neapoli

パルコ・アルケオロージコ・デッラ・ネアポリ

ネアポリ考古学公園の入口へ進んでいくと、右側に**天国の石切り場 Latomia del Paradiso**がまず目に飛び込んでくる。大きなものになると深さ45mまでにも掘られ、なかでも細長い耳の形をした**ディオニュシオスの耳 Orecchio di Dionisio**は必見。この名は放浪の画家カラヴァッジョが1603年に名付けたもので、高さ36m、カーブした大きな洞窟の中に入っていくのは少し怖いようだが、中から見る入口の光は美しい。また音響効果がすぐれていることでも有名。洞窟の中で小声で話していても、入口まで聴こえてしまうのだ。

ディオニュシオスの耳

■ネアポリ考古学公園
☎ 0931-21243
開 9:00～18:00(冬季15:00)
€4.50
地 P.209 A1

シラクーサ

現存する最大のギリシア劇場
■ギリシア劇場
地 P.209 A1
料 ネアポリ考古学公園との共通券€4.50

古代ローマの円形闘技場
■古代ローマの円形闘技場
地 P.209 A1

■州立パオロ・オルシ考古学博物館
Viale Teocrito 66
0931-464022
開 9:00〜18:00
(日)9:00〜13:00
休 (月)
料 €4.50　ネアポリ考古学公園、州立美術館との共通券€12)
地 P.209 A2

■サン・ジョヴァンニのカタコンベ
開 9:00〜12:30
　　14:30〜16:30
休 (月)
料 €4
地 P.209 A2

テメニテ丘にたたずむシチリアで一番大きなギリシア劇場
ギリシア劇場 ★★★
Teatro Greco
テアトロ・グレコ

紀元前3世紀、ヒエロン2世時代に着工されたギリシア劇場。1万5000人もの人が収容できるこの大きな劇場では、古代劇の上演が偶数年（2年ごとに）行われ、世界中からの観客を集めている。

考古学地区の滝

岩場を掘って造られた
古代ローマの円形闘技場 ★★
Anfiteatro Romano
アンフィテアトロ・ロマーノ

ネアポリ考古学公園の南側に位置する、3〜4世紀帝政時代の円形闘技場。剣闘士たちの登場口となった通路も残り、手すりの角石には、観覧席の所有者名を刻んだ石碑を見ることができる。

2000近くの所蔵品が集まる
州立パオロ・オルシ考古学博物館 ★★
Museo Archeologico Regionale Paolo Orsi
ムゼオ・アルケオロージコ・レッジョナーレ・パオロ・オルシ

壮大な1万2000m²の敷地の中に、先史時代からの重要な作品が3つに分かれて展示されている。特に代表的な作品はサロンBの美しい**アフロディーテのヴィーナス** Venere Anadiomeneだ。

発見者の名を取り、「ランドリーナのヴィーナス」とも呼ばれる、アフロディーテのヴィーナス

破壊後も美しい外観
サン・ジョヴァンニ・エヴァンジェリスタ教会 ★
San Giovanni Evangelista
サン・ジョバンニ・エヴァンジェリスタ

正面にバラ窓が飾る教会。1693年の地震の被害を受けつつも、3つのバランスのよいカタロニア式アーチが教会の立体感を強調している。教会の外、右側の奥の入口へ行くと、ギリシア時代からの**カタコンベ**に通じている。

カタコンベで有名だが、教会も美しい

町の近代的建築の教会

マドンナ・デッレ・ラクリメの聖所記念堂 ★
Santuario della Madonna delle Lacrime

サントゥアリオ・デッラ・マドンナ・デッレ・ラクリメ

高さ約90mの三角形の灰色の巨大な建物は、古代都市として栄えたシラクーサの町らしからぬ近代的な外観。内部は空間のあるシンプルな礼拝堂になっている。1953年に起こった奇跡を記念して、建立された。

モダンな聖所記念堂

■マドンナ・デッレ・ラクリメの聖所記念堂
地 P.209 A2

■パピルスの町シラクーサ
パピルス（植物）の保護地とされているため、古代エジプト人が利用していた、素朴なパピルス紙を使った絵画品が、町の工房で作られている。

おみやげにはパピルス紙を

SHOPPING
- パピルス紙を使った絵画。
- アーモンド菓子や魚介類。
- ワインは白のモスカート・ディ・シラクーサ。

パピルスをおみやげに
軽くてかさばらずおみやげに最適です。パピルス紙に古代エジプトの王族の姿や「ディオニュシオスの耳」など、さまざまな絵が描かれて額に入れて売っています。壁にかけることもできるのでいつまでも身近に思い出を飾っておけます。アレトゥーザの泉近くをはじめ、町のいたる所で売っています。
（東京都　カルタ '03）

シチリア州　シラクーサ

●おもな行事
- 町の守護聖女聖ルチア祭（12月13日）
  Festa di S. Lucia
- ギリシア劇場での古典演劇祭（偶数年の5月、6月）　Rappresentazione Classiche

211

■ドゥオーモ
住 Piazza Duomo
開 9:00～12:30
　　16:00～18:00
地 P.211 B2

■アレトゥーザの泉
地 P.211 B2

アレトゥーザの泉は
パピルスが繁り涼しげ

■州立美術館
住 Via Capodieci 14
☎ 0931-69511
開 9:00～18:00
　　(日)(祝)9:00～13:00
休 (月)
料 €4.50（共通券あり）
地 P.211 B2

カラヴァッジョ作「聖女ルチアの埋葬」

■アポロ神殿
地 P.211 A2

●オルティジア島

アテネ神殿が眠る
ドゥオーモ ★★
Duomo
ドゥオーモ

　柱が上下にバランスよく配置された、バロック様式の重厚なファサードだ。特に夜、ライトアップされると、より美しい姿となる。かつてこの場所には紀元前5世紀にドーリス式のアテネ神殿が建設されていたという。内部は木製の天井がはめ込まれていて、豪華なバロック様式の祭壇を正面に、右側の壁にはさらに美しい祭壇が置かれている。そしてアテネ神殿の円柱がどっしりと身廊に組み込まれている。

内部

シクラーサのシンボル、ドゥオーモ

パピルスが茂る泉
アレトゥーザの泉 ★
Fonte Aretusa
フォンテ・アレトゥーザ

　ピッツェリアやパピルス製品を扱うみやげ物店が並ぶアレトゥーザの泉は、地元っ子の待ち合わせの場ともなっている。川の神アルフェウスから逃れようと、妖精アレトゥーザが泉となったと言い伝えられている伝説の泉。

カラヴァッジョ作の絵画が収められている
州立美術館 ★★
Galleria Regionale del Palazzo Bellomo
ガッレリア・レッジョナーレ・デル・パラッツォ・ベッローモ

　アレトゥーザの泉から島の内部に入っていく、細い道Via Capodieciにある美術館。館内には中世初期から現代までの絵画と彫刻を中心に展示。趣のあるカタロニア様式の残ったベッローモ館には、カラヴァッジョによる『**聖女ルチアの埋葬**』Seppellimento di Santa Luciaやアントネッロ・ダ・メッシーナ作の『**受胎告知**』Annunciazioneが所蔵されている。

2本の偉大な円柱が残る
アポロ神殿
Tempio di Apollo
テンピオ・ディ・アポロ

　パンカーリ広場の奥に広がるアポロ神殿。紀元前7世紀末頃建てられたもの。

Siracusa

シラクーサのホテル＆レストラン

★★★★ グランド・ホテル P.211 A1
Grand Hotel
優美な内装の中に近代的な設備が配置された高級ホテル。イオニア海を目の前に、海岸通りへの散歩や、レストラン、ピッツェリアへと食べに出かけるのにも最高のロケーション。ホテル専用船でビーチまで行く有料の海水浴パックのサービスがある。

■読者割引10％

- URL www.grandhotelsr.it
- 住 Viale Mazzini 12
- ☎ 0931-464600 Fax 0931-464611
- SB €155/160（海側）
- TB €230/240（海側）
- 室 58室 朝食込み
- C A.D.J.M.V.
- 交 ポルタ・マリーナ広場 L.go Porta Marina からすぐ

★★★★ ホリデイ・イン P.209 A2
Holiday Inn
世界的なネットワークを持つチェーン・ホテル。考古学地区にあり設備が整った快適なホテル。

- URL www.alliancealberghi.com/siracusa-hi
- 住 Viale Teracati 30
- ☎ 0931-440440
- Fax 0931-67115
- SB €159
- TB €184
- 室 87室 朝食込€17
- C A.D.M.V.

★★★ ドムス・マリアエ P.211 A2
Domus Mariae
旧市街の海岸近くにあり、観光にも食事にも便利。ウルスラ修道会による、小規模ながら清潔で快適なホテル。

- e-mail htldomus@sistemia.it
- 住 Via Vittorio Veneto 76
- ☎ 0931-24854
- Fax 0931-24858
- SB €110
- TB €150
- 室 12室 朝食込み
- C A.D.M.V.
- 交 ドゥオーモから300m

★★★ ベッラ・ビスタ P.209 A2 外
Bella Vista
長く続く家族経営の温かい雰囲気のホテル。客室はシンプルながら、清潔。小さな庭園や駐車場も完備。春から秋にかけては、日差しのあふれるテラスでの朝食も気持ちよい。レストラン併設。

- URL www.hotel-bellavista.com
- 住 Via Diodoro Siculo 4
- ☎ 0931-411355
- Fax 0931-37927
- SB €59.50/68
- TB €86.50/99
- 3B €112/129 朝食込み
- C A.D.M.V.
- 交 カップッチーニ教会から10分

★★★ グラン・ブレターニャ P.211 A1
Hotel Gran Bretagna
部屋数は少ないながらリーズナブルなホテル。小さな入口の階段をすぐ右側がレセプションになっている。エアコン完備。

■読者割引11～2月に割引する

- URL www.hotelgranbretagna.it
- 住 Via Savoia 21
- ☎ Fax 0931-68765
- SB €67/75
- TB €92/102
- 3B €115/126
- 室 17室 朝食込み
- C A.D.J.M.V.
- 交 パンカーリ広場 Piazza Pancali から1分

トラットリア・アルキメーデ P.211 A1
Trattoria Archimede
地中海、シチリア、イタリア料理全般の店。広々とした店内と前菜のアンティパストが鮮やかにディスプレイされている。魚介類はもちろんのこと、タリアテッレ・アルキメーデもおすすめ。店の前には、同経営者のピッツェリアがある。

要予約

- 住 Via Gemmellaro 8
- ☎ 0931-69701
- 営 12:30～15:00、20:00～23:00
- 休 ⽇
- 予 €24～30（10％）
- C A.D.J.M.V.
- 交 ドゥオーモから3分

ダルセーナ P.211 A1
Ristorante Darsena
漁師たちの小船が浮かぶ景色を眺めながら地中海料理を楽しめる店。ビュッフェ式の魚介類のアンティパストやカジキマグロのマカロニ（マッケロニ・アッラ・ダルセーナ）、ウニのパスタやイカスミのスパゲッティが人気。

- 住 Riva Garibaldi 6
- ☎ 0931-66104
- 営 12:30～14:30、19:00～22:30
- 休 ⽔、7～11月の15日間
- 予 €30～40（コペルト€2）
- C A.D.M.V.
- 交 オルティジア島に続く橋を渡りすぐ右の海沿い

シチリア州 シラクーサ

カターニア

Catania

エトナ山を望む第2の都市

- 郵便番号 95100

❶APT
- Via Cimarosa 12
- 095-7306233
- 開 ㈪～㈯ 8:00～20:00
  ㈰ 8:00～14:00
- 休 無休
- 地 P.215 A1
- ●ベッリーニ公園の南

❶中央駅内
- 095-7306255
- 開 8:00～20:00
- 休 1/1、5/1、12/25
- 地 P.215 B2 外

❶空港内
- 095-7306266
- 開 8:00～20:00

■バスターミナル
Autostazione
- 住 Via D' Amico
- 中央駅のほぼ正面200m。駅前広場を横切り、左に出てすぐ右側。切符売り場は道路を隔てた向かい側。

■空港から市内へ
空港からALIBUS457番がドゥオーモ、カターニア中央駅、バスターミナルに停車。バスターミナルへはカターニア中央駅の次の停留所下車が便利。バスの切符（市バスと共通）は空港前の切符売り場やタバッキなどで販売。所要約15分、約20分間隔の運行。

●おもな行事
- 聖女アガタの祭り（2月3日～5日）
  Festa di S. Agata

■郵便局 Posta
- 住 Via Etnea 215
- 地 P.215 A1

■電話局 Terefono
- 住 Viale Africa
- 地 P.215 A2 外

さまざまな人種が集まっているカターニアの町は、シチリアでパレルモにつぐ二番目に人口が多く、経済活動が盛んだ。そしてヨーロッパ最大の活火山、エトナ山を擁し、数回の噴火を繰り返してきた活火山とともに生活してきた町としても有名だ。

ドゥオーモ広場Piazza Duomoやアントニーノ・ディ・サン・ジュリアーノ通りVia Antonino di San Giulianoを横切るクロチフェーリ通りVia dei Crociferi はシチリア・バロック建築が都会的な雰囲気で交じりあい、情趣ある町並みになっている。またカターニア出身の作曲家ベッリーニの生い立ちを知ることができるベッリーニ博物館や、にぎやかなカルロ・アルベルト広場Piazza Carlo Albertoのメルカート（市場）には特産の柑橘類や野菜が豊富に並ぶ。

How to access

✈ 飛行機で行くには
- ●ミラノ→カターニア 約2時間
- ●ローマ→カターニア 1時間20分

🚌 電車で行くには
- ●パレルモ→カターニア fs線(メッシーナで要乗り換え)4時間30分～7時間(1時間に約1便)
- ●アグリジェント→カターニア fs線 EX R 3時間20分～4時間(1時間に約1便)
- ●メッシーナ→カターニア fs線 EX 1時間30分 R 2時間15分(30分～1時間に約1便)
- ●シラクーサ→カターニア fs線 EX 1時間10分(30分～1時間に約1便)

🚌 バスで行くには
- ●パレルモ→カターニア SAIS 約3時間(平日1時間に1便、㈰㈷1～3時間に1便)
- ●アグリジェント→カターニア SAIS 約3時間（平日45分～1時間30分に1便、㈰㈷1～2時間に1便）
- ●メッシーナ→カターニア SAIS 約2時間(平日15～30分に1便、㈰㈷1～3時間に1便)
- ●シラクーサ→カターニア INTERBUS 約50分(平日30分～1時間に1便、㈰㈷1～3時間に1便)

🚗 車で行くには
- ●パレルモ→(S113/A119)→カターニア
- ●アグリジェント→(S640/A19)→カターニア
- ●メッシーナ→(A18)→カターニア
- ●シラクーサ→カターニア

History&Art

●シチリアの経済都市 カターニアの今昔

『カタネ』と名付けられていたカターニアの町は、紀元前8世紀後半にギリシア植民地として建設された町のひとつであった。ポエニ戦争時代の紀元前263年にローマに征服され長い間、豊かな時代をはぐくんでいった。その後、ビザンチンの征服後イスラム教徒に占領されオレンジ、レモンなどといった柑橘類の新しい農業技術が浸透し、農業や商業の発達が進んでいった。ノルマン人の征服以降、フリードリッヒ2世の時代には皇帝の力の象徴として町にウルシーノ城が造られた。またカターニアにたびたび宮廷を定めていたアラゴン家の時代になると、シチリアにおける最初の大学がカターニアの町に創立された。1669年の火山噴火、1693年の大地震とふたつの大災害により幾度かの危機に立たされたが、19世紀から再建が本格的に始められ、工場、農作物、人口ともに増え、シチリアの経済都市として重要な町となっている。

おもな見どころ

町のシンボル象の噴水
ドゥオーモ広場
Piazza del Duomo ★★
ピアッツァ・デル・ドゥオーモ

　町のふたつの大通りエトネア通りVia Etneaとヴィットリオ・エマヌエーレ通りViale Vittorio Emanueleが交差するこの広場には、町のシンボルでもある**象の噴水 Fontana dell' Elefante**が建っている。彫刻家ヴァッカリーニが1736年に造ったもので火山と立ち向かう町の象徴として溶岩で造られている。

空間のある三廊式角柱とクーポラ
大聖堂
Cattedrale ★★
カテドラーレ

カテドラーレ

　1078年から1093年にロジェール伯爵によって建てられた。立体的な豪華なファサードは、やはりヴァッカリーニの設計によるもので18世紀に造られたもの。教会の内部、右側廊の2番目の柱には、音符の模様が彫られたヴィンチェンツォ・ベッリーニの墓や、聖堂内陣の右側には聖アガタの礼拝堂Cappella di Sant'Agataがある。聖具室Sacrestiaには1669年によるエトナ山の噴火を描いたフレスコ画が飾られていて興味深い。

NAVIGATOR
中央駅ターミナルから町の中心地でもあるドゥオーモ広場までは市バスAMT社で4-7番、429番が走っている。徒歩だと20分はかかる。
バスの切符:€0.80(90分有効)

■ 大聖堂
🏛 Piazza del Duomo
🕘 9:00～12:00
　17:00～19:00
🗺 P.215 B2

角柱で区切られた内部

シチリア州　　カターニア

215

緑のオアシス、ベッリーニ公園

■ベッリーニ公園
地 P.215 A1

■クロチーフェリ通り
地 P.215 A・B1

■円形闘技場
地 P.215 A1

2世紀に造られた闘技場

■サン・ニコロ教会
地 P.215 B1
'05年1月現在、修復のため閉鎖中。

町一番の大通り

■ベッリーニ博物館
住 Piazza S. Francesco d' Assisi 3
☎ 095-7150535
開 9:00～13:00
　（火木）15:00～18:00も
休 復活祭の㊐、12/25
料 無料
地 P.215 B1
● サン・フランチェスコ・ダッシジ広場に面している建物に入口がある。

地元っ子の日光浴の場
ベッリーニ公園
Villa Bellini　　　　　　　　ヴィッラ・ベッリーニ　★

音符が型どってある芝生。ベッリーニ好きにはたまらない市民公園。にぎやかなエトネア通りから入ると一瞬静かさを感じさせてくれる。噴水の上のほうへ行くとエトナ山が見渡せる。

しゃれたバロック様式の通り
クロチーフェリ通り
Via dei Crociferi　　　　　ヴィア・デイ・クロチーフェリ　★★

バロック様式の教会が並ぶ趣のある通り。1704年に造られたサン・ベネデットのアーチS. Benedetto をくぐると、両側には優美な装飾と階段のついた入口のあるサン・ベネデット教会やサン・ジュリアーノ教会S. Giulianoだ。さらに真っすぐ進むと、クロチーフェリ修道院Convento dei Padri Crociferiがある。

ベッリーニ像が前で眺めている
円形闘技場
Anfiteatro　　　　　　　　アンフィテアトロ　★

溶岩で造られた保存のよいローマ時代の闘技場。その前にはベッリーニに捧げられた記念像が建ち、にぎやかなステジーコロ広場Piazza Stesicoroが広がる。

未完成の壮大な教会
サン・ニコロ教会
San Nicolo　　　　　　　　サン・ニコロ　★

どっしりとした円柱が門の両側に立つ大きな教会。ファサードの装飾はなく、いたって簡素な外観。カターニアの町並みにはちょっと異様な建物になっている。1687年に着工されたものの地震により、その後計画が幾度か中断されていまだに未完成なままである。内部は大理石の日時計や美しいフレスコ画の天井がある。

簡素なファサード

町の目抜き通り
エトネア通り
Via Etnea　　　　　　　　ヴィア・エトネア　★★

ドゥオーモ広場からエトナ山方向に向かって長い長い一本道。スーパーや商店、しゃれたバールなどが並ぶ大通りになっている。

ベッリーニの生家
ベッリーニ博物館
Museo Belliniano　　　　　ムゼオ・ベッリーニアーノ　★

作曲家ヴィンチェンツォ・ベッリーニ(1801～1835)が生まれてから16歳まで住んでいた家。彼が3歳から始めたピアノやオリジナルの楽譜、身に着けていたアクセサリーなどが展示してある。音楽一

家に生まれたベッリーニは、背は高く青い目の上品な顔立ち。独身の生涯を送ったもののプレイボーイでもあったそうだ。彼のナポリ音楽学校時代の恋人の写真なども飾ってある。ベッリーニのデスマスクもある。

フリードリッヒ建造の城

■ウルシーノ城内
　市立博物館
住 Piazza Federico di Svevia
☎ 095-345830
開 9:00～13:00
　15:00～18:00
休 (月)
料 無料
地 P.215 B1

■ベッリーニ劇場
地 P.215 B2

考古学部門が充実した
ウルシーノ城内市立博物館 ★★
Museo Civico di Castello Ursino　ムゼオ・チヴィコ・ディ・カステッロ・ウルシーノ

　円筒形の頑丈そうな塔と城壁に包まれた1239年から1250年にかけてホーエンシュタウフェン家のフリードリッヒ2世が造らせた城。内部は**市立博物館**。考古学コレクション、ビザンチン期の小板絵は必見。

音楽を愛する人々が集まる
ベッリーニ劇場
Teatro Bellini　テアトロ・ベッリーニ

　夕方になるとオペラやバレエを鑑賞しに、たくさんの人たちがやってくる。豪華なシャンデリアのロビーも見事。いくつもある窓からは煌々と輝く電灯が外に漏れ雰囲気を出している。事前予約(☎：095-7306111)で見学可。

豪華な劇場

Catania　カターニアのホテル＆レストラン

★★★ サヴォーナ　P.215 B1
Hotel Savona

町の中心地にある便利な3つ星ホテル。斜め前にはドゥオーモ広場がある。高い天井の朝食サロンは心地よい。空港からのアリバスも近くに停車する。
■読者割引3泊で20%
URL http://www.hotelsavona.it

住 Via Vittorio Emanuele 210
☎ Fax 095-326982
SB €100
TB €140
室 30室　朝食込み
C A.D.J.M.V.
交 ドゥオーモ広場から1分

★★★ ラ・ヴィーユ　P.215 A1外
La Ville

中央駅そばのバスターミナルを左に入った庶民的路地にある。歴史ある館を改装したエレガントなホテル。サロンや客室はアンティーク家具で飾られ、古きよき雰囲気にあふれる。
■読者割引(火)～(日)の2泊以上で SB €82、TB €105、3B €130に

URL http://www.rhlaville.it
住 Via Montecerdi 15
☎ 095-7465230　Fax 095-7465189
SB €90 (ツインのシングルユース)
TB €117　3B €142
室 14室　朝食込み　C A.D.M.V.
交 中央駅から徒歩5分

★★ ローマ　P.215 A1外
Roma

中央駅そばのバスターミナルのすぐ脇、空港からのアリバスも目の前に停まる、便利な場所にある。カターニアからプルマンを利用してシチリア各地に足を運ぶのを計画している向きには最適。室内は温かみのあるインテリアで落ち着いた雰囲気で清潔。朝食室はなく、朝食は部屋に運んでくれる。2～3階が客室で、エレベーターはないので、重い荷物に注意。英語が通じないとの投稿あり。
■読者割引3泊以上で10%
e-mail kalantari@tiscali.it
住 Viale Libertà 63
☎ Fax 095-534911
S €30
SB €35
TB €60 朝食込み
C 不可
交 中央駅から徒歩2分

ノ・ツァ・ローザ　P.215 A1外
No Za Rosa

駅近く、町の人おすすめの庶民店。ホテル・ローマの先の理髪店の路地を入り、大きな道に突きあたる手前。バールも兼ね、夜にはカラオケもある。食事時には肉を炭火で焼く煙が一帯に立ちこめているのですぐわかる。料理は、種類豊富な前菜や肉類のグリル、パスタなどが揃う。言葉はあまり通じないが、指さし注文でもOK。地元の人は牛肉に似た、馬肉Cavalloのステーキが好み。すぐ先には人気のジェラート店もある。

住 Viale Africa
営 9:00～24:00
予 €5～10
C 不可
交 中央駅から徒歩5分

シチリア州

カターニア

Column シチリアの交通の要所　カターニア

空と海のシチリアの玄関口であるカターニア。プルマン（長距離バス）路線も充実している。シチリア、とりわけ東側の旅はこの町からはじめるのが便利だ。

空路
ミラノ、ローマをはじめとするイタリア国内線およびヨーロッパやマルタ間の国際線が運航。空港からはシチリア各地へのプルマンも運行している（プルマンの項参照）。

シチリアの東の玄関、カターニア空港

カターニアとローマ間はプロペラ機も運航

海路
ナポリ（TTT Lines社：☎095-7462187 月〜金カターニア24:00発➡ナポリ10:30着、⊕19:30発➡10:30着）、ラヴェンナ（Adriatica社：☎095-7139141 19:30発）、マルタ（Virtu Ferriers社：☎095-535711 火金土⊕20:00発、火⊕10:00発、金16:00発、一部ポッツァーロ経由）間を運航。

陸路　プルマン
パレルモ、タオルミーナ、メッシーナ、シラクーサ、ピアッツァ・アルメリーナなどへは空港発のプルマンも運行。その他の町も空港からカターニアの町へは頻繁にあるバス便Alibusでプルマンのターミナルへ（中央駅の次で下車が便利）向かい、プルマンに乗り換えれば目的地へのアクセスも容易だ。

プルマンのターミナルはカターニアの中央駅そば。道路を隔てて各社の切符売り場がある。各社がシチリアをはじめイタリア各地へ運行している。

荒涼としたシチリアではプルマンが頼り

サイス社SAIS：☎095-536168
パレルモ（所要約2時間40分）、アグリジェント（2時間50分）、メッシーナ（約1時間40分）、エンナ（約1時間20分）などを結ぶ。このほか、フィレンツェ、ボローニャ、ペルージャ、シエナ、ピサ、サレルノ、ナポリ、アマルフィ行きなどを運行。
●アグリジェント（17:00発）⇔カターニア（18:15）⇔メッシーナ（21:30）⇔ローマ（6:30）

●インターバス社INTERBUS：☎095-530396
シラクーサ、ノート、ジャルディーノ・ナクソス、タオルミーナ、ナポリ、ローマ、ミラノ行きなどを運行。

●エトナ社ETNA Trasport：☎095-532716
ラグーザ、ピアッツァ・アルメリーナ行き、プーリア州各地を結ぶ。
●カターニア⇔メッシーナ⇔ターラント⇔バーリ
●カターニア⇔メッシーナ⇔レッチェ⇔オートラント

●エーエスティー社AST：☎095-7461096
（住:Via Luigi Sturzo 230/232）
シラクーサ、カルタジローネ、ピアッツァ・アルメリーナ、ノート、ポッツァーロ行きなどを運行。　　　　　　（'05年1月）

カターニア駅そばのAST社

今でも噴火を続ける火山

エトナ山
Etna

　標高3323m。カターニア、タオルミーナ、エンナを旅行していると必ず目に留まるエトナ山。雪の頂きを抱く円錐形の堂々とした姿は、日本の富士山のようでもある。ヨーロッパ最大の、世界でも有名な活火山として、頂上からは常に煙が立ち込めている。カターニアからだとエトナ山の麓、小さな村ニコロシNicolosiの町を通り、さらに上へ登っていく。すると異様な黒い熔岩が広がり、熔岩流に埋もれた家が山道の脇に生々しく残っている。町からは一見優美なエトナ山に見えるが、1669年に熔岩流はカターニアの町まで達したという歴史を持つ厳しい山ということを忘れてはいけない。バスは標高1923mの地点まで行き、(Nicolosi Etna-Sud) そこからは標高2920mまでのロープウエイが設置されている。さらに頂上へは地元のガイド付きで登ることができる。

　夏でも風が強く肌寒いので、羽織るものが必要。山にふさわしい服装で。またおみやげ屋が並ぶ広場の右側には穴のポッカリ開いた山シルヴェストリの穴Crateri Silvestriがある。

　Nicolosi Etna-Sud から2時間15分で山頂付近までガイド付きミニバスで巡るツアーがある。問い合わせは❶まで。

シルヴェストリの穴

ガイド付きミニバスで

登山記念にエトナ山の熔岩をイメージさせる瓶に入ったリキュール。アルコール度50%、70%のものがある。

●郵便番号　　95100

How to access
●バスで行くには
カターニア駅前のターミナル→エトナ山（Nicolosi Etna-Sud）
AST社　所要約2時間、平日約1時間に1便、㊗日1便。
●エトナ山からカターニアへ戻る便を確認しておくとよい。エトナ山到着地 Nicolosi Etna-Sud の広場にバスは駐車しないので、バスが通ったら手を挙げて合図して乗る（とくに停留所の看板はない）。

■エトナ山の❶
Gruppo Guide Alpine Etna-Sud
住 Via Etnea 107a
☎ 095-914588
開 9:30～15:30

■ロープウエイ
開 9:00～16:00（上り）
　　9:00～17:00（下り）

シチリア州　エトナ山

タオルミーナ

Taormina

イタリアを代表する保養地

●郵便番号　98039

■タオルミーナの❶AA
住 Piazza S. Caterina
　Palazzo Corvaja
☎ 0942-23243
開 8:00〜14:00
　16:00〜19:00
休 日祝
地 P.222 A2
●コルヴァヤ館内

■タオルミーナ駅からのバス
駅前からINTERBUS社のバスで所要15分、切符€1.30。

■旅行会社のツアー
旅行会社ではタオルミーナからエトナ山トレッキングツアーやアグリジェントツアー、ピアッツァ・アルメリーナとカルタジローネのツアー、パレルモとモンレアーレツアーなどがガイド付きで組まれている。料金は昼食付きとなしとを選べる。

● Compagnia Siciliana Turismo
住 Corso Umberto 101
☎ 0942-23301

● Sicilian Airbus Travel
住 Corso Umberto 73
☎ 0942-24653

■バスターミナル
Autostazione
住 Piazzale Pirandello
☎ 0942-625301
地 P.222 A2
●バスターミナルで時刻表をもらおう

■ロープウエイ
Funivia
開 7:45〜22:00
　15分ごとの運行
料 片道€1.80
　往復€3
地 P.222・223 A2・3
●マッツァーロの海岸と高台の町を結ぶ

■郵便局　Posta
住 Piazza S. Antonio
☎ 0942-23010
開 月〜土 8:30〜18:30
地 P.222 B1

みやげ物屋の店先

青く輝くイオニア海とエトナ山を一望する風光明媚な保養地、タオルミーナ。世界中の人たちの憧れのリゾートだ。エメラルドグリーンに輝く澄んだ海には「美しき島イソラ・ベッラ Isola Bella」が浮かび、高台にはいにしえのロマンを伝えるギリシア劇場がたたずむ。古代ローマの人々も眺めたであろう舞台の先には紺碧の海とエトナ山、そして晴れた日には海峡を隔てたカラーブリアの山々を望む絶景が広がる。メインストリートのウンベルト通りにはカフェやおしゃれなブティック、ブランドショップも並び、そぞろ歩くだけで華やいだリゾート気分にしてくれる。

イタリアきっての高級リゾート、タオルミーナ。その類まれな景観が魅力的

How to access

🚆 電車で行くには
● メッシーナ→タオルミーナ　fs線　EX　R　40分　（30分に1便）
● カターニア→タオルミーナ　fs線　EX　R　1時間　（30分に1便）
● シラクーサ→タオルミーナ　fs線　EX　2時間30分（30分〜1時間に1便）

🚌 バスで行くには
● メッシーナ→タオルミーナ　INTERBUS　1時間10分（平日10分〜1時間30分に1便、日祝1〜4時間に1便）
● カターニア→タオルミーナETNA TRASPORTI/INTERBUS 1時間10分〜1時間45分（平日10分〜1時間30分に1便、日祝1〜2時間に1便）

🚙 車で行くには
● メッシーナ→(A18/S114)→タオルミーナ
● カターニア→(A18/S114)→タオルミーナ

✠ おもな見どころ ✠

2連窓の美しい館
コルヴァヤ館 ★
Palazzo Corvaja
パラッツォ・コルヴァヤ

バスターミナルからの坂道は町の入口であるメッシーナ門Porta Messinaへと続く。メッシーナ門は中世の城壁に19世紀に再建されたもの。ここから華やかなメインストリート、ウンベルト1世大通りCorso Umberto Iが続き、ショッピングやそぞろ歩きが楽しい界隈だ。小さな広場に建つコルヴァヤ館は、11～15世紀の複合建築で、2連窓のファサードが美しい。趣のある中庭と2階へ続く14世紀の外階段も印象的なたたずまいだ。内部には❶やシチリア民衆伝統芸術博物館Museo Siciliano di Arte e Tradizioni Popolariが置かれている。

コルヴァヤ館(右)とサンタ・カテリーナ教会

シチリア有数の眺望を誇る
ギリシア劇場 ★★★
Teatro Greco
テアトロ・グレコ

シチリア第2の規模(直径115m)を誇る古代劇場。紀元前3世紀に建造され、ローマ時代の2世紀に円形闘技場として改築された。丘の天然の窪みを利用して階段状に観客席が巡り、正面の舞台には円柱がそびえ、その間からは緑に縁取られたイオニア海とエトナ山の雄姿が広がる。この美しい風景を背景に、現在も夏の間、演劇、バレエ、コンサートなどの催しが行われる。

海を借景するギリシア劇場

眺めのいいテラス
4月9日広場
Piazza IX Aprile
ピアッツァ・ノーヴェ・アプリーレ

ウンベルト1世大通りの中ほど、狭い路地が開けると見晴らしのよいテラスが広がる。眼下には弧を描く海岸線のパノラマが広がり、眺望とともに開放感あふれる場所だ。このあたりの山側には古い館や教会、時計塔などが残り、中世の雰囲気を残している。

広々としたタオルミーナのテラス、4月9日広場

NAVIGATOR

プルマンで到着した場合は、バスターミナルは町の中心に近い。ピランデッロ通りVia Pirandelloの坂道を上れば、町の入口のメッシーナ門Porta Messinaもすぐだ。鉄道利用の場合はINTERBUS社のバスを駅前から利用しよう。所要約10分(切符€1.30)だ。

■カターニアからの交通
カターニアからのプルマンは町のターミナル(中央駅そば)からINTERBUS社が頻繁に運行するほか、ETNA社が空港発7:05～18:30の間、1時間から3時間間隔で運行している。カターニア空港から、またはタオルミーナでタクシーを利用する場合は、メーターがないので事前に料金の交渉をしっかりしておこう。

■町のレンタカーショップ
Autonoleggio Italia
住 Via Pirandello 29/A
☎ 0942-23973
開 8:30～12:00
　 15:00～19:00
● レンタルスクーターもある

■シチリア民衆伝統芸術博物館
住 コルヴァヤ館内
開 9:00～13:00
　 16:00～20:00
休 ㊊
料 €2.50
地 P.222 A2

■S.C.ダレッサンドリア教会
開 9:00～13:00
　 16:00～20:00
地 P.222 A2

■ギリシア劇場
開 9:00～日没1時間前
休 無休
料 €4.50
地 P.222 A2

シチリア州　タオルミーナ

■大聖堂
圏 8:30〜12:00
　　16:00〜20:00
地 P.222 B1

町のシンボル
「女ケンタウロス像」

● おもな行事
● 荷馬車の行列（5月末）
　Sfilata del carretto
　siciliano

おもな見どころ

町のシンボルが見守る
大聖堂
Cattedrale
カッテドラーレ

　正面のバロック様式の噴水を飾るのは、町のシンボルでもある「女ケンタウロス像」。その奥の大聖堂は、13世紀に創建され、15〜16世紀と18世紀に改修されたもの。小さいながら、バラ窓が飾るファサードは重厚だ。三廊式の内部の、右側の第1祭壇には1463年の『聖母マリアの聖エリザベト訪問』Visitazioneの板絵、左側の第2祭壇には『聖アガタ』像が納められている。

聖ニコラスを祀る大聖堂。扉口の装飾に注目

花咲き乱れる庭園
市民公園
Villa Comunale

ヴィッラ・コムナーレ

　大聖堂脇の階段を下り、サン・ドメニコ広場Piazza S. Domenicoから眺めのよいローマ通りVia Romaを下って向かおう。町の人々や観光客にとっての憩いの場だ。海を見下ろしてテラス状に広がる園内には、ブーゲンビリア、ハイビスカス、オレンジ、レモンなどの花々が咲き乱れ、緑の木陰が心地よい。

遠くにエトナ山の雄姿を望む、市民公園からの眺め

市民公園は眺望とともに手入れされた草花も見事

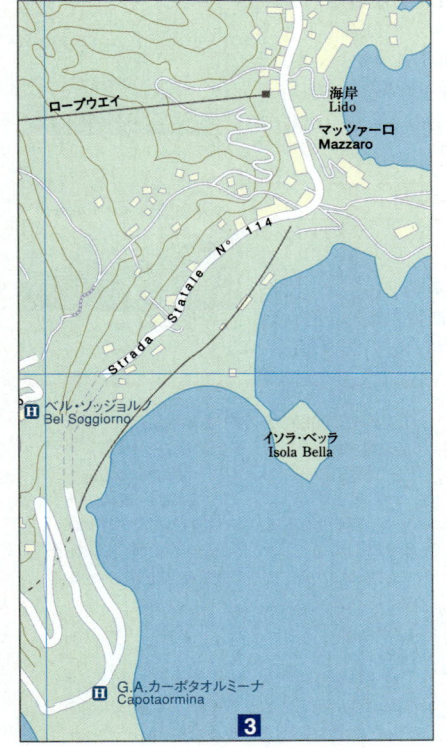

✉ ワンポイントアドバイス

　カターニア空港からタオルミーナへのプルマンは1時間に1本程度あり、所要1～1時間30分。切符は空港内の両替所Cambioか車内で購入。バスターミナルから町の中心まで徒歩10分程度だが、行きは上り坂なので、荷物が多い場合はちょっとキツイ。両替は銀行や郵便局で。銀行は㈪～㈮の営業、郵便局は㈪～㈯の夕方まで営業していて、レートもよかった。有名観光地だけあって、ほとんどの商店が日曜もお昼も通しで営業しています。
（東京都　Hana　'04）

✉ 格安ホテルもあるよ

　世界的なリゾートのタオルミーナも、町の中心には€20～30程度で宿泊できるペンショーネも結構ありました。オンシーズンでなければ、現地で直接訪ねてみるのもいいと思いました。
（東京都　シバ犬子　'03）

✉ カステルモーラへ

　タオルミーナのメッシーナ門近くのバス停で、毎時15分発でした。町自体はとても小さく、徒歩30分程度で一周できます。ドゥオーモの裏を上った、La Taverna dell'Etna (Via A. De Gasperi 39) で夕食をとりました。テラスの右奥の席からは湾岸の夜景が見渡せます。
（東京都　Hana　'04）

シチリア州　タオルミーナ

NAVIGATOR

●イソラ・ベッラへの行き方
ロープウエイまたはバスで。ロープウエイの駅はバスターミナルとメッシーナ門の間にある。バスの場合は、ターミナルからINTERBUS社のバス（所要約10分、料:€1.30）で。
健脚派はピランデッロ通りの展望台Belvedereから細い脇道に入り、坂道と階段を下るとマッツァーロの海岸へ出る。

●カステッロへの行き方
カステルモーラ行きのバスで。徒歩の場合はチルコンヴァラツィオーネ通りVia Circonvarazioneからつづら折りの急な階段を上る。

●カステルモーラへの行き方
駅もしくはPiazzale Pirandello のバスターミナルからSAIS社のバスで登る。（1日平日9便、日祝4便、）帰りの時間も確認しておこう！
🚌 片道€1.30、所要約15分。
🗺 P.222 A1 外

✉ リゾート報告

私たちはタオルミーナの町なかのホテルに宿泊しましたが、マッツァーロ海岸の姉妹ホテルのプライベートビーチが利用でき、有料（€3）で送迎バスもありました。海岸からは「青の洞窟ツアー」も出発していて、イソラ・ベッラ、グラン・ブルーのホテル・カーポタオルミーナを通り青の洞窟へ。途中、エメラルドグリーンの海で泳ぐ時間も含め所要約1時間、1人€15。タオルミーナのホテルでは夏はビーチが利用できるホテルがたくさんあります。ひととき、リゾート気分を味わうのはいかが。 （東京都 Hana '04）

映画の舞台にもなった「美しき島」

▍イソラ・ベッラ
Isola Bella
イソラ・ベッラ

映画「グラン・ブルー」のロケでも使われた、美しい入江にある小島。ふたつの岬にはさまれた静かな入江に、美しい海と緑の島影が浮かび、絵のように美しい。観光ボートも運航しており、「青の洞窟」をはじめ、カーポ・タオルミーナ、サンタンドレア岬などへも行くことができる。また、入江の北側にはマッツァーロMazzaroの砂浜が長く続き、海水浴に最適。

美しい海に囲まれたイソラ・ベッラ

自然の展望台

▍カステッロ
Castello
カステッロ

タウロ山Monte Tauroの山頂に建つ、古代のアクロポリスの跡に中世に築かれた城塞。城塞内部は公開されていないが、周囲からのパノラマがすばらしい。タオルミーナの町やエトナ山、向い側のカステルモーラの集落を一望する。

カステッロからの眺め

大パノラマを満喫

▍カステルモーラ
Castelmola
カステルモーラ

町から約5km、狭い道路の先にカステルモーラの集落がある。標高529m、石灰岩の断崖 の上に築かれた中世の町で、すばらしい眺望が広がる。

夕暮れのエトナ山を望む

✉ おすすめ半日コース

まずは❶で地図をもらい、地図上のSightseeing Walkの印に従いタオルミーナの町から海抜398mのタウロ山Monte Tauroの山頂にあるサラセン人の城Castello Saracenoに上ろう。バスは必要なく、階段をゆっくり上ればたいしたことはない。城の上に立つと、南に輝くイオニア海が広がり、美しい砂浜やトンボロ現象で生まれたイソラ・ベッラの眺望が楽しめ、その手前にはタオルミーナの町が鳥瞰図のように広がっている。背後には山塊が続き、飛びぬけて切り立った海抜530mの崖の上にカステルモーラの村がある。時にはカメラを構え、ゆったりと景色を楽しみながらアスファルトの道を上れば、村にたどり着く。さらに高みの城跡からの眺めはすばらしく、先ほどのサラセン人の城も眼下に小さく見える。村からは別のSight Seeingルートをとり、タオルミーナの町まで戻り、ロープウエイで一気に下ろう。急な階段を下ると、イソラ・ベッラのきれいな海岸に到着だ。ここで、日光浴に興じる人たちを眺めながら、持ってきた弁当を広げたり、お茶をするのもいい。

帰りは再びロープウエイに乗車して中心街へ戻ろう。

夏は暑さに強い人にしかすすめられないが、春霞の中、眼下に広がる美しい風景を路傍の花々が飾り、幸福で穏やかな時間が流れる。所要約5時間。ぜひ歩いてほしいルートだ。

（神奈川県 荻野尚夫 '03）

Taormina — タオルミーナのホテル＆レストラン

★★★★ G.A.カーポタオルミーナ　P.223 B3
Grande Albergo Capotaormina

映画『グラン・ブルー』ですっかり有名になったホテル。世界中の観光客がこのダイナミックでどこかセンシティブなイオニア海を肌で感じてみたいとやってくるホテル。
URL www.capotaorminahotel.com

- Via Nazionale 105
- ☎ 0942-572111
- Fax 0942-625467
- SB €165／293　TB €220／430
- 202室　朝食込み
- C A.D.M.V.　休 12〜2月
- 交 町から3km

★★★ ベル・ソッジョルノ　P.223 B2
Hotel Bel Soggiorno

坂の途中にある伝統あるパラッツォ。テラスからは太陽の光がいっぱいに差し込み、明るい室内。朝食サロンから中庭へと出ていくとすばらしい海のパノラマが広がる。海水浴場と送迎バスがセットになったサービスをフロントで受けている。■読者割引10％

- URL www.belsoggiorno.com
- Via Pirandello 60
- ☎ 0942-23342　Fax 0942-626298
- SB €50／70　TB €90／120
- 18室 ビュッフェ式朝食込み
- C A.D.M.V.
- 交 バスターミナルから10分

★★★ ヴィラ・ベルヴェデーレ　P.222 B2
Villa Belvedere

19世紀初頭の館を改装したホテル。椰子とオリーブが茂る林の中に建ち、名前通りすばらしい眺望が楽しめる。夏の昼にはプールサイドで食事もできるので、リゾート気分でゆったり滞在するのにも最適。■読者割引現金払いで8％

- URL www.villabelvedere.it
- Via Bagnoli Croce 79
- ☎ 0942-23791　Fax 0942-625830
- SB €73/129.50　TB €126/205
- 47室　朝食込み　C M.V.
- 休 '05年11/20〜'06年3/5
- 交 市民公園近く

★★ レジデンス　P.222 A1
Hotel Residence

ウンベルト通りに面している小さな階段を上がったところに建っているホテル。ガーデン付きの部屋もある。また屋上からの眺めもすばらしい。
■読者割引 3・4・5・6・10月の3泊以上で10％
URL www.hotelresidence.net

- Via Salita Denti 4
- ☎ 0942-23463
- Fax 0942-23464
- SB €75.30　TB €110
- 3B €138
- 23室　朝食込み
- C A.J.M.V.
- 休 11〜3月
- 交 メッシーナ門から5分

★★ コンドール　P.222 A1
Condor

町の北側、高台に位置する家族経営のホテル。テラスからは海と町を見下ろす、すばらしい景色が広がる。この眺望のよいテラスでの朝食も思い出に残るはず。
■読者割引 3泊以上の現金払いで10％
URL www.condorhotel.com

- Via Dietro Cappuccini 25
- ☎ 0942-23124
- Fax 0942-625726
- SB €65　TB €84／110
- 12室　朝食込み
- C A.D.M.V.（最低4泊から使用可）
- 休 11/10〜3/1
- 交 メッシーナ門から5分

タオルミーナ　P.222 A1
Ristorante Taormina

魚介類を中心にイタリア料理全般とシチリア料理が食べられる店。150席の縦長のサロンの奥ではパノラマを背景にロマンティックなテラスでの食事も楽しめる。　日本語メニュー

- Vico Teofame Cerameo 2
- ☎ 0942-24359
- 営 12:00〜15:00、19:00〜24:00
- 休 (火)、12/25〜1/15
- ¥ €35〜45（コペルト€1.50）
- C A.D.M.V.
- 交 ドゥオーモ広場から3分

グロッタ・ディ・ウリッセ　P.222 A1・2
Trattoria Pizzeria Grotta di Ulisse

イタリア料理全般。にぎやかなウンベルト広場の路地に入った細い坂道にあるトラットリア。気取らない気さくな雰囲気。

- Via Salita Lucio Denti 3
- ☎ 0942-625253
- 営 12:00〜15:00 18:30〜24:00
- 休 (火)、1/15〜2/10
- ¥ €20〜60（コペルト€1.50）
- C A.D.M.V.
- 交 メッシーナ門から5分

シチリア州　タオルミーナ

● タオルミーナから足を延ばして

● 郵便番号　98035

■考古学博物館公園
住 Via Schisò
☎ 0942-51001
開 9:00～日没1時間前
休 ㊊午前　料 €2

■❶AAST
住 Lungomare Tysandros 54
☎ 0942-51010
開 夏季　　　8:30～14:00
　　　　　　16:30～19:30
　　冬季　　8:30～14:00
　　　　　　15:30～18:30
休 ㊐㊗、冬季㊏
案 案内一般

■バスターミナル
Autostazione
住 Terminal Bus Recanati

NAVIGATOR
タオルミーナから約5km。バスで10～25分。
ASTマークのある停留所にバスは停まる。バスがきたら手を挙げて運転手に合図したほうがよい。通り過ぎてしまうことがあるので。Via Umberto 通りやVia Vittorio Emanuele 通りに停留所がある。切符は（€1.30）車内で購入できる。タオルミーナよりも値頃感のあるホテルが多い。

ジャルディーニ・ナクソス

Giardini Naxos

パラソルの咲き競うナクソスの浜辺

ギリシア植民地が建設された都市

紀元前735年にシチリアで最初のギリシア植民地とされた都市。タオルミーナ岬から滑らかに連なるジャルディーニ・ナクソスの町は庶民的な海水浴場として家族連れなどでにぎわっている。また透きとおった海の浜辺には、カラフルな海水浴客のパラソルが広がる。スキゾ岬の考古学博物館公園Museo e Parco Archeologicoには、ギリシア植民地跡の貴重な城壁や住居などが残っている。

How to access
【タオルミーナからジャルディーニ・ナクソスへの交通】……AST社
●タオルミーナ駅発（25分に1便）
●Piazzale Pirandelloのバスターミナル発、S. Giovanni着（30分～1時間ごとの運行）

Giardini Naxos ジャルディーニ・ナクソスのホテル

★★★　アラテーナ・ロック
Arathena Rocks
海岸通りの喧噪からは、遠く離れ静か。海とプールに囲まれ、シチリアの民芸家具の客室と古きよき時代の香を留めるサロンなど、雰囲気満点。食事付きのハーフ・ペンショーネが一般的。

URL www.hotelarathena.com
住 Via Calcide Eubea 55
☎ 0942-51349
Fax 0942-51690
T B 1人€80～83（朝・夕食付き）
営 4月上旬～10月まで
C A.D.M.V.

★★　ヴィッラ・モーラ
Hotel Villa Mora
アンティーク好きのオーナーが経営するプチホテル。清潔な室内には電話、TV、扇風機が設置。
URL www.hotelvillamora.com
住 Via Naxos 47
☎ Fax 0942-51839

S B €40/50
T B €70/90
室 19室 朝食込み
休 '05年1/10～2/28
C A.M.V.
交 駅からタクシーで7分

★★　パラディオ
Palladio
目の前にバス停があり海岸通りにあるのでわかりやすい。スタッフはとても親切。観光の相談にも乗ってくれる。朝食も充実し、部屋も趣味がよい。

■読者割引'05年3/29～7/15、10/1～11/1に15%

e-mail palladio@tao.it
住 Via Umberto 470
☎ Fax 0942-52267
S B €32/72（シャワー付）、37/77（バス付）
T B €50/112（シャワー付）、52/117（バス付）　室 20室 朝食€8
C A.D.M.V.　マジオ広場のすぐ横

エオリエ諸島
Isole Eolie

風の神アイオロスの島

　シチリア島の北東約30kmに位置するエオリエ諸島。リパリ諸島とも呼ばれ、リパリ島、ヴルカーノ島、サリーナ島、フィリクーディ島、アリクーディ島、パナレーア島、ストロンボリ島の7つの島並みが続く。

　今から70万年以上前の噴火から生まれた島々は、今も噴煙を上げ、地球の進化を知る貴重な場として2002年にはユネスコの世界自然遺産として登録された。

　島巡りの船は青い海原を走り、ひっそりとした入江や温泉、溶岩が流れ落ちる海岸へと向かう。どこまでも、ゆったりと時間が流れるリゾート・アイランドだ。

How to access

船で行くには
- メッシーナ→リパリ島　SNAV/SIREMAR　高速船1時間30分
(夏季1日約20便、冬季約10便)
※メッシーナ駅前から港へはトラムで3つ目下車
- ミラッツォ→リパリ島　SIREMAR/NGL　高速船1時間
(夏季1日約20便、冬季13便)
フェリー2時間 (夏季1日約10便、冬季5便)
※ミラッツォ駅前からAST社のバスが港行きを20分〜1時間間隔で運行
- 多くの船は、ミラッツォ→リパリ島→ヴルカーノ島→サリーナ島→ストロンボリ島と、各島へ寄港して進む。また、ナポリ、レッジョ・ディ・カラーブリア、パレルモ、チェファルからも出航する

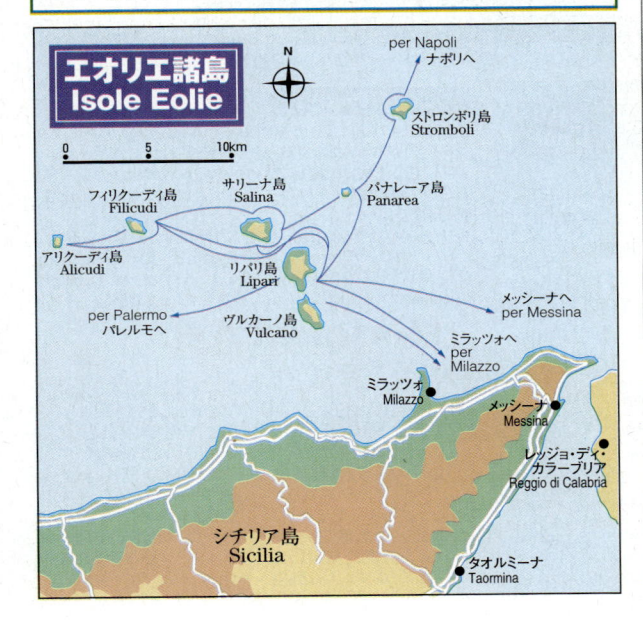

■島での注意
火山の噴火口や硫黄の噴気孔などへかなり近付くことができる。ただし、入場禁止のロープなどがある場合はそれ以上近付かないこと。ストロンボリ島の火口登山をはじめ、ガイド付きのみで許可されるものもある。活火山の島であることを忘れず、ガスが発生する火口付近などでは慎重な行動を。

夏は高速船が頻繁に運航し、各島を結ぶ

揺れも少なく快適な高速船。シチリア各地やイタリア本土を結び、島へのアクセスも容易だ

諸島のなかで、質、量ともに一番のサリーナ島のワイン

シチリア州／ジャルディーニ・ナクソス／エオリエ諸島

リパリ島
Lipari
一番のリゾート・アイランド

● 郵便番号　98055

■ ⓘ AA
🏠 Corso Vittorio Emanuele 202
☎ 090-9880095
開　夏季　　8:30～13:30
　　　　　　16:30～22:00
　　冬季　　8:30～13:30
　　　　　　16:30～19:30
休　日㊗、夏季㊊午後、冬季㊐
地　P.228 A

■ バスターミナル
Autostazione
Servizio Extraurbano
🏠 Marina Lunga
地　P.228 A

■ 郵便局　Posta
🏠 Via Vittorio Emanuele
☎ 090-9811270
地　P.228 B

■ 電話局　Telefono
🏠 Via M. Garibaldi
☎ 090-9811029
● カンネート地区

■ 港と船の情報
● SIREMAR社
☎ 091-6902555
URL www.siremar.it
● SNAV社
☎ 090-662506
URL www.snav.it
各社ともURLで時刻表、料金など検索可。

エオリエ諸島で一番大きく、観光の拠点となる島。高台には城塞が威風堂々とそびえ、町の中心には島の歴史を伝える博物館や古代遺跡が残る。港を結ぶ小路には、特産の黒曜石やケッパーを売るみやげ物屋がにぎやかに軒を並べる。

　自然美を満喫するなら、島巡りのバスや観光船に乗ってみよう。白く輝く軽石の採石場Cave di Pomice、エメラルドグリーンの海が鮮やかなカンネットCannettoやアクアカルダAcqualcaldaの海岸、ヴルカーノ島や海岸線を一望するクワトリオッキQuattriocchiの展望台へ運んでくれる。お気に入りの風景を見つけたら、気ままに散策やひと泳ぎするのも島の休日ならではの楽しみだ。

シチリアなどからの高速船が到着するリパリ島コルタ港

リパリ島の歩き方

● 島を結ぶバスはルンガ港にターミナル（エッソのガソリンスタンドそば）がある。コルタ港からルンガ港へは、にぎやかなメインストリートを抜けて徒歩で約10分。リパリ⇔カンネット⇔軽石の採石場⇔アクアカルダへのバスは夏季は1～2時間に1便程度。

リパリ⇔カンネットは10～30分に1便程度と頻繁にある。
リパリ⇔セッラSerra⇔ピレッラPirrera行きのバスでピレッラで下車し、徒歩20分程度のフォッジャ・ヴェッキアFoggia Vecchiaでは噴出した黒曜石の姿を見ることもできる。

History&Art

● エオリエ諸島のひとつ
リパリ島と黒曜石

　先住民は紀元前4000年頃、シチリアから来た人々とされている。その後リパリ島の黒曜石に魅せられ、ギリシアからも人々がやって来るようになる。この黒曜石がリパリ島の商業的発展に導いた。ノルマン人は到来とともに、ここに大修道院を建設し、また軍事基地として使われていた。一年中温和な気候のエオリエ諸島はアリクーディ島、フィリクーディ島、リパリ島、パナレーア島、サリーナ島、ストロンボリ島、ヴルカーノ島の7つの島からなっている。

おもな見どころ

港を見守る
大聖堂 ★★
Cattedrale カッテドラーレ

ガリバルディ通りVia Garibaldiから長い階段が並ぶ正面にはノルマン時代に創建された町の大聖堂が建っている。ファサードは15世紀にバロック様式に改装された。内部の左側には豪華な装飾に囲まれた銀の**守護聖人バルトロメオの像**が収められている。また聖堂の左側には、ノルマン時代の古い回廊が野外につながり、力強いドーリス式の柱が神秘的な姿をみせる。

ノルマン建立の回廊

コルタ港の高台に位置する、バロック様式の大聖堂。周辺には城塞をはじめ、博物館や紀元前16世紀にさかのぼる考古学地域などが集中。島の歴史を知るためにも訪れたい場所だ

悠久たる島の歴史を伝える
エオリエ州立考古学博物館 ★★
Museo Archeologico Eoliano ムゼオ・アルケオロジコ・エオリアーノ

エオリエの壺

かつての司教館を改装した、大聖堂に隣接する博物館。周囲には紀元前16世紀から2世紀に築かれたアクロポリスが広がる。博物館はリパリ島をはじめエオリエ諸島からの発掘品を展示する。先史・歴史時代、火山学部門、古典考古学などの各部門ごとに展示室が分かれ、展示品は多岐に渡り、新石器時代からギリシア、ローマ文化の流入期までの陶器類、特産の黒曜石を加工した矢じり、復元されたネクロポリス、墳墓の埋葬品の人形像などのほか、エオリエ諸島の海底に沈んでいた難破船の積み荷だった黒絵の壺、アンフォラ、大砲などが展示されている。とりわけ、墳墓から出土した表情豊かなテラコッタの人形像は質・量ともに見事。仮面劇の登場人物を形どった人類類は、紀元前の豊かな生活を彷彿させる。ぜひ訪れたい、島の悠久の歴史を伝えてくれる場だ。

天然の城塞
城塞
Castello カステッロ

考古学博物館から続く要塞。海を見下ろす自然の高台に16世紀にスペイン人が城塞を築いたもの。海からの眺めは堅牢な城塞そのものだ。博物館前から奥に進むと、テラス部分へ行くことができ、すばらしいパノラマが広がる。

自然の要塞カステッロ、リパリ島コルタ港の海からの眺め。高みからの眺めもすばらしい

● **おもな行事**
● エオリエ諸島の守護聖人聖バルトロメオの祭(8月21～24日)
Festa di S. Bartolomeo

■ **大聖堂**
開 復活祭～9月
　9:00～20:00
　10月～復活祭
　10:00～13:00
料 ノルマンの回廊 €0.50
地 P.228 B

簡素なエオリエ州立考古学博物館の入口

■ **エオリエ州立考古学博物館**
開 9:00～13:00 (閉館13:30)
　15:00～18:00 (閉館19:00)
料 €4.50
地 P.228 B

SHOPPING
● ケッパーの塩漬やペースト
● 黒曜石の置物
● ワイン

シチリア州　リパリ島

■ベストシーズンは？
観光シーズンの幕開けは復活祭の休暇頃から。海遊びが楽しいのは6〜9月頃だ。島巡りに欠かせない観光船は復活祭からクリスマス頃まで運航しているが、頻繁に運航するのは本格的観光シーズンの7〜9月。この季節、島は一番の華やぎを見せる。リパリ島などを巡るバスもこの期間には本数が多い。

島みやげの人気の品、特産の黒曜石を加工したアクセサリー。固くて強い黒曜石は、原始時代には矢じりに加工された

■城塞・野外劇場
地 P.228 B

町のメインストリート
ヴィットリオ・エマヌエーレ通り
Corso Vittorio Emanuele
コルソ・ヴィットリオ・エマヌエーレ

ルンガ港Lunga から真っすぐに続く、V.エマヌエーレ通りは、リパリで取れる香辛料を売る店や、おみやげ屋、レストランが並ぶにぎわいのある大通り。

コルタ港とルンガ港を結ぶ、メインストリート。みやげ物屋やブティック、飲食店などが目白押し

高速船の着く、コルタ港

高台の野外劇場
野外劇場
Teatro All' Aperto
テアトロ・アッラペルト

マドンナ・デッレ・グラツィエ教会Madonna delle Grazieの横にある野外劇場。1978年に造られたもので、夏の夜はここで映画が上映される。

Lipari　　　リパリ島のホテル＆レストラン

★★★★　アピッンナータ　　　　地図外
A' Pinnata
白く塗られたエオリエ風と呼ばれる建物や海に面したテラスにリゾート気分があふれるプチ・ホテル。テラスや客室のベランダからはリパリ島の東海岸を一望できる。気持ちよい風が抜ける客室は、シンプルながら落ち着いた雰囲気。

- URL www.pinnata.it
- Baia di Pignataro
- ☎ 090-9811697
- FAX 090-9814782
- SB €60/120　TB €80/200
- 12室　朝食込み　C A.D.M.V.
- ホテルの送迎あり（要予約）

★★★　ラ・フィラデルフィア　　　地図外
Hotel La Filadelfia
多くのリパリのホテルは、季節営業だが、このホテルは一年中オープン。温水プールも完備。室内は落ち着いた中庭を挟んだシンプルな内装。TV、直通電話、エアコン、バルコニーが設置してある。
URL www.lafiladelfia.it

- Via M. F. Profilio
- ☎ 090-9812795
- FAX 090-9812486
- SB €45/90　TB €70/140
- 25室　朝食込み
- C A.D.M.V.
- 大聖堂から5分

フィリッピーノ　　　　　　P.228 B
Ristorante Filippino
魚介類をベースにエオリエ料理が堪能できる老舗。イタリアの雑誌にもよく紹介されている人気の店。郷土料理のラビオリや店専用の漁船で釣りあげた新鮮な魚料理がおすすめ。
要予約

- Piazza Municipio
- ☎ 090-9811002
- 12:00〜14:30、19:30〜22:30
- 休（夏季を除く）11/20〜12/25
- €35〜45（コペルト€2、12%）
- C D.J.M.V.
- 大聖堂から2分

ヴルカーノ島 *Vulcano*

温泉の島

硫黄の香りが漂う火山と温泉の島。島巡りの船が到着するレヴァンテ港は海水浴客でにぎわい、ポネンテ港近くの泥温泉Pozza dei Fanghi(ポッツァ ディ ファンギ)では、緑色の泥の池で人々は温泉に興じる。この温泉の先の海岸Acqua Calda(アクア カルダ)では、海底の噴気孔からガスが泡立ち、海水浴と温泉が一度に楽しめるのもおもしろい。標高391mの大噴火口Gran Cratere(グラン クラテーレ)まで足を延ばせば、直径500mもの火口が口を広げる。この高台から眺めるリパリ島の風景もすばらしい。島の周囲には、天使の洞窟Grotta degli Angeli(グロッタ デッリ アンジェリ)、馬の洞窟Graotta del Cavallo(グロッタ デル カヴァッロ)、ビーナスのプールPiscina di Venere(ピスチーナ ディ ヴェネーレ)などが点在し、観光船での周遊も楽しい。

噴気孔から温泉が湧き出て、海水と混じり合うアクア・カルダの海岸

泥温泉の敷地の中にある小さな洞窟。蒸気が上がる天然のサウナ。腰痛に効果あり

ヴルカーノ島のビーナスのプール

ストロンボリ島 *Stromboli*

赤い溶岩が海へと流れ落ちる

高い尾根と切り立った岸壁、黒い海岸線が続くストロンボリ島。島の西部、シャーラ山Scearaのふもとでは、噴煙を上げて溶岩が海岸へと流れ落ちる。観光船で船からの見物が最適だ。昼間の明るい光では何も見えないが、あたりが夕闇に包まれると目の前で雄大な自然のドラマが広がる。

島の北側、城塞のようにそびえるのはストロンボリッキオ島Strombolicchio。ここも火山活動で生まれた島。現在は灯台が置かれた無人島だ。

周囲を珊瑚礁が取り囲む、ストロンボリッキオ島

現在も噴火を続けるストロンボリ島。明るい昼間は噴煙しか見えないが、夜のとばりが降りる頃には、山肌を赤い溶岩が流れ落ちる様子を見ることができる。自然の大ドラマは幻想的

NAVIGATOR

● 高速船はポネンテ港、リパリ島からの観光船はレヴァンテ港に到着。レヴァンテ港は黒い砂浜の海水浴場。

● ポネンテ港からは大噴火口へは徒歩約1時間。日差しが強い日中は避け、早朝か夕方からがベター。足元はスニーカーで。夏季の㊊は19:00出発で大噴火口登山ツアーSalita al Gran Cratereもある。詳細、申し込みは温泉の切符売り場で。

● 港からはピアーノPiano、グリッロGrilloまで1〜3時間間隔でバス便も運行している。途中までバスに乗っても、大噴火口へは徒歩で約45分。

■温泉
(Pozzo di FanghiとAcqua Calda)
開 7:00〜20:00
料 €1.50(シャワー別途€1)
硫黄分が豊富で皮膚に刺激があるので、泥温泉は10分程度の入浴だ。泥は目に入ると危険だ。銀製品などアクセサリーや時計ははずすこと。泥の持ち出しは禁止されているので、きれいにぬぐって奥の海岸へ。別料金でシャワーや更衣室などの利用も可。水着も傷むので、古いものがあれば着て行こう。

■観光船
美しい海が広がるエオリエ諸島では、各島を巡る観光船が運航している。海の洞窟や岩礁など、海路のみでしか近付けないスポットも多いので、観光には欠かせない。各社が各島の港で店開きし、客引きもしている。リパリ島ではコルタ港に多い。会社によりやや料金は異なる。催行は、季節により異なるので、滞在期間が短い場合は早めにチェックしておこう。
● リパリ島⇔ヴルカーノ島
　所要4〜6時間　€10〜13
● リパリ島⇔サリーナ島
　所要8時間　€20
● パナレーア島⇔ストロンボリ島
　所要8時間　€25
観光船は途中停泊して、船から直接ダイブして泳いだりする時間も設けられている。島だけを訪れたい人は、高速船などの利用がベター。また、海底に広がる珊瑚礁や天然の洞窟などを訪れる、スキューバ・ダイビングでのツアーもある。

シチリア州

メッシーナ

シチリア島の玄関口

Messina

● 郵便番号　98100

■ⓘAAST
住 Piazza Cairoli 45
☎ 090-2935434
開 8:00〜14:30
休 ⊕⊕㊗
地 P.232 B1 外

■ⓘAAPIT
住 Via Calabria 15
☎ 090-672944
開 8:30〜18:30
休 ㊐㊗
地 P.232 B2
● 駅前の広場すぐ右側

■バスターミナル
Autostazione
住 P.za della Repubblica 46
☎ 090-661754
地 P.232 B2
● 駅前の広場すぐ左側

■郵便局　Posta
地 P.232 A1

■電話局　Telefono
地 P.232 B1

●おもな行事
● 町の守護聖女、書簡の聖母の行列(6月3日) Madonna della Lettera
● 巨人たちの行進とヴァラの行列(8月12〜15日) Passeggiata dei Giganti e Processione della vara

■エオリエ諸島への船
エオリエ諸島へ渡る船が出ている。夏季はリパリ島まで行く船が1日5便。問い合わせ先はSNAV社へ
● **SNAV社**
住 Via Vittorio Emanuele
☎ 090-364044
● 港へは駅からトラムに乗り、3つ目で下車

カラーブリア州の大陸が対岸に見える、メッシーナ海峡。ティレニア海とイオニア海が合流する海峡に橋をかける計画はあるが、現在はまだ本土から列車をフェリーに載せてシチリアへと渡る。フェリーのデッキから眺めるメッシーナのペロリターニ山地は「シチリアへ来た」という感動を与えてくれる。メッシーナの町は、1783年と1908年の大地震に襲われ、さらに第二次世界大戦でも、被害を受けたが、新しく美しい町並みに生まれ変わった。

How to access

🚆 **電車で行くには**
● カターニア→メッシーナ　fs線　EX　1時間30分　R　2時間（30分〜1時間に1便）
● パレルモ→メッシーナ　fs線　IC　約3時間　R　約4時間

🚌 **バスで行くには**
● カターニア→メッシーナ　SAIS　約2時間（平日15分〜30分に1便、㊐㊗1〜3時間に1便）
● パレルモ→メッシーナ　SAIS　約3時間（平日8便、㊐㊗4便）

※イタリア本土からシチリア島行きの長距離列車に乗車した場合は、レッジョ・ディ・カラーブリア駅で列車の車両が船に積み込まれ、乗り換えの必要はない。シチリア到着後、一部の列車のみメッシーナ・マリッティマ駅 Messina Marittimaに停車し、メッシーナ中央駅へ向かう。レッジョ・ディ・カラーブリアからシチリアへ渡る場合は、港近くのヴィッラ・サン・ジョヴァンニVilla San Goovanni駅から船に乗り、メッシーナ・マリッティマ駅で下船。マリッティマ駅と中央駅は長い連絡通路で結ばれている。

🚗 **車で行くには**
● カターニア→（A18）→メッシーナ
● パレルモ→（S113/A20）メッシーナ

おもな見どころ

神秘的なモザイク装飾
ドゥオーモ ★★
Duomo
ドゥオーモ

ルッジェーロ2世によって造られたノルマン時代の教会。しかし1908年の大地震によって、ほとんどが崩壊してしまった。1919年に再建工事作業が始まるようになったのだが、再び第二次世界大戦で爆撃を受けてしまい、現在は全体的に改造された状態になっている。中央門には三角型のとがった細かい装飾が彫られているのが特徴。内部の祭壇正面のすぐ右側の壁にはアントネッロ・ガジーニ作とされている『洗礼者聖ヨハネ像』がある。木の鮮やかな天井にバロック様式の祭壇、そして光輝くモザイク装飾が印象的。両側の通路には12使徒の像が飾られている。

ドゥオーモの中央扉は15世紀のもの

動く時計が組み込まれている
鐘楼 ★
Campanile
カンパニーレ

1933年にフランス北東部のストラスブールの会社が建設した時計仕掛けの鐘楼。針が正午を指すと塔の中の装飾が動きだす仕組みになっている。塔の横の面にある大きな円盤は昔のカレンダー代わりのものになっている。

ドゥオーモ広場にたたずむ泉
オリオンの噴水 ★★
Fontana di Orione
フォンタナ・ディ・オリオーネ

鐘楼の前にある泉は、1547年から1551年にかけて造られたジョヴァンニ・アンジェロ・モントルソリとドメニコ・ヴァンネッロの作品。貝や動物に囲まれながら川を象徴する像が横たわり、中心にはオリオンの像が建っている。

エレガントな噴水の上部にはオリオン像が

12世紀建立の教会
サンティッシマ・アンヌンツィアータ・デイ・カタラーニ教会 ★
Ss. Annunziata dei Catalani
サンティッシマ・アンヌンツィアータ・デイ・カタラーニ

ガリバルディ通りから見ると地下にもぐっている、ノルマン時代末に建てられた小さな教会。内部にはレパント海戦のときの勝利者、オーストリアのドン・ジョヴァンニの彫像がある。

NAVIGATOR
市内バスATM社は駅前のレプッブリカ広場からでている。トラムや76・79・81・54番のバスがガリバルディ通りを通る。徒歩でも5分程度

■ドゥオーモ・鐘楼
住 Piazza Duomo
開 夏季7:30～19:30
　冬季7:30～19:00
地 P.232 B1

ルネッタ（半円形部分）の彫刻はすばらしい

巨大な鐘楼

■オリオンの噴水
地 P.232 B1

■Ss.A.カタラーニ教会
☎ 090-675715
開 9:30～11:00
地 P.232 B1

シチリア州　メッシーナ

■州立博物館
住 Viale della Liberta 465
☎ 090-361292
開 9:00〜13:30
料 €4.50
地 地図外

港に沿って続く長い道
ガリバルディ通り
Via Garibaldi
ヴィア・ガリバルディ

カイローリ公園Piazza Cairoliから真っすぐに続く道。広いバス通りにもなっていて、この道沿いにはサンティッシマ・アンヌンツィアータ・デイ・カタラーニ教会やヴィットリオ・エマヌエーレ劇場Teatro Vittorio Emanuele、ネプチューンの泉Fontana del Nettunoが位置している。

気品に満ちた噴水
ネプチューンの噴水 ★
Fontana del Nettuno
フォンタナ・デル・ネットゥーノ

アンジェロ・モントールソリの1557年の作品。オリジナルは州立博物館に所蔵されている。

18世紀以前のオリジナルの作品が集まる
州立博物館 ★★
Museo Regionale di Messina
ムゼオ・レッジョナーレ・ディ・メッシーナ

ネプチューンの泉からさらに港側に沿った道、リベルタ通りViale della Libertàの先にある博物館。12世紀から18世紀の作品が所蔵されている13のサロンに分かれている。アントネッロ・ダ・メッシーナの『聖グレゴリウスの多翼祭壇画』やカラヴァッジョがメッシーナに滞在中に描いた『牧者の礼拝』Adorazione dei Pastori、『ラザロの復活』Risurrezione di Lazzaroが必見。

ドラマチックなネプチューンの泉

Messina — メッシーナのホテル＆レストラン

★★★★ ロイヤル・パレス　P.232 B2
Royal Palace Hotel
駅とガリバルディ通りからも近く近代的な外観の便利なホテル。室内にはTV、電話、ミニバー、エアコンが設置してあり、ホテル内のレストランではメッシーナ料理が食べられる。
e-mail royalpalace@framon-hotels.com
住 Via T. Cannizzaro 224
☎ 090-6503
☎ 090-2921075
S €105
T €158
106室　朝食込み
A.D.M.V.
メッシーナ中央駅から5分

カーサ・サヴォイア　P.232 B2 外
Ristorante Casa Savoja
地元のビジネスマンに人気の手頃なランチメニューもあり。明るく落ち着いた雰囲気のサロン。メッシーナ料理、イタリア料理全般が食べられる。
できれば予約
住 Via XXVII Luglio 36/38
☎ 090-2934865
12:00〜15:30、19:30〜24:30
休 月夜
€25〜40（コペルト€2）
A.D.M.V.
カイローリ広場Piazza Cairoliから2分

ノート
Noto

バロック装飾の 美しい小さな町

　鳥のさえずりが聴こえてくる小さな町。老人たちがのんびりと公園でくつろぎ、ここでは時間はゆっくりと流れている。町の大通りヴィットリオ・エマヌエーレ通りCorso Vittorio Emanuele に、見どころは集中している。なかでも町の一番美しい日といわれている、5月の第3日曜の「花のじゅうたんの祭り」Infiorata di Via Nicolaci には、すばらしいバロック装飾が施されたニコラチ通りは鮮やかな花いっぱいに飾られる。優美で温かみのある教会建築を見学したとして、観光は半日で充分。

郵便番号	96017

How to access
- 鉄道fs線：Rを利用
  - シラクーサから　　約40分
  - ジェーラから　　　約3時間
  - ラグーザから　約1時間45分
- バス：シラクーサ発
  - INTERBUS社　約1時間
    - 平日10便、⊕⑰2便
  - AST社　　　　約1時間
    - 平日10便、⊕⑰2便
- 車：シラクーサ（S115）、ジェーラ（S115）

■❶APIT
- 🏠 Piazza XVI Maggio
- ☎ 0931-573779
- 🕐 夏季　8:00～14:00
  　　　　16:00～19:00
  　　冬季　8:00～14:00
  　　　　15:30～18:30
- 📍 P.235 A1
- 市立劇場の前

■バスターミナル
Autostazione
- AST社
- 🏠 Giardino Pubblico
- 📍 P.235 B2

■郵便局 **Posta**
- 🏠 Via Zanardelli
- 📍 P.235 B1

■電話局 **Telefono**
- 🏠 Piazza XVI Maggio
- 📍 P.235 A1

●おもな行事
- ●ニコラチ通りの花のじゅうたん
  （5月の第3日曜）
  Infiorata di Via Nicolaci

おもな見どころ

町の入口
レアーレ門
Porta Reale　　　　ポルタ・レアーレ

　バス停のある市民公園Giardino Pubblico から町の大通りヴィットリオ・エマヌエーレ通りCorso Vittorio Emanuele をつなぐブルボン家のフェルディナンド2世を称えて造られた門。

堂々としたレアーレ門

3廊式の内部
ドゥオーモ ★
Duomo　　　　　ドゥオーモ

　横に広がる階段が気持ちよいほど広々としているドゥオーモ。教会の両脇には鐘楼が設置され、小さな町からは想像もつかない存在感のある大きな造りになっている。ドゥオーモの前には市庁舎が建っている。

豪華な装飾が施されたバルコニー
ニコラチ通り ★★
Via Nicolaci　　　　ヴィア・ニコラチ

　優美さとダイナミックさが混合した彫刻がバルコニー一面に飾られているニコラチ通り。細密な細工が施されているこの坂道を上り詰めると、再びバロック様式の建物が並ぶカヴール通りにつながる。

シチリア州　メッシーナ／ノート

235

ラグーザ

Ragusa

丘に広がるバロック都市

● 郵便番号　97100

How to access

● 鉄道fs線：Rを利用
シラクーサから約2時間20分
ジェーラから　約1時間20分
ノートから　　約1時間40分
● バス：AST社シラクーサから
平日6便、日祝運休
ETN社カターニアから平日
約10便、日祝運休
● 車：シラクーサ（S115）→
ラグーザ

NAVIGATOR

駅からイブラ地区までは市内バスAST社で1番か3番で。またイタリア通り大聖堂横の停留所から市内バスでイブラ地区へ降りていくこともできる。切符はタバコ屋で購入するように。

■ ❶ AAPIT
住 Via Capitano Bocchieri 33
☎ 0932-221529
開 9:00〜13:30
　火のみ16:00〜18:00
休 土日
地 イブラ地区（地図外）
● 案内一般

■ バスターミナル
Autostazione
● 駅前　AST社
　市内バスAST-servizio
　urbano も同じ
住 Piazza Popolo
地 P.236 B1
● イブラ地区
住 Largo Camerina（地図外）

■ 郵便局　Posta
住 Piazza Matteotti
地 P.236 A2

■ 電話局　Telefono
住 Piazza Matteotti
地 P.236 A2

● おもな行事

● 聖ジョルジョの祭り
（5月）
Festa di S. Giorgio

● 聖ジョヴァンニ・バッティスタ祭（8/27〜29）
Festa di S. Giovanni Battista

S.ジュゼッペ教会

華やかに装飾されたバロック様式の家並みが坂道に続く、ラグーザ。険しいイブレイ山地の南、渓谷の間に高低差のあるふたつの町並みが広がる。

町は紀元前3000年にその歴史をさかのぼるが、1693年の大地震により壊滅的に破壊され、その後バロック様式で再建された。高台のラグーザ・スーペリオーレの町並みは平行に走る道路に舞台装置のように豪壮な館が並ぶ。一方、イブラまたはラグーザ・イ

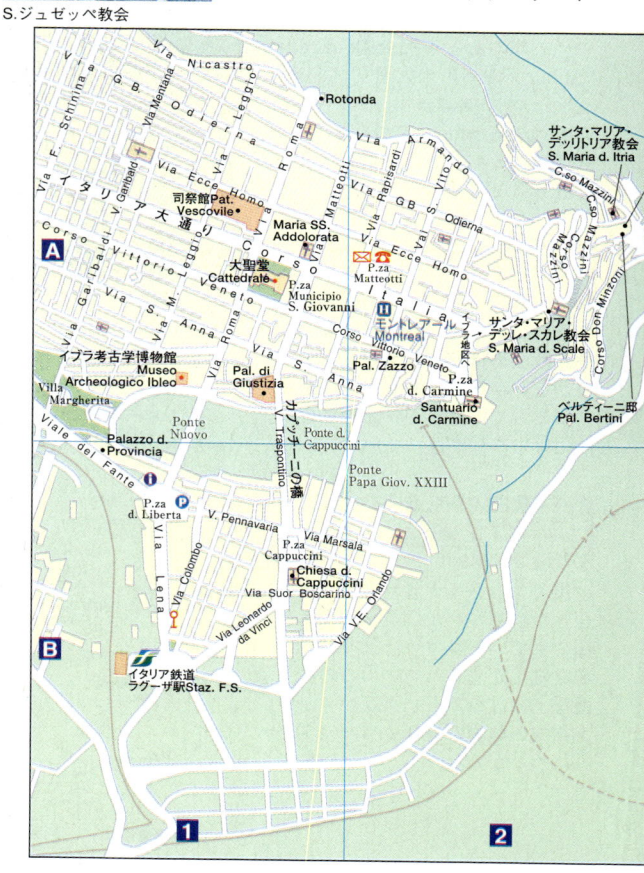

ンフェリオーレと呼ばれる下の町は、古代から発展した区域で、狭い小路が続き中世の面影が色濃く残る。いずれもバロック様式で飾られた町並みながら、鮮やかな対比を見せるのもおもしろい。

バロック様式の邸宅が残る

S.M.ジェズ教会

ラグーザの魅力

シチリアの大きな町は、どこかゴミゴミとした印象がありますが、ラグーザの高台の町は整然と美しく治安もよいと感じました。イブラの町までは狭い坂道を下ります。途中、イブラのすばらしい景観を眺められます。新旧ふたつの魅力あふれる町並みは思い出に残りました。
（トミー '03）

バロックの花

バロック様式の特徴のひとつは、奇想天外ともいえる数々の彫像だ。町を歩いていると至るところで目にする。特に注目したいのは、コゼンティーニ邸Palazzo Cosentiniとベルティーニ邸Bertini。コゼンティーニ邸は、天使にも見える首をかしげる人物像をはじめ、動物や植物などで華やかに飾られたバルコニーがある。コゼンティーニ邸の大きな3つの怪人面が飾る。彫像は『三有力者Trepotenti』とも呼ばれ、大きな鼻の持ち主は何も所有しないがゆえに何も奪われることがない人、中央の風格のある容貌は貴族、口髭の男は商人。貧困と富の間に社会の中心である貴族が鎮座する構図だ。

Column 世界遺産に登録された後期バロック都市

1693年1月11日、シチリア南東部を襲った大地震により、町々はほぼ壊滅し、犠牲者は6万人に及んだという。その後、大規模な都市計画の下、この一帯にバロック様式の町々が誕生した。ノート渓谷にまたがる、カルタジローネ、ミリテッラ・ヴァル・ディ・カターニア、カターニア、モディカ、ノート、パラッツォーロ、ラグーザ、シクリの町は、後期バロック都市の町として、2002年ユネスコの世界遺産として登録された。

17〜18世紀に花開いたバロックの建築様式は、周囲の環境を取り込み、空間、光までを計算したダイナミックさが特徴。真っすぐに延びた道路をはじめ、視覚を意識した階段の効果的な利用法など、町はさながら巨大な舞台装置のようだ。

そして、装飾過多とも思えるバロック様式の彫像は、シチリアのまぶしい光のもと、光と影のコントラストを描きだし、町をより華やかに演出している。

シチリア州 ラグーザ

237

おもな見どころ

●ラグーザ・スーペリオーレ　Ragusa Superiore

地震の後、都市計画により誕生した町並みで、言葉通り上の町。丘の上に道路が碁盤目状に平行に走り、大きな館が続く。

堂々たるバロック建築

大聖堂
Cattedrale
カッテドラーレ ★

■大聖堂
住 Piazza S. Giovanni
開 9:00～13:00
　 16:00～19:00
地 P.236 A1

町の中心のサン・ジョヴァンニ広場を見下ろす堂々とした聖堂。18世紀に建立され、尖塔形の鐘楼が載る、堂々としたファサードが印象的だ。内部はスタッコで華やかに装飾されている。聖堂裏手にはバロック様式の美しい司祭館がある。

町の中心サン・ジョヴァンニ広場を見下ろす大聖堂

先史時代からの町の歴史を伝える

イブラ考古学博物館
Museo Archeologico Ibleo
ムゼオ・アルケオロジコ・イブレオ ★

■イブラ考古学博物館
住 Via Natalelli 11
℡ 0932-622963
開 9:00～19:00
休 無休
料 €2
地 P.236 A1

ラグーザ近郊からの出土品を展示。先史時代からシクリ、ギリシア、ローマ期に分かれて展示室が続く。当地で生産された陶器類、ローマ期の床モザイクなどに注目したい。

●下の町イブラ　Ibra/ Ragusa Inferiore
イブラ／ラグーザ・インフェリオーレ

イブラの基礎はシチリアの語源となった古代イタリアのシクリ人が築いたといわれ、古代から続くこの地に地震の後、バロック様式の建物が建てられた。地震以前の建物も利用されているので、建物や町並みに中世の面影を残している。

イブレオ庭園のテラスからの眺めがすばらしい

シチリア・ゴシックの傑作
サン・ジョルジョ大聖堂
San Giorgio ★★

サン・ジョルジョ

階段の上に堂々とそびえ、ゴシック建築の傑作のひとつに上げられる聖堂で、1775年に完成された。3層になって列柱が天に向かい、その中心に19世紀の鐘楼が載り、周囲を聖人像が見守る。この教会を設計したロザリオ・ガリアルディは、地震の後、美しいバロックの町としての都市計画を担った人物。彼の理想を具現した教会だ。内部は40mの高さを誇るクーポラから光があふれ、町の守護聖人の物語を描いた『サン・ジョルジョの殉教』の13枚のステンドグラスを映し出している。

教会がたたずむ、眺めのよい公園
イブレオ庭園
Giardino Ibleo

ジャルディーノ・イブレオ

イブラ地区の東端に位置する、よく整備された市民公園。テラスからは周囲の山々やイルミニオ川のすばらしい風景が望める。

公園の入口手前にあるのは、14世紀のサン・ジョルジョ・ヴェッキオ教会S. Giorgio Vecchioの入口の遺構。龍と闘うサン・ジョルジョ像とアラゴン家の鷲の紋章の彫刻が美しい。公園内には、バロック様式の鐘楼が残るサン・ジャコモ教会と14世紀のマヨルカ焼の鐘楼が残るサン・ドメニコ教会がある。庭園奥には、小さなふたつの鐘楼とコリント式の付け柱がファサードを飾るカップチーニ・ヴェッキ教会Cappuccini Vecchiがある。主祭壇には17世紀のシチリア絵画を代表するピエトロ・ノヴェッリ(モンレアレーゼ)の祭壇画が納められている。

スーペリオーレ地区とイブラ地区を結ぶマッツィーニ通りからのイブラ地区の眺め

イブラを一望

高台の町の東端に位置するサンタ・マリア・デッレ・スカレ教会S. M. delle Scaleから、300段もの急な階段がイブラの町へ向かう。途中のプルガトリオ教会前からはイブラの町を一望する。ぜひ、足を運ばれたい。

■サン・ジョルジョ大聖堂
地 P.237 A3

見事なファサード

イブレオ庭園とカップチーニ教会

■イブレオ庭園
地 P.237 A4

Ragusa ラグーザのホテル&レストラン

★★★ モントレアール　P.236 A2
Hotel Montreal
観光には便利な場所に位置する近代的なホテル。室内には直通電話、TVが設置されていて、ロビーの横にはカクテルバーのサロンがある。

- Corso Italia 70
- 0932-621133
- 0932-621026
- S €52/55　T €82/90
- 50室 朝食込み
- C A.D.J.M.V.
- 大聖堂から2分
- URL www.hotelmontreal.sicily-hotels.net

イル・バロッコ　P.237 A4
Ristorante Il Barocco
郷土料理、イタリア料理全般が食べられる、バロック様式の建物の中にあるレストラン。ラビオリのパスタや、ソーセージがおすすめ。

できれば予約
- Via Orfanotrofio 29
- 0932-652397
- 12:30～14:30、19:30～23:30
- 休 11月
- €20～25 (コペルト€2)、定食 €22
- C A.D.M.V.
- ポーラ広場から1分

シチリア州　ラグーザ

カルタジローネ
Caltagirone
高貴な陶器細工の町

- 郵便番号 95041

AAST
- Via Volta Libertini 3
- 0933-53809
- 9:00～13:00
  15:30～19:00
- P.240 A1
- 案内一般、ウンベルト広場Piazza Umbertoそば
- 駅から町へ
  バス1番で約5分。
  バスの切符、1回券€0.77。
  （90分有効）

バスターミナル
Autostazione
- Stazione F.S
- 0933-57490
- P.240 B2
- 駅を背に右横のターミナル

郵便局 Posta
- Via Vittorio Emanuele
- P.240 A1

電話局 Telefono
- Via Vittorio Emanuele
- P.240 A1

SHOPPING
- 陶器やテラコッタ人形

標高608ｍの丘の上に広がる灰褐色の屋根。その高台の町の中へ進んで行くと、色鮮やかな美しい焼き物の装飾建築に出合う。この町ではイスラム支配の時代から盛んだった陶器作りが、いまでも受け継がれている。町のいたるところでさわやかな色の陶器に出合う。カルタジローネの駅からローマ通りVia Romaを通り、1666年に造られたサン・フランチェスコ橋が見えてくると、旧市街だ。バロックの建物と陶器が調和した女性好みの町並みは、ゆっくりと歩きながらの観光をおすすめしたい。

カルタジローネ遠景

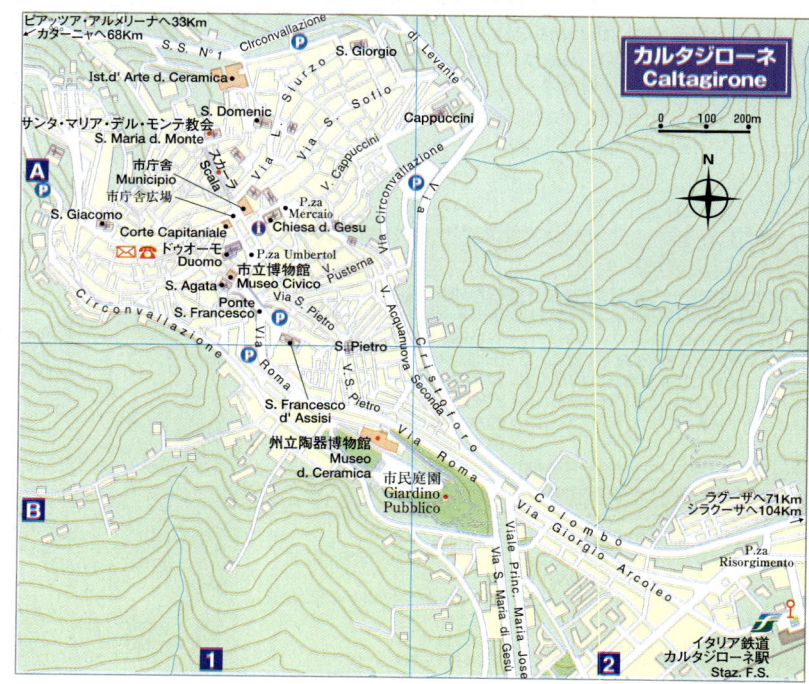

おもな見どころ

マヨルカ焼で飾られた博物館
州立陶器博物館 ★★
Museo Regionale delle Ceramica　ムゼオ・レッジョナーレ・デッレ・チェラミカ

　レモン色とペパーミントグリーンが特徴の外観からして美しい博物館。マヨルカ焼がはめ込まれた、入口の門へとつながる狭い階段を上がっていく。中には先史時代から現代にいたるシチリアの陶器作品が7つのサロンに分けて展示してあり、地中海ブルーをふんだんに使った壺や皿のほかに、19世紀に作られたジャコモ・ボンジョヴァンニ・ヴァッカロ作Giacomo Bongiovanni Vaccaroの庶民をモチーフにした心温まるテラコッタ人形も必見。

緑と溶け込む陶器装飾の公園
市民庭園 ★★
Giardino Pubblico　ジャルディーノ・プッブリコ

　庭園を囲む陶器の壁には、ボンジョヴァンニ・ヴァッカロが作った優美な壺が贅沢に飾られている。

陶器の壮大なグラデーション
スカーラ ★★
Scala　スカーラ

　市庁舎広場Piazza del Municipioからサンタ・マリア・デル・モンテ教会にかけて一直線に延びている142段の色鮮やかな階段。動物や植物をモチーフにしたデザインのマヨルカ焼の装飾が組まれている。7月24日から25日に行われる町の守護聖人、聖ジャコモの祭りになると、見事なイルミネーションがここに灯されまさに『陶器の町』を象徴している。142段の階段を地元の老人が一気に上ってしまう光景に面をくらってしまうが、階段の上からの景色はすばらしい。

美しいスカーラ（階段）

丘の上に建つ教会
サンタ・マリア・デル・モンテ教会 ★
Santa Maria del Monte　サンタ・マリア・デル・モンテ

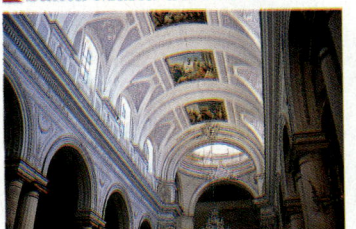

　スカーラ（階段）を上りきると、右側にある12世紀に創建された教会。淡い水色に塗られている内部の天井が特徴。祭壇には13世紀の聖母像が置かれている。

内部の天井が美しい

How to access

●鉄道fs線
■カターニア中央駅から 2時間
ジェラから 35分
列車はシーズンによって1日の本数が変わる。

●バス:AST社
■カターニア中央駅前ターミナル発・カルタジローネ駅（駅を背に右横のターミナル）
約1時間30分
平日10便、日祝4便
■ピアッツァ・アルメリーナ発
約1時間
平日のみ5便

●車:カターニア（S417）
ピアッツァ・アルメリーナ（S124）
ジェラ（S117）
シラクーサ（S124）

●おもな行事
●聖ジャコモの祭り（7月24〜25日）
Festa di S. Giacomo

■州立陶器博物館
住 Via Roma
☎ 0933-21680
開 9:00〜18:30
料 18〜25歳 €1
　 26〜65歳 €2.50
地 P.240 A・B1

マヨルカ焼ファン必訪の博物館

■市民庭園
地 P.240 B1・2

■スカーラ
地 P.240 A1

■S.M.モンテ教会
地 P.240 A1

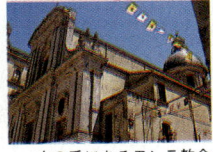

山の手にあるモンテ教会

シチリア州　カルタジローネ

# ピアッツァ・アルメリーナ
Piazza Armerina
モザイクの町

- 郵便番号　94015

■ P.アルメリーナの❶AAST
- Via Cavour 15
- 0935-680201
- 7:45～14:15
  - (火)15:00～18:30
  - (休)(土)(日)(祝)
- 案内一般

■ バスターミナル
- Autostazione
- AST社
- Piazza Marescalchi
- 0935-682618
- SAIS社（パレルモ行き）
- Via Caltanissetta

NAVIGATOR

カサーレの古代ローマの別荘へは、CSA社の市内バスがセナトーリ・モレスカルツィ広場Piazza Senatori Marescalziからか、モン・スタルツォ通りVia Mons SturzoのHotel Villa Roma前から発車。夏季(5/1～9/30)のみ午前9:00、10:00、11:00、午後15:00、16:00、17:00発。所要時間15分。バス内で切符購入可能。
（帰り便）9:30、10:30、11:30、15:30、16:30、17:30
バスに途中乗車の場合は手を挙げて合図してから乗ろう。

● おもな行事
- ノルマン人のパリオ
  (8月13～14日)
  Palio dei Normanni

■ ドゥオーモ
- 7:30～12:00
  15:30～18:30

How to access
- バス：ETNA社
  カターニア駅前ターミナル（P.za Giovanni XXII）
  1日7便・約1時間30分
- AST社
  カルタジローネ（駅すぐ横のターミナル）
  1日6便・約45分
- SAIS社
  エンナ（Viale Diaz）
  平日5便、(日)(祝)2便・約45分
  ※Piazza G.Ciancioのトロピカルというバールが切符売り場になっている。
  パレルモ（Via Paolo Balsamo 16）
  1日平日6便、(日)(祝)4便・約2時間
- 車：カターニアからS192→エンナ経由S117
  カルタジローネからS124→S127
  パレルモからA19→Buonfornello経由→エンナ経由S117

小山に囲まれたのんびりとした景色の中にあるピアッツァ・アルメリーナ。旧市街からさらに市内バスで林を抜けて約5km西に向かうと、そこには有名な帝政時代の大富豪貴族の**別荘カサーレの古代ローマの別荘Villa Romana del Casale**が待っている。ため息の出るゴージャスなモザイクの床が一面に広がり、ローマ時代のモザイクの傑作として貴重なものとされている。さらに興味深いのは、当時の最新設備だった浴室なども見学できることだ。

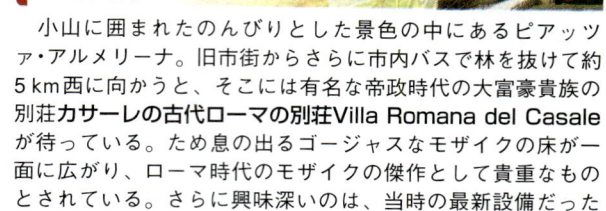

ピアッツァ・アルメリーナの町の旧市街には麦ワラ色のバロック様式のドゥオーモが丘の上にダイナミックにそびえ、そこから下っていく坂道はいなか町独特ののんびりとした雰囲気になっている。町の見どころはやはりカサーレの古代ローマの別荘であり、ヨーロッパ人の修学旅行生がたくさんやって来る。内陸部に位置し、交通の便の悪いピアッツァ・アルメリーナへは、慎重なアクセスの計画を立ててから出かけたい。

おもな見どころ

バロック様式の教会
ドゥオーモ ★★
Duomo　　　ドゥオーモ

もともと15世紀に建てられた教会を1604年にバロック様式に改築した大きな教会。高い鐘楼の下層部にはカタロニア・ゴシック様式が残っている。そして左側の祭壇には画家フィリッポ・パラディーノFilippo Paladino作の『被昇天の聖母マリア』Assuntaの作品が

ある。また前のドゥオーモ広場からほのぼのとしたピアッツァ・アルメリーナの丘が一望できる。

田園に囲まれた3世紀の豪華な別荘
カサーレの古代ローマの別荘 ★★
Villa Romana del Casale
ヴィッラ・ロマーナ・デル・カサーレ

旧市街から約5km離れたところにあるローマ時代の貴族の休養地として造られた別荘。プールのような噴水を囲むこの壮大な建物には約40室の部屋が設置されている。入口付近の浴場Terme コーナーは、暖房システムが設置された冷浴室、微温浴室、高温浴室とそれぞれの温度によって分かれており、エステに敏感な貴族たちの生活が想像できる。また**大狩猟の廊下 Corridoio della Grande Caccia** では人間と猛獣とが戦う迫力のある狩りの様子をモチーフにしたモザイク画などが並んでいる。その横の四角いふたつの部屋には**10人の娘の間 Sala delle Dieci Ragazze**。すでにこの頃からデザインはされていたビキニを着た乙女のモザイク画がある。そしてその後ろには貴族たちの優雅な会食の場となった広々とした食堂サロンTricliniumが設置してある。最後に噴水の後方奥にあるバジリカBasilica室には、海の怪物ナイアスとイルカに命を救われるアリオンをモチーフにしたものや、オデュッセウスとポリュペモスのモザイク画が保存されている。

ビキニの乙女

オデュッセウスとポリュペモス

狩りのモザイク

■カサーレの古代ローマの別荘
☎ 0935-680036
開 8:00～18:30
料 €4.50
地 P.242

■ホテル・モザイチ・ディ・バッティアーノ
Hotel Mosaici di Battiano ★★
ホテルの前にヴィッラ・カサーレ・ロマーナ行きのバスも停車。町からはやや離れているものの、バールや郷土料理が味わえるレストランもあるので不便はない。朝一番に見学できるのも魅力。駐車場完備でレンタカー派にも便利。
URL www.paginegialle.it/hotelmosaici
住 Contrada Paratore Casale 11
Fax 0935-685453
休 11/26～12/26
室 23室 朝食€4
SB €40
TB €50

シチリア州
ピアッツァ・アルメリーナ

エンナ
Enna
シチリアの真ん中にそびえる町

●郵便番号　94100

■❶AAPIT
住 Via Roma 411/413
☎ 0935-528228
開 8:30〜13:30
　 15:00〜19:00
休 日祝
地 P.244 A2
●案内一般

■❶AA
住 Piazza Colajanni 6
☎ 0935-500875
開 月〜土8:00〜14:30
地 P.244 A2

■バスターミナル
Autostazione
住 Viale Diaz
☎ 0935-500902
地 P.244 A1

■郵便局　Posta
住 Via Volta
地 P.244 A2

●おもな行事
・聖母ご訪問の祝日（7月2日）Festa di Maria SS. della Visitazione

NAVIGATOR
各町からエンナへは列車よりプルマンの行き方のほうが便利。（プルマンだと町の中心の高台に到着する）駅から町へはバスで約20分。

19世紀初期までカストロジョヴァンニ Castrogiovanniと呼ばれていたエンナの町は、標高948mのイタリアで最も高い県庁所在地として知られている。シチリアの内陸中心部に入り込んでいるこの町は、人影が少ない。若者たちはこの町を離れていってしまったのか……。東端のロンバルディア城からは雄大なシチリアの内陸部の台地を見渡すことができる。

おもな見どころ

目抜き通り
ローマ通り ★★
Via Roma
ヴィア・ローマ

ローマ通りに面しているV.エマヌエーレ広場P.za Vittorio

How to access

🚋 電車で行くには
●パレルモ→エンナ　fs線　R　2時間10分〜3時間（1日4便）
●カターニア→エンナ　fs線　R　1時間20分（1〜2時間に1便）
●アグリジェント→エンナ　fs線　R　約2時間（1〜2時間に1便）

🚌 バスで行くには
●パレルモ→エンナ　SAIS　約2時間（平日7便、日祝4便）
●カターニア→エンナ　SAIS　約1時間20分（平日1日7便、日祝2便）
●ピアッツァ・アルメリーナ→エンナ　SAIS　約45分（平日1日5便、日祝2便）

🚗 車で行くには
●パレルモ→　（A20/A19）→エンナ
●カターニア→　（A19）→エンナ
●アグリジェント→　（S640/S122/S117）→エンナ

Emanueleの左前には、丘の上に固まっている隣町、Calascibettaがよく見えるフランチェスコ・クリスピ広場Piazza F.Crispiがある。またこの広場からは遠くにエトナ山、右側には町のロンバルディア城が見渡せる。

ロンバルディア城

ドゥオーモ

舞台のような華やかな教会
ドゥオーモ ★★
Duomo ドゥオーモ

16世紀に再建された細長い変わった型の外観。内部はアートギャラリーのように造られている豪華な内装。壁の上部には優美なフィリッポ・パラディーニ作の油絵がある。また17世紀の木の天井はどっしりと重厚さを感じる造りになっている。

■ドゥオーモ
開 9:00〜13:00
　 16:00〜17:00
地 P.244 A2

見事な燭台の数々が展示されている
アレッシ博物館 ★
Museo Alessi ムゼオ・アレッシ

考古学者でもあったエンナの司教、ジュゼッペ・アレッシ（1774〜1837）のコレクションが収められている博物館。1階には16〜17世紀中心の宗教画があり、2階には繊細な造りの金細工のランプが展示されている。16世紀の金の大冠 la Corona は必見。

■アレッシ博物館
地 P.244 A2
※05年1月現在、修復のため休館中

静けさの中にたたずむ城
ロンバルディア城 ★
Castello di Lombardia カステッロ・ディ・ロンバルディア

アラブ人、ノルマン人の要塞跡にフリードリッヒ2世が建て、アラゴン家フェデリコ3世が改造した城。城内にあるピサの塔 Torre Pisanaの内部には、狭い階段が設置してあり屋上へと上ることができる。そこからはエンナの旧市街とパノラマが一望できる。

■ロンバルディア城
開 9:00〜20:00
料 無料
地 P.244 A2

Enna　エンナのホテル&レストラン

★★★ **シチリア**　P.244 A2
Grand Albergo Sicilia
町の中心、❶の近くにあるホテル。落ち着いた室内、サロンのベランダでの朝食も心地よい。朝食もビュッフェも充実している。
🏠 Piazza Napoleone Colaianni 7
☎ 0935-500850
Fax 0935-500488
SB €67
TB €91
76室 朝食 €6
A.D.M.V.
ヴィットリオ・エマヌエーレ広場から3分

アリストン　P.244 A1
Ristorante Ariston
郷土料理、イタリア料理全般の店。子羊肉の中に卵、ハム、野菜の入ったアニェッロ・アラゴスタがおすすめ。店が何軒か入っているパラッツォの奥にあるレストラン。
🏠 Via Roma 353
☎ 0935-26038
⏰ 12:30〜14:30、19:30〜22:00
休 日、8月
€21〜35（コペルト€2）
A.D.M.V.
ヴィットリオ・エマヌエーレ広場から2分

シチリア州　エンナ

チェファル
Cefalù
ティレニア海と岩山に挟まれた避暑地

情趣漂うチェファル駅に着く。迫力のある岩山が目に飛び込み、その荒々しい岩山とは対照的に、レンガ色のおしゃれな屋根が海岸に沿ってきれいに並んでいる。町のメインストリートのルッジェロ通りCorso Ruggeroには絵ハガキを飾ったみやげ物屋やお店が並び、チャーミングな通りになっている。さまざまな形でチェファルの町は楽しむことができる。海水浴、美術館巡り、壮大なモザイクで飾られている大聖堂を見学したり、岩山を登って巨大な古代の要塞Tempio di Dianaからのチェファルの大パノラマを体験するトレッキングもおすすめる。

■郵便番号　90015

How to access
鉄道fs線：R
パレルモから　約60分
メッシーナから　約2時間45分
バス
SAIS社パレルモから　60分
平日のみ3便
車
パレルモ（S113）
メッシーナ（S113）

NAVIGATOR
駅から町の大通りルッジェロ通りへは、まず駅を背に右アルド・モーロ通りVia Aldo Moroを歩いて行く。横断歩道を渡り、さらに真っすぐ進むと、Via Matteotti マッテオッティ通りの後にルッジェーロ通りに入る。

■ ❶AAST
住 Corso Ruggiero 77
☎ 0921-421050
開 8:00〜20:00
　（冬季19:30）
日祝 9:00〜13:00
休 日祝午後
地 P.246 A2

■郵便局　Posta
住 Via Vazzana 2
地 P.246 B2

■電話局　Telefono
住 Via Vazzana 7
地 P.246 B2

■ヴルカーノ島へのフェリー
チェファルから（AM8:10発）リパリ島をはじめとするエオリエ諸島へ行く水中翼船が出ている。リパリ島まで所要約3時間。
●問い合わせ：
Turismez Viaggi
住 Piazza Duomo 19
☎ 0921-420601
Fax 0921-420643

■大聖堂
開 8:00〜12:00
夏季15:30〜19:00
冬季15:30〜17:30
地 P.246 A2

●おもな行事
●国際フォークロアフェスティバル（8月5日）
Festival Internationale del Folclore
●救世主の祭り（8月6日）
Festa del SS.Salvatore

✠ おもな見どころ ✠

豪華なモザイク画が飾る
大聖堂　★★
Cattedrale
カッテドラーレ

ルッジェーロ2世が建てたノルマン時代の傑作。どっしりと構えた1対の鐘楼と教会の大きさは町の中でも最も大きく存在

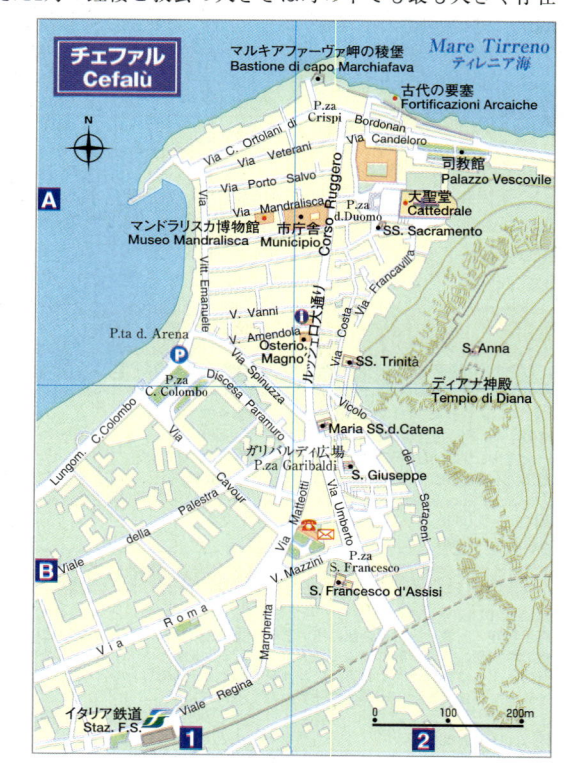

感のある建物になっている。また内部中央にはビザンチン時代の金色のモザイクが一面に広がりため息が出るほどすばらしい。

ノルマン時代のシチリアを代表する建物である大聖堂

マンドラリスカ博物館
Museo Mandralisca
青銅器時代の出土品が収められている ★★
ムゼオ・マンドラリスカ

　市庁舎の横にある小さな入口のマンドラリスカ博物館。展示品は、19世紀のエンリコ・ピライノ・ディ・マンドラリスカ男爵のコレクションが所蔵されている。中でもシチリアの古い貨幣や、アントネッロ・ダ・メッシーナ傑作の『男の肖像』Ritratto d' ignotoは必見。

■マンドラリスカ博物館
住 Via Mandralisca
℡ 0921-21547
開 9:00～19:00
休 無休
料 €4.15
地 P.246 A1

ディアナ神殿
Tempio di Diana
岩山にそびえ建つ ★★
テンピオ・ディ・ディアナ

　ガリバルディ広場Piazza Garibaldiを背にすぐ右側の狭い路地を上っていくと、石段が岩山へと果てしなく続いている。チェファルのおいしい空気とさわやかな景色を見ながらさらに上ると、先史時代のディアナ神殿 Tempio di Diana に到着する。壮大な石を積み上げた神殿は、崩れ落ちそうだが、なんともすばらしいチェファルの町並みとティレニア海の景色に、そんな心配は吹き飛んでいってしまう。

■ディアナ神殿
地 P.246 A2

ディアナ神殿

Column　シチリア州のワイン

　ここ数10年の間、ワイン造りの新しい波が押し寄せたシチリア。酒造法の見直しのみならず、近年はそれまでの伝統的なブドウをやめ、新たな品種への植え替えも行われていた地域でもある。実際に新傾向のワインを味わうには、まだまだ時間がかかるが、注目していたい島だ。

　シチリア産でいちばん知られているのは、コルヴォCorvoだ。辛口の赤、白のほか、辛口と半甘口の発泡性のスプマンテがある。さわやかな白、滑らかでしっかりした赤、華やかな発泡性と個性さまざまに楽しめる。「逃げた女」という意味の「ドンナフガータ」Donnna fugataは辛口の赤、白、ロゼ。果物を思わすさわやかな香りの白はシチリアの夕暮れにふさわしい一杯だ。

　酒精強化ワインのマルサーラMarsalaも、ぜひ味わいたいもの。醸造の途中に、ブドウから造られたアルコールや糖分を添加してアルコール度数を上げ、土地の木樽で熟成させたもの。名前通り、西側のマルサーラで生産される。辛口セッコSeccoは食前酒、甘口ドルチェDolceは食後に。おみやげには、辛口で味わい深い上級のヴェルジネVergineやヴェルジネ・ストラヴェッキオVergine Stravecchioを。

シチリア州　チェファル

シチリア西部
Sicilia Occidentale

アグリジェント
Agrigento

壮大な神殿群の残る町

●郵便番号　92100

■ⓘAAST
住 Via Empedocle 73
☎ 0922-20391
開 8:00〜14:30
　㊌15:30〜19:00
休
地 P.249 A1
●駅から線路沿いに600mほど戻ったところ、建物の2階にある。

地 駅近くのⓘ
住 Via Cesare Battisti 15
☎ Fax 0922-20454
開 8:00〜14:30
　16:00〜19:00
休 ㊐、㊏午後
地 P.249 A1
●駅からすぐ、Piazza A. Moroに面した1本裏の通り（案内標識がある）。

■バスターミナル
Piazza A. Moroから北へ200mほど行ったところのPiazza Vittorio Emanueleの裏手の広場。チケットはバス会社ごとに違い、広場の一角の小屋か、その東に延びるVia Ragazziにある販売所で購入。
地 P.249 A1

■郵便局 Posta
中央郵便局　POSTA CENTRALE E TELEGRAFI
住 Piazza V. Emanuele
☎ 0922-595150
地 P.249 A1

■電話局 Telefono
TELEFONI PUBBLICI
住 Via De Gasperi
開 8:00〜20:00
地 P.249 A1

●おもな行事
●アーモンドの花祭り（2月）　Sagra del Mandorlo in Fiore
●町の守護聖人聖カロージェロの祭り（7月上旬）　Festa di S. Calogero
●ピランデッロ週間（7〜8月）　Settimana Pirandelliana
●ペルセフォネ祭（8月）　Feste di Persefone

「いったいギリシア人たちはどうしてこんなに神殿を造り続けたのだろう」。そんなことを思わず呟いてしまうほど、ここには狂気のようにギリシア神殿が建ち並んでいる。海から数キロにわたってせり上がる斜面に古代ギリシアの神殿群が集積し、スロープの頂点付近には中世から近代の都市が続いている。古代には30万人もの人々が住み、詩人ピンダロスをして「人間の都市のうちで最も美しいもの」と言わしめたほど大発展した町であった。現在はギリシアの大遺跡を抱える町として、旅人をアーモンドの花とともに迎え入れる穏やかな観光地になっている。アグリジェントを見ずしてシチリアを語るべからず。ぜひ訪れたいシチリア観光のハイライトだ。

コンコルディア神殿

エルコレ神殿

考古学地区

神殿の谷と呼ばれる地域には、鉄道駅からバス1、2、3番が連絡する。神殿入口に駐車場や案内所、季節営業の両替所、みやげ物屋、バールなどが集まり、観光には便利だ。場内は日陰が少ない。とりわけ夏の正午頃は日差しが最もきつくなるので、くれぐれも日射病には気をつけるようにしたい。飲み水を持参し、サングラスや帽子もあると軽快に歩けるだろう。

How to access

🚃 電車で行くには
●パレルモ→アグリジェント　fs線　約2時間（1時間に約1便）
●カターニア→アグリジェント　fs線　約4時間（1〜2時間に1便）
●エンナ→アグリジェント　fs線　R　約2時間（1〜2時間に1便）

🚌 バスで行くには
●パレルモ→アグリジェント　CUFFARO/CAMILLERI　約2時間（平日11便、㊐㊗5便）
●カターニア→アグリジェント　INTERBUS　約3時間（1日14便）

🚗 車で行くには
●パレルモ→（S121/S189）→アグリジェント
●カターニア→（A19/S640）→アグリジェント
●シラクーサ→（S115）→アグリジェント

おもな見どころ

古代都市の実像が見えてくる
国立考古学博物館 ★★
Museo Archeologico Nazionale ムゼオ・アルケオロージコ・ナツィオナーレ

市街地から神殿遺跡群に向かう途中にある。アクラガス時代やそれ以前の黎明期からの近隣の町からの出土品を所蔵し、その規模はシチリア有数。古代の繁栄を想像するに充分な展示品がずらりと約20の部屋に並べられている。見学には1時間はかかる。目を引くのは地下と1階を貫いた中央展示室（第6室）に置かれている、ジョーヴェ・オリンピコ神殿を飾っていた人像柱**テラモーネTelamone**

テラモーネのオリジナル

■**国立考古学博物館**
住 Contrada San Nicola
☎ 0922-401565
開 火〜土 9:00〜19:00
　 月・日　 9:00〜13:00
料 €4.50（神殿の谷との共通券€6）
地 P.249 B1
●行き方：鉄道駅よりバス1、2、3番が連絡。サン・ニコラ教会付近にバス停がある。

アグリジェント Agrigento

シチリア州　アグリジェント

NAVIGATOR

観光エリアがふたつに大別できる。❶**考古学地区**、❷**中世・近代地区**。❶は考古学博物館や神殿の谷のギリシアの遺跡を歩くコース。❷は坂の上に展開する旧市街で、古い寺院や町並みなどが見られる。遺跡をいち早く見たいものだが、ほかの施設が午後に閉鎖してしまうこともあるので、各スポットの見学可能な時間を計算に入れて歩き始めよう。神殿の谷の遺跡は日没近くまで見学できるのでそれほど慌てなくても大丈夫。遺跡を見に行く前に、考古学博物館で予備知識を得ておくのをおすすめする。

アグリジェントの青年像

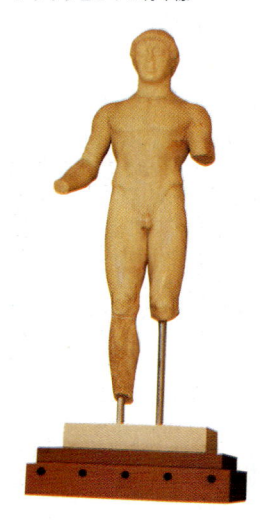

だ。高さ7.75m。神殿前面の列柱の間、基階から列柱の半ばまで石積みされた上に柱として組み込まれ、梁(アーキトレーヴ)を支えていた。同じフロアーに再現模型があるので、神殿の規模を察することができるだろう。その横に展示されている3つの巨大な石像はほかのテラモーネの頭部で、左から「アジア」「アフリカ」「ヨーロッパ」を表しているのだそうだ。第10室の「**アグリジェントの青年像**」**Efebo di Agrigento**は紀元前470年の大理石像で、頭髪まで精妙に仕上げられ、しっとりとした肌の質感までも表された美しいものだ。ほかには、神殿を飾っていた多様な彫刻や、アッティカ陶器のコレクションなどが充実している。

敷地内には紀元前1世紀のファラリーデの祈祷堂Oratorio di Falarideと呼ばれる小神殿や、「エクレシアステリオン」と呼ばれる紀元前3世紀の半円形の集会所の遺構が見られる。このあたりは古代の公共施設だったと推測されている。

考古学地区/神殿の谷　Valle dei Templi　ヴァッレ・デイ・テンプリ

巨大構想の廃墟

ジョーヴェ・オリンピコ(ジュピター)神殿 ★
Tempio di Giove Olimpico　テンピオ・ディ・ジョーヴェ・オリンピコ

駐車場のある神殿広場Piazzale dei Templiから入ってすぐのところに広がる遺跡。紀元前480〜470年以降に建造されたが未完のうちに前406年、カルタゴによって破壊され、地震に揺すぶられて瓦礫の山となった。基階のみが残る(112.6×56.3m)ギリシア建築最大級の遺跡だ。柱の高さは17mというから、いかに壮大な建築計画であったか想像がつくだろう。瓦解した岩の中に、U字型の溝があるものがあるが、これは運搬時に麻紐をかけたのだといわれる。7.75mの巨大な人像柱Telamoneが横たえられているが、これは神殿を支える柱の一部だったと考えられるもののレプリカ(オリジナルは考古学博物館に展示されている)。

かつては柱だったテラモーネ

■**考古学地区/神殿の谷**
開 8:30〜19:00
料 €4.50(考古学博物館との共通券€6)
地 P.249 B1
考古学地区/神殿の谷は道路を隔てて2ヵ所に分かれているが、切符は共通。

■**ジョーヴェ・オリンピコ(ジュピター)神殿**
地 P.249 B1

アグリジェントのシンボル
ディオスクロイ（カストール・ポルックス）神殿 ★★
Tempio dei Dioscuri (di Castore e Polluce)

テンピオ・デイ・ディオスクーリ（ディ・カストール・エ・ポルックス）

ジョーヴェ・オリンピコ神殿から広大な瓦礫の中を進むと、神殿の角の部分のみが目に入る。紀元前5世紀末に建てられたものだが、カルタゴ軍に破壊され、ヘレニズム期に修復されたもののその後の地震で倒壊。1832年に周辺の断片を利用して復元された。この周囲はアクラガスでも最古の地域で、大小さまざまな神殿の基部や祭壇、聖域、壕などが認められる。円形、方形の祭壇跡は犠牲祭祀を行ったとみられるヘレニズム・ローマ期のもの。

ディオースクリ神殿

■ディオスクロイ（カストール・ポルックス）神殿
P.249 B1

力強い最古の円柱
エルコレ（ヘラクレス）神殿 ★★
Tempio di Ercole

テンピオ・ディ・エルコーレ

駐車場から神殿通りVia dei Templiを進んで最初に現れる8本の円柱。アグリジェントのドーリス式神殿の中では最も古い紀元前520年の建造。ファサードに6本、側面に15本の円柱が並んでいたが、地震で倒壊。現在の姿は

わだちの跡

1924年、英国人考古学者ハードキャッスル卿の復元作業によって得られたもの（卿の邸宅は神殿のすぐ東に建っている）。天に向かって延びる円柱はたくましく、ヘラクレスの名にふさわしい。また、南の海の方角には、国道との交差点付近に小さな塔のようなものが見える。紀元前1世紀の「テローネの墓Tomba di Terone」と呼ばれるカルタゴ軍と戦ったローマ兵の記念碑だ。神殿通りとの間に、岩に刻まれたわだちの跡が見られる。道路の跡だと考えられている。神殿通りの左右にはキリスト教徒の墓Necropoliが見られる。

エルコレ神殿

■エルコレ（ヘラクレス）神殿
P.249 B1

シチリア州　アグリジェント

■コンコルディ神殿
地 P.249 B2

📧 トイレ情報
　コンコルディア神殿へ向かう通りの左側奥にありました。係りの人がいるのでチップが必要ですが、清潔でした。（東京都　テンコ　'03）

ギリシア神殿建築の最高傑作
コンコルディア神殿 ★★★
Tempio della Concordia
テンピオ・デッラ・コンコルディア

コンコルディア神殿の円柱

　大きく開けた丘の上、広々とした海を背景に、それにふさわしい美しいドーリス式神殿が建っている。「コンコルディア」とは、「和解」「平和」「調和」を象徴するローマの女神のこと。付近から発見された石碑断片に由来するもので、神殿とは直接は無関係といわれている。紀元前450～440年頃、ディオスクロイ神に奉献されたものと推測され、前面6柱、側面13柱のほぼ完全な姿が見られる。円柱にはもともと鮮やかな色の漆喰が塗られていたという。6世紀末の初期キリスト教時代に、聖ペテロ・パウロ教会として転用されたため高い保存状態が保たれてきた。神殿建築のひとつの頂点に達したと言えるような、時代に風化しない様式美を堪能することができる。

■ジェノーネ・ラチニア（ヘラ）神殿
地 P.249 B2

孤高のドーリア式神殿
ジュノーネ・ラチニア（ヘラ）神殿 ★★
Tempio di Giunone Lacinia
テンピオ・ディ・ジュノーネ・ラチニア

　神殿の谷の東端、標高120mの丘の頂点に建つ、紀元前460年～440年の神殿跡。ほかの神殿と距離をおいているので孤高な姿にも見うけられる。前406年にカルタゴの進攻にあって炎上（焼けただれて石が赤く変色しているのが内部に見られる）し、中世の地震で全壊した。25本の柱とアーキトレーヴ（柱の上の横材）の一部が残っている。南に広がる地中海と遺跡群の風景は、アグリジェント観光を忘れられない記憶にするほど美しい。コンコルディア神殿とほぼ同時期にこれらの神殿を建造したその情熱の源は何だったのだろうか。神殿の柱の影から古代ギリシア人が現れて、そっと教えてくれる…かも。

ジュノーネ・ラチニア神殿

■ヘレニズム期・ローマ期地区
地 P.249 B2

古代の町なかを歩く
ヘレニズム期・ローマ期地区 ★
Quartiere Ellenistico-Romano
クアルティエーレ・エッレニスティコ-ロマーノ

　国道を挟んで考古学博物館と隣合う地区が、紀元前4世紀にさかのぼる町の遺構だ。格子状に道路が走り、区画整理された土地はしっかりとした都市計画に基づいていたことをうか

がい知ることができる。ローマ時代の区画には、ヘレニズム期の建物をもとに床をモザイクで飾り、壁を漆喰で塗った館の一部が保存されている。井戸や水道、下水道、暖房用の導管も残り、当時の住宅の様子を知ることができる。7世紀末、海に近いアクロポリスの丘に移住するまで、人々の生活の場だった。

美しい舗床モザイク

眺めのよい教会
サン・ニコラ教会
San Nicola
サン・ニコラ

考古学博物館に隣接した歴史のある教会。13世紀末、シトー会修道会によって建てられたロマネスク・ゴシック様式だ。単廊式の比較的小さな内部には、パイドラーの神話を題材にしたローマの石棺（右第2礼拝堂）や、ガジーニ派の大理石の聖母子像、手の形をした大理石の洗礼盤など、一風変わったものも残されている。また、正面からは神殿の谷の展望も抜群だ。

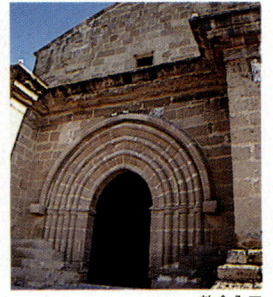

教会入口

中世・近代地区
✠ おもな見どころ ✠

1000年近い歴史を持つ
大聖堂
Cattedrale
カッテドラーレ

旧市街の坂を上り詰めたてっぺんに建つ堂々とした大聖堂。11世紀にノルマン人によって建立された。内部は3廊式で、バロック様式のスタッコ細工とフレスコ画によって飾られている。広い内部は音響効果が抜群で、後陣の下では堂内のどんなヒソヒソ声でも聴き取れてしまうとか。

旧市街のシンボル

📧 レンタカー情報

　中央駅北側、Piazzale A.Moroに広い駐車場があります。新聞や雑誌を売るキオスクで時間単位の駐車券を購入します。駐車券は外から見えるように車のダッシュボードの上に置いておきます。近くの緑の広がる庭園でお茶をするのもいいですし、アテネア通りをはじめ中世地区も魅力的なので、時間の余裕を持って駐車券を購入しておくことをおすすめします。
　神殿の谷では、エルコレ神殿脇に広い駐車場があります。ここは、係員が料金を徴収に来ます。
（兵庫県　リー　'04）

■サン・ニコラ教会
🗺 P.249 B1

■大聖堂
🗺 P.249 A1

シチリア州

アグリジェント

■サント・スピリト教会
住 Via Porcello
☎ 0922-590311
開 9:00〜14:00
　（火)(土)は15:30〜18:30も
休 (日)
地 P.249 A1

音楽のようなG.セルポッタの彫刻
サント・スピリト教会
Santo Spirito
★★
サント・スピリト

　旧市街のほぼ中央にある、修道院付きの教会。創建は13世紀。外観はひどくみすぼらしい気配だが、一歩入ればその劇的な装飾に思わず息をのむ。蒼白い薄明かりの中でスタッコ細工が祭壇と左右の壁面を覆っている。「漆喰のパガニーニ」と評されるジャコモ・セルポッタの作品で、その華麗な彫刻群の中にはチェロを弾く天使の姿も認められ、あたかも妙なる調べが聴こえてくるようだ。

　また、修道院Monasteroが隣接していて、中庭に面した一室では古代アグリジェントの暮らしぶりを表したミニチュアの模型が展示されている。家畜の世話や農耕をする人々の姿がいきいきと、どこかユーモラスに再現されていて、とても楽しい。

■アテネア通り
地 P.249 A1

町一番の繁華街
アテネア通り
Via Atenea
ヴィア・アテネア

　駅のすぐ脇、モーロ広場Piazzale A. Moroから西へ延びる通りで、多くの商店やレストランが軒を連ねている。手頃なツーリストメニューを用意している店も多く食事どころを探すのによい。通りの方々に細い階段や路地が延び、洗濯物のはためく下町風情の市街が広がっていて、散策が楽しい。

修道院

■ピランデッロの家
住 Contrada Caos
☎ 0922-511102
開 9:00〜13:00
　14:00〜19:00
休 夏季無休、他シーズンは
　(日)と(土)午後
料 €2
地 地図外
●行き方：中央駅から「Porto Empedocle」と表示された青色のバスが1時間おきに出ている。運転手に頼んでおけば近くで降ろしてくれる。所要15分。切符はバスの中で購入。

アグリジェントが生んだノーベル賞作家の家
ピランデッロの家
Casa Natale di Luigi Pirandello
カーサ・ナターレ・ディ・ルイージ・ピランデッロ

　ヨーロッパでは「近代演劇の父」と称されるピランデッロは当地アグリジェント生まれ（1867年）のノーベル賞作家。映画「カオス・シチリア物語」の原作「一年間の物語」の作者だ。こぢんまりした2階建ての家はブーゲンビリアの花に囲まれて、彼自身の記念館として訪れる人々を迎え入れている。視聴覚資料室（ビデオ上映）のコーナーや、幼少の頃からの写真、イタリアアカデミーからの勲章、小説の原稿や手紙など、ピ

ランデッロの遺品が展示され、ノスタルジックな雰囲気だ。
　また、彼の墓は家の入口の右側から入り2～3分、海の見える丘の上、一本松の根元に置かれている。潮騒がかすかに聴こえるとても美しいところだ。

ノーベル賞作家、ピランデッロ

Mini Trip... 小旅行

鉄道駅から南へ約5km、サン・レオーネS.Leoneは夏の間海水浴客でにぎわう。もともと漁師の町だったが、現在ではリゾート地としても脚光を浴びて、ホテルやレストランも多い。ちょっとひと泳ぎには、鉄道駅から2番のバスで（SAN LEONEと表示してある）。

✉ 手頃なリゾート

サン・レオーネはのんびりとした普段着のリゾートです。海や海岸もきれいだし、海岸そばにはいつも人だかりのできる人気のジェラート屋さんもあります。1日のんびりしたい時におすすめ。
（兵庫県　リー　'04）

Agrigento　アグリジェントのホテル＆レストラン

鉄道駅の周辺は、観光地の割にホテルは少ない印象。少し離れればホテルも多く、車利用者にはよい。

★★★★ ヴィッラ・アテナ　P.249 B2
Villa Athena
神殿を目と鼻の先に置いた、抜群のロケーションのホテル。映画俳優や著名人も多数訪れた。15の部屋がコンコルディア神殿に面しており、夜はライトアップされた神殿を部屋から眺められる。
- URL www.hotelvillaathena.com
- 住 Via Pass.ta Archeologica 33
- ☎ 0922-596388
- Fax 0922-402180
- SB €67/130
- TB €210/260　朝食込み
- C A.D.J.M.V.

★★★★ ジョリー・デッラ・ヴァッレ　P.249 B2
Jolly della Valle
イタリアのチェーン・ホテル、ジョリー・ホテルズ経営の明るく近代的なホテル。緑が広がる庭園にはプールが続き、開放的な雰囲気です。レストラン併設。
■読者割引3泊以上で10～20％
- URL www.jollyhotels.it
- 住 Via Ugo La Malfa 3
- ☎ 0922-26966
- Fax 0922-26412
- SB €110/145
- TB €145/195
- 120室　ビュッフェの朝食込み
- C A.D.J.M.V.

サン・レオーネ（P.255）のホテル

★★★ ホテル・コスタッズッラ　地図外
Hotel Costazzurra
近くの海岸にはプライベート・ビーチも備え、リゾート感覚で滞在するのも楽しいホテル。全室バルコニー付き、インターネット・サービスやエアコンも完備。レストラン併設。
■読者割引10％
- URL www.hotelcostazzurra.it
- 住 Via delle Viole 2, SAN LEONE
- ☎ 0922-411222
- Fax 0922-414040
- SB €55/70　TB €90/120
- 3B €120/160
- 32室　朝食込み
- C A.M.V.
- 交 アグリジェント駅からバス2番で

ブラックホース　P.249 A1
Black-Horse
メニューは日替わりとか。下町の雰囲気もよい。
- 住 Via Atenea (traversa Via Celauro 8)
- ☎ 0922-23223
- ₹ €10～15、定食€8
- C A.M.V.
- 交 アテネア通りを進み、右折して階段を少し上ったところに看板が出ている

デイ・テンプリ　P.249 B2
Dei Templi
神殿の谷を見下ろす場所に建つレストラン。散策で疲れた昼どきには、最適。眺めも味わい。
- 住 Via Panoramica dei Templi 15
- ☎ 0922-403110
- ☎ 12:30～15:00、19:30～23:00　休 金、7～8月の⽇、6/30～7/10　₹ €30～35（コペルト€1.50）
- C A.D.J.M.V.　交 神殿の谷のすぐ東側にある公園近く
- できれば予約

シチリア州　アグリジェント

トラーパニ

Trapani

アフリカの日差しの降り注ぐ町

● 郵便番号　91100

■ **トラーパニの ℹ**
- 🏠 Piazza Saturno
- ☎ 0923-29000
- 開 8:00～20:00
- 地 P.256-2

■ **近郊へのバス会社**
● セジェスタ方面
Autoservizi TARANTOLA社
　☎ 0924-31020、32590

● エリーチェ方面
Autoservizi AST社
　☎ 0923-21021

● パレルモ方面
SEGESTA Autolinee社
　☎ 0923-21754

● アグリジェント方面
SALVATORE LUMIA社
　☎ 0922-20414
　　0925-21135

※出発はマルタ広場Piazza
Maltaから　　地 P.257-3

■ **エガーディ諸島への船**
● SIREMAR社
🏠 Stazione Marittima
☎ 0923-545455
地 P.256-1・2

● 平日と休日、季節により変更がある。1日3～11便
Favigana まで直通で60分
Levanzo まで直通で55分
　　　平日1日6便、㊗4便
Marittimo まで2時間
　　　　　　　　1日3便

● 切符は旅行会社か港のチケット売り場で購入

海と夕景色が美しい町

シチリア島の西端、トラーパニはアフリカに最も近い町だ。アフリカへの船が連絡し、アフリカ料理「クスクス」がどこのレストランでも食べられる。町なかの日差しが非常に強く、暑さ対策のためバールや商店のドアが閉められているので、ひっそりと静まり返っている印象を受けるかもしれない。でも、ドアを開ければシチリアのどことも変わらない笑顔のもてなしが待っている。西の町だけあって、ここは夕景がすばらしい。西の海岸から見る落陽はいつまでも見ていたいような美しさだ。

トラーパニはマグロの遠洋漁業の基地でもある。町中のペッシェリエ（魚屋）では、巨大なマグロが逆さづりにされている光景が見られる。シチリア西部の観光の拠点として、バスが各方面に出発している。また、エガーディ諸島やパンテッレリーア島への船の出航地でもある。

島への船が出る

256

おもな見どころ

輝く珊瑚細工が見られる
州立ペポリ博物館 ★★
Museo Regionale Pepoli　ムゼオ・レジオナーレ・ペポリ

　旧アンヌンツィアータ修道院内にある博物館。トラーパニ地域の考古学資料や美術品を展示解説している。14〜18世紀の絵画作品には、ロベルト・オデリジョRoberto Oderisio作「ピエタPietà」など、重要なものも多い。手工芸品には、トラーパニの職人による17〜18世紀の珊瑚細工が見られ、当地ならでは。カメオと珊瑚を配した「銅の酒杯」が見ものだ。作者名がなく、トラーパニの工芸品Arte Trapaneseとしかなっていないのが少しさびしい気がするが…。エレガントな館内にも注目。意外に広いので、見学には1時間くらいかかるだろう。

博物館入口

これぞ聖所、ぴかぴかの堂内に仰天
アンヌンツィアータ聖所記念堂 ★
Santuario di Maria SS. Annunziata
サントゥアリオ・ディ・マリア・SS.・アンヌンツィアータ

　入口は隣接する博物館とは反対側の通りVia Conte A. Pepoliに面してある。1332年に創建され、1760年に本堂部分が改築された。磨きぬかれた床や装飾品が人々の信仰の厚さを思わせる。祭壇上にはニーノ・ピサーノNino Pisanoによる大理石の聖母子像「トラーパニの聖母」が見られる。

聖所正面
アンヌンツィアータ聖所教会内部 

How to access
- 鉄道fs線：パレルモ中央駅から2時間20分（1日10便。カステルヴェトラーノ回りだと遠回りになるので注意。
- バス：パレルモから2時間（1日36便、⑪⑰19便）。アグリジェントから西回りで3〜4時間（1日3便、⑪⑰運休）。
- 車：パレルモからA29

NAVIGATOR
　ティレニア海に突き出した細長い半島のトラーパニは、町の中心スカラッティ広場Piazza Scarlattiより1キロ以内にほとんどの見どころが集中しているので、徒歩で充分。❶はサンタゴスティーノ教会を挟んだスカラッティ広場の一角にある。バスターミナルは鉄道駅のすぐ南側にある。

■ 州立ペポリ博物館
- 住 Via Conte Agostino Pepoli 200
- ☎ 0923-553269
- 開 9:00〜13:30　⑪⑰9:00〜12:30
- 料 €2.50
- 地 P.257-4
- ● 行き方：トラーパニ駅前よりバス25番で約5分

■ アンヌンツィアータ聖所記念堂
- 住 Via Conte Agostino Pepoli 179
- ☎ 0923-539184
- 開 8:00〜12:00　16:00〜19:00　⑪⑰8:00〜13:00　16:00〜19:00
- 地 P.257-4

シチリア州　トラーパニ

■リニーの塔
住 Torre di Ligny
電 0923-22300
'05年1月現在、修復のため休場中。
地 P.256-1

リニーの塔

■ジューデッカ館
地 P.256-2

スペインのカタロニア地方伝来の建築物

■トッレアルサ通り
地 P.256-2

トッレアルサ通り

■レジーナ・エレナ大通り
地 P.256-1

最果ての塔
リニーの塔
Torre di Ligny
トッレ・ディ・リニー

トラーパニの北端、つまり果ての果てに建つ1671年に建設された小さな塔で、現在はシチリア島のあけぼのを解説する先史時代博物館Museo della Preistoriaになっている。3階のテラスから取り囲むティレニア海を一望に見渡せる。周囲は360度のパノラマが得られ、爽快な気分だ。

カタロニア文化の一端を探そう
ジューデッカ館
Palazzo della Giudecca
パラッツォ・デッラ・ジューデッカ

イタリア通りからひとつ裏の路地に入ったところにある。16世紀初頭のプラテレスコ様式（カタロニアから伝来）の建築物。貴族チャンブラ家所有のものだ。豪華な窓や塔に注目。

華やかかりし時代の面影
トッレアルサ通り
Via Torrearsa
ヴィア・トッレアルサ

旧市街を南北に走る400mほどの通り。しゃれたバールやブティックなどが軒を連ね、ショッピングに最適。また、ここから西へ延びるヴィットリオ・エマヌエーレ通りは旧市街のメインストリートだ。沿道には17世紀からの建築物が建ち並び、保存食品産業や港湾施設によって繁栄した華やかかりし時代の名残を見ることができる。

海辺の散歩道
レジーナ・エレナ大通り
Viale Regina Elena
ヴィアーレ・レジーナ・エレナ

南の海岸沿いに、広々とした散歩道がある。プラタナスの木が回廊のようになり、日差しを防いでくれている。ここからは眺めもよい。特に夕方の落陽風景はため息が出るほど。

Trapani　トラーパニのホテル＆レストラン

★★★★ クリスタル　P.257-3
Crystal
トラーパニ駅近くの快適なホテル。4つ星ホテルにしては値段も押さえられていておすすめ。レストラン併設。
電 0923-20000
Fax 0923-25555
SB €136
TB €198
室 68室 朝食込み
住 Via SanGiovanni Bosco 12
URL www.framon-hotels.com
C A.D.M.V

★★★ ヴィットリア　P.256-2
Hotel Vittoria
海に近く静かなシティホテルだ。
URL www.hotelvittoriatrapani.it
住 Via F. sco Crispi 4
電 0923-873044
Fax 0923-29870
SB €60　TB €92
室 65室 朝食込み
C A.D.J.M.V
交 駅前の道Via Scontrinoを北へ250m

フォンターナ　P.256-2
Nuova Trattoria Fontana
駅のすぐそば。クスクスも用意されている。マグロのステーキがおすすめ。一風変わった陶器の水差しも異国情緒あり。
電 0923-24056
営 12:00 〜15:30、19:00 〜翌1:00
休 ㊍
予 €12〜25(コペルト€1.20)
住 Via S.Giovanni Bosco 22/26
C M.V.

デル・ポルト　P.256-2
Trattoria del Porto
名前どおり港の前にある。家族経営のシンプルなトラットリア。もちろん海の幸がおすすめ。できれば予約
住 Via Ammiraglio 45
電 0923-547822
営 12:00 〜14:30、19:30 〜24:00
休 7〜8月頃
予 €25〜35 (コペルト€1.50)
C A.D.M.V.

マルサーラ
Marsala
香り高いワインの生産地

　Città del Vino、ここはワインの町。高級マルサラ酒を生産しその名をとどろかせている。市内には4つの巨大ワイン工場があり、希望に応じて見学もさせてもらえる。町自体は小さいが、地理的にカルタゴとの関係の強かった場所として、多くの重要遺跡が残されている。郊外にあるカルタゴの遺跡、モツィアへはここから連絡する。

フローリオ社の看板

　近隣の海辺には300年の歴史を持つ塩田が広がっている。近年、海水を汲み上げるための風車が復元され、牧歌的な風情を見せている。

風車が生活の中で活躍

How to access

電車で行くには
- パレルモ→マルサーラ　fs線　R　約3時間（1日6便、カステルヴェトラーノ経由）
- トラーパニ→マルサーラ　fs線　R　約30分（1～2時間に1便）

バスで行くには
- パレルモ→マルサーラ　SALEMI　約2時間（平日30分から1時間に1便、日祝1～6時間に1便）
- トラーパニ→マルサーラ　AST　約30分（平日のみ4便）
- アグリジェント→マルサーラ　LUMIA　約3時間（平日のみ3便）

車で行くには
- パレルモ→（A29/S115）→マルサーラ
- アグリジェント→（S115）→マルサーラ

●郵便番号　91025

NAVIGATOR

　鉄道駅は町の東端。バスターミナルは町の中心に近いポポロ広場Piazza del Popolo。小さな町なので観光は半日もあれば完了する。まず❶で資料をもらい、ドゥオーモ近辺を見た後、海辺の考古学博物館へ向かうのが簡単なコースだ。海辺には試飲もできるエノテカEnotecaもある。おみやげに一本いかが。

■マルサーラの❶
住　Via XI Maggio 100
☎　0923-714097
開　8:00～20:00
　　日祝9:00～12:00
休　無休
地　P.259 A2

■中央郵便局
住　Via G. Garibaldi
☎　0923-951417
地　P.259 A・B2

■バス事情
　バスはモツィアやトラーパニ、カステルヴェトラーノ、アグリジェント、パレルモなどと結んでいる。ほとんどがポポロ広場Piazza del Popoloから発着。パレルモ行きはVia Francesco Crispiより発着。

●おもな行事
- 聖木曜日の行列（5月）
  Processione del Giovedi Santo

シチリア州

トラーパニ／マルサーラ

■考古学博物館
住 Via Lungomare Boeo
☎ 0923-952535
開 9:00～13:30
　(水金)(土)(日)は
　16:00～18:00も
料 €2
地 P.259 A1

■タペストリー博物館
住 Via Garaffa 57
☎ 0923-712903
開 9:00～13:00
　16:00～18:00
休 (金)
料 €1
地 P.259 A1

■ワイン工場
Stabilimenti Vinicoli
本場のワイン造りを見学
　フローリオ社をはじめ、市内にあるワイン工場は見学可。マルサラ酒(酒精強化ワイン)ができるまでをガイド付きで見て回れる(要予約)。季節によって人数がまとまらないと、中止の場合も。
●フローリオ社
住 Lungomare Vinicoli Florio
☎ 0923-781111
地 P.259 B2 外

✠ おもな見どころ ✠

フェニキア船が見られる
考古学博物館 ★★
Museo Archeologico　　　ムゼオ・アルケオロージコ

　一番の見ものは、全長35mのフェニキア船の貴重な残骸Relitto di Nave Punicaだろう。第一次ポエニ戦争の終盤、ローマ軍に破れて沈没したものと推測されている。木製なので多くの部分が欠損しているものの、実物が見られるのには感激する。

壁一面のタペストリー
タペストリー博物館
Museo degli Arazzi Fiamminghi　ムゼオ・デッリ・アラッツィ・フィアンミンギ

　ドゥオーモの裏通りにある。スペイン王フェリペ2世からメッシーナの大司教に贈られ、さらに1589年にマルサーラのマードレ教会に寄贈された16世紀の貴重なタペストリー(つづれ織)が展示されている。スペインの画家、ペドロ・デ・カンパーニャの作とされるユダヤ民族に対するヴェスパシアヌス帝とティトゥス帝の戦いを描いている。壁一面にもなる巨大なタペストリーに圧倒される。

必見のタペストリー

町の中心
ドゥオーモ
Duomo　　　　　　　　　　　　　　　ドゥオーモ

　町の中心の広場、レプッブリカ広場Piazza della Repubblicaに面した18世紀前半完成の教会。右翼廊の「民衆の聖母Madonna del Popolo」(ドメニコ・ガジーニ作)や、1532年製の大理石のレリーフ付の板絵(アントネッロ・ガジーニ作)が見ものだ。

ドゥオーモのファサード

Marsala　マルサーラのホテル&レストラン

★★★ プレジデント　P.259 B2外
Hotel President
プール、レストラン付きの快適なホテルだ。
URL www.presidentmarsala.it
住 Via Nino Bixio 1
☎ 0923-999333
Fax 0923-999115
SB €60/67
TB €99/110
C A.D.M.V.
交 踏切を渡って、そのままY字路まで行き、左折

★ ガーデン　P.259 B2
Hotel Garden
簡素だが清潔で過ごしやすい。テレビ付き。
住 Via Gambini Francesco 36
Fax 0923-982320
SB €30/40
TB €51/55
C 不可
交 駅を出て右側の踏切を渡り、すぐに左折。次のVia Gambiniにある

ガリバルディ　P.259 B1
Trattoria Garibardi
町の中心にある40年続く店。特産の魚介類料理が味わえ、フレッシュ・パスタの伊勢海老はおすすめの1皿。
住 Piazza dell'Addolorata 35
☎ 0923-953006
営 12:00～14:30、20:00～23:00
休 昼、冬季の(日)夜
予 €20～30(コペルト€2)
C = A.D.M.V.

デルフィーノ　P.259 B2外
Delfino
海を見渡すホテル・レストラン。夏はテラスや庭園のオープンエアーでの食事が楽しい。郷土料理や魚料理がお得意。
住 Lungomare Mediterraneo 672
☎ 0923-751011
営 11:00～14:30、19:30～22:30
休 10～3月の(火)
予 €16～37(コペルト€1.55)
C A.D.M.V.

モツィア

Mozia

カルタゴの大遺跡

　マルサーラ郊外、スタニョーネ湾に端から端まで歩いて15分の小島がある。島まるごとカルタゴの遺跡だ。その昔、圧倒的な海洋術で地中海沿岸の覇権を握ったカルタゴの基地を踏んでいる、と考えると何だか不思議な気分だ。イギリスの実業家、ジョセフ・ホイタッカーJoseph Whitakerが発掘調査して初めて日の目を見た遺跡は、ヨーロッパ全土から注目を集め、現在でも調査が続けられている。

　モツィアへは船で渡る。高度な文明を持ちながらも滅ぼされてしまったカルタゴの貴重な土地を踏みしめるチャンスだ。

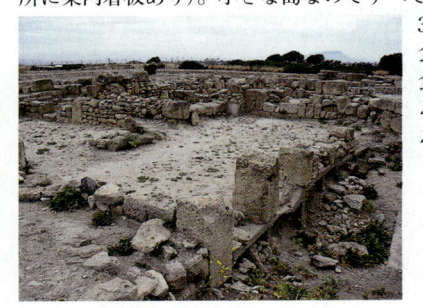

連絡船

博物館の展示物

　まずはホイタッカー博物館Museo Villa Whitakerに向かおう。館内には島内の出土品が並べられている。とくに注目は紀元前5世紀の等身大の大理石像**モツィアの若者 Il Giovinetto di Mozia**。滑らかなプリーツの衣装をまとい、気高く優美に立つ姿にフェニキア人の高度な芸術をかいま見るようだ。ほかには素焼きの泣き笑い仮面など。祭祀に用いられたと思われる奇妙な面だ。博物館をあとにして、すぐ右前方には**モザイクの家Casa del Mozaici**がある。堅牢な邸宅であったと推測される2軒の基部のみが残り、そのうちの一軒の床には現実と想像の動物の白黒モザイクが見られる。島内にはこのほか、船の修理用ドック（コトンCothon）、太陽神バール・ハモンの聖域（カッピダッツCappiddazzuとトフェットTofet）、ネクロポリ、塔と門を備えた円形の城壁などが各所に点在している（随所に案内看板あり）。小さな島なのですべてを見て回っても2〜3時間だ。島内に飲食施設はないので軽食や飲み物は持参すること。トイレはある。

ホイタッカー博物館

モザイクの家

■ホイタッカー博物館
☎0923-712598
圃 夏季 9:00〜13:00
　　　　15:00〜18:30
　　冬季 9:00〜15:00
料 €6

How to access
●マルサーラから
ポポロ広場Piazza del PopoloからMUNICIPALE TRASPORTI社のバス4番がモツィア行きの船が出港する港近くまで運行。6:40、8:00、10:00、11:00、12:35、14:15、18:10発、所要30分。港まで約500m。港から島までは9:00〜15:00の間、約20分間隔で船が運航。所要約20分、往復€3。

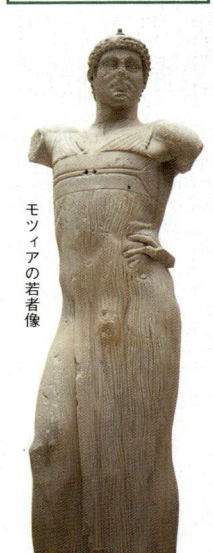

モツィアの若者像

シチリア州

マルサーラ／モツィア

マザーラ・デル・ヴァッロ
Mazara del Vallo

アラブの空気が今なお残る

- 郵便番号　91026

おもな行事
聖ヴィートの小祝日
(8月の最終日曜)
Festino di S. Vito

NAVIGATOR
モカルタ広場Piazza Mokartaをスタート地点にして、レプッブリカ広場Piazza della Repubblicaへ。広場からVia Garibaldiを100mほど進み、右折すると❶があるのでここで資料を。Via S.Micheleを進むと右側にあるのが11世紀創建のサン・ミケーレ教会。続いて旧市街へ。Via GotiからVia P.ta Palermo、Via Bagnoのイスラムの古都に迷い込んだような雰囲気の通りを抜け、マザーロ川に臨むサン・ニコロ・レガーレ教会、カルミネ教会や、市立博物館を見学。後は海岸通りを散歩して観光終了。

■マザーラ・デル・ヴァッロの❶
住 Piazza S. Veneranda
☎ 0923-941727
開 8:00～14:00
　(月)(木)は15:00～18:00も
休 (日)
地 P.262 A1

楽しい滞在
町なかに入ると、アラブ風の細い路地が続いて異国情緒もタップリ。さして見どころも多くはないので、海辺の散歩道に軒を並べるレストランでゆっくり食事をしました。クスクスを食べている人も多く、魚料理も充実していました。まだ、あまり観光地化されていないようで、一見とっつきにくい感じの人たちもとっても親切で、思いがけなく記憶に残る滞在になりました。　　　　(兵庫県　リー　'04)

アラブ文化の影響が色濃く残る町。旧市外や港の一部には、チュニジアの国旗がはためいていたりと、独特の雰囲気に囲まれている。ゆっくり歩いても2時間くらいで観光できる小さな町なので、ちょっと寄り道感覚で訪れてはどうだろう。

異国風の建物が町を彩る

おもな見どころ

フェラーロ派の作品が残る
カテドラーレ　★★
Cattedrale　　　　　　　　カッテドラーレ

11世紀の創建で、15世紀後半に再建された。3廊式の豪華な内部は必見。右側廊から入る参事会会議場の前室には、「ギリシア人とアマゾン族の戦い」と「メレアグロスの狩り」が石棺

How to access

🚆 電車で行くには
● パレルモ→マザーラ・デル・ヴァッロ　fs線　R　2時間30分～3時間(1日6便、カステルヴェトラーノ経由)
● トラーパニ→マザーラ・デル・ヴァッロ　fs線　R　約1時間(1～2時間に1便)
● マルサーラ→マザーラ・デル・ヴァッロ　fs線　R約1時間(1～2時間に1便)

🚌 バスで行くには
● パレルモ→マザーラ・デル・ヴァッロ　SALEMI　約2時間(平日15便、(日)(祝)6便)
● マルサーラ→マザーラ・デル・ヴァッロ　SALEMI　約30分(平日10便、(日)(祝)6便)

🚗 車で行くには
● パレルモ→(A29)→マザーラ・デル・ヴァッロ
● マルサーラ→(S115)→マザーラ・デル・ヴァッロ

カテドラーレ正面

に描かれている。右翼廊の「聖母子 Madonna con Bambino」（ガジーニ派）や、後陣の「キリストの変容 Trasfigurazione」（アントニーノ・ガジーニ）、また後陣を飾るフェラーロ派によるスタッコ細工など、芸術家の腕を充分に楽しめるものが多々見られる。

豪華な内部に瞠目
サン・ミケーレ教会
San Michele ★
サン・ミケーレ

Via S. Micheleを進むと右側にあるのが11世紀創建の教会。大聖堂に負けない手の込んだ内部に目を見張る。1697年のジャコモ・セルポッター一派による寓意像のほか、大理石やスタッコ細工による装飾が施されていて圧倒される。隣接する古い建物はヴェネディクト派の修道院。

どこにも見られない不思議な建物
サン・ニコロ・レガーレ教会
San Nicolo Regale ★
サン・ニコロ・レガーレ

マザーロ川に臨む小さな教会。ノルマン期の建立。アラブの影響大と見える黄褐色の異様な姿は一見の価値あり。

神学校の中の博物館
市立博物館 ★★
Museo Civico
ムゼオ・チヴィコ

旧イエズス会神学校内に設けられた博物館。当地出身の芸術家、ピエトロ・コンサグラの彫刻や素描、絵画のほか、考古学上の遺物が展示されていて見逃せない。館内には古文書館や市立図書館も併設されている。

広場にあるウィートスの像、町の守護聖人

休息に、のんびり
海辺の散歩道
Lungomare
ルンゴマーレ

地中海に面して街路樹の整った道が延びている。公園やレストランもあり、行き交う漁船を眺めたり手紙を書くのにちょうどよい。この町のレストランではアフリカ料理のクスクスが食べられる。

海辺の散歩道の脇に広がるカフェ

■カテドラーレ
住 Piazza della Repubblica
☎ 0923-941919
地 P.262 B2

■サン・ミケーレ教会
住 Piazza San Michele
地 P.262 A2

■サン・ニコロ・レガーレ教会
住 Lungomare Comandante Caito
地 P.262 A1
●拝観不可

アラブとノルマンの隔合

■市立博物館
住 Piazza Plebiscito
☎ 0923-940266
開 9:00〜13:00
　火水木は15:30〜17:30も
休 土日祝
地 P.262 B1

市立博物館

■海辺の散歩道
地 P.262 B1

シチリア州

マザーラ・デル・ヴァッロ

エリーチェ
Erice

眺望抜群の聖地

トラーパニに向かって滑り下りる尾根の頂上、標高751mに築かれた町、エリーチェ。ギリシア人たちが住みはじめ、古代から中世の歴史を過ごしてきた。形のよい三角形の中に収まった町は、生殖や航海の守護神の聖地として古代から名をはせていた。高地のため夏でも涼しく過ごせるのも魅力だ。ここまでは都会の喧噪や車の排気ガスも追いかけてこない。

トラーパニと海への眺望が開ける

- 郵便番号 91016

How to access
- 鉄道：鉄道駅はない
- バス：トラーパニからAST社のバスが連絡している。駅前の Piazza Ciaacio Montalto から平日10便、㊏㊗4便、所要約1時間
- 車：パレルモからA29

■エリーチェの❶
- 住 Viale Conte Pepoli 11
- ☎ 0923-869388
- 開 8:30～14:00
- 休 ㊐㊗
- 地 P.264 B1

●おもな行事
- 聖劇の行列(聖金曜日)Processione dei Misteri
- 国際中世・ルネッサンス音楽週間(7月)

NAVIGATOR
町の入口付近に❶があるので、まず詳しい地図などをもらおう。とりあえずノルマン城 Castello Normanno へ行き、そのままぐるりと町の外周を回ってスタート地点に戻ったら、それから中世のたたずまいの町なかを探索するのがちょうどよいコースだ。これだと、ゆっくり見ても3時間くらいで見終わる。小さな町なので迷うこともない。帰りのバスの時刻をチェックしておくのを忘れずに。

■ノルマン城
- 夏季 9:00～19:00
- 冬季 10:00～17:00
- 地 P.264 B2

■バリオ公園
- 地 P.264 B2

おもな見どころ

大パノラマを独占できる
ノルマン城 ★★
Castello Normanno
カステッロ・ノルマンノ

別名愛と美の女神ヴィーナスの城 Castello di Venere。ヴィーナスに捧げた神殿跡に12～13世紀にかけてノルマン人によって建造された。場内には聖なる井戸の跡が残っている。エリーチェ一番の高所にあるだけあって、眺望は抜群だ。晴れた日にはエガーディ諸島やアフリカのチュニジアまでも望むことができる。

眺望がすばらしい

ノルマン城

エリーチェ Erice

高台の英国式庭園
バリオ公園
Giardino del Balio
ジャルディーノ・デル・バリオ

心地よい風が吹き抜ける19世紀の美しい英国式庭園。ベンチも多く、きれいな空気を満喫できる。何より、静かに過ごしたい人におすすめだ。眺めもすばらしい。

美しいバリオ公園

崖っぷちに建つ教会
サン・ジョヴァンニ・バッティスタ教会
San Giovanni Battista
サン・ジョヴァンニ・バッティスタ

ぎりぎりの崖っぷちに建つ12世紀創建の教会。内部にはアントニーノ・ガジーニの「洗礼者ヨハネBattista像」（1539年）などがあってこちらも見もの。

町の重要性を思わせる
城壁
Mura
ムーラ

町の西側を囲んでいる紀元前8世紀からの城壁。現在見られる地上部分は12世紀ノルマン時代に築かれたものだ。比較的損壊が少なく、この町の重要性を思わせるのに充分。

すがすがしいゴシック教会
マトリーチェ教会
Chiesa Matrice
キエーザ・マトリーチェ

1314年創建のゴシック期の混合様式で、内部は1865年に造り直されている。聖堂内陣の見事な大理石製の板絵はジュリアーノ・マンチーノによるものだ。内部は柔らかな白色に満たされている。女性的とも感じられるすがすがしい教会だ。隣接の1312年製の鐘楼は物見の塔として使用されていたという。

ゴシック式のマトリーチェ教会

高台の町の美術館
市立美術館（コルディーチ美術館）
Museo Comunale A.Cordici
ムゼオ・コムナーレ・A.コルディーチ

町なかを走るヴィットリオ・エマヌエーレ通りCorso Vittorio Emanuele沿い、市庁舎内にある。古代ローマのヴィーナスやエリーチェ地域の遺物などを展示する美術館。考古学資料以外には17〜19世紀の絵画やアントネッロ・ガジーニの大理石像「受胎告知Annunciazione」なども置かれている。

■サン・ジョヴァンニ・バッティスタ教会
住 Viale Nuncionaci
☎ 0923-869171
地 P.264 A2

■城壁
地 P.264 A1

城壁の一部が残る

■マトリーチェ教会
住 Piazza Matrice
☎ 0923-869123
開 10:00〜13:00
　 16:00〜19:00
休 日
地 P.264 B1
●宝物殿（€1）

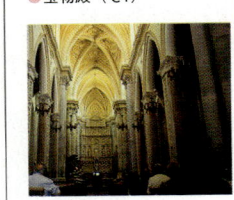

教会内部

■市立美術館
住 Piazza Umberto I
☎ 0923-860048
開 火水金8:30〜13:30
　 月木14:30〜17:00も
休 土日
料 無料
地 P.264 A1

シチリア州　エリーチェ

シャッカ
Sciacca

温泉の湧く穏やかな高台の町

●郵便番号	92019

How to access
- 鉄道：鉄道駅はない
- バス：パレルモから2時間30分（1日11便、日祝は7便）。アグリジェントから1時間40分（1日13便、日祝2便）いずれも市民公園Villa Comunale脇のV.le della Vittoriaから発着する。
- 車：パレルモからA29、CastelvetranoよりSS115 アグリジェントからSS115

■シャッカの❶
- 住 Corso Vittorio Emanuele 84
- ☎ 0925-21182
- Fax 0925-84121
- 地 P.266 A1

●おもな行事
- 救済の聖母祭（2月1〜2日）Festa della Madonna del Soccorso

NAVIGATOR
町の中心的存在のスカンダリアート広場Piazza A.Scandaliatoからヴィットリオ・エマヌエーレ通りCorso Vittorio Emanuele沿いが観光ルート。西にステリピント館、東にドゥオーモやシャッカ温泉があり、見るだけなら2時間もあれば事足りる。町の背後はTerravecchiaと呼ばれる旧市街。坂や階段が多いので疲れるが、散策はこちらもなかなか楽しい。

海に向かって急激に落ち込む斜面にできた町、シャッカはシチリア最大の温泉が湧く町だ。温泉といってもハダカで湯に浸かるものではなく、主として医療に使われるのだが、私たち日本人の鼻になじんだ硫黄の匂いが漂い、何とも懐かしく感じられる。

また、シャッカは陶器工芸の盛んな町でもある。ヴィットリオ・エマヌエーレ通りには、陶器屋がカラフルな絵柄の陶器Ceramicaを並べ、目を楽しませてくれる。

おみやげには陶器を

おもな見どころ

目抜き通り
ヴィットリオ・エマヌエーレ大通り
Corso Vittorio Emanuele　コルソ・ヴィットリオ・エマヌエーレ

町の代表的な通りで、役場や金融などの機関が並んでいる。陶器工芸が盛んであると納得させられる陶器屋が軒を連ね、明るい色柄の皿などを軒先に並べている。

珍しいダイヤモンド状の切り石積み
ステリピント館 ★
Palazzo Steripinto　パラッツォ・ステリピント

ヴィットリオ・エマヌエーレ大通りの西端、ゲラルディ通りVia P. Gerardiとの交差点に面して建つ、シチリア・カタロニア様式の建造物。ダイヤモンド状の奇妙な切り石積みのこの

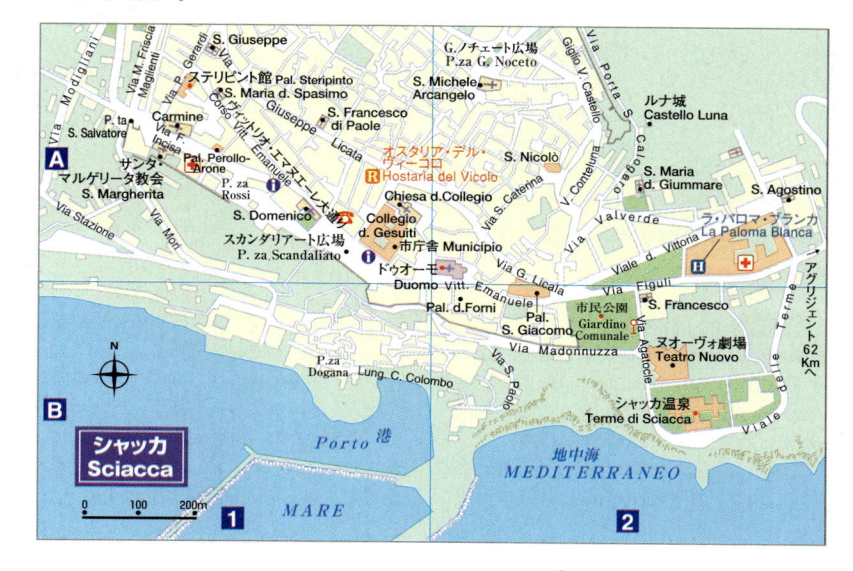

館は、競馬のゴール地点だったことから「レースの先頭Testa della Corsa」ともいわれる。

角のある切り石積みの館

■ステリピント館
地 P.266 A1
● 内部は見学不可

未完のファサードをもつドゥオーモ

町の信仰の中心
ドゥオーモ
Duomo
ドゥオーモ

12世紀に創建され、1656年に再建された。バロック様式のファサードは未完成のままだ。堂内は磨きぬかれてたいへん美しく、この町の人々の信仰心がわかるというもの。天井のフレスコ画が見事。16世紀のアントニーノ・ガジーニ、ジャン・ドメニコ・ガジーニなどの彫像が内外を飾っている。

天井のフレスコ画

■ドゥオーモ
地 P.266 A2

■市民公園
地 P.266 B2

木陰でひと休み
市民公園
Giardino Comunale
ジャルディーノ・コムナーレ

海を望む高台に面し、樹木に覆われた静かな公園。歩き疲れたらここでのんびりするのもいい。バスはこの公園の脇、Via Agatocleから発着する。

シチリア最大の温泉。効能は？
シャッカ温泉 ★★
Terme di Sciacca
テルメ・ディ・シャッカ

町の最大の特徴である温泉施設は、医師の診断を受けてから利用する。受付で利用希望を申し出て、まず最初に診断を受ける（€23.24）。その後、症状にあった治療施設に案内される。施術によって料金はさまざま（ファンゴFangoと呼ばれる泥を体に直接塗る治療は€18.08）。一回かぎりの治療のほか、長期湯治用の割引チケットもある。温泉施設は町の東のはずれ、海に面してある。

温泉施設内部

テルメ（温泉施設）

■シャッカ温泉
住 Via Figuli 2
℡ 0925-961111
fax 0925-83011
開 7:00～12:00
休 無休
地 P.266 B2

施術風景
● ホテルによってはエステなどの施設も併設。料金も手頃なので、チェックインの際に尋ねてみよう。

シチリア州

シャッカ

Sciacca シャッカのホテル＆レストラン

★★ **ラ・パロマ・ブランカ** P.266 A2
Hotel La Paloma Blanca
土地の魚料理中心のレストラン、バール併設の下町風。お湯が出るのがうれしい。
■読者割引11～3月の3泊以上で5%
URL www.paginegialle.it/lapalomablanca
住 Via Figuli 5/7
℡ 0925-25130
fax 0925-25667
S€ 38 T€ 65
20室 朝食込み
C A.D.M.V.
交 バス発着のVia Agatocle近く

オステリア・デル・ヴィーコロ P.266 A1
Hosteria del Vicolo
客席36ほどの小さなレストラン。値段はちょっぴり高めだけれど、ハーブを巧みに使った料理には脱帽だ。
要予約
住 Vicolo Sammaritano 10
℡ 0925-23071
営 12:00～15:00、19:00～23:00
休 (日)、10/16～10/31
予 €35～40（コペルト€2.50）
C A.D.M.V.

● シチリア最大の神殿群

■セリヌンテの遺跡群
開 9:00～日没2時間前
料 €4.50
地 P.268
●ひと通りの見学には3時間
　ぐらい必要

セリヌンテのE神殿

How to access
●鉄道：最寄りの鉄道駅はカステルヴェトラーノCastelvetrano。駅前からマリネッラMarinella di Selinunteまでのバスが連絡している。1日5便（日祝も5便）遺跡入口で下車。約20分
　マルサーラ→カステルヴェトラーノ：鉄道で40分
　パレルモ→カステルヴェトラーノ：鉄道で2時間30分
●バス：アグリジェント→カステルヴェトラーノ（Via Marinella）：2時間15分
　パレルモ→カステルヴェトラーノ：1時間30分（カステルヴェトラーノの発着はPiazza Matteotti）
　トラーパニ→カステルヴェトラーノ：1時間 1日5便、日祝4便
●車：パレルモからA29 アグリジェントからS115

■セリヌンテの❶
開 9:00～16:00
●遺跡入口のロータリーに小屋がある。

■宿泊施設
ホテルはマリネッラ・ディ・セリヌンテMarinella di Selinunteに7軒。カステルヴェトラーノからの連絡が悪いため、ホテルオーナーに送迎を依頼する手もある。

のどかな神殿周辺

セリヌンテ
Selinunte

埋もれたままの夢の跡

紀元前650年頃に東海岸のメガラから来たギリシア人によって神殿が築かれ、隆盛を極めたものの、紀元前409年のカルタゴ襲来によって破壊され、後の地震にとどめを刺されるかのように瓦礫の山となった。復元されたもの、崩壊し、そのままのもの。それぞれが歴史の証言者だ。煌めく海に寄り添うようなロケーションも魅力。少し不便なところだが、ぜひ訪れたい。

NAVIGATOR

考古学公園は西と東にそれぞれアクロポリAcropoliと東神殿群Templi Orientaliに分かれている。その距離およそ1km。

入口に近い東神殿群には3つの神殿（E、F、G）が見られる。向かっていちばん手前の整った形のものがE神殿だ。女神ヘラに捧げられたと考えられる紀元前480年頃のドーリス式の正面を持つ神殿で、1950年代に円柱部が復元された。E神殿の隣にはF神殿の跡がある。女神アテナに捧げられ、ほとんどが崩落して見る影もないが、紀元前560～540年にアルカイック様式で建造されていた。その隣のG神殿は113×54mという空前の規模で紀元前550年頃に着工された。1832年に修復された大円柱が異様な大きさで見下ろしている。ゼウスに捧げられたというこの神殿は列柱回廊だけで2000人を収容できたと推測されている。

女神ヘラに捧げられたE神殿

次に、西のアクロポリに向かおう。公共の交通機関はないので徒歩になる。海を左に見ながら1kmほど。坂を上ったあたりに入口がある。こちらにはA、B、C、D、0と呼び分けられる遺跡が残っている。なんとか柱列が復元され、形を留めているのはC神殿だけ。アクロポリ北部はカルタゴ時代の住居跡だ。区画整理された町並みが往時の繁栄をしのばせる。

セジェスタ

Segesta

謎だらけの孤高の神殿

トラーパニからおよそ30km内陸に進んだバルバロ山の斜面に、突如現れるギリシアの遺跡群。保存状態のよいドーリス式の神殿と、眺望抜群の劇場、小規模の古代都市地区がある。なぜこのような不便な所に神殿を造ったのか不思議な遺跡だ。

NAVIGATOR

遺跡入口には切符売り場とみやげ物屋兼バールがある。まずバールでバス券を買おう。入口から劇場までは1kmあまりの上り坂。バスなら5分ほどだ（徒歩だと約20分）。標高431mのバルバロ山頂に、シラクーサに征服されたギリシア人によって紀元前3世紀頃に築かれた劇場Teatroが残されている。後にローマ人の手が加えられたもので、岩山を削り出して造られた直径63m、観客席20段。舞台部分はわずかしか残っていない。堅い石の観客席に座っていると、古代の上演風景が彷彿され、タイムスリップするかのよう。さて、迎えのバスが来たらいったん遺跡入口に戻ろう。戻る途中には古代都市Città Anticaが道路脇に見える。四角形の塔や城壁の一部など、小規模ながらかつての繁栄が見受けられる。神殿Tempioには入口から歩いて向かう。信じがたい完成度で小高い丘の上に建つドーリス式の神殿。紀元前5世紀に建造され、神室を持たない構造から、謎の神殿として多くの学説を生んでいる。ラブドーシス（溝）のない柱も特徴だ。土着のエリミ族と争いを起こさないために宗教性を持たせなかったのか、それともただの未完成品なのか解明されない謎だ。劇場と神殿を対に建築した古代人たちの息吹を感じられるロマンあふれる場所だ。

劇場

溝のない柱に注目

■ セジェスタの考古学地区
Segesta Zona Archeologica
開 9:00～日没2時間前
料 €4.50
地 P.269

● 入口から劇場までのバス：€1.20（往復）。1時間～30分に1本の運行

セジェスタの神殿

How to access

● 鉄道：Segesta Tempio駅かCalatafimi駅が最寄りであるが、便が少ない。パレルモから約2時間15分。Segesta Tempio駅からは徒歩約2km、Calatafimi駅からは徒歩約3km。

● バス：トラーパニ（Piazza Malta）から遺跡入口までTARANTOLA社の直通便がある。1日6便（復路は4便）㊐㊗2便。所要約40分。パレルモ（Via Lincolnと中央駅の交差点そば）からTARANTOLA社の直通便が、平日3便、㊐㊗2便、所要約2時間。帰りの便は遺跡入口の手前に停まる（入口まではやってこない）ので、入口から出て待つこと。

■ 注意！ホテル事情
遺跡周辺には宿泊施設はないので、日帰りで。飲食施設はある。7km離れたCalatafimiの町にはホテルが2軒。

● おもな行事
● 古典劇の上演（7月～8月）Spettacoli Classici

シチリア州
セリヌンテ／セジェスタ

建築・美術用語

アーキトレーブ　角柱・付け柱・円柱の上に載った梁。
アーケード　角柱や円柱に載ったアーチ形の構造物。
アーチ　石やレンガを放射状に積んで半円にした構造物。上部がとがっているのが、尖頭アーチ。
ヴォールト(穹窿)　半円筒形や、交差した半円筒形に石やレンガを積んだ曲面天井。
エクセドラ　壁面から半円形に引っ込んだ部分。
エトルリア美術　現在のトスカーナ地方から興ったエトルリア人による紀元前7～3世紀の美術。初期のものはギリシアの強い影響を受けているが、後にはリアリスティックな表現を生み出して、ローマ美術に引き継がれた。
オーダー　ギリシアの神殿建築から生まれた円柱とその上に載る部分の様式のことで、下記の3つのほかにトスカーナ式とコンポジット式がある。柱頭を見れば区別できる。
　　ドーリス式：盃型
　　イオニア式：両端が下向きの渦巻き型
　　コリント式：重なったアカンサスの葉型
回廊(キオストロ)　教会本堂に隣接した修道院の中庭を囲む廊下。
ギリシア十字形　十字部分のそれぞれの長さが等しい形。
クーポラ(円蓋)　半球状の天井または屋根。
クリプタ　教会の床下の地下室または半地下に造られた聖堂・礼拝堂・埋葬所で、通常はヴォールト天井を持つ。
外陣　教会堂の内部で、身廊と側廊からなる部分。信者が礼拝する空間。
　　単廊式：側廊がまったくないもの
　　三廊式：身廊の両側に側廊がひとつずつ
　　五廊式：身廊の両側に側廊がふたつずつ
後陣(アプシス)　内陣の奥にあり、平面が半円形で天井が4分の1球形になった部分。
格天井　骨組によって区分された窪み(格間)のある天井。
国際ゴシック様式　おもに絵画と彫刻の分野で1400年前後にヨーロッパ中を支配した、宮廷風の優雅さと美しい色彩の洗練された様式。
ゴシック様式　天に高く屹立する多数の尖塔が特徴の教会建築を中心とした12～14世紀の様式。絵画では、チマブーエに続きジョットが、感情表現や空間表現に新たな境地を拓いた。シエナ派は独自の優美なスタイルを作り上げた。
コズマーティ様式(コズマ風)　大理石やガラスなどを用いた幾何学模様で教会を装飾する12～13世紀の様式。コズマとは当時ローマで活躍した、モザイク技術にたけた一族の名前。
三角破風　切妻屋根の両端部分や窓の上の三角形の壁。
シノピア　赤い顔料による、フレスコ画の下絵。複数はシノピエ。
身廊　バジリカ式教会堂の中心軸となる空間。
スコラ・カントルム　聖歌隊席。
スタッコ(装飾漆喰)　石膏を混ぜて塗る壁面や天井の仕上げ材料。さまざまの模様や像を彫刻する。
聖具室(聖器室)　教会の内陣に続く、聖具保管所および聖職者の更衣室。
前室(ナルテックス)　初期キリスト教会の本堂正面を入った大玄関部。
前柱廊(ポルティコ)　建物正面に造られた、柱で支えられた吹き放ちの玄関部。
側廊　バジリカ式教会堂の身廊を挟む両側の空間。
大聖堂(ドゥオーモ)　司教座(cattedra)のある位の高い教会堂。その町でいちばん重要な教会。カッテドラーレ。
束ね柱　中心となる柱の周囲に細い柱を数本束ねた形の柱。
多翼祭壇画　多数のパネルに描かれた絵を組み合わせてひとつにした祭壇画。
タンパン(テュンパノン、ティンパヌム)　中央入口の上部にあるアーチ形(または三角形)の部分。
付け柱(柱形、片蓋柱)　壁から浅く突き出たように見える角柱。
テラコッタ　粘土を焼いて造った、建築用装飾や塑像。通常は素焼きのものを指す。
天蓋(バルダッキーノ)　柱で四隅を支えられた、祭壇を覆う装飾的な覆い。
テンペラ　卵黄や卵白、にかわなどを顔料を混ぜて作った絵の具。それによる画法、絵画。
トラス　各部材を接合して、三角形の集合形態に組み立てた構造。
ドラム　垂直状態の円筒形の構造物。
内陣　教会堂の内部で、外陣と後陣の間の部分。主祭壇が置かれる神聖なところ。
ネオ・クラシック様式　新古典様式。18世紀後半から19世紀前半に流行。グレコ・ローマンを理想とした統一性・調和・明確さを特徴とする。
ネクロポリス　古代の死者の埋葬地。墳墓群。
軒蛇腹　建物の最上部で前方に張り出した帯状の装飾部分。
狭間(メトープ)　フリーズ上部に四角い空間を挟んで交互に並ぶ装飾石板。
　　グエルフィ狭間：教皇派に属することを示し、石板は四角。
　　ギベッリーニ狭間：皇帝派に属することを示し、石板は燕の尾型。
バジリカ様式　教会堂の建築様式で長方形の短辺の一方を正面入口とし、もう一方に後陣を半円形に張り出させたものが基本形。
パラッツォ　宮殿、大規模な邸宅、公共建築物。
バラ窓　ゴシックの聖堂に多く見られる、バラの花のような円形の窓。
バロック様式　劇的な効果を狙った豪華で動きのある17世紀の様式。
ピサ様式　建築におけるロマネスク-ゴシック様式の1タイプ。ファサードでは何層もの小さいアーケードが軽やかな装飾性を示し、内部は色大理石の象嵌細工などが施されている。
ビザンチン様式　4～11世紀、東西ローマ帝国で発達した様式で、その建築は外観は地味だが内部は豪華なモザイクや浅浮彫りで飾られている。プランとしてはバジリカ様式、集中式、ギリシア十字形が特徴。
ファサード　建物の正面部分。
フォロ　古代ローマの都市にあった公共広場。商取引、裁判、集会などに使われた。
フリーズ　建物外壁の装飾帯。彫刻のある小壁面。
プラン　建物の見取り図、平面図、設計図。
フレスコ　壁に塗った漆喰が乾かないうちに絵を描く技法。絵の具がしみ込んで固定するために退色しにくい。
壁龕(ニッチ)　壁をくり抜いて造った窪み。彫像などを置いて飾るための空間。
ペンデンティブ　平面が正方形をなす建物の上部にクーポラを載せるために造られた、四隅の球面三角形。
ポルタイユ　正面入口を囲む部分。
歩廊　教会やパラッツォなどの建築で、床を石・瓦で仕上げた廊下。回廊。
マニエリズム　16世紀初頭にイタリアで生まれた技巧的でアカデミックな作風。
メダイヨン　建築物に付けられた楕円または円形の装飾。
モザイク　大理石や彩色されたガラスの小片を寄せ集めて絵や模様を描く技法。
翼廊　教会堂内部で、外陣と直交する内陣の一部。
ラテン十字形　直交する十字の一方が長い形。
ランタン　クーポラの頂上部に付けられた、採光のための小さな構造物。
ルネッサンス様式　調和のある古代建築を理想とした15～16世紀の様式。明快でボリューム感のある外観を持ち、内部はフレスコ画などで飾られた。絵画・彫刻においても、同じ理想のもとに感情表現・技法ともに大いに発展し、その中心はフィレンツェだった。
ロッジア　教会建築・世俗建築で、建物本体と屋外をつなぐ、アーケードを備えた通廊。単独の建造物としてのロッジアもある。開廊。
ロマネスク様式　11～12世紀に広くヨーロッパで普及した様式で、建築では正面は小アーケードで飾られローマなどでは内部にコズマーティ様式の装飾が施された。

SABIHA!

Malta Sabiha（マルタ・サビッハ）とは、マルタ語で「美しきマルタ」の意

写真：夏のセント・ジュリアンは海遊びの人でにぎわう

マルタ共和国

　イタリアとアフリカ大陸に挟まれ、「地中海のヘソ」と呼ばれるマルタ。先史時代に築かれた謎の多い巨石神殿がそこかしこに点在し、ロマンを誘う。この長い歴史から「地中海文明のゆりかご」とも称される。しかし、その好立地ゆえに数多の民族の侵略を受け、「抵抗の歴史」もマルタそのものだ。そして、戦いに果敢に挑み、マルタの町の基礎を築いた「聖ヨハネ（マルタ）騎士団」を語らずに、この国を語ることはできない。

Republic of MALTA

マルタ

ジェネラル インフォメーション

国旗
白と赤の二色旗。左上に十字のマーク

正式国名
マルタ共和国 Republic of Malta/Repubblica ta'Malta

国家
マルタ賛歌　Innu Malti

面積
316km²（淡路島の約1/2）

人口
約39万人

首都
ヴァレッタ

元首
エディー・フェネク・アダミ大統領

政体
共和制

民族構成
マルタ人（北アフリカ系、中近東系、ヨーロッパ系）

宗教
カトリック

言語
公用語はマルタ語と英語

通貨と為替レート
LM（マルタリラ）1＝100¢（セント）。マルタリラをポンド、セントをシリングと呼ぶことも多い。

LM1＝約330円（2005年1月現在）

紙幣はLM20、LM10、LM5、LM2。硬貨はLM1、¢50、¢25、¢10、¢5、¢2、¢1。このほかさらに小さな単位のミル硬貨がある。2004年5月よりEUに加盟。2006年または2007年にユーロ導入の予定。2005年1月現在、一部の商店ではユーロの利用も可能。1LM＝€2.3137（固定）。

通貨 ➡ P.331

◆祝祭日（おもな祝祭日）

1/1	元日
2/10	聖パウロの難船記念日
3/19	聖ヨセフの日
3/31	自由の日
2005年3/27、2006年4/16	復活祭（イースター）
2005年3/25、2006年4/14	聖金曜日（復活祭前の金）
5/1	メーデー
6/4	1919年6月4日記念日
6/29	聖ペテロとパウロの日
8/15	聖母被昇天祭
9/8	勝利の日
9/21	独立記念日
12/8	聖母無原罪の御宿りの日
12/13	共和制施行記念日
12/25	クリスマス

電圧とプラグ
電圧は240ボルトで周波数50ヘルツ。プラグは丸型の3つ穴のB3かBFタイプ。日本国内用の電化製品はそのままでは使えないので、変圧器が必要。

郵便
中央郵便局の営業時間は10/1～6/15 7:45～18:30、6/16～9/30 7:30～18:00。日曜日は休み。切手は郵便局のほか、みやげ物屋やホテルでも購入できる。

【郵便料金】航空便でハガキや20gまでの封書は¢37。

郵便 ➡ P.332

※本項目のデータはマルタ政府観光局、外務省、気象庁などの資料を基にしています。

水

水道水は海水から作られるためやや塩味があるが、そのまま飲むことができる。ミネラルウオーターも各所で販売している。

水 ▶ P.331

気候

温暖で雨は少ない。夏季は太陽が照りつけて暑く、秋から冬にかけては強風が吹く日もある。海水浴に適しているのは5～11月。

気候 ▶ P.330

マルタの海は美しい透明度を誇る

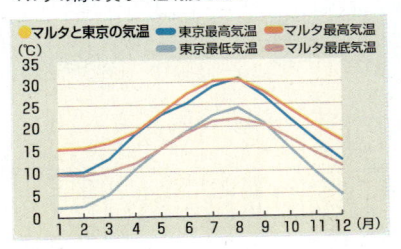

時差とサマータイム

イタリアと同じ。

時差とサマータイム ▶ P.11

入出国

【ビザ】観光目的での滞在の場合は、3ヵ月まで不要。
【パスポート】入国に際しては、原則として有効残存期間が3ヵ月以上必要。
　マルタへの機内や船内で入出国カードが配られる。

入国カード ▶ P.322

マルタのナショナルフラッグキャリアー、エアー・マルタ

電話のかけ方

日本への電話のかけ方

| 00 国際電話識別番号 | + | 81 日本の国番号 | + | 相手先の番号（市外局番の最初の0は取る） |

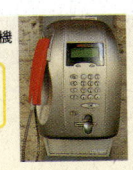

テレホンカード専用の最新型電話機

日本からマルタへの電話のかけ方

国際電話会社の番号	+	国際電話識別番号	+	マルタの国番号	+	相手先の電話番号
KDDI※1 ・・・・・・・・・・・001 NTTコミュニケーションズ※1・・・0033 日本テレコム※1 ・・・・・・0041 au（携帯）※2 ・・・・・・005345 NTTドコモ（携帯）※2・・・009130 ボーダフォン（携帯）※2・・・・0046		010 ※2		356		0123-456 ※3

※1 「マイライン」の国際区分に登録している場合は不要。詳細はURL www.myline.org
※2 NTTドコモ、ボーダフォンは事前登録が必要
※2 auは、010は不要
※3 旧市外局番の0からダイヤル

現地での電話のかけ方

市内通話、市外通話ともに、0で始まる旧市外局番からダイヤルする。

Malta

悠久の歴史を刻む
マルタ共和国

5つの島からなるマルタは、いずれの島も砂浜は少ないが、入り組んだ入江が島を取り巻いてさまざまな表情を見せる。外敵を寄せ付けない堅牢なる聖エルモの砦、穏やかな港がプールのように観光客を包む湾、極彩色のボートが浮かぶ昔ながらの漁村、緩やかな草原の先の目も眩む絶壁の下に広がる紺青の海、華やかなリゾートの雰囲気のあふれる海岸沿いのスリーマやセント・ジュリアンのプロムナード、そこかしこで太陽を満喫して甲羅干しをする人々・・・

　内陸に目を移せば、ズーリZurrieq周辺のさびしげな道端にはシチリアにも見られる、アラブ様式の囲い込み農地が広がり、その脇にはマルタ・ストーンとも呼ばれる特産の黄褐色のグロビゲリナ石灰の地底深い石切り場が点在する。

　ゴゾ島では、原野を見下ろすヴィクトリアのチタデル、風車が舞うシャーラXaghraなどが印象的だ。

　いずれも、ほんの少し移動するだけで、時代も雰囲気も異なる世界を見せてくれる。

　人々はアラブ語を思わすマルタ語を話し、強い日差しと緑の少ない町並みも、なぜかヨーロッパを遠く離れた気分にさせてくれる。イタリアなどと比べると、人々もどことなくとっつき難い印象を与える。ただ、一度話しかけてみると、その第一印象は覆される。どこまでも道案内してくれた散歩途中の人たち、一つひとつを目の前で計算して、紙に書いてまで値段を示す売り子さんたち。マルタの魅力のひとつに、マルタ人のシャイで正直な人柄も挙げられよう。

　数多い祭りの日には、教会は電飾で煌めき、路地は紙吹雪に埋まり、ブラスバンドの響きと熱狂に包まれる。夜の空には花火が咲き、あるいは音だけの花火が響いて永遠の祝祭を祝うかのようだ。

マルタ本島
MALTA

「宮殿の町」ヴァレッタ Valletta

　マルタ共和国の首都ヴァレッタ。1565年のトルコ軍によるマルタ攻略の「大包囲戦」の勝利の後、聖ヨハネ騎士団長ジャン・パリソ・ドゥ・ラ・ヴァレッタによって築かれた城塞都市。シベラス半島の先端、マルサイムシェット・ハーバーとヨーロッパ屈指の天然の良港グランド・ハーバーに挟まれ、難攻不落の趣の町だ。東西約1km、南北800mほどの町はマルタ・ストーンとも呼ばれる特産の蜂蜜色の石灰岩の建物が300にも及び、道は騎士団栄光の時代のままに真っすぐに続き、堅牢な堡塁と城壁が周囲を囲む。昔ながらの景観をとどめる町は、1980年にユネスコの世界遺産に登録されている。いかめしい外観の町はまた、経済、政治の中心地で昼間は国随一のにぎわいを見せる。

ヴァレッタ Valletta
聖ヨハネ騎士団の栄光を紡ぐ町

■マルタ共和国って？
　マルタ本島、ゴゾ島、コミノ島とふたつの無人島からなるマルタ共和国。観光の中心はマルタ本島とゴゾ島だ。このふたつの島はフェリーで結ばれ、マルタ本島にはバスが縦横に走っており、観光にもとても便利な足だ。季節により多少の渋滞はあるものの、マルタ本島なら最遠隔地へも1時間15分程度で到着することができる。

■バス
　マルタ本島のバスの多くはヴァレッタのシティ・ゲート前のバスターミナルから発着する。主要なバスはどれもヴァレッタへ戻る。ただし、ヴァレッタは徒歩で充分動き回れる大きさだ。また、旧市街は一般車両の進入禁止。

●ヴァレッタの歩き方
　ヴァレッタの町へはトリトンの噴水を囲むバスターミナルからシティ・ゲートを抜けて入ろう。ゲートを抜けた右側に**観光案内所**❶がある。ここから真っすぐ延びるのが**リパブリック通り Republic Street**で商店や銀行、カフェなどが並ぶメインストリートだ。通りの先、左側には国立考古学博物館、さらに進んだグレート・シーズ広場 Great Siege Squareの右手には聖ヨハネの教会堂が建つ。リパブリック通りの先、カフェのパラソルの並ぶにぎやかな**リパブリック広場 Republic Square**の奥が国立図書館だ。リパブリック広場の一角にあるデパートの角を左折して道を下るとマノエル劇場。再びリパブリック・ストリートに戻って歩を進めれば、右側に大

マルタ島を走るバス

ヴァレッタの繁華街のにぎわい

マルタの政府管轄の美術・博物館の、開館時間、休館、料金は共通

　国立考古学博物館、国立美術館、兵器庫、国立戦争博物館（ヴァレッタ）、アールダラム洞窟と博物館（ビルゼブジャ）、タルシーンの神殿（タルシーン）、ハガール・キムとイムナイドラの神殿（ウレンディ Qrendi）、海事博物館 Maritime Museum（Ex Naval Bakery）、異端審問所 Inquisitor's Palace（ヴィットリオーザ）、ハイポジウム（パオラ）、国立自然科学博物館（イムディーナ）、ローマ古美術館、聖パウロの洞窟（ラバト）、サン・パウル・ミリ San Pawl Milqi（ブルマールBurmarrad）。

開 9:00〜17:00（入場締切16:30）
休 1/1、復活祭前の㊎、12/24、12/25、12/31
料 大人　　LM1〜4（€2.5〜10）
　12歳〜17歳　60歳以上　半額
　6歳〜11歳　LM0.75〜0.25
　5歳以下無料

紺青の海と空と
どこからも眺められるマルタ島

きな騎士団長の宮殿と兵器庫だ。通りをさらに進むと、カーサ・ロッカ・ピッコロ、坂道の突端は聖エルモの砦へと続く。砦を出て、海岸沿いに進むと左にマルタ体験ショー（マルタ・エクスペリエンス）、道を挟んで騎士団施療院（サクラ・インフェルミエーラ）が続く。このまま、グランド・ハーバー沿いに道を取ると、ローアー・バラッカ・ガーデン、アッパー・バラッカ・ガーデンへと至り、再びシティ・ゲートCity Gate近くに戻る。時間が許せば、北側の国立美術館を訪ねよう。

真っすぐな通りが多い

■ヴァレッタの❶
住 City Gate Arcade 1
☎ 21-237747
開 8:30～18:00
日 8:30～14:00
地 P.277 B1
❶は空港内にもある

ヴァレッタ
マルタ共和国

277

■シティ・ゲート
地 P.277 B1

✠✠✠ おもな見どころ ✠✠✠

町へと続くにぎやかな城門
シティ・ゲート
City Gate
シティ・ゲート

ヴァレッタの町へ続く、一番大きな城門。1968年にイタリア人建築家の設計により再建されたもので、ここからメインストリートのリパブリック・ストリートが始まる。門の手前、バスターミナルの歩道には毎週日曜の午前には**青空市**が店開きする。衣料品、日用品のほか、パンやお菓子の屋台も出て、にぎわいを見せる。

シティ・ゲート

■国立考古学博物館
開 9:00～17:00
休 1/1、復活祭前の㊎、12/24、12/25、12/31
料 LM1　12～17歳、60歳以上LM0.5
地 P.277 B1
● 入館は閉館30分前まで

マルタの歴史を知る貴重な場
国立考古学博物館／オーベルジュ・ドゥ・プロヴァンス ★★★
National Museum of Archeology / Auberge de Provence
ナショナル・ミューゼアム・オブ・アーキオロジー／オーベルジュ・ドゥ・プロヴァンス

16世紀に建造された左右対称の堅牢な建物。かつての聖ヨハネ騎士団のプロヴァンス地方出身者の宿舎だ。現在は国立考古学博物館が置かれ、先史時代の巨石神殿をはじめとする遺跡からの貴重な発掘品を展示。

かつてはプロヴァンス出身の騎士たちの宿舎

【1階】入口にはらせん模様の装飾のある、ハガール・キム神殿の祭壇が目を引く。入口右側の展示室には神殿から運ばれた石の断片などで巨石神殿のしくみ、地下神殿の様子などが立体的に展示されている。このほか、多数の頭部のない女性像や壺、道具類などを展示。続いて小さなふたつの展示室に続く。タルシーン神殿からの発掘品では、唯一の男性像である司祭のテラコッタ像や病気の痕跡の残る粘土像などが興味深い。

見逃せないのは左側奥にある巨石神殿からの発掘品を展示した部屋。ガラスのケースの中に「**マルタのヴィーナス**」Venus of Maltaとハイポジュームから発掘された「**眠れる女神**」Sleeping Ladyがある。いずれも掌にのるほどの小さなふくよかな像だ。とりわけ「眠れる女神」像は悠久の

眠れる女神

278

時代をまどろみ続けてロマンを誘う。

【2階】古代フェニキア、カルタゴ、ローマ時代の遺品を展示。チップスCippusと呼ばれる彫刻を施した祈祷用の石碑も貴重なものだ。

歴史と芸術に彩られた、騎士たちの心のよりどころ
聖ヨハネ大聖堂
St. John's Co. Cathedral　セイント・ジョーンズ・コ・カセドラル　★★★

マルタ騎士団の守護聖人ヨハネに捧げられた教会。簡素な外観ながら、騎士団の富と力を結集した内部は実に豪華だ。しかし、暗くひんやりとした内部は、遠く祖国を離れた騎士たちの哀愁をも感じさせる場だ。

1573年から1577年にかけて、騎士団の建築技師のジェラーロモ・カサールの設計により建立された。ふたつの鐘楼を頂き、中央のバルコニーは新たな騎士団長が選出された時、ここから騎士達に最初のあいさつを送った場所だ。

中央祭壇に続く身廊は幅15m、長さ57m、高さ19mという広さを誇り、石灰岩の柱には、紋章や天使の彫刻が施され、その周囲には騎士たちの言語別に8つの礼拝堂が取り巻く。天井には聖ヨハネの生涯18場面や騎士団長、マルタ十字架、甲冑などが描かれている。これは騎士の一員であったマッティア・プレーティの手によるもので、フレスコ画に見えるが、実際は石灰岩に油絵の具で直接描いたものだ。

床一面にはその数400とも言われる墓碑が敷き詰められている。有力家系の出身らしく、どれも

中央のバルコニーから騎士団長があいさつを送った

聖ヨハネの大聖堂内部

マルタのヴィーナス

■聖ヨハネ大聖堂
開 (月)〜(金)　9:30〜12:50
　　　　　　　13:30〜16:50
　　(土)　　　9:30〜12:50
休 (日)(祝)
地 P.277 B1
● ノースリーブ、半ズボンなどの肌を出した服装では入場不可
● 入場は閉館30分前まで

✉ 学生は国際学生証を

国際学生証を持っていると「ISIC無料」と書かれた見どころは入場無料になります。一般的にはLM1の入場料の見どころで、通用するようです。カードを見せると有効期限を確認するので、期限が迫っている人は気をつけて。
（ニョッキ）['05]

ヴァレッタ

マルタ共和国

Column　マルタと女神

考古学博物館をはじめ、巨石神殿のいたるところで目にする女性像。多くは頭部はないが、ハガール・イム神殿などからの発掘品は、頭部は差し込み式だったことが確認されている。ひと抱え以上ものふくよかな下半身でどっしり大地を支える神殿の女神、考古学博物館のガラスケースの中には、小さいながらも豊かさを誇示するような肉付きの女神が並ぶ。

ゴゾ島のジュガンティーヤ神殿は、母神として崇拝されていた巨人女性によって建造されたという。これ以来、マルタではふくよかな女性像が崇拝の対象とされたと言われる。今はみやげ物屋の店先でも多く見かけられ、マルタにはなじみ深い。

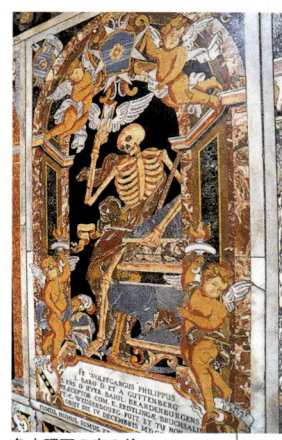

色大理石の床の絵

美しい色大理石で紋様が描かれている。本人の名前、碑文、聖ヨハネの生涯のみならず、骸骨の絵まであって実に個性豊かだ。

中央祭壇はロレンツォ・ガッファの意匠により、ラピスラズリと色大理石、金銀で装飾されている。「キリストの洗礼」を意匠した大理石の祭壇画はガッファの弟子のジョセッペ・マッツォーリによる。椅子は16世紀のナポリ製のもので、マルティン・ガーゼス騎士団長により寄贈されたもの。

また、中央祭壇左脇の階段から続く地下墓地には12人の騎士団長と部下の墓がある。

身廊のほぼ中央右から美術館へ通じる。

天井画はプレーティ作

床の美しい墓碑

■聖ヨハネの大聖堂美術館
（教会堂内）
☎ 21-220536
休 大聖堂と同じ
料 LM1
地 P.277 B1

カラヴァッジョが飾る
聖ヨハネ大聖堂美術館
St. John's Co. Cathedral Museum
★★
セイント・ジョーンズ・コ・カセドラル・ミューゼアム

必見はカラヴァッジョの傑作「聖ヨハネの斬首」The Beheading of St. Johnと「聖ヒエロニムス」St. Jerome。大胆な構図と光と影のコントラストはドラマチックだ。ローマで殺人の罪を犯し、ナポリをはじめ、南イタリアを放浪し、友人の騎士を頼りにここマルタに逗留した際に描いたものだ。

迫力のある「聖ヨハネの斬首」

このほか、宗教儀式に用いられる衣装や道具のほか、歴代の騎士団長から寄贈されたさまざまなタペストリーが並ぶ。タペストリーは聖ヨハネの祭りの6月24日前後には身廊に飾られる。

「聖ヒエロニムス」

■国立図書館
● '05年1月現在閉鎖中

歴史ある図書館
国立図書館
The National Library of Malta
ザ・ナショナル・ライブラリー・オブ・マルタ

カフェのパラソルが並び、人々の憩うリパブリック広場

Repubblic Squareの奥に建つ。1555年からの歴史ある図書館。1796年に騎士団の礼拝堂からここに移転し、1812年から一般公開された。騎士や教会からの寄贈により当初80万冊の蔵書を誇っていたが、ナポレオンにより持ち出されたものも少なくない。現在の蔵書は30万冊で、その中には貴重な手書き写本も多い。内部は、高い天井いっぱいに書庫が置かれ、昔のままのしつらえとなっている。その中でコンピュータを利用する学生もいる。

国立図書館のファサード

騎士たちの娯楽の場
マノエル劇場
The Manoel Theatre ★
ザ・マノエル・シアター

騎士団長の宮殿手前を西にオールド・シアター・ストリートOld Theatre Streetを下ると右側に建つ。鉄扉の奥にあるので、見逃さないように。ヨーロッパで第3位の歴史を誇り、1731年、騎士団長マヌエル・ドゥ・ヴィヘーナが騎士たちの娯楽のために建てたもの。第二次世界大戦で爆撃され、1960年に修復を終えて再開された。シャンデリアとビロードの内装がエレガントな雰囲気で、客席は舞台を中心に楕円に広がり、土間席のほか、周囲に4層のバルコニー席が巡り、約600人を収容。舞台正面のバルコニー席は首相のリザーブ席。舞台にも上ることができ、舞台装置や照明が身近に見られる。

騎士たちが楽しんだ劇場

夢のある小博物館
マノエル劇場博物館
The Museum of Manoel Theatre
ザ・ミューゼアム・オブ・マノエル・シアター

マノエル劇場で使用された古い擬音の道具や衣装、ポスター、有名出演者のポートレート、身の回りの道具などを展示。ガラスケースの中には公演時のミニチュアなどもあり、小さいながらも楽しい空間だ。劇場内の一角にある。

すばらしい衣装を展示

■マノエル劇場
住 Old Theatre Street
☎ 21-222618
開 月～金　　　10:30/11:30
　土　　　11:30/12:30/16:30
料 共通券LM1.65
地 P.277 A1
■ガイド付きでのみ見学。時間に合わせて、劇場の中庭に集合。ガイドから直接切符を購入する。集まった人の希望の多い言葉で解説してくれる。

■マノエル劇場博物館
開 月～金　　　10:00～13:00
料 劇場と博物館の共通券
　 LM1.65（博物館のみLM1）
地 P.277 A1

ヴァレッタ

マルタ共和国

■カーマライト教会
開 9:00〜10:00
　　10:30〜12:30
⑪はミサのため入場不可
地 P.277 A1

大クーポラを頂く
カーマライト教会
The Carmelite Church / Our Lady of Mount Carmel
ザ・カーマライト・チャーチ／アワー・レディ・オブ・マウント・カーメル

　カルメル会の教会。聖ヨハネ教会堂なども手がけたジェラーロモ・カサールの設計により、1570年に建立された。第二次世界大戦で破壊され、1950年代に再建に着手され、20年の歳月をかけて完成された。現在も内部の装飾が続く。全体が石灰岩で覆われ、62mの高さの巨大なクーポラを頂く内部は、明るく華やかな趣で、信仰の中心の聖母マリア像が鎮座している。

カーマライト教会内部

昔日の面影通り
オールド・ベーカリー通り
Old Bakery Street
オールド・ベーカリー・ストリート

　再び、パレス広場に戻る途中、劇場の先を左に曲がるとオールド・ベーカリー通りだ。この通りはシティ・ゲート近くから町を大きく横切るが、この劇場裏手あたりは古いままに残されている。

古きよきマルタが残る界隈

Column　騎士団て何？

　キリスト教を尊び、勇気、礼儀、名誉を重んじた騎士たちと十字軍のかかわりは深い。
　中世、十字軍はキリスト教徒の聖地エルサレムへの巡礼の保護と異教徒との戦いを目的として地中海にその歩を進めていた。負傷者の保護、救済などを通して、この十字軍の遠征を支えたのが騎士団だ。聖ヨハネ騎士団は聖地エルサレムに1113年に創立され、その後ヨーロッパ各地を転々とし、時代の紆余曲折を経て、1530年神聖ローマ皇帝カール5世（スペイン王カルロス1世）により、再びキリスト教徒の砦となるべく、マルタに聖ヨハネ騎士団の本拠地が置かれた。これから聖ヨハネ騎士団はまた、マルタ騎士団と呼ばれるようになった。
　さて、騎士団員はヨーロッパ富裕階級の次男以下の子弟によって構成されていた。金のかかる騎士の装備、また幼少からの騎士としての鍛練は経済的に恵まれた人々にのみ果たされることだったのだろう。親からの経済的援助、あるいは相続などによる領地からの収入はマルタにもたらされ、さまざまな建造物の建築や装飾に使われた。現在見られるヴァレッタを中心とする壮大、華麗な建物も騎士団時代のものだ。
　規律は厳しく、清貧と貞潔を誓い、結婚は認められていなかった。イスラム教徒には武器をとって徹底交戦が義務づけられ、指令があるまで戦い続けることが掟とされていた。
　騎士団は出身地、言語によりプロヴァンス、オーベルニュ、フランス、イタリア、アラゴン、イングランド、ドイツ、ポルトガル、カスティーリャに分けて構成されていた。ヴァレッタには当時の宿泊施設（オーベルジュ）や聖ヨハネの教会堂内の礼拝堂にその名残を見ることができる。

路地には昔ながらの張り出しバルコニーのある家々が並び、マルタの昔日を思い起こす界隈。騎士団の時代、ここにパン屋があったことから、この名前が付けられている。

豪壮果敢な騎士団の歴史を伝える

騎士団長の宮殿
The Grandmaster's Palace
ザ・グランドマスターズ・パレス ★★★

パレス広場Palace Squareの右側に建つ、縦96m×横81mの大きな建物。バロック様式のふたつの入口がリパブリック・ストリートに面している。聖ヨハネの教会堂を設計したジェラーロモ・カサールの意匠により1547年に完成。石灰岩の大きな建物の内部にはふたつの中庭があり、その周囲に各部屋が続いている。現在は大統領府と議会が置かれているので、見学は一部（5室）のみ。

簡素な宮殿

まず、左側（奥）の入口から**ネプチューンの中庭**Neptune's Courtに入ろう。この緑の中庭は100年ほど前まで騎士団中の水飲み場として使われていた場所。騎士団長アロフ・ドゥ・ワイグナーコートの命によるジャンボローニャの16世紀の**海神ネプチューンのブロンズ像**が飾られていることからこの名前が付けられている。中庭右側からアルフレッド王子の中庭Prince Alfred's Courtに続いている。奥の2頭の獅子が守る入口は階上の旧兵器庫、現在の議会へ通じている。

伸びやかな中庭

まず入口からはふたつの中庭に挟まれた**兵器庫通路**Armoury Corridorが見える。色大理石が床を覆い、脇には甲冑が並ぶ。入口を進んだ右側は、審議の間Council Chamber。1926～1976年までマルタ議会が置かれた部屋で、ペレロスPerellos団長から寄贈されたアフリカ大陸とアメリカ大陸を描いた18世紀のタペストリー10枚と騎士団の戦いを描いたタペストリーで飾られている。

通路奥、階段に注目してみよう。重い甲冑を身に着けた騎士がこの階段を利用したため、階段の段差が低いのがおもしろい。階段裏手には食堂State Dining Roomがある。続く**最高審議の間**Hall of the Supremo Council（別名Hall of St. Michele and St. George）は、壁面が12のフリーズで分割され、1565年のトルコ軍攻略**「大包囲戦」**が描かれている。騎士団長はこの部屋の

大使の間

■騎士団長の宮殿
☎ 21-221221
開 9:00～17:00
休 1/1、復活祭前の㊎、12/24、12/25、12/31
料 LM1
地 P.277 A1
●国会開催時は閉館

✉ **宮殿見学はガイドについて行こう**

騎士団長の宮殿は、ガイドについて行かないと見学できる場所は半分以下になって楽しめないと思います。途中からついて行ってもokです。チップを要求されますが、小銭を用意しておけば大丈夫です。日本人にわかりやすい英語でした。
（青森県　マルタ猫　'04）

兵器庫通路

「大包囲戦」

ヴァレッタ

マルタ共和国

角の玉座に座っていたと言われる。現在、大統領儀礼庁が置かれている。続く角部屋は、**大使の間**Ambassador's Room（別名赤の間Red Room）で、ダマスコ織の赤いタペストリーが飾られ、マルタ製の家具が置かれている。次が**給仕の間**Page's Room（別名黄色の間Yellow Room）で、輝くような黄色のタペストリーが飾られている。ここに12〜18歳の若者16人が詰めて、騎士たちの雑用を引き受けていた。

給仕の間

■兵器庫
- 開 9:00〜17:00（30分前まで入場可）
- 休 1/1、復活祭前の㊎、12/24、12/25、12/31
- 料 LM2
- 地 P.277 A1

数々の騎士たちの武具が並ぶ
兵器庫
The Armoury
★★ ジ・アーモリー

武具に身を包んだ騎士たち　　ヨーロッパ製の大砲

　ネプチューンの中庭から続いた左側、広い広間いっぱいに甲冑や槍が並んでいる。武具は高価であり、また、戦時に備えて共有するため、1555年の政令により、死亡した騎士の甲冑などの武具は騎士団に帰属することとなった。当時ヨーロッパ中から集められた甲冑から大砲や砲弾、さまざまな槍、18世紀の団長の馬車など現在約6000点が並ぶ。とりわけ目を引くのが、1601〜1622年に団長を務めたアロフ・ドゥ・ワイグナーコートのイタリア・ミラノ製の金メッキの甲冑だ。重さ110ポンド（50Kg）以上という代物だ。

■カーサ・ロッカ・ピッコロ
- 住 Republic Street 74
- ☎ 21-231796
- 開 10:00〜16:00の間の毎時ガイド付きツアーが出発
- 休 ㊐㊗
- 料 LM2.50　学生 LM1.50　併設のコスチューム・ミュージアムとのセット券
- 地 P.277 A2
- ●ガイド付きでのみ見学、毎正時に出発

マルタ貴族の生活を伝える
カーサ・ロッカ・ピッコロ
Casa Rocca Piccola
カーサ・ロッカ・ピッコラ

　16世紀に建てられた貴族の館。現在も人が住んでいるため、室内には過去と現在が混在しているが、当時のマルタの暮らしぶりが実感できる。豪華な礼拝堂、家具、食器もしつらえた食堂、寝室など8室が見学できる。

ガイド付きで見学する

戦いの歴史を刻む
聖エルモ砦
Fort St. Elmo
★★ フォート・セイント・エルモ

　シベラス半島の先端に、海を睥睨(へいげい)するように位置する砦。

すでに15世紀から軍事戦略上の重要防衛拠点だった。実際の砦建設は、1552年のこと。守護聖人聖エルモの小さな礼拝堂のあった場所に建設された砦なので、この名前が付けられた。

聖ヨハネ騎士団は差し迫ったオスマン・トルコ帝国の侵攻に防御するためにこの砦を建設。ピエトロ・パードロの設計によりわずか6ヵ月でふたつの港を持つ砦が築かれた。4つの角を持つ星型の砦は、上部は海を、下部は地上からの侵略を見張った。しかし、防衛の観点から砦を最重要拠点としたいトルコ軍は、1ヵ月にわたって猛攻撃を仕掛け、敵味方ともに死体が累々と重なる凄惨極まる戦いが続いた。騎士団が勝利を収めたこの大包囲戦の後、新たに砦の城壁が築かれ、砦からの道はヴァレッタとグランド・ハーバーの両方向に結ばれた。

ようこそ、エルモ砦へ

大包囲戦の舞台となった砦

その後、第二次世界大戦では、英国の最前線基地として対イタリア戦の最中、1940年爆撃され、1941年には、イタリア軍のEボートにより砦に爆弾が仕掛けられ破壊された。

現在も内部は階段が多用されて、まさに軍事要塞の趣だ。ややわかりにくいので、砦入口や❶で配布されている地図を頼りに歩こう。上部を目指せば、若きエリザベス女王も訪問した、海を一望する見張り台 Queen Elizabeth's Vantage Pointへたどり着く。砦の西側の一角には戦争博物館がある。また、砦の上部には現在、警察学校が置かれている。下部では、映画「ミッドナイト・エクスプレス」が撮影された。

歴史の語り部、聖エルモ砦より眺めるヴァレッタ市街

戦いの歴史を刻む
国立戦争博物館
National War Museum

ナショナル・ウォー・ミューゼアム

幾多の戦いの場となった聖エルモ砦にふさわしい博物館。武器、軍服、軍用車、戦闘機などを展示。とりわけ意味深いものは、第二次世界大戦時のマルタの人々の勇気あ

近代戦の様子も展示される

■歴史装束のパレード
イン・ガーディア
In Gardia
歴史装束に身を包んだ、騎士団軍隊の華麗なパレードが聖エルモ砦で再現される。
2005年の開催予定
1/2、1/30、2/13、2/27、3/6、3/13、4/3、4/10、4/24、5/8、5/22、5/29、6/5、6/12、6/26、9/25、10/2、10/23、10/30、11/6、11/27、12/11、12/18
11時から約45分に渡って開催される。
料 大人LM1.50、学生LM1、4〜16歳LM0.50

■アラーム　**Alarme**
1798〜1800年のフランス軍とマルタの戦いを再現した催し。
2005年の開催予定
2/20、3/20、4/17、5/15、6/19、9/18、11/20
11時から約45分に渡って開催される。
料 大人LM1.50、学生LM1、4〜16歳LM0.50
変更の場合もあるので、事前に❶で確認を。

■聖エルモ砦
開 ㊏　13:00〜16:30
　　㊐　9:00〜16:30
料 LM1
●毎時15分にガイドツアーがある

■国立戦争博物館
開 9:00〜17:00
休 1/1、復活祭前の㊎、12/24、12/25、12/31
料 LM2
地 P.277 A2

ヴァレッタ

マルタ共和国

■マルタ体験ショー
住 St.Elmo地中海会議センター
　Mediterranean Conference
　Center内
☎ 21-243776
開 (月)～(金)　　　11:00～16:00
　(土)(日)(祝)　　11:00～14:00
　(各日毎正時にスタート)
休 1/1、復活祭、復活祭前の(金)、
　12/25
料 3LM
　学生LM2.25
　子供LM1.75
　(7歳以下無料)
地 P.277 A2

■その他のオーディオショー
●戦争体験 The Wartime
　Experience (ヴァレッタ)、
　イムディーナ体験 The
　Mdina Experience (イム
　ディーナ) など

「マルタ　エクスペリエンス」
ショーは水準が高いよ

マルタの歴史がわかり、意
外に面白く感心しました。予
習する時間がなかった人やガ
イドブックの内容をさらに深
めるのにいです。ゴゾ島の
「ゴゾ　ヘリテイジ」はまっ
たくというほど面白くなかっ
たです。ショーには当たりは
ずれがあると思います。
　(青森県　マルタ猫　'04)

■騎士団施療院
住 Magazine Ward
☎ 224135
開 (月)～(金)　　　9:30～16:00
料 LM1.85、学生LM1、
　子供LM0.75
　(7歳以下無料)
地 P.277 A2
●地中海会議センター内
　地中海会議センター使用
　中は閉館

■ローアー・バラッカ・
　ガーデン
地 P.277 B2

る行動を称え、1942年に英国国王ジョージ6世より授与された
ジョージ十字勲章George Cross。

マルタの歴史を手短に知る
マルタ体験ショー／マルタ・エクスペリエンス
The Malta Experience　　ザ・マルタ・エクスペリエンス

騎士団施療院に続く地下の一角で催される、マルチビジョ
ンショー。古代からのマルタの歴史や現在の風習までを映像、
語り、音楽でわかりやすく紹介。マルタでは各地に同様のも
のがあるが、1ヵ所程度経験するのも悪くないかもしれない。
安くはないが、マルタへの理解を深めてくれる。所要約45分、
冷暖房完備。イヤホンで英語のほか、日本語など10ヵ国語か
ら好みの言葉が選択できる。

病室をリアルに再現
騎士団施療院
Sacra Infermeria / The Knight Hospitallers'
サクラ・インフェルメリーア／ザ・ナイト・ホスピタラーズ

16世紀に騎士団の病院として
設立。グランド・ハーバーに面
して建っているのは、船から負
傷兵や病人をただちにここに運
ぶため。ヨーロッパ中に知られ
たこの施療院は院長をはじめ医
師、薬剤師は伝統的にフランス
語を使い、騎士たちのみならず騎士団長もその助手としての
役割を務めていた。

当時のままの外観。奥が騎士団施療院

　当時、内部は6室からなり、最大の部屋は長さ161mを誇り、
通常500ベッド、最大で2000ベッドが置かれた。女性専用の病
室もあり、病室は常に清潔に保たれ、ベッドには麻のシーツ、
薬や食事は金や銀の食器で供さ
れた。また、病院としてだけで
なく、監獄としての役割も果た
していた。
　現在は当時の様子が人形など
を使って再現されている。

当時の様子が再現された施療院

オリーブの茂る緑の公園
ローアー・バラッカ・ガーデン
Lower Barracca Garden
ローアー・バラッカ・ガーデン

騎士団施療院から海沿い
に道を上ると、左側に小さ
なパールが見える。この脇
を入ると公園だ。カスティ
ーリャ堡塁の一角を占める
公園からは、グランド・ハ

初代のマルタ総督に捧げられた神殿

ーバーとヴィットリオーザとセングレアの町が一望できる。緑が茂る公園中央には、新古典様式の神殿が建つ。これは、1799年のナポレオン率いるフランス軍撤退に功績があり、初代の英国マルタ総督であったアレクサンダー・ボール卿に捧げられたもの。

眺望のすばらしい公園

眺望絶佳の公園
アッパー・バラッカ・ガーデン
Upper Barracca Garden

アッパー・バラッカ・ガーデン

■アッパー・バラッカ・ガーデン
地 P.277 B1

イタリアの見晴らし台とも呼ばれ、19世紀まではイタリア人騎士団員の遊びと休息の場だった。堡塁の上に海に突き出るような地形はグランド・ハーバーとスリー・シティを一望するすばらしいパノラマが広がる。

パノラマを楽しもう

1661年当時の柱廊がいまも残り、建設当時は屋根付きだったという。一角の「さまよう3人の子供の彫像Les Gavroches」は、マルタ人の彫刻家アントニオ・ショルションらによるもの。

町の人々も大好きな公園

歴史ある小さな広場の一角に建つ
オーベルジュ・ドゥ・カスティーユ／首相官邸
Auberge de Castille/Leon et Portugal

オーベルジュ・ドゥ・カスティーユ／レオン・エ・ポルトガル

■オーベルジュ・ドゥ・カスティーユ
地 P.277 B1

アッパー・バラッカ・ガーデンを出た正面広場の脇に建つ。中世から現在にいたるまで続く、エレガントで印象的な一角だ。1574年、ジェラーロモ・カサールの設計により、スペイン・ポルトガル出身の騎士団の宿泊所として建設され、1744年、ピント騎士団長の時代に建物正面がバロック様式に改装された。団長の胸像が入口、中央部分に紋章が描かれている。現在は首相官邸が置かれているため、内部見学不可。

重厚なかつての騎士団宿舎

ヴァレッタ

マルタ共和国

■聖母ヴィクトリア教会
|開| |7:30〜9:30|
	⊗	7:30〜12:00
	⊕	17:30〜20:00
地	P.277 B1	

バロック様式のファサード

■国立美術館
開	9:00〜17:00
休	1/1、12/24、12/25、12/31、復活祭前の⊗
料	LM2
地	P.277 B1

2階へ続く白い階段

騎士団長のポートレート

町最古の教会

聖母ヴィクトリア教会
Our Lady of Victoria Church
アワー・レディ・オブ・ヴィクトリア・チャーチ

　首相官邸の脇の坂道を下った左側に建つ。ヴァレッタの町が築かれた当時に建設され、町一番の古さを誇る。1565年に建設されたものの、長い間打ち捨てられ、17世紀にファサードが完全に改築された。正面扉の上には騎士団長と司教との争議の際に仲裁の労をとった法王イノチェンティウス10世の胸像がある。内部の天井にはアラッシオ・エラルディのフレスコ画をはじめ、数々の価値ある調度で飾られている。

優雅な騎士団の館

国立美術館／旧海軍総督住居 ★
Nationale Museum of Fine Arts / Admiralty Hause
ナショナル・ミューゼアム・オブ・ファイン・アーツ／アドミラルティ・ハウス

　聖母ヴィクトリア教会正面のサウス・ストリートSouth Streetを北に進もう。この通りは高台にあるので、美術館へ向かう間には、ヴァレッタならではの、高低差のある真っすぐな通りが幾重にも望める。
　建物は1570年に建設されたもので、18世紀には騎士団長と騎士団事務所が置かれていた。1821〜1961年には、英国海軍総督の住居になり、多くの有名な海軍士官も訪れた。1961〜1963年に大幅な修復が行われ、1974年から美術館として一般公開された。
　簡素な外観ながら、内部は豪華華麗だ。入口を入ると、弧を描く白い階段が2階の展示室へ続く。最初の2室は、14〜15世紀のイタリア人画家の作品。続いてティントレットの「甲冑に身を包む男Man in Suit of Armour」、グイド・レーニの「贖い主キリストChirist the Redeemer」ほか、ホセ・デ・リベラの「聖フランシスコSt. Francis de Paola」などが並ぶ。このほか、マルタ出身の彫刻家アントニオ・ショルションAntonio Sciortionによる1室も興味深い。

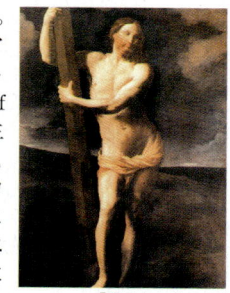

「贖い主キリスト」

　1階の第14室には、堂々たる騎士団長のポートレートが並ぶ。華やかな時代を偲ばせるシリーズだ。このほか、マルタ人の芸術家の作品、騎士団施療院で使われていた金・銀器、陶器、硬貨などを展示。緑と井戸が涼を呼ぶ、中庭も訪ねてみよう。

スリーマ
Sliema
海岸沿いに広がる近代都市

　ヴァレッタの北東海岸沿いに広がる町。歴史は浅いながら、本島一番の住宅街だ。道沿いには観光客の集うホテル、カフェ、みやげ物屋などが軒を並べ、奥の緩やかな丘に住宅街が広がる。

マルタっ子のお気に入りの海水浴場

　隣のセント・ジュリアンの町へ続く海を見渡す遊歩道は、夏には夜遅くまで人々が集う。とりたてて見どころはないが、そぞろ歩きが楽しい界隈だ。途中にはよく整備された緑の公園などもあるので、バスで気の向いた場所で下車してゆったり散策するのもいい。海岸には、ウインドサーフィン、スキューバダイビング、パラグライダーなどのレンタルショップなどもあり、リゾート客でもにぎわう。

海沿いには広い遊歩道

How to access
●スリーマへの行き方：ヴァレッタからバス62、64、66、67、68番または662、667、671番などで、所要約20分、料金20セント（※バスの種類により異なる）。
　ヴァレッタからスリーマへのフェリー便もある。
P.328参照

セント・ジュリアン
St. Julian's
夏には花の咲き乱れる、小さな入江

漁村の面影も残るセント・ジュリアン

　スリーマから続く海沿いに広がる町。スピノーラ湾が深く町をえぐり、湾には色鮮やかな船が休み、周囲にはレストランが並ぶ。かつての漁村も、いまでは観光客にとって地中海ならではの景観を楽しませてくれる場所だ。レストランのほか、カフェ、ディスコ、カジノまでも揃い、とりわけ夜ににぎわいを見せる。

How to access
●セント・ジュリアンへの行き方：ヴァレッタからバス62、64、66、67、68番で、所要約30分、料金20セント（※バスの種類により異なる）。

■カジノ
Dragonara Casino
海に面した白亜の殿堂。国際ルールに基づき、ルーレット、シェマンドフェル、ブラックジャックのほか、ルーレットマシーンなどが楽しめる。
住 Dragonara Palace, St. Julian STJ02
☎ 21-344550
開 平日10:00〜翌6:00
　週末は24時間営業
●ジャケット着用、ビーチサンダル不可、パスポート持参のこと。18歳以上

スリーマ／セント・ジュリアン

マルタ共和国

海辺に広がる、堅固な城塞都市
スリー・シティーズ Three Cities

How to access
ヴァレッタからスリー・シティーズへはバス1、2、4、6番で。セングレアへはバス3番も運行。いずれも10～30分間隔の運行。所要約30分。

■スリー・シティーズ
地 P.15

■聖アンジェロ砦
住 Fort S. Angelo
'05年1月現在、修復中のため入場不可

■海事博物館
住 The Waterfront
開 9:00～17:00
休 1/1、復活祭前の金、12/24、12/25、12/31
料 LM2

■カジノ
住 The Waterfront
開 11:00～翌朝4:00
18歳以上のみ、要パスポート

■防空壕 Malta at War Museum/Air Raid Shelter
住 Couvre Porte
開 10:00～16:00
料 LM1.50
ヘルメット着用で入場する。

ヴァレッタの町の対岸、城壁に縁取られ、まるで海に手を伸ばすかのように岬が広がるスリー・シティーズ。**ヴィットリオーザ、セングレア、コスピークワ**の3つの町の総称だ。

ロードス島を追われた騎士団がヴァレッタに先駆けて、1530年に礎を築いたのがここスリー・シティーズ。天然の城塞と呼べる複雑な地形を利用し、岬の突端に砦を築き、さらに海に面したすべてを城壁で固め、ヴィットリオーザとセングレアの岬の突端を鎖で繋いで、敵の侵入を拒んだのだった。

マルタ騎士団最初の城塞都市
ヴィットリオーザ
Vittoriosa

ヴィットリオーザ

大きな城門The Three Gatesから通じる町の中心は、**ヴィクトリー広場**Vittory Square。広場から大通りを真っすぐ進めば、**聖アンジェロ砦**Fort S. Angeloへと通じる。広場の周囲には、昔日の面影が色濃く、この町特有の階段道路が続き、騎士団の宿舎として利用されたオーベルジュAubergeが幾つも軒を並べる。

かつては騎士団も暮らした聖アンジェロ砦

南側の海沿いには、ベンチが点在する海辺の散歩道。かつてイギリス海軍のパン工場だった所は現在、**海事博物館**Marina & Maritime Museumとなって、ローマ時代から騎士団の時代のさまざまな海にまつわる道具を展示している。西側には17世紀に建てられたガレー船の船長の館が現在は当時の雰囲気を残したまま、**カジノ**Casino di Veneziaに姿を変えている。

城門近くには、大戦時にドイツ軍の爆撃を避けるために掘られた**防空壕**が残り、公開されている。マルタの近代史を知る場だ。

町なかに残るオーベルジュ

ヴァレッタから眺めた聖アンジェロ砦

海を見つめる監視塔と対岸のヴァレッタの町並み

天然の見晴らし台
セングレア
Senglea
セングレア

　静かな住宅街が坂道に広がる、セングレア。町の突端に位置するのが、**セーフヘブン公園**Safe heaven Gardenだ。刈り込まれた木々がすがすがしい公園の端には、海に突き出た**監視塔ガルディオーラ**Gardiolaがたたずむ。町を見守るかのように目と耳の印がついた監視塔は、対岸のヴァレッタとフロリアーナの町の偉容を望み、すばらしい風景が広がる。

海沿いに広がるセングレアの町並み

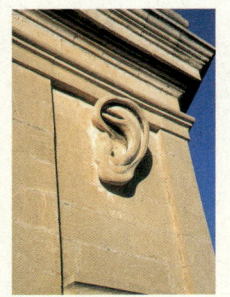

監視塔の象徴、耳

海を睥睨する印象的な目

✉ ヴィットリオーザへ
　ヴィットリオーザは古い町並みが続く、美しい町です。町なかに入ると、細い路地に各地のオーベルジュをはじめとする古い館が軒を連ね、階段道路にはマルタ特有の窓の小さい堅牢な家屋が並んでいました。バルコニーや家の外壁からも造られた年代がわかるそうです。16〜17世紀の家もあり、家々の歴史を感じながら歩いてみるのもよいと思います。
　また、毎週火曜の午前中にはヴィットリオーザの城門手前の広場で市場が開かれます。衣料品や食料品が売られ、かなりのにぎわいでした。火曜に合わせて訪ねてみるのもおすすめです。
　　　　　（東京都　スール　'05）

古い家並みの小路が続く
ヴィットリオーザの町

✉ 戦争時の厳しい生活を体験
　ヴィットリオーザの防空壕に行きました。地下にまるでアリの巣のように広がっていて、人が1人やっと通れるほどの細い通路に、狭い2段ベッドの部屋、2畳ほどの家族室などが続いていました。ドイツ軍の爆撃が厳しい時代にはマルタ各地にあったそうです。1940年代生まれの子供の多くは防空壕で生まれたとも聞きました。戦争に翻弄されたマルタの人たちの歴史の1コマを見た気持ちになりました。
　　　　　（東京都　スール　'05）

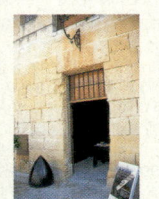

戦時中の防空壕を残す
展示場入口

スリー・シティーズ

マルタ共和国

イムディーナ

Mdina

静寂の町

How to access

●イムディーナへの行き方
ヴァレッタからイムディーナへはバス80、81または18番などで、所要20分、料金20セント。
夏季のみ急行65番がスリーマ、セント・ジュリアンとを結んでいる。料金50セント
夏季のみモスタからも急行86番がある。料金50セント

NAVIGATOR

イムディーナのバスターミナルで下車したら、人の流れに従って公園広場奥のメイン・ゲートから町へ入ろう。

イムディーナからラバトに向かうバスは迂回し、中心からやや離れた場所に停車する。イムディーナからラバトの中心まで500〜600mなので徒歩が便利だ。イムディーナ見学後、メイン・ゲートを右に出て、ローマ古美術館を見学後、セイント・ポール通りSt.Paul Streetを真っすぐ進めば、ラバトの中心のパリシュ広場Parish Squareだ。

また、イムディーナのバスターミナルの坂道を下り、2本目の道を右に曲がりメイン・ストリートMain Streetを進み、3本目の道を左に曲がれば、パリシュ広場。この行き方はややわかりにくい。

■メイン・ゲート
地 P.293 A2

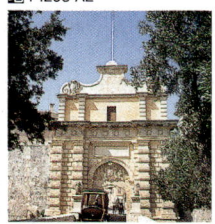

堂々たるメインゲート

マルタ本島のほぼ中央部、平野を見守るかのように小高い丘の上にたたずむ町。16世紀にはヴァレッタに先だって首都が置かれ、盛時には24もの貴族の館が建ち並んでいたという。騎士団員が闊歩した町もいまは「オールド・シティ」と呼ばれ、どこかさびしげだ。

アラビア語で「城壁の町」という、この町は文字どおり空堀と城壁に包まれている。堀にかかる道からメイン・ゲートを抜けて町へ入ると、マルタ・ストーンの家々が迫り、どこまでもくねくねとした狭い小路が続く。小路には緑とブーゲンビリアの鮮やかな花々が咲き乱れる。バロック様式の館には優美なアーチを描く窓や装飾豊かなバルコニーが軒を飾る。路地に

落ち着いた小路が続く

色彩を落とす緑と花々、そして光と影のコントラストは訪れる者に時が止まったかのような錯覚を与える。昼下がりには、「静寂の町」の趣をいっそう強める。

おもな見どころ

堀を渡る、堂々たる城門
メイン・ゲート
Main Gate   メイン・ゲート

町へは堡塁に開けられた3ヵ所の入口が続いている。第一の入口が装飾豊かなメイン・ゲートだ。東側の入口は19世紀に造られたもので、かつて通っていた鉄道駅へとつながっていた。

メイン・ゲートは古い入口に代わって建造されたもので、オリジナルの入口はいまもやや離れた城壁に見ることができる。現在見られるバロック様式のゲートは騎士団長マノエル・ドゥ・ヴィヘーナにより1724年に建造されたもの。騎士

History&Art

青銅時代にはすでに砦が築かれ、紀元前1000年には古代フェニキア人が砦の周辺に壁を巡らし、ローマ人はラバトを含めた周辺地区の開発を行い、町を現在の3倍の広さに拡張したという。870年に侵攻したアラブ人は、戦略上の観点から町に堀を巡らし、「城壁の町」という意味のイムディーナと呼び、堀の外をラバトとした。

1090〜1194年のノルマン人支配の時代には、城壁はより強固に形成されていった。その後、聖ヨハネ騎士団は1530〜1532年のたった2年間で町を整備し、本拠地であったビルグBirguからここに引っ越して、再び町は活気に満ちた。1565年のオスマン・トルコ軍の「大包囲戦」の後のヴァレッタの新都市建設までここに首都が置かれていた。遷都による騎士や住民たちの移住により、町は次第にさびれていった。1693年、シチリア、マルタを襲った地震はここイムディーナにも大きな痕跡を残した。素早い復興の後、1798年にはナポレオン率いるフランス軍が侵攻し、教会などから多くの貴重な美術品が持ち出されてしまった。

292

団の紋章が刻まれ、内部には聖パウロ、聖アガサら3人の聖人像が並ぶ。入口正面は大学に続き、大学には貴族から選出された自治都市の行政機関が置かれていた。このメインゲートで選出されたばかりの騎士団長を迎え入れ、イムディーナの特権と自由を象徴する町の鍵を授与したという。

戦時にはのろしを上げた

見張り台
Tower of the Standard / Torre dello Standardo
タワー・オブ・ザ・スタンダード/トッレ・デッロ・スタンダルド

■見張り台
地 P.293 A2

メインゲートを入った広場の左に建つ。1750年見張り台として建造されたもので、当時は最上階から敵の襲撃を知らせるのろしが上げられた。現在は警察。

城壁の町イムディーナの外から町を眺む

イムディーナは夜がステキ！

暗くなってからイムディーナに行きました。街灯に照らされた路地や建物がとてもきれいでした。人はほとんどおらず、まさにサイレントシティーです。そのあと昼にも行ってみましたが、やはり夕暮れから夜がおすすめです。
（青森県　マルタ猫　'04）

細く狭い小路が続くイムディーナの町

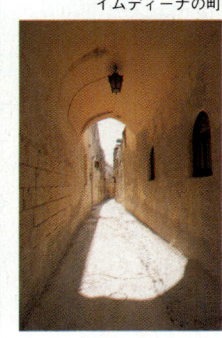

イムディーナ

マルタ共和国

■国立自然科学博物館
開 9:00～17:00
休 1/1, 復活祭前の金、12/24, 12/25, 1/1
料 LM2
地 P.293 A2

マルタの生物を知る
国立自然科学博物館／ヴィヘーナ邸
National Museum of Natural History / Palazzo Vihena
ナショナル・ミューゼアム・オブ・ナチュラル・ヒストリー／パラッツォ・ヴィヘーナ

広場右側に建つ。ヴィヘーナ騎士団長の胸像が正面を飾る、1730年建造のエレガントなバロック様式の館。

英国統治の時代には病院として利用され、1973年から博物館が置かれている。動物、貝類、魚類のほか、地質鉱物学の展示も充実している。

バロック様式の邸宅だった博物館

■大聖堂
開 9:30～11:45
　　14:00～17:00
地 P.293 A2

✉ 服装チェックあり！

肌を出した服装では、大聖堂の拝観はできません。中に服装チェックのおじさんがいて、肩や腰に巻く布を貸してくれますが、0.50LM～1LMのチップを要求されます。出かける人はちょっと注意してください。
（太陽の娘）['04]

イムディーナを代表する建造物
大聖堂　★★
The Cathedral
ザ・カセドラル

メイン・ゲートから続く小路の右側、セント・ポール広場St.Paul Squareの一角に建つ。大地震の後、17世紀にマルタ人の建築家ガッファにより建造され、彼の代表作。伝説によれば、すでに4世紀には小さな教会がこの地に建っていたといわれる。

ガッファのプランは簡素なバロック様式のファサードにふたつの鐘楼がのり、内部はラテン十字型。中央身廊の両脇には礼拝堂が並び、中央祭壇左の秘跡の礼拝堂 The Most Holy Sacrament Chapelには、金色に輝く使徒聖ルカのビザンチンのイコンやベンヴェヌート・チェリーニによる銀細工の棺がある。後陣の天井を飾る聖パウロの難破を描いたフレスコ画は、17世紀のマッティア・プレーティによるもの。天井の聖人のフレスコ画は18世紀、クーポラのフレスコ画は20世紀のもの。床には華麗な色大理石の墓碑が並ぶ。聖具室の扉は

ふたつの鐘楼がマルタらしい大聖堂

聖人のフレスコ画が
描かれた天井

12～13世紀のアイルランド産の栗の木で造られたもので、ノルマン人の時代のもの。

エレガントなクーポラの装飾

大聖堂の遺物を飾る
大聖堂付属博物館
The Cathedral Museum　　ザ・カセドラル・ミューゼアム

広場を挟んで大聖堂の前に建つ。1733～1740年にジョヴァンニ・バルバラの設計により建造され、当初は神学校として使われていた。

内部には14～19世紀のさまざまな展示物が並ぶ。大聖堂から運ばれた各種の宗教儀式の際の聖具、コインのコレクション、写本などを展示。必見は「聖母マリアの生涯」を描いた22枚に及ぶデューラーの銅版画。

神学校としての重厚さが残る博物館

■大聖堂付属博物館
☎ 21-454697
開 (月)～(金)9:00～16:30
　　(土) 9:00～12:30
拝観は閉館30分前まで
休 (日)(祝)
料 LM1
地 P.293 A2

優雅な中世の館
ファルツォン邸／ノルマン・ハウス ★
Palazzo Falxon / Norman House　　パラッツォ・ファルツォン／ノルマン・ハウス

メイン・ゲートから続くVillegaignon Streetを進むと、視界が広がる堡塁広場の手前の右側に建つ。イムディーナで一番保存状態のよい中世の建物。1495年に騎士団長リスル・アダムが建造したものの、たった8日間の滞在でここを離れた。一部に11世紀の建物が残る邸宅はノルマン様式のファサードを残す。内部は小美術館となっており、16～18世紀の調度のまま残されている。とりわけ、井戸を中心に階段が取り巻く中庭は気持ちよいスペースが広がる。

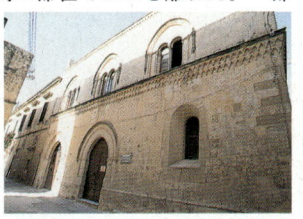

中世の騎士の館

■ファルツォン邸
現在内部にはコルシェール財団が置かれている。見学を希望する場合は、☎21-454512へ事前に予約のこと。
開 (月)～(金)10:00～13:00
　　　　　　　14:00～17:00
地 P.293 A2

周囲の平野を見渡す眺めのよい広場
堡塁広場
Bastion Square　　バスティオン・スクエアー

堡塁の上に広がる眺めのよい広場。夏にはブーゲンビリアが咲き、カフェも店開き。

平野のなか、右には赤いドームが中心を飾るモスタの町、左にかつて使われていた線路の一部が見える。

緑の多い、静かな広場

■堡塁広場
地 P.293 A2

広場からの眺望を楽しむ

イムディーナ

マルタ共和国

ラバト
Rabat

地下墓地の町

NAVIGATOR

イムディーナのギリシア門を出てすぐのローマ古美術館／ヴィラ・ロマーナを見学後、美術館正面から延びるセント・ポール通りSt.Paul's Streetを約500m真っすぐ進もう。広場左側にどっしりとした聖パウロ教会が見えたら、パリッシュ広場Parish Squareだ。広場の郵便局の脇を抜けると、左側が聖パウロの地下墓地だ。この聖アガサ通りSt.Agatha Streetをさらに進み、二差路を右にとると間もなく聖アガサの地下墓地だ。

■ローマ古美術館／ヴィラ・ロマーナ
地 P.293 A1
'05年1月現在修復中
● 2005年2月28日より再開予定。
開 9:00～17:00
休 1/1、復活祭前の金、12/24、12/25、12/31
料 LM2.5　12～17歳、60歳以上LM1.25
地 P.293 A2

■聖パウロ教会
聖パウロの洞窟
開 9:00～12:00
　　14:00～17:00
地 P.293 B1
●日はミサのため17:00まで入場禁止

イムディーナの城壁の外に広がる町。870年にアラブ民族によりイムディーナと分割された。紀元前2世紀から紀元9世紀にはローマ人の町となり、当時の遺跡が今も残るものの、現在は現代的な町並みが続く。聖ペテロと聖パウロの祭りの6月29日には伝統にのっとったロバ競争などが催される。

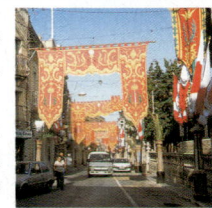

ラバトのメインストリート、祭りの日の装飾

鳩のモザイクが床を飾る
ローマ古美術館／ヴィラ・ロマーナ
Museum of Roman Antiquities/Villa Romana
ミューゼアム・オブ・ローマン・アンティクティーズ／ヴィラ・ロマーナ

ローマ時代のヴィラの跡に、1925年に建てられたネオ・クラシック様式の建物。1階には、ローマ時代のガラス、陶器類を展示。半地下にはローマ時代のヴィラの遺構が残り、柱廊に囲まれた中庭をはじめ、必見の保存状態のよいローマ・モザイクの床が残されている。モザイクの中央には脚付きの杯に鳩が止まり、周囲の模様は立体的に盛り上がって見え、三次元の世界を錯覚させる。このほか、2室にモザイクをはじめ、彫像などを展示。

立体的なモザイクが興味深い

ローマ古美術館の外観

聖パウロの伝説の地
聖パウロ教会／聖パウロの洞窟　★★★
St.Paul's Church / St.Paul's Grotto　セント・ポールズ・チャーチ／セント・ポールズ・グロット

ロレンツォ・ガッファの設計により建てられた17世紀の教会。たびたびの修復が施され、現在のファサードはイムディーナの近くで生まれた建築家F.ボンナミチによるもの。ドームと聖人を従えた、堂々たるバロック様式の教会だ。内部はマッティア・プレーティのフレスコ画で飾られている。中央祭壇の左、柵で守られたニッチには金で飾られた聖遺物、聖パウロの腕が安置されている。

礼拝堂から地下に下りると、難破した聖パウロが隠れていたといわれる洞窟へと続く。床には色大理石を刻んだ墓碑が並び、聖パウロの彫像が飾られている。1902年マルタを訪れた法王パウロ2世もここで祈りを捧げた。

聖パウロ教会

地下に広がるキリスト教徒の墓地
聖パウロの地下墓地
St. Paul's Catacombs
セント・ポールズ・カタコンブス

■聖パウロの地下墓地
開 9:00～17:00
休 1/1、復活祭前の金、12/24、12/25、12/31
料 LM1 6～17歳、60歳以上LM0.5
地 P.293 B1

22万2000㎡の広さに、1000の墓地が連なる、マルタ一番の規模を誇る地下墓地。4～6世紀にキリスト教徒がここに埋葬された。階段を下りると、マルタのほかの地下墓地同様、中央には埋葬の際に会葬者がお別れの食事をしたといわれる大きな岩を使った「アガペ・テーブルAgape's Table」と周囲にはいまだその用途が解明されていないニッチ（窪み）が囲み、フレスコ画が描かれている。いくつもの部屋に分かれてカタコンベは続くが、とりわけ重要なのは入口すぐに広がる3つに分かれた部屋だ。

カタコンベの敷地内は厳重に管理されている

アガペ・テーブルのある地下墓地

聖人隠遁の場
聖アガサの礼拝堂と地下墓地
St. Agatha Chapel & St. Agatha Catacombs
セント・アガサ・チャペル＆セント・アガサ・カタコンブス

■聖アガサの地下墓地と博物館
☎ 4545503
開 7/1～9/30　9:00～17:00
　 10/1～6/30
　 （月）～（金）　9:00～12:00
　　　　　　　 13:00～17:00
　 （土）　　　　9:00～13:00
休 （日）
料 LM0.75
地 P.293 B1

4000m²もの地下空間に広がるが見学は1室のみ。伝説によれば、3世紀に聖アガサがローマ皇帝デチオの迫害を逃れて隠れた場所とされている。内部、入口左側下のフレスコ画は最古の4～5世紀のもの。12～15世紀のイタリア・ビザンチン様式の30に上る聖人の生涯を描いたフレスコ画もすばらしい。礼拝堂の脇には小さいながらも価値の高い美術館が建つ。内部には異なる時代のコイン、紀元前4世紀からのテラコッタ、かつて教会を飾った中世の鉱物、17世紀の高さ1mのアラバスター製の像などが並ぶ。

アラバスター製の像が美しい

地下墓地への入口

落ち着いた聖アガタの礼拝堂の中庭

ラバト

マルタ共和国

297

マルサシュロック
Marsaxlokk

歴史に彩られた漁村

マルタ本島最大の漁村。毎日午前中には海沿いに市場が店開きしてにぎわいを見せる。毎日曜には魚介類、野菜、特産の蜂蜜やお菓子、タオルやリネンまでさまざまな屋台が並ぶ。観光客には海水浴に備えてのタオルや各種のみやげ物、地元の人には漁網と同様に編まれた日除けを兼ねた風通しのよいカーテンが人気。港にはおびただしい数の青い小さな漁船が停泊し、のどかな風景を作り出している。現在は海に面した通りに魚料理を売り物にしたレストランが並び、多くの観光客が訪れる。

深い入江は、また侵入者にとっては格好の場であった。「大包囲戦」の初戦、オスマン・トルコ軍が、またナポレオン率いるフランス軍がこの港から上陸した。近年にはブッシュ大統領とロシアのゴルバチョフ大統領が冷戦の終決を宣言したマルタ会議が行われたのもこの海上だった。

とは、そういう村は。ちなみに、この町は北アフリカからの風「シロッコ」と組み合わさってマルサシュロックとなったそうです。(京都府 KAYOKO)

How to access

●マルサシュロックへの

行き方：ヴァレッタのシティ・ゲートを背にした右側から出発するバス27番で所要20〜30分、料金15セント。バスは30分ごとの出発。帰りのバスは夏季は混雑する。
セント・ジュリアン、スリーマーからは急行627番が運行。料金50セント。

ひなびた漁村の雰囲気を残すマルサシュロック

Column
ボートと極彩色の目

マルタの海岸でよく目にする青い船ルッツLuzzu。鮮やかな青を基調に黄色や赤で縁取られ、必ず舳先には一対の目が描かれている。これは悪天候や不漁から漁師を守る魔よけと海のお守り。フェニキア人から伝えられたものともいわれている。

一対の目が漁師を守る

マルタの市場

野菜、魚、肉類がずらりと並ぶのがヴァレッタのMerchant Streetの屋根付きの市場。同じ通りでは日曜を除く毎日、衣料品などが並ぶ市場も店開きする。

日曜午前中には、バスターミナル脇のサン・ジェームス堡塁St.James Bastionでも市がにぎやかに店開き。毎日午前中開かれるマルサシュロックの港沿いの市場は地元の人にも観光客にも人気。ゴゾ島のヴィクトリアの独立広場にも衣料や食料品の市場が毎日午前中に開かれる。

マルサシュロックの市場

マルタ島に残る注目の神殿群

マルタ本島をはじめ、ゴゾ島の各地に点在する巨石神殿。先史時代に築かれ、その数は30にも上る。どうやって数十トンに及ぶ巨大な石が運ばれたのか、セメントや重機を用いずいかに組み立てたのか…いまだ解明されていない謎が多い。時が経つにつれ、石の表面は滑らかになり、石と石の隙間がピッタリと閉ざされる。そして、いずれも、豊饒のシンボルである女神像などが飾られているのが特徴だ。その威容を目前にしたとき、太古の不思議を実感することだろう。1980年と1992年には、これら巨石神殿をひとつのグループとしてユネスコの世界遺産に登録された。

保存状態のよい最大の神殿
タルシーン神殿
Tarxien Neolithic Temples タルシーン・ネオリスティク・テンプルズ

ヴァレッタの北東に位置する。紀元前3000〜2500年に建設され、クローバーの葉状に半円を重ねた、よく似たプランの3つの神殿(第1神殿〜第3神殿)が続いている。1914〜1919年に発掘されるまで、地中に埋もれていたため保存状態がよい。神殿内には各種の発掘品が残るが、いずれもコピーでオリジナルはヴァレッタの考古学博物館に展示されている。

入口からまず、いちばん時代の新しい第3神殿へ入ろう。巨石に開けられた入口を入ると、右側に高さ2.5mのスカートをはいた太った女神の下半身像が堂々と立っている。豊饒の女神と考えられている。この正面、石を積み重

豊饒の女神の像

ねた壁には、らせん模様や動物の行進、羊飼いなどのレリーフが描かれている。さらにこの奥に装飾を施したふたつの祭壇があり、動物の生け贄を祀った場所だ。

さらに、進んだ中央神殿(または第2神殿)は、ほかの神殿とは異なり左右対称の半円が3つに重なりあう。最初の部屋の中央には巨石をくり抜いた直径1.1mもの火鉢があり、その傍らにも巨大な水盤が置かれている。巨石を真っすぐに切り分けたような壁に囲まれ、右側には雌豚と子豚の絵がある。これも豊饒のシンボルだ。

中央神殿正面

さらに進むとこの神殿の最古の部分の第1神殿だが、装飾は少ない。巨石で仕切られた小さな部屋の一部には穴が開けられ、ここから巫女が神託を施したと言われる。

このほか、神殿の周囲には井戸や古い神殿跡、水道橋などが見られる。

How to access
- ●タルシーンへの行き方
バス:ヴァレッタからバス8、11、27番で、所要約15分、料金15セント

■タルシーン神殿
- 開 9:00〜17:00
- 休 1/1、復活祭前の金、12/24、12/25、12/31
- 料 LM2 6〜17歳、60歳以上LM0.5
- 地 P.13

マルサシュロック／巨石神殿

マルタ共和国

海を望むふたつの神殿群

ハガール・イム神殿とイムナイドラ神殿
Hagar Qim & Mnajdra Temples　ハガール・イム ＆ イムナイドラ・テンプルズ

マルタ本島の南、500mほど離れて紀元前3600～2500年のふたつの神殿が建つ。野生のフェンネルの花が咲くハガール・キムからムナイドラ神殿に向かう海を望む草原の一本道は実に印象的だ。

巨石で囲まれた神殿

●ハガール・イム神殿
Temple Hagar Qim
ハガール・イム・テンプル

ここもマルタで見られる神殿同様、何の接着剤や器具も使わずに巨石を垂直と平行に積みあげている。

紀元前2800～2400年に建てられた神殿。1839年から発掘が始まり、全体像が明らかになったのは1910年のこと。ハガール・キムとは「聖なる石」、「崇拝の石」という意味。ここでも頭部のない5つの豊満な裸身像、らせん模様が描かれた祭壇などが発見された。オリジナルはヴァレッタの考古学博物館に所蔵されている。周辺を巨石で囲まれたこの神殿は同時代のほかの神殿のプランとは異なり、各室は隣接しながらも独立した祭礼室となり、神殿の外に続く出入口が設けられている。

巨石を縦横に積み上げた堂々とした左右対称の入口は隙間がないほどに連なり、建築技術の不思議を実感する。この正面右側の石は幅7m、厚さ60cm、重さ20トンに上る巨大なもので、マルタの神殿の中でもその大きさは特筆される。右側の柱の穴は生け贄の動物をつなぐためのもの。中に入ると、いずれも巨石の壁と床

「聖なるテーブル」と呼ばれる

が続く。巨石が床一面敷かれているのもここの特徴だ。左側には、巨石の壁の中央に穴が開いた懺悔の間、あるいは神託の間がある。続いて、生け贄を捧げものとするためのテーブル（水洗いができる構造だった）、その奥にはマルタのヴィーナスが位置する。続く横に広がる室の正面には生け贄をのせた脚付きのテーブル（生け贄の血などが落ちるように脚付き）が左右に並んでいる。この部屋を中心に各室が続いている。

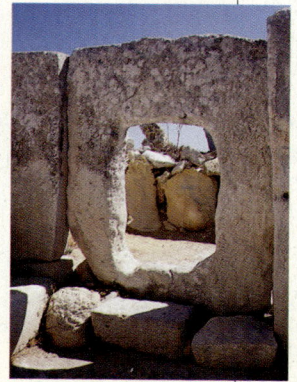

巨石にすっぽりと穴が開いた「神託の間」

●イムナイドラ神殿
Mnajdra Temple
イムナイドラ・テンプル

崖の下に海が広がる場所に、半円を描いて接続はしないながらも肩を並べるように3つの神殿が建つ。紀元前3000～2400年に建てられ、入口右側の小さな神殿はマルタ神殿の中でもより古く、規模も小さいもの。最初にこの右側の神殿、続い

NAVIGATOR

バスを下車したら、ほぼ正面の丘のレストランを目指し、その手前の駐車場奥が入口。入口そばがハガール・キムの神殿、この裏手500mほど下った海を望む場所にイムナイドラの神殿が建つ。

■ハガール・イム神殿
イムナイドラ神殿
開 9:00～17:00
休 1/1、復活祭前の金、12/24、12/25、12/31
料 LM2　12～17歳、60歳以上LM1　6～11歳LM0.5
地 P.15

✉ ハガール・イム神殿を見学

ハガールキム神殿から見渡す地中海のパノラマは爽快の一言に尽きます。神殿と青の洞窟の間は徒歩圏ではなく、ほとんどのツーリストはレンタカー利用か現地ツアーに参加していました。138、38番のバスは、各1時間ごとに1本。車内検札があるので、チケットは捨てないように！
（東京都　mikado '03）

て左の中央神殿、さらに左の神殿の順に建てられたと考えられている。

右側の小さな神殿の入口の石積みはオリジナルと考えられ、周囲の石積みは後世に再現されたものだが、初期神殿の簡素なプランと初期の建築技術が見て取れる。中央神殿は一段高くなった石積みの入口から巨石に開けられた穴から内部に入る。大きな部屋がふたつ続き、中央に祭壇、その奥の部屋にも祭壇がある。

右側の神殿は、保存状態もよく、海風に刻まれたかのようなゴツゴツとした入口には小さな天井がのる。

「最も神聖な場所」と称される
保存状態のよい神殿

岩盤をくり抜いた地下神殿兼墓地
ハル・サフリエニ・ハイポジウム
Hal Saflieni Hypogeum/Holy of Holies Hypogeum ハル・サフリエニ・ハイポジューム／ホーリー・オブ・ホーリーズ・ハイポジューム

ヴァレッタの南東、パオラPaolaに位置する。紀元前2500年頃に、ほかの神殿とは異なり、地下の岩盤を削って造られたもの。何よりも重機を用いず、硬質な石器のみを使って無数の空間を掘りあげていった古代人の不思議があふれている。1980年にユネスコの世界遺産に登録。

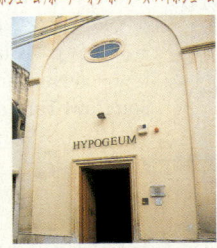

民家の並ぶ町なかにあるハイポジウム

1902年、家屋建築中に発見され、1905年からマルタの考古学の父と呼ばれるThemistocles Zammitが6年の歳月をかけて発掘。内部は地下3層からなり、天井の高さは3m、5m、10mに及び、38の石室が続き、全体の広さは約500m²。建設当初は「ハル・サフリエニのヴィーナス」と呼ばれた豊饒の女神に捧げられたと考えられるが、発掘時に7000体の遺骨が発見されたことから、その後墓地としてして使用されていたとされる。ヴァレッタの考古学博物館に展示されている「眠れる女神像Sleeping Lady」、陶器、首飾りなどの埋葬品はここから発掘されたもの。

第1層は、初歩的な方法を用い、粗削りで時代の古いものと推定される。第2層は、より重要な場であったとされ、丸天井や周囲の壁は滑らかに削られ、洗練された技法が使われている。神殿や神託を告げた司祭の間などからなり、いくつかの石室には赤でらせんの模様が描かれている。第3層は穀物倉と思われ、階段は不規則に続き、侵入者は水をはった2m下の穴に落ちる仕組みになっていた。

第2層・石器で削られた美しい空間

How to access
■ハル・サフリエニ・ハイポジウムの行き方
バス：ヴァレッタからバス11番で、所要約10分、料金15セント

■ハル・サフリエニ・ハイポジウム
☎ 21805019、21825579
事前予約での見学。予約は上記電話または正式にはヴァレッタの考古学博物館で。
指定時間に遅れた場合は、払い戻し、振替はないので注意。ガイド付きのみの見学で、ツアーは、9:00、10:00、11:00、13:00、14:00、15:00、16:00の出発。最初にビデオ鑑賞し、所要約1時間。
開 9:00〜17:00
休 1/1、復活祭前の金、12/24、12/25、12/31
料 大人 LM4（€10）6〜17歳、60歳以上LM2（€5）
●世界遺産として名高いながら、住宅街にひっそりとたたずむ様子は意外な感がある。

✉ 見学しました！

2回目にしてようやく念願がかないました。2004年12/29は2005年1/3まで予約で一杯でした。春から秋の観光シーズンには2週間以上前の予約がベターだそうです。（東京都 リジー '05）

巨石神殿

マルタ共和国

マルタのその他の見どころ

How to access
●カート・ラッツへの行き方
ヴァレッタからナッシャールへはバス54、56番、ディングリへは81番を利用。ただし、いずれもカート・ラッツまでは2〜3km離れ、バス便はない。レンタカー利用や各種のツアーに参加するのがいい。

謎の轍の跡
カート・ラッツ
Cart Ruts
カート・ラッツ

　石灰岩の大地に幅1.32〜1.47m、平行に幾重にも走る「謎の轍カート・ラッツCart Ruts」。轍は75cmもの深さに刻まれており、各地にある巨石神殿に石を運ぶためにできたといわれる、車輪の跡だ（ただし、この時代にはまだ車両は発明されていないとされるので、厳密には何らかの道具の跡）。しかし、深い轍の跡が残っているにもかかわらず、周囲に人や馬や牛の足跡が残されていないこと。また、すべてが海に向かっていること、シチリアや北アフリカに同様なものが見られることなど、謎ばかり。轍は各地に残り、本島の南東の、ディングリDingliとブスケット・ガーデンBuskett Gardenの間のクラプファム・ジャンクションClapham Junctionやヴァレッタ西のナッシャールNaxxar郊外のサン・パウル・タット・タルグSan Pawl Tat-Targaなどではっきり見ることができる。

謎の轍（わだち）カート・ラッツ

How to access
●ヴァレッタからバス38、138番で所要約40分、料金50セント。

バスの最終時間に注意
38、138番のバスはヴァレッタからの循環バス。9:30頃から16:00頃までの運行で、30分に1本程度。最終便の確認を忘れずに。（北村小百合）['05]
　小さなマルタ特有の極彩色のボートで青の洞窟へ。チケットはLM2.50。ボートの出発は決まってなく7〜9人集まったら1台のボートが出る。約30分で、5つぐらいの洞窟を回る。船頭のおじさんの説明付き。写真を撮りたい人は船のいちばん前の席を確保しよう。
　　　　（T. Miller）['05]

海原のトンネル
青の洞窟
Blue Grotto

　イムナイドラとハガール・イム神殿の東南の海岸の岬の突端に位置する。陸続きの高い岩礁が年月をかけて波と風でえぐられ、自然の大きなアーチを描いている。周囲の美しい海面と相まって、青の洞窟と呼ばれる。

　洞窟巡りの遊覧船もあり、極彩色の伝統的な船が、約30分の船旅を楽しませてくれる。エメラルドからブルーへと輝く海の色は、午前中の光がより美しい。また、上部の公園からは全貌が望める。

波と風で作られたアーチ

太古の歴史を展示
アール・ダラム洞窟と博物館
Ghar Dalam Cave & Museum

本島の東、マルサシュロックMarsaxlokkとブゼブジャBirzebbagaの間に位置し、マルタでもより古い時代の痕跡を残す地区。暗闇の洞窟The Dark Grottaとも呼ばれる洞窟とそこから発掘された動物の骨や牙、骨格標本などが並ぶ博物館がある。

道路沿いから敷地に入ると、まず博物館だ。この奥、緑の庭園の奥に洞窟が位置している。

かつては川も流れていたという古代地区

●博物館

1865年、古生物学者のアルトゥーロ・イゼールが洞窟で、テラコッタとカバ、野生の羊の骨を発見したことから、この洞窟の重要性が明らかになった。20世紀にかけて続けられた発掘作業で得られた品々が小さな展示室いっぱいに飾られている。

発見された数多くの骨は、シカ、オオカミ、キツネなど多岐にわたる。また、これらの動物からは先史時代（氷河期）にはマルタがシチリアと地続きであったことがわかるという。また、カバや象の骨格標本は実に小さく、種の発展の初期のもの、あるいは厳しい自然条件下で暮らしていたものとみられる。

発掘された骨をもとに作られた、カバの骨格標本

●洞窟

30万年とも18万年前にもさかのぼるとされる洞窟は、トンネル状に地中に続き、天井も高く、第二次世界大戦時には防空壕として利用された。5層の地層からなり、長さ145m、幅8〜10m、高さ5〜8mで、周囲に通路が設けられ、内部も見学することができる。

洞窟の地層上部にはかつて川が流れていたため、シチリアとの地続きだった太古の時代から動物の骨などをカプセルのように閉じ込めていたらしい。

洞窟内部はよく整備されている

How to access
●アール・ダラムへの行き方
ヴァレッタからバス11、12、13番で所要20〜30分、料金20セント

■アール・ダラム洞窟と博物館
開 9:00〜17:00
休 1/1、復活祭前の㊎、12/24、12/25、12/31
料 LM1.5　12〜17歳、60歳以上LM0.75　6〜11歳LM0.5
地 P.15

Column　カルカーラKalkaraの日本海軍忠霊碑

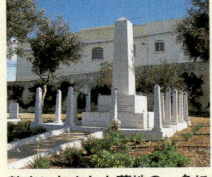

第一次世界大戦の最中、英国と同盟関係にあった日本は英国艦隊の援護と戦闘のため、巡洋艦「榊」をマルタに派遣。だが、敵の魚雷攻撃により、大損傷を受けて59人の命が失われた。この戦死者の霊を慰めるために大正8年にカルカーラのイギリス軍墓地に忠霊塔が建立された。第二次世界大戦の爆撃で破壊されたものの、昭和48年には再建。今も、マルタに残る戦争と日本の思い出だ。

静寂に包まれた墓地の一角にある忠霊碑

How to access
●カルカーラへの行き方
カルカーラはスリー・シティの北にあり、日本海軍忠霊塔は町の内陸に位置する。ヴァレッタからバス4番で所要約30分、料金20セント

その他の見どころ

マルタ共和国

ゴゾ島
Gozo

マルタ本島の西6kmに位置するゴゾ島。島は東西14km、南北7kmに広がり、2万6000の人々が住む。本島同様に海に囲まれているが、水に恵まれて耕地と緑が広がり、海はより深く青い。マルタの人にとって、また、観光客にとっても美しい海と自然に触れ合う場だ。首都ヴィクトリアを結んでマルタ本島同様にバスが走る。

●マルタ本島からゴゾ島へ

マルタ本島からはフェリーで渡る。本島のヴァレッタからバス45番、50番（夏季のみ）で、料金23セント。スリーマ、セント・ジュリアンからは、645番の急行バスで料金50セント。**チェルケウア**Cirkewwaの港で下車し、ゲートを背にして下ると船の乗り場。ヴァレッタから所要1時間～1時間15分。フェリーには人も車も乗船でき、列ができているのでそれぞれの列に並ぼう。行きは港で乗船カード Passenger Bording Control Card をもらうだけ。ゴゾ島を出るまでこのカードは保管し、帰りにゴゾ島の**イムジャール**Mgarr船着場左側の窓口で精算する。往復料金LM1.75。窓口ではクレジットカードも使えて便利だ。フェリーは30分～1時間間隔の運航で所要約30分。夏季は夜遅くまで運航している。日帰りする場合は、接続のバス便も含めて時間を確認しておこう。また、やや早めに出航する場合もあるので、注意。

ゴゾ島の首都は**ヴィクトリア**Victoriaで、マルタ本島からイムジャールの港に着いたら、港で待っているバス25番（20セント）に乗ってヴィクトリアへ向かおう。ゴゾ島のすべてのバスはヴィクトリアとを結んでいるので、ゴゾ島の基点の町だ。

帰路、ゴゾ島からのフェリーがマルタ本島に到着したら、人の流れに添って港から道路に上がると、正面に行き先別にバスが並んだ小さなターミナルがある。ゴゾ島へは、フェリーのほか、空港近くからヘリコプターが運航している。

ゴゾ島、イムジャールの町

✉ ゴゾ島への もうひとつの渡り方
スリーマからイムジャールまで高速フェリーで往復料金はLM5。高速フェリーは一日3便運航。午前中、14:00、17:00発がある。
（千葉県　A.R.）['05]

■ゴゾ島の❶
☎ 21-553343
地 P.304 B2
● イムジャールの港内

ゴゾ島行きのフェリー

ゴゾのバスターミナル

ゴゾ島とコミノ島 GOZO & COMINO

ヴィクトリア
Victoria

ゴゾ島の首都、島の中央に位置する。島ではラバトRabatと呼ばれる。青銅時代からの歴史を誇り、町の一角の小高いチッタデルからは360度のパノラマが広がる。

ヴィクトリアのメインストリート

高台の隠れ家
大城塞
The Citadel / Cittadella

ザ・チタデル／チッタデッラ

息が上がるような坂道の頂に位置する城壁を巡らした小さな町並み。城壁は中世に造られ、17世紀の騎士団の時代に度重なるオスマン・トルコ軍や海賊の侵攻に備えてより強固に再建された。連なる建物と影を落とす細い坂道、静寂だけが支配しているような町だ。さらに上に向かって歩を進めれば、平野を一望に見渡す高台に至る。

ひっそりとした町並み

多くの建物は1693年の地震で崩壊し、その後再建されたもの。町の入口には**大聖堂**が建ち、右側奥にゴゾ島の発掘品を展示した**考古学博物館**がある。大聖堂の脇を抜け、最初の小路を左側に入ると農耕、漁業など島の生活に密着した品々を展示した**民族博物館**がある。この建物は15世紀のノルマン風家屋を改装したもの。

歴史を見てきた城壁

大聖堂の脇から坂道を上り、さらに階段を上った北側の堡塁Battery、あるいは考古学博物館の正面左側を上がった**セント・ミケーレ堡塁**St. Michale's Bastoniからもすばらしい**パノラマ**が広がる。

セント・ミケーレ堡塁からの眺め

考古学博物館の展示品

NAVIGATOR

バスターミナルからバスが通った道を150mほど下り、目抜き通りのリパブリック・ストリートRepublic Streetとぶつかったら、左に坂を上る。午前中には市が立つ木々が茂る独立広場Independence Squareの先を右に曲がり、みやげ物屋の並ぶ急な坂道Castel Hill Streetを上ると、大聖堂の大きなファサードが急斜面の上に建つ。
　独立広場の裏手には❶がある。

■ヴィクトリアの❶
住 Palm Street 1
☎ 21-558106
地 P.304 B1

■チッタデル内の考古学博物館、民族博物館、自然科学博物館は共通
開 9:00～17:00
休 ㊗
料 各館LM2

ゴゾ島　マルタ共和国

305

■大聖堂
開 11:00～12:00
　　16:00～16:30
休 日祝

だまし絵の天井

だまし絵がおもしろい
大聖堂
The Cathedral
ザ・カセドラル

　ロレンツォ・ガッファの設計により1697～1711年にかけて建立。階段から続く、バロック様式の堂々たるファサードが印象的な大聖堂だ。建築当初はドームが載るはずだったが、資金不足により取りやめとなった。しかし、イタリア人画家アントニオ・マヌエルによって描かれた天井画は遠近法を駆使しただまし絵により、壮大なドームがあたかもそこにあるような錯覚を与える。階段下に置かれたふたつの古い大砲は、当時の教会勢力の象徴。

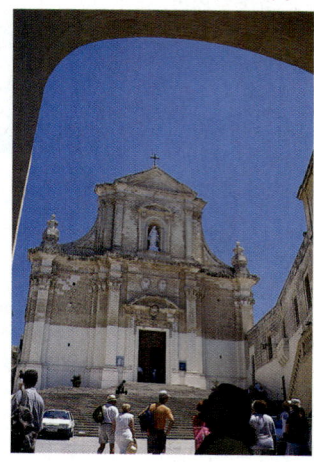

大聖堂

バロック装飾が見事な大聖堂の内部

■大聖堂博物館
開 10:00～13:00
　　13:30～16:30
休 日祝
料 LM0.25

金や銀の宗教具が並ぶ
大聖堂博物館
The Cathedral Museum
ザ・カセドラル・ミューゼアム

　聖堂脇の小路をやや上った右側に入口がある。内部には宗教儀式に用いられた銀・金器をはじめ、ジョセッペ・ハイツラー、ミカエル・トンマーソによる絵画が展示されている。

History&Art

●多民族に支配されたヴィクトリア
　紀元前50世紀には人が住んでいたと言われ、前2500年前後にはジュガンティーヤの巨大神殿が建てられた。フェニキア人、ギリシア人、ローマ人の支配を受け、14世紀にはイタリアの支配に置かれた。1551年の海賊の襲来で、ほとんどの住人が奴隷として連れ去られ、あるいは殺傷され尽くされたという。これを契機に、聖ヨハネ騎士団は17世紀にトルコ軍や海賊の襲来に備え、高台のチッタデルに防御の塔と城壁を巡らした。

●ゴゾ島　その他の見どころ

巨人女性崇拝の発祥地
ジュガンティーヤ神殿
Ggantija Temples
ジュガンティーヤ・テンプルズ

ヴィクトリアの東、シャーラの町の南にある巨石神殿。紀元前40世紀に建造が始まり、伝説によれば、巨人女性サンスーナSansunaが建造したと言われている。周囲は高さ8mにも及ぶ石積みの壁で囲まれ、あるものは数トンに及ぶ巨大なサンゴ質の石灰岩が整然と積み上げられている。ゴツゴツとした石の表面が印象的だ。

粗削りな外観とは異なり、内部は表面が滑らかに整えられた石で室が仕切られている。6mの高さに石が積み上げられた左の神殿入口から入ると、生け贄を洗うためと考えられるくり抜いた石が見られる。このほか、この右側からはらせんやヘビを描いた石や巨大な男根像など、信仰のシンボルが発見された（ヴァレッタの考古学博物館に所蔵）。左側には当時の床が残る。さらに進むと、壁には小さな穴（ニッチ）が開

生け贄を洗うためと考えられる石

けられ、生け贄や偶像を納められた場所と考えられている。狭い通路から奥に進むと、右側には穴の開いた巨石の壁、左側には室が続く。さらに奥にはクーポラをかかげることを工夫された天井の名残の高い壁を見ることができる。

右奥の神殿は、小さく簡素。ふたつの神殿からなり、地中海沿岸では最も古い建造物で地中海文明の幕開けの時代に建造されたものだ。ここも外側は硬質なサンゴ質の石灰岩、内部は細工が容易なグロビエリナ石灰岩が使われている。

内部には滑らかな石が積まれる

伝説の愛の洞窟
カリプソの洞窟
Calypso's Cave
カリプソズ・ケーヴ

シャーラの北、夏には海水浴客でにぎわうラムラ湾の西に位置する。

ホメロスの叙情詩「オデッセイ」で歌われた、美しい妖精カリプソがオデュッセウスを「愛の虜」として7年間閉じ込めた洞

カリプソの洞窟に降りる入口

How to access
●ジュガンティーヤ神殿への行き方：ヴィクトリアからバス64、65番で所要約10分、料金20セント。バスは1時間に1本程度。(平日の午前中のみ)。シャーラの町の手前の神殿の停留所下車。

■ジュガンティーヤ神殿
開 9:00～17:00
休 1/1、復活祭前の㊎、12/24、12/25、12/31
料 LM1.5　12～17歳、60歳以上LM0.75　6～11歳LM0.5
地 P.304 A1

風車

✉ 風車もお忘れなく
ジュガンティーヤ神殿の見学後はシャーラの町の風車 TA'KOLA WINDMILを見学しましょう。同じチケットで入場できます。
　風車への行き方は神殿を出て、右の坂道を上り、3分も歩けば左に見えます。この坂道のバス停からもヴィクトリア行きのバスに乗れます。
　　(京都府　KAYOKO)['05]
　内部は住居・生活用品の展示室。最上階が風車。
　　(北村小百合)['05]

How to access
●カリプソの洞窟の行き方
ヴィクトリアからバス64、65番で所要約10分、料金20セント。ジュガンティーヤの町で下車後徒歩約30分。公共の交通機関はない。
地 P.304 A1

ゴゾ島

マルタ共和国

307

> ### ✉ カリプソの洞窟で
> カリプソの洞窟を奥まで入るなら、懐中電灯が必要です。僕らが行ったときには、入口のところでおばちゃんがろうそくを、1本25セントで売っていました。滑りやすいのでサンダルでは危険です。
> （東京都　ゆうナナえりな　'04）

窟。彼女はオデュッセウスがここにとどまるならと、永遠の命を約束したものの、彼は妻ペネローペのもとに戻ったという。洞窟は小さくとりたてた物はないが、ここからはゴゾ島最高といわれるラムラ湾Ramla Bayの**サンディ・ビーチ**Sandy Beechの美しい眺めが広がる。緑に縁取られ、長さ100m、幅50mの赤茶けた砂浜だ。また、洞窟に開けられた穴からは騎士団の砦の跡ものぞくことができる。

すばらしい砂浜、サンディ・ビーチ

青い海と自然のアーチ
アズール・ウインドー
Azure Window

アズール・ウインドー

数千年の風と波の自然の浸食によって造られた、高さ20m、幅100m、奥行40mの自然のアーチ。アーチの間から紺青の海がのぞく印象的な景観だ。

> **How to access**
> ● アズール・ウィンドーへの行き方
> ヴィクトリアからバス2、91番
> ヴィクトリア発、6:30、7:00、8:30、9:30、10:30、11:30、17:30のみ（11:15、16:00平日のみ）。最終バスはヴィクトリアへ戻らないので注意。所要15分、料金20セント
> バスを降りたら、駐車場の奥の海岸へ進む

自然の造形
アズール・ウインドー

マルサルフォルンとシュレンディ
Marsalforn / Xlendi

マルサルフォルン／シュレンディ

> **How to access**
> ● シュレンディへはヴィクトリアからバス87番
> ● マルサルフォルンへはヴィクトリアからバス21番
> ● いずれも、バスは1時間に1本程度で、所要約10分、料金20セント

美しい海の広がるゴゾ島のなかでも、海辺のリゾートとして人気があるのが、**マルサルフォルン**Marsalfornと**シュレンディ**Xlendi。マルサルフォルンは陸深い入江に狭い砂浜が続き、湾を囲むようにどこまでもホテル、レストランなどが並び、夏などは多くの人でにぎわう。

マルサルフォルンの町と湾

シュレンディも同様の湾だが、趣は異なり、よりのんびりとしたしゃれたリゾート気分のある町。プールのような湾では子供たちはボール遊びに興じ、海辺のカフェのテーブルで人々はくつろぐ。周囲の右側の断崖の上には洞窟に続く遊歩道が広がり、左の岸からはスキューバダイバーたちが海に飛び込む。高級ホテルやレストランもあり、くつろぎの場としても最適。

プールのようなシュレンディ湾

コミノ島 Comino

マルタ本島とゴゾ島の間に挟まれた、3km²にも満たない小さな島。中世にここで栽培されていたクミン(マルタ語でKemmuna)から、コミノと名付けられた。数十人の人が住み、2軒ほどのホテルがあるだけの島だが、青く透きとおる海、とりわけブルー・ラグーンBlue Lagoonで名高い。

How to access

コミノ島へは、マルタ本島ヴァレッタ南西のマルサイムシェット・ハーバーのピエタ・クリーク発着のゴゾ・フェリーの連絡船を利用。また、チェルケウアからはブルー・ラグーンへのクルーズが出航する。旅行社主催のクルーズに参加するのも楽しい。このほか、コミノ・ホテルの船便もある。いずれも、夏季を除くと、便も少なくなるので、余裕を持って出かけよう。

ブルー・ラグーンでは泳ぎが楽しめる

Column 海水浴するなら

マルタの海水浴シーズンは5〜11月。海に囲まれたマルタだが、砂浜は少ない。海水浴場として、ヴァレッタからいちばん近くていちばん手軽なのが、スリーマだ。岩礁だが甲羅干しするなら絶好だし、小さな子供も安心して磯遊びができる場所もある。

このほか、海水浴の人気のスポットを紹介しよう。マルタ本島では、マルサシュロックMarsaxlokk近く、岩礁ながらプールのように穏やかなデリマーラDelimara。長い砂浜が続き、カフェやレストランもあり、パラソルなどのレンタルもできるので快適にリゾート気分に浸れるのが、ゴールデン湾Golden Bayとメーリッハ湾Mellieha Bay。メーリッハ湾はゴゾ島に向かうフェリー乗り場の手前に位置し、バスの窓からもよく眺められる。

ゴゾ島では深い入江のマルサルフォルンMarsalfornや、砂浜のラムラ湾Ramla Bayがいい。コミノ島ならブルー・ラグーンBlue Lagoonは欠かせない。ただし、砂浜は少なく、日陰もないので、要注意!

セント・ジュリアンの岩場で甲羅干し

メーリッハ湾の海水浴場

ゴゾ島／コミノ島

マルタ共和国

309

マルタ島のホテル

優雅な時が流れるザ・ウェスティン・ドラゴナーラ・リゾート

■マルタのユースホステル事情

YHは4軒あり、家族室も多く、キッチン、プール付きもあって設備も充実している。繁忙期の夏は必ず予約しよう。予約は**マルタYH協会**NSTS（住St.Paul Street ☎21-244983）での受け付けのみの場合もある。冬季は休業するところもある。

優雅なリゾート気分にあふれ、ヨーロッパの伝統を感じさせるホテル、海を望み、アクティブなマリンスポーツを楽しめる近代的ホテル、家族経営の温かい雰囲気のホテル、自然の中でゆったりと時の流れるホテル……。さまざまなタイプのホテルが揃っているマルタでは、滞在する目的でホテルを選びたい。見どころに足繁く通うなら、便利な立地がいい。ゆったりと思いのままに過ごすなら、自然の中、プールなどアクティビティが充実した一軒がいい。

マルタのホテルはマルタ観光局によって**5つ星～1つ星の5つにカテゴリー分類**されている。このほか、小規模で民宿とも呼べる**ゲスト・ハウスGuest House**（1級First Class～3級Third Class）や**ユースホステル**がある。また、長期滞在向けにはバカンス用**アパートApart Hotel**、**休暇村Tourist Village、Holiday Complex**がある。

観光局により、ホテルリストも発行されているが**値段表示はない**。カテゴリーはエレベーター、冷暖房、客室内のテレビの有無など一定の設備を示すが、料金を示すものではない。また同じカテゴリーでも、雰囲気や内装はかなり印象の違う場合もある。★の数は目安と考えよう。3つ星がイタリアの2つ星程度だ。

例外はあるものの、一般的に5～4つ星は、温水、室内、子供用プール、庭園またはサンデッキ、ジム、プライベートビーチ、マリンスポーツ施設などを完備。パブリックスペースと客室にはエアコン、客室にテレビがある。

3つ星は一部プールがあるホテルもある。客室にはエアコン、テレビはないことが多い。2～1つ星は小規模のホテルで、町なかにあることが多い。

さて、マルタでは5～1つ星のホテルまで**レストランが併設**されている。朝食のほか、手頃な値段で夕食も付いた**ハーフボードの料金設定**もされているので、多くの滞在客が利用しているのもマルタのホテル・ライフの特徴だ。

海と低層コテージと広大な敷地が自慢だ（タ・チェンチ）

ホテルの前はすぐビーチ

Valletta ヴァレッタのホテル&レストラン

観光の中心であり、バスターミナルもあって交通の便がいい。ただし、昼のにぎわいに比べ、夜はめっきり人通りが少なくなる。町の規模に比べ、ホテルやレストランは少ない。夜はカフェやスナック・バーも一般商店並みに早く閉店してしまう。リパブリック・ストリートのマック、サウス・ストリートのピザ・ハットなどは夜遅くまで営業しているので、食べ損ねた場合などには便利だ。

★★★★★ ル・メリディアン・フェニシア　P.277 B1
Le Meridien Phoenicia

ヴァレッタの入口、緑に包まれる優雅な格式あるホテル。古きよき時代のコロニアルな雰囲気ながら客室内は近代的な設備で心地よい。城壁越しにグランド・ハーバーを望む温水プール、ミニゴルフ場、重厚なレストランやロビーなど施設も充実。

- 住 The Mall Floriana　☎ 21-225241
- Fax 21-235254　SB LM50〜
- TB LM80〜　室 62室 朝食込み
- C A.D.J.M.V.
- 交 バスターミナル脇
- URL www.meridien.co.jp
  （メリディアン・ホテルズ）
- ■日本での予約先
- ☎ 0120-09-4040

★★★ オズボーンホテル　P.277 AB1
Osborne Hotel

ヴァレッタの旧市街にあるこぢんまりした洗練されたホテル。マルタ風のインテリアが客室やロビーに残り、古きよき時代のマルタを感じさせる。

- 住 50, South Street
- ☎ 21-243656
- Fax 21-232120
- SB LM20〜　TB LM30〜
- 室 60室　部屋にバスタブ、ヘアドライヤー、セイフティボックス付き
- 交 国立美術館のすぐ近く、バスターミナルにも近い

★★★ カスティーユ・ホテル　P.277 B1
Castille Hotel

ハーフボード（2食付き）が欧米からのツーリストに人気のホテル。
☺ フロントの係員はフレンドリーで、日本語であいさつしてくれた。
（横浜市　北村小百合 '01）〔'03〕

- 住 Castille Square
- ☎ 21-243677／8
- Fax 21-243679
- 料 LM20〜（1人分朝食付き）
  LM25〜（1人分2食付き）
- 室 38室　朝食はイングリッシュ・ブレックファーストはLM2を追加、昼・夕食はLM5
- 交 オーベルジュ・ドゥ・カスティーユの隣

★★ ブリティッシュ・ホテル　P.277 B1
Hotel British

グランド・ハーバーを一望する、小さな家族経営のホテル。できれば海側の部屋を予約したい。室内は広く、設備はこのクラスとしてはよい。マルタの家庭料理を楽しめるレストランもその眺めとともに町の人にも評判がよい。
ハイシーズン3/1〜10/30、12/21〜1/3

- ■読者割引3泊以上現金払いで5%
- URL www.britishhotel.com
- 住 40 Battery Street
- ☎ 21-224730　Fax 21-239711
- SB LM8／14　TB LM18／20
- 室 46室　朝食込み　C A.D.M.V.
- 交 シティ・ゲートから300m

★★ グランド・ハーバーホテル　P.277 B1
Grand Harbour Hotel

☺ ヴァレッタのほかのホテル2軒とここを見比べてみた。部屋はどこもそれほど違いはないので、値段も安くグランドハーバーの見える部屋（42番）が残っていたので決めた。ホテルの人も親切で、1階には冷房のきいたバールがありよかった。
（T. miller '01）〔'03〕

- URL www.grandharbourhotel.com
- 住 47 Battery Street
- ☎ 21-246003
- Fax 21-242219
- 料 1人 LM10.90/11.90 朝食込み　ハーフボードで1人LM13　冷房付きはプラスLM3
- 交 シティ・ゲートから300m

ココパッツォ　P.277 B1
Cocopazzo
魚介類がおいしい、魚を選んで好みの料理にしてくれるレストラン。イタリア料理をベースにした地中海風魚介料理店。読者からも多数支持されている。

- 住 Valletta Buildings, South Street
- ☎ 21-235706
- 営 12:00～15:00、18:30～22:00
- 休 無休
- 予 LM3～10、定食LM7.50
- 話 英、伊　C A.D.J.M.V
- 交 ザ・キャリアージの横

トニーズ シチリアバー　P.277 B1
Tony's Sicilia Bar
ブリティッシュ・ホテルのすぐそば。お店の前にパラソルが並び、店内はエアコンが効いていて快適。イタリア料理中心。おすすめはスパゲッティ・マリナーラ Marinara。タコ、小海老、ムール貝が入りおいしい。魚のグリルもお値頃。

- 住 1A, Triq San Gwann
- ☎ 21-240569
- 営 12:00～14:30
- 休 ㊐
- 予 LM2.50～6　定食LM3
- 話 英伊
- C 不可

カフェ・コルディナ　P.277 A1
Caffe Cordina
伝統あるカフェ。パラソルの並ぶ外のテーブルもよいが、一度は店内をのぞいて見よう。2階にはテーブル席もある広い店内には、ピカピカに光るカフェ・マシーンが鎮座し、天井にはフレスコ画。よき時代のままに優雅そのものだ。ケーキなどのほか、軽食もある。

- 住 244 Republic Street
- ☎ 21-234385
- 営 8:00～19:00
- 予 LM0.50～5
- 休 ㊐
- 話 英
- C A.J.M.V
- 交 リパブリック広場の一角

カフェ・ラニエリ　P.277 B1
Caffe Ranieri
町の人に人気の手頃でモダンなお店。ハンバーガーやサラダ・バー、名物のピース・パイなどもあって簡単に食事するのに便利。パフェ類も充実。

- 住 Republic Street
- ☎ 21-249063
- 営 8:00～12:00、16:00～19:00
- 休 ㊗
- 予 LM1.50～
- 交 国立考古学博物館（対面）そば

ジャンニーニ　P.277 A・B1
Giannini
マルサイムシェット・ハーバーを望む、マルタの政財界人も利用する一軒。新鮮な野菜、魚介類などを使ったマルタ料理と地中海料理が楽しめる。

- 住 23 Windmil Street
- ☎ 21-237121
- 営 12:15～14:30、19:15～22:30
- 休 ㊐、㊕昼、1月
- 予 LM11～13、定食LM8
- 話 英伊
- C A.D.M.V.
- 交 シティ・ゲートから250m。スリーマからはバス62番で

ザ・キャリアージ　P.277 B1
The Carriage
国立美術館の手前、こちらもマルサイムシェット・ハーバーの眺めも楽しめるおしゃれな雰囲気の店。フランス料理、イタリア料理などをミックスした、インターナショナル料理が楽しめる。要予約

- 住 22/5 Valletta Buildings, South Street
- ☎ 21-247828
- 営 12:00～15:00、19:00～22:30
- 休 ㊐、8月の上旬2週間
- 予 LM8～16　定食LM7.75
- 話 英伊
- C A.D.J.M.V.
- 交 シティ・ゲートから200m

📧 マルタでは、普通の店がおいしいよ！

マルタではファストフードは高い。バーガーキング、ケンタッキー、マクドナルドなどは、最初は入りやすいのでつい入ってしまいますが、普通のカフェのほうが断然安い。カジュアルレストランなら同じくらいの値段で食事ができます。カフェ、レストランの店員さんもみんな親切だし、メニューも英語なので大丈夫です。　　　（おひめ）['04]

特にマックは、日本と同じバリューセットが1.5～2倍の値段。軽くすませるなら、スナック・バーなどに行ったほうがお得です。　　　（島根県　マルタの休日 '03）

Sliema　スリーマのホテル＆レストラン

海沿いに広がるこの町は、マルタのリゾートの中心。デパートのコイン、ショッピングセンターのザ・プラザ、スーパーマーケット、おみやげ屋やオープンカフェなども多く並んでにぎやかな界隈だ。

★★★★　プレルナ＆タワーズ　ホテル　P.15
Preluna&Towers Hotel
スリーマの海を見下ろすモダンな高層ホテル。海を眺めながらのルームサービスの朝食は最高。ふたつのプール、カフェ、バー、ふたつのレストランなど設備も充実。
■読者割引10％
URL www.preluna-hotel.com

- 住 Tower Road, Sliema
- ☎ 21-334001／9
- Fax 21-342292
- SB LM30／36　TB 1人LM22／28
- 4B LM60
- 室 280室　朝食込み
- C A.D.M.V.

★★★　プラザ・ホテル　P.15
Plaza Hotel
バルッタ湾の東、海に面して建つ近代的なホテル。サンデッキ、子供用を含むふたつのプール、レストラン、スナック・バー、客室にもエアコン完備で快適。ハイシーズン12／23～1／2、4／1～10／31
住 251,Tower Road

- ☎ 21-345271
- Fax 21-311288
- SB LM26/28
- TB 1人LM22～
- SW 1人LM27～
- 室 60室　朝食込み
- C A.D.M.V.

★★★　ザ・スリーマ・シャレー・ホテル
The Sliema Chalet Hotel
スリーマの東、海岸沿いに海を見下ろして建つ小規模ながら近代的なホテル。屋上にはサンデッキもあって日光浴も楽しめる。ホテル内のカフェ・ダミエCafe Damierは手頃な値段。
ハイシーズン4／1～10／31

- ■読者割引30日前の予約で10％
- URL www.sliemachalet.com
- 住 117 Tower Road, Sliema
- ☎ 21-335575　Fax 21-333249
- SB LM18/25　TB LM25/40
- 室 63室
- C A.D.M.V.

YH　ハイベルニア・ハウス
Hibernia Hause
5階建ての近代的なYH。キッチン、ランドリー、家族室、屋上にはサンデッキがある。各室、1～8人部屋で、100ベッド。予約メールは e-mail Hibernia@nsts.org　料金は朝食なしで、YH会員LM2.50～3.75（ドミトリー）。シングル、ツインルームあり。レセプションは月～土曜日の8:30～13:00しか空いておらず、管理人も不在のことが多いため、直接ホステルに行くより予約を入れておいたほうがよい。

- 住 Depiro Street　☎ 21-333859　Fax 21-230330
- SB LM11／22　TB 1人LM7.50／14　3B 1人LM6／9
- 室 42室 朝食はLM1　C M.V.
- 交 ヴァレッタからバス62、67、68、70、627番でプラザ・ホテル前下車。有料で空港への送迎アレンジあり

★★★★　ウィンザーホテル
The Windsor Hotel
最上階にサウナ、プール。リメイクされたばかりで美しくて快適。4つ星らしいサービスとの読者の評価あり。
■読者割引料金で提供
URL www.sovereignhotels.com.mt

- 住 Windsor Terrace, Sliema SLM10
- ☎ 21-346053
- Fax 21-334301
- SB LM14／22
- TB 1人LM10／17　室 94室
- C A.D.M.V.

ゲスト・ハウス・エリーダ
Guest House Elida
ユースホステルのハイベルニア・ハウスの近くにあるゲストハウス。朝食付きで、バス共同で4LMでよかったです。ハイベルニア・ハウスと同じ通りを海と反対側へ歩いていくと、すぐ右側にあります。こぢんまりとしていて、ユースなどうるさいのが苦手な人にはいいと思います。(O.S)［'05］

- 住 85 Depiro Street Sliema
- ☎ 21-331957

タ・コリナ
Ta' Kolina
海岸沿いにあるマルタ料理の店。野菜や魚介類を豊富に使ったマルタの伝統料理が売り物の一軒。ウサギのワイン蒸煮やタコやシーラなどが名物。
住 151, Tower Road, Triq it-Torri
☎ 21-335106

- 営 18:00～22:30　休 ㊐
- 予 LM5～10、定食LM5.75～7.85
- 話 英伊
- C A.D.J.M.V.
- 交 ヴァレッタからバス62、63、65、67番で

ホテル・レストラン

マルタ共和国

St. Julian セント・ジュリアンのホテル＆レストラン

町の北にあるドラゴラーナ・ポイントのカジノをはじめ、ナイトクラブやバー、レストランも多く、マルタのナイトライフの中心地。海岸沿いの遊歩道を散策する人も多く、リゾートとシティライフが両方楽しめる地域だ。レストランは夜のみ営業の店が多い。

★★★★★ ヒルトン・マルタ P.15
Hilton Malta

1998年オープンのヒルトン・マルタは、スピノーラ湾を望むリゾートホテル。ふたつの大プールには、バーやジャクージも設けられ、ゆったりとした休日が味わえる。プライベートビーチ併設。レストラン設備も充実。
ハイシーズン4〜10月

- URL www.hilton.com
- 住 Portomaso St.Julian's
- ☎ 21-383383
- Fax 21-386386
- SB LM100〜
- TB LM120〜
- 294室
- スピノーラ湾から徒歩5分
- ■日本での予約先
- ☎0120-489-852

★★★★★ ザ・ウェスティン・ドラゴナーラ・リゾート P.15
The Westin Dragonara Resort

1997年オープンの大型高級リゾートホテル。広大な敷地にふたつのプライベートビーチ、室内プールを含む3つのプール、スポーツ、ダイビングセンター、キッズクラブなど設備も充実。ゆったりとした極上の大人のリゾート。
ハイシーズン4〜10月

- URL www.westin.com/malta
- 住 Dragonara Road
- ☎ 21-381000
- Fax 21-381347
- SB LM48/115.20 TB LM65/156
- 311室 朝食LM7.50 C A.D.M.V.
- スピノーラ湾から徒歩5分

★★★★★ コリンシア サン・ジョージ ホテル P.15
Corinthia San Gorg Hotel

セント・ジュリアンの北、セント・ジョージ湾を見下ろすデラックスホテル。マルタ資本のコリンシアグループのホテルだけあって、マルタのホスピタリティーにあふれ、感じがよい。朝食と夕食のビュッフェの食事も室内、屋外プールなどの設備も充実。

- URL www.corinthia.com
- 住 St. George's Bay St. Julians
- ☎ 21-374114 Fax 21-374039
- SB LM90〜（ツインのシングルユース）
- TB LM100〜 260 C A.D.M.V.
- セント・ジュリアンから徒歩10分、ヴァレッタまではシャトルバスが運行

★★★ ラファエル・スピノーラ・ホテル P.15
Rafael Spinola Hotel

マルタのナイトライフの中心地にあるものの、静かな界隈に位置している。眺めもすばらしい屋上にはプールとサンデッキ、バーもあり、リゾート気分を満喫できる。室内も快適で、サービスも充実している。
ハイシーズン復活祭〜10月

- URL www.rafaelspinolahotel.com
- 住 Upper Ross Street
- ☎ 21-374488 Fax 21-336266
- S LM6/12 SB LM10/20
- TB 1人LM16/26 32室 ビュッフェの朝食込み C A.D.M.V.
- スピノーラ湾から200m

★★★ アルフォンソ P.15
Hotel Alfonso

スピノーラ湾のバス停脇にある家庭的なホテル。室内はモダンで、バルコニー付きの部屋からは海が望める。レストラン併設。
■読者割引15%

- URL www.alfonsohotel.com
- 住 Triq Il-Qaliet, St.Julians
- ☎ 21-350053
- Fax 21-384880
- 季節により幅があるが1人LM10〜15の目安 28室 朝食付き、ハーフ・ボードはLM3.50追加
- C A.D.M.V. ヴァレッタからバス62、64、67番でSt.Julians下車

ディーン・ハムレット　P.15

Dean Hamlet (Holiday Complex)

長期滞在の宿泊施設であるホリディ・コンプレックスと呼ばれるもの。長期のヴァカンス客のために、プールを始め、ジムやスーパーマーケットなども併設している。ディーン・ハムレットはスピノーラ湾脇の坂を登った便利な立地。

🏠 Upper ross Street, St. Julians
☎ 21-314838
📠 21-374144
料 ストゥディオLM12（11〜4月）〜25（8月）、1ベッドルームLM14（11〜4月）〜30（8月）3ベッドルームLM15.50（11〜4月）〜37（8月）　朝食LM1.50　ハーフボードLM4.50追加
C M.V.

YH ピント・ゲスト・ハウス

Pint Guest House

家族経営のゲストハウス。23室で計43ベッドと、2〜4人部屋が中心。屋上にはサンデッキもあり、海も近いのでリゾート気分を楽しむにもいい。ランドリーあり。レストランはないが、スナックバーを併設。値段の割に居心地がよいとの投稿あり。

■読者割引 3泊以上5%
URL www.pintohotel.com

🏠 Sacred Heart Ave.
☎ 21-313897
📠 21-319852
S LM6〜10
T LM9〜15
3 LM12〜19.5
室 22室　朝食付き C M.V.
交 ヴァレッタからバス42番でRudolphe Street下車

バラクーダ

Barracuda

スリーマから続く海岸沿い、スピノーラ湾に張り出した花の咲くバルコニーが見える。優雅なリゾート気分いっぱいの一軒。新鮮な魚介類を使ったイタリア料理が得意。マルタの人が特別な日に利用する店だ。

🏠 194, Main Street
☎ 21-331817
営 19:30〜23:00
休 冬季の日祝
予 LM8〜20、定食LM10
話 英仏伊
C A.D.M.V
交 ヴァレッタからバス62、64番

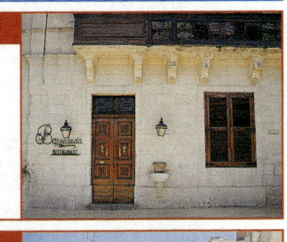

ラ・ドルチェ・ヴィータ

La Dolce Vita

高台からスピノーラ湾を見下ろす、カジュアルながらちょっとおしゃれな一軒。カクテルやタップリな食事が人気。

🏠 159, St.George's Road
☎ 21-337806
営 19:00〜23:00
休 無休
予 LM6〜12、定食LM5.50
話 英仏独伊
C A.D.J.M.V.
交 スピノーラ湾の一角

カフェ・ラファエル

Caffe Raffael

スピノーラ湾のやや奥、夏には赤紫のブーゲンビリアの花が一面を覆う建物の一角にある。海に沿ってテーブルが並ぶ。ピッツァをはじめパスタなどが手頃な値段。

🏠 St. George's Road
☎ 21-332000
営 12:00〜23:00
（ラストオーダー6・7・8月は24:00）
予 LM3〜
話 英
C A.D.M.V.
交 スピノーラ湾の一角

禅

Zen

ヒルトン・ホテルの隣、海を望むおしゃれな港ポルト・マッソに'02年8月にオープンした日本食レストラン。海を望む店内は、洗練されたインテリアで落ち着いた雰囲気。寿司、テンプラ、鉄板焼きなどが味わえる。

🏠 Porto Masso, St. Julians
☎ 21-386500
営 18:30〜23:00
休 月
予 LM12くらい、定食LM6.20〜
C D.J.M.V.
交 スピノーラ湾から徒歩5分

ホテル・レストラン

マルタ共和国

Marsaxlokk マルサシュロックのレストラン

毎日午前中開かれる市場を目当てに、観光客や地元の人でにぎわう漁村。海岸沿いにはパラソルを広げた手頃なカフェ、その奥には新鮮な魚介料理が売り物のレストランがいくつも並ぶ。食事をするには事欠かない場所だ。ホテルはほとんどない。

ピーシズ・レストラン
Pisces restaurant
バスを降りて、市場の広がる海沿いの通りの中ほどに位置する。125席を有し周辺の店の中ではやや広い一軒だ。このあたりでは魚のスープFish Soupでスタートして、新鮮な魚をグリルで楽しむのが流儀。ここもガラスケースに魚が並んで食欲をそそる。　　　**要予約**

- 住 49/50, Xatt-is-sajjieda
- ☎ 21-654956
- 営 11:00～22:30
- 休 ㊌
- 料 LM2.40～8.50　定食LM7.50
- 語 英仏伊　C A.D.M.V.
- 交 ヴァレッタから27、427、627番のバスで。バス停から200m

ラ・カパンナ
La Capanna
バス停を背に左に1分ぐらい歩くと右側にある。パラソル付きのテーブルが通りに出ているのですぐわかる。シーフード専門店。エビのたっぷり入ったキャビア付きのサラダがLM2。パスタやピッツァも最高！

- 住 80 Xattis－Sajjieda，M'xlokk
- ☎ 21-653758
- 営 11:45～15:00、18:30～22:30
- 休 無休
- 料 LM6～15
- C D.M.V.
- 交 ヴァレッタから27、427、627番のバスで。バス停から200m

Mdina イムディーナのレストラン

イムディーナ、城壁外のラバトを含めても、ホテル、レストランは少ない。イムディーナのホテルではシャーラ・パレスXara Palace★★（住：St. Pauls' Square　☎21-454002 18室）、ラバトではGrand Hotel Verdala★★★★（住：Inguanez Street　☎21-451700　FAX 21-451708 160室）が観光に便利だ。

イムディーナ・レストラン　P.293 A2
Mdina Restaurant
蜂の巣のように道が続くロマンティックなイムディーナの町にふさわしい、中世のノルマン人の住居を利用したレストラン。マルタ料理とフレンチを中心に魚介類や野菜料理も充実した一軒。

- 住 7, Holy Cross Street
- ☎ 21-454004
- 営 19:00～22:30
- 休 ㊐㊗　料 LM10～15
- 語 英伊仏　C A.D.J.M.V.
- 交 ヴァレッタから80、81番のバスで大聖堂西、50m

カフェ・フォンタネッラ　P.293 A2
Caffe Fontanella
眺めのいい高みの広場の一角にあるカフェ兼スナックバー。広大な原野を眺めながら、お茶や軽食が楽しめる。自家製ケーキもおすすめ。

- 住 1, Bastion Street
- ☎ 21-4564264
- 営 8:00～19:00
- 休 ㊐　料 LM0.50～
- 語 英伊
- C A.D.M.V.
- 交 堡塁広場の一角

その他の地区のYH

YH リッャ・ユニヴァーシティ・レジデンス
Lija University Residence
リッャの町はモスタの南に位置する。ここは休暇村Holiday Complexのひとつで、庭園のほか、プール（子供用も）、テニスコート、レストランもある。2～3人部屋が中心で、全56室、202ベッド。客室の1/3には、キッチン、バスルームもあり、長期滞在にも最適。
- URL www.university-residence.com.mt

- 住 Robert Mifsud Bonnici Street, Lija
- ☎ 21-436168
- FAX 21-434963
- 料 LM3.20～5.50　朝食LM1.25
- 室 56室
- 休 10/15～3/31
- C A.M.V.
- 交 ヴァレッタからバス43、44、49番でリッャLija下車

バス利用の場合は、まずヴァレッタに出て乗りかえることになる

ゴゾ島のホテル

海が目前のリゾートホテルが多い
（リムジャールホテル）

ゆったりと自然の中でのリゾートライフを楽しむならゴゾ島がおすすめ。リゾートホテルはやや不便な場所に位置しているが、アクティビティも充実しており、レストランも併設されているので快適な滞在ができる。マルタの魅力を満喫するなら、本島だけでなく、ゴゾにも何泊か泊まりたい。

Xlendi　シレンディのホテル

★★★★　セント・パトリックス・ホテル　P.304 B1

St. Patrick's Hotel

シレンディ湾に面したリゾートホテル。全室バルコニー付き。湾が目の前に広がるホテルのテラスカフェでのんびりしたい。ハイシーズン6〜10月
■読者割引|3泊以上で10%
URL www.riborg.com/stpatricks

- Marina Street Xlendi, Gozo
- ☎ 21-562951
- Fax 21-556598
- S 1人LM9〜15／14.5〜25
- 42室　2食、3食付きがおすすめ
- C A.M.V.

Xaghra　シャーラのホテル

★★★★　コルヌコピア・ホテル　P.304 A1

Cornucopia Hotel

緑の田園に位置する農家を改築したホテル。広い敷地にプール、レストラン、アパートタイプの客室などがある。海とは離れているものの、海岸にはウインドサーフィンやダイビングセンターなどの施設がある。

- ハイシーズン7/16〜9/30
- URL www.vjborg.com
- 10,Gnien Imrik Street Xaghna
- ☎ 21-556486　Fax 21-552910
- S LM11.25／25.50
- T LM22.50／39
- 50室　朝食込み　C A.M.V.

その他の地区のホテル

★★★★★　タ・チェンチ　P.304 B1

Ta'Cenc

ゴゾ島南部、マルタとコミノ島と青い海を見下ろすリゾート気分いっぱいのホテル。石造りの建物が夜、灯に照らしだされるさまはロマンティック。ふたつのプール、ジャクージ、テニスコートのほか、美しいプライベートビーチまではミニバスでの送迎あり。

- ハイシーズン7〜9月、年末年始
- Sannat　☎ 21-561522
- Fax 21-558199　S LM48〜58／60
- T LM41.50〜37／47
- LM60〜56／67
- SM LM55〜51／61
- 83室　C A.D.J.M.V.

★★★★★　リムジャール・ホテル　P.304 B2

L-Imgarr Hotel

海峡越しにマルタ島とコミノ島を眺望するホテル。海を望む断崖上にプール、屋上にはガーデンレストラン（夏季のみ）が配され、コロニアルな雰囲気があふれる。ヴィクトリアの町やラムラ湾のビーチへの無料送迎バスあり。

- URL www.l-imgarrhotel.com
- ハイシーズン7〜9月、年末年始
- Mgarr GSM 104　☎ 21-560455/7
- Fax 21-557589　S LM20.50〜35
- T LM12.50〜23
- SM 1人LM21〜35
- 74室　朝食込み　C D.J.M.V.

Column　ゴゾ島のバス

マルタ本島のバスに比べベーシックな色のゴゾ島のバスだが、利用する際には充分なリサーチが必要だ。何といっても本数が極端に少ない。フェリーの到着するイムジャールからヴィクトリアまでの足は問題がないが、海岸での海水浴や遺跡見学を予定しているのなら、まずヴィクトリアのバスターミナル（といってもさみしい！）で、詰め所の係員に運行予定をしっかり教えてもらおう。時刻表もはってある。多くの町行きのバスは、1時間に1本程度の運行だ。
（マルタは2度目'02）

グレーに赤の線が入ったゴゾ島のバス

ホテル・レストラン

マルタ共和国

マルタの食事

手頃なスナックが多い

ピッツァなどイタリア料理が人気

どこで食べる？

　場所はリッチな雰囲気の高級ホテルのダイニングから庶民的なスナック・バー。料理はマルタの郷土料理、家庭料理、イタリア料理、中国料理、インド料理、ピッツェリア、ファストフードなど。店の数も種類も多く、さまざまなシチュエーションに応えてくれるマルタ。

マーケットにはできたてのお菓子が並ぶ

ホテルの食事　家庭料理風で飽きない

　レストランは料理のほか、海を見渡す立地や伝統的な雰囲気を売り物にしているところも多い。営業時間は昼12:00～14:30頃、夜18:00～22:30頃で日曜・祝日は多くの店が定休日。

　手軽に利用できるのが、スナック・バーやカフェ、ピッツェリア。スナック・バーは庶民的な雰囲気で町の人がよく利用する場。飲み物のほか、ホットドッグやハンバーガー、ラザーニアなどもあって、軽い食事にいい。どの町でもメインストリート近くにあり、店先にピッツァやライスコロッケなどを並べているので、すぐに気付くはずだ。

マルタ版チーズケーキも軽食に便利

　マルタで楽しみたいのが、カフェ・ライフ。歴史ある雰囲気が楽しめるヴァレッタのカフェ・コルディナCordina、潮風と太陽が満喫できるスリーマの海岸沿いのカフェ、リゾート気分でのんびり過ごしたい海辺のパラソルの下と実にさまざまな楽しみがあふれている。カフェでは飲み物やケーキのほか、スナック・バーよりやや手がかかっている料理もそろっている。カフェやスナック・バーは早朝から営業するが、昼休みを取るところも多い。また町なかでは夜は19:00頃に閉店するが、夏には海沿いのカフェは深夜までにぎわう。

　ご多分にもれず、ここマルタでも町歩きの際には、マクドナルドやピザ・ハットなどもかなり目に付くはず。また、英国統治の歴史を反映してイギリス風パブもセント・ジュリアンあたりには多い。

　さて、最後にマルタでは宿泊ホテルで食事をすることが多いのもひとつの特徴だ。5つ星のみならず1つ星まで、ほとんどのホテルがレストランを併設している。ホテルのランクにもよるが、マルタの家庭料理からさまざまな料理が楽しめる。食事付きのハーフ・ボード（ペンショーネ）を提供するところも多いし、アラカルトでの利用もできる。もちろん宿泊者以外の食事もOKなので、時には出かけてみたい。

オープンカフェが主流

果物はマーケットで
調達しよう

メニューの読み方

マルタ語のほか、英語が併記してあるので、それほど心配はいらない。イタリア料理の店ではイタリア語も併記されている。観光客の多い店では写真付きのメニューもあってわかりやすい。

コースはあるの？

コース・メニュー＝定食を提供する店もあるが、イタリア料理のように前菜、プリモ、セコンドとこだわる必要はない。前菜とメイン、あるいはメインだけでも問題ない。メインにはサラダとポテト・フライが付け合わせてあることがほとんどなので、バランスもいい。1皿のボリュームもタップリなので、女性ならメインだけで充分な人も多いはず。料理には皮がカリッと香ばしく、中が柔らかなマルタ・パンが添えられる。パンにバターやマーガリンをタップリと付けるのもマルタ流だ。

ひとつの料理に値段がふたつ？

レストランでは一般的に、料理代金には税金VATは含まれているが、サービス料は含まれない。勘定書にサービス料が含まれていなければ、チップを置くのが普通。一般的に10%程度といわれるが、そこはあなたの気持ち次第。カバーチャージは店により請求されたり、されなかったりする。

ちょっと変わっているのが、料理代金がふたつ表示されている場合があること。これは、注文額が規定料金以下の場合は高い方の料金になるということ。低価格の前菜やパスタ料理などに多く表示されている。これとは別に、規定料金以下の場合はカバーチャージを請求されることもある。また、メニューに「いくら以上の注文をお願いします。」と書かれている場合もあって、少し驚かされる。でも、メインを頼めば1皿で規定料金はクリアするのでご心配なく。いずれにせよ、メニューには必ず表示してあるのでチェックしてみよう。

レストランでも1皿で済ませることができるマルタならでは、あるいは世界中から集う旅行者の不作法に悩まされたマルタ人の知恵なのか不明だが、当地ならではのシステムだ。

ハンバーガーにも
サラダやポテトがタップリ

マルタ名物のさまざまなお菓子。
いろいろ味わいたい

魚の名前をマルタ語で

Gambli ta' l-Imperjal (Giant Prawns)	大型エビ
Awwista（Lobster）	ロブスター
Lampuki（Lampuki）	シイラ
Lampuka（Dorado）	タイの類
Spnotta/Dott（Stone Bass）	スズキの類
Cerna（Grouper）	ハタ
Pixxipad（Swordfish）	メカジキ
Qarnit（Octopas）	タコ

（ ）内は英語

マルタ共和国

マルタの食事

マルタ料理

英国、イタリア、北アフリカ料理の影響が強いマルタ料理。周囲をとりまく海、緑の大地から生まれるさまざまな産物がテーブルに上る。料理自体は野菜を多く用い、素朴で健康的な味わいだ。いずれもニンニクやハーブを多用し、香り高い。また、肉類では牛肉などのほか、ウサギがよく食卓に上る。

スープ類 Soppa(Soups)
(マルタ語　英語)

Aljotta（Fish Soup）
ニンニク風味のフィッシュ・スープ。魚介類は細かくなっていて姿はない。

Minestra tal-Haxix（Vegetable Soup）
パスタ入り野菜スープ

Kawlata(Vegetable Soup with Meat)
ソーセージとパスタ入り野菜スープ

パスタ入り野菜スープ

タコとトマトソースのスパゲッティ

野菜料理 Haxix(Vegetables)

Bzar Ahdar Mimli（Stuffed Green Peppers）
大型ピーマンの詰め物。挽肉、パン粉、オリーブなどを詰めたオーブン焼き

野菜とピーマンの詰め物

Bringiel Mimli（Stuffed Aubergines）
大型ナスの詰め物

Kappunata（Caponata）
トマト風味の野菜の蒸し煮。マルタ風カポナータ、ラタトゥイユ

パスタ、米類 Ghagin u Ross (Pasta & Rice)

Ravjul（Ravioli）
リコッタチーズ入りのラビオリ

Mqarrun fil-Forn（Baked Maccaroni）
マカロニと野菜のグラタン

Timpana（Baked Maccaroni in Pastry）
ソースで和えたマカロニのパイ包み焼き

Spaghetti biz-zalza tal-qarniet（Spaghetti with Octopus Sause）
タコとトマトソースのスパゲッティ

Ross fil-forn（Baked Rice）
ベイクドライス。挽肉と野菜類、米をオーブンで焼いたもの

肉類 Laham(Meats)

Bragioli（Beef Olives）
牛肉のロール。薄切り牛肉で挽肉を巻き、ワインで蒸し煮にしたもの

Laham fil-foln（Roast Pork /Beef）
肉類のロースト

Canga bil（Roast Beef Maltese Style）
マルタ風ローストビーフ

Pulpettun（Meat Loaf）
ミートローフ

ウサギの蒸し煮

Fenek Stuffat（Stewed Rabbit with Red Wine）
ウサギの蒸し煮、赤ワインとニンニク風味

Bil-Fenek（Fried Rabbit）
ウサギのフライ。フライドチキンに似ている

Zalzett Ta'（Maltese Sausage）
マルタ風ソーセージ

魚介類 Hut(Fishes)

Pixxipad Mixwi (Grilled Swordfish)
メカジキのグリル

Torta tal-Lampukin (Lampuki Pie)
シイラとカリフラワーのパイ

Lampuki biz-zalza pikkanti
(Lampuki biz-zalza pikkanti)
シイラのフライ、玉葱のソース添え

Lampuki ghad-Dobbu
(Lampuki in Wine and Garlic)
シイラのワイン蒸し煮、ニンニク風味

メカジキのグリル

Stuffat tal-Qarnit (Octopus Stew)
タコのトマト煮

Platt tt'Hut Frisk Differenti
(Sea Food Platter)
魚介類の盛り合わせ

Bebbux fil-Ooxra-bl-Arjoli
(Snail with Garlic Sauce)
エスカルゴのニンニクソース

デザート Helu(Sweet)

Prinjolata (Pienut Gateau)
ナッツとクリームのケーキ

Torta tal-Marmurat
(Almond and Chocolate Pie)
チョコレートとアーモンドのパイ

Gelat (Ice Cream)
アイスクリーム

Frott Frisk (Fresh Fruit)
果物

Gbejniet Friski (Soft Fresh Cheese)
柔らかいフレッシュチーズ

Gbejniet Moxxi/Mghoxxi
(Dried Cheese)
ドライチーズ

Gbejniet Talbzar/Bil-Bzar
(Pappered Cheese)
胡椒をまぶしたフレッシュチーズ

Column　マルタのビールとワイン

英国統治の歴史を持つマルタは英国風パブも多い。もちろんビールも生産されていて、ラガーのチスクCisk、エールのホップ・リーフHop Leafなどが代表的。

幾千年の長い歴史を誇るワインも生産され、しっかりとした口あたりとアルコール度数が高いのが特徴だ。Marsovinが代表的なワイナリーで、レストランでも必ずお目にかかる。赤、白、ロゼのほか、シャルドネChardonnay、ピノPinot、メルローMerlotなどブドウ名を付けたヴァラエタル・ワインもあり、ワイン通には評判がよい。

ビール入りビスケット

ナッツとクリームのケーキ

お菓子

Kannili ta'l-Irkotta
(Cornets Filled with Rikotta)
リコッタ入りロールパイ。シチリアのカンノーリに似ている

Imqaret (Date Pies)
デーツのペーストとアニス入りの四角い薄型パイ

Qaghaq tal-Gulgien
(Sesame Ring Biscuits)
ゴマ入りハードビスケット

白いヌガー

Qaghaq ta'l-Ghasel (Honey Rings)
大きなリング状に黒い中身がのぞく糖蜜、ココア、果物のピール入りのビスケット

Qubbajt (Maltese Nougat)
ナッツ入りの白いヌガー。祭りの屋台に欠かせないもの

Zeppoli ta'san Guzepp (Fried Choux)
ナッツと蜂蜜かけの揚げシュー

Pastizzi (Pie with Rikotta)
リコッタ入り貝殻型のパイ。ナポリのスフォリアテッラに似ている

マルタの食事

マルタ共和国

マルタの歩き方

■マルタ航空 Air Malta
●マルタ国際空港
　（ルア空港）内
☎ 21-223596
●ヴァレッタ
住 Republic Street
☎ 21-243777
【イタリア国内】
●ローマ
住 Via Barberini 50
☎ 06-4814957
Fax 06-4872175
●ミラノ
住 Corso Monfarte 45
☎ 02-784063
Fax 02-76001975
●ナポリ
住 カポディキーノ空港内
☎ 081-7514555
Fax 081-7514554
●パレルモ
住 Via Cavour 70
☎ 091-6111233
Fax 091-6111238

■マルタ航空
日本地区総代理店
住 〒105-0004 東京都港区新橋
2-16-1ニュー新橋ビル1107
☎ 03-3519-6657
Fax 03-3502-6465
※2005年5月以降移転予定のため、メールで問い合わせのこと
e-mail airmalta@mtajapan.com
URL www.airmalta.com

●ヨーロッパの主要都市
からの所要時間
フランクフルト　3時間30分
チューリッヒ　　2時間
パリ　　　　　3時間15分
ローマ　　　　1時間30分
パレルモ　　　1時間
カターニア　　1時間

■入国カードの書き方
ちょっと気になる書き方や英単語を整理しておこう
③生年月日
　日、月、年の順で記入
⑤国籍
　日本：Japanese
⑥職業
　学生：Student
　会社員：Company employee
　主婦：Homemaker
　定年退職者：Retired
⑨滞在目的
　観光：Sightseeing

●日本からマルタへ

日本からの直行便はないので、ヨーロッパの都市から乗り継ぐことになる。マルタへはマルタ共和国国営のマルタ航空のほか、ヨーロッパ主要航空会社の定期便が運航している。日本からは一般的には、乗り継ぎのため、1泊する必要がある。まずはイタリア観光の後に、マルタに向かうのもよい。

国営のマルタ航空はヨーロッパの主要36都市と結ぶ

日本から最短時間でマルタへ向かうには、日本航空または全日空のフランクフルト便を利用し、フランクフルトでマルタ航空に乗り継げば、その日のうちにマルタへ到着することもできる。

格安航空券では無理の場合もあるが、一般的には日本とヨーロッパ間以外に2フライト無料になるストップ・オーバーを利用するのが経済的だ。

さあ、マルタ国際空港に到着だ

マルタ共和国入国カード

①姓
②名
③生年月日および出生地
④性別　F／女性
　　　　M／男性
⑤国籍
⑥職業
⑦パスポート番号
⑧パスポートの発行日
　と発行場所
⑨滞在目的
⑩日本の住所
⑪マルタでの滞在場所
⑫マルタ出国日
⑬署名

●マルタ国際空港　ヴァレッタの南6kmに位置する。ルアLuqa空港とも呼ばれる。1992年にできた、まだ新しい空港だ。航空機で到着すると、乗客は徒歩で空港ターミナルビルに向かうことになる。そのままターミナルビルに入ると、そこがビルの2階部分になる。入口の正面右側には入国審査のカウンターが見えるので、迷うことのない小規模な空港だ。カウンターの

空港ターミナルビルではショッピングも楽しめる

先には、みやげ物や食品を売る近代的な売店がある。入国審査終了後は、正面のエレベーターか、階段を利用して1階の到着ロビーに出よう。到着ロビーには、観光局 ❶、銀行（両替所）、郵便局、レンタカーカウンターなどがある。出国時には、出国ロビーで、チェックインをしてから、エスカレーターで2階に上ろう。出国審査の前に、広々としたカフェテリアで喉を潤すのもよい。出国審査終了後の待合室には、小規模だが免税店もあり、マルタ名物のお菓子や銀細工などの工芸品が売られている。ヨーロッパのブランド化粧品なども揃っている。

空港内のカフェテリア。軽食もある

●マルタへの入国　マルタへの入国に当たっては、飛行機の中で入国カードをもらった人で、記入済みならば、パスポートとともに審査官に提出すればよい。税関申告書も機内で配られる場合があるが、規定内の持込ならば一般的に無審査だ。

　入出国カードを持っていない場合には、入国審査のカウンターの前に、書類を記入するコーナーがあるので、そこを利用しよう。

　日本人の場合、入国審査は簡単に済むが、旅行目的、滞在日数、滞在場所などの質問を受けることがあるので、準備をしておこう。

　到着ロビーには、ふたつの銀行窓口とキャッシングATMがあるので、当面必要なお金を両替しておこう。また、日本人の場合、3ヵ月以内の滞在にはビザは不要。入国後の滞在延長は移民局で。

●空港から町へ　マルタ国際空港のある、ルアLuqaからは、バスかタクシーで主要な町やホテルに向かうことになる。到着ロビーを出た脇にバスの停留所がある。首都ヴァレッタのバスターミナルまでは、8番のバスが運行している。荷物が多い場合にはタクシーを利用することになるが、到着ロビーにはタクシー用のカウンターがあり、そこで行き先の料金が確認できる。料金表が張ってあるので、ぼられたりすることはない。係員がコントロールしており、運転手を呼んで行き先を告げてくれる。

空港内のタクシーカウンター。タクシー利用ならここをめざそう

■マルタ観光局日本事務所
住 〒105-0004 東京都港区新橋2-16-1ニュー新橋ビル1107
☎ 03-3519-6657
Fax 03-3502-6465
(資料請求は、返信切手390円分を同封のうえ、欲しい資料を明記して上記住所へ郵送のこと)
● 2005年5月以降移転予定のため、URL または e-mail にて確認のこと
URL www.mtajapan.com
e-mail info@mtajapan.com

■マルタ共和国名誉総領事館
住 〒151-0066 東京都渋谷区西原1-35-5
かすがマンション304号室
日本政治総合研究所内
☎ 03-3460-2392
開 月～金　10:00～12:00
　　　　　14:00～16:00

■移民局
Immigration Headquarters
住 Police Headquarters, Floriana
☎ 21-224001
Fax 21-247777

■免税範囲
　成人はタバコ200本、蒸留酒1本、ワイン1本、総額LM2を超えない香水を無税で持ち込める。

2005年1月現在
1LM=約330円

■空港からのタクシー料金
● 空港から
　ヴァレッタ　　　　　LM6
　スリーマ　　　　　　LM8
　セント・ジュリアン　LM8
● ヴァレッタ～スリーマ
　　　　　　　　　　　LM4
● スリーマ～セント・ジュリアン
　　　　　　　　　　　LM2

空港を出るとすぐ脇にバスの停留所がある

マルタの歩き方

マルタ共和国

マルタの歩き方

■**マルタ・シチリア間のヴィルトゥ・フェリーズのツアー**

●マルタ〜シチリア
マルタ発7:00、エトナ山、タオルミーナを回り、23:00帰港。
图 LM38（昼食、マルタ内の送迎別料金）

フュエルデナンデス号クルーズ

食事も意外とおいしく、とても楽しいクルーズで1日を過ごせました。ただ、そんなに大きな船ではないので、天気や季節によってはかなり揺れます。良い天気でも外洋は波があり、船酔いしている人もいました。体調の悪い時などは、大型船の「キャプテン・モルガン号」（同じスリーマ港から出航）などで、コミノ島（ブルー・ラグーン）へ直行して、のんびり過ごす方が良いかも知れません。
（兵庫県　レオ　'04）

●**イタリアからの船便**

　3社が海路イタリアとマルタのグランド・ハーバーとを結んでいる。マルタ〜ポッツァーロ間は高速フェリーで所要1時間30分、マルタ〜カターニア間は8時間30分、高速フェリーで3時間。ただし、季節運航だったり、自動車のみの乗船などで制約も多いので周到な準備が必要だ。

　また、片道切符は割高で、マルタ国外へ出るには出国税LM4、あるいは旅行税LM10が加算される。日帰り旅行にはこれらは加算されないため、マルタからはヴィルトゥ・フェリーズ社などが割安感のある日帰りのシチリア旅行を催行している。逆のシチリアからマルタ日帰りツアーもある。

　フェリーの予約は各会社の事務所のほか、各地の旅行会社でも受け付けている。

大型船の寄港するマルタ。船で入るのは旅情がある

イタリア各地からのフェリーが運航される

船会社・住所	TELとFAX	備考
グリマルディ・フェリーズ　Grimardi Ferries		夏季にサレルノ、ジェノヴァからフェリーを運航。URL www.grimardi-ferries.com
イタリア	予約 ☎ 0565-908933	
マルタ　Ta'Xbiex Terrace,Ta'Xbiex	☎ 21-318854	
ヴィルトゥ・フェリーズ　Virtu Ferries		カターニアから週1〜4便、シラクーサから週1便。ポッツァーロやカターニアから週1〜7便の高速フェリーを運航。URL www.virtuferries.com
マルタ　Marina Pinto Valletta	予約 ☎ 21-318854　FAX 21-345221	
【イタリア各地の予約事務所】		
ローマ	☎ 06-4817808 FAX 06-4741505	
カターニア　Piazza Europa 1	☎ 095-535711 FAX 095-535621	
マ・レ・ジ・シッピング／アイランド・シーウエイ MA.RE.SI SHIPPING LTD／ISLAND SEAWAY		カターニア、レッジョ・ディ・カラーブリアからフェリーを週1〜3便運航。
マルタ【SMS Travel & Tourism】 ヘッド・オフィス／サン・ジュリアン 27,Birkirkara Hill,St.Julian	☎ 21-320520 FAX 21-320658	
カターニア【S.Nicotra Bertuccio SNC】 Via Dusmet 131	☎ 095-325081 FAX 095-7159385	
レッジョ・ディ・カラーブリア 【Fratelli Labate di Francesco di Pericone G.,】 Via Bruno Buozzi 31/33	☎ 0965-892032 FAX 0965-899331	

マルタの交通

マルタ国内の公共交通といえば、まずはバスが挙げられる。英国統治の時代には、鉄道が敷かれていた時期もあったが、1930年代にはバスの運行に押され廃線になってしまったという。さて、そのバスだが、イギリスやアメリカで使われていた30～40年前の車体のバスが「♪いなかのバスは～」という古い歌がピッタリの懐かしい雰囲気で縦横に走っていたマルタだが、EU加盟も決まりバスも新型の車種に移行しつつある。かつてのクラシックタイプのバスは見かけることも少なくなり、各ドライバーが、好みのスタイルで飾り立てた懐かしいバスも随分少なくなってしまった。現在マルタのバスは、公共交通局Public Transport Associationにより運営されている。EU加盟を前に、バスの運行システムや切符の販売などの整備が進み、ヴァレッタのバスターミナルには最新の券売機がお目見えした。

そのほかの交通手段としては、**タクシー、レンタカー**のほか、マルタらしい観光馬車(カロッチン)がある。**カロッチン**は、古きよき時代の名残の4人乗り馬車で、少し前までは日常的に使われていた乗り物だ。変わったところでは、**ヘリコプター**も活躍している。マルタ島とゴゾ島の間はフェリーで結ばれているが、ヘリコプターの定期便もある。おもにはヘリコプター遊覧のために用意されているヘリコプターだ。

ヴァレッタのバスターミナルに停車中のバス

マルタ～ゴゾ間を結ぶフェリーにて

●バス

各町をバスが頻繁に結んでいる。小さな島を移動するには、便利な存在だ。マルタ本島のヴァレッタ、ゴゾ島のヴィクトリアのバスターミナルからはほとんどの路線が出発し、ふたたび元に戻るので観光にも便利。ホテルや観光局にはバスマップが置かれているので利用しよう。バスの運行時間は6:00～21:00頃。ただし、これはバスターミナルを出発する時間なので、実際はもう少し遅くまで走っている。夜遅くなる時は、帰りの時間を確認しておこう。週末は17:00頃が最終バスの時間だ。運行間隔は行き先により5～30分。島内の一番遠い場所へも所要1時間15分程度で、だいたい20～30分でどこへでも行ける。

ただ、ゴゾ島のアズール・ウインドーなど、一部便数が少ない場合もある。行き先によっては停留所の時刻表やバスターミナルの運転手詰め所などであらかじめ運行時間を確かめよう。時刻表よりも早めに出発することもあるので早めの準備を。

こぢんまりしたゴゾ島、ヴィクトリアのバスターミナル

にぎやかなマルタ本島、ヴァレッタのバスターミナル

■**公共交通局**
Public Transport Association
☎ 21-250007
URL www.atp.com.mt

■**バスのお釣りに注意!!**
最低料金が15セント。1LM渡すとお釣りをものすごく細かく渡されるのですが、時々ごまかされるときもあるので注意しましょう。
(富士市　斉藤尚子)['05]

マルタ名物の観光馬車、カロッチン

■**バスの時刻表はあてにならない?**
私はサン・ジュリアンに滞在していたのでどこへ行くにも一度ヴァレッタに戻り、運転手詰所で、どのバスに乗るのかを聞きました。けっこう親切に教えてくれました。時刻表とバス番号は、その日の乗客の様子次第でころころ変わるみたいです。実際タイムテーブル通りのバスを待っていましたが、なかなか来ないので運転手さんに尋ねたら「もうそのバスは今日は走らない。かわりに○○番が近くまで行く」なんて言われました。
(横浜市　モンテ)['05]

■**日本大使館は?**
マルタ共和国には日本の大使館はない。比較的治安がよいと言われるマルタだが、不注意でパスポートを紛失したり、思わぬアクシデントに巻き込まれた場合は、在イタリアの日本大使館などへ連絡する。P.369参照。

売店やミニスーパーが所狭しとある

マルタの歩き方

マルタ共和国

325

Malta

新しく登場したバスの券売機

バスの内部

●バスの乗り方

ヴァレッタのシティ・ゲート外の大規模なバスターミナルのほか、ゴゾ島のヴィクトリアなど、各町にはバスターミナルがあり、乗降もわかりやすい。バスターミナルの道路脇、およびバスには番号が掲げられているので、確認して乗り込む。バスターミナルの場合は乗り口の近くに係員が立ち、切符を売ることが多い。

道路脇のバス停からの乗車は、目指したバスが来たら手を上げてバスを停めて乗り込み、切符を運転手から買う。乗車の際には小銭を用意しておこう。また、途中から車掌が乗り込み、検札をする場合があるので、切符は下車するまで持っていよう。

●観光に便利なバス路線

【マルタ本島、ヴァレッタとを結ぶ】

ルア空港airport ———— **8**	スリーマSliema ———— **62、64、66～68**など
マルサシュロックMarsaxlokk ——**27、28、29、30**	セント・ジュリアンSt.Julian **62、64、66～68**など
イムディーナ Mdina ————**80、81**	タルシーンTarxien、ハイポジュウムHypogeum ——**11**
ラバトRabat ————**80、81**	スリー・シティーズ Three Cities ——**1、2、4、6**

【直通】

48	ブジッバBugibba ⇔ セント・ポールス湾St.Paul's Bay ⇔ メッリーハMellieha ⇔ チェルケウアCirkewwa（ゴゾ・フェリー乗り場）
645	スリーマSliema ⇔ チェルケウアCirkewwa（ゴゾ・フェリー乗り場）
65	スリーマSliema ⇔ セント・ジュリアンSt.Julian ⇔ タカーリTa'Qali ⇔ イムディーナMdina
86	ブジッバBugibba ⇔ モスタMosta ⇔ タカーリTa'Qali ⇔ イムディーナMdina
98	ヴァレッタ循環Valletta "Circular"

【ゴゾ島、ヴィクトリアとを結ぶ】

マルサルフォルンMarsalforn **21**、イムジャールMgarr（フェリー乗り場）**25**、ラムラ湾Ramla Bay **42、43**

※利用時は、必ず最新情報を入手して運行時間もチェックしてください。

バスのルートマップMain Bus Routesの読み方

ヴァレッタのバスターミナルなどで配布しているバスルートマップは、マルタ島を歩き回るには必携だ。右上には、広いヴァレッタのバスターミナルでのバスの停車場所が示されている。マップには、マルタ島の主要都市を結び、バスナンバーが落とされている。地図上ではゾーン分けもなされ、切符の料金がわかる仕組みだ。マップの右脇と裏には、主要路線の詳細な説明があり、ルートごとの経由地や運行時間、料金がわかるようになっている。年に2回発行されているので、最新のものを入手しよう。

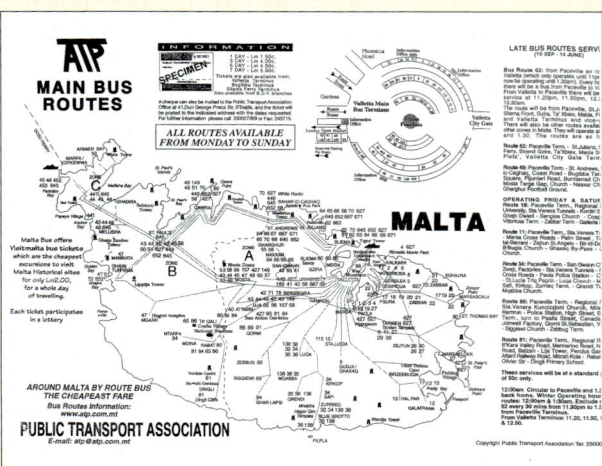

©Public Transport Association

Traffic Info.

2004年12月、ヴァレッタのバスターミナルには、新型の券売機が登場した。ゾーン制も導入され、着々と公共交通としてのバス改革が進行中だ。

降りる場合は、ゴムを引いたりしてベルを鳴らして合図をする。停留所などのアナウンスはないので、降りる場所がわからなかったら、運転手や周りの人に聞いてみよう。

●バスの切符

バスの1回乗りの基本料金は15セント。距離により異なり、ゾーン制が併用されている。ヴァレッタからだと1ゾーンA内は20セント、2ゾーンBまでは23セント、3ゾーンCまでは25セント。また、直行(急行)便は50セントで、循環ルート便は20〜30セントとなっている。

旧型のバス

従来は1週間バスのみの発行であったので、元を取るのが難しかったが、一日券(LM1.50)、3日券(LM4)、5日券(LM5)、一週間バス(LM6)が販売されるようになった(2005年1月現在)。

券売機の説明はゾーン分けされ、わかりやすい

●タクシー

メーター制ではなく、事前に運転手と交渉して料金を決める。観光客の私たちはボラれるのが心配。ホテルで呼んでもらって、料金も交渉してもらうのが安心。空港からは正面出入口左にタクシーカウンターがある。地域別に料金が決められているので、ここで代金を事前に支払ってから係員の指示に従ってタクシーに乗る。ここもやや高めに設定されている。タクシーはかなり旧式で乗り心地に比べ、(イタリアなどと比べても)料金も高い。もし、快適にマルタをドライブしたいなら、ホテルなどでハイヤーを呼んでもらおう。普通のタクシーに比べると、かなり快適だ。

基本的に流しのタクシーはないので、タクシー乗り場から乗りこもう

▶マルタ旅行の注意点

なぜか私の場合、開館時間の変更に悩まされました。その日の都合で変更されることも少なくないようです。閉館時間も早いので、ご注意を。また、ガイド付き見学も多いのですが、かなり早口の英語で理解することが難しかったのも残念。
（扶一子 '02）

●レンタカー

ヨーロッパからの旅行者は割安感があるためかレンタカーをよく利用している。バスの時間を気にせず、辺鄙な場所にも行けて便利な存在だ。日本で予約のできる大手のほか、現地の業者もある。

大手各社は空港にカウンターがある。事務所はやや郊外に位置するため、ホテルまで車をデリバリーしてくれることも多い。車種はやや変わるが、現地の業者では大手よりやや安い価格で提供している場合もあるので、直接現地で借りる場合はホテルで相談するのもいい。日本同様、

空港のレンタカーカウンター

■レンタカー事務所
日本での予約などについては、本書の技術編(P.346)を参照。
● AVIS
☎ 空港　　　　21-232422
　マルタ島　　21-225986
　ゴゾ島　　　21-558582
● Budget
☎ 空港　　　　21-232811
　事務所　　　21-314637
● Alcapone
☎ 21-521477

マルタの歩き方

マルタ共和国

Malta

■レンタ・バイクと
貸自転車
●Albert（Bugibba）
☎21-571882
●Hillywhite（St.Julian）
☎21-335921
●Victor Sultana
（Victoria,GOZO）
☎21-556414

■ヴァレッタ⇔スリーマ間
のフェリー
●ザ・マルサイムシェット・
フェリー・サービス
The Marsamxetto
Ferry Service
☎21-335689
🎫LM0.35
8:00～18:00頃まで30分～1時間ごとの運航。日祝は16:00まで。グランド・ハーバーと逆の北側のMarsamxett Harbourからの出航。

車は左側通行なので日本と同じだが、カーブの多いマルタの道は運転に慣れた人でないと難しい

左側通行で速度制限は高速道路で64km、市街地40km。レンタカーは25～75歳までの貸し出し、21歳からは保険Volkaskoに加入する条件で貸し出し可。パスポートと国際免許が必要。

ただ、場所によっては道幅が狭く、ヴァレッタは一部車の進入禁止かつ一方通行ということも覚えておこう。

●ミニバス
8人乗り程度の赤いバンで、グループでの貸切。ホテルなどで手配してくれる。ある程度人数がまとまればタクシーより割安だ。

グループ旅行ならミニバスの利用がおすすめ

●レンタバイク、貸し自転車
気持ちよい風を受けてのレンタバイクや自転車もよい。ただし、坂道が厳しいし、排ガスがあるのを覚悟できる人向け。

●フェリー
ヴァレッタとスリーマを結ぶ5分間のフェリーは町の人の便利な足として30分から1時間置きに運航されている。また、ゴゾ島へ向かう船でもひととき、船旅が楽しめる。

マルタ島からゴゾ島へは30分の船旅

マルタの人の足、フェリー

マルタ島側のフェリー乗り場、チュルケウアのバス乗り場

✉ 「マルタからイタリアへ」どこに着くかが問題だ

私たちはヴァレッタのシティ・ゲートの近くの旅行会社（■SMS社、住=311, Republic Street ☎=21-232211）でポッツァーロまでの切符を買いました。出航は朝7:00と早いし、30分前には港で手続きをしなければなりません。というわけで、港まではタクシーを前日までに予約しておきました。快適な高速船で1時間30分でシチリア島の南端のポッツァーロに到着。マルタ島では、誰もが主要都市へのバスが運行していると口を揃えましたがバスは観光ツアーのもののみがズラリと港に並んでいるだけ。港の誰に聞いても、バスはないというのです。タクシーがどうも1台あるだけ。どうもフェリー会社のサービス便のバンが町まで送ってくれるらしい。乗ってひと安心していると、バンは町の小さな広場で私たち全員を降ろして行ってしまった。広場にあるフェリー会社の事務所に聞くと、目の前のバス停からプルマンがあるといういうし、または駅まで2kmを歩いて行けるという。荷物を持っての移動は不可能なので、2時間ほど待ってプルマンに乗って最寄りのモディカModicaの町へ。ここからはシラクーサ（所要2時間）やパレルモなどへプルマンがある（日祝はかなりの減便なので注意）。1～3時間間隔の運行なので、ここでも気長にバスを待とう。

ちなみに、ポッツァーロとシラクーサ間は列車で1時間10分。これも1～2時間に1本なので注意。
（東京都 ソレッラ2）['05]

フェリーや高速船利用者は、旅行会社などでパンフレットを入手しよう

Traffic Info.

●クルーズ

このほか、観光客向けにキャプテン・モルガン社などでは、ヴァレッタ周辺を大型の遊覧船で回るツアーや優雅なヨットでのゴゾ、コミノ島クルーズを実施している。マルタの周囲には美しい海が広がるので、一日クルーズで過ごすのも楽しい。各旅行会社でも予約可。

歴史の町スリーシティズの湾をクルーズする（冬季のおすすめクルーズ）

●エクスカーション

マルタを効率よく回るエクスカーションも各旅行会社で催行されている。夜に催行されるマルタの伝統的料理と民族舞踊をセットしたもの、祭り見物をはじめ、ゴゾ島やワイナリー見学などもある。また、ゴゾ島の荒地をジープで行く、マルタ・サファリMalta Safariやヘリコプター遊覧なども催行している。予約は各旅行会社で受け付けている。

マルタ滞在中1度は海に出てみたい

■エクスカーション・ツアー催行旅行社
●セント・ジュリアン
住 27 Birkirkara Hill, St.Julian
●ヴァレッタ
住 311 Republic Street, Valletta
予約受付 ☎ 21-32062032
このほか、町なかやホテルに掲示があるので、興味があったら聞いてみよう。

■キャプテン・モルガン・クルーズ
CAPTAIN MORGAN CRUISE
住 Dolphin Court, Tigne Seafront, Sliema
☎ 21-343373 FAX 21-332004
e-mail info@captainmorgan.com.mt
URL www.captainmorgan.com.mt
【ハーバー・クルーズ】
Traditional Harbour Cruise
営 10:00～14:45（5便/日）
料 LM7
【コミノ島クルーズ】Comino Cruise
催 5、6、10月の月水金、7～9月毎日
料 LM7.50

楽しいポパイ・ヴィレッジへのエクスカーション

楽しいマルタのボートで周遊

エクスカーションなら巨石神殿巡りも効率的にできる

✉ クルーズ体験記

旅行会社でもらったパンフレットを丹念に読んで、私たちはゴゾ、コミノ島とブルー・ラグーンのクルーズを選びました（Fernandes Gozo, Comino & The Blue Lagoon 料 LM20、催 5、6、10月の月水金土、6～9月毎日、4月の月金、11月の水）。ホテルへの送り迎え、スナックやビュッフェのランチ付きで、船は2本マストのフェルナンデス号という87フィートのクルーザーです。ホテルに8:30にミニバスが迎えに来て、9:15にスリーマを出航。まずは美しい海を滑り出し、遠く町並みやゴツゴツとした岩の岩礁を眺めながら、ゴゾ、コミノ島を巡ります。午前午後の各1回停泊して、泳いだり、シュノーケリングを楽しみます。

ゴゾ島周辺は深い緑の海。ブルー・ラグーンとも呼ばれるコミノ島周辺の海はエメラルドグリーンとコバルトブルーに輝き、体が染まるような海で泳ぐのはうれしい喜びでした。とくにコミノ島は岩場がちですし、飛び込み上手かかなり泳ぎ自慢でないと、陸から船のあたりの輝くような海域には行けないでしょう。このとき、別料金で洞窟へ行くモーターボートが出たりします。

私たちの乗った船のキャビンにはトイレやシャワー、バールも完備されていて快適でした。午後には果物のスナックが出て、再び、クルーズしてスリーマに17:30帰船。クルーズの予約はかなり早めに満員になるので、マルタに着いたら早めに予約を入れるのがいいと思います。クレジットカードも使えました。バスタオルなどはないので持参してください。（東京都 森治子）['04]

✉ この記事の通り、とてもgoodなクルーズでしたとの投稿あり。 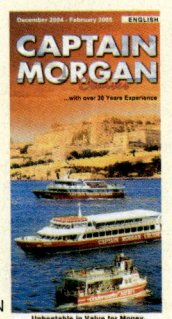
旅行会社やホテルでCAPTAIN MORGANのパンフを入手しよう

マルタの歩き方

マルタ共和国

総合インフォメーション

雨季でもOK

11月下旬から12月はじめに滞在しました。この期間は雨季ですが、日本の梅雨のようではなく、ちょっと雨宿りすれば止んでしまいました。暑すぎないこの季節もおすすめだと思いました。ただし、坂道の多い町ですので、ちょっと降っただけでも、場所によっては川のように流れるので、この季節は雨対策の靴があるといいです。
（大阪府　母娘ホリディー '02）

■時差と夏時間

夏時間は3月の最終日曜日から9月最終日曜日まで、日本との時差はマイナス7時間。
冬時間では時差8時間。冬時間のマルタ正午が日本の20:00。

両替事情

2004年にEUに加盟したマルタですが、'04年9月は通貨はマルタリラのままでした。空港でユーロで円から両替するしかありません。空港内に2ヵ所ある銀行のうち、円を扱っているのはHSBCのみでした。レートも悪く、手数料もとられました。ヴァレッタや町中のATMでキャッシングを利用するのが、レートも良く、24時間利用できて便利です。　　（兵庫県　レオ '04）
2006年または2007年からユーロの導入が予定されています。'05年現在は、一部の商店などではユーロでの支払いもできます。

カード支払いの際は確認を

レストランで食事をしてカードで支払ったところ、金額が書き換えられて請求されてしまいました。イタリアなどではあまり見かけなくなりましたが、そのレストランではチップ欄と合計欄をお客が書き込む伝票が使われていました。この欄に数字を書き込まれてしまったようです。チップ欄と合計欄も自分で書き込みましょう。カード会社に調査を依頼して、返金してもらえましたが、ご注意を。
（兵庫県　レオ '04）

●マルタの地理

飛行機から望むマルタ島。あまりの小ささに驚く

マルタストーンの石切り場にて。マルタ産のこの石が家の建築に使われる

シチリア島の南93km、チュニジアに挟まれ、地中海の真ん中に浮かぶ共和国。本島のマルタ島、西のゴゾ島、このふたつに挟まれたコミノ島と、ふたつの無人島からなり、総面積は316㎢。淡路島の約2分の1、佐渡島の約3分の1の大きさだ。

●マルタの歴史

紀元前5000年頃シチリアと陸続きであった頃の動物の骨も発見されている

紀元前8000年、あるいは5000年からの歴史を誇るマルタ島。
その歴史の第1ページを飾るのは巨石神殿文化だ。海を挟んだエジプトのピラミッドより古い歴史を有することが科学的に明らかになってから、マルタは「地中海文明の源」と考えられている。40トンにも上る実に巨大な石を積み上げた巨石神殿が各地に残る。現代技術をもっても容易ではない、その建築技術はいまだ謎に包まれている。青い空と海のもとに広がる神殿は数千年の時を超えて見る者を圧倒する。そしてまた、高度な文明を誇った人々は忽然と姿を消してしまったのだった。
その後、古代フェニキア人、ギリシア人、カルタゴ人、ローマ人、アラブ人、ノルマン人、カスティーリャ人など、多くの民族がマルタに足跡を残した。この間、西暦60年には聖パウロが漂着し、キリスト教が伝わったといわれる。

ゴゾ島ジュガンティーヤ神殿は紀元前4000年頃のものと言われる

●気候

温暖で雨が少ない。日本の気候よりも乾燥していて、夏はやや暑く、冬は温暖。夏冬問わず、日本よりやや薄着で充分だが、秋にアフリカ大陸から吹くシロッコをはじめ強風が吹くことがあるので、秋冬はウインドブレーカーなどの風対策の服装も必要だ。夏季は太陽が照りつけ夏枯れの様相だ。11～3月は雨期で雨具が必要。いちばんにぎわう観光シーズンは6～8月、泳げるのは5～11月。

年間の半分以上は泳げるマルタ

●**言葉** 公用語はマルタ語と英語。マルタ語はアラビア語に似ている。イタリア語もホテルやレストランでは通じることも多い。

●**水** 水は貴重品。水道水は海水から作られるため、やや塩味がするが飲んでも安全。ホテルでもシャワーや浴槽用の水が黄色く濁っている場合もあるが心配はない。水はたいへん貴重なものなので、観光客も大事に使いたい。ミネラルウオーターも各種揃っている。

●**通貨**

通貨単位はマルタリラでLMと表記。1マルタリラは100セント（LM1=100￠）紙幣はLM20、LM10、LM5、LM2。硬貨はLM1、￠50、￠25、￠10、￠2。

主要な町には必ず銀行がある（セント・ジュリアンにて）

このほかさらに小さな単位のミル硬貨がある。イギリス統治の影響か、マルタリラを「ポンド」、セントを「シリング」と呼ぶことも多い。

このほか、金貨、銀貨があるが、額面のほか、手数料を支払っての購入となり、国外への持ち出しにはマルタ中央銀行発行の許可証が必要だ。

マルタリラの持ち込みはLM50、持ち出しはLM25まで。外貨には持ち込み、持ち出しの制限はないが、通関の際に申告が必要だ。また、入国時に申告した以上の外貨持ち出しはできない。

2006年または2007年よりユーロ€の導入が予定されている。1LM=€2.3137（固定）。すでに一部の商店でも利用可能だ。

●**電話**

マルタ国内の最低通話料は5セント。日本へは0081のあとに市外局番の0を除いた番号を続ける。マルタからはどこからでもほとんどの国にかけられるが、ホテルによっては客室からは直接かけられない場合もあるので、ホテルの人に確認しよう。また、オペレーターを通すと、料金はやや割高だ。

町なかの赤い電話ボックスからもかけやすい。手持ちの硬貨や料金が心配なら、テレマルタ Telemalta ☎338221でテレホンカードを購入しよう。

英国風の電話ボックス

マルタの英語

マルタはイギリス統治が長いため、ブリティッシュ・イングリッシュの影響を受けています。英語を母国語としない人達の大変わかりやすい英語に感じました。（在英国 Y.O.）['05]

カイロは必携

冬ならカイロが必要です。寒い！風は冷たいし、家は石でできているので底冷えします。（静岡県 村田朋世）['05]

両替について

日本円でOKです。空港、町の銀行もレートはさほど変わりません。ただし、手数料が表記されておらず、額もマチマチです。気になったら、レートのほか、手数料も最初に確認しましょう。ちなみに、空港では1万円=32.44LM、町の銀行で4000円=12.80LMでした。銀行などの時間外には両替機が便利。ただし、円は使えないので旅行で余ったユーロやドルがあったら持って行くといい。（大阪府 母娘ホリディー）['04]

公衆電話について

電話の性能があまりよくありません。番号は、「これでもか」というくらいにゆっくり押したほうがよいでしょう。カードもゆっくり差し込み、戻ってきても何回かやりなおしましょう。（おひめ）['05]

マルタの歩き方　マルタ共和国

■日本での国際電話の問い合わせ先
■KDDI
☎0057(無料)
■NTTコミュニケーションズ
☎0120-506506(無料)
■日本テレコム
☎0088-41(無料)
■au
☎0077-7-111(無料)
■NTTドコモ
☎0120-800-000(無料)
■ボーダフォン
☎157
(ボーダフォンの携帯から無料)

■ヴァレッタの中央郵便局
Auberge d'Italie
住 Merchants Street
☎ 21-224421
開 (月)〜(金)　8:15〜16:30
　　(土)　　　　8:15〜12:30
　　(日)(祝)　休み
地 P.277 B1

●クレジットカードによる通話
音声案内に従ってクレジットカードによる支払いができるサービスは、KDDI(スーパージャパンダイレクト)が実施している。

電話のかけ方

日本への電話のかけ方

00	+	81	+	相手先の番号
国際電話識別番号		日本の国番号		(市外局番の最初の0は取る)

日本からマルタへの電話のかけ方

市外局番はない

国際電話会社の番号	国際電話識別番号	マルタの国番号	相手先の電話番号
KDDI※1 ……………001	010	356	0123-45
NTTコミュニケーションズ※1……0033	※2		※3
日本テレコム※1………0041			
au(携帯)※2 ……005345			
NTTドコモ(携帯)※2 009130			
ボーダフォン(携帯)※2 0046			

※1 「マイライン」の国際区分に登録している場合は不要。
詳細はURL www.myline.org
※2 NTTドコモ、ボーダフォンは事前登録が必要。
※2 auは、010は不要。
※3 旧市外局番の0からダイヤル。

現地での電話のかけ方
市内通話、市外通話ともに、0ではじまる旧市外局番からダイヤルする。

●プリペイドカード
現地でもテレマルタが販売している。日本国内の空港やコンビニエンスストアであらかじめ購入し、現地で利用するものとしては、KDDI(スーパーワールドカード)がある。

●郵便
日本へはハガキ￠37、封書20gまで￠37。切手は郵便局のほか、みやげ物店やホテルなどでも購入可。

英国統治時代をしのばせる郵便ポストと電話ボックス

民族衣装のマルタ美人の後ろに、日本と同様の赤いポストが見える(ヴァレッタのリパブリック通り)

●銀行・両替

両替は、銀行Bank、両替所Foreign Exchange Bureaux、旅行会社、ホテルなどでできる。空港の両替所は24時間営業。銀行の営業時間は午前中で終了する。夏季の金曜には午後14：30〜16：00頃に再び営業する場合もある。

主要銀行HSBCとBank of Vallettaのふたつ

また、両替所などは夏季の平日8：00〜21：00、土曜8：00〜17：00、日曜9：00〜13：00も営業している。この時間を外したら、各銀行の道路側に置かれた自動両替機やＡＴＭ機でクレジットカードを使ってのキャッシングが便利だ。クレジットカードも多くの場所で使えるので、カード利用が便利だ。イタリア同様、日本で円をわざわざドルなどに両替して行く必要はない。円も充分に通用する。

キャッシングが一般的

■銀行の営業時間
■HSBC銀行
6/15〜9/30
月〜金　8：15〜12：45
　　　　14：30〜16：00
土　　　8：15〜11：30
10/1〜6/14
月、水〜金　8：15〜12：45
火　　　8：15〜13：30
土　　　8：15〜12：00

■Bank of Valletta
6/15〜9/30
月〜木　8：00〜14：00
金　　　8：15〜15：30
土　　　8：15〜20：00
10/1〜6/14
月〜木　8：30〜14：00
金　　　8：30〜15：30
土　　　8：30〜12：15
イブニングサービス
　　　　16：30〜19：00

●両替所

【HSBC銀行両替所】		
スリーマ	通年月〜土	
■住：Bisazza Street (The Plaza内)		8：30〜12：45
■☎：21-314880		16：30〜19：30
セント・ジュリアン	4/1〜10/31の月〜土	
■住：St.George's Road　■☎：21-336467		16：00〜19：00
ヴァレッタ	通年月〜土	8：00〜16：00
■住：Republic Street 15/16　■☎：21-239973	金のみ	8：30〜12：30
ゴゾ（マルサルフォルン）	4/1〜10/31の月〜土	
■住：Marina Street　■☎：21-558461		9：00〜19：00

●商店の営業時間

3〜4時間の昼休みを挟んで、午前9時〜午後7時頃の営業。日曜・祝日は休業する。週に一度程度、各町では青空市が立つ。また、多くのレストランや商店ではクレジットカードも使える。

みやげ物店

●祝祭日

商店や銀行は休業となり、また多くの見どころも休館となるので注意。ルア国際空港の両替所や町角のATM機は使える。

1月 1日	新年の祝日	6月29日	聖ペテロと聖パウロの祝日
2月10日	聖パウロの難船記念日	8月15日	聖母マリア被昇天祭
3月19日	聖ヨセフの祝日	9月 8日	勝利の女神の祝日
復活祭	年により異なり2月〜4月	9月21日	独立記念日
聖金曜日	年により異なり2月〜4月	12月 8日	聖母マリア無原罪のお宿りの日
3月31日	自由の日	12月13日	共和制施行記念日
5月 1日	メーデー	12月25日	クリスマス
6月 7日	1919年6月7日記念日		

●買い物情報

スリーマに宿泊しました。近くのスーパーは品揃えも豊富でおみやげ探しも楽しい。ただし、ヨーロッパ全域の商品が並んでいるので、マルタ産、イタリア産を選ぶのに苦労しました。ここでは15LM以上の条件つきで、クレジットカードの利用もできました。酒屋さんでは、棚の半分のスペースが地元産でピンからキリまでズラリと並んでおり、お酒うるさい人には楽しいはず。
（大阪府　母娘ホリディー）['04]
Tower Supermarket complex
■ Hight Street, SLIEMA
☎ 345586/322011
サン・ジュリアンからスリーマへ向かう海岸通り、プールの手前。間口は狭く奥まっているが、1〜2階に売り場が広がる。2階にはカフェも併設。

マルタの歩き方　マルタ共和国

マルタでショッピング

　イタリアのデザインと色彩に魅惑された目で、マルタの品物を眺めると正直少しがっかりするかもしれない。しかし、16世紀から約300年の間、聖ヨハネ騎士団によって支配されたマルタには、騎士たちの出身地であったヨーロッパの国々のさまざまな工芸品の技術がもたらされ、今に続く伝統が残る。騎士たちを飾った金銀細工の品々、繊細な手編みレースの高度な技法、ヴェネツィアングラスの技術を踏襲したマルタのガラス製品。これらの品は、マルタのかつての栄光を偲ばせ、今でもマルタを代表するみやげ物になっている。

青が美しいイムディーナ・ガラス。ガラス工房は現在3ヵ所。それぞれが個性的な製品を生み出している

騎士たちを飾り、教会の装身具を作った銀細工。手頃なみやげ物としての人気が高い。特に聖ヨハネ騎士団の紋章であるマルタ十字のデザインが人気

市場で売られるレース製品。手編みのものは小さなもので数千円から

■どこで買うの？

　一番便利なショッピングゾーンはやはりヴァレッタだ。日中のヴァレッタのメインストリート、リパブリック・ストリートの人出には驚かされるが、ヴァレッタにはみやげ物屋も多く、望みのものが手に入る。シティゲート近くのサンタルチア・ストリートには金銀の細工を扱う店が集中している。マルタの銀細工は、針金のように細い銀を細工して作るもので熟練が要求される。レース類は、手編みの伝統が残るゴゾ島に工房が多いが、品物はマルタのさまざまなショッピングゾーンで入手できる。ただ、マーケットなどで売られている品物は機械でできた製品で、本物の手編みレースは一桁違うお値段だ。
　海辺のリゾート地、スリーマの町にも、マルタらしいおみやげを扱う店が多い。海辺の遊歩道を散歩しながら冷やかすのが楽しい。

リパブリック・ストリートのみやげ物屋。美しくディスプレイされて、何でも揃う

平日の午前中は、歩くのさえ困難なくらい混雑するヴァレッタのメインストリート。ほかの町からの人が買い物に出てくる場所だ

■ワインと蜂蜜

　生産量も伸び、人気上昇中のマルタのワイン。新酒の時期には、どこのワイナリーでも試飲（多くは旅行会社主催のエクスカーションに組み込まれている）ができる。アフリカの強い太陽を浴びて育った葡萄の作るワインは、しっかりとした味だ。また、ゴゾ島名産の蜂蜜も、香り豊かで濃厚と好評だ。

ゴゾ島の名物。蜂蜜や手作りのピューレなど

メリディアーナワインの試飲室にて。熟成に耐える赤ワインも作られている

19ヘクタールのブドウ畑がワイナリーを取り囲む。メリディアーナワイナリーにて

■マルタの市

　マルタでは、市（いち）が健在。ヴァレッタのマーチャント・ストリートでは、衣料品や日用品を扱う市が毎朝立つ。また、漁村のマルサシュロックの日曜市も楽しい。日曜日には食料品や採れたての魚も、みやげ物や日用品とともに市に並ぶ。お腹がすいたら、海沿いの道に並ぶ、魚介専門のレストランで腹ごしらえもおすすめ。また、ゴゾ島の独立広場の市は、マルタ本島に比べると値段も安く、ちょっと珍しい実用的な民芸品も売られていておもしろい。

マーチャント・ストリートの市。マルタの人たちに混じっての買い物が楽しい

マルサシュロックのマーケットにて。漁師が使う網を利用して作られた民芸品が売られている

ゴゾ島の独立広場の市。マルタ島の市場に比べるとちょっといなかっぽいが、珍しい民芸品に出合える

マルタの歩き方

マルタ共和国

Malta's History
聖ヨハネ騎士団の牙城マルタ

マルタ独自の歴史を考えるとき、第2の歴史はヨハネ騎士団Knight of the Order of St.Johnから始まった。

11世紀、「キリストの戦士」として聖地パレスチナへのキリスト教徒の巡礼保護と異教徒との戦いを目的とした十字軍が発足。それにともない、1113年、聖ヨハネ騎士団がパレスチナに創設され、十字軍の負傷者と病人の看護、貧者の救済に大きな貢献を果たした。聖地に広大な領地、宮殿を擁し、僧でもあった騎士達は、果敢に戦う戦士として、また、清貧、貞潔、服従の厳しい戒律のもとに置かれた。

1291年、騎士団は十字軍の激戦地アクレ（アッコンの砦）がイスラム教徒に占領されると、聖地を離れ、ギリシアのキプロス、ロードス島に場所を移しながらも、キリスト教の「異教徒に対する防御の盾」として再び復活。しかし、1522年にはオスマン帝国の第10代スレイマン1世によってロードス島は攻略され、追われた騎士団は新たな永住の地を求めた。クレタ、メッシーナ、ジェノヴァ、ニース、ヴィテルボとギリシア、イタリア、フランスの各地を転々とした騎士団は当時、忘れ去られたマルタ島を**神聖ローマ帝国の皇帝カール5世から**もらい受けたのだった。このときの条件が年貢に「鷹1羽」だった。

本拠地をマルタに移した騎士団は、商業と貿易の振興に努め、病院や要塞の建築に力を注いだ、島の住民達も建設作業などの仕事を得ることにもなり、マルタ経済も発展を遂げた。これらの建築費用は全ヨーロッパからの寄付や領地からの収入が充てられた。

しかしながら、スレイマン率いるトルコ軍は、いまなお騎士団を追い詰めることを忘れていなかった。マルタを制圧して南ヨーロッパの侵略拠点とすることを目論んでいたのだった。1565年、強大な船を率いて、マルタ攻略の大包囲作戦を展開した。**大包囲戦Great Sieze**と呼ばれる、残酷非情のこの戦いは3ヵ月に及んだ。騎士団は猛攻に耐え、マルタの人々とシチリアからの援軍を得て、ついに勝利を収めた。

勝利の後、騎士団の団長でフランス人のジャン・パリソ・ドゥ・ラ・ヴァレッタは岬に城塞都市の基礎を築き、団長の名前を取ってヴァレッタと名付けられた。ルネッサンス末期の「理想都市」にならい、また、戦時を想定して碁盤目模様に道路が配された。その後、さらなる広範囲に及ぶ町々、ゴゾ島などの開発にも着手され、**経済・文化的繁栄を見る平和な時代**がやって来た。

しかしながら、平和な安逸な時代がもろさを見せて長く続かないのはどこでも同じこと。目的を失った騎士団員の生活は自堕落となり、戦うことさえ忘れ去った。1798年、総勢5万8000の兵と艦隊を率いたエジプト遠征途中のナポレオンは、水と食料の調達を口実にマルタに寄港。すでに戦うことを忘れた騎士団員たちは、無抵抗のまま降伏してしまったのだった。「マルタには堅固な防衛施設はあったが、道徳的な強さが皆無だった」と、ナポレオンは語ったという。268年に及ぶヨハネ騎士団のマルタ支配はあっけない幕切れとなり、ナポレオンは1週間たらずで勅令を乱発して、マルタを**フランスの属領**に変えてしまった。

しかし、フランス支配は2年間で終止符が打たれた。1800年、マルタ島民はイギリスのネルトン総督に援助を要請し、フランス駐屯部隊をマルタから一掃した後、英国の保護を要請した。以降**英国の統治**は160年以上続いた。1964年には独立、1974年に共和制を宣言して共和国憲法を発布、**マルタ共和国**が誕生した。

かつての要塞都市マルタは、現在観光立国として、多くの観光客を迎えている

ナポリ、卵城前で結婚式を終えたカップルをパチリ

旅の技術編
TECNICA per Viaggio

日本からのアクセス …………………………338
列車 ……………………………………………342
バス ……………………………………………345
レンタカー ……………………………………346
ホテルに関するすべて ………………………348
旅のお金 ………………………………………358
総合インフォメーション ……………………361
    物価・気候 …………………………………361
    電話 …………………………………………362
    郵便 …………………………………………364
    タックスフリー（免税）ショッピング ……365
    イタリアを発つ、税関関連の情報 ………366
南イタリアを安全・快適に旅するために …368
南イタリア・シチリアで食べる ……………371
    一度は食べたい、南イタリアの名物料理 …376
旅のイタリア語 ………………………………378

■ヨーロッパ間の飛行時間
ロンドン➡ナポリ
　　　2時間30分～2時間50分
パリ➡ナポリ　2時間35分

■ローマからの飛行時間
ナポリ　　　　　　50分
パレルモ　　　　　1時間10分
カターニア　　　　1時間15分
ブリンディシ　　　1時間15分
バーリ　　　　　　1時間5分
パンテッレリア　　1時間10分

■各空港名と市内までの距離
ナポリ／カポディキーノ空港
　　Capodichino　約7km
パレルモ／ファルコーネ・ボルセッリーノ空港
　　Falcone-Borsellino 約32km
カターニア／フォンタナロッサ空港
　　Fontanarossa　約7km
ブリンディシ／パポラ・カサーレ空港
　　Papola Casale　約16km
バーリ／パレーゼ空港
　　Palese 約15km

■ナポリ・カポディキーノ空港からの連絡バス
空港を出た右側にプルマンと市内行きのバス乗り場がある。
空港から市内へはシャトル便のアリバスと市バスの2種類がある。

❶アリバスAlibus
空港➡中央駅➡ムニチーピオ広場(P.30 C2)に停車し、6:30～23:30に約30分間隔の運行で所要約20分、料金€3、切符は車内で購入。

❷市バス3S
路線はアリバス同様ながら各停留所にも停車し、約15分間隔の運行、料金€1、切符は事前に空港内の売店SUNRTOREなどで購入。
中央駅では、アリバスはマクドナルド脇の郵便局前、3Sはマクドナルド斜め前の広場内にバス停がある。

❸ソレント行きのプルマン
空港発9:00、11:30、13:00、14:30、16:30、19:00
○Currei社
☎ 081-8015420

■各空港施設
マルペンサ空港は近代的で広大な空港。降機後はバス利用または直接徒歩で空港内施設へ向かう。ローマは徒歩が普通だ。国際線から国内線へすぐ乗り換える場合は、係員の案内もあるので、乗り換えも容易だ。ただし、時間調整がある場合は、いずれもターミナルがやや離れているので、早めに移動しておこう。

南イタリアへ　日本からのアクセス

南イタリアへのアクセス法はいくつもある。各個人の旅のルート、予算を考えて選ぼう。時間はややかかるものの、車窓からさまざまな風景を眺めながらの列車の旅も楽しいし、時間を節約するならダイレクトに飛行機で入るのが無駄がない。南イタリアでは、ナポリ、パレルモ、カターニアの各空港にヨーロッパ各地から航空会社が乗り入れている。

日本から空路で入る

日本からのイタリアへのフライトはミラノ(マルペンサ空港)を経由して、ローマ(フィウミチーノ空港)へ到着する。ミラノやローマあるいはヨーロッパの各都市で乗り換えれば、その日のうちに南イタリアへ到着することができる。空路ミラノからナポリまでは1時間25分、パレルモ、カターニアまで1時間40分～1時間50分。

また、便数は少ないものの、ブリンディシ、バーリ、パンテッレリアなどまでミラノ、ローマなどからも空路結ばれている。

各空港からは主要都市へ、空港バス・アリバスAlibusやプルマンが走る。ただし、日曜、祝日は便数も少ない。夜間に到着する場合などは事前に調べておこう。

各空港からのプルマン		所要時間	1日の便数
ナポリ	ソレント	60分	6便
パレルモ	カターニア	3時間	16便
カターニア	エンナ	70分	1～5便
カターニア	カルタジローネ	40分	6便
カターニア	メッシーナ	2時間5分	2～4便
カターニア	シラクーサ	60分	7～9便
カターニア	ラグーザ	1時間45分	7～9便
カターニア	タオルミーナ	1時間15分	5～7便
ブリンディシ	レッチェ	40分	平日のみ4便

Arrival! and... イタリアに着いたら

ミラノ経由で南イタリアへ

■マルペンサ空港
アリタリアをはじめ、東京(関西)―ミラノ直行便や、アエロフロートのモスクワ乗り換えミラノ便、北アメリカの主要都市からのミラノ直行便はマルペンサ空港Aeroporto Milano Malpensa(略号MXP)に到着する。ミラノにはもうひとつリナーテ空港Aeroporto Linateが

(LIN）あるが、こちらはおもに国内線専用。降機後、ミラノなどに滞在、あるいはイタリアで航空券を購入して南イタリアへ向かう場合は、リナーテ発の場合もあるので航空券を確認して空港を間違えないようにしよう。

　空港内に入ると、まずは入国審査。窓口はEUとNot EUに分かれているので、日本人はNot EUに並ぼう。審査は簡単で、スタンプを押すだけで終了。続いて、ターンテーブルの回る手荷物受取所だ。両替窓口や24時間使用可能な自動両替機も置かれている。ユーロの持ち合わせがない場合は、当座の分だけ両替しておこう。荷物を受け取り、人の流れに従って歩くと到着ロビーだ。

　引き続き、国内線で南イタリア方面に移動する場合は、到着ロビーから国内線Voli Nazionaliの表示に従って進もう。ここで再びチェックインすることになる。ただし、最初の搭乗地で最終目的地（例えば、成田からナポリ）まで、通しのスルーチェックインをしていれば、預けた荷物はそのまま運ばれる。この場合は、入国審査後、乗り換えTRANSITOに従って進めば、直接国内線搭乗口へ行くことができる。

■ミラノ市街へのバス
　空港正面から、中央駅までプルマン（€4.50〜5.50、所要1時間。切符は車内で購入）が運行している。中央駅の同バス発着場からは、リナーテ空港行きのプルマン（€2、約30分）も運行。

■ミラノ市街への列車
マルペンサ・エクスプレス
Malpensa Express
　空港ターミナルの地下からスフォルツァ城近くの私鉄ノルド駅（M2線カドルナ駅と連絡）とを列車で結んでいる。私鉄なので、鉄道パスは使えない。
料 €9
●5:30〜23:30の約30分間隔の運行。所要30〜40分。

技術編
日本からのアクセス

ミラノ　Milano
マルペンサ空港　Malpensa Airport

■3階 チェックイン（トランジット）
　アリタリア発券カウンター
　アリタリア専用チェックイン
　レストラン

■2階 出発ロビー
　パスポート・コントロール
　税関カウンター

■1階 到着ロビー
　税関カウンター
　マルペンサ・エクスプレス乗り場
　切符売り場

- 荷物受け取り
- 遺失物オフィス
- トイレ
- エスカレーター
- エレベーター
- 両替所
- 自動両替機
- 救急室
- 駐車場
- 案内所
- 公衆電話
- タクシー
- エアポートバス
- 鉄道駅

■ローマ市街への列車

　テルミニ駅へ直通列車が6:37～23:37の間、30～60分間隔で運行(所要約30分、€9.50 切符は駅の窓口で)。終電後は、夜間バスSERVIZIO NOTTURNO(€5)がテルミニ駅、ティブルティーナ駅を結んでいる。

ローマ経由で南イタリアへ

　ローマの空港はレオナルド・ダ・ヴィンチ空港（通称フィウミチーノ空港Fiumicino）だ。入国手続きなどはマルペンサ空港と同様である。ローマへ向かう場合は、鉄道を利用しよう。ロビーを出て、左側のエレベーターまたは正面の緩やかな坂を上り、2階連絡通路の動く歩道を進むと空港駅だ。テルミニ駅やティブルティーナ駅で乗り換え、鉄道利用でイタリアの各都市へ向かうこともできる。

ローマ フィウミチーノ空港 Roma Fiumicino Airport

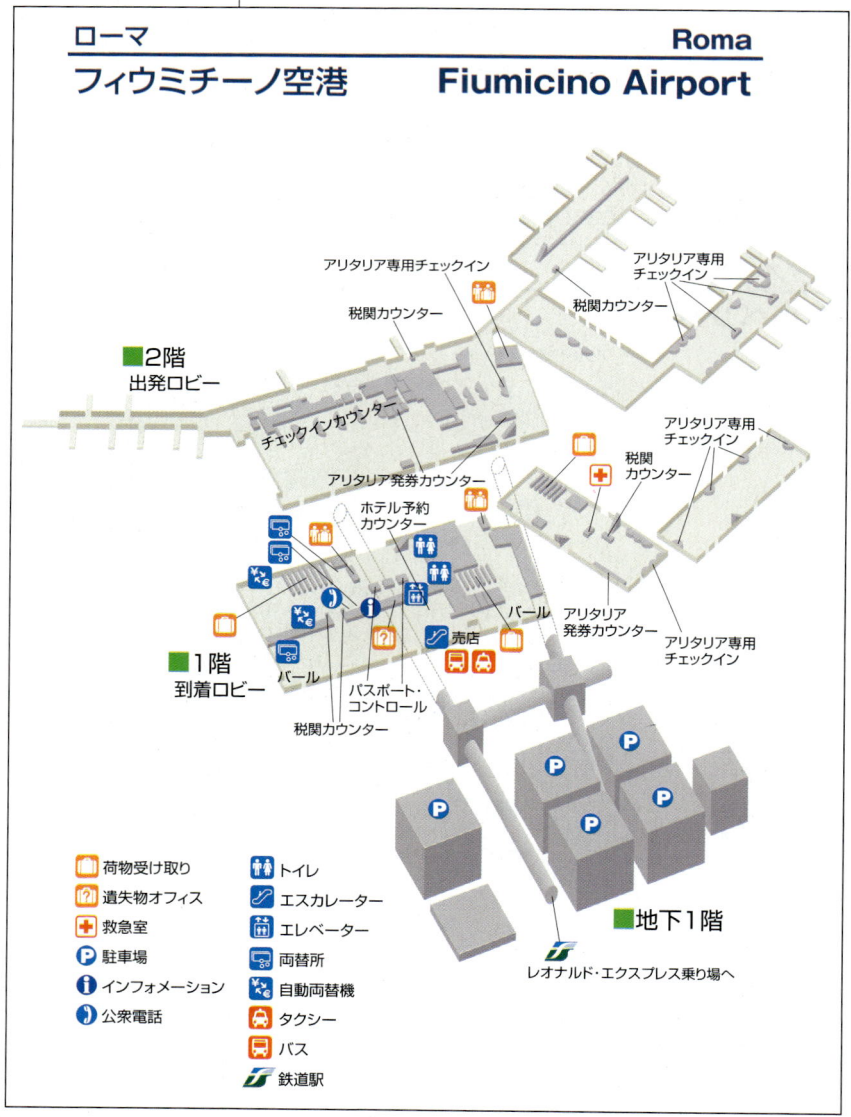

■2階 出発ロビー

- アリタリア専用チェックイン
- 税関カウンター
- チェックインカウンター
- アリタリア発券カウンター
- ホテル予約カウンター

■1階 到着ロビー

- バール
- パスポート・コントロール
- 税関カウンター
- バール
- 売店
- アリタリア発券カウンター
- アリタリア専用チェックイン

■地下1階

- レオナルド・エクスプレス乗り場へ

凡例：
- 荷物受け取り
- 遺失物オフィス
- 救急室
- 駐車場
- インフォメーション
- 公衆電話
- トイレ
- エスカレーター
- エレベーター
- 両替所
- 自動両替機
- タクシー
- バス
- 鉄道駅

ナポリ経由で南イタリアへ

ナポリの空港はカポディキーノ空港Aeroporto di Capodichino。日本からの直行便はないので、すでにイタリア国内の乗り換え空港で入国手続きを済ませていることが多いはず。ヨーロッパ内で乗り換えた場合は、ほかの空港同様の手続きをしよう。カポディキーノ空港へは、ミラノ、ローマをはじめ、ロンドン、パリ、ベルリン、ミュンヘンなどから各航空会社が乗り入れている。空港からナポリの町へはバスが運行している。空港を出た、右側がバス乗り場。バスはナポリ市内行きのほか、ソレント行きも運行している。

■空港からのバス
P.338を参照

■空港へのバス

空港行きのバスは、出発ロビー前に停車するので便利でした。空港は明るく近代的で1階にはバール、2階には飲食施設やおみやげ売り場が充実していて、特産のお菓子やチーズなども並んでいました。出国側の免税売り場はタバコやお酒、コロン程度の品揃えでした。
(東京都　チャン　'04)

ナポリ Napoli
カポディキーノ空港 Capodichino Airport

■2階

ショップ / ショップ / VIPラウンジ

■1階

パスポート・コントロール / チェックイン / パスポート・コントロール / 税関カウンター
Volareweb / Meridiana / dutyfree / 税関カウンター
ショップ / 到着ロビー / 旅行社 / Alitalia / 出発ロビー
Alisud
レンタカー / dutyfree

- トイレ
- エスカレーター
- エレベーター
- カフェテリア
- 両替所
- 自動両替機
- 公衆電話
- ロッカー
- バール
- タクシー
- バス
- 荷物受け取り
- 遺失物オフィス
- 待合室
- インフォメーション

■鉄道バス最新情報

鉄道がおもな移動手段となる旅には鉄道バスの利用が便利だ。利用頻度によってはかなり得になる。

①イタリアだけの鉄道旅行
・トレニタリアパス（4〜10日の好きな利用日を選択）
イタリア鉄道fsの路線で利用できるパス。有効期間2ヵ月間の中で好きな上記の期間の乗車日が選べるフレキシータイプのパス。

②イタリアとほかのヨーロッパの国を旅行する場合
・ユーレイルフランス＆イタリアパス
（4〜10日）
・ユーレイルセレクトパス
（5日・6日・8日・10日）
・ユーレイルパス
（15日・21日・1ヵ月・2ヵ月・3ヵ月）
いずれのパスも特急料金は不要だが、ES＊やCISの全席指定列車の座席指定券や寝台料金は別途支払う必要がある。以上のパスは現地では購入できないので、事前に「地球の歩き方 旅プラザ」で購入しよう。(P.344参照)

■イーエススターが便利

イタリアの都市間を鉄道で移動する場合はイーエススターES＊が速くて快適だ。かつては都市間を結んだ花形列車であったインターシティはここ数年めっきり少なくなった。ただし、南イタリアではローマ・ナポリ間は頻繁にES＊が運行しているが、ナポリ以南に向かうES＊はめっきり少なくなる。効率的に移動するならば、時刻表でES＊を確認し、早めに切符の手配を。

■ICの自由席

ローマ・ナポリ間なら、ES＊もICもさほど乗車時間は変わらない。座席指定の必要もなく、普通乗車券だけで乗れるICは経済的で便利な存在だ。ICの自由席はすべての車両の71〜86番と決められている。座席指定をしていない場合はこの席に座ろう。各車両の入口にこの旨の説明があるので、心配なら確認してみよう。['05]

列車 Treno（トレノ）

イタリア鉄道Ferrovia dello Stato Spa フェッロヴィア・デッロ・スタートは略してfsあるいはトレニタリアTRENITALIAと呼ばれる。ミラノやローマなど、イタリアの各都市から南イタリアへ向かうには大変便利だ。時としてストSHIOPERO（ショーペロ）があるものの、運行時間の遅れはそれほどない。安心して利用できる交通機関だ。

■列車の種類

ミラノ、ヴェネツィア、フィレンツェ、ローマ、ナポリなどの主要都市間を結び、最高時速250〜300キロを誇る最速列車が**イーエススター**Eurostar＝ES＊。主要都市間を結ぶ特急列車は、**インターシティ**Intercity＝IC。急行は**エスプレッソ**Espresso＝EX。準急は**ディレット**diretto、普通列車は**インターレッジョナーレ**Interregionale、各駅停車は**レッジョナーレ**Regionaleだ。

国際列車では**ユーロシティ**Eurocity＝ECは、ヨーロッパの各都市を結ぶ、国際特急列車。同様の夜行列車が**ユーロナイト**Euronight＝ENだ。

■料金

エスプレッソ、ディレット、ロカーレは**普通乗車券のみ**で乗車できる。インターシティ、ラピドは普通運賃のほか、**特急料金**Supplemento Rapidoの追加が必要だ。イーエススターには、**特別料金が加算**。また、エスプレッソでも全席指定車というのもある。また、Prenotazione Facoltativa／Obbrigatorio Gratuitaとある場合は、任意／強制予約無料の意で、座席指定料金はかからない。

国際列車ECと特急列車ICの場合は、座席指定料金が、特急料金に含まれている。ECは、全席指定車Prenotazione Obbligatoriaがほとんど。ICは、原則的に任意席指定車Prenotazione Facoltativaだ。

座席指定の要・不要については、駅の時刻表や鉄道の❶で確認しよう。

イーエススターの車内は快適

イーエススターES＊

●イーエススターは要予約

イーエススターES＊利用には㊐㊗を問わず、すべての日で予約が必要。ES＊の切符には座席指定料も含まれているので、必ず座席指定をしよう。予約切符がない場合や予約変更なしに別のES＊を利用した場合は、検札の際にES＊料金のほかに**割増料金€8**が加算される。

ES＊の切符の予約は2ヵ月前から該当する列車の始発駅発車3時間後まで。ES＊料金は距離によらず、全国どこでも1等€11、2等€8の統一料金。

●ES＊の予約変更（現地の場合）

予約の変更は駅の窓口や切符を購入した旅行会社などで無料で可能。また、すでに該当の列車が発車した後でも、発車時刻から24時間以内なら手数料€3で変更可能。

予約を取り消し、払い戻しを受ける場合は発車時刻から24時間以内の受け付け。発車前20％、発車後は50％を引かれ、€8以上のみの払い戻しとなるので、長距離でないと払い戻されない可能性が大きい。

■切符の買い方と予約

切符の購入と予約は、**駅の窓口**かfsのマークのある**旅行会社**で。ときとして窓口に長蛇の列がある場合もあるので、前日までに切符の手配をしておくのが賢明だ。

切符Bigliettoの販売は、**国内線**Nazionale、**国際線**Internazionale、**予約のみ**の窓口はPrenotazioneと分かれている。販売窓口では、切符購入とともにその列車の座席予約ができることがほとんどだ。

切符を買うときは、行き先、人数、おおよその出発時間を告げれば買うことができる。しかし、言葉が心配の我々としては、事前に**列車の種類、列車番号、出発日時、行き先、客車の等級、往復**か**片道**かを紙に書いて窓口で示そう。

■切符の読み方（指定券の場合）

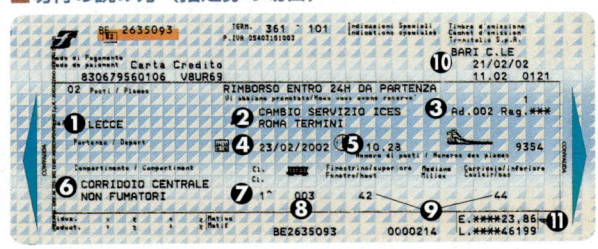

①乗車駅　②降車駅　③乗車人数（Adulti：大人、Ragazzi：子供）　④乗車日　⑤発車時間　⑥客車の種類（'04年秋より全車禁煙）　⑦客車の種類（1等・2等）　⑧号車　⑨座席　⑩発行日時・場所　⑪料金

■列車の乗り方

まず、目的の列車が何番線の**ホーム**Binarioに入るか、駅構内の時刻表や行き先掲示板で確認しよう。

列車に乗る前に、改札口やホーム入口にある黄色の**自動検札機**Obbliterratriceで、バスなどと同様に日時を刻印しよう。切符を持っていても、刻印を忘れると罰金だ。

指定席券を持っている場合は、自分の**予約**Prenotato**した指定の車両と席**へ。予約していない場合は、コンパートメントの入口、オープンサロンの場合は椅子の背の上に**Non Prenotato**と紙の入った席、あるいは**何も入っていない席**に着こう。車両は全車禁煙だ。

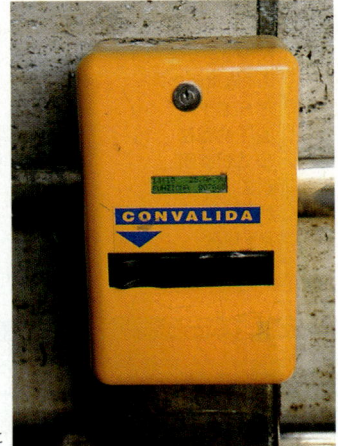

自動検札機での刻印を忘れずに

■切符購入ひと口ガイド

入手したい切符や予約を紙に書いて、窓口で見せよう。「切符と予約をお願いします。」とまずはひとこと。「ビリエット エ プレノタツィオーネ ペル ファヴォーレ」"Biglietto e prenotazione, per favore."

■**日付（乗車希望日）**
2005年8月14日
data 14/8/2005
（イタリアでは日・月・年の順に書く。月は日本と同様に数字でもOK）

■**列車番号**
Numero del Treno
（わかれば。時刻表の冊子や駅構内に張り出してある時刻表に掲載してある）

■**行き先**　per～
ナポリへ per Napoli
（～からは、da～／パレルモからda Palermo）

■**発車時間**
Ora di Partenza

■**1・2等の区別**
1等　Prima Classe
2等　Seconda Classe

■**片道・往復の区別**
行きのみ andata
往復　　andata e ritorno

■**切符枚数**
Numero(i) di Biglietto(i)
（複数形は語尾がiになる）

■**大人**　Adaluto(i)
　子供　Ragazzo(i)
（複数形は語尾がiになる）
切符が買えたら、日付、発車時間、人数などを確認しよう。
最後に「**グラツィエ**Grazie.」とご挨拶。

■各都市への鉄道所要時間

● ミラノ→ローマ（ES*）
　　　　　　　　約4時間30分
● ローマ→ナポリ（ES*／IC）
　　　　　　　　約2時間
● ナポリ→レッジョ・ディ・カラーブリア
　　　　　　（ES*）約4時間15分
　　　　　　（IC）約4時間40分
● メッシーナ→パレルモ（IC）
　　　　　　　　約3時間
● ローマ→パレルモ（IC）
　　　　　　　　約11時間

■ES*のみ刻印不要

要予約となったため、ES*の切符については、自動検札機での刻印は2005年春現在不要で。ただし、ここ数年システム変更が相次いでいるので念のため自動検札機を通しておくのが無難。

■イタリア鉄道は全車禁煙
'04年秋より、イタリアの鉄道は全車禁煙。違反者は、罰金の場合もあるのでご注意を。

■イタリア鉄道の情報
URL www.trenitalia.com
時刻表や乗り継ぎ、料金の検索可

■時刻表の読み方
駅構内に貼ってある、出発Partenzaの黄色の時刻表や鉄道❶に置かれた、配布用の鉄道の時刻表なども参照に利用列車を選ぼう。また、鉄道❶の窓口でも、相談に乗ってくれる。
　時刻表は、ヨーロッパを旅するなら**トーマス・クック**Thomas Cookの**時刻表**Europian Timetable（ダイヤモンド社より年4回発行）、イタリアの多くの都市を旅行するなら、駅の売店などで販売している**イタリア鉄道fsの時刻表**Pozzorario Generaleなどを購入して利用しよう。
　ローマ・ナポリ間の時刻表を例に取って読み方を解説しよう。

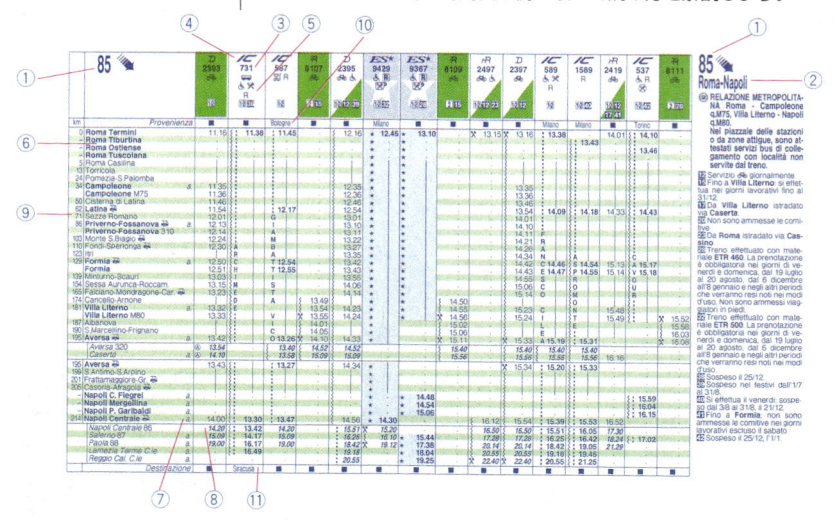

① テーブル番号
　（路線図との対照番号）
② 行先、路線
③ 列車番号
④ 列車の種類
　ⓐ **ES★** イーエススター
　ⓑ **IC** インターシティ
　ⓒ **D** ディレット
　ⓓ **R** レッジョナーレ
　ⓔ **IR** インターレッジョナーレ
⑤ 連結している車両の種類など
　🚌 終点の異なる車両
　♿ 車椅子用車両

🍴 食堂車
🍱 簡易食堂車
⊗ セルフ食堂車
🛒 車内販売あり
🚲 自転車用車両
12 1・2等車両
2 2等車両のみ
R 任意予約
R 予約義務
38 注釈参照

⑥ 駅名
⑦ 到着時間
⑧ 発車時間
⑨ 距離
⑩ 始発駅
⑪ 掲載ページ以降の終点

●そのほかのマーク
CIS チサルピーノ・ペンドリーノ
　　　（ETR470）
EC ユーロシティ
EN ユーロナイト
ICN インターシティナイト
🛏 寝台車
🛏 クシェット
✕ 平日のみの運行

ユーレイルパスや国別パスなど、鉄道バスに関するお問い合わせは：
地球の歩き方 旅プラザ 新宿 ☎03-5362-7300
地球の歩き方 旅プラザ 大阪 ☎06-6345-4401
ヨーロッパ鉄道バスの販売は、地球の歩き方 旅プラザ 新宿、大阪にて扱っております。

イタリア国内の交通　移動する

イタリアでの移動には長距離バス（プルマン）は欠かせない。レンタカーも便利な存在だ。移動の『手段』を検討してみよう。

バス

本書で取り上げた見どころのなかには、鉄道が通っていなかったり、あっても便が悪かったりする場所も少なくない。こういう町には**プルマンPullman**と呼ばれる中・長距離バスが人々の足となっている。

南イタリア、とりわけ山がちのシチリアでは旅に欠かせない存在だ。鉄道のない、あるいは単線などで便が少ない土地でも道路はよく整備されているので、プルマンの旅は快適で速い。

■計画の立て方

残念ながらイタリアのバスの全路線を網羅した時刻表なるものは存在しないので、何日もかけていくつもの場所を巡るバス旅行の計画をすべて事前に立てることはいささか難しい。本書の各都市の解説にはできる限りのバス情報を入れてはあるが、鉄道とは違って各地方の自治体や会社が運行するので、ダイヤや料金の変更も生じやすい。したがってバスで移動したいときには、まず**ツーリストインフォメーションか関連バス会社の案内所（バスターミナル周辺にあることが多い）**を訪れて最新の情報を入手することが大切だ。少し大きな町のインフォメーションなら、その町を起点にしたバス路線と時刻表が備えられている。その際に注意したいのは、ほとんどの路線で**日曜・祝日には運休または運行便数が大幅減になる**ということ。また土曜は平日とは違ったダイヤで走ることも多い。

■利用の仕方

切符の購入に関しては、日本と違ってワンマンカーの運転手が車内で売ることはしないから、**乗車前に正しい切符を手に入れておく必要**がある。切符は、**アウトスタツィオーネAutostatione**と呼ばれるバスターミナルに設けられたボックス（案内所を兼ねることもある）や、小さな町ならバス発着所周辺の**バールBar**や**タバコ屋（タバッキTabacchi）**などで売られている。

また、日曜・祝日の便を利用するなら、当日は切符を売る窓口や代理販売をしているバールなどは閉まっていることが多いので、切符は前日までにあらかじめ手に入れておこう。

乗車したら、バスの出入口近くにある自動検札機に切符を入れて、日付と時間を刻印しよう。車掌または運転手が必ず切符の確認をするので、切符を持っていても刻印を忘れると、注意されるほか、罰金を請求される場合もあるので注意。

技術編　列車／バス

■**大きな荷物は車体横へ**
スーツケースなどの大きな荷物はプルマンの車体横のトランクルームへ入れる。終点前で降りる場合、下車の際には荷物があることを運転手に告げよう。
● 荷物を取らなければなりません
　デーヴォ リティラーレ ミエイ バガーリ
　"Devo ritirare miei bagagli."

■**車中ひと口ガイド**
● ～で降りたいのですが
　ヴォレイ　シェンデレ
　"Vorrei schendere ～"
● ～へ行きたいのですが
　ヴォレイ　アンダーレ
　"Vorrei andare ～"
● どこで降りたらいいか教えてください
　ペル ファヴォーレ ミ ディーカ ドーヴェ
　"Per favore, mi dica dove
　デーヴォ シェンデレ
　devo schendere."

バス案内所の時刻表
（各社のホームページから時刻表を検索することも可能だ）

プルマンの案内所は、鉄道駅近くにあることが多い

345

■車が故障した場合の緊急
呼び出しは、ACI 116へ
　レンタカーなら各社の緊
急連絡先を聞いておこう。

■日本での予約(レンタカー)
日本ハーツ
☎:0120-489882
URL www.hertz-car.co.jp
エイビスレンタカー
☎:0120-311911
URL www.avis-japan.com
※利用の際は、日本の運転
免許証も持参しよう。

■覚えておきたい交通用語
●SENSO UNICO　一方通行
●DIVIETO DI ACCESSO
　　　　　　　　　進入禁止
●LAVORI IN CORSO
　　　　　　　　道路工事中
●PASSAGIO A LIVELLO
　　　　　　　　踏み切り注意
●DIVIETO DI SORPASSO
　　　　　　　　追越し禁止
●SOSTA VIETATA　駐車禁止
●PERICOLO　　　　危険
●RALLENTARE
　　　　　　　スピード落とせ
●CURVA PERICOLOSA
　　　　　　　　カーブ注意

レンタカー

　町なかは乗り入れ禁止ゾーンや一方通行も多いので、大きな町の中を車で移動するのはそれほどやさしくない。ナポリの町なかなどは運転は避けたほうが賢明だ。町と町を移動したり、交通の便の悪い見どころへの足として使いたい。また、海辺の町などは夏季は渋滞することも少なくない。
　レンタカーは現地での申し込みが可能だが、身元照会に時間がかかるし、希望の車種がすぐに配車されるのも難しい。日本で予約しておくと、割引などのサービスもあるし、受け付け、配車もスムーズにいくのでおすすめだ。
　大手の会社の貸し出し条件は、
❶支払いはクレジットカード
❷21〜25歳以上（会社により異なる）で、運転歴が1年以上
❸有効な日本の免許証および国際免許証を持っていること

シチリアの一般道も走りやすい

　イタリアの道路網はよく整備され、なかでも"アウトストラーダ"と呼ばれる高速道路（有料）は走りやすく快適そのもの。しかし南イタリアを車で回る楽しみの真髄は、小さな町と町を結び、美しい海岸線を望む街道を行くことにあるのではないだろうか。幹線道路を除いて交通量はそれほど多くはないし、ほとんどの町で旧市街への車の乗り入れ制限があるにしても周辺にはPの表示とともに駐車場が整えられているので、さほど心配するにはおよばない。要は、あまり先を急がず、景色を楽しみながら運転することだ。

Column　レンタカー利用の注意点

●レンタカーの事務所はどこ？
　イタリア各都市のレンタカー事務所の多くは駅などの近くにあるが、けっこうわかりづらい場所にあったりもする。町の人は場所を教えてくれるが、シラクーサの某社は駅から2kmも離れていた。日本では細かい場所まではわからないことがほとんど。大きな荷物があったら、電話して迎えに来てもらうのがよい。また、空港で借りて返すのが時間のロスもなく、迷子になる心配もない。

●事前にギアチェンジの練習を！
　イタリアのレンタカーのほとんどはマニュアル車。ローマなどの大都市には何台かオートマ車があるらしいが、予約が取りにくいし、料金も高い。レンタカーを運転しようと思ったら、日本でギアチェンジを練習していこう。オートマ車を運転している人は、坂道発進が必要な、坂道の多いシチリアの町では要注意。

●車の損得
　イタリアで運転して感じるのが、ガソリンが高いということ。だいたい1ℓで€1.03くらい。反面、高速道路アウトストラーダの料金は安い。ミラノ・ローマ間で€25.82

高速道路の給油スタンドは少し割高だ

Column　イタリアドライブ事情

■**高速道路での追い越し**　イタリアの高速道路アウトストラーダAutostradaは日本やアメリカに比べ車線幅が狭く、カーブに見合った勾配があまりないので、追い越しや追い抜きの場合は充分気をつける必要がある。とくにトラックをカーブで追い越しや追い抜きをする場合は、道路の物理的条件のため感覚が狂いやすいので避けたほうが無難。追い越しはあくまでも直線で。

■**制限速度と最低速度**　イタリア半島を縦横に走る道路には次の種類があり、各道路ごとに制限速度が設けられている。最低速度制限はない。

【最高速度】
アウトストラーダ（有料自動車道）　130km/h
スーパーストラーダ（幹線国道）　110km/h
ストラーダ・オルディナーレ（一般道）90km/h

■**どの車線を走行するの？**
　2車線の場合は右側が走行車線、左が追い越し車線。いちばん右の狭い部分は日本同様緊急避難用で走行禁止。3車線の場合は、左から乗用車の追い越し車線、真ん中が乗用車の通常走行およびバス・トラックの追い越し車線、右はバス・トラックの走行車線だ。

■**地名をメモしておこう**
日本人にとって注意しなければならないのが地名だ。目的地に向かう通過地点の地名はあらかじめメモしておくと安心だ。San～、Monte～、Villa～、Castello～などの地名はいたるところにあり間違えやすい。

■**緊急時**
　レンタカー利用の場合は、緊急連絡先に連絡する。アウトストラーダでは、2kmごとに緊急通報のSOSボックスが備えられている。上のボタンが故障用、下が緊急用だ。通報すると近くのセンターから緊急車が来る。

■**道路地図**
　レンタカーの場合は付近一帯を掲載した地図をくれる。ただ、これが希望の場所を網羅しているとは限らないので、やはり書店などで地図を求めよう。ACI（Automobile Club d'Italia）やde AGOSTINI、Michelinなどが定評がある。

■**ガソリンの入れ方**
　ガソリンを入れる場合はまず、ガソリン車かディーゼル車かを確認。イタリア語でガソリンはBenzinaベンズィーナ、ディーゼル油はGasolioガソリオ。英語でガソリンなどと言うと、大変なことになりかねない。蓋の裏側には指定燃料が刻印してあるが、間違える店員がいないとも限らない。見届けておくのが賢明だ。

■**無人のガソリンスタンド**
　給油をしてくれる、ガソリンスタンドの多くは20:00には閉店する。この時間を過ぎたら給油は24時間営業のセルフのスタンドで。セルフは、クレジットカードと紙幣を受け付け、指定額に見合った量だけが給油される。カードや紙幣投入口は給油機の近くかまとめて専用機がある。まず、カードや紙幣を入れ、表示金額を確認して、目的の燃料ボタンを押す。次に給油機からホースを外し、ホースの先端を車のタンクの口に入れてホースのハンドルを引き続け、所定量が入れば自動的にストップする。タンクの蓋を忘れずに締めて終了。操作方法は難しくはないが、機械の故障も少なくないので注意。旅行中のドライブなら、1日の走行距離の目安もたつので、昼間に有人スタンドでの給油がおすすめだ。レンタカーも満タンにして返す必要はないが、返却時に満タンでないと、ガソリン代のほか、手数料をあとで請求されるので注意。

■**駐車**
　町なかでは🅿の表示のない場所には駐車しないこと。パーキングメーターがある場合は、日本同様指定の料金を投入し、レシートを外から目に付く所に置く。係員のいる所もある。駐車違反は約€40の罰金。

旧市街に入る時には、駐車場の確保も頭に入れて

■**スピード違反と飲酒運転**
　イタリアでの高速運転は快適とはいえ、スピード違反は厳しい。ネズミ取りも多いので注意しよう。スピード違反はアウトストラーダでは140～150kmで€30の罰金、以降180kmで€50の罰金に免許没収と処罰は厳しい。酔っ払い運転も認められず、一斉取り締まりもある。

技術編　レンタカー

ホテルに関するすべて

■ホテルのランクについて

イタリアのホテルは星によりランクづけられている。雰囲気、調度、設備（冷暖房、水回り、防音など）、サービスなどを総合して監督局の査察を経て、決定される。

ただし、ホテルの善し悪しは利用者の主観によってかなり異なるのも事実。団体客の利用の多い近代的な5つ星よりも、イタリアらしい雰囲気のある小規模な3つ星の方が居心地のよさを感じる場合もある。

■お風呂について

日本人が希望するバス付きにこだわるなら、3～5つ星を探そう。ただし、3～4つ星の場合は全室バス付きという宿は少ないので、予約の際などにリクエストをしておくのがベターだ。また、給湯設備が旧式なホテルでは、湯ぶねを好む団体客が各部屋で利用したりすると、4つ星といえども入浴の途中でお湯が出なくなる場合もある。

バス付き、シャワー付きに、かかわらず料金は同一の場合が多いが、バス付きがやや高い場合もある。

1～2つ星の場合は共同シャワーを利用することが多い。共同バスを利用できる場合もあるが、多くの人が利用するのでお湯の無駄使いをしないのがエチケットだ。

クアットロ・カンティ近くのクラシックなホテル　チェントラーレ・パレスCentrale Palace（パレルモ）の室内（P.198）

手頃な滞在型のホテルや農家民宿のアグリトゥーリズモから、あこがれのリゾートまで種類豊富な南イタリアのホテル。世界中の人のあこがれるタオルミーナのサン・ドメニコ・パレスSan Domenico Palaceやパレルモのヴィラ・イジェア・グランド・ホテルVilla Igea Grand Hotelなどの高級ホテルは格別な存在だが、誰でもが楽しめるとは限らない。しかし、南イタリアでは3つ星クラスでもリゾートライフを楽しめるホテルが多いのがうれしい。これらのホテルでは青海原を望む客室やプール、そよ風が吹き抜けるダイニングも完備しているのが普通だ。リゾート気分を売り物にしたホテルは初夏から秋までの季節営業のところも多い。手頃なリゾートホテルは規模があまり大きくなく、短期間に予約が集中するので、ハイシーズンの週末の2～3泊程度の

デ・パルメDes Palme（パレルモ）
古きよきアルベルゴの代表格。パルメ（椰子の木）が目印の4つ星ホテル（P.202）

予約は取りづらい。早めに予約を入れたい。さて、町歩きの際に利用するホテルは、駅周辺や繁華街に多い。祭りの期間などを除けば、さほど予約を気にする必要はないだろう。

また、港町などでは、現地の人でも女性ひとりでは立ち入らない地域もあるので、そんな地域で女性だけの宿泊は避けたいものだ。

●ホテルのカテゴリー

イタリア語でホテルは、アルベルゴAlbergo、しかし最近はホテルHotelを名乗る宿が増えてきた。こうした宿の多くは、州または各地の観光協会によって星5つから星1つまでの5段階のランクに分けられ、各ランクごとに料金の上限と下限が設けられていたが、ヨーロッパ統合を機にこの料金帯の設定は廃止されることになった。カテゴリーは残るが、これはそれぞれのホテルの設備のレベルを示すものに留まり、料金の目安ではなくなった。

カテゴリーは、ホテルの大きさや部屋数ではなく設備を基準に決められ、★★★★★Lはデラックス、★★★★は1級、★★★は2級、★★が3級、★が4級となっている。また、料金にはIVAと呼ばれる税金がすでに含まれているのが一般的だ。

●自分で探すなら3つ星クラスを中心に

　デラックス（ルッソクラス、5つ星L）ホテルはヨーロッパの格式と伝統を誇る、クラシックで落ち着いた雰囲気のものが多い。1級（4つ星）のホテルは豪華ではないが、快適な設備と居心地のよさを売り物にし、クラシックタイプの宿とアメリカンタイプの近代的な宿とがある。最も層が厚く、その分選択肢もさまざまなのが2級（3つ星）と3級（2つ星）のクラスで、必要な設備と機能性を備え、部屋のタイプもバスなしシングルからバス付きトリプルまで人数と予算に応じて選べることが多い。4級（1つ星）ホテルは造りも規模も質素で、値段が安いだけに、多くを望むことはできないが、探せば結構快適な部屋を見つけることも可能だ。

●レッチェの名門 **パトリア・パレス**
Patria Palaceのロビー
南イタリアでは5つ星ホテルでも値頃感がある
（P.146）

●レジデンスホテルや話題のアグリトゥーリズモ

　ペンショーネや**ロカンダ**もほぼこの5つのカテゴリーの中に分類されているが、ペンショーネPensioneは家庭的な規模のこぢんまりした宿、ロカンダLocandaはさらに経済的な宿泊所だと考えればよい。近年、このふたつをあわせてベッド＆ブレックファストBed&Breakfast（B&B）と呼ぶことも多い。1週間以上の長期滞在なら**レジデンスホテル**Residenze turisticoも楽しい。キッチンや調理用具が完備され、暮らす気分で滞在できる。最近イタリアでも人気のある、**アグリトゥーリズモ**Agriturismoの農家滞在（民宿）も1週間以上の滞在で楽しめる。

■季節営業に注意

　タオルミーナをはじめとするリゾートでは初夏から秋までの季節営業のホテルやレストランが多い。ハイシーズンには旅行客が集中し、一方ローシーズンには営業しているホテルが少ないため、宿泊場所の確保が難しい場合もある。滞在したい町がある場合は事前に予約を入れたり、少し町を移動するなどの工夫も必要だ。

■アグリトゥーリズモの❶
Turismo Verde
住 Via Mariano Fortuny 20
00196 ROMA
☎ 06-3240111
FAX 06-3235965
※イタリア全土のアグリトゥーリズモの紹介、予約を行っている。最低3泊から受け付けるところが多い

技術編
ホテルに関するすべて

Column　ホテルの冷暖房について

　南北に長いイタリア。冷暖房はその町の気候や、そこに暮らす人たちの温度感に左右され、かなりの地域差がある。南イタリアの1〜2つ星では暖房設備自体がない場合もある。また、暖房設備はあってもその時期、強弱、自分で調整できるかという問題がある。ただし、それほど心配しなくて大丈夫。経済的なホテルでもそこに暮らす人たちの許容範囲内で保たれているはずだ。ベッドに入っても寒い場合は毛布をもう1枚かけるなどの工夫をしよう。

　冷房は1つ星でも完備している場合もあるが、冷房を望むなら3〜4つ星以上を探そう。ただし、3つ星程度のすべてのホテルに冷房が完備されているわけではない。

　冷暖房に関しては、部屋ごとに調整できる場合も夜間に集中スイッチが切られて、使えない場合もある。これは、ホテルによっては毎日の場合と料金の低くなる季節のみに適用したりとさまざま。

■イタリアYH協会
Associazione Italiana
Alberghi per la Gioventù
住 Via Cavour 44（ローマ）
☎ 06-4871152
URL http://www.ostellionline.org

■日本ユースホステル協会
住 〒101-0061
　東京都千代田区三崎町
　3-1-16
　神田アメレックスビル9階
☎ 03-3288-1417
URL http://www.arukikata.co.jp/yh
※情報収集と入会申し込み
URL http://www.jyh.or.jp
※海外オンライン予約など

■若者だけの特典を利用
　学生なら国際学生証や26歳未満なら社会人でも利用できる国際青年証を作って行こう。実施ヵ所は少ないが、入館料の割引があったり安い航空券が買える。

■国際学生証ISICカード
　全国の学生生協、YH窓口で発行。東京では、池袋西武8階のYH協会窓口などでも可。郵送による取得も可。
URL http://www.univcoop.or.jp/uct/isic

■国際青年旅行証YIEEカード
● 東京都ユースホステル協会
住 〒111-0052
　台東区柳橋2-21-4
☎ 03-3851-1121
　このほか、池袋西武、調布パルコなどのYH協会案内所や各大学生協で。

●近頃のユースホステル

　イタリア全土に50以上もあるユースホステルOstello della Gioventù。利用価値は大きい。
　大きな部屋にずらりと並んだ二段ベッド……とプライバシーがなくて落ち着かない。そんなことが昔話のように、**最近のYHは設備が充実している**。1〜4人で利用できる個室もあり（トイレ・シャワー付きも）、食堂、談話室も完備。洗濯機と乾燥機もあるので頭を悩ます旅の汚れ物も一気に解消。また、会員証を持っているとイタリア鉄道（駅の窓口で割引カードを作成する）、一部劇場や見どころなどで割引がある。予約はそれほど必要ではないが、イタリアYH協会のホームページやIBN（International Booking Network）システムで行っている。YHの会員証は、現地でも作成可能の場合もあるが、原則として自国で作成することになっている。手数料と写真が必要。

●ホテルの予約

　有名な観光地以外、予約はそれほど必要でないにしても、確実に部屋を確保したい時期や場合もあるのも事実。次のような予定のある人は、予約を考えてみよう。
❶有名な祭りや催事のあるとき
❷小さい子供やお年寄りが一緒の旅行
❸泊まってみたい特定のホテルがある場合
❹かなり遅い時刻に到着するとき
　特に、日本からの直行便は夕方の到着が多く、また、日本を出発する時点で遅れることも少なくない。冬などは荷物を受け取って、外に出たら真っ暗で心細くなってしまうことも多い。初めての土地で、重い荷物を持って右往左往するよりも、少し割高でもスマートに旅を始めたい人は、到着1日目の宿を予約しておくとよい。

タオルミーナ近く、ジャルディーニ・ナクソスのプチホテル、パラディオPalladioの朝食室　夏のリゾート地の場合には、予約が望ましい（P.226）

Column　経済的なホテルを探すには

　宿泊地に早めに到着し、❶などで希望の地域や料金を申し出て探してもらおう。紹介してもらったら地図にマーキングしてもらい、自分の目で確かめてから決めよう。納得できる最善の方法だ。
　また、経済的なホテルには門限が設けられていることも多い。深夜に到着する場合や夜間に外出する場合は、事前に確認を。

日本からの予約

旅の印象を左右するとも言える宿泊。予算内で最善のホテルを事前予約したいのが人情というもの。ただし、これも事前の情報収集が成否のカギ。方法はふたつ。

●手配型
❶日本の予約事務所に申し込む
❷旅行会社に手配を頼む

まずは旅行会社や予約事務所に、宿泊予定地にホテルはあるか、予算などを問い合わせよう。また、ホテルリストを送付してくれる場合もあるので請求しよう。自前の予約事務所を持っているのは世界的チェーンホテルで、5つ星ホテルが主体。予約代行事務所(レップ)の場合は3つ星クラスから。レップはしばしば変更になる場合もあるので注意。時期によっては割引料金の提供もあるので、確認しよう。ただ、ホテル独自の予約事務所ではなく、予約代行事務所（レップ）や旅行会社の場合は、手数料が加算されるため、直接の予約より割高の場合もある。日本でホテルクーポンなどを購入した場合は、現地でキャンセルしたくても返金されないこともある。

●自力で予約する
❶電話で予約

語学力が必要だ。経済的なホテルでは英語が通じない場合も多いし、予約自体も受け付けない場合もある。

❷FAXやウエブサイトから予約

本書掲載のホテルのFAX番号やURLから予約する方法だ。話すより書く方が意思が通じ易く、気軽なはず。英語でトライしてみよう。

常連ともなれば、ホテルの庭園の花やウェルカムフルーツなどが迎えてくれる

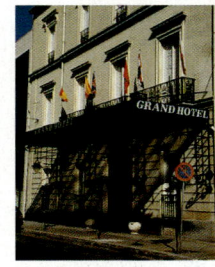

●グランド・ホテル
Grand Hotel（レッチェ）
南イタリアでは3つ星ホテルは充分快適だ（P.146)

南イタリアの経済的なホテルは、建物の一角にある場合が多い。館内に下げられた歓迎の旗。パレルモの1つ星ホテル、アレッサンドラAllessandra（P.199)

技術編
ホテルに関するすべて

■3つ星以上のホテルは、現地の旅行会社から予約を入れた方が安い！

旅行会社は各々のルートでホテル予約を行っている。そのためる同じホテルでも会社によって値段が違うことがよくある。イタリア現地なら、各社の取り扱いホテルの数も多いので、通常より2〜3割引きで泊まれることもある。ただし、取り扱いホテルは3つ星以上が一般的だ。また、クーポンを購入した場合は、ホテルが気に入らなくても払い戻しが受けられないことがあるので、信頼できる旅行会社を選ぼう。日本とイタリアでトライしてみよう。

■ホテル予約事務所
■ベストウエスタンホテルズ
☎0120-42-1234
URL www.bestwestern.jp

■インターコンチネンタル・ホテルズ・グループ
☎0120-677-651
URL www.japan.ichotelsgroup.com
URL www.japan.intercontinental.com

■ヒルトン・リザベーションズ・ワールド・ワイド
☎03-5405-7700（東京）
☎0120-489852
（東京23区外）
URL www.hilton.co.jp

■ザ・リーディング・ホテルズ・オブ・ザ・ワールド
☎0120-086210
URL www.lhw.com（英語）

■メリディアン・リザベーションセンター
☎0120-094040
URL www.lemeridien.co.jp

P.353の予約フォームを利用する

手紙や電話を使うほか、早く返事の欲しい人や出発日の迫った人、言葉に自信のない人にはFAXが便利だ。次のページの予約フォームを使って予約してみよう。

❶何月何日の夜から何日まで何泊、何人でどんなタイプ（バス付き、バスなし、ツイン、シングル、ダブルなど）に宿泊希望かを明記して空室照会を行う。

●2つ星ホテルの受付。ヴィッラ・アルキラーフィVilla Archirafi（パレルモ）あいさつと好印象は大切だ（P.199）

❷予約が取れたら、1室1泊の料金（朝食の有無）を確認し、当日何時頃の到着かを知らせる。（予約の場合クレジットカードの種類と番号か前金の送付を求められる場合があるので、その場合は指示に従う）

❸予約したホテルをキャンセルする場合は、早めにその旨を宿泊予定だったホテルに伝えること。無断でキャンセルすると、❷の前金、またはクレジットカードから1泊分が引かれることになるので注意。クレジットカードの番号を通知せず、また前金を払っていない場合でもホテルに迷惑にならないように早めに連絡すること。

❹あらかじめ伝えた到着時間より遅れる場合は、電話で早めにその旨を伝える。到着時刻が18：00を過ぎると、キャンセルとみなされて、ほかの客を入れてしまうこともある。

❺チェックインの際に、もう一度宿泊日数、部屋のタイプ、料金を確認しよう。部屋が気に入らなかったら、荷物をほどく前に伝えよう。空き部屋があれば変えてもらえるし、もしなくても、連泊の場合は翌日変えてもらえるはずだ。

【解説】
①ホテル名とホテルの住所を記入
②発信年月日（日、月、年の順）
③宿泊人数
④希望する部屋のタイプ
⑤チェックインする日（日、月、年の順）
⑥到着予定時間
⑦チェックアウトする日（日、月、年の順）
⑧合計宿泊数
⑨希望する部屋の内容、いつまでに返事が欲しいなどのメッセージがある場合は記入
⑩氏名
⑪住所
⑫電話番号
⑬FAX番号
⑭予約をする際には、保証のためにクレジットカードの番号が必要。無断のキャンセルの場合はここから規定料金が引き落とされる
⑮クレジットカードの番号
⑯カードの有効期限（年、月の順）
⑰「早急に予約確認をお願いします」の文例
⑱「料金も教えてください」の文例
⑲必ずサインすること（クレジットカードで使用しているものが望ましい）

ホテルに送る予約フォーム

イタリア語／英語のいずれかに統一し、自分の希望に合わせて下記の空欄に記入してホテル宛に送付してください。

予約フォーム ／ Prenotazione ／ Reservation

Spett, Sig.,　Dear Sir,

① _____　②Data　／　／2005
　　　　　　　　　　　　　　　　　　　　　　　　　　　　　Date

③Prenotate per _____ personi;
　Please book for _____ persons;

④☐　camera singola　　☐　camera matrimoniale　　☐　camera a due letti
　　　single room　　　　　double room　　　　　　　　twin room

　☐　con doccia/WC　　☐　con vasca/WC
　　　with shower/WC　　　with bath/WC

⑤check in ____ ／ ____ /2005　⑥ora di arrivo alle _____
　　　　　　　　　　　　　　　　　arrival time

⑦check out ____ ／ ____ /2005　⑧ _____ notte（i）
　　　　　　　　　　　　　　　　　　　　　　　night（s）

⑨messaggio; _____
　message;

⑩nome/name; _____

⑪indirizzo/address; _____

⑫TEL _____　⑬FAX _____

⑭carta di credito/credit card
　☐VISA　　☐MasterCard　　☐Amex　　☐Diners　　☐JCB

⑮numero di carta di credito
　account number　☐☐☐☐　☐☐☐☐　☐☐☐☐　☐☐☐☐

⑯valido fino　20 ____ ／ ____
　expiration date

⑰Confermate la mia prenotazione al più presto possibile. Anche mi informa di ⑱prezzo. Grazie.
　Please confirm my reservation as soon as possible. And inform the charge of rooms, too. Thank you.

⑲firma
　signature

＊イタリア語　英語　GLOBE-TROTTER TRAVEL GUIDEBOOK "South Italy & Malta"

技術編

ホテルに関するすべて

予約フォームの回答

　日本からの郵便は、約1週間でイタリアに到着する。返信には、もう少し時間がかかるのが普通だ。郵便事情、お国柄もあるので、泊まりたい日の1ヵ月前には予約フォームが届いているように送りたい。ファクスで送付すると、一両日ぐらいで返事がくる。

　回答の手紙やファクスは、予約確認書となるので、こちらの指定と間違いないか確認しておこう。また、チェックインがスムーズにいくし、万一のトラブルの時に役立つので必ず持って行こう。

　返事がこない場合は、再度確認するか、別のホテルを探そう。ただ、規模が小さい経済的なホテルでは、予約を受け付けないホテルが多い。

　また、予約フォームを送信したものの、回答がなかったため別のホテルに宿泊したところ、最初に予約フォームを送信したホテルでノーショーとしてクレジットカードから料金を引き落とされたとの投稿もある。回答がないためキャンセルする場合なども、必ず連絡を。

※料金をまず確認したい場合は、クレジットカードの項⑭⑮⑯と⑰は必要ない。

❸ウエブサイトやE-mailで予約

　本誌掲載のURLをもとに、宿泊希望ホテルのウエブサイトを開いてみよう。多くの場合、国旗のマークなどが並び、イタリア語のほか英語も選ぶことができ、予約フォームのみ日本語のページが用意されていることもある。Information/About us（総合案内）、Location/Map（場所）、Service（サービス）、Photo/Rooms/Virtual Tour/Facilities（客室や施設を写真で紹介）、Tariff/Rates/Price（料金）、Reservation（予約）などの項目が並んでいるので、眺めてホテルの概要を知ることができる。Special Offersとあれば、特別料金が表示されているので、ここものぞいてみよう。

　気に入ったらPrenotazione/Reservationを選び、予約をしてみよう。

　各ホテルのURLの予約用ウィンドウを開くと、左記のような項目が並んでいる。

　名前などは文字を欧文で直接入力する。また、リストボックスの▼をクリックすると選択肢が表示されるので、リストの中から希望のものをクリックしよう。

　さらにリクエストしたいことなどがあれば、コメントCommenti/Commentなどの欄に書き込もう。

　入力後は、Invia/Send　送信をクリックしよう。

　キャンセルはReimposta（Cancellazione）/Reset（Cancel）だ。

　送信後、ホテルから予約確認Confermaが送信され、

■よく使うイタリア語　英語

Prenotazione/
Reservation（Booking）
予約

Nome/Name
名

Cognome/Last Name
姓

Telefono/Telephone
電話番号

Indirizzo e-mail/
e-mail Address
電子メールアドレス

Data di Arrivo/Arrival Date
到着日

Data di Partenza/
Departure Date
出発日

Numero di Camera/
Number of Rooms
部屋数

Numero di Personi/
Number of Persons
人数

Numero di Bambini/
Number of Children
子供の人数

P.353の⑭⑮⑯などが聞かれるので、返信しよう。これが再予約確認Riconfermaとなる。予約確認や再予約確認には24時間以内などの制限があるので、期日までに手続きをしよう。これをしないと、予約とはみなされないので注意。また、後日のトラブルを防ぐために、宿泊日や料金が載った（再）予約確認書はプリントアウトして持参しよう。

URLに予約フォームがない場合でも、E-mailや Contatti/Contact usの項目をクリックするとメールの送信ができる。P.353を参考に必要事項を書き込み、送信しよう。

ウエブサイトやE-mailから予約しても返信がないことがある。手紙やFAX同様に、再度確認するか、キャンセルの旨を伝えよう。

●予約なしで自分で探す

着いたばかりのイタリアで自分でホテルを探すのはどうしたらよいだろうか。

❶空港や駅、または、町なかのツーリストインフォメーションで紹介してもらう

少し前はインフォメーションでも、予算に合わせたホテルを紹介してくれ、電話で予約をしてくれることも多かったが最近は少なくなった。また、インフォメーションで紹介してくれても、窓口の営業時間に出向かなければならないのも欠点。

❷ガイドブックなどに紹介してあるホテルや泊まった人の評判のよかったホテルを探す

❸自分で歩いて探す

この場合は、❶のツーリストインフォメーションでホテルリストをもらい、町のどのあたりに自分に適当な（安い、静か、移動に便利など）ホテルが多いかを聞いて、そのあたりを自分で歩いて探す。

一般的に、駅の近くには飛び込みで宿泊できる手頃なホテルが多い。

■ちょっと違うイタリア滞在はいかが？

イタリア人の先生の家に滞在しながら、絵画、建築、音楽、料理などと語学を一緒に学べるティーチャーズ・ホームレッスン。マン・ツー・マンでレッスンが受けられる。今はイタリア料理を学ぶコースが一番人気だとか。1週間単位で申し込め、友達同士や夫婦での参加も可能。詳細は東京／大阪／名古屋の窓口まで。
『成功する留学』
URL www.studyabroad.co.jp

時間的に余裕のある場合や予約したホテルが気に入らなかった時には、町なかのツーリストインフォメーションでホテルリストをもらい、自分でアタックしてみよう。旅の楽しみのひとつにホテル探しもある

技術編

ホテルに関するすべて

Column 無断キャンセル（ノーショー）について

宿泊予約を入れると、ノーショー（無断キャンセル）に備え、クレジットカードの番号と有効期限を聞かれる。さらに、予約の確認後にホテルのキャンセルなどの決まりや予約番号が通知される場合もあるので、よく読んでおこう。

予約のキャンセルは一般的に宿泊予定日の24時間前まで。予約番号があれば、それを告げればよりスムーズだ。無断キャンセルした場合は、通知したクレジットカードから1泊分を引かれ、それ以降の予約もすべてキャンセ ルされるのが普通。クレジットカードの番号を求められなかった場合も、キャンセルする場合は早めに連絡すること。旅行会社やレップ（予約事務所）を介した場合は、直接の電話連絡ではなく予約した会社やレップを経由しないと、キャンセルとみなされない場合もあるので注意。

チェックインは14:00～15:00頃が一般的。早めに到着した場合も空き室次第で案内してくれる。

●青と白で統一されたリゾートホテルのコテージ。マルタ、ゴゾ島のリゾートホテル タ・チェンチ Ta'Cenc（P.317）

■部屋のランク
　イタリアのホテルは古い建物を改装した所が多く、料金は同じでも部屋のタイプが異なることが多い。広さ、設備、眺めなどで快適度が高い部屋は常連や連泊者に提供されることが多いのも事実。

■朝食
　ホテルのランクが顕著に表れていると言っても過言ではない。朝食料金は宿泊料に含まれていることも多い。多くの5つ星ホテルでは、ビュッフェ形式でフレッシュジュースからシリアル、たくさんの種類のパン、ハム、チーズ、ヨーグルト、卵料理、果物、お菓子まで揃う。1つ星クラスだと、カフェラテ1杯にパンが1〜2個程度。朝食のサービス自体を行わないところもある。

■専用プラグを持参しよう
　イタリアの電圧は220V、50Hz。日本からの電化製品はそのまま使えない。変圧器とプラグが必要だ。
　海外旅行には、デパートなどの旅行用品売り場で販売している電圧の切り替えが自動的にできるものが便利。
　この場合もイタリアのコンセントを使うためのプラグ（丸い2本または3本）が必要だ。Cタイプのプラグを購入しよう。

快適なホテルを探すために

　値段に比べて、快適で安いホテルを探すためには、少しばかりの心がけが必要。
　①ホテル探しも旅の楽しさのひとつだと思うこと
　②宿泊予定地には、なるべく早い時間に着き、
　　落ち着いた気分で探す
　③身軽な格好で出発しよう
　　重い荷物を持っているときは妥協しがち
　　駅の荷物預けに荷物を預けて、出かけよう
　④お風呂・シャワー付きにこだわらない
　　部屋の狭いバスルームより、共同でも清潔な
　　バスルームのほうがよい場合も

●あいさつを忘れず感じよく
　適当なホテルを見つけたらBuon giorno!「こんにちわ」と声をかけながらホテルに入り、受付にいる人にごあいさつ。経済旅行者向きのホテル（1〜2つ星）では、英語が通じないこともあるので、イタリア語の片言はあやつりたい（「旅のことばの項」を参照に）。
　希望を告げて、値段を聞こう。数字が聞き取りにくかったら、紙に書いてもらう。値段がわかっても、それだけでは納得しないこと。ロビーや受付の人の様子から、ホテルの大体の雰囲気はわかるが、ときとして、ロビーだけが客室と不釣り合いにきれいなこともある。カギを借りて、**部屋を見に行く**のが、よい部屋探しの重要なポイント。
　部屋の清潔さ、明るさなどはひとめでわかるが、とくに気をつけたいのは、**お湯**が出るかという点と**カギ**がしっかりかかるかということ。外の騒音はどうか。窓から侵入されることがないかもチェックしよう。
　以上をチェックしたら、ドアの内側に貼ってある**値段表を見てみよう**。これは、イタリアのホテルやペンショーネに義務付けられたもので、部屋の料金、朝食の料金、サービス料、税金IVAなどが細かく記載されている。この料金と告げられた料金が違うときは確認しよう。朝食は必ずしも、取る必要はない。町のバールで食べれば半分以下で済む。倹約するつもりなら、初めに断っておこう。
　もし、部屋が気に入らなかったら、別の部屋を見せてもらおう。それでも、納得できなかったらほかをあたってみよう。

●伝統あるグランド・ホテルGrand Hotel（シラクーサ）アンティークな雰囲気が残る浴室（P.213）

●お風呂とシャワー

　日本人旅行者が不満をもらすことが多いのがお風呂。イタリア語で**シャワー付きはコン・ドッチャcon doccia**、**風呂付きはコン・バーニョcon bagno**と呼ぶが、コン・バーニョとあっても、シャワーしか付いていないことも多い。イタリア人にとっては、どちらも同じという考え方なので、料金も同じだ。**浴槽付きの部屋を希望するならコン・ヴァスカcon vasca**と告げたほうが確実だ。予約するときも、風呂付きの部屋を希望する人は必ず、念を押すこと。

　ただし、経済的なホテルで風呂付きの部屋を探すのはほとんど無理と覚えておこう。経済的なホテルでは、お風呂はほとんどなく、共同でシャワーを利用することになる。シャワー代は有料の場合と宿泊料に含まれる（無料）場合があるので、確認すること。共同の場合や給湯設備が古い場合は、お湯が途中で水に変わってしまうこともあるので、そんな場合はほかの人がお湯を使わない早朝や夕方早くが狙い目だ。もちろん、お湯を無駄にしない心がけも忘れずに。

●ひとり旅の女性に

　女性のひとり旅と見ると、必要以上に親しげな態度にでる宿の主人や従業員も時折見かける。こんな場合は毅然と、そして無視するのがいちばんだ。ドアにはカギをかけ、室内には人を入れないこと。言葉が通じなくても、嫌なことには、曖昧に笑ったりしないで、ハッキリ拒絶の態度を示すことが大切だ。

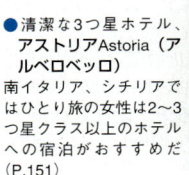

●清潔な3つ星ホテル、**アストリアAstoria**（アルベロベッロ）
南イタリア、シチリアではひとり旅の女性は2〜3つ星クラス以上のホテルへの宿泊がおすすめだ（P.151）

●ホテルのトイレとビデ

　ホテルの部屋にはトイレのほか、普通ビデが付いている。ビデは水と温水のでる蛇口や噴水のような吹き出し口が付き、横と中央あたりに排水口があるもの。トイレと形状はやや似ているが、トイレにはフタが付いているが、ビデにはフタがない。間違えないように。ビデは温水洗浄器のように、お尻などを洗ったり、温水を貯めて足を洗うのに使ったりする。ビデの横には、専用タオルが置いてあることが多い。

■**アメニティー・グッズ**
　どんなホテルでも小さな石鹸程度は用意されている。日本的な感覚でバスキャップ、シャンプー、歯ブラシ、髭剃などのほか、ドライヤーが用意されているのは3〜4つ星程度から。経済的なホテルに宿泊する場合は、必要なものは持参しよう。

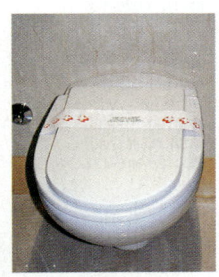

トイレとビデは間違えないように。上がトイレ、下がビデ。温水洗浄便座愛好者には、ビデがあると便利

技術編 ホテルに関するすべて

旅のお金

おなじみのトーマス・クック社の両替所

■ユーロやT/Cの入手先
ユーロの現金は銀行、郵便局、トラベルコーナー、成田・関空の空港内両替所などで入手可能。T/Cは銀行、郵便局、アメックス、トーマスクック、トラベルコーナーなどで。ただし、すべての支店などで可能ではないので、まずは最寄りの支店で情報の入手を。

■おもなCCの連絡先
■アメリカン・エキスプレス
　☎0120-020-120
■ダイナースカード
　☎0120-077-361
■JCBカード
　☎0120-015-870
■DCカード／MasterCard
　☎0120-102-622
■VISA（三井住友）
　☎0120-816-437

■東京三菱銀行
すべての支店で両替が可能ではないので、まずはフリーダイヤルで最寄りのトラベルコーナーの情報を入手しよう。
☎：0120-508639
URL www.btm.co.jp

窓口を離れる前に金額をチェックすること

●贅沢するときは思いきって

イタリアは、旅するのにお金があればあるだけ楽しく過ごせる国だ。いまだに貴族がいて、高級なカフェなどで、上品な老女に向かってカメリエーレ（給仕人）が、「コンテッサ」（伯爵夫人）などと呼びかけているお国柄だ。階級社会が依然として健在で、金持ちは高級品を身に付け、お金のない人たちはそれなりの服装をしていて、それがあたりまえという意識も残っている。そんなわけで、外国人の私達も持ち物や服装で判断されてしまうのだが、お金があるのなら、イタリアの金持ち階級御用達のホテルやレストランを利用してみたい。贅沢するときは思いきって、お財布が許す限り使う。そんなお金の使い方が似合う国がイタリアだ。

●お金は何で持って行くか

必要なお金をどういう形で持っていったらよいだろうか。現金、T/C（トラベラーズチェック）CC（クレジットカード）の3つが考えられるが、各々メリットとデメリットがある。

まず**現金**について。小額のユーロはイタリアに着いた瞬間から必要となるが、空港の両替所に行列するのが嫌だという人は、日本で購入して持って行くこともできる（東京三菱銀行トラベルコーナーや郵便局などで扱っている）。ただし、紛失や盗難にあった場合はアウト。

T/Cは使い残しても払い戻しが受けられるし、盗難などの場合は再発行も可能なので安心。必ず現金化してから使う円やドルの**T/C**は額面の大きいほうが、そのまま支払いに使用する可能性もあるユーロの**T/C**は額面も大中小あったほうが便利だ。デメリットは、購入の際に総額の1％の手数料がかかる点と、ユーロの**T/C**であってもそのまま支払いに使えない場合がある点。

いちいち両替の必要がなく、サインするだけでよいうえに、現地通貨のキャッシングも可能でさまざまなサービスが付き、再発行もできるのが**CC**。ただし、**CC**の種類によってはほとんど通用しない可能性もあるので、複数の国際カードを持って行くのがベターだ。

●キャッシング

イタリア中どこにでもあり、24時間利用可能な自動現金支払機ATMを賢く利用。いずれも事前に暗証番号の登録が必要だ。

【クレジットカードでキャッシング】
各クレジットカードの印や、CIRRUSやPLUSの印があれば、同様のマークの付いたATMで可能。ATM使用料とちょっと割高の利息が取られるのが難点。また、限度額の制限もある。

【日本の自分の口座から現地ATMで引き出す方法】

最近注目を集めているのがこのシステム。高い利息を払わなくていいし、自分の口座から引き落とすなら、使い過ぎも防げそう(!?)。いずれも一日の引き出し限度額50万円。

❶シティバンクのシティカード
日本国内でも使用できて発行・引き出し手数料は無料。ただし、他口座と合算での月間平均残高が20万円以下になると、口座管理料が1ヵ月2100円必要。

❷銀行カード
海外専用の引き出しのみの口座でカード発行手数料が1050円、引き出し1回ごとに210〜315円、残高照会には銀行により無料または105円程度の手数料がかかる。

❷郵便局でも同様のサービスを実施。事前に利用予定額の申請（保留設定）手続きが必要。

以上の点を考慮すると、最小限の円かユーロの現金とあとはCC（あればキャッシングカード）というパターンがよいだろう。人により、どういう旅行をするのかは大きく違う（大都市中心かいなかか、比較的リッチ型かエコノミー型か）ので、自分が最も重視するのは何かを考えて選んでほしい。

●両替について

今やクレジットカードが普及し、海外旅行といえどもかつてのようにまとまったお金を持ち歩く心配はなくなった。カードがあれば、レストランやホテルの支払い、買い物はもとより、鉄道の切符も買うことができる。しかし、バスや地下鉄の切符、絵ハガキ、切手などのこまごましたものを買う場合には、やはり現金が必要だ。

主要都市の銀行のほとんどが両替窓口をもっている

両替は**銀行、両替所、郵便局**、旅行会社、ホテルなどで行っている。入口やウインドーに大きく**両替CAMBIO**、CHANGEと書かれているのですぐに見つけ出せる。銀行によっては外貨の両替を行わない場合もあるので、キャッシングができるカード持っていると安心だ。

■アメリカン・エキスプレス・インフォメーション
☎ : 0120-005004

■シティバンク・インフォメーション
☎ : 0120-504189

銀行の入口は、厳重な自動ドアにより管理されている。

■両替一口ガイド

■どこで円（トラベラーズチェック）を両替できますか？
ドーヴェ ポッソ カンビアーレ エン ジャッポネーゼ（ウン トラヴェラーズ チェック）
Dove posso cambiare yen giapponese (un traveller's cheque) ?

■この円（ドル）を両替したいのですが
ヴォレイ カンビアーレ クゥエスティ エン（ドーラリ）
Vorrei cambiare questi yen (dollari).

■今日の為替レートはどうなっていますか
クゥアレ エ イル カンビオ ディ オッジ
Quale è il cambio di oggi ?

📩 私のおすすめカード

新生銀行のキャッシュカードが便利でした。PLUSのマークのあるATMで利用できます。VISAインターナショナルが決済した当日のレートに3％の手数料がかかりますが、私の場合は、成田での両替よりもレートがよかったです。また当面の間、新生銀行では口座管理手数料は無料のようです。

（東京都　数乗利恵　'04）

技術編
旅のお金

カードキャッシングが普及している

●銀行　Banca　銀行の営業時間は、月曜から金曜のおおむね8:30〜13:30、15:00〜16:00となっている。しかし祝日の前などには、半祝日semi festiviとして、昼前で終わってしまうことがある。

また、数は少ないものの観光スポットの付近には日曜も営業している両替所もある。

シチリア最大の銀行バンカ・ディ・シチリア Banca di Sicilia

Column 両替レート表の読み方

縦にズラリと国別の通貨が並び、その横に次の項目に分かれてレートが書いてある。

　　buying rate …………購入レート
　　selling rate …………販売レート
　　cash　　　…………現金
　　T/C　　　…………トラベラーズチェック
　　comission …………手数料

つまり、円（YENまたはJPYと表記）の現金cashを両替する場合は、その両替所の購入レートbuying rateを見る。この購入レートが高いほうが、両替が有利というわけだ。ただ、このレートがよくても、手数料comissionが高ければ、有利とは言えない。また、no comissionと表記しながら、実際両替するとサービス料servizioをとる悪質なところもある。心配なら、" No comission？, No extra charge？"と尋ねてみよう。

普通は、手数料を取らないところよりは手数料を取るところのレートがよい。たくさん両替すれば有利ということだ。とはいえ、一度に高額の両替をするのは無謀。

両替金額と手数料を考慮して計算しよう。

ユーロの読み方

ユーロは小数点第2位までが使われる。ユーロの下の単位は¢＝セント（イタリア語では、チェンテージモcentesimo、一般的には複数形のチェンテージミcentesimiとして使う）。€1（1ユーロ）が100¢（100チェンテージミ）だ。2005年2月現在€1は135円前後なので1¢は1円強。

例えば、€20.18を日本語でイタリア的に読むと、「にじゅう．(ビルゴラ)・じゅうはち ユーロ」または「にじゅうユーロ、じゅうはちチェンテージミ」と読む。途中に、小数点（ビルゴラ）が入っているが、これは読まないことが多い。また、小数点以下でも日本語のように「いち・はち」とは読まない。

€20.18はヴェンティ・ディチョット・ユーロまたはヴェンティ・ユーロ・ディチョット・チェンテージミなどと読まれる。

ℹ 総合インフォメーション

南イタリアでは3つ星ホテルの水準は高い

技術編

南イタリア総合インフォメーション

~南イタリアを知ろう！~

●南イタリアの物価

　北イタリアに比べ、所得水準が低いため、物価もやや安いと考えがちだ。しかし、旅行者が利用する公共交通、見どころの入館料などはほぼ全国共通なので、とりたてて安上がりということはない。ただ、ホテルと食事代は幾分安いので、節約に徹して旅行し、1～2つ星程度のホテルに泊まり、レストランでもツーリストメニューを利用すればかなり安く上げられる。しかし、これでは旅の楽しみは半減してしまう。
　南イタリアでは、予算はそのままで、ちょっと気分よく旅行したい。北イタリアに比べてホテルならワン・ランク上げることをおすすめしたい。さほど料金は変わらないし、いなかならいっそうの充実感が得られるはずだ。また、3つ星程度でも雰囲気のよいリゾートホテルも多い。旅にメリハリをつけて、ときに気に入った町やホテルにゆったりと滞在するのも、旅行を楽しくさせるポイントだろう。

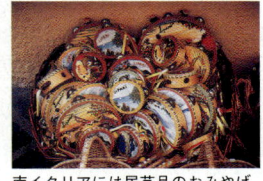

食前酒を注文するとたっぷりのおつまみが。プーリア州で

南イタリアには民芸品のおみやげも多い

●南イタリアの気候

　2月頃にはアグリジェントではアーモンドの花が咲き、シチリアに早い春の訪れを告げる。アマルフィやソレントでもレモンの白い花が咲き、あたり一面によい香りを漂わせる。春は観光にもベストシーズンと言えよう。

シチリアではスイカがとてもおいしい

　太陽と青い海原が輝く夏は、リゾート気分がそこここにあふれる。北からやって来た、気の早い観光客は5月頃から海で日光浴を始めるが、海水浴のシーズンは6～9月頃だ。町や遺跡などでは、夏の日盛りには暑さをかなり感じさせるが、湿気は少なく、一度石造りの建物や木陰に入れば涼しい。夏の観光では、ついくだけた服装をしがちだが、イタリア全土そうであるように、ショートパンツ、ミニスカート、ノースリーブ、ランニング、ビーチサンダルでは教会内部には入れない場合もある。こんな場合でも大判のスカーフなどで肌を隠せば大丈夫なので、1～2枚持参したい。
　厳しい日差しとリゾート客の去った静かな秋も観光には最適な季節だ。晩秋から冬にかけてはやや雨が多くなるので、防寒具と傘の用意が必要だ。また、光輝く大地のイメージのある南イタリアだが、数年に一度は雪が降ることもある。冬の旅行は、日本と同様コートは必携だ。
　また、マルサーラなどの海岸沿いの町やエトナ山のふもとのエンナなどでは風が強い日も少なくない。ウインドブレーカーなどがあれば重宝するだろう。

南イタリアの夏を彩る爽竹桃

夏の太陽を避けるために刈られた、広場の並木が美しい

> 電話

電話機は、駅、バールの店先、町角など至る所に設置されている。日本と同様にコインまたはカードを入れて、番号をプッシュ。コインを使う場合は、あらかじめ多めに入れておこう。通話後に、下のボタンを押すと残りのコインは戻ってくる仕組みだ。ただし、日本と同様にコインを利用できる電話は少なくなりつつある。旅のはじめにテレホンカードを1枚購入しておくと安心だ。

ゆっくり、静かな場所で電話したい時にはホテルの自室からもよい。ただし、ホテルによっては手数料がかかり、思わぬ出費となることもある。手数料なしでかけたいなら、電話局や大きな駅にある電話局のブースなどを利用しよう。電話局から日本へ電話する場合は、入口の窓口で「日本へ電話したいのですが……」"Vorrei parlare col Giappone／ヴォレイ パルラーレ コル ジャポーネ"と告げ、指示された電話ブースに入る。通話を終え、窓口に戻り、料金の精算をする。

また、日本同様、イタリアも通信の自由化により、多くの電話会社が誕生した。都市部を中心に、各地に独自の簡易電話センターを設けている。料金も各社さまざまで、かなり安いことも多い。店頭に料金表が掲示してあるので、見かけたら料金をチェックしてみよう。駅周辺や外国人や旅行者の多い界隈にある場合がほとんどだ。

テレコムイタリアのテレホンカード。左肩を切り取って使う

✉ 切手はどこ？

切手を買うのに苦労しました。誰もがタバコ屋に売っているといいますが、「品切れ」が多かった。ナポリで8ヵ所、ローマで4ヵ所で空振りに終わりました。郵便局を見かけたら、そこで購入するのがいいでしょう。　　　（埼玉県　9人旅行 '03）

テレホンカードのみ使用可能な最新型の電話器

● 各種テレホンカード

テレホンカードCarta Telefonica（カルタ・テレフォニカ）はキオスクやタバコ屋、自動販売機などで販売。発行会社により利用方法が異なる。一般的なTelecom Italia社のものは、€ 2.58、€ 5.16、€ 7.74の3種類で、ミシン目の入った角の一ヵ所を切り離して利用する。日本同様、カードを公衆電話に挿入するとカード残高が表示され、相手番号をプッシュすると通話ができる。

このほか、公衆電話やホテルの客室からも利用できるプリペイド式の格安な国際電話専用カード Card Carta Telefonica Prepagata Internazionale（カード・カルタ・テレフォニカ・プレパガータ・インテルナツィオナーレ）などもある。これは、通話の前にカードに記載された無料通話ダイヤルへ電話し、続いてカードのスクラッチ部分の数字の入力などの手続きが必要だ。手順は自動音声案内でアナウンスされるものの、イタリア語のみの場合もあるので、購入時に確認しよう。

最近使用されはじめたプリペイド・テレホンカード
まず無料通話ダイヤルへ電話し、スクラッチ部分に隠れた番号を入力。続いて電話番号を入力。トーン信号の電話ならホテルの部屋でも使用可

● **コレクトコールまたはクレジットカードによる通話**

　イタリアから日本語オペレーターに申し込むコレクトコールは、KDDI（ジャパンダイレクト）、日本テレコム（ホームダイレクト）が実施。オペレーターを通さず、音声案内に従ってクレジットカードによる支払いができるサービスは、KDDI（スーパージャパンダイレクト）、NTTコミュニケーションズ（国際クレジットカード通話）、日本テレコム（ダイヤルジャパン）が実施している。

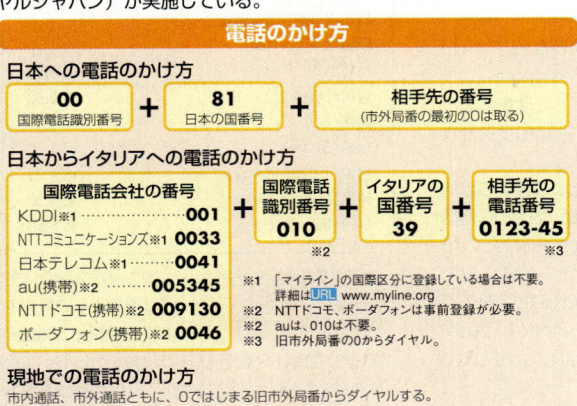

■ **日本での国際電話の問い合わせ先**
■ KDDI
☎ 0057（無料）
■ NTTコミュニケーションズ
☎ 0120-506506（無料）
■ 日本テレコム
☎ 0088-41（無料）
■ au
☎ 0077-7-111（無料）
■ NTTドコモ
☎ 0120-800-000（無料）
■ ボーダフォン
☎ 157
（ボーダフォンの携帯から無料）

電話のかけ方

日本への電話のかけ方

00 国際電話識別番号	+	81 日本の国番号	+	相手先の番号 （市外局番の最初の0は取る）

日本からイタリアへの電話のかけ方

国際電話会社の番号	国際電話識別番号	イタリアの国番号	相手先の電話番号
KDDI※1 ……………001 NTTコミュニケーションズ※1 0033 日本テレコム※1 ……0041 au（携帯）※2 ……005345 NTTドコモ（携帯）※2 009130 ボーダフォン（携帯）※2 0046	010 ※2	39	0123-45 ※3

※1　「マイライン」の国際区分に登録している場合は不要。詳細は URL www.myline.org
※2　NTTドコモ、ボーダフォンは事前登録が必要。
※3　auは、010は不要。
※3　旧市外局番の0からダイヤル。

現地での電話のかけ方
市内通話、市外通話ともに、0ではじまる旧市外局番からダイヤルする。

● **プリペイドカード**

　現地でもイタリアの各社が販売している。日本国内の空港やコンビニエンスストアであらかじめ購入し、現地で利用するものとしては、KDDI（スーパーワールドカード）、NTTコミュニケーションズ（ワールドプリペイドカード）がある。

インターネットポイント

　イタリア各地でインターネットポイントが増加中だ。カフェなどを備えた大規模なものから、ごく小規模のものまでさまざまだ。1時間€3〜8程度で利用でき、日本語入力可、フリーのメールアドレスの提供などを行っている所もあり、簡単にメールを送ることもできる。

> **電話のプリペイドカードの有効期限**
> 　海外旅行には日本の国際電話会社のプリペイドカードを持って行きますが、これには有効期限があります。自宅にあった3枚のうち、2枚が有効期限切れでした。出発前には有効期限の確認を。
> （埼玉県　須賀恵美子 '04）

技術編　南イタリア総合インフォメーション

南イタリア各地のおもな伝統行事

（各町冒頭の記事もご参照ください）
2月　アーモンドの花祭り（アグリジェント）
2〜3月　カーニヴァル（カターニア近くのアチレアーニなど）
復活祭前の金曜日ヴェネルディ・サント（ターラント、トラーパニ）
3〜4月　復活祭（パレルモ近くのピアナ・デッリ・アルバネージなど）
復活祭聖木曜日と聖金曜日の受難パレード（ターラントなど）
5月　サン・ニコラ祭り（バーリ）
最終日曜日飾り馬車行列（タオルミーナ）
5月／6月　中世4大海運共和国レガッタ（アマルフィ、ヴェネツィア、ピサ、ジェノヴァの持ち回り）
7月中旬　ウ・フェスティーヌ祭り（パレルモ）
8月　ノルマン人のパリオ（ピアッツァ・アルメリーナ）

郵便

大都市の中央郵便局 Posta Centrale は、月曜から金曜までの8：30頃から19：00頃まで営業している。土曜は正午まで。日曜・祝日は休み。その他の支局は、月曜から金曜は14：00頃まで、土曜は正午まで営業。切手は郵便局かタバッキで買うこと。

●日本宛郵便物

宛名は日本語でよいが、航空便なら"Posta Prioritaria"または"Per Via Aerea"（Air Mail）と書くのを忘れないように。イタリアでは書き忘れたら、該当の切手が貼ってあっても、船便にされてしまう。

赤か黄色の郵便ポストにはふたつの投函口があり、左側が「市内宛」per la città、右側が「他地域宛」per tutte le altre destinazioniになっているので、日本への郵便は右側の口へ。また、船便で小包みを出す場合は、専用の茶色の包装紙でくるみ、ひもで結わき、ピオンボPiomboという金具でとめるのが規則。航空便の場合は、しっかりした柄なしの箱で四隅がすべてガムテープで閉じられていればよい。係員によっては航空便でもピオンボが必要な場合もあるので注意。航空便の日本への所要日数は10日前後。小包みは特定の郵便局のみの取り扱いで、窓口時間が短い場合もあるので、ホテルなどで問い合わせてからでかけよう。

青いポストは国際郵便専用。
ポスタ・プリオリタリア利用なら日本へはほぼ一週間で到着

航空便はポスタ・プリオリタリア

Posta Prioritaria
より速く、簡単、経済的にと、登場した新システム。必要な切手と専用シール（エティケッタ・ブルーetichetta blue）を貼るかPosta Prioritariaと書けばOK。イタリア国内で翌日、ヨーロッパなら3日、日本へは4〜8日で到着する。

日本向け航空郵便料金
Posta Prioritaria

ハガキ	€ 0.80
封書（20gまで）	€ 0.80
封書（21g〜50g）	€ 1.50
封書（51g〜100g）	€ 1.80
封書（101g〜250g）	€ 4.20
封書（251g〜350g）	€ 5.20
小包（350gまで）	€ 5.60

美術館・博物館など

国立のものの休館日は原則として月曜および国定祝日。開館時間は、9：00〜14：00という所が多いが、19：00頃まで開館する所も増えてきた。屋外のモニュメントなどは9：00〜日没1時間前までが普通。ただし、開館時間はよく変更になるので、現地で確認するのが望ましい。午前中ならまず開いているので見学のスケジュールは午前に組むとよい。

■宗教施設の拝観上の注意

教会など宗教施設の拝観では、タンクトップ、ショートパンツなど露出度の高い服装だと入場できない場合もあるので注意すること。また、信者の迷惑にならないよう謙虚な態度を忘れないように。教会内を走ったり、大声を上げたりするのは論外。

■郵便局でのひと口ガイド

●切手	francobollo	(i)	フランコボッロ	(リ)
●ハガキ	cartolina	(e)	カルトリーナ	(ネ)
●手紙	lettera	(e)	レッテラ	(レ)
●航空書簡	aerogramma	(e)	アエログランマ	(メ)
●速達	espresso	(i)	エスプレッソ	(シ)
●小包み	pacco	(pacchi)	パッコ	(パッキ)
●航空便	per via aerea		ペル・ヴィア・アエレア	
●船便	per via mare		ペル・ヴィア・マーレ	

（　）内の語尾または全体は複数形
「このハガキ（手紙）の日本宛航空便の切手が欲しいのですが」
ヴォレイ フランコボッリ ペル クゥエスタ カルトリーナ（レッテラ）イン ジャポーネ ヴィア アエレア
"Vorrei francobolli per questa cartolina (lettera) in Giappone via aerea."

日本へのハガキはポスタ・プリオリタリア利用で€0.80

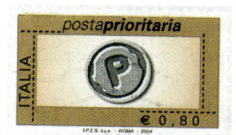

postaprioritaria
ITALIA
€ 0,80
POSTA PRIORITARIA
Priority Mail

タックスフリー（免税）ショッピング
～ショッピングの楽しみがますます充実～

　タックスフリー加盟店が増え、適用額も引き下げられて、より身近で便利になったタックスフリーショッピング。これは、観光客が免税ショッピング加盟店で一定額買い物をした場合、税金（13〜14.5％）の払い戻しを受けられるお得なシステムだ。
　TAX FREEの看板を掲げていない取り扱い商店もあるので、まずは**154.94ユーロ以上の買い物**（総計でよい）をする予定の場合は、支払いの前に尋ねてみよう。また、このシステムを利用する場合は**パスポート番号が必要**となるので、番号をあらかじめ控えておくか、盗難防止のためにコピーを持っているとよい。

●対象
　欧州連合（EU）以外の国を居住地とする人が個人使用のために品物を購入し、未使用の状態で個人荷物とともにイタリアから持ち出す場合に、IVA（税金）の払い戻しを受けられる。

●適用最小限度
　1店についての購入額の合計がIVA（税金）込みで154.94ユーロ以上。内税のためこれまで最小金額がわかりにくかったが、1997年3月より店頭表示価格の総額となった。

●買い物時の手順
（1）TAX-FREEという表示のある免税ショッピング加盟店で買い物をする。
（2）支払いの際、パスポート番号を告げ、免税伝票Tax-free Shopping Chequeを発行してもらう。このチェック（1枚か2枚、店舗により異なる）はレシートとともに出国時まで保管しておく。

●出国時の手順
　出国時には、税関の専用カウンターで税関スタンプを受けないと、免税払い戻しは受けられないので、空港には早めに出かけよう。イタリア出国後、ほかのEU内を経由する場合は、最後の訪問国で同様の手続きをすることになる。

1）購入品をトランクに入れた場合
　航空会社のチェックインカウンターで搭乗手続きをし、搭乗券（ボーディングパス）を受け取り、トランクに日本行き（もしくはEU圏外の目的地）のタグを貼ってもらう。このトランクを税関オフィスに運び、免税伝票、パスポート、搭乗券を呈示し、スタンプをもらう（この時、購入品確認のためにトランクを開けさせられる場合も）。再び、チェックインカウンターに戻り、トランクを預けて、搭乗手続きを完了させる。

2）購入品を手荷物として機内に持ち込む場合
　チェックインカウンターですべての搭乗手続きを終え、パスポートコントロールを通過後、出国ロビー側の税関に行き、手荷物として持っている購入品を見せて、スタンプをもらう。（ローマ・フィウミチーノ空港では、手荷物用税関は、出国ゲートC15とキャッシュ・リファンドの間とターミナルBのパスポートコントロールを通過した右側上階の2ヵ所。）

●払い戻し
1）現金の払い戻し
　税関でスタンプをもらった免税伝票と購入店のレシートを、空港免税店内の「免税現金払い戻しCash Refund」カウンターに提出し、払い戻しを受ける。ローマのフィウミチーノ空港には、ゲートC15近くに専用デスクがある。

2）現金以外の払い戻し
　免税伝票の裏に記載されている「非現金」払い戻し＝クレジットカードを指定し、店内で渡された所定の封筒に入れて、グローバル・リファンド・イタリー社など各取り扱いの事務局へ郵送する。この場合は、3ヵ月以内に書類が事務局に届かなければ無効となるので注意。クレジットカードのない場合や振り替え不能の場合は円建て小切手が自宅に郵送される。

　現在、タックスフリー（免税）の代行業者は複数あり、各社現金払い戻し専用デスクを設けている。グローバル・リファンドは、成田空港、関西空港ターミナルビルに現金払い戻しカウンターを開設。ここでも即現金を受け取れる。会社によっては、現金の払い戻しを行わず、クレジットカードなどへの入金のみの場合もある。書類裏面を読み、また郵送用封筒と書類は会社を間違えて入れないように。ほかの手続きなどは、各社共通。

　以上の手順、払い戻し場所などは、変更が少なくないので、早めに出かけて空港で確認のこと。
（'05年1月現在）

■簡単リコンファーム
　帰国の日がはっきり決まっている場合は、到着時に空港の各航空会社のカウンターでしてしまうのが簡単。
　航空会社やチケットの種類によっては、リコンファームが不要の場合もある。切符を受け取る時に確認を。

イタリアを発つ

■リコンファーム

　帰国便の予約確認（リコンファーム）は、**出発時刻の72時間前まで**に、利用航空会社に電話するか、現地の支店に出向いて行う。忘れると予約が自動的に取り消されることがあるので注意。航空会社の支店は土曜・日曜は閉まっているので、週初めにフライトを予定している人は週末にやきもきしないように早めに済ませてしまおう。

■出国

　利用航空会社により、日本への出発空港は異なる。ヨーロッパの主要都市あるいは、ローマやミラノから日本への直行便を利用することがほとんどだろう。国際線なら2時間前、国内線なら1時間前にはチェックインしよう。タックスフリーを利用した人や格安航空券を使う人は、もう少し余裕をもって出かけよう。

楽しい思い出を胸に

Column　税関Dogana（ドガーナ）関連の情報

■通貨の持ち込み・持ち出し制限

　ユーロ・外貨とも持ち込み制限はない。ただし、持ち出しはユーロ、外貨を含めて1万329.14ユーロ相当額まで（トラベラーズチェックは含まない）。総額1万329.14ユーロ相当以上を持ち出す場合は、出国時にイタリア国内での収入と見なされないように、事前に申告しておこう。申告は荷物受取所にある申請所Controllo Valutaコントロッロ・ヴァルータで、V2ヴィ・ドゥーエという書類に必要事項を記入し、証明印をもらう。書類は出国時まで保管しておくこと。

■免税範囲

　下記の通り、個人使用に限りイタリア国内に無税で持ち込める。
■酒類（17歳以上）ワイン2ℓと22度以上のアルコール飲料1ℓ、またはリカーワイン、食前酒2ℓと22度未満の酒類1ℓ

ナポリ、カポディキーノ空港

■タバコ（17歳以上）紙巻きタバコ200本、葉巻あるいはきざみタバコ250g
■コーヒー（15歳以上）500g
■香水 50g（60cc/P）、オードトワレ250cc
■カメラ 2台にそれぞれフィルム10本

■ユーロが大量に残ったら

　ユーロ・外貨の1万ユーロ相当を持ち出すにはV2（左記参照）が必要。大量のユーロを外貨にするときは、両替時のレシートが必要な場合もある。

■イタリアからの輸出

　みやげ物については規制はない。骨董品、美術品の持ち出しは、環境文化財省Ministero dei Beni Culturali e Ambientaliの許可証が必要。
　生ハムや豚肉ミンチの詰め物をしたパスタなどの豚肉加工品は日本への持ち込み不可。

日本で情報を入手する

旅の楽しみは、出発までの浮き立つ気分でのプランニング。訪れる町々へ思いをはせるひとときは格別だ。必要かつ快適で楽しい旅行のための情報収集ができる機関を紹介。

● ENITイタリア政府観光局

イタリア各地の旅の情報を提供しており、主要観光地のパンフレット、地図、ホテルリストなどの資料が揃っている。また、時刻表や都市別電話帳なども閲覧させてくれる。カウンターの職員が親切に質問に応じてくれるが、あまりに細かい情報は現地から届いてこないこともあるので、直接イタリアで入手すること。地方に住む人は、具体的な質問内容を示す手紙かハガキを出して資料を送ってもらおう。

● イタリア大使館

留学などで3ヵ月以上の長期滞在を望む人は、領事部でビザを取得すること。ビザの書式や情報はURL www.embitaly.jpで入手可能。

● イタリア文化会館

イタリアの芸術、言語、文学、文化などを日本に紹介するための機関。付属の図書館は一般公開されている。またイタリア留学に関する問い合わせにも応じている。何を学びたいのかを具体的に記した手紙に返信用切手を同封して会館宛に送れば返事をくれる。ただし、イタリアの専門学校は10月、公立学校は11月の開講なので、年内の留学を希望する人は6月中に手続きを終えておくのが望ましい。

● (財)日伊協会

イタリアを愛する人たちの集う、民間レベルの文化交流機関。日本で最も歴史のある語学講座には、年間4000人近い受講者がある。協会会員には、文化セミナー、語学講座の年会費免除、年4回発行されるイタリア情報満載の会報の送付などの特典がある。イタリア留学相談、情報提供、留学セミナーを行い、留学希望者には強い味方だ。

● アリタリア航空

飛行機の中から"気分はイタリア"したい人のアリタリア。イタリア国内線についての情報も入手できる。

■イタリア政府観光局ENIT
住 〒107-0062　東京都港区南青山2-7-14 南青山273ビル
☎ 03-3478-2051
開 (月)～(金)9:30～17:30
休 (土)(日)(祝)、年末年始
URL www.tabifan.com/italia/

■イタリア大使館
住 〒108-8302　東京都港区三田2-5-4
☎ 03-3453-5291
ヴィザ関係業務：
(月)～(金)9:30～12:30

■大阪 イタリア総領事館
住 〒540-0001　大阪市中央区城見2-1-61ツイン21MIDタワー31階
☎ 06-6949-2970

■イタリア文化会館
住 〒102-0074 東京都千代田区九段南2-1-30
2005年9月まで下記に移転予定
住 〒102-0075　東京都千代田区三番町6-14日本生命三番町ビル4階、5階
☎ 03-3264-6011
開 (月)～(金) 10:00～13:00 14:00～17:00
休 (土)(日)、年末年始、5月の連休頃、7月末～8月

■(財)日伊協会
住 〒107-0052　東京都港区赤坂7-2-17赤坂中央M207
☎ 03-3402-1632
開 (月)～(金) 10:00～13:00 14:00～17:30

■アリタリア航空
住 〒104-6016　東京都中央区晴海1-8-10晴海トリトンスクエアX棟16階
☎ 03-5166-9111 (予約)
URL www.alitalia.co.jp

技術編 — イタリアを発つ／日本で情報を入手する

インターネットで申し込む海外旅行傷害保険

海外旅行傷害保険は、海外でこうむるケガや病気、そのほか旅行中に発生する予期せぬ危険を補償する保険だ。海外でケガや病気にかかった場合は、治療費や入院費は日本と比べてはるかに費用がかかる。また保険料は長らく横並びだったが、自由化の波を受け各保険会社が独自の保険料体系を打ち出すようになってきた。とくにおすすめなのが、損保ジャパンの「新・海外旅行傷害保険[off!(オフ)]」。行き先別に違う保険料が設定され、ヨーロッパの場合、同社現行保険料に比べて最大38%安くなるのが特長だ。また「1日刻み」で旅行期間が決められ、「出発当日」でも申し込める。下記の「地球の歩き方ホームページ」でも申し込みが可能。
URL www.arukikata.co.jp/hoken

⚠ 南イタリアを安全・快適に旅するために

南イタリアの治安ですぐに思い浮かぶのが、名高いシチリアのマフィアや同様の秘密結社であるナポリのカモッラ。映画『ゴッド・ファーザー』のイメージばかりが先行するが、一般観光客などにはうかがい知れない奥深い（!?）世界なので心配はいらない。

南イタリアの治安とはいえ、注意点はイタリア全土に共通することだ。被害はスリ、置き引き、サギ行為など、こちらが充分に注意していれば、未然に防げることがほとんどだ。

移動・町歩きの注意点

1. スキや油断を見せない。

自分の荷物、とくに貴重品は身に着ける。荷物からは離れない。人の多い場所で座ったりする場合は、荷物に手を回したりして必ず目の届く範囲に置く。

列車の中でも、荷物は目の届く場所に置き、貴重品は身から離さないようにしよう。

2. バッグは口をしっかり閉める。取り出しやすい場所には貴重品は入れない。

3. 歩道を歩くときは、バッグは車道と反対側に提げる。

4. 人通りの少ない場所、時間帯は避ける。

南イタリアで多いのが、バイクなどによる引ったくり。細い路地が多く、犯人が逃げやすいのが原因だろう。ふたり乗りのバイクで近付いて来て、後ろに乗ったほうがバッグの紐などに手をかけて引ったくるという手法だ。これを防ぐには、人通りの少ない場所、時間帯には町歩きをしないこと。ほかに、狙われないように、バッグなどは車道と反対側に提げること。もちろん、不用意に貴重品を持ち歩かないことがいちばんだ。

5. 体に触れてくる輩には注意する。

子供のスリ集団は新聞紙などを手にしてこちらに近付いて来る。また、赤ん坊を抱いた母親が施しを求めるふりをして近付いて来ることもある。いずれも新聞紙や赤ん坊などを隠れみのにして、スリをはたらくのが彼らのやり方だ。同情心は禁物。大きな声で「ヴィアVia！ヴィアVia！＝あっちへ行け」と追い払おう。あやしい輩が目に入ったら、はじめから近付かない、うさん臭そうに眺めるのも効果的だ。

6. レンタカーを利用する際には、少しの時間でも車から離れるときはロックして、貴重品は車内に置かない。

外から見える場所には、物を置かないのが鉄則。スーツケースなどを持ちながらの移動はおすすめできないが、荷物がある場合は外から見えないトランクなどに入れる。食事などの際に、車から離れる場合もなるべく車が見える場所に座りたい。

サギ

『釣り銭サギ』を防ぐには、イタリア流お釣りの出し方に慣れよう。たとえば、9.81ユーロのものを買って、20ユーロのお札を出したことにしよう。まず、0.09ユーロ（9チェンテージミ）、続いて0.10ユーロ（10チェンテージミ）、最後に10ユーロがゆっくり返ってくる。相手に合わせて、お釣りを待とう。このとき、お釣りを端から財布に入れてしまうと、足りなくても取り合ってくれないので、最後まで待とう。足りない場合は「マンカManca！」（足りない！）と告げよう。

カードごまかし

近年は少なくなったが、クレジットカードの伝票に数字を追加したりして余分に請求する手法だ。伝票にサインする前に、まずは請求金額が正しいか確認しよう。もし、間違っていた場合は、自分の目の前で破ってもらおう。旅行後、カードの支払伝票をチェックするのも忘れずに。不審なことがあったら、カード会社に早めに問い合わせよう。

甘い誘惑

女性の旅行者ではイタリア男性の強烈なアプローチに疲れるという人もいるかもしれない。この場合は無視がいちばん。「ノー」の意思表示をしっかりしよう。ホテルを教えたり、車に乗ったりするのは論外だ。

男性の場合は、普通の女性からのアプローチはそれほど心配ない。ただし、近年はアフリカなどからの路上の出稼ぎ人が少なくない。いくら魅力的に見えても、絶対近付かないこと。また、南イタリアではあまり例がないが、男性は「暴力バーの客引き」に注意しよう。これは、道に迷った旅行者や親日家を装って近付いて来て、言葉巧みにナイトクラブなどへ誘うというもの。最初は「おごる」といっていたものの、店内に入ると泥酔を装って知らん顔。法外な料金が請求される。

病気とトラブル

具合が悪くなったら、観光や移動を控えてホテルでゆっくり過ごそう。イタリアでは、頭痛薬などの簡単な薬を除いて、薬を購入するためには医師の処方箋が必要だ。日本から飲み慣れた薬を持参したい。もし、現地で薬が必要になったら、ホテルの人に英語の通じる薬局を教えてもらおう。薬局は休日も持ち回りで営業している。薬局では自分の症状をよく説明しよう。また薬を購入する場合は、用法、用量をよく確認しておこう。一般に日本人には効き過ぎる傾向にある。

医者にかかる場合は、ホテルなどで英語の通じる医師を紹介してもらおう。また、旅行保険に加入している場合は現地の日本語の通じるサービスセンターに電話してみるのもいい。診察後は、薬のための処方箋のほか、旅行保険に加入している場合は、後日の保険請求のために領収書などももらっておこう。

事故

旅行中に事故や大きな事件に巻き込まれた場合は、不用意に動かず、現場の処理官の指示に従おう。自分が身動きができない場合は、在ローマの日本大使館か在ミラノの日本総領事館に連絡して、協力・保護を要請しよう。

●在イタリア日本大使館（ローマ）
Ambasciata del Giappone
住＝Via Quintino Sella 60, ROMA
☎＝06-487991

●日本総領事館（ミラノ）
Consolato Generale del Giappone
住＝Via privata C. Mangili 2/4, MILANO
☎＝02-6241141　FAX＝02-6597201

技術編　安全・快適に旅するために

トラブルに遭ってしまったら

充分に注意していても、不幸にもトラブルに巻き込まれてしまうこともある。こんなときには、素早く気持ちを切り替えて、前向きに次の行動を起こそう。

盗難に遭っても、換金の難しい航空券などは近くのゴミ箱に捨ててあることもあるので、注意深く付近を歩いてみるのもよい。しかし、やはり所定の手続きを急ごう。

また、盗難などに備え、パスポート番号、発行日、航空券の番号、クレジットカード番号、緊急連絡先などを書き留め、トラベラーズチェックの控えとともに保管しておこう。

●「盗難証明書」の発行

トラベラーズチェック、パスポート、航空券、旅行荷物など、が被害に遭ったら、警察に届け出て「**盗難証明書Denuncia di Furto**」を作成してもらおう。これは、なくなったものを探してもらう手続きというよりも、保険請求やパスポート、トラベラーズチェックなどの再発行のための手続きのひとつだ。証明書の発行は各町の**中央警察Questura Centrale**の外国人向け窓口のほか、駅で被害に遭った場合は**駅の警察**で発行してくれる。ホテルや近くにいる警官に最寄りの作成場所を尋ねよう。やや時間はかかるが、英語の話せる係官もいるし、日本語の書式もあるのでそれほど難しくない。

●パスポートの紛失・盗難

パスポートをなくした場合は旅行を中止しなければならない。旅行を続ける場合は、**日本大使館**や**総領事館**でパスポートを取り直すこととなる。日本に帰国する場合でも、「帰国のための渡航書」が必要となる。パスポートの再交付には、約1週間から10日、帰国のための渡航書の場合には、1〜3日が必要だ。

必要な書類は、日本大使館や総領事館に用意してあるが、このほか、**◆日本国籍を証明する書類(パスポートのコピーなど)**と**写真2枚(4.5×3.5cm)**が必要なので、万一に備えて用意しておこう。地元警察発行の盗難証明書は、どのような状況でなくしたかによって必要か否かあるようなので、在イタリア日本大使館で尋ねること。また、受け付け時間なども確認してから出かけよう。

●航空券の紛失・盗難

原則としては、残りの区間の航空運賃を全額支払い、4ヵ月間経過して不正使用されていない場合に限り払い戻しをする、ということになっている。しかし、利用航空会社の本・支店に出向けば、再発行をしてもらえる。一般に、イタリアに支店のない航空会社の場合は、支店のある国まで出向かなければならない。紛失した航空券の番号を控えておくと、再発行がスムーズにいく。

●トラベラーズチェックの紛失・盗難

警察発行の盗難証明を発行銀行に届け、購入契約書の控えを呈示し、当該トラベラーズチェックの無効の手続きをする。手続きが終われば、一部はすぐに再発行が受けられる。

●クレジットカードの紛失・盗難

盗まれて、すぐ使われることが多いので、当該カードを無効にし、再発行の手続きをするために最寄りの連絡事務所にすぐ連絡する。盗まれたカードが使われた場合は、基本的に保険で補てんされるが、迅速に連絡しよう。普通、24時間体制で受け付けている。

クレジット会社の緊急連絡先

- ●アメリカン・エキスプレス ☎800-871-981
  ☎800-871-972
- ●ダイナースカード
  00-81-3-3570-1200（東京）へコレクトコールで。イタリアから日本へのコレクトコール：KDDIスーパージャパンダイレクト800-172242、日本テレコム800-172245
- ●JCBカード ☎800-302332（JCBプラザ）
- ●VISA ☎800-877020
- ●MasterCard ☎800870866
- ●《セゾン》カード ☎800-878280

☎800〜はイタリア国内無料通話ダイヤル

気付いたときに、落としたと思われる場所へ引き返してみよう。クレジットカードの入ったお財布もイタリア人に拾われて、助かったこともある。交通機関の中では、見つかることは少ないが、**遺失物預かり所Ufficio oggetti smarriti**で尋ねてみよう。

最後に、トラブルの項について、「イタリアは危険ではない。少し脅かし過ぎでは？」という、読者からのご意見もあります。転ばぬ先の杖、私たちの老婆心と思って、旅の終わりにはこのページを笑い飛ばしてください。（編集部）

南イタリア・シチリアで食べる

「食」を楽しむことはイタリアを楽しむことのひとつ。イタリアにいるときはいつもより少し「食」にこだわってみよう。イタリア人の"ARS VIVENDI"（ラテン語で"生活の美学"）もおのずと理解できるというものだ。幸いイタリアにはレストランからバールまで、さまざまな種類と値段の店があるので、そのときどきの気分や食欲、予算と相談して選ぶことができる。少しの知識と旺盛な好奇心があれば、大いに食を楽しめる。

南イタリア、シチリアのイメージといえばレモンをはじめとする柑橘類。巨大なレモンのような、この果物チェルドCerdoは果肉ではなく皮の部分を食す

飲食店の種類とT・P・O

■ゆっくりと食事をしたいときに
リストランテRistorante／トラットリアTrattoria／オステリアOsteria

一般に高級店がリストランテ、家庭料理を売り物にした大衆的な店がトラットリア、居酒屋がオステリアといわれているが厳密な区分はない。高級か大衆的かという差はあるが、これらの店では、カメリエーレ（給仕係）が席に案内してくれ、注文から支払いまでをテーブルで済ませる。

料理は、イタリアの習慣どおり、**前菜またはパスタ、魚か肉料理、デザート**と注文するのが普通だ。

一般的な営業時間は、昼12:30〜15:00、夜19:00〜23:00頃まで。深夜に営業している店はほとんどない。

■安く簡単に、でもしっかり食べたいときに
ターヴォラ・カルダTavola Calda／ロスティチェリアRosticceria／セルフサービスSelf Service

駅や観光名所周辺や庶民的な界隈に多く、すでに調理されてカウンターなどに並んでいる料理から好みのものを選ぶシステムの店だ。料理はシンプルなパスタ類やローストした肉、サラダなどの簡単なものが多いが、自分の目で料理を選べ、一皿しか食べなくてもよいのが利点だ。普通は、注文した料理とともにもらったレシートかトレイに載せた料理を見せて、レジで支払うシステムだ。

南イタリアではパスタ自慢の店が多い

テイク・アウトのスナックが充実しているナポリの町

■手頃にイタリア名物を／ピッツェリアPizzeria

南イタリアを代表する食べ物、ピッツァの店Pizzeriaはふたつのタイプに分かれている。駅前や人通りの多い界隈にある**アル・ターリョAl taglio**とか、**ルースティカRustica**と呼ばれる立ち食い専門の量り売りの店と、テーブル席でサービスし、薪を燃やす本格的なかまどで焼きあげる店だ。

シンプルなマルゲリータを食べ比べてみよう

■南イタリアで味わう
B級グルメ

屋台やバールなども充実した南イタリア。特別なレストランに出かけなくても充分に土地の味を堪能できる。そんなB級グルメのお楽しみを紹介。

バールで喉を潤すなら、グレープフルーツ(pompelmoポンペルモ)やオレンジ(arancioアランチョ)、レモン(リモーネlimone)のフレッシュジュース、スプレムータSpremutaがいい。新鮮な果物の絞りたては最高だ。南イタリアはレモンだって酸っぱいだけじゃなくて甘さも感じさせる。冬なら、旬の赤いオレンジ、アランチョ・サングイナッチョArancio Sanguinaccioのスプレムータを試してみよう。

屋台やバールなどで売られている揚げ物は簡単な食事にもおすすめ。代表選手はお米のコロッケ、アランチーニArancini。ミートソース風味でチーズを詰めたものやサフラン風味でグリンピースを詰めたものなどが一般的だ。ピッツァPizzaは人気の店頭で焼きたてを格安で売っているのが南イタリア流だ。このほか、小麦粉を練って揚げたものなどシンプルなものも土地の人には人気。特産の野菜のグリル、サラミ、チーズなどをタップリ挟んだパニーノPaninoもいい。

■南に行くほど食事が遅い!?

日本に比べ、昼食や夕食の開始時間が遅いイタリア。南イタリアの地方都市では、さらにその傾向が強いようです。レストランのオープンは、昼は13:00、夜は20:00頃からと心得るのがベター。プーリア州のいなか町では、20:30にはオープンしていたものの、客は私たちだけ。22:00を過ぎて、やっと込み合ってきました。夏休み中だったからでしょうか、遅い時間なのに子供がたくさんいたのにもビックリしました。
(東京都 いつもファーメ '04)

ポルタルバ Port'Alba(ナポリ)のピッツァ職人と、マキで焼くピッツァ(P.66)

立ち食い専門店は、午前中から夜遅くまで営業し、カウンターにピッツァが何種類も並んでいる。好みのものを指させば、適当な大きさに切り、はかりにかけて売ってくれる。

一方、本格的な**ピッツェリアは夜だけ**(19:00〜翌1:00頃)**営業する店が多い**。ピッツェリアは、ピッツァを中心に、あまり手の込んでいない、前菜、パスタ類、肉や魚料理、デザートを揃えている店が多い。とはいえ、リストランテのようにコースにこだわることはない。

■ほっとひと息つきたいとき

◆バールBar／カフェCaffè／サラ・ダ・テSala da thè

一日に何回もコーヒーを楽しむイタリア人にとって、息抜きの場、社交の場として欠かせないのがバールだ。町のいたるところにあり、店構えもシンプルで、どこで飲んでも値段的にはそれほど差がない。

一方、ゆっくり座って紅茶やコーヒーを楽しむカフェやサラ・ダ・テは豪華な雰囲気や町を行く人を眺められるシチュエーションが売り物だ。

カフェでも立ち飲み用のカウンターがあるし、バールでも座る席がある店も多い。いずれも、**カウンターとテーブル席では料金が違い、その差は2〜5倍くらい**。レジ横には立ち飲みと座った料金が併記してあるので、心配ならば最初にチェックしてみよう。

注文はテーブル席はテーブルで注文し、注文の品を持って来たときか、自分達が帰るときにその係の者に払う。**カウンターの場合**は、まず**レジで注文**して支払い、その**レシート(スコントリーノScontorino)をカ**ウンターに出して、再び注文する。その際、イタリア人はチップを€0.10程度置くが、あなたは気分次第で。

ナポリ名物のババと、イタリアいちおいしいといわれるナポリのエスプレッソ

カフェやバールはおおむね**早朝から深夜まで**通して営業している。アイスクリーム屋や菓子店を兼ねたサラ・ダ・テの中には、一般商店並みに早めに店を閉めるところも多い。

◆ジェラテリアGelateria

最近は日本でも「ジェラート」の呼び名が広がってきたが、イタリアはアイスクリーム発祥の地。一度は味わう価値がある。営業時間は昼頃から夜遅くまで。

■お酒を楽しみたいとき
エノテカ Enoteca／ビッレリア Birreria

エノテカは、普通はワインを中心に売る酒屋のこと。なかには何種類かのワインをグラスで味わうことのできるカウンターを備えている店もある。最近では、軽い食事を出す料理自慢の店も増えた。

ビッレリアは生ビールを楽しむビアハウスで、置いてあるビールの産地によってバイエルン地方、ウィーンなどの看板を出しているところもある。イタリアの有名なビール会社はPERONIペローニ。ビッレリアには軽い食事やつまみの皿も各種そろっている。

メニューの構成と注文の仕方

メニュー（イタリアでは、リスタListaと呼ぶ）は店により異なるが、ほぼ次の様に構成されている。

①前菜	Antipasto
②第1皿目の料理	Primo piatto
③第2皿目の料理	Secondo piatto
④付け合わせ	Contorno
⑤チーズ	Formaggio
⑥デザート	Dolce

南イタリアでは揚げ物の前菜を

アンティパスト（前菜）

文字どおり食事（パスト）の前（アンティ）に取る軽い一皿で、ビュッフェ形式に並んださまざまなアンティパストの皿から好きなものを取るようになっている店もある。種類も豊富で、野菜、魚介類、ハム・サラミ類、卵やチーズの料理など、選ぶのに迷うほどだ。一般的には、アンティパストを取れば次のプリモを飛ばしてセコンド（メインディッシュ）にいくことが多い。

プリモ・ピアット（第1皿の料理）

パスタやリーゾ（米）の料理、スープ類はここに含まれる。プリモはイタリア料理の特色でもあり、それだけに実に多くのバリエーションがある。イタリアに来たら、ぜひともいろいろ違った味のプリモを試してみたい。

ぜいたくな魚介類のスパゲッティは南イタリアならではのもの

■南イタリアで味わうB級グルメ（デザート編）

アイスクリームやお菓子も格別なおいしさだ。アイスクリームGelatoジェラートをブリオッシュと呼ばれるパンに付けたり、挟んだりして食べるのが南イタリア流だ。これを夏の朝食代わりにする女性もいるほど、結構お腹にたまる。また、暑い土地柄だけあって、濃厚な味わいのものより、レモンやコーヒーなどのシャーベット風のグラニータGranitaも人気。

夏の風物詩、コーヒーのグラニータ（右）とナポリ名物スフォリアテッラ（左手前）

ナポリではホスピタリティーあふれるカメリエーレ（給仕係）のサービスがうれしい。本誌掲載の店は、どこも日本人に親切

技術編　南イタリア・シチリアで食べる

373

■レストランでのひと口ガイド

●この店(土地)の名物料理は何ですか？
クアレ エ ラ スペチャーレ ディ クエスタ ロカーレ？
"Quale è la speciale di questa locale ?"

●何がおすすめですか？
ケ コーザ ポテーテ コンシリアルチ？
"Che cosa potete consigliarci ?"

●これはどんな風に料理したのですか？」
コメ エ クチナート クエスト ピアット？
"Come è cucinato questo piatto ?"

南イタリア、シチリアの名物カジキマグロを試してみよう

特産のチーズが軒に下がる食料品店

セコンド・ピアット（第2皿の料理）

　メインディッシュにあたる料理で、肉や魚が中心である。イタリアでは一般的に魚のほうが肉より値が張ることが多く、魚は鮮魚の場合には"フレッシュfresco"、そうでなければ"冷凍congelato"とメニューに書いてある。料理は素材の持ち味を活かしたグリルgriglia、ローストarrosto、が中心だが、ワインやトマト味の煮込みのウーミドumido、揚げ物のフリットfrittoなど、さまざまな調理法がある。

朝揚がったイカやエビなどのグリルは日本人好み

コントルノ（付け合わせ）

　サラダをはじめ、ゆで野菜、ポテトなどがある。イタリアは野菜の種類が豊富なのでコントルノも季節や地方によって変化に富んでいる。

フォルマッジョ（チーズ）

　デザートとして取る場合もあるが、セコンドの代わりにして軽く済ます方法もある。チーズ好きの人は"ミストmisto"と呼ばれる盛り合わせを注文してイタリアの代表的なチーズを味わってみるのもよい。土地ならではのチーズを味わうのも、旅の楽しみだ。

デザート

　ドルチェdolce（菓子類）とジェラートgelato（アイスクリーム）、フルッタfrutta（果物）がここに含まれる。
　そのあとはコーヒーなり"ディジェスティーヴォdigestivo"と呼ばれる食後酒なりを注文することもできる。食後のコーヒーはミルクの入ったカプチーノcappuccinoではなく、濃いエスプレッソespressoが普通だ。

バラ水の香りのするナポリ名物の焼菓子

◆ワイン

　リストは別にあることが多い。どんな料理を選ぶかによってワインを決めるのが一般的だが、大きく分けて魚や白身の肉（鳥肉や子牛肉）などには白ワインvino bianco、肉や熟成したチーズを使った料理などにはしっかりした味の赤ワインvino rossoがよいとされている。迷ったときには遠慮なく尋ね

さわやかな甘味が舌に残る、南イタリアの伝統的な白ワイン

料理にあったワインをアドバイスしてもらうことだ。イタリアではDOCやDOCGのような銘柄ワインでも日本と比べると驚くほど安いが、注文の際には値段も聞いて決めるとよいだろう。

◆**水**　水はミネラルウオーターを注文することが多い。ガス入りccn gass、ガスなしsenza gassを好みで。

◆**その他の項目**

店によっては、次の項目がメニューや店内の黒板に書かれている。料理選びの目安にしよう。

南イタリアではレモンのリキュール、リモンチェッロを味わいたい。ともに小さな特製の器で

lo chef consiglio	シェフのおすすめ料理
piatti del giorno	本日の料理
piatti tipici	典型的郷土料理
menu turistico	(旅行者向け)セットメニュー

セットメニューは観光地のレストランに多く、コペルト、サービス料、1皿目、2皿目、付け合わせ、デザート、ときには飲み物までがセットしてある。かなり割安といえるが、メニューにバリエーションがなく、おしきせ感が強い。

■**食事が終わったら**

食事が終わったら、サービスしてくれた給仕人（カメリエーレ）に「お勘定をお願いします」"il conto, per favore"と頼もう。伝票がきたら、恥ずかしがらずに食べたものと値段、コペルト、税金、サービス料、そして総計を必ず確かめよう。**サービス料が付いていれば、本来チップは必要ないが、**そこはあなたの気分次第で。

帰るときには"Buon Giorno."、"Buona Notte."の挨拶をして店を出たい。もしも時間が遅いなら、会計のときに頼んでタクシーを呼んでもらおう。

気持ちよいサービスには、チップを置こう。南イタリアでは給仕人とのやりとりが楽しい

■**ワインと水の注文**

イタリア語でワインはヴィーノVino。

銘柄にこだわらなければ、ハウスワイン（Vino della Casaヴィーノ・デッラ・カーサ）を1/4ℓウン・クアルトun quarto、1/2ℓメッゾ・リートロmezzo litroと注文しよう。カラファに入ったものが出てくる。ハウスワインがボトルの場合は、飲んだだけ請求される場合もある。

ミネラルウオーターはアクア・ミネラーレAcqua Minerale。

■**イタリアワインの格付け**

イタリア・ワインは上位から順に、

● 原産地呼称統制保証D.O.C.G.（ディー・オー・チー・ジー）
● 原産地呼称統制D.O.C.（ディー・オー・チー）
● 生産地表示典型ワインI.G.T.
● テーブルワインV.d.T.
に格付けされている。

南イタリア、とりわけシチリアとプーリア州はイタリアでも一、二を争うワインの生産地。量は多いものの、格付けが上級のワインは少ないのが現状だ。しかし、土地の料理には土地のワイン、まして生産地の真っ只中にいるのならローカル・ワインをぜひ味わいたいもの。

■**コペルトとサービス料**

イタリア独特の料金形態がコペルトCopertoだ。席料とも訳され、レストランで席に着くと、注文の多少にかかわらず一律に請求される。北部や中部イタリアでは、このコペルトとサービス料Servizioは近年廃止の傾向があるが、観光都市や南イタリアではまだ健在だ。セットメニューにはすでにこれらの料金が含まれているのが一般的だ。

技術編　南イタリア・シチリアで食べる

一度は食べたい、南イタリアの名物料理

モッツァレッラ（ディ ブッファラ）
Mozzarella (di Buffara)

モッツァレッラチーズ

カンパーニャ州を代表する牛乳製の真っ白でキメの細かいフレッシュチーズ。日持ちのしないチーズなので、新鮮なミルクの香りとちょっと硬質な口当たりを楽しめるのは本場ならでは。水牛Buffalaのものなら最良だ。

インサラータ ディ カプレーゼ
Insalata di Caprese

トマトとモッツァレッラチーズのサラダ カプリ風

真っ赤なトマトとモッツァレッラチーズの輪切りを交互に並べ、バジリコを飾り、オリーブ油をかけたもの。カプリ風と名前がつけられているが、イタリア中で食べられるポピュラーなひと皿。

ソテー ディ フルッタ ディ マーレ
Saute di Frutta di Mare

魚介類のソテー

おもにアサリやムール貝などの貝類をニンニク、オリーブ油でソテーしたもの。イタリア風アサリの酒蒸し。貝類本来の味わいと、濃厚な旨みが出たスープが楽しめる。あまりお行儀はよくないが、スープはパンに浸して味わってみよう。

アンティパスト ディ マーレ
Antipasto di Mare

魚介類の前菜

インサラータ ディ マーレ
Insalata di Mare とも呼ばれる。イカ、タコ、貝類などのボイルをオリーブ油などで調味した料理。店や料金により、内容がかなり異なるのが現実。シチリアなら燻製のカジキマグロ、ナポリならトマトで煮込んだタコが入ることもある。最近はスモークサーモンも定番になりつつある。

パスタ コン サルデ
Pasta con Sarde

イワシのパスタ

イワシのソースで和えたパスタ。欠かせないのがフィノッキオ（ウイキョウ）の葉で、清涼感ある香りがイワシのクセを消している。写真は丸い型に詰めてオーブンで焼いたティンバロ仕上げを取り分けたもの。シチリア料理のひとつ。

スパゲッティ アッレ ヴォンゴレ
Spaghetti alle Vongole

アサリのスパゲッティ

イタリア中どこでも食べられるものだが、ナポリっ子のおすすめもこの一皿。トマトソースで和えたものはロッソ（赤rosso）、トマトなしはビアンコ（白bianco）と呼ぶ。ビアンコか小型のフレッシュトマト入りのものを試してみよう。

スパゲッティ アッラ フルッタ ディ マーレ
Spaghetti alla Frutta di Mare

魚介類のスパゲッティ

イカ、エビ、アサリなどをタップリ使ったソースで和えたパスタ。日本人好みの一皿だが、本場の味わいは格別。写真のものはらせん状にねじったフシッリfusilliという種類のパスタ。

スピーゴラ アックア パッツァ
Spigola all' Acqua Pazza
スズキの軽い煮込み

軽くソテーした丸ごとのスズキとナポリ特産の小型トマト、唐辛子をオーブンで軽く煮込んだ料理。アクア・パッツァを直訳すると「狂った水」の意味だが、グツグツと煮立った様子を表している。

インヴォルティーニ ディ ペーシェ スパーダ
Involtini di Pesce Spada
カジキマグロのロール仕立て

イタリア、とりわけ南イタリアでポピュラーなのがカジキマグロ。薄く伸ばしたカジキマグロにパン粉や松の実などを包んで串にさし、月桂樹の葉とともにグリルしたもの。パレルモの名物料理のひとつ。

トランチェ ディ ペーシェ アッラ グリーリア
Trance di Pesce alla Griglia
カジキマグロのグリル

やや厚切りにしたカジキマグロのグリル。オリーブ油とレモンと塩で、シンプルに味わおう。魚料理は重さで代金が決まることが多いが、カジキマグロの料理は一皿いくらと決まっていることがほとんどなので、注文しやすい。

カラマーリ リピエーノ
Calamari Ripieno
イカのファルシ

イカにパン粉や香草などを詰めて、軽く煮たり、グリルした料理。詰め物にかなりボリュームがある。日本ではイカはかなり庶民的な素材に扱われがちだが、イタリアではレストランでの人気も高く、そのままグリルされることも多い。

ピッツァ マルゲリータ
Pizza Margherita
ピッツァ・マルゲリータ

ナポリを代表するスナックがピッツァ。そのピッツァの代表とも言うべきなのが、マルゲリータだ。生地の上にトマトソース、モッツァレッラチーズとバジリコかオレガノがのったシンプルなもの。

アランチーニ
Arancini
ライス・コロッケ

パレルモを代表するスナックがアランチーニ。サフラン風味やミートソース風味のリゾットの中心にモッツァレッラ・チーズを詰め、野球のボール大に丸めて揚げたもの。チーズが糸を引くような熱々が最高だ。

スフォリアテッラ
Sfogliatelle
スフォリアテッラ

ナポリを代表するお菓子。冬の夕暮れ、スフォリアテッラを売るお菓子屋の店先は熱々を求める人でいつも長蛇の列ができるほどの人気。パイ皮に包まれた貝殻型とタルト生地の丸型の2種類があり、中身はいずれもドライフルーツとリコッタチーズ。

カッサータ
Cassata
カッサータ

シチリアを代表するお菓子。リコッタチーズと砂糖漬け果物をスポンジケーキで挟み、砂糖漬け果物を飾った美しいケーキ。口当たりは柔らかながら、かなり甘みが強い。現在はアイスクリーム仕立てにされることも多い。

技術編 一度は食べたい、南イタリアの名物料理

旅のイタリア語

日本人には聞き取りやすく、発音しやすいイタリア語。何日か滞在しているうちに、自然に「こんにちはBuon giornoブォン・ジョルノ」などと、簡単な言葉が口に出てくるはず。私達が会話集からイタリア語のそのフレーズを使う場合は、ゆっくり書いてある通りに発音してみよう。駅などで、日にちや枚数などを指定するような場合は、間違いのないようフレーズを紙に書いて渡すのもひとつの方法だ。そして、「すみません」、「ありがとう」の言葉と笑顔を忘れずに。

基礎編

挨拶

Ciao!	チャオ!	チャオ!やあ!じゃ、またね!
Buon giorno!	ブォン ジョルノ!	こんにちは!
Buona sera!	ブォナ セーラ!	こんばんは!
Buona notte!	ブォナ ノッテ!	おやすみなさい!
Arrivederci!	アリヴェデルチ!	さようなら!

呼び掛け

Scusi!	スクーズィ!	すみません!
	(人を呼び止めて何か尋ねるときなど)	
Pardon!	パルドン!	すみません!
	(「失礼!」「ごめんなさい!」の意味で)	
Permesso!	ペルメッソ!	すみません!
	(込んだ車内や人込みで「通してください」というとき)	
Senta!	センタ!	ちょっとお聞きしたいのですが!

敬称

Signore	シニョーレ	男性に対して
(複Signori)	(シニョーリ)	
Signora	シニョーラ	既婚女性に対して
(複Signore)	(シニョーレ)	
Signorina	シニョリーナ	未婚女性に対して
(複Signorine)	(シニョリーネ)	

※姓名や肩書などの前に付ける敬称だが、単独でも呼びかけに使うことができる。

依頼と感謝

Per favore	ペル ファヴォーレ	すみませんが…
Grazie!	グラツィエ!	ありがとう!
Grazie mille!	グラツィエ ミッレ!	どうもありがとう!
Di niente!	ディ ニエンテ!	どういたしまして!
Prego	プレーゴ	どうぞ/どういたしまして

謝罪と返事

Mi scusi!	ミ スクーズィ!	すみません!
	失礼!ごめんなさい!(あやまるとき)	
Non fa niente.	ノン ファ ニエンテ	何でもありませんよ

〈はい〉と〈いいえ〉

Si.	スィ	はい/ええ
Si, grazie.	スィ グラツィエ	はい、ありがとう
No.	ノ	いいえ
No, grazie.	ノ グラツィエ	いいえ、けっこうです

～したい

Vorrei～ (私は)～が欲しい(～がしたい)のですが。

英語の "I would like～" にあたる表現で、そのあとにbiglietto(切符)、gelato(アイスクリーム)、camera(部屋)などがくれば「～が欲しい」という意味になり、andare(行く)、prenotare(予約する)、cambiare(替える)などがくれば「～がしたい」という表現になる。

> ヴォレイ ウン ビリエット
> Vorrei un biglietto.
> 切符を1枚下さい。
>
> ヴォレイ ウン ジェラート
> Vorrei un gelato.
> アイスクリームをひとつ下さい。
>
> ヴォレイ プレノターレ ウナ カメラ
> Vorrei prenotare una camera.
> 1部屋予約したいのですが。

～できる?

Posso～? (私は)～できますか(してもよいですか)?

英語の "Can I～?" にあたる表現

> ポッソ パガーレ コン ラ カルタ ディ クレディト
> Posso pagare con la carta di credito?
> クレジットカードで払えますか?

応用編

ホテルで

ヴォレイ ウナ カメラ ドッピア シンゴラ コン センツァ ドッチャ
Vorrei una camera (doppia／singola)(con／senza)doccia.
シャワー(付き／なし)の(ツイン／シングル)が欲しいのですが。

クアント コスタ ペル ウナ ノッテ
Quanto costa per una notte?
1泊いくらですか？

インクルーザ ラ コラツィオーネ
Inclusa la colazione?
朝食は込みですか？

アヴェーテ ウナ カメレ トランクィッラ メノ カーラ
Avete una camere (tranquilla／meno cara)?
(静かな／もっと安い)部屋はありますか？

ポッソ ヴェデーレ ラ カメラ
Posso vedere la camera?
部屋を見せてくれますか？

ヴォレイ リマネーレ トレッティ ウナ セッティマーナ
Vorrei rimanere (3 notti／una settimana).
(3晩／1週間)泊まりたいのですが。

ヴァ ベーネ プレンド クエスタ カメラ
Va bene. Prendo questa camera.
OKです。この部屋をお願いします。

インフォメーションで

スクーズィ ヴォレイ ウナ マッパ デッラ チッタ
Scusi, vorrei una mappa della città.
街の地図が欲しいのですが。

スクーズィ ヴォレイ ウナ カメラ ドッピア ペル チンクエ ノッティ
Scusi, vorrei una camera doppia pel 5 notti.
ツインの部屋を5泊取りたいのですが。

エ トロッポ カーラ ヴォレイ ウナ カメラ ピュウ エコノミカ
E troppo cara. Vorrei una camera più economica.
高すぎます。もっと安い部屋が欲しいのですが。

ヴォレイ デッラ インフォルマツィオーニ デリ スペッターコリ
Vorrei delle infomazioni degli spettacoli.
催し物のインフォメーションが欲しいのですが。

ヴォレイ ウナ リスタ デイム ゼイディ ナポリ
Vorrei una lista dei musei di Napori.
ナポリの美術館のリストが欲しいのですが。

食事

ヴォレイ プレノターレ ペル ドゥエ ペルソーネ ペル スタセーラ
Vorrei prenotare per 2 persone per stasera.
今晩2人で予約したいのですが。

シアーモ イン クァットロ アヴェーテ ウナ ターヴォラ リーベラ
Siamo in 4 avete una tavola libera?
私達は4名ですが、空いているテーブルはありますか？

アッビアーモ プレノタート ペル ドゥエ ペルソーネ アッレオット
Abbiamo prenotato per 2 persone alle 8.
今晩20:00に2名で予約をしておいたのですが。

両替、銀行

ブォン ジョルノ ヴォレイ カンビアーレ トレンタ ミラ イエン
Buon giorno. Vorrei cambiare 30 mila yen.
こんにちは。3万円を両替したいのですが。

ポッソ サペーレ クアント ファ ロ イエン
Posso sapere quanto fa lo yen?
円がいくらか(レートが)わかりますか？

クイ シ ファ キャッシュ サーヴィス コン ラ カルタ ディ クレディト
Qui si fa CASH SERVICE con la carta di credito?
ここではクレジットカードでキャッシュサービスが受けられますか？

＊なお、トラベラーズチェックを換金する場合、両替の窓口ではパスポートの提示とイタリアでの住所(ホテルの名でよい)を求められるので準備しておこう。

イル パッサポルト ペル ファヴォーレ
Il passaporto, per favore.
パスポートを見せてください。

ドーヴェ アビタ ア パレルモ
Dove abita a Palermo?
パレルモではどこに滞在していますか？

ラ スア フィルマ ペル ファヴォーレ
La sua firma, per favore.
あなたのサインをお願いします。

郵便局／電話局

ヴォレイ フランコボッリ ペル クエスタ レッテラ カルトリーナ
Vorrei francobolli per questa (lettera／cartolina).
この(手紙／ハガキ)の切手が欲しいのですが。

ヴォレイ スペディーレ クエスト パッコ イン ジャッポーネ
Vorrei spedire questo pacco in Giappone.
この小包を日本に送りたいのですが。

ヴォレイ ディエチ フランコボッリ ダ オッタンタチェンテージミ
Vorrei 10 francobolli da €0.80.
0.80ユーロの切手を10枚欲しいのですが。

ヴォレイ テレフォナーレ イン ジャッポーネ
Vorrei telefonare in Giappone.
日本に電話したいのですが。

クアント パーゴ
Quanto pago?
いくら払えばよいですか？

技術編 旅のイタリア語

健康

Dov'è la famacia più vicina?
一番近い薬局はどこですか？

Vorrei qualche medicina per il raffreddore.
何か風邪薬が欲しいのですが。

Ho mal di (testa／stomaco／denti／pancia).
(頭／胃／歯／おなか)が痛いのです。

Ho febbre.／Ho freddo.／Ho diarrea.
熱があります。／寒気がします。／下痢しています。

Sto male. Mi chiami un medico, per favore.
具合がよくありません。医者を呼んでください。

Vorrei un medico che parla inglese.
英語を話す医者に診てもらいたいのですが。

移動

Vorrei un biglietto di seconda classe andata e ritorno per Napoli.
ナポリまで2等の往復を1枚下さい。

Vorrei prenotare due posti dell'Intercity.
インターシティの座席をふたつ予約したいのですが。

Fino a quando è valido?
いつまで有効ですか？

＊列車に乗り込んだら、座席に着いたり、コンパートメントに入る際に先客がいたら必ず挨拶をしよう。降りるときにも同様に。
　また、予約をせずに乗り込む場合には座る前にその席が予約されていないかどうか確かめよう。

Buon giorno. È libero questo posto?
こんにちは。この席は空いていますか？

Questo treno va a Napoli?
この列車はナポリに行きますか？

トラブル・事故

Aiuto! Ladro!
助けて！泥棒！

Mi chiami subito la polizia, per favore.
すぐに警察を呼んでください。

Mi hanno rubato (il portafoglio／il passaporto).
(財布／パスポート)を盗まれました。

C'è qualcuno che parla inglese?
誰か英語を話す人はいますか？

Ho avuto un'incidente. Mi chiami la polizia, per favore.
交通事故に遭いました。警察を呼んでください。

Chiami un'auto ambulanza, per favore.
救急車を呼んでください。

基本単語

月			月		
1月	gennaio	ジェンナイオ	7月	luglio	ルーリオ
2月	febbraio	フェブライオ	8月	agosto	アゴスト
3月	marzo	マルツォ	9月	settembre	セッテンブレ
4月	aprile	アプリーレ	10月	ottobre	オットーブレ
5月	maggio	マッジョ	11月	novembre	ノヴェンブレ
6月	giugno	ジューニョ	12月	dicembre	ディチェンブレ

曜日			曜日		
日曜	domenica	ドメーニカ	金曜	venerdì	ヴェネルディ
月曜	lunedì	ルネディ	土曜	sabato	サーバト
火曜	martedì	マルテディ	今日	oggi	オッジ
水曜	mercoledì	メルコレディ	明日	domani	ドマーニ
木曜	giovedì	ジョヴェディ	昨日	ieri	イエーリ

これは便利！ショッピングのためのイタリア語

ナポリ、スパッカナポリの食料品店

買い物の会話 ①

- ●これを試着したいのですが。
  ヴォレイ プロヴァーレ クエスティ
  Vorrei provare questi.

- ●あなたのサイズはいくつですか？
  ケ ターリア ア
  Che taglia ha?

- ●この服に合うジャケットを探しているのですが。
  チェルコ ウナ ジャッカ ケ ヴァーダ ベーネ コン クエスタ ヴェスティート
  Cerco una giacca che vada bene con questo vestito.

- ●これは好みではありません。
  クエスタ ノン ミ ピアーチェ
  Questa non mi piace.

- ●派手過ぎます。
  エ トロッポ ヴィストーザ
  È troppo vistosa.

- ●別のを見せて下さい。
  メ ネ ファッチャ ヴェデーレ ウナルトラ
  Me ne faccia vedere un'altra.

- ●いくらですか？
  クアント コスタ
  Quanto costa?

基本単語　靴・靴の部分

靴		
紳士靴	scarpe da uomo	スカルペ・ダ・ウオーモ
婦人靴	scarpe da donna	スカルペ・ダ・ドンナ
サンダル	sandali	サンダリ
靴の部分		
ヒール	tacco(tacchi複)	タッコ（タッキ）
高い	tacchi alti	タッキ・アルティ
低い	tacchi bassi	タッキ・バッシ
靴底	suola	スオーラ
甲	tomaia	トマイア
幅	larghezza	ラルゲッツァ
きつい	stringe/stretta	ストリンジェ／ストレッタ
ゆるい	larga	ラルガ
留め金	fibbie per sandali	フィッビエ・ペル・サンダリ

数字		
1	un、uno、una、un'	ウン、ウーノ、ウーナ、ウン
2	due	ドゥエ
3	tre	トレ
4	quattro	クワットロ
5	cinque	チンクエ
6	sei	セイ
7	sette	セッテ
8	otto	オット
9	nove	ノーヴェ
10	dieci	ディエチ
11	undici	ウンディチ
12	dodici	ドディチ
13	tredici	トレディチ
14	quattordici	クワットルディチ
15	quindici	クインディチ
16	sedici	セディチ
17	diciassette	ディチャセッテ
18	diciotto	ディチョット
19	diciannove	ディチャノーヴェ
20	venti	ヴェンティ
100	cento	チェント
1000	mille	ミッレ
2000	duemila	ドゥエミーラ
1万	diecimila	ディエチミーラ
10万	centomila	チェントミーラ

技術編

旅のイタリア語／ショッピングのためのイタリア語

買い物の会話 ❷

- もっと安いのを見せて下さい。
  メ ネ ファッチャ ヴェデーレ ウナ メーノ カーロ
  Me ne faccia vedere una meno caro.

- 高過ぎます。
  エ トロッポ カーロ
  È troppo caro.

- ちょっと考えてみます。
  ヴォレイ ペンサルチ ウン ポ
  Vorrei pensarci un po'.

  ナポリみやげにプレゼーピオを

- （ズボンやスカート、袖が）長過ぎます。
  ソーノ トロッポ ルンギ
  Sono troppo lunghi.

- この部分を短くできますか？
  スィ ポトゥレッベ アッコルチャーレ クエスタ パルテ
  Si potrebbe accorciare questa parte.

- どのくらい（時間が）かかりますか？
  クアント テンポ チ ブゥオレ
  Quanto tempo ci vuole ?

- これをください。
  プレンド クエスト ア
  Prendo questo/a.

衣料品の種類

上着	giacca	ジャッカ
スカート	gonna	ゴンナ
ズボン	pantaloni	パンタローニ
シャツ	camicia	カミーチャ
ブラウス	camicetta	カミチェッタ
ネクタイ	cravatta	クラヴァッタ
スカーフ	foulard/sciarpa	フラー／シャルパ
セーター	maglia	マリア

衣料品の素材

木綿	cottone	コットーネ
絹	seta	セータ
麻	lino	リーノ
毛	lana	ラーナ
皮	pelle	ペッレ

皮革製品の種類

手袋	guanti	グアンティ
書類カバン	borsa di studio	ボルサ・ディ・ストゥーディオ
ベルト	cintura	チントゥーラ
財布	portafoglio	ポルタフォーリオ
小銭入れ	portamonete	ポルタモネータ

皮革製品の素材

ヤギ	capra	カプラ
キッド（小ヤギ）	capretto	カプレット
羊	pecora	ペーコラ
カーフ（小牛）	vitello	ヴィテッロ

色の種類

白	bianco	ビアンコ
黒	nero	ネーロ
茶	marrone	マローネ
ベージュ	beige	ベージュ
ピンク	rosa	ローザ
緑	verde	ヴェルデ

紫	violetto	ヴィオレット
赤	rosso	ロッソ
青	blu	ブルー
紺	blu scuro	ブルー・スクーロ
グレー	grigio	グリージョ

これは便利！町歩きのための イタリア語

道を尋ねる

〜へ行きたいのですが。
ヴォレイ アンダーレ ア
Vorrei andare a〜.

地図上で教えてください。
インディカルミ イル ペルコルソ スッラ ピアンタ
Indicarmi il percorso sulla pianta.

歩いて行けますか？
チ スィ プオ アンダーレ ア ピエディ
Ci si puo andare a piedi?

歩いてどのくらいかかりますか？
クアント テンポ チィ ヴゥオレ ア ピエディ
Quanto tempo ci vuore a piedi?

基本単語

駅	stazione	スタツィオーネ
列車	treno	トレーノ
観光案内所	ufficio di informazioni turistiche	ウフィッチョ・ディ・インフォルマツィオーニ・トゥーリスティケ
教会	chiesa	キエーザ
広場	piazza	ピアッツァ
公園	giardino/parco	ジャルディーノ／パルコ
橋	ponte	ポンテ
交差点	crocevia / in croce	クローチェヴィア／イン・クローチェ
停留所	fermata	フェルマータ
始発駅・終点	capolinea	カポリーネア
バス	autobus/bus	アウトブス／ブス
プルマン	pullman	プッルマン
プルマン(長距離バス)ターミナル	autostazione	アウトスタツィオーネ
地下鉄	metropolitana	メトロポリターナ
タクシー	tassi / taxi	タッシー／タクシー
タクシー乗り場	posteggio dei tassi	ポステッジョ・デイ・タッシー

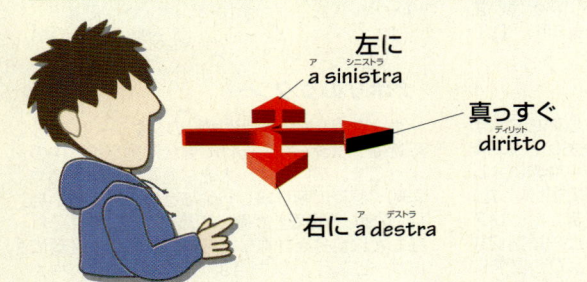

左に
ア シニストラ
a sinistra

真っすぐ
ディリット
diritto

右に
ア デストラ
a destra

遠い　ロンターノ　lontano
近い　ヴィチーノ　vicino

バスの中で

このバスは〜へ行きますか。
クエスタウトブス ヴァ ア
Quest'autobus va a〜.

私は〜へ行きたいのですが、降りる場所を教えてください。
ヴォレイ アンダーレ ア
Vorrei andare a〜,
ミ ディーカ ドーヴェ デーヴォ シェンデレ
mi dica, dove devo scendere.

タクシーの中で

〜ホテルまで行ってください。
ミ ポルティ ア ホテル
Mi porti a Hotel〜.

〜まで、だいたいいくら位ですか？
クアント コスタ ピゥウ オ メーノ フィーノ ア
Quanto costa più o meno fino a〜?

パレルモ市内を走るAMATの路線バス

技術編

ショッピングのためのイタリア語

旅の伝言板

南イタリア・マルタを旅した読者のさまざまな声、到着！

南イタリアにて

ゆっくり時間の流れる南イタリア

南イタリアでは、美術・博物館のみならず、商店も12時から午後4時半から5時頃まで長い昼休みをとり、見学や買い物ができない場合が多いです。朝8時半ころから行動を開始しないと、無駄な時間を過ごすことになってしまいます。南イタリアは、世界中で最も緩やかに時間が経過する地域だと感じました。ひとことでイタリアとはいえ、北部や中部とはまったく異なる地域でした。　　　　　（東京都　小原理一郎　'04）

両替はどこがお得!?

成田からローマ乗り換えでバーリに向かいました。ローマ空港のトランジット内の両替所で両替しましたが、成田の両替所よりレートが悪かった。成田で当座利用する少額分の両替がおすすめです。　　　　（東京都　Hana　'04）

レストランのメニュー

多くのお店で、外国人には英語のメニューを出します。でも、イタリア語のメニューの方が、季節の料理やその日のおすすめメニューがのっています。英語のメニューは、観光客向けのあまり変わりばえしない印象でした。イタリア語のメニューを見て、注文するのがいいと思いました。　　　　　（東京都　数乗利恵　'03）

安くておいしいナポリ

シチリアからナポリまで南イタリアを旅しました。好物の魚介類も豊富で食事もおいしく、楽しい旅でした。冬だったので生ガキや赤いオレンジのフレッシュジュースなども堪能しました。特にナポリの町では満足感がありました。レストランでの食事は量と質を考えると一番割安な気がしました。ナポリでは、ちょっぴり豪勢に食事をするのがおすすめです。
　　　　（東京都　いつもファーメ　'05）

卵城オープン

軍事施設として使用されていたため、長い間入ることができなかったサンタ・ルチアの卵城がオープンしています。内部はまだ工事中のようでガランとした印象ですが、海に突き出た城塞からの風景はすばらしいですヨ。
　　　　　（神奈川県　旅子　'05）

ナポリにて

おみやげ購入は、空港で！

最後におみやげを仕上げる場所といえば、やはり空港です。ナポリの空港は小規模ですが、明るく近代的。買い物はゲートに入る前に2階で済ませるのが得策です。ゲート内はいわゆる免税店（酒、タバコ、化粧品）と菓子店があるだけで、品揃えも潤沢というほどではありません。2階には、特産の品を並べたグルメショップや宝飾品店などがあり、結構楽しめます。私のおすすめは、カプリ島の修道院カルトゥーシア Carthusia のショップです。14世紀からの伝統を今なお受け継ぎ、カプリ島の豊かな自然から採取された花やハーブから香水や石鹸を作り出しています。　　（神奈川県　和田尚造　'04）

旅の思い出に

旅の思い出にナポリの音楽はいかが？ナポリには独特な節回しで哀愁漂う民俗音楽が今も健在です。音楽好きのナポレターノにおすすめのアーティストを教えてもらうのも楽しいですよ。私は、N.C.C.P.（ Nuova Compagnia di Canto Popolare ）のCDを購入しました。ヴォーカル、ギター、ヴァイオリン、フルート、パーカッションなどで編成されたバンドで、イチ押しは、彼らの多彩な音を味わうことができるライヴ・アルバム " incanto acustico " です。
　　　　　　　　　（大分県　ape '04）

ナポリのタクシー

ボッタクリで名高いナポリのタクシーですが、最近はタクシー業界あげて健全活動を推進中のようです。車内には、大きな荷物を乗せる時や早朝・深夜の割り増し料金などの明細を書いた「割り増し料金表」が置いてあり、運転手はそれをもとに料金を計算していました。請求金額にはサービス料（？）も含まれていました。ベヴェレッロ埠頭から空港までタクシーを利用した際は、やはり「料金の目安」があり、中央駅からサンタ・ルチア界隈のホテルなど、各種ルートの標準料金が伊・英・独語で記載されていました。全員がそうとは言えないかもしれませんが、私たちが利用したタクシーの運転手は流しもホテルからの呼び出しでも、親切でまじめで明るい人たちでした。
　　　　　（千葉県　みいら　'04）

カンパーニャ州にて

乾燥にご注意

　5月のカプリ島はとても乾燥していて、洗濯してもすぐ乾き、衣類は少な目でよいと思いました。ただし、乾燥と、日本と水や石鹸が違うためか、肌もカサカサになってしまいました。保湿タップリのクリームなどがあるとよいです。
　　　　　　　　（富山県　satsuki　'03）

P.18 世界遺産の旅

パリヌーロのボートツアー

　カプリの青の洞窟のような洞窟がパリヌーロでも見られます。カプリほど人はいないし、ボートの運転手兼ガイドさんが親切でとても楽しめました。行き方は、サレルノからfs線でピショッタ/パリヌーロPisciotta /Palinuro下車。サレルノから1時間強、ICなどは停車しないので注意。バスでパリヌーロへ向かい、さらにバスか徒歩（約1.5km）で港Portoへ向かいます。ボートは港から出航しています。ボートでの観光ツアーの料金は€12、所要約1時間30分。青の洞窟Grotta Azzurraや修道士（硫黄）の洞窟Grotta del Monaciなど見どころもいっぱいでした。ちなみに、ここの青の洞窟は午後の方がきれいだそうです。
　　　　　　（埼玉県　元サレルニターナ　'03）

パドゥーラの修道院

　パドゥーラの修道院（サン・ロレンツォ・カルトジオ会修道院）へ行って来ました。行き方は、サレルノからLA MAMMA社のバス（切符売り場はない。運転手に行き先を告げて、料金を支払う。）で、パドゥーラの町の麓まで行くしかありません。サレルノからバス利用の場合は、10:30発のバスで行き、帰りは最終のパドゥーラ発17:30に乗るしか方法はないようです。麓のバス停からは修道院まではいなかの1本道を30分程度歩かなければなりません。町まで行くバスもあるようなので、バールなどで時間を確認して利用するのがよいと思います。世界遺産にも登録されているので、タクシーも待機しているかもと、気軽な気持ちで出かけましたが、公共交通を利用して出かけるにはかなり不便な場所でした。しかし、南イタリア最大のバロック様式の修道院を独占できます。
　　　　　　（東京都　リモンチェッロ　'03）

P.79 ソレント滞在便利情報

スーパー情報

　鉄道駅そば、Corsi ItaliaにスーパーのStandaがあります。日用品の調達やおみやげ探しにとっても便利。営業は、8:30〜12:30、16:30〜20:30、定休日は木曜午後と日曜。

ソレントから

　ソレントからポンペイへは所要約30分、エルコラーノへは所要約50分で便利。ナポリまで足を延ばすなら、往復切符とナポリ市内のバス・地下鉄・ケーブルカーが乗り放題の1日乗車券がおすすめ。平日は朝10:00以降の利用で料金€6.40、週末は時間制限なしで€5.10。ちなみに、ソレントから片道切符でナポリまで€3.20、ポンペイ・エルコラーノまで€1.80。

バスについて

　鉄道やアマルフィ海岸へのバスの時刻表と料金表は❶でもらえ、滞在中は何かと便利です。バスの検札は厳しいので、これで料金もチェックしておくと安心です。ちなみに、
A. 80分有効券　€1.30
B.120分有効券　€2.40
C.1日券（平日午前10:00〜）　€4.70
D.週末1日券 €3.80
と各種の切符があります。私はソレントからアマルフィ・ラヴェッロまでB、ポジターノまでAの券を利用しました。（東京都　シャラ　'04）

P.100 イスキア島情報

イスキアのユースホステルはおすすめ！

　イスキアのユースに長期滞在しました。スタッフもよい人たちで、ホステルもきれいで気に入りました。プールもあるし、朝食もほかのユースより断然よかったです。

イスキアの温泉とビーチ

　イスキア・ポルトからカサミッチョラ・テルメに行く山の上の通り道の途中に、もうひとつの温泉公園があります。入口からケーブルカーで下に降りるときの眺めが絶景です。また、ラッコ・アメーノ（ラッカメーノと呼ぶ）の近くの、温泉公園ネゴンボの奥にあるサンモンターノというビーチはイスキア島で、一番のおすすめです。入江になっている隠れたビーチで、感動物の美しさです。
　　　　　　（奈良県　マコト　'02)['04]

技術編　旅の伝言板

シチリア州にて

アグリジェントのおすすめコース

　時間に余裕があり、歩くのが好きな人に。駅前から考古学公園方向に延びるバス道路の崖上に平行しているVia delle Vittoriaを行きます。進行方向左には、ホテルやレストラン、高級住宅地が続き、右には神殿の谷が眼下に見渡せます。通りのところどころに置かれたベンチに座り、古代へ想いを馳せ、遠くに光輝く地中海を夢想するのもよいものです。バス道路へは下りず、さらに歩いてやや遠回りになるが交通量の少ないVia Demetera通りを下ると、やがてヘレニズム・ローマ期地区にたどり着きます。正面に考古学博物館が現れるので、ここで考古学公園との共通券を購入して見学するのがいい。考古学博物館からだらだらと下ると、次第に神殿群が大きく見えてくる。自然のなかでゆったりとしたたたずまいの神殿群の雄大さと静けさはアテネとはまた異なる趣だ。帰りは公園入口よりバスに乗ろう。　　（神奈川県　荻野尚夫　'03）

早朝フライトは損？

　カターニア空港発7:00のフライトを予約してありました。空港には6:00前に着く必要があります。前泊はカターニア市内で、路線バスなら空港まで€1ですみますが、早朝のため、バス便が少なく、タクシーを利用せざるを得ませんでした。タクシー利用だと€18～19の出費。さらに、ホテルで朝食を取ることもできません。1便遅らせても、何の支障もない自由な旅でしたので、ちょっと残念に思いました。旅のプランニングのご参考に。　　（山口県　H&K　'03）

船酔いに

　早朝、朝食もとらずにパレルモからリパリ島への水中翼船に乗り込みました。案の定、1時間くらいたつと子供が船酔いをはじめました。島に到着後、島の人からSea Bandという手首にはめておくと船酔いしないものが薬局に売っていると聞き、購入しました。そのせいかどうか、その後は船酔いはありませんでした。心配ならお試しを。ひとつ€13.50でした。
　　　　　　　　（広島県　turecamo　'04）
　同じく、薬局で売っている乗り物酔い防止ガムTravel Gumが効果あり、との投稿もあります。

冬の旅

　イタリアには何度か旅をしていますが、いつも夏に出かけていました。夏は開放的な雰囲気にあふれ、海辺のリゾートの滞在も楽しいものです。また、日も長いので観光にもタップリ1日が有効に使えます。今回は年末からお正月にかけて旅をしました。10日の滞在のうち2日は雨に降られてしまいましたが、南イタリアはさほど寒さを感じませんでした。それよりも、いつもは夏のバカンスシーズンのためか、町は閑散とした印象でしたが、今回は生き生きとした本来の暮らしに触れることができた気がします。レストランは、クリスマスや新年のお祝いをする人たちで華やかな雰囲気にあふれ、市場なども祝日のための買い物をする人たちで大にぎわいでした。
　訪ねる土地は同じでも、季節を変えると印象がガラリと変化すると思いました。
　　　　　　　　（神奈川県　旅子　'05）

ハーフペンショーネでバカンス気分

　イタリアのリゾート地のホテルでは2食付のハーフ・ペンショーネ（イタリア語でmezza pensione=メッザ・ペンショーネ）や3食付のフル・ペンショーネ(pensione completa=ペンショーネ・コンプレータ)というのがあります。ホテルのランクや町にもよりますが、ハーフペンショーネが最高級ホテルで1人€300くらい、3つ星ホテルで€80～100くらいです。レストランよりも割安感がありますし、何より毎晩の食事の心配もなく、ゆっくりのんびり過ごせます。3日とか1週間以上の滞在者のみという所もありますが、ちょっと余計にチャージを払えば短期滞在でも利用できるところがほとんどです。料理は飽きないように日替わりで、1回で飲み切れなかったワインのボトルは翌日のテーブルに用意してくれます。毎晩テーブルが決まっているのも、なぜか落ち着きます。リゾートに滞在するなら、こんなホテルの利用法もおすすめです。
　　　　　　　　（大阪府　ソフィア　'04）

手頃なホテルを探すなら

　インターネットのイタリアの検索サイトで「パレルモ、ホテル」などと入力してみると、通常の料金の半額程度になったホテルを発見しました。ほとんどが3～5つ星ホテルでイタリア語や英語ですが、たまに日本語のページがあるものもありました。トライしてみる価値はありそうです。イタリアの検索サイトは、URL www.it.yahoo.com URL www.libero.itなどがあります。最初のRicerca(検索)に単語を入れてCercaをクリックします。
　　　　　　　（東京都　ソレッラ3号　'05）

マルタ島にて

マルタからのシチリア日帰りツアー
P.271

早朝5:30、ホテルにミニバスが迎えにきてチェルケウアの港から1時間30分の船旅を楽しむとシチリアのポッツァーロ港に到着。港には大型バスがフェリーの到着を待っています。それぞれ決められたバスに乗ってシチリア観光に出発です。1時間ほど走りコーヒータイムのためカフェで20分の休息。バスの中では両替もしてくれますが、レートは余りよくありません。

休息の後は一路エトナ山をめざします。エトナ山に到着すると昼食も含めた約1時間の休憩がありますセルフレストランを利用したり、みやげものをさがしたり、噴火口をのぞいたりして過ごします。その後バスはエトナ山を後にタオルミーナに出発します。タオルミーナでは約1時間30分の自由時間があり、夕方17:00頃にはバスはタオルミーナを出発しポッツァーロまでの約3時間をノンストップでひた走ります。

港について手続きをすませ21:30のフェリーでマルタへ。マルタ到着23:00頃。朝のミニバスが参加者を各自のホテルまで送り届けてくれます。バスに同乗しているガイドの説明(英語、ドイツ語、イタリア語)はわかりやすいですが、集合時間を聴き間違えないようにしましょう。

タオルミーナの市民公園は、眺めがよく、暑さしのぎに最適なオアシスでした。メインストリートにはたくさんのカフェやショップが軒を並べ、マルタより欲しいと思うおみやげがたくさんあると思います。

日帰りツアー料金はLM35、ホテルまでの送迎LM2.50で、合計LM37.50でした。(申し込みは、P.324のヴィルトゥ・フェリーズへ) (Fumi²) ['04]

マルタ島情報
P.274

マルタ島でレンタカー

日本同様、左側通行のマルタでは運転はとても楽で便利でした。とくにゴゾ島は、とてもバスでは回りきれません(バスの行かない見どころが多い)。本当に、バスの本数が少ないので、レンタカーが重宝しました。

サングラスは必携

時期にもよるでしょうが、アフリカに近く、太陽が強いのはもちろんですが、古い町並みが多く、また建物に使われる特産のマルタストーンも砂っぽい石です。砂埃から目を守るためにも、便利です。秋の、風の強い日には、目は開けていられませんでしたよ。

(品川区 清水美紀子 '02)

マルタ滞在 実用情報

半年ほど、マルタに語学の勉強で出かけました。マルタは本当によいところでした。帰国して随分経ちますが、今でも学校やプライベートレッスンの先生、先生の家族、よく行ったお店の人など、笑顔とともに思い出されます。気候もよく、人も温かいマルタにぜひ行って欲しいです。マルタの旅は、マルタの人々にふれあう旅でした。

両替

空港はやはりよくないので、到着日には小額を両替しましょう。銀行の場合、HSBCはT/Cの両替の時には10%ぐらいの手数料を取られるので、Bank of Vallettaがよいです。T/Cの手数料は、1枚単位の料金でたいした事なかった(100〜150円ぐらい)と思います。

気候

マルタでは10月まで泳げます。3月になるともう暑くなり始めるので泳いでいました。11〜1月ごろは、雨が多くなり雷がすごいです。ただ夜中に大雨や雷が多く、昼は晴れていることがほとんどです。マルタの冬はこの頃です。朝晩には、軽いコートが必要なくらいの寒さです。7〜9月は暑く、夜も眠れないらしいです(友人談)。蚊は一年中いますから、要注意です。

治安

以前はすごくよかったらしいのですが、最近は犯罪が増えたと、地元の人たちはいっていました。6ヶ月の滞在中に泥棒にあったと言う人の話を聞いたことはありません。

マルタの人は、基本的にフレンドリーで人のよい人がほとんどです。目が合うとにっこりと微笑んででくれたり、声をかけてくれる人が多かったです。しかし、時たまスーパーマーケットや郵便切手などを売っているお菓子屋さんのような店で、おつり銭をごまかされることがあります。よく確かめて、その場で抗議すれば大丈夫です。

(千葉県 多田敬子 '02)

マルタからイタリアへ

ポッツァーロへは高速フェリーが速くて便利だが、その後の接続がない。カターニアやシラクーサのフェリー便は冬場は極端に少なくなり、週1便だったりするので、やはり飛行機が便利です。しかし、安い便は早朝5:00カターニア到着。私たちは朝になるまで空港のベンチでひと眠りしました。

ヴァレッタで学生向けの格安航空券を用意している旅行会社**Student and youth travel nets**のスタッフは親切です。国際学生証を見せると、格安航空券を手配してくれます。

住=220 St. Paul Street valletta
☎=21-244983 Fax=21-230330
URL www.nsts.org

(村田 朋世) ['04]

技術編 旅の伝言板

ナポリ中央駅にご注意

ニセ荷物運びに注意

「イタリア編」のトラブルのページに載っていたニセ荷物運びのおじさんに遭遇しました。ローマからのES★が到着すると1等の列車の出口で待っていました。鉄道職員風のグレーの制服っぽいものを着て、何気なく「荷物をどうぞ」と言ってきました。事前に記事を読んでいたので、無視をしました。ところが、後から降りてきたアメリカ人の夫婦連れは荷物を預け、奥さんは荷物が心配だったのか、荷物を乗せた電動カートに一緒に乗り込んでしまったのです。私たちが徒歩でタクシー乗り場に着いてしばらくたっても、このご夫婦は現われませんでした。きっと、どこかで白タクに乗せられ、法外な料金を請求されたかも…と、悪い想像をしてしまいました。ニセ荷物運びは、手ブラな人からカートまでいるようで、さり気なく近づいて来ます。もし、利用するなら、最初に料金の確認を。　（ナポリのミモザ '02）['05]

旅の
トラブル実例

タックス・リファウンド

タックス・リファウンドには税関のスタンプが必要です。税関審査を受けずに地方空港からローマなどへ移動した場合は、買った物を手荷物として持ち込み、空港内の出国ロビーの税関でスタンプをもらう必要があります。税関申告時には、購入品を見せることが原則ですが、ローマやミラノでチェックインして、購入品を入れたトランクに日本行きのタグを貼ってもらった場合は購入品を見せることは少ないのが現状です。しかし、出国ロビーの税関は係員により、かなり厳しい場合があるので、手荷物にして見せられるように準備しておきましょう。
（東京都　Hana '04）

油断しないで

近年ナポリの治安はよくなっていますが、油断は禁物です。ヴェスーヴィオ周遊鉄道のSFSM駅のホームでのこと。電車待ちの時間を利用して、友人がカメラ（一眼レフ）の整備をしていました。すると酔っ払いが近づいて来て、しばらくの間つけまわされました。カメラをしまい、観光客の多いところへ移動して事なきを得ましたが、不用意に高価なものをちらつかせるのは、よくないと反省しました。入場料を払って入るような場所まで、カメラはしまっておきましょう。ナポリへ行くまで、その治安に不安がいっぱいでしたが、いざ行ってみると、こちらが気をつけていれば、下町らしさ満点の素敵な町でした。
（千葉県　みいら '04）

タクシー運転手のウソにご注意

イタリア旅行も13回目となりました。9回目のナポリ滞在から、人情厚く、食べ物がおいしい、南イタリアにはまっています。イタリア旅行もすっかり慣れた私がパレルモであやうくだまされそうになりました。
どうしてもトラーパニに行きたかった私は、パレルモからプルマンで出かけることにしました。ホテルでタクシーを呼んでもらい、Segesta社のバス停まで行くことにしました。車内では運転手がペラペラとイタリア語でまくしたて、「トラーパニ、エリーチェ」と何度も言うので、「そうそう、トラーパニ、エリーチェへ行くのよ」と英語で答えましたが、両者の話はかち合わずチンプンカンプン状態でした。そのうち彼は携帯電話でどこかへ電話し、私に英語で話すというのです。すると電話の相手は「今日は祝日なので、トラーパニ行きのプルマンはない」というのです。旅行した4/21はイースター・マンデーで確かに祝日。ほとんどの商店やバールも休みということもあり、半分信じかけましたが、半信半疑のまま、Segesta社に聞きに出かけました。すると、「10時発がある」とのこと。手の込んだウソにちょっとビックリ、あやうくだまされかけました。それでも運転手は、「€150でトラーパニまで行くが、どうだ？」と言ってきました。きっぱり断ると、バス停までのタクシー料金は相場の2倍を請求されてしまいました。
（東京都　odamari '03）

マルタの出国時にご注意　マルタリラ持ち出しに注意！

マルタの空港の、免税ショップで買い物をして余ったマルタリラ（LM50）を両替しようとしたら、出国後の待合室には両替所がありませんでした。持ち出し限度額はLM25です。私は、免税店はマルタ国外だということを忘れ、限度額以上のマルタリラを持ち出してしまったわけです。乗り継ぎの英国ヒースロー空港で全額両替しようとしましたが、限度額はLM25とのこと。結局2ヵ所で両替して、手数料を2度取られてしまいました。両替は出国前に。
（東村山市　国分満）['05]

索引
INDEX

ナポリ　P.32

ア
- アルバ門 ……………………52
- ヴィッラ・ピニャテッリ ………65
- ヴィッラ・フロリディアーナ ……65
- ヴォメロの丘 ………………58
- ウンベルト1世のガッレリア ……61
- 王宮 …………………………61

カ
- 国立カポディモンテ美術館 ……55
- 国立考古学博物館 ……………52
- 国立サン・マルティーノ美術館（旧修道院） ………………64

サ
- サンテルモ城 ………………64
- サン・カルロ劇場 ……………60
- サン・グレゴリオ・アルメーノ教会 ……………………50
- サン・ジェンナーロのカタコンベ ……………………57
- サンセヴェーロ礼拝堂 ………49
- サンタ・キアーラ教会 ………48
- サンタ・マリア・デッレ・アニメ教会 ……………………46
- サンタ・ルチア ………………63
- サン・ドメニコ・マッジョーレ教会 ……………………49
- サン・パオロ・マッジョーレ教会 ……………………46
- サン・ロレンツォ・マッジョーレ教会 ……………………45
- ジェズ・ヌオーヴォ広場・教会 ……47
- ジロラミーニ教会 ……………45
- スペイン人地区 ………………61

タ
- 卵城 …………………………64
- ダンテ広場 …………………52
- ドゥオーモ ……………………44

ナ
- ニーロ像 ……………………49
- 人形の病院 …………………50
- ヌオーヴォ城 ………………60
- ネアポリス（ソッテッラネア） ……50

ハ
- プルガトリオ・アダルコ ………46
- プレビシート広場 ……………63

- ベッリーニ広場 ………………46

南イタリア（ナポリ以外の町）

ア
- **アグリジェント** …………**248**
- アテネア通り ………………254
- エルコレ（ヘラクレス）神殿 …251
- 国立考古学博物館 …………249
- コンコルディア神殿 …………252
- サント・スピリト教会 ………254
- サン・ニコラ教会 ……………253
- サン・レオーネ ………………255
- ジュノーネ・ラチニア（ヘラ）神殿 ……………………252
- ジョーヴェ・オリンピコ（ジュピター）神殿 ……………250
- 大聖堂 ………………………253
- ディオスクロイ（カストール・ポルックス）神殿 …………251
- ピランデッロの家 ……………254
- ヘレニズム期・ローマ期地区 …252
- **アマルフィ** ………………**83**
- 海岸通り ……………………84
- 天国の回廊 …………………84
- ドゥオーモ …………………84
- **アマルフィ海岸** …………**78**
- **アルベロベッロ** …………**148**
- 愛の家 ………………………150
- 旧市街 ………………………149
- サンタントニオ教会 …………149
- サンティ・メディチ・コズマ・エ・ダミアーノの聖所記念堂 …150
- トゥルッロ・ソヴラーノ ………150
- **イスキア島** ………………**100**
- アッスンタ教会 ……………101
- アラゴン家の橋 ……………101
- イスキア温泉センター ………103
- イスキア・ポルト ……………101
- イスキア・ポンテ ……………101
- 温泉公園 ……………………103
- カサミッチョラ・テルメ ………102
- サン・タンジェロ ……………103
- 城 ……………………………102
- 大聖堂 ………………………102
- フォーリオ …………………103
- ラッコ・アメーノ ……………103
- **ヴェスーヴィオ** …………**132**
- **ヴルカーノ島** ……………**231**
- **エトナ山** …………………**219**
- **エオリエ諸島** ……………**227**
- **エメラルドの洞窟** …………**82**

- **エリーチェ** ………………**264**
- サン・ジョヴァンニ・バッティスタ教会 …………265
- 城壁 …………………………265
- 市立美術館（コルディーチ美術館） …………265
- ノルマン城 …………………264
- バリオ公園 …………………265
- マトリーチェ教会 ……………265
- **エルコラーノ** ……………**127**
- 遺跡（フォロの浴場、サムニテスの家、ネプチューンとアンピトリティスの家、黒いサロンの家、板仕切りの家、格子垣の家、モザイクの中央広間の家、鹿の家） …128
- **エンナ** ……………………**244**
- アレッシ博物館 ……………245
- ドゥオーモ …………………245
- ローマ通り …………………244
- ロンバルディア城 ……………245
- **オートラント** ……………**147**
- 城 ……………………………147
- サン・ピエトロ教会 …………147
- 大聖堂 ………………………147

カ
- **カステッラーナ・グロッテ** …**154**
- **カステル・デル・モンテ** …**155**
- **カゼルタ** …………………**123**
- イギリス庭園 ………………126
- 王宮庭園 ……………………125
- 王宮 …………………………124
- **カターニア** ………………**214**
- ウルシーノ城内市立博物館 …217
- エトネア通り ………………216
- 円形闘技場 …………………216
- クロチーフェリ通り …………216
- サン・ニコロ教会 ……………216
- 大聖堂 ………………………215
- ドゥオーモ広場 ……………215
- ベッリーニ劇場 ……………217
- ベッリーニ公園 ……………216
- ベッリーニ博物館 …………216
- **カプリ島** …………………**91**
- アウグスト公園 ……………95
- 青の洞窟 ……………………92
- ヴィラ・サン・ミケーレ ………97
- ヴィラ・ジョビス ……………96
- ウンベルト1世広場 …………94
- サン・ジャコモ修道院 ………95
- サン・ミケーレ教会 …………96
- ソラーロ山 …………………97

技術編

索引・MAPインデックス

389

天然のアーチ……………………95
トラガラの展望台………………95
マトロマーニアの洞窟…………95
マリーナ・ピッコラ……………96
カルタジローネ……………**240**
サンタ・マリア・デル・モンテ教会241
市民庭園……………………………241
州立陶芸博物館……………………241
スカーラ……………………………241
クーマの遺跡（考古学公園、シビッラの洞窟、アポロン神殿、ジュピター神殿）…………………………**131**

サ

サレルノ…………………………**88**
海岸通り……………………………89
県立考古学博物館…………………88
ドゥオーモ…………………………88
メルカンティ通り…………………89
シャッカ…………………………**266**
ヴィットリオ・エマヌエーレ大通り…266
市民公園……………………………267
シャッカ温泉………………………267
ステリピント館……………………267
ドゥオーモ…………………………267
ジャルディーニ・ナクソス…**226**
シラクーサ………………………**208**
アポロ神殿…………………………212
アレトゥーザの泉…………………212
ギリシア劇場………………………210
古代ローマの円形闘技場…………210
サン・ジョヴァンニ・
　エヴァンジェリスタ教会………210
州立パオロ・オルシ考古学博物館
　……………………………………210
州立美術館…………………………212
ドゥオーモ…………………………212
ネアポリ考古学公園………………209
マドンナ・デッレ・ラクリメの
　聖所記念堂………………………211
ストロンボリ島…………………**231**
セジェスタ………………………**269**
セリヌンテ………………………**268**
ソレント…………………………**79**
タッソ広場…………………………79
テッラノーヴァ博物館……………80
ドゥオーモ…………………………79
ソルント…………………………**206**

タ

タオルミーナ……………………**220**
イソラ・ベッラ……………………224
カステッロ…………………………224
カステルモーラ……………………224
ギリシア劇場………………………221
コルヴァヤ館………………………221
4月9日広場………………………221

市民公園……………………………223
大聖堂………………………………222
ターラント………………………**156**
ヴィットリオ・エマヌエーレ・
　テルツォ通り……………………158
海洋考古博物館……………………158
旧市街………………………………159
国立考古学博物館…………………157
市立公園……………………………159
ジレヴォレ橋………………………159
城……………………………………158
ドゥオーモ…………………………158
チェファル………………………**246**
大聖堂………………………………246
ディアナ神殿………………………247
マンドラリスカ博物館……………247
チレント海岸……………………**122**
アグローポリ………………………122
サプリ………………………………122
トラーパニ………………………**256**
アンヌンツィアータ聖所記念堂…
　……………………………………257
州立ペポリ博物館…………………257
ジュデッカ館………………………258
トッレアルサ通り…………………258
リニーの塔…………………………258
レジーナ・エレナ大通り…………258
トロペア…………………………**172**
エルコレ広場………………………172
カテドラーレ………………………172
サンタ・マリア・デッリゾラ
聖所記念堂…………………………172

ナ

ノート……………………………**235**
ドゥオーモ…………………………235
ニコラチ通り………………………235
レアーレ門…………………………235

ハ

パエストゥム／ペストゥム……**118**
遺跡（ケレス神殿、ドーリス式神殿、
地下神殿、フォロ、集会所、古代劇場、
ネプチューン神殿、バジリカ）
　………………………………119～120
国立考古学博物館…………………120
バゲリーア………………………**207**
バーリ……………………………**134**
カテドラーレ………………………136
県立絵画館…………………………138
考古学博物館………………………138
魚市場………………………………137
サン・グレゴリオ教会……………136
サン・ニコラ教会…………………136
城……………………………………138
パレルモ…………………………**176**
ヴッチリアの市場…………………197

カテドラーレ………………………186
カプチン派のカタコンベ…………189
ガリバルディ庭園…………………191
キアラモンテ宮殿…………………191
クアットロ・カンティ……………184
国際マリオネット博物館…………192
サン・カタルド教会………………185
サン・ジョヴァンニ・デッリ・エレミ
ティ教会……………………………188
サン・チータ祈祷堂………………196
サンタ・マリア・デッラ・
カテーナ教会………………………192
サン・ドメニコ教会………………196
サン・フランチェスコ・ダッシジ教会
　……………………………………191
ジェズ教会…………………………189
シチリア州立美術館………………192
シチリア州立考古学博物館………195
植物園………………………………193
ヌオーヴァ門………………………186
ノルマン王宮………………………187
バッラロの市場……………………189
パラティーナ礼拝堂………………187
フォロ・イタリコ…………………193
プレトーリア広場…………………184
ベッリーニ広場……………………185
ポリテアーマ劇場…………………191
マッシモ劇場………………………195
マリーナ広場………………………191
マルトラーナ教会…………………185
メルカート・デイ・プルチ（蚤の市）…187
ラ・ガンチャ………………………193
ロザリオ祈祷堂……………………197
ピアッツァ・アルメリーナ…**242**
カサーレの古代ローマの別荘…243
ドゥオーモ…………………………242
ブリンディシ……………………**160**
ガリバルディ通り…………………161
県立フランチェスコ・リベッツォ
考古学博物館………………………161
サン・ジョヴァンニ・アル・
セポルクロ教会……………………162
水兵の記念碑………………………161
ドゥオーモ広場……………………161
メザーニェ門………………………162
ローマの円柱………………………161
フレグレイ平原…………………**130**
プロチダ島………………………**105**
ヴィヴァラ小島……………………105
海洋博物館…………………………105
コリチェッラ地区…………………105
テッラ・ムラータ地区……………105
ベネヴェント……………………**115**
サンタ・ソフィア教会……………117
司教区博物館………………………116
ドゥオーモ…………………………116
トラヤヌス帝の凱旋門……………117

ローマ円形劇場 …………116	ドゥカーレ宮殿 …………153	**マルタ本島** P.276
ポジターノ …………**82**	プリンチペ・ウンベルト通り…153	**ア**
ポッツォーリ（ソルファターラ、円形闘技場、市場）………130	**ミノーリ** …………**87**	青の洞窟 …………302
	メッシーナ …………**232**	アール・ダラム洞窟 ……303
ポンペイ …………**106**	オリオンの噴水 …………233	アッパー・バラッカ・ガーデン …287
ポンペイ遺跡（マリーナ門、アポロ神殿、バジリカ、ヴェスパシアーノ神殿 …………107	ガリバルディ通り …………234	イムディーナ …………292
	サンティッシマ・アンヌンツィアータ・デイ・カタラーニ教会…233	イムナイドラ神殿 ………300
		ヴァレッタ …………276
フォロ、ジュピターの神殿、ホッレ、フォロの浴場、フォルトゥーナ・アウグスタの神殿…108	州立博物館 …………234	オーベルジュ・ドゥ・カスティーユ／首相官邸 …………287
	鐘楼 …………233	
	ドゥオーモ …………233	オーベルジュ・ドゥ・プロヴァンス …………278
悲劇詩人の家、牧神の家、ヴェッティの家 …………109	ネプチューンの泉 ………234	
	モツィア …………**261**	オールド・ベーカリー・ストリート …………282
アッボンダンツァ通り、スタビアーネ浴場、三角フォロ、大劇場、オデオン座、イシス神殿、ステファノの洗濯屋、アッボンダンツァ通りの商店街 …………110	**モンデッロ** …………**206**	
	モンレアーレ …………**204**	**カ**
	回廊つき中庭 …………205	カーサ・ロッカ・ピッコラ …284
	十字架上のキリスト ……205	カート・ラッツ …………302
	ドゥオーモ …………204	カーマライト教会 ………282
ロレイウス・ティブリティヌスの家、ヴェヌスの家、大体育場、円形闘技場、ディオメデス荘、秘儀荘）…111	見晴らし台 …………205	カルカラーラの日本海軍忠霊碑 …303
	ラ	ガール・ダラム洞窟博物館…303
	ラヴェッロ …………**86**	騎士団施療院 …………286
ポンペイ周辺の遺跡 ………**112**	ヴィラ・チンブローネ ……87	騎士団長の宮殿 …………283
オロンティ（トッレ・アンヌンツィアータ） …………112	ヴィラ・ルーフォロ ………87	国立考古学博物館 ………278
	ドゥオーモ …………86	国立自然科学博物館／ヴィヘーナ邸 …………294
ボスコレアーレ …………112	**ラグーザ** …………**236**	
スタビア …………113	イブラ考古学博物館 ……238	国立戦争博物館 …………285
マ	イブレオ庭園 …………239	国立図書館 …………280
マイオーリ …………**87**	サン・ジョルジョ大聖堂 …239	国立美術館 …………288
マザーラ・デル・ヴァッロ …**262**	大聖堂 …………238	**サ**
海辺の散歩道 …………263	**リパリ島** …………**228**	シティ・ゲート …………278
サン・ニコロ・レガーレ教会 …263	ヴィットリオ・エマヌエーレ通り …	スリー・シティーズ ………290
サン・ミケーレ教会 ……263	エオリエ州立考古学博物館 …229	スリーマ …………289
市立博物館 …………263	城塞 …………229	聖アガサの礼拝堂と地下墓地…297
カテドラーレ …………262	大聖堂 …………229	聖エルモ砦 …………284
マテーラ …………**164**	野外劇場 …………230	聖パウロ教会／聖パウロの洞窟 296
国立ドメニコ・リドーラ博物館…166	**レッジョ・ディ・カラーブリア** …**169**	聖パウロの地下墓地 ……297
サン・ジョヴァンニ・バッティスタ教会 …………167	ガリバルディ通り …………171	聖母ヴィクトリア教会 ……288
	国立博物館 …………170	聖ヨハネの大聖堂 ………279
サン・ピエトロ・カヴェオーソ教会 …………167	城 …………171	聖ヨハネの大聖堂美術館 …280
	ドゥオーモ …………171	セント・ジュリアン …………289
サン・フランチェスコ・ダッシジ教会 …………167	マッテオッティ通り ………171	**タ**
	レッチェ …………**141**	大聖堂 …………294
ドゥオーモ …………167	カルロ5世の城 …………145	大聖堂付属博物館（イムディーナ） …………295
サンタ・マリア・デ・イドリス教会 …………166	県立シジスモンド・カストロメディアーノ博物館 …………145	
		タルシーン …………299
ふたつのサッシ地区 ……165	サン・マッテオ教会 ………145	**ハ**
プルガトリオ教会 …………166	サンタ・クローチェ聖堂 …143	ハガール・イム神殿 ………300
マルサーラ …………**259**	サンティ・ニコロ・エ・カタルド教会 …………144	ハル・サフリエリ・ハイポジウム …………301
考古学博物館 …………260		
タペストリー博物館 ……260	サンティレーネ教会 ………145	ファルツォン邸／ノルマン・ハウス 295
ドゥオーモ …………260	サントロンツォ広場 ………143	兵器庫 …………284
マルティーナ・フランカ ………**152**	ドゥオーモ …………144	堡塁広場 …………295
ヴィットリオ・エマヌエーレ大通り …………153	ドゥオーモ広場 …………143	
カルミネ教会 …………153		
サン・マルティーノ教会 …153		

技術編

索引・MAPインデックス

391

マ
- マノエル劇場 …………………281
- マノエル劇場博物館 …………281
- マルサシュロック ……………298
- マルタ体験ショー（マルタ・エクスペリエンス）……………286
- 見張り台 ………………………293
- メイン・ゲート ………………292

ラ
- ラバト …………………………296
- ローアー・バラッカ・ガーデン …286
- ローマ古美術館／ヴィラ・ロマーナ …………………………296

ゴゾ島 ……………………………304

ア
- アズール・ウィンドー …………308
- ヴィクトリア …………………305

カ
- カリプソの洞窟 ………………307
- 考古学博物館 …………………305

サ
- ジュガンティーヤ神殿 ………307
- シュレンディ …………………308

タ
- 大城塞 …………………………305
- 大聖堂 …………………………306
- 大聖堂博物館 …………………306

マ
- マルサルフォルン ……………308
- 民族博物館 ……………………305

コミノ島 …………………………309

マップ インデックス
MAP INDEX

南イタリア
- 南イタリアとシチリア島………12
- ナポリ……………………………28
- ナポリ中心部……………………30
- ナポリ中央駅地下1階図…………34
- ヴェスーヴィオ周遊鉄道図……35
- ナポリバス路線図………………37
- ナポリ見どころルート・マップ
- ルート1　スパッカ・ナポリ……42
- ルート2　考古学博物館とカポディモンテ……………………………51
- ルート3　サンタ・ルチアとヴォメロの丘………………………………58

それぞれの町および地域
- アマルフィ海岸…………………78
- 　ソレント………………………79
- 　アマルフィ……………………83
- 　ラヴェッロ……………………86
- 　サレルノ………………………88
- カプリ島…………………………93
- 　カプリ…………………………94
- イスキア島………………………100
- 　イスキア………………………102
- ポンペイ新市街…………………107
- 　ポンペイ遺跡…………………109
- ベネヴェント……………………116
- パエストゥム／ペストゥム……119

- パエストゥム遺跡………………120
- カゼルタ…………………………123
- エルコラーノの遺跡……………128
- ポッツォーリ……………………130
- クーマ……………………………131
- バーリ……………………………137
- レッチェ…………………………142
- アルベロベッロ…………………148
- マルティーナ・フランカ………152
- ターラント………………………156
- ブリンディシ……………………160
- マテーラ…………………………165
- レッジョ・ディ・カラーブリア …169
- パレルモ周辺図…………………179
- パレルモ…………………………180
- パレルモ見どころルート・マップ
- ルート1　ノルマン王宮と旧市街………………………………182
- ルート2　プレトーリア広場東地区………………………………190
- ルート3　新市街と考古博物館………………………………194
- モンレアーレ……………………204
- シラクーサ………………………209
- オルティジア島…………………211
- カターニア………………………215
- タオルミーナ……………………222
- エオリエ諸島……………………227
- リパリ……………………………228

- メッシーナ………………………232
- ノート……………………………235
- ラグーザ…………………………236
- カルタジローネ…………………240
- ピアッツァ・アルメリーナ……242
- エンナ……………………………244
- チェファル………………………246
- アグリジェント…………………249
- トラーパニ………………………256
- マルサーラ………………………259
- マザーラ・デル・ヴァッロ……262
- エリーチェ………………………264
- シャッカ…………………………266
- セリヌンテ………………………268
- セジェスタ………………………269

マルタ共和国
- マルタ共和国……………………14
- ヴァレッタ………………………277
- イムディーナとラバト…………293
- ゴゾ島……………………………304

技術編
- ミラノ・マルペンサ空港見取り図…………………………………339
- ローマ・フィウミチーノ空港見取り図…………………………………340
- ナポリ・カポディキーノ空港見取り図…………………………………341

写真版権
P.56上、P.111下、P.121上、P.125中、P.210中、P.212下、P.279上、P.280下　　　©SCALA

気に入った国に留学してみよう！

成功する留学 STUDY ABROAD SUCCESS BOOK
Dreams come true

『成功する留学』
イタリア留学
2003-2004版
2,400円（税別）

＊まずは情報収集

>>> 地球の歩き方シリーズ「成功する留学　イタリア留学」では、どのようなタイプの学校があるのか、滞在先について、ビザについてなどを詳しく解説しています。全国の主要書店、大学生協書籍部でお求め下さい。

>>> 「成功する留学」専用のホームページを開設しています。
「成功する留学」On the Web ▶ http://www.studyabroad.co.jp

>>> **各種セミナーの開催**
イタリア留学を計画中の方のために、さまざまなテーマのセミナーを開催しています。http://www.studyabroad.co.jp にて最新セミナー情報をご覧いただけます。

>>> **資料コーナー**
「成功する留学」東京・大阪・名古屋のデスクでは、留学資料（学校カタログ・体験談等）を閲覧できるコーナーを設けています。閲覧コーナーは、営業時間内であればどなたでも無料でお気軽にご利用いただけます。

＊イタリア語学留学・手続き代行サービス

「成功する留学」では、お忙しくて時間のない方や、初めての留学で不安な方、語学に自信がない方のために、語学学校への手続き代行サービスを提供しています。サービスご利用お申込みの前に、全国3ヶ所（東京・大阪・名古屋）にある専用デスクで、個人カウンセリングを行っています。専門スタッフが、一人一人のご希望に沿った学校を決めるためのお手伝いをいたします。電話でのカウンセリングも可能です。

《 カウンセリング内容 》
○国別の最新留学情報
○語学学校の選び方
○予算の立て方
○留学の準備と心構え
（注）カウンセリングは予約制です。

手続き代行サービスは有料です。詳しくはwebでご案内しています。または各デスクまで資料をご請求ください。

>>> **個人カウンセリングの予約方法**
■お電話での予約は各デスクへご連絡ください。
　東京デスク：03-5362-7200　　大阪デスク：06-6345-0622　　名古屋：052-561-7952
■Webからの予約もできます。　http://www.studyabroad.co.jp

＊「成功する留学」デスクのご案内

東京デスク
〒162-0022　東京都新宿区新宿3-1-13
京王新宿追分ビル5F
TEL. 03-5362-7200
受付時間　月～土　10：00～18：00
　　　　　火・水　10：00～20：00
　　　　　日・祝　休み

大阪デスク
〒530-0002　大阪市北区曾根崎新地2-3-3
桜橋西ビル8階
TEL. 06-6345-0622
受付時間　月～土　10：00～18：00
　　　　　水　　　10：00～20：00
　　　　　日・祝　休み

名古屋デスク
〒450-0002　名古屋市中村区名駅3-16-22
名古屋ダイヤビル1号館1階
TEL. 052-561-7952
受付時間　月～金　　　10：00～18：00
　　　　　第1.3水　　10：00～20：00
　　　　　土・日・祝　休み

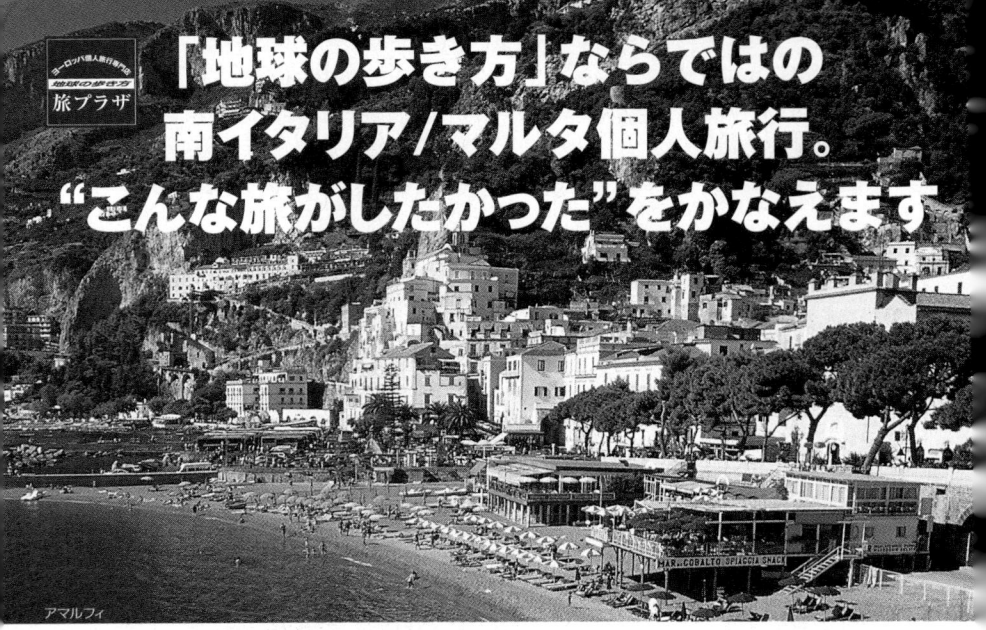

「地球の歩き方」ならではの南イタリア/マルタ個人旅行。
"こんな旅がしたかった"をかなえます

アマルフィ

ヨーロッパを知り尽くした個人旅行アドバイザーが、航空券の手配から個人旅行プランづくりまでサポート！

Air 航空券
- ヨーロッパ主要都市経由による南イタリア、マルタへの航空券の手配
- ビジネスクラス航空券の手配

Train 鉄道パス・乗車券
- イタリアフレキシーレイルカード等の鉄道パスの即日発券
- 高速列車イーエススター等の乗車券手配
- 高速列車イーエススター等の座席や寝台車の予約

Hotel ホテル
- 格安ホテルからデラックスホテルまで多彩なホテルの手配
- 鉄道旅行や移動に便利な駅前ホテルの手配
- キッチン付のレジデンスホテル、農家（民宿）に滞在する人気のアグリトゥーリズモの手配

Short Trip ショートトリップ〈パレルモ発着〉
- 地中海の十字路「シチリア地方」満喫3日
 [料金に含まれるもの]
 パレルモの空港⇔ホテル間の送迎、2日目のパレルモ⇔アグリジェント間の鉄道料金（2等）、パレルモのホテル2泊（2〜3人部屋利用／朝食付）
 ※料金は下記までお問い合わせください。

Others その他
- 個人旅行アドバイザーがあなただけの旅づくりをお手伝い
- イタリア〜マルタ間の高速フェリー、アドリア海クルーズ等の乗船券手配
- 人気のセリエAのサッカー観戦チケットの手配

※鉄道パスや乗車券は、事情により、即日予約・手配ができない場合もございますので、ご了承ください。

ヨーロッパ個人旅行専門店
地球の歩き方　旅プラザ
(株)地球の歩き方 トラベル アンド エデュケーション
東京都知事登録旅行業第3-4735号

クレジットカード各種
（VISA・MASTER・AMEX）
でのお支払いも可能

※この広告に掲載のサービス内容は2005年2月現在のものです。予告なく改訂される場合がございますのでご了承ください。

最新情報のチェックはホームページで
http://www.arukikata.co.jp/tabiplaza

2004年11月25日(木)リニューアル・オープン

新宿
TEL 03-5362-7300
FAX 03-5362-7321
営業時間／月〜金 10:30〜18:00
　　　　　　土　　12:00〜18:00（日・祝日休）
〒160-0022 新宿区新宿3-1-13 京王新宿追分ビル5F

大阪
TEL 06-6345-4401
FAX 06-6343-7197
営業時間／月〜土 11:00〜20:00
　　　　　　　　　　（日・祝日休）
〒530-0001 大阪市北区梅田2-5-25 ハービスプラザ3F

地球の歩き方書籍のご案内

地球の歩き方を持って
誰にも負けない
イタリアの
達人を目指そう

イタリアには、歴史や芸術だけでなくグルメにショッピングにと多彩な魅力があります。
せっかく行くならイタリアで語学を勉強してみたい！
もっといろんな地方に出かけてみたい！
どんな旅でも、『地球の歩き方』が応援します。

ローマの「真実の口」に観光客はみんな手を差し込む

街全体がルネッサンス芸術であふれるフィレンツェ

ヴェネツィアでは縦横に張り巡らされた水路の旅を楽しみたい

地球の歩き方●ガイドブック

A09 イタリア
主要都市はもちろん、各地に点在する魅力的な小都市も紹介しました。グルメやアート鑑賞など、興味に応じて楽しもう。

A10 ローマ
小さな路地を歩き、カフェをひやかし、歌声の響く夕暮れを歩く。何度訪れても飽きることがないローマの魅力徹底ガイド。

A11 ミラノ、ヴェネツィアと湖水地方
ファッションの中心地ミラノ、「水の都」ヴェネツィア、イタリアン・アルプスを仰ぐ湖水地方など、魅惑の北イタリアを紹介。

A12 フィレンツェとトスカーナ
ルネッサンスの都フィレンツェで花開いた絵画や建築などを徹底解説。さらに、美食とワインの里、中部トスカーナ地方の小さな町や村にもスポットを当てた充実のガイドです。

A13 南イタリアとマルタ
太陽と海が似合うナポリ、人気のカプリ島＆シチリア島など、イタリア南部とマルタ共和国の情報がぎっしり詰まった1冊。

地球の歩き方●成功する留学
I イタリア留学

地球の歩き方●トラベル会話
4 イタリア語＋英語

地球の歩き方●ポケット
短期間のツアーでも、あなたの「見たい」「買いたい」「食べたい」を実現するコンパクトガイド。

15 イタリア
17 ロンドン／パリ／ローマ

好評発売中
地球の歩き方●BY TRAIN●
6 イタリア鉄道の旅
南北に細長いイタリアは、ヨーロッパきっての長距離路線網が自慢。イタリアン・リヴィエラを走る列車など風光明媚な路線を多数紹介しました。

2005年3月現在 ●最新情報はホームページでもご覧いただけます URL book.diamond.co.jp/arukikata/
地球の歩き方 トラベルライター（旅の文章）通信講座開講中！ 詳しくはホームページで URL arukikata.co.jp/kouza/tabibun/

地球の歩き方 シリーズ年度一覧

2005年3月現在

地球の歩き方は1年～1年半で改訂されます。改訂時には価格が変わることがあります。表示価格は定価（税込）です。
●最新情報は、ホームページでもご覧いただけます。 URL book.diamond.co.jp/arukikata/

地球の歩き方 アルファベット付きの数字は新番号です●改訂版発行時には順次新番号になります

A ヨーロッパ

番号	タイトル	年度	価格
A01	ヨーロッパ	2004～2005	￥1827
A02	イギリス	2004～2005	￥1764
A03	ロンドン	2005～2006	￥1659
A04	スコットランド	2005～2006	￥1764
A05	アイルランド	2004～2005	￥1722
A06	フランス	2005～2006	￥1764
A07	パリ＆近郊の町	2004～2005	￥1722
A08	南仏プロヴァンスとコート・ダジュール＆モナコ	2005～2006	￥1764
A09	イタリア	2005～2006	￥1764
A10	ローマ	2004～2005	￥1659
A11	ミラノ、ヴェネツィアと湖水地方	2004～2005	￥1659
A12	フィレンツェとトスカーナ	2005～2006	￥1659
A13	南イタリアとマルタ	2005～2006	￥1764
A14	ドイツ	2004～2005	￥1764
A15	ロマンティック街道とミュンヘン	2005～2006	￥1659
A17	ウィーンとオーストリア	2005～2006	￥1659
A18	スイス	2004～2005	￥1659
A19	オランダ／ベルギー／ルクセンブルク	2005～2006	￥1659
A20	スペイン	2005～2006	￥1764
A21	マドリッド　トレドとスペイン中部	2004～2005	￥1659
A22	バルセロナ　マヨルカ島とスペイン東部	2005～2006	￥1659
A23	ポルトガル	2004～2005	￥1659
A24	ギリシアとエーゲ海の島々＆キプロス	2005～2006	￥1764
A25	中欧	2005～2006	￥1890
A26	チェコ／ポーランド／スロヴァキア	2004～2005	￥1764
A27	ハンガリー	2005～2006	￥1659
A28	ブルガリア／ルーマニア	2005～2006	￥1764
A29	北欧	2004～2005	￥1764
A30	バルトの国々	2003～2004	￥1722
A31	ロシア	2005～2006	￥1974
A32	シベリア＆シベリア鉄道とサハリン	2004～2005	￥1869
10　A33	ヨーロッパのいなか	1999～2000	￥1722

B 南北アメリカ

番号	タイトル	年度	価格
B01	アメリカ	2004～2005	￥1869
B02	アメリカ西海岸	2004～2005	￥1722
B03	ロスアンゼルス	2004～2005	￥1722
B04	サンフランシスコ	2005～2006	￥1764
B05	シアトル＆ポートランド	2004～2005	￥1722
B06	ニューヨーク	2004～2005	￥1722
B07	ボストン＆ニューイングランド	2005～2006	￥1827
B08	ワシントンD.C.	2005～2006	￥1764
B09	アメリカ東部とフロリダ	2005～2006	￥1764
B11	シカゴ	2005～2006	￥1764
B12	アメリカ南部	2004～2005	￥1764
B13	アメリカの国立公園	2004～2005	￥1869
B14	テーマで旅するアメリカの魅力的な町	2004～2005	￥1764
B15	アラスカ	2005～2006	￥1764
B16	カナダ	2005～2006	￥1764
B17	カナダ西部　カナディアン・ロッキーとバンクーバー	2004～2005	￥1659
B18	カナダ東部　ナイアガラと赤毛のアンの島	2003～2004	￥1659
B19	メキシコ	2005～2006	￥1869
B20	中米　グアテマラ他	2005～2006	￥1974
B21	ブラジル	2004～2005	￥2079
B22	アルゼンチン／チリ	2004～2005	￥2079
B23	ペルー	2004～2005	￥2079
B24	カリブ海の島々（バハマ、キューバ他）	2004～2005	￥1827

（75 カリブ海Ｉ、76 カリブ海Ⅱを合本）

C 太平洋＆インド洋の島々＆オセアニア

番号	タイトル	年度	価格
C01	ハワイⅠ　オアフ島＆ネイバーアイランド	2004～2005	￥1764
C02	ハワイⅡ　マウイ島／ハワイ島／カウアイ島／モロカイ島／ラナイ島＆ホノルル	2004～2005	￥1659
C03	サイパン	2004～2005	￥1449
C04	グアム	2005～2006	￥1449
C05	タヒチ／イースター島／クック諸島	2004～2005	￥1764
C06	フィジー／サモア／トンガ	2004～2005	￥1764
C07	ニューカレドニア／バヌアツ	2005～2006	￥1554
C08	モルディブ	2004～2005	￥1764
114　C09	マダガスカル／モーリシャス／セイシェル	2002～2003	￥1932
C10	ニュージーランド	2005～2006	￥1764
C11	オーストラリア	2004～2005	￥1869
C12	オーストラリア東海岸	2004～2005	￥1764
C13	シドニー	2004～2005	￥1512

D アジア

番号	タイトル	年度	価格
D01	中国	2005～2006	￥1869
D02	上海／蘇州／杭州	2004～2005	￥1617
D03	北京	2005～2006	￥1764
D04	大連と中国東北地方	2005～2006	￥1764
D05	広州・桂林と華南	2005～2006	￥1764
D06	雲南・四川・貴州と少数民族	2004～2005	￥1722
D07	西安とシルクロード	2003～2004	￥1722
D08	チベット	2005～2006	￥1764
D09	香港	2004～2005	￥1722
D10	台湾	2005～2006	￥1764
D11	台北	2005～2006	￥1554
D12	韓国	2005～2006	￥1764
D13	ソウル	2005～2006	￥1449
D14	モンゴル	2005～2006	￥1827
D15	シルクロードと中央アジアの国々	2005～2006	￥1974
D16	東南アジア	2002～2003	￥1722
D17	タイ	2005～2006	￥1764
D18	バンコク	2005～2006	￥1554
D19	マレーシア／ブルネイ	2005～2006	￥1764
D20	シンガポール	2005～2006	￥1554
D21	ベトナム	2005～2006	￥1764
D22	アンコールワットとカンボジア	2005～2006	￥1764
D23	ラオス	2005～2006	￥1764
D24	ミャンマー	2005～2006	￥1764
D25	インドネシア	2004～2005	￥1659
D26	バリ島	2005～2006	￥1764
D27	フィリピン	2005～2006	￥1764
D28	インド	2004～2005	￥1869
D29	ネパール	2003～2004	￥1764
D30	スリランカ	2003～2004	￥1722
D31	ブータン	2005～2006	￥1827
48　D32	パキスタン	2001～2002	￥1722

E 中近東＆アフリカ

番号	タイトル	年度	価格
E01	ドバイとアラビア半島の国々	2004～2005	￥1827
E02	エジプト	2005～2006	￥1764
E03	イスタンブールとトルコの大地	2005～2006	￥1869
E04	ヨルダン／シリア／レバノン	2004～2005	￥1890
83　E05	イスラエル	2002～2003	￥1617
E06	イラン	2005～2006	￥1869
E07	モロッコ	2004～2005	￥1827
E08	チュニジア	2004～2005	￥1827
E09	東アフリカ　エチオピア／ケニア／タンザニア／ウガンダ	2004～2005	￥1932
E10	南アフリカ	2004～2005	￥1932

地球の歩き方　リゾート

301	マウイ島	¥1722
302	カウアイ島	¥1722
303	ハワイ島	¥1722
304	フロリダ	¥1827
305	ケアンズとグレートバリアリーフ	¥1722
307	ハワイ・ドライブ・マップ	¥1838
308	プーケット／サムイ島／ピピ島／クラビ	¥1722
309	オアフ島	¥1722
310	ペナン／ランカウイ	¥1722
311	ラスベガス	¥1722
313	カンクン　ロス・カボス	¥1722
314	バリ島	¥1722
315	ロスアンゼルス	¥1722
316	セブ／ボラカイ	¥1722
317	ダイビング旅行完全ガイド	¥1995
318	グアム	¥1512
319	パラオ	¥1617
320	子供と行くハワイ	¥1554
322	ゴールドコーストとシドニー	¥1722

地球の歩き方　プラス・ワン

401	ヨーロッパ・ドライブ旅行	¥1722
402	アメリカ・ドライブ旅行	¥1617
403	ニューヨーク暮らすような旅	¥1617
404	大リーグ観戦ガイド	¥1785
405	欧州サッカー観戦ガイド	¥2100
406	ハワイ　バスの旅	¥998
407	見て読んで旅するインド	¥1722

地球の歩き方　BY TRAIN

1	ヨーロッパ鉄道の旅	¥1785
2	スイス鉄道の旅	¥1890
3	ドイツ＆オーストリア鉄道の旅	¥1890
4	フランス鉄道の旅	¥1890
5	イギリス鉄道の旅	¥1890
6	イタリア鉄道の旅	¥1890
7	スペイン＆ポルトガル鉄道の旅	¥1890
8	北米大陸鉄道の旅	¥1890
	ヨーロッパ鉄道ハンドブック	¥1260

トーマスクック・ヨーロッパ鉄道時刻表・日本語解説版

年4回　3、6、9、12月　各月の中旬発行	¥2200

地球の歩き方　成功する留学

A	アメリカ語学留学	2004～2005	¥1995
B	イギリス・アイルランド留学	2004～2005	¥1995
C	世界の仲間と本気で学ぶアメリカ大学・大学院留学	2005～2006	¥2625
D	カナダ留学	2004～2005	¥1995
E	スペイン留学	2003～2004	¥2520
F	フランス留学	2004～2005	¥2310
G	ドイツ・オーストリア・スイス留学	2001～2002	¥2520
H	ワーキングホリデー完ペキガイド	2005～2006	¥1575
I	イタリア留学	2003～2004	¥2520
J	オーストラリア・ニュージーランド留学	2004～2005	¥1995
K	小・中・高校生の留学	2001～2002	¥1575
L	中国・韓国・アジア留学	2002～2003	¥2625
M	海外専門学校留学	2003～2004	¥2310
O	国際派就職・転職ガイド	2001～2002	¥2520
P	イギリス大学留学	2000～2001	¥2520

地球の暮らし方　海外生活マニュアル

1	イギリス	2004～2005	¥2310
2	フランス	2004～2005	¥2310
3	ニューヨーク	2004～2005	¥2310
4	カリフォルニア	2004～2005	¥2310
5	オーストラリア	2005～2006	¥2310
6	中国	2003～2004	¥2310
7	カナダ	2004～2005	¥2310
8	ニュージーランド	2005～2006	¥2310
9	香港	2002～2003	¥2310
10	ハワイ	2004～2005	¥2310
11	ロングステイ	2004～2005	¥2310

地球の歩き方　旅マニュアル

252	成功するアメリカ旅行計画	¥1617
253	オーストラリア㊙フリープラン	¥1617
266	成功する中国旅行計画	¥1617
270	タイ楽々旅行術	¥1617
275	ハワイゆったり滞在計画	¥1512
276	ロンドンこだわり滞在計画	¥1617

地球の歩き方　旅の会話集

1	ヨーロッパ6か国語	¥1305
7	ロシア語／英語	¥1509
8	ヒンディー語・ネパール語／英語	¥1512
9	留学＆ホームステイ	¥999
10	アラビア語／英語	¥1509
11	インドネシア語／英語	¥1203
12	中国語／英語	¥1509
13	タイ語／英語	¥1509
14	韓国語／英語	¥1203
15	ハンガリー・チェコ・ポーランド語／英語	¥1509
16	ビジネス出張英会話	¥1203

地球の歩き方　旅する会話術

1	アメリカ	¥998
2	ロンドン＆イギリス	¥998
3	パリ＆フランス	¥1260

新登場　地球の歩き方　トラベル会話

1	米語＋英語	¥1000
2	フランス語＋英語	¥1200
3	ドイツ語＋英語	¥1200
4	イタリア語＋英語	¥1200
5	スペイン語＋英語	¥1200

英語でしゃべらナイト海外旅行編

旅の現場の英会話	¥1000

地球の歩き方　アイ・マップ・ガイド

1	ニューヨーク	¥1344
2	ロンドン	¥1344
3	パリ	¥1344

地球の歩き方　ポケット

1	ハワイ	2004～2005	¥900
2	グアム	2005～2006	¥900
3	ケアンズ＆シドニー	2004～2005	¥900
4	バリ島	2005～2006	¥900
5	香港	2004～2005	¥900
6	北京＆上海	2004～2005	¥900
7	台北	2004～2005	¥900
8	ホーチミン	2005～2006	¥900
9	バンコク	2004～2005	¥900
10	ソウル	2004～2005	¥900
11	釜山＆慶州	2004～2005	¥900
12	シンガポール	2005～2006	¥900
13	ロンドン	2005～2006	¥900
14	パリ	2005～2006	¥900
15	イタリア	2005～2006	¥900
16	マドリッド＆バルセロナ　アンダルシア	2005～2006	¥900
17	ロンドン／パリ／ローマ	2004～2005	¥900
18	ウィーン／プラハ／ブダペスト	2005～2006	¥900
19	ニューヨーク	2005～2006	¥900
20	ロスアンゼルス＆ラスベガス	2005～2006	¥900

地球の歩き方ムック

ホノルル　ワイキキ＆オアフ島（6月発行）	¥1100
ハワイ　オアフ＆マウイ・ハワイ（11月発行）	¥1100
グアム　極上楽園バイブル	¥1000
ソウル　よくばり完全ガイド	¥1150
香港　美食＆買物悦楽ガイド	¥1260
台湾　とっておき最新ガイド	¥1100
タイ　安らぎと刺激の国	¥1100
イタリア　憧憬の4都市を歩く	¥1100
見て 読んで 旅する 世界遺産 VOL.1～3	¥1470
ヨーロッパ 列車の旅 VOL.2～4	¥1260
ヨーロッパ 花めぐり	¥1260
世界のビーチ＆リゾート	¥1100

地球の歩き方 ポケット

好評発売中！

判型：A5変形
天地は『地球の歩き方』と同サイズですが、左右は携帯に便利なコンパクトサイズ
定価：900円（税込）

1. ハワイ
2. グアム
3. ケアンズ＆シドニー
4. バリ島
5. 香港
6. 北京＆上海
7. 台北
8. ホーチミン
9. バンコク
10. ソウル
11. 釜山
12. シンガポール
13. ロンドン
14. パリ
15. イタリア
16. マドリッド＆バルセロナ アンダルシア
17. ロンドン／パリ／ローマ
18. ウィーン／プラハ／ブダペスト
19. ニューヨーク
20. ロスアンゼルス＆ラスベガス

地球の歩き方『ポケット』は
ツアーのフリータイムを成功へ導く
見るだけでわかる
"最新情報"厳選ガイドです

5大特徴

1. 最新情報を厳選、短期間の旅を徹底的に楽しむコンパクトなガイドブック
2. 大きめの文字でゆったり組んだ、見やすくて目的の情報を探しやすい誌面
3. ムダなく目的を達成できる、モデルプランなど機能性を重視
4. 旅心をかき立てるオールカラー編集
5. アクティブに動くために不可欠な切り離して使える別冊地図

トラベル・エージェント・インデックス
Travel Agent INDEX

専門旅行会社で新しい旅を発見!

特定の地域やテーマを扱い、豊富な情報と経験豊かなスタッフがそろっている専門旅行会社は、航空券やホテルの手配はもちろん、現地の生活情報や最新の生きた情報などを幅広く蓄積しているのが魅力です。
<トラベル・エージェント・インデックス>は、旅のエキスパートぞろいの専門旅行会社を紹介するページです。

※ 広告に記載されている内容(ツアー料金や催行スケジュールなど)に関しては、直接、各旅行代理店にお問い合わせください。
※ 旅行契約は旅行会社と読者の方との直接の契約になりますので、予めご了承願います。

「役に立つ旅の専門店」で、旅行の目的とエリアからピッタリの旅行会社を探せます。 http://www.arukikata.co.jp/original/

■広告掲載のお問い合わせ、お申し込み
「地球の歩き方」プロジェクト／TEL:03-5428-0320 E-Mail:chikyu@adf-jp.com お申し込み用ホームページ：http://www.travel-ad.com

---

イタリアン・地中海センター　ウイングリゾート(株)

東京都知事登録旅行業 第3-5519号

〒104-0061 東京都中央区銀座3-13-6 銀座KIビル5F
電話：03-5550-8177　FAX：03-5565-7405
Home Page : http://www.italiancenter.co.jp

南イタリア専門店の自信と実績!!
全55コースから専門スタッフが厳選ご案内

「南イタリアに行きたいけれど、どこに行けば良いの？」と悩んでいる人には、シチリア島、カプリ島、ソレント、アルベロベッロなどまだ知られていない「とっておきのリゾート」を専門スタッフがご希望に応じきめ細かくご案内。

～高品質で安心な旅をお見積～
ハネムーン、フルムーン、母娘旅行など記念の旅、パッケージツアーではものたりない方ご相談下さい。

Italian Center

☆コース詳細については下記ホームページ又はパンフレットご請求を!☆
< www.italiancenter.co.jp >
イタリアン・地中海センター ☎(03)5550-8177

この本を書いてくれた旅人たち

紺碧の海と輝く太陽、古代遺跡の宝庫であり、「君よ知るやレモンの実る南の国」と謳われた旅人たちの憧れの地、南イタリアとシチリア島。そして悠久の歴史を刻むヨハネ騎士団の島、マルタ島。マルタでは、実直なマルタの人々と、強烈なアフリカの太陽に映える神殿群、美しい海が旅人を迎えてくれるはずです。本書を片手に、そんな町々を歩いてみてください。いままでのイタリアの旅とはひと味違うものに出合えることでしょう。南イタリア＆マルタの旅が楽しいものでありますよう"Buon viaggio!"

取材・執筆・撮影
飯島操（レ・グラツィエ）、松本かやの、平尾光佐子、福久隆男、原島佳代；
笠井修（マルタ、ナポリ撮影）、平尾秀明（パレルモ撮影）

STAFF

制　作：上田暁世	Producer：Akiyo Ueda
編　集：飯島千鶴子（レ・グラツィエ）	Editor：Chizuko Iijima（Le Grazie Co., Ltd.）
デザイン：タンク（凸版）	Design：Toppan TANC
表　紙：日出嶋昭男	Cover Design：Akio Hidejima
地　図：ジェオ、ピーマン	Map：GEO、P・MAN
イラスト：ワン・デザイン工房	Illustration：One-design
校　正：柳瀬良子	Proofreading：Nagako Yanagase

SPECIAL THANKS TO：イタリア政府観光局（ENIT）、マルタ観光局

読者投稿・受付デスク
　〒103-0007　東京都中央区日本橋浜町2-61-11 飯森ビル5F
　「地球の歩き方」サービスデスク「南イタリアとマルタ編投稿」係
　FAX.03-5643-8556　URL www.arukikata.co.jp/guidebook/toukou.html

旅カタログ請求先
　TEL.03-3560-2111
地球の歩き方インターネットホームページ（海外旅行の総合情報）
　URL www.arukikata.co.jp
ガイドブック「地球の歩き方」（本の検索＆購入、更新情報、オンライン投稿）
　URL www.arukikata.co.jp/guidebook/

地球の歩き方 A13 南イタリアとマルタ 2005～2006年版

1999年4月16日　　初版発行
2005年3月25日　　改訂第5版第1刷発行

Published by Diamond Big Co., Ltd.
3-5-2, Akasaka, Minato-ku, Tokyo 107-0052, JAPAN
TEL.(81-3)3560-2117（Editorial Section）
TEL.(81-3)3560-2113　FAX.(81-3)3584-1221（Advertising Section）
Advertising Representative:Kayo Harashima（Roma）Tel&Fax+39（06）52248147

著作編集　「地球の歩き方」編集室
発行所　　株式会社ダイヤモンド・ビッグ社
　　　　　〒107-0052　東京都港区赤坂3-5-2　サンヨー赤坂ビル
　　　　　編集部　TEL.03-3560-2117　広告部　TEL.03-3560-2113　FAX.03-3584-1221
発売元　　株式会社ダイヤモンド社
　　　　　〒150-8409　東京都渋谷区神宮前6-12-17
　　　　　販売　TEL.03-5778-7240

■ご注意下さい
本書の内容（写真・図版を含む）の一部または全部を、事前に許可なく無断で複写・複製し、または著作権法に基づかない方法により引用し、印刷物や電子メディアに転載・転用することは、著作者および出版社の権利の侵害となります。
All rights reserved. No part of this publication may be reproduced or used in any form or by any means, graphic, electronic, or mechanical, including photocopying ,without written permission of the publisher.

印刷：製本　凸版印刷株式会社　　Printed in Japan

禁無断転載©株式会社ダイヤモンド・ビッグ社
ISBN4-478-03617-9